# 五莲县人大志

（1949—2011）

《五莲县人大志》编纂委员会 编

中国文史出版社

2011年12月·北京

# 编 纂 委 员 会

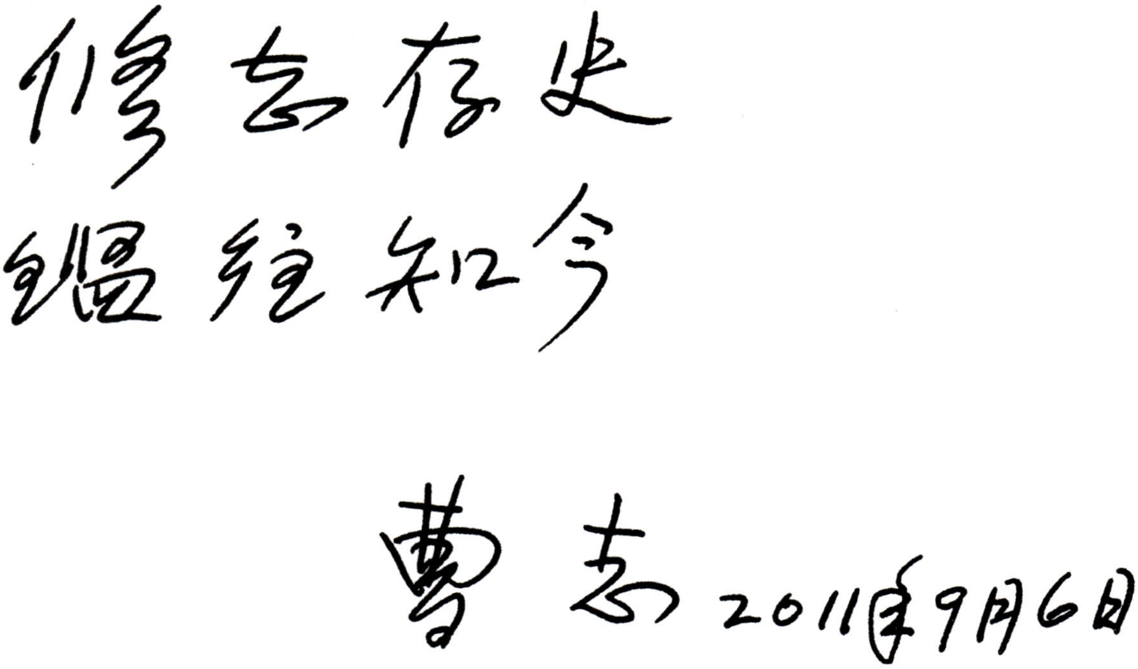


第九届全国人大常委会副委员长曹志题词

邦旧命新
人民万岁

——祝贺《五莲县人大志》问世

李肇星
二〇一一年九月一日 北京

■ 第十一届全国人大常委会委员、全国人大外事委员会主任委员、外交部原部长李肇星题词

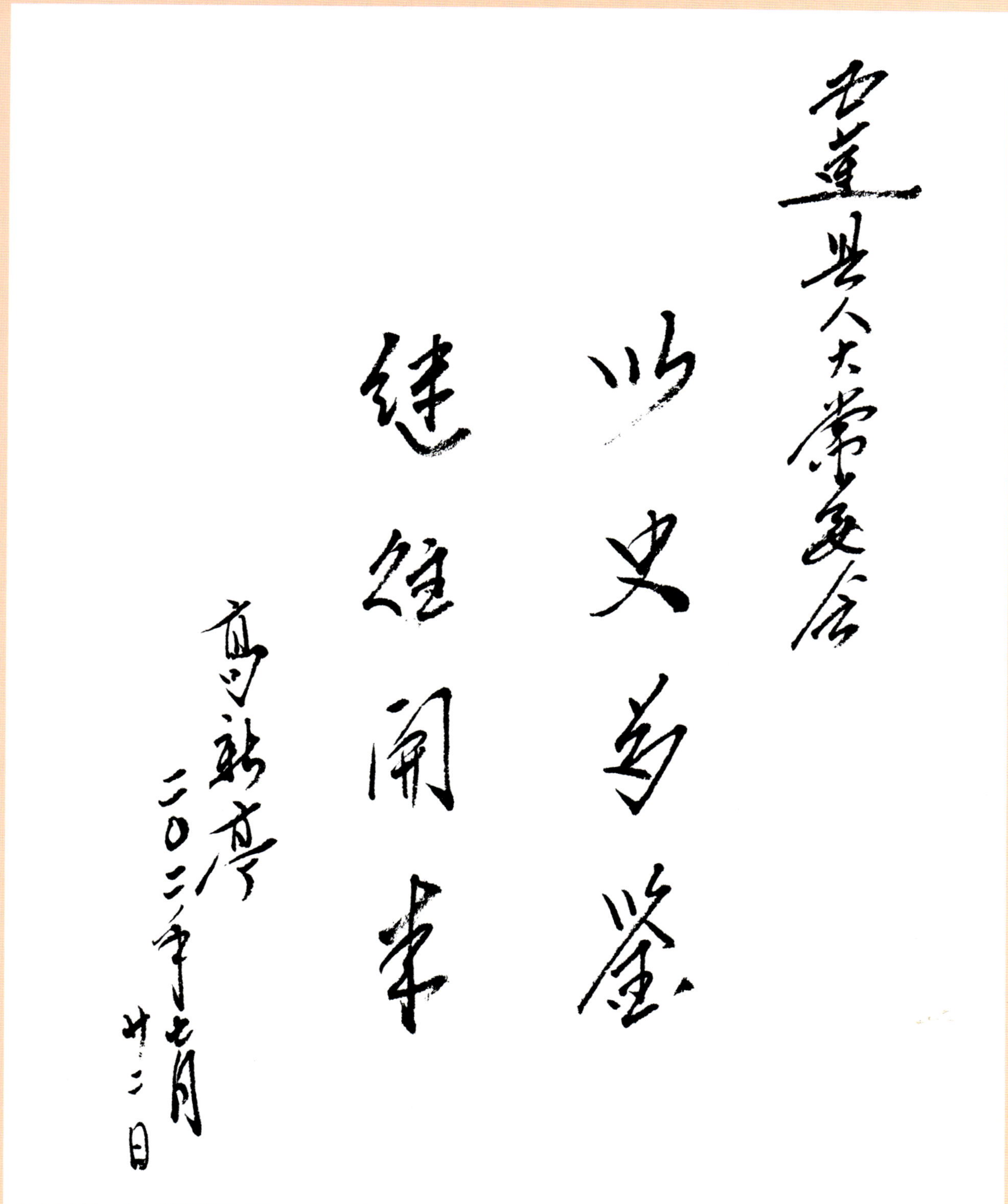


■ 全国人大内务司法委员会委员，中共山东省委原副书记，省人大常委会原党组书记、常务副主任高新亭题词

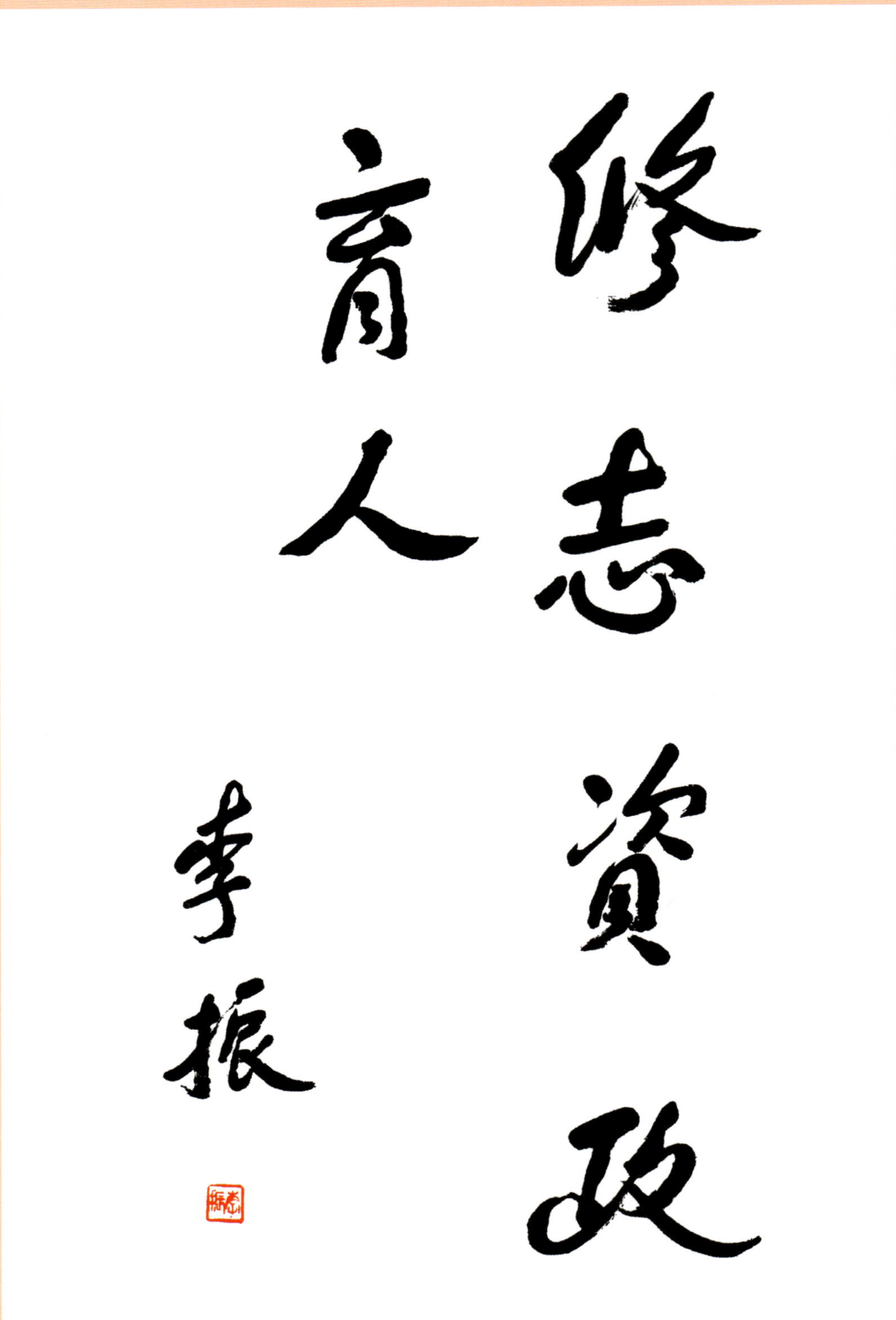


中共山东省委原副书记、省人大常委会原主任李振题词

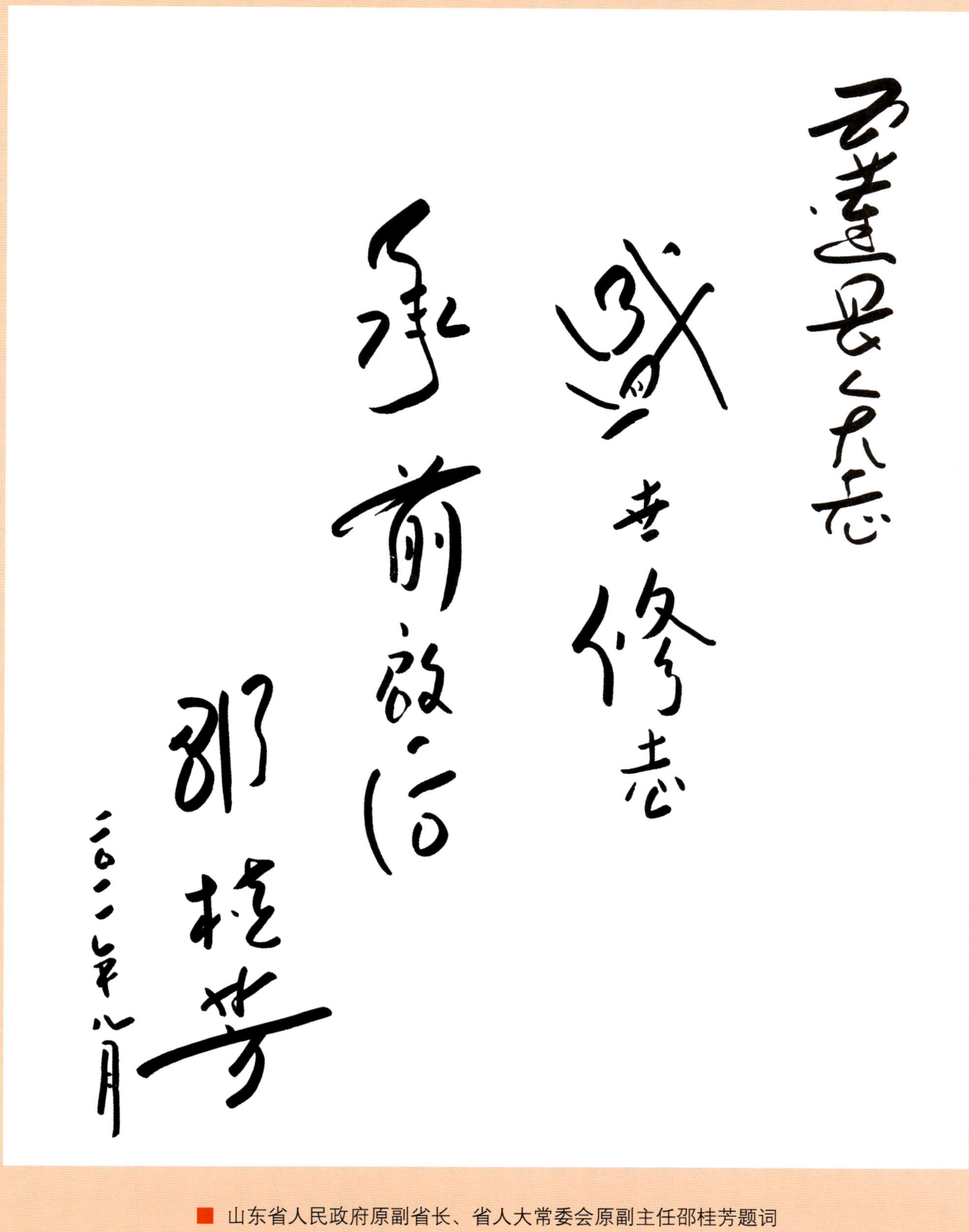


■ 山东省人民政府原副省长、省人大常委会原副主任邵桂芳题词

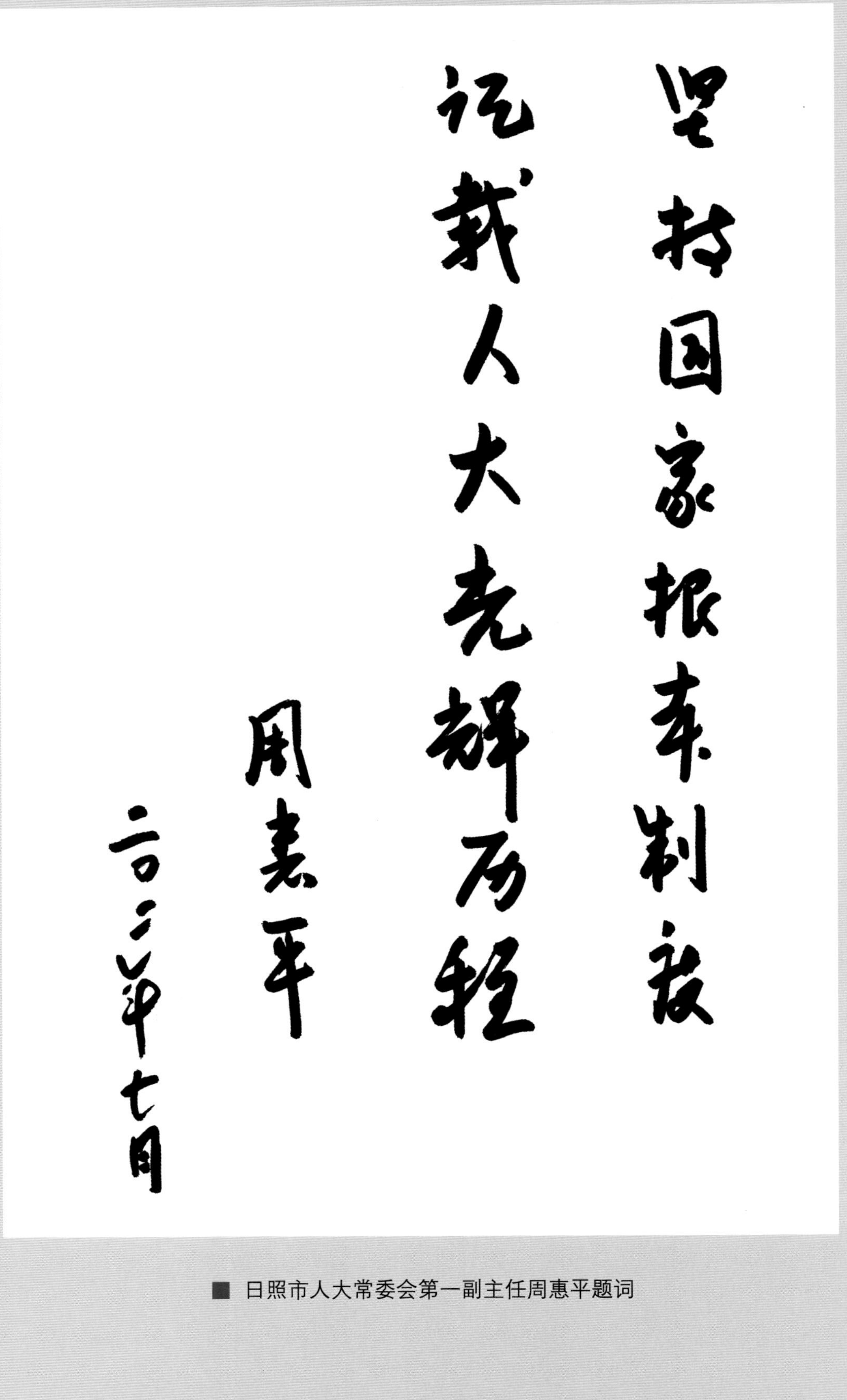


■ 日照市人大常委会第一副主任周惠平题词

■ 2005年5月23日，全国人大常委会委员长吴邦国亲切接见出席中澳经贸合作论坛的第十一届全国人大代表、五征集团董事长姜卫东

■ 1999年7月22日，全国人大常务委员会副委员长许嘉璐一行视察五莲生态旅游和农业开发情况

■ 2006年8月5日，全国人大常委会副委员长、民革中央委员会主席何鲁丽一行考察五莲生态旅游业

■ 2008年8月17日，省人大常委会常务副主任高新亭（前左二）等带领省人大常委会理论中心组读书会一行来五莲视察

■ 2010年6月21日，省人大常委会副主任刘玉功(左二）一行来五莲视察节能减排工作

■ 2008年12月4日，市委书记、市人大常委会主任杨军（左三）带领驻日照市的全国和省人大代表会前来五莲视察

■ 2010年12月8日，市人大常委会第一副主任周惠平（左三）带领驻日照市的全国和省人大代表会前来五莲视察

■ 县委书记、县十六届人大常委会主任马强（左三）调研工业生产

■ 县第十六届人大常委会第一副主任李应田（前左二）等视察企业

■ 县十六届人大常委会部分成员视察市北工业园

■ 在人民代表大会上，代表举手表决

■ 无记名投票

■ 小组讨论

第九届人民代表大会第四次会议全体代表合影

第十一届人民代表大会第三次会议

第十四届人民代表大会第一次会议

第十六届人民代表大会第四次会议

■ 第十届人大常委会部分成员合影（1986年5月）

■ 第十二届人大常委会部分成员合影（1993年2月）

■ 第十三届人大常委会部分成员合影(1997年2月）

■ 第十四届人大常委会部分成员合影(2003年1月)

■ 第十五届人大常委会部分成员合影(2007年12月)

■ 第十六届人大常委会部分成员合影(2010年1月)

■ 2011年10月21日，邀请县有关部门和部分老干部对《人大志》进行了评审

■ 参加评审会的部分同志留影（2011年10月21日）

# 序

《五莲县人大志》的编纂出版，是我县政治和文化生活中的一件大事，对促进我县物质文明、政治文明、精神文明协调发展，进一步宣传人民代表大会制度具有重要意义。

人民代表大会制度是我国的根本政治制度，是人民行使当家作主权力的根本保障。《五莲县人大志》是我县第一部人大工作的专业志，它以丰富的内容、翔实的史料，全面记述了县人大及其常委会建立、发展、完善的历史进程；充分总结了县人大及其常委会认真行使宪法和法律赋予的职权，努力推进社会主义民主法制建设，促进五莲经济发展和社会全面进步的历史经验。人民代表大会制度在五莲建立近60年来，县人大及其常委会坚持把党的领导、人民当家作主和依法治国贯穿工作始终，紧紧围绕全县发展大局，审议、决定本行政区域内重大事项，依法对“一府两院”进行法律监督和工作监督，严格任免国家机关工作人员，精心指导乡镇人大工作，认真受理和督办代表议案、建议、批评和意见及人民群众来信来访，努力加强自身建设，为促进全县经济社会又好又快发展做出了积极贡献。

修志之举，旨在存史资政，服务当今。当前，五莲县正处在跨越发展的关键时期，希望县人大及其常委会通过编纂这部志书，传承人大工作历史经验，积极探索、勇于实践，充分发挥人大及其常委会的政治优势，深入了解民情、充分反映民意、广泛集中民智，聚力推动五莲超常规跨越发展，不断开创我县人大工作新局面。

值此《五莲县人大志》付梓之际，为之作序。

中共五莲县委书记、县人大常委会主任

2011年10月

# 序 二

在中共五莲县委的领导和社会各界的大力支持下，县人大常委会聘请专业人员撰写《五莲县人大志》。编纂人员辛勤耕耘，广征博采，数易篇目，精修志稿，经过近一年的艰辛努力，完成编修任务，现已定稿付梓。这是我县政治文化生活中的一件大事，是坚持和完善人民代表大会制度的具体体现，对促进我县经济建设、政治建设、文化建设、社会建设以及生态文明建设，帮助人们进一步认识人民代表大会制度具有重要的现实意义和深远的历史意义。

《宪法》规定："人民行使国家权力的机关是全国人民代表大会和地方各级人民代表大会"。人民代表大会制度是我国的根本政治制度。坚持和完善这一制度，是发展社会主义民主、健全社会主义法制、建设社会主义政治文明的重要内容。数十年来，全国各级人民代表大会及其常委会紧紧围绕党和国家的工作中心，依法行使各项职权，努力加强自身建设，探索不同历史时期、不同形势下人民代表大会制度发展和民主政治建设的新路子，充分发挥了国家权力机关的职能作用。实践充分证明，人民代表大会制度是符合我国国情、保障人民当家作主的根本政治制度，是党在国家政权中充分发扬民主、贯彻群众路线的最好的实现形式，是推动科学发展、构建和谐社会、实现中华民族复兴大业的可靠制度保证。

五莲县人大自建立以来，在县委的领导下，历届县人大和常委会认真贯彻党的路线、方针和政策，紧紧围绕县委工作中心积极开展人大工作。坚持把民主法制建设作为基本任务，推动了以法治县的深入开展；认真依法行使重大事项决定权，努力实现党的主张和人民意志的统一；加强法律监督和工作监督，保证国家法律法规在本行政区的正确贯彻实施；依法行使人事任免权，为全县改革和发展提供有力的组织保障；重视代表工作，积极发挥人大代表的作用；注重对乡镇人大工作的指导，加强基层民主法治建设和人民代表大会规范化建设；不断探索加强自身建设，逐步制定和完善各项议事规则和规章制度，使县人大及其常委会的工作逐步走向制度化、规范化轨道，在全县经济和社会各项事业发展中发挥了积极作用。

《五莲县人大志》按照辩证唯物主义和历史唯物主义的观点和编史修志的惯例，横排门类，纵述始末，实事求是地记述了五莲县人民代表大会制度建立、发展的历史和现状，内容丰富，体例完备，结构科学，是一部集思想性、资料性和科学性为一体的著述。本志的问世，对于了解我县人民代表大会制度的发展，认识人大及其常委会的地位、性质和作用，研究和探讨地方政权建设，促进人大常委会的工作大有裨益，功在当前，利在长远。在此，我谨代表五莲县人大常委会，向为本志编纂工作付出辛勤劳动的编审人员，以及对编纂工作提供大力支持的各有关部门、乡镇（街道）以及个人，致以深深的谢意！

展望未来，任重道远。新的形势和新的任务给人大工作提出了新的更高的要求，希望全县各级从事人大工作的同志和人大代表，肩负起时代赋予的使命，进一步解放思想，开拓创新，用心会干干成，为推动全县经济社会又好又快发展做出新的更大的贡献！

五莲县人大常委会第一副主任 李应田

2011年10月

# 凡 例

一、本志上限自1949年12月第一届各界人民代表会议起，下限至2011年10月10日县第十六届人大常委会第二十七次会议。有些事件为保持完整，适当上溯和下延。

二、本志坚持实事求是地记述五莲县人大及其常委会行使职权，在全县经济和社会发展中所发挥的应有作用，翔实记载各项工作所取得的丰硕成果，力求资料真实可靠，以史实体现观点，寓褒贬于记事之中，以充分发挥志书“资政、存史、育人”的功能。

三、本志体例遵循修志惯例和科学分类原则，横排门类，纵述始末，以事分类，类为一篇，篇下分设章、节、目等层次。尽量做到谋篇合理，叙述完整，以保证志书的保存和利用价值。

四、本志资料主要来源于有关县人大常委会的档案、文件汇编，《五莲县志》、《五莲年鉴》、《中共五莲组织史资料》及其它成书。部分荣誉、照片等个人资料则由社会征集和个人提供。

五、本志对行政区、组织机构等事物名称，一律采用当时称谓，初用全称，后可简称；对中国共产党多简称“党”，对其各级组织多简称省委、县委、党委、党组、党支部等；对人物一律直书其名，不加称谓。

六、本志纪年采用公历，计量单位除“亩”之外，均采用国际标准制，表示年代、年、月、日、时的数字和计量数字，均用阿拉伯字。

七、本志记载人物遵循生不立传原则，对收录者只记主要履历、荣誉、著述，不加定论。所有人物均归类，以任职或劳模授予时间先后为序。

八、本志采用语体文，记述体。以志为主，综合运用述、记、图、表、录等诸种体裁。力求文风朴实，语言简洁，流畅可读。

# 目 录

# 概述

## （一）

五莲县位于黄海之滨的山东省日照市北部，东临胶南市，北媲诸城市，西、南与莒县、东港区接壤。2010年，总面积1443平方公里，全县辖9镇2乡1街道共621个行政村，11个居，51万人口。

据考证，早在4000多年以前，五莲地区就有人类居住。潮河镇的丹土遗址，为大汶口文化晚期和龙山文化早期城，是国内最古老的城市之一；春秋战国时期的齐长城穿越今五莲境内；战国兵营五莲街头镇内牌孤城遗迹尚存。

五莲地区周代后属莒国的封地。楚简王元年（公元前431年）北伐灭莒，又为楚地。秦属琅琊郡莒县，汉分辖于海曲、昆山、东武、诸、折泉等县或侯国。三国曹魏后属莒、东武、诸县。隋唐分属于莒县和诸城县。宋属京东东路密州。金属莒县和诸城县。明清属青州府的诸城县和莒州及其所辖的日照县。中华民国成立后属莒县、日照、诸城三县所辖。

五莲地区是人民政权建立较早的地区。早在1932年10月，中国共产党日照县委领导的农民暴动，曾一度攻占了五莲山，并建立过“鲁南革命会”的红色政权。此为五莲历史上人民民主政权的开端。1940年3月，中共日照县委在洪凝镇长兰村召开各界人士和群众代表大会，民主选举日照县抗日民主政府。之后，随即成立其所辖的第三区抗日民主政权（辖今高泽、洪凝、松柏、街头一带）。莒县抗日民主政府所辖的区乡政权也在石场一带建立。1943年夏，八路军滨海主力部队解放了五莲大部地区，日北、莒北、诸城三县抗日民主政府相继建立。按“三三制”的原则，各县分别选出参议员，成立了参议会，并选举了县参议长和县长。此时，五莲县境由日北、莒北、诸城、诸莒边四县分辖，逐步建立了日北县的洪凝、街头、五莲区，莒北县的管帅、中至、石场区，诸城县的户部、仁里、高泽区，诸莒边县的淮河区等区民主政权。1945年秋，日北县撤销，其所辖今五莲县境的洪凝、街头、五莲3个区并入藏马县。诸城县的户部区亦于同时划归藏马县管辖。

1947年5月，为适应战争形势需要，原莒北、日北、藏马3个县的部分区、乡组成一个新县，以境内秀丽的五莲山而得名为五莲县，归属胶东行署滨北专署管辖。县行政区划由原藏马县的户部、五莲、洪凝、街头及诸城县的常山、仁里、高泽共7个区组成。1948 年增设松柏区。12 月，莒北县撤销，其所辖之中至、管帅、淮河 3 个区并入五莲县。时全县共辖 11 个区。1949 年 12 月 17 日至 22 日，五莲县第一届各界人民代表会议在前长城岭村召开。与会代表 198 人。选举产生了五莲县各界人民代表会议常务委员会主席和副主席。

各界人民代表会议的召开，对于人民当家作主、参政议政、管理国家、恢复发展国民经济、增强各级民主意识起了极为重要的作用，为巩固人民政权、加强政权建设和人民代表大会制度的建立、发展，奠定了坚实的基础。至 1954 年 7 月 2 日，五莲县第一届人民代表大会第一次会议召开，五莲县各界人民代表大会即完成了其历史使命。

（二）

1954 年 7 月,根据中共中央提议,中央人民政府委员会通过了召开由选举产生的地方各级人民代表大会的决议。同年 3 月 1 日,中央人民政府公布了《中华人民共和国全国人民代表大会及地方各级人民代表大会选举法》，并于 4 月 3 日又发布了《关于基层选举工作的指示》。全国性普选全面展开，省级以下各级人民代表大会先后召开。在此基础上，1954 年 9 月 15 日第一届全国人民代表大会第一次会议召开。会议通过了《中华人民共和国宪法》及其他法律。根据这些法律,产生了全国人大常委会及其他国家机关。至此，人民代表大会制度在全国正式建立。

中共五莲县委、县人民政府根据《选举法》和《关于基层选举工作的指示》规定，在全县范围内开展了普选。各区乡人民代表，由选民在各选区直接选举产生。县人民代表，由各区乡人民代表大会选举产生。大会代表中，有工人、农民、手工业者、工商业者、文教卫生、国家工作人员、公安武装部队和少数民族等社会各方面人士，充分体现了广泛的代表性。1954 年 7 月 2 日至 5 日召开了五莲县第一届人民代表大会第一次会议，本次会议的召开，标志着作为根本政治制度的人民代表大会制度在五莲县正式建立。五莲县人民代表大会成为五莲县县级地方国家权力机关，县人民代表大会选出的县人民委员会即县级人民政府，是县人民代表大会的执行机关、县级行政机关。

五莲县人民代表大会第一届一次会议后，相继于 1956 年 12 月至 1966 年 6 月召开了第二至六届、1978 年 5 月至 2011 年 1 月召开了八至十六届人民代表大会各次会议。1966 年 6 月以后至 1978 年 4 月间，因开展“文化大革命”，未召开人民代表大会。此间以各种方式产生的“革命委员会”作为第七届人民政权机关。

1966 年起全国自上而下开展“文化大革命”运动,使人民代表大会制度处于中止状态，代行人民代表大会职权并执行政府职能的人民委员会被“革命委员会”代替，县人民法院被“军管”，县人民检察院被撤销。

1978年底，中共十一届三中全会总结了新中国成立以来的历史经验教训，提出了发展社会主义民主，健全社会主义法制任务，强调社会主义民主要制度化、法律化，使这种制度和法律具有稳定性、连续性和极大的权威性，做到有法可依、有法必依、执法必严、违法必究。为贯彻中共中央加强民主法制建设的方针，全国人大对人民代表大会制度进行了重大改革。重要的改革有两点：一是将人民代表大会代表直接选举的范围由乡级扩大到县级；二是在县以上地方各级人民代表大会设立常务委员会。此后，1982年宪法及其四次修正案，都对我国人民代表大会制度进行了不断地完善，注入了新的活力，促进了人民代表大会制度的稳固发展。

根据1979年7月1日第五届全国人民代表大会第二次会议通过的《中华人民共和国全国人民代表大会和地方各级人民代表大会选举法》(以下简称《选举法》)、《中华人民共和国地方各级人民代表大会和地方各级人民政府组织法》(以下简称《地方组织法》) 规定，中共五莲县委任命了五莲县第九届人民代表大会选举委员会。由选举委员会具体组织了五莲县第九届人民代表大会代表的选举，选民在各选区直接选出县人大代表。五莲县第九届人民代表大会于1980年12月27日至30日在县城召开。选举产生了五莲县第九届人民代表大会常务委员会及其组成人员。作出了撤销“五莲县革命委员会”建立五莲县人民政府的决议，并选举产生了县人民政府组成人员，选出了县人民法院院长、县人民检察院检察长。本次会议的召开，充分说明，坚持中国共产党的领导，是人大工作的基本前提和根本保证。共产党执政就是领导、支持、保证人民当家作主，最广泛地动员和组织人民群众依法管理国家事务，管理经济和文化事业，管理社会事务，实现好、维护好、发展好最广大人民的根本利益。人民代表大会制度是中国共产党领导和支持人民当家作主、实现党对国家和社会事务的领导的政权组织形式。党的领导主要是政治、思想和组织领导。通过制定大政方针，提出立法建议，推荐重要干部，进行宣传发动，发挥党组织和党员的作用，坚持依法执政，实施党对国家和社会的领导，发挥总揽全局、协调各方的领导核心作用。

中共五莲县委从向人民代表大会过渡阶段的各界人民代表大会起，就非常重视对代表会议的领导。各界人民代表会议的召开、会议内容等均由县委建议、决定，县委书记或县长任各界人民代表会议常委会主席（主任）。人民代表大会制度建立后，人大代表的普选，均由县委任命的选举委员会负责组织领导,县委书记或副书记任选举委员会主任。从1984年选举第十届县人大代表起，选举委员会由县人大常委会提名，经县委同意，人大常委会任命，县委书记（副书记）或人大常委会主任（副主任）任选举委员会主任，直接领导选举工作。

历次县人大会议期间,县委主要领导人和有关部门负责人参加大会领导工作,担任大会主席团成员或常务主席，各代表团成立临时党支部，大会成立临时党委。临时党委在会议期间召开代表中的党员会议，要求党员在会议中发挥模范带头作用，履行代表职责，保证县委意图得以实现。

为加强人大工作，使全县各级党组织重视人大工作，县委每年都召开有各级党组织主要负责人参加的全县人大工作会议、乡镇人大工作会议。县委主要领导在大会讲话，就各级重视人大工作问题提出要求。县委对乡镇人大工作及组织建设非常重视，早在人大常委会成立之初，就要求各公社有一名党委负责人分工联系人大工作，并配备兼职人大秘书。1987年后，借鉴外地经验，县委决定在各乡镇设立人大工作办公室，并陆续任命了主任，负责乡镇人民代表大会闭会后的乡镇人大工作。1989年召开了全县人大代表工作经验交流会，表彰了7处人大代表工作先进乡镇、11个人大代表先进组、41名优秀代表。1991年5月31日举行五莲县人大工作研讨会。市人大常委会和县委的有关领导出席会议，乡镇人大主席团专职常务主席、部分县人大代表、县直有关部门负责人参加会议。会议期间有19位同志就加强民主与法制建设，坚持和完善人民代表大会制度，加强监督工作，县级人大常委会自身建设，加强乡镇人大工作等方面宣读了论文。进一步明确了更好地发挥人大及其常委会和乡镇人大主席团的职能作用，促进政治、经济和社会各项事业发展的重要意义。县委还就提高对乡镇人大性质、地位、作用的认识，进一步加强和改善党对乡镇人大的领导，切实加强乡镇人大建设等作出具体规定。

在日常工作中，县人大常委会认真贯彻执行县委的决议、决定。1981年以来，县人大及其常委会先后根据上级党委、县委的有关指示精神，作出了关于打击严重刑事犯罪分子的决议，关于打击经济犯罪分子的决议，关于开展法制宣传教育的决议，关于加强精神文明建设的决议，关于开展学习邓小平理论、“三讲”教育、“三个代表”重要思想学习活动等决议。同时县委还经常听取县人大常委会党组就人大及其常委会的一些重要工作的请示汇报,并及时给予支持和指示。

为实现县委对县人大常委会的组织领导,在县人大常委会设立之初,县委就批准建立了中共五莲县人大常委会党组。常委会主任任党组书记，是中共党员的副主任任副书记或成员，在每次换届后，根据人事变更情况，及时对党组成员进行调整充实。在人大常委会机关设立党支部，便于党员的组织生活，以充分发挥党组织在人大机关中的领导作用。

在选举县人大常委会组成人员时，主要由县委推荐提出。由人大及其常委会选举、任命的县政府、法院、检察院的领导人及政府组成人员的候选人，也主要由县委提出推荐人选，人大及其常委会通过任命决定，以体现党管干部与依法任免相统一的重要原则。五莲县人民代表大会制度建立以来，各届人民代表大会会议选举出县委推荐、大会主席团提名的人大常委会组成人员、“一府两院”领导人，充分保证了中国共产党对国家事务的领导，维护和巩固了党的执政地位。

五莲县人民代表大会及其常委会自建立以来，在县委的领导下，认真行使了宪法和法律赋予的职权，在县内保证了宪法、法律、行政法规和上级人民代表大会及其常委会决议的遵守和执行；讨论、决定了本行政区域内的政治、经济、教育、科学、文化、卫生、环境和资源保护、民政、民族等工作的重大事项，审查和批准了国民经济和社会发展计划、预算及其执行情况的报告，依法对县人民政府、县人民法院、县人民检察院的工作进行了监督，依照法律规定权限决定了国家机关工作人员的任免等，使人民代表大会制度在本县不断发展和完善，取得了显著成绩。

依法行使重大事项决定权，审查和决定全县的重大事项，是一项体现国家权力机关特征的职权。县人大每年至少召开一次代表会议，在每次会议上均听取并审议“一府两院”和人大常委会工作报告，审查批准每年的国民经济和社会发展计划、预算及其执行情况的报告，就重大事项作出决议，并向全县公布。县人大常委会每两月至少举行一次会议，在各次会议上讨论决定本县各方面工作的重大事项，作出了各项决议、决定、意见、办法等。这些决议、决定、意见、办法顺乎民心，合乎民意，大都是全县人民关心的热点、难点问题，深受人民群众欢迎，实现了党的主张与人民意志的统一。

监督职权是宪法和法律赋予人大及其常委会的重要职权。人大及其常委会作为国家权力机关的监督，是代表国家和人民进行的具有法律效力的监督。五莲县人大及其常委会自建立以来，牢牢抓住发展这个执政兴国的第一要务，牢固树立和认真落实科学发展观，坚持以人为本，坚持以经济建设为中心，紧紧围绕党和国家工作的大局，紧紧围绕改革发展稳定中的热点和难点问题，紧紧围绕关系群众切身利益的问题，依法行使监督权，对“一府两院”进行法律监督和工作监督。经过多年的努力，监督机制逐步健全和完善，监督实效进一步增强，监督工作有了很大发展，促进了本级国家行政机关依法行政，审判、检察机关公正司法，保证了宪法、法律和法规在本县的正确实施，保障了经济和各项社会事业得以健康发展。在对“一府两院”进行法律监督中，采用执法检查、特定问题调查、建立执法责任制、实行部分案件报人大备案制度，对群众反映强烈的案件实施个案监督等措施，提高了人大监督效果。在进行工作监督中，采用听取和审议“一府两院”工作报告或专题汇报，审查和批准国民经济和社会发展计划、财政预算，审查规范性文件，受理申诉、控告、检举，特定问题调查，监督人大代表建议、批评和意见的办理，对各项工作开展、进展情况进行视察、检查、调查等方式进行。《五莲县人大常委会议事规则》对以上监督方式都作了明确具体规定。自第九届人大及其常委会建立以来，对“一府两院”工作进行的视察、检查、调查等200余次。

选举任免权是地方人大及其常委会的重要职权，是实现国家权力机关职能的主要形式，加强对权力的制约和监督，保证把人民赋予的权力真正用来为人民谋利益的手段之一。县人大及其常委会，在行使选举任免权中，坚持党管干部和人大及其常委会选举、任免干部相统一的原则，采用任前考察、法律考试、供职审议和任后述职评议等形式，保障了国家政权牢牢掌握在人民手中，实现了国家意志和人民意志的高度统一。县人大及常委会建立以来，选举产生了历届人大常委会组成人员和“一府两院”领导人员、任命了“一府两院”工作人员。

历届县人大及其常委会都把代表工作作为人大的基础工作，注重发挥代表作用，贯彻执行代表法，为代表执行职务提供优质服务和各项保障。县各届人大常委会首先从完善服务机构入手,建立代表活动组织、建立健全代表工作制度，强化服务措施，不断探索新形势下做好人大工作的新途径，促进了代表工作的开展。县人大代表在会议期间，依法向县人大会议提出议案及对各方面工作的建议、批评和意见,是其执行代表职务的重要形式。人大代表来自人民，由人民群众选举产生，受人民群众监督。历届县人大代表以“人民选我当代表，我当代表为人民”为宗旨，代表人民的利益和意志，依法执行代表职务，密切联系人民群众，爱岗敬业，忘我工作，涌现出许多先进典型和模范人物。

地方人大及其常委会肩负着代表人民当家作主、管理国家事务、建设高度民主和法制完备的社会主义现代化国家的光荣历史使命。因此,要求它必须加强自身建设，完善各项职能，以适应社会主义民主政治建设的需要。历届县人大及其常委会，严格按照“政治坚定,业务精通，务实高效，作风过硬，团结协作，勤政廉洁”的标准，加强自身和机关的政治建设、思想建设、组织建设和制度建设。

在各项建设中，首先从抓学习入手，加强思想理论建设和作风建设。建立学习制度，采取多种形式，组织人大代表、常委会组成人员、机关工作人员学习马列主义毛泽东思想、邓小平理论、“三个代表”重要思想及科学发展观，学习党的路线、方针、政策和宪法、法律、法规。不断提高对人大的性质、地位和作用的认识，提高人大工作意识，增强人大代表主体意识，提高思想政治水平和工作能力。

在组织建设中，注重优化代表和常委会组成人员的结构。把优化其年龄结构、知识结构提高综合素质放在重要位置。同时还重视了常委会工作机构的充实和健全。县人大常委会建立之初，仅有一个办公室、几名工作人员。随着时间的推移，机关工作机构逐步达到“二室、四委”，工作人员大都具有大学本科以上学历和较强的机关工作能力。

制度建设是思想建设和组织建设的保证。县人大常委会设立后，就制定各项工作制度、管理制度。随着工作的进展，各项规章制度逐步建立、健全和完善。县人大及其常委会共制定了《常委会议事规则》、《关于联系代表组织代表活动的暂行办法》、《关于人事任免的暂行规定》、《常委会组成人员守则》等规章制度和机关工作、管理制度，人大及其常委会、机关工作逐步走上了制度化、程序化、法制化轨道。

# 大事记

## 1932 年

**10 月** 中共日照县委领导的农民暴动队伍开赴五莲山一带，在山前的老君堂村整编队伍，挂出了“鲁南革命会”红色政权组织的旗帜。暴动虽遭强大的国民党地方部队镇压而失败，但为后来人民民主革命和政权的建立，做了尝试。

## 1940 年

**3 月 16 日** 中共日照县委在长兰村召开各阶层代表和当地群众 1000 余人参加的大会，一致通过罢免不抗日的国民党日照县长张希周的职务，民主选举产生了日照县抗日民主政府，推选刘鸿若为县长、各阶层代表 19 人组成的行政委员会，并布告全县，提出了团结、抗战、发展各项事业等施政方针。随后，其所属的洪凝、街头一带成立了区、乡抗日民主政权。莒县所属的石场乡成立了乡抗日民主政府。

## 1943 年

**7 月** 八路军滨海十三团、六团之主力，挺进莒日公路以北的五莲地区。五莲地区除高（密）徐（州）公路沿线和叩官、户部一带仍为敌伪军占领外，其余 300 多个村庄、30 多万人民全部获得解放。日北、莒北、诸城三县县委和县抗日民主政府相继建立。中共日北县委、县抗日民主政府驻街头、坊子一带，辖五莲地区的街头、洪凝、高泽三个区。中共莒北县委、县抗日民主政府驻桑园、中至一带，辖五莲地区的石场、中至、管帅三个区。中共诸城县委、县抗日民主政府驻户部岭、长城岭一带，辖五莲地区的仁里、户部、潮河一带。同时，在莒北和诸城的边沿地区建立诸莒边县，辖五莲地区西北部的坊城一带。

**9 月至 10 月** 恢复和建立各群众团体。在各分区委、区政权、区中队和基层组织恢复与发展的基础上，从县到村相继建立了抗日救国群众团体，时有农民救国会、妇女救国会、青年救国会、职工救国会和儿童团、识字班等，在此基础上从县到村普遍建立各界人民抗日救国联合会，简称各救会。

## 1944 年

**3 月** 八路军新一一一师、滨海十三团一营在诸城、日北县大队的配合下，驱走伪张步云部之一旅，叩官以西、五莲山以南村庄获解放，上级决定在此成立五莲区。

## 1945 年

**5 月** 诸城县在今户部乡的龙弯头村召开选举参议会议员大会，按“三三制”的原则，选出一百余名参议员，成立了参议会。并选举了县参议长和县长。

**6 月** 日北、莒北两县分别召开各界代表大会，选举参议员，成立了县参议会。并选举了县参议长和县长。

**9 月 2 日** 日本政府正式签署投降书。盘踞叩官、魏家埠等据点的日军随即撤离，至此，五莲地区全部解放。

**10 月** 莒北县党政机关迁往管帅。日北县撤销，原属日北县的洪凝、街头、五莲区及诸城的户部区，划归藏马县。原属日北县的高泽区划归诸城县。

## 1946 年

**7 月** 五莲地区改属胶东区滨北地区管辖。

## 1947 年

**5 月 1 日** 胶东区滨北专员公署决定以五莲山周围为主体成立五莲县。1 日滨北地委公布了中共五莲县委员会委员名单：辛玮、张鲁东、黄星岩、李滋圃、燕执抗。辛玮任书记。县委机关驻王家口子村。

**5 月 12 日** 在白庙子村举行五莲县成立大会，县、区主要干部参加。大会宣布五莲县成立。张鲁东任县长。五莲县辖仁里、常山、高泽、洪凝、街头、五莲、户部 7 个区，429 个自然村，258743 人。

## 1948 年

**2 月** 中共华东中央局确定五莲县为整党、结束土改工作实验县。实验县的工作由张鼎丞负责，在华东局党校学习的 200 名学员，分别参与县、区、乡的工作。县、区、乡的主要领导工作由华东局派出的干部担任。尹阿根任中共五莲县委书记，原县委书记辛玮任副书记。

**本月** 为便于接受华东局的领导，县委、县政府机关由王家口子、白庙子村移驻仁里村。

**秋** 增设松柏区，名为一区。时全县共辖 8 个区。

## 1949 年

**3 月** 中共华东中央局工作团撤离。五莲县整党和结束土改试验工作结束。滨北地委调整了五莲县委、县政府领导成员，辛玮调任滨北地委副书记，赵均平任县委书记、张鲁东任县委副书记，徐新任县长。各区委区政府的领导也进行了调整充实。

**4 月** 县委机关迁驻前长城岭村，县政府机关迁驻后长城岭村。

**11 月 24 日** 五莲县政府作出关于召开各界人民代表会议的决定。提出了代表的推举办法和代表资格，并根据各界的情况分配了代表的数量。

**12 月 17 日至 22 日** 五莲县第一届各界人民代表会议在前长城岭村召开。与会代表 198 人。选举了五莲县各界人民代表会议常务委员会，张鲁东为主席，汤保镇、刘本周、王度、盛怀桂为副主席。

**12 月** 原属莒北县的中至、淮河、管帅 3 个区划归五莲县。

## 1950 年

**2 月** 县委、县政府机关由长城岭村迁至洪凝。

**3 月 2 日至 3 日** 五莲县第二届各界人民代表会议在洪凝召开，与会代表 283 名。选举了五莲县各界人民代表会议常务委员会，董奏吉为主席，管阶陆、程俊善、王度、李瑞亭为副主席。

**5 月 29 日至 31 日** 五莲县第三届各界人民代表会议在洪凝召开，与会代表 263 名。选举了五莲县各界人民代表会议常务委员会，董奏吉为主席，张守椿、滕云香

(女)、管阶陆、许宾贤为副主席。

## 1951 年

**1 月 15 日至 18 日** 五莲县第四届各界人民代表会议与全县农民代表大会在洪凝合并召开，与会代表 291 名，选举了五莲县各界人民代表会议常务委员会，董奏吉为主席，王爱德、滕云香（女）、管阶陆、许宾贤为副主席。

**2 月 27 日至 3 月 1 日** 五莲县第五届各界人民代表会议在洪凝召开，与会代表 271 名。选举了五莲县各界人民代表会议常务委员会，董奏吉为主席，李瑞亭、李兆田、许宾贤为副主席。

**6 月 28 日至 7 月 1 日** 五莲县第六届各界人民代表会议在洪凝召开，与会代表 263 名。公安、司法部门负责人列席了会议。会议选举五莲县各界人民代表会议常务委员会，董奏吉为主席，李瑞亭、李兆田、许宾贤为副主席。

**12 月 5 日** 五莲县第七届各界人民代表会议在洪凝召开，与会代表 237 名。会议选举了五莲县各界人民代表会议常务委员会，董奏吉为主席，郑全忠、滕云香（女)、许宾贤为副主席。

**12 月** 在全县党政机关内部开展“三反”（反贪污、反浪费、反官僚主义）运动。县成立运动领导机构——节约检查委员会。翌年五月运动结束。

## 1952 年

**6 月 28 日至 30 日** 五莲县第八届各界人民代表会议在洪凝召开，与会代表 240 名。会议选举五莲县各界人民代表会议常务委员会，刘慨为主席，许宾贤、徐延林为副主席。

## 1953 年

**1 月 6 日至 12 日** 五莲县第九届各界人民代表会议第一次会议在洪凝召开，与会正式代表 306 名，列席代表 19 名。本次会议代行人民代表大会职权，采用无记名投票的方式，选举了县人民政府县长、副县长，县人民政府委员会委员；选举了出席省人民代表会议的代表。会议选举朱兰奎为县长，武景尧为副县长。

**2 月** 中共胶州地委任命刘慨为中共五莲县委书记。

**3月22至25日** 五莲县第九届各界人民代表会议第二次会议在洪凝召开。与会代表245名，列席代表14名。

**6月30日** 按照中央人民政府政务院的部署，是日24时起对全县人口进行调查登记。经查，全县人口为376637人。

**12月14日至17日** 五莲县第九届各界人民代表会议第三次会议在洪凝召开，出席会议的正式代表235名，列席代表21名。

## 1954年

**5月15日至18日** 中共五莲县第三次代表会议召开，与会代表250名。

**7月2日至5日** 五莲县第一届人民代表大会第一次会议在洪凝召开，全县共选举代表322名。与会代表298名，列席代表9名。

**9月16日** 县委书记刘慨调动工作，卢星文任县委书记。

**12月** 原属莒县的石场区划归五莲县，翌年1月正式办理交接手续，时全县辖12个区，145个乡。

## 1955年

**1月12日至18日** 中共五莲县第四次代表会议召开，与会代表435名。

**1月29日至2月2日** 五莲县第一届人民代表大会第二次会议在洪凝召开，与会代表236名，列席代表29名。会议向毛主席、解放军、志愿军发了致敬信。

**秋** 贯彻落实中共七届六中会议（扩大）《关于农业合作化问题的决议》，至年底，全县96.9%的农户入了社，农村基本实现合作化。

**12月27日至31日** 五莲县第一届人民代表大会第三次会议在洪凝召开，与会代表257名。

## 1956年

**1月** 根据《中华人民共和国地方各级人民代表大会和地方各级人民委员会组织法》的规定，五莲县人民政府改称五莲县人民委员会。县人委在人民代表大会闭会期间，代行人民代表大会职权。

**2月** 松柏区撤销，原辖村庄分别划归仁里区和洪凝区。

**3 月** 胶州专区撤销，五莲县划归昌潍专区。

**4 月** 常山区划归诸城县。

**5 月 19 日至 25 日** 中共五莲县第一次代表大会在县城召开，与会代表 338 名。大会选举卢星文为县委书记，牟乃云、冯展义为县委副书记。

**12 月 29 日** 五莲县第二届人民代表大会第一次会议在县城召开，1957 年 1 月 2 日结束。与会代表 278 名，列席代表 12 名。大会选举徐鸿翔为县长，谢鑑之、王启元、王绪堂为副县长，王金德为法院院长。

**是年** 为彻底改变农业上的私有制，全县掀起高级农业合作化高潮，至年底，原有的 981 处初级农业生产合作社转为 416 处高级农业生产合作社，入社农户达 80282 户，占总户数的 93%。

## 1957 年

**10 月 24 日至 29 日** 五莲县第二届人民代表大会第二次会议在县城召开。与会代表 235 名，列席代表 17 名。会议选举宋树棠为法院院长。

**12 月 28 日至 30 日** 五莲县第二届人民代表大会第三次会议在县城召开。与会代表 230 名，列席代表 8 名。

## 1958 年

**1 月** 全县机构进行调整，撤区并乡，重新组建了 24 个乡，乡设党委和乡人民委员会。

**5 月 28 日至 31 日** 五莲县第三届人民代表大会第一次会议在县城召开，与会代表 267 名。会议选举徐鸿翔为县长，谢鑑之、王启元、王绪堂为副县长。

**9 月 11 日** 全县由 24 个乡的 408 处高级农业生产合作社组建成 13 处人民公社，全县实现了人民公社化。这 13 处公社是：星火（后改称许孟人民公社）、大跃进（松柏人民公社）、红旗（高泽人民公社）、红星（洪凝人民公社）、火箭（街头人民公社）、五莲山（叩官人民公社）、卫星（汪湖人民公社）、富山（户部人民公社）、曙光（中至人民公社）、上游（潮河人民公社）、东风（管帅人民公社）、幸福（于里人民公社）、灯塔（石场人民公社）。1959 年 5 月，名称改为以所驻地命名，实行政社合一。建立公社党委和公社管理委员会。公社管理委员会由社长、副社长、助理员若干人组成。

## 1959 年

**12 月 14 日至 17 日** 五莲县第三届人民代表大会第二次会议在县城召开。大会补选张耀堂为县长，李振沧为副县长。

## 1960 年

**5 月 24 日至 28 日** 中共五莲县第二次代表大会在县城召开。选举卢星文为县委第一书记。

## 1961 年

**2 月 4 日至 6 日** 五莲县第四届人民代表大会第一次会议在县城召开。正式代表 303 名，与会代表 253 名。大会选举张耀堂为县长，刘斗、李振沧、王绪堂、王启元为副县长，宋树棠为法院院长，并选举了县人民委员会委员 14 名。

**7 月** 为贯彻落实《农村人民公社工作条例（草案）》，县委在集后、同俗、大郭村 3 个大队试点，取消供给制和公共食堂，把人民公社的基本核实单位下放到生产小队，在全县普遍推广，实现了“三级所有，队为基础”。

## 1962 年

**1 月 23 日至 25 日** 五莲县第四届人民代表大会第二次会议在县城召开。与会代表 235 名。

**11 月 21 日至 24 日** 五莲县第四届人民代表大会第三次会议在县城召开。与会代表 231 名。

## 1963 年

**8 月 28 日至 30 日** 中共五莲县第三次代表大会在县城召开，与会代表 308 名，列席代表 52 名。会议选举卢星文为县委书记，徐尔田、鞠玉亮、李焕文为副书记。

**8 月 28 日至 30 日** 五莲县第五届人民代表大会第一次会议在县城召开，正式代表

301名，与会代表262名。会议选举赵文泉为县长，李焕文、张耀堂、李振沧为副县长，王金德为法院院长。

## 1964年

**6月30日** 第二次全国人口普查，至6月30日24时，全县人口为412661人。

**8月9日至11日** 五莲县第五届人民代表大会第二次会议在县城召开。与会代表252名。

## 1965年

**1月14日至16日** 五莲县第五届人民代表大会第三次会议在县城召开，补选于文塘、史学义为副县长。

**5月** 增设院西、山阳、王世疃3处公社。全县人民公社增加到16处。

**6月4日至5日** 五莲县第五届人民代表大会第四次会议在县城召开。与会代表211名。会议通过了五莲县“三五”规划。

## 1966年

**6月3日至6日** 五莲县第六届人民代表大会第一次会议在县城召开。正式代表300名，与会代表254名。从本次大会开始选举县人民检察院检察长。会议选举赵文泉为县长，于文塘、史学义、李振沧为副县长，王金德为县人民法院院长，王瑞砚为县人民检察院检察长。

**8月** 中共八届十二中全会通过的《关于无产阶级文化大革命的决定》（即十六条）发表后，学校中各种名目的“红卫兵”组织相继成立，并走向社会破“四旧”（旧思想，旧文化，旧风俗，旧习惯）。五莲一中的学生第一次贴出“炮轰县委”、“炮轰地委”的大字报，部分领导干部和教师被揪斗。

## 1967年

**1月31日** 以五莲一中为主的17个“革命”群众组织联合夺了县委、县人委的权。

**2月3日** 夺取县党政财文大权的"五莲县'革命造反派'联合指挥部"成立，共设22名"服务员"，其中"常设服务员"12名，五莲一中教师王先鞭为首席"服务员"。不久，"联合指挥部"解体，两派斗争从此开始。

## 1968年

**2月13日** 经昌潍地区革命委员会筹备委员会批准，成立由军队代表、领导干部代表、群众代表组成的五莲县革命委员会，王先鞭任主任，李景民、王超、刘斗、刘太臻任副主任。同日，发布了《告全县人民书》和《五莲县革命委员会第一号通告》，五莲县的党、政、财、文大权归革命委员会。

**4月** 精简机构，下放机关人员。县革命委员会将归原县委、县人委、政法三口所属的43个部门，精简为三部（政治部、生产部、政法部）一室（办公室），将原367名工作人员保留125名，其余242人列入编外，除一部分充实基层外，余者编入"毛泽东思想宣传队"，准备下放。

**10月** 把斗争矛头指向已经恢复工作的各级领导干部的"反复旧"运动开始，有的领导干部被重新打倒，有的被清除出领导班子"靠边站"。

## 1969年

**4月1日至24日** 王先鞭、刘太臻作为"九大"代表，参加了在北京召开的中国共产党第九次全国代表大会。

**9月29日** 经中共山东省革命委员会核心领导小组批准，中共五莲县革命委员会核心领导小组成立，县人武部政委吕庆常任组长，王超任副组长。在党委未建立之前代行党委职权。县直单位和16处人民公社革命委员会也相继建立党的核心领导小组。

## 1970年

**夏** 随着县、公社两级党组织的恢复，农村党支部相继恢复。

## 1971年

**1月12日至17日** 中共五莲县第四次代表大会在县城召开，应出席正式代表790

名，与会正式代表760名，列席代表20名。大会选举赵忠超任县委书记，吕庆常、徐尔田任县委副书记。县委建立后，革命委员会成为行政机构。

## 1972年

**2月** 县人民法院恢复。

## 1973年

**秋** 开展批林（彪）运动，纠正阶级斗争扩大化错误，落实党的一系列对人的政策。

## 1974年

**年初** 全国性的“批林批孔”运动开始，县批林批孔办公室随之成立，取代县委职权发号施令，并制造了拦路截车、武斗、持械民兵进驻机关等一系列事件，使县委恢复建立后刚刚安定的秩序一度混乱起来。

## 1975年

**1月13日至27日** 县革命委员会副主任刘太臻出席了在北京召开的第四届全国人民代表大会第一次会议。

**9月15日至19日** 县委副书记、县革命委员会副主任于潮出席了在山西省昔阳县召开的全国农业学大寨会议。五莲县被评为全国农业学大寨先进县。

## 1976年

**9月9日** 毛泽东主席逝世，全县人民沉痛吊唁。

**10月23日** 全县约38万人隆重集会，庆祝粉碎“四人帮”反革命集团的伟大胜利。

**10月** 姜曰绍任中共五莲县委书记。

**12 月** 中共山东省委、山东省革命委员会授予五莲县“农业学大寨先进单位”称号。

## 1977 年

**4 月至 7 月** 中共昌潍地委派整党工作组来五莲县，帮助县直机关开展整党工作。

## 1978 年

**5 月 29 日至 6 月 1 日** 五莲县第八届人民代表大会在县城召开，正式代表 550 名，与会代表 530 名。会议选举于潮为县革命委员会主任，张彦士、宋允茂、王立周、秦绪佳、蓝开文、朱佃俊为县革命委员会副主任，李志民为法院院长。本次会议，恢复检察院，吕长芳被选为检察院检察长。

## 1979 年

**2 月** 县委、县革委在对县情重新认识和估价的基础上，制定了“以林为主，林粮牧结合，多种经营，全面发展”的山区建设方针，改变了过去片面强调粮食生产、忽视多种经营的偏向。

## 1980 年

**9 月** 县成立选举委员会，部署由选民直接选举县人民代表大会代表的工作，至 11 月 25 日，选举工作结束。

**12 月 25 日至 30 日** 五莲县第九届人民代表大会第一次会议在县城召开，正式代表 240 名，与会代表 230 名，列席人员 38 名。这次会议根据 1979 年修订的《地方组织法》关于县级以上地方各级人民代表大会设立常务委员会的规定，选举了县人大常务委员会，选举王聚先为主任，秦绪佳、王立周、高立福、赵文泉、寇维清为副主任。会议宣布撤销五莲县革命委员会，设立五莲县人民政府。选举张彦士为县长，齐忠礼、杨茂祥、朱佃俊、蓝开文、臧凤兰（女）为副县长。选举李志民为县人民法院院长，吕长芳为县人民检察院检察长。

## 1981 年

**1 月 9 日** 县第九届人大常委会第一次会议召开。与会人员学习了《地方组织法》，充分认识县人大常委会的性质、职责和任务。县人大常委会主任王聚先在会上讲话。

**1 月 19 日** 县第九届人大常委第二次会议召开。会议根据法律程序任命了县人民政府 34 个委、办、局的主任、局长。

**3 月 12 月** 县第九届人大常委会第三次会议召开。会议通过建立人大代表小组的决议。至 6 月底，全县各公社和县直选区建立人大代表小组 49 个，其中农村 46 个、县直 3 个。

**3 月** 县第九届人大常委会组成人员视察墙夼水库库区农民吃水问题。这是县人大常委会建立以来的首次视察。

**5 月 29 日至 30 日** 县第九届人大常委会第四次会议召开。会议听取并通过县人民政府关于 1980 年国民经济计划执行情况和 1981 年国民经济计划调整和计划安排意见的报告。

**8 月 11 日** 县第九届人大常委会第五次会议召开。会议通过视察农业生产和小学教育的决定。

**8 月 13 日至 20 日** 县人大常委会 3 名正副主任、3 名常委以及教育局负责人组成检查组，对潮河、石场两处公社的教育工作进行了检查。

**8 月 14 日至 21 日** 县人大常委组织调查组，对中至、户部两处公社实行联产计酬生产责任制的情况进行调查。

**11 月 11 日** 县第九届人大常委会第六次会议召开，听取并审议县人民政府关于全县社会治安情况的汇报，通过《关于大力加强法制宣传教育，继续搞好社会治安的决议》。

**12 月 4 日** 县第九届人大常委会第七次会议研究了召开县第九届人大二次会议有关事宜。

**12 月 7 日至 10 日** 五莲县第九届人民代表大会第二次会议召开。与会代表 220 名。会议补选王彬为县人大常委会副主任，江云华为县人大常委会委员。

**12 月 13 日至 15 日** 县人大常委会组织调查组，对潮河公社抓好年终收益分配，促进冬季生产的情况进行调查。

## 1982年

**1月3日** 县第九届人大常委会第八次会议召开，通过人事任免事项。

**2月24日** 县第九届人大常委会给全县人大代表寄发了积极参加义务植树活动的公开信。

**3月7日** 县第九届人大大常委会第九次会议批准县人民政府《1981年全县国民经济计划执行情况和1982年全县国民经济计划部分调整安排意见的报告》。

**5月1日** 县第九届人大常委会第十次会议召开，会议通过《关于深入开展打击经济领域犯罪活动的决议》；与会人员参加了首届“五一”集体婚礼活动。

**5月14日** 县第九届人大常委会第十一次会议召开。会议审议通过了《五莲县人民政府关于保护林木，发展林业生产的布告》；决定任命王聚先为县人民政府副县长、代理县长。县委决定由县委副书记贺炳忠分管人大常委会工作。

**6月6日** 县第九届人大常委会第十二次会议通过了《关于组织全县人民讨论〈中华人民共和国宪法修改草案〉的决议》。会后向全县人大代表寄发了“带头学宪法”的公开信。

**7月1日** 第三次全国人口普查结果显示，至6月30日24时，全县人口471543人。

**7月3日至8日** 全省山区建设工作会议在五莲召开，推广五莲县山区建设的经验。

**8月30日** 县第九届人大常委会第十三次会议召开，会上，委员们学习了《中共山东省委、山东省人民政府关于加快山区生产建设的决定》，传达了在五莲县召开的全省山区工作会议精神，通过《关于加快山区生产建设的决定》。

**9月25日** 县人大常委会组织调查组，对叩官公社贯彻中共十二大精神，促进山区建设的情况进行调查。

**10月20日** 县第九届人大常委会第十四次会议召开。会议审议并通过《关于贯彻执行国务院村镇建房用地管理条例的决议》。

**12月22日至25日** 五莲县第九届人民代表大会第三次会议召开。会议选举贺炳忠为县人大常委会主任，王聚先为县人民政府县长。

## 1983年

**3月19日** 县第九届人大常委会第十六次会议，批准县人民政府拟定的《五莲县国家机关工作人员奖惩实施办法》和《关于颁发科研成果及推广成果证书和奖金的试行办法》。

**5月30日** 中共五莲县委书记于潮当选为第六届全国人民代表大会代表，赴京参加第六届全国人民代表大会第一次会议。

**6月3日** 县第九届人大常委会第十七次会议批准了县人民政府拟定的《五莲县关于贯彻执行山东省城市（镇）建设管理条例等有关规定的实施办法》。

**7月9日** 县第九届人大常委会召开第十八次会议，听取全国第六届人大代表、县委书记于潮传达全国第六届人民代表大会第一次会议精神，学习了全国六届人大一次会议文件，通过《关于认真学习贯彻全国六届人大第一次会议精神的决议》。

**7月** 县人大常委会组织调查组，对潮河镇“两户”发展情况进行了调查。

**8月中、下旬** 县人大常委会副主任高立福会同一名副县长以及文教卫生委员会、教育局的负责人组成农村教育工作检查组，检查农村教育工作。

**9月15日** 县第九届人大常委会第十九次会议召开，听取并审议农村教育工作情况的汇报，通过《关于加强教育工作的决议》。

**12月25日** 县第九届人大常委会第二十次会议召开，听取并审议食品卫生法执法检查情况的汇报，通过《关于认真贯彻执行食品卫生法的决议》。

**12月28日至30日** 五莲县第九届人民代表大会第四次会议召开。会议根据省六届人大常委会第三次会议关于县、乡两级人民代表大会推迟换届时间的决定，通过决议，五莲县第九届人民代表大会的任期延长至1984年五莲县第十届人民代表大会第一次会议举行时为止。

## 1984年

**3月15日** 县第九届人大常委会第二十一次会议决定任命徐善来为五莲县人民政府副县长、代理县长。

**3月19日** 全县基层选举工作开始，至5月20日结束。

**4月** 改社建乡工作全部结束，全县改划为6个镇，16个乡，629个行政村。

**5月27日至29日** 五莲县第十届人民代表大会第一次会议召开。会议选举贺炳忠为县人大常委会主任，朱佃俊、杨茂祥、高立福、王彬为县人大常委会副主任。徐善来当选为县长，刘国良、臧凤兰、杨冠侯、李群良当选为副县长。岳奎文当选为县人民法院院长，尹世荣当选为县人民检察院检察长。

**7月12日** 县第十届人大常委会举行第一次会议，决定任命县人民政府22个委、办、局的主任、局长。

**8 月 20 日至 22 日** 中共五莲县第六次代表大会召开。选举李明启为中共五莲县委书记，徐善来、李宗步、王光庭、苑向东为中共五莲县委副书记。

**9 月 23 日** 县第十届人大常委会第二次会议召开。会议听取并审议县人民政府关于《大力发展农村商品经济生产》、财政工作和县人大常委会关于建立人大代表小组情况、代表建议意见处理情况的汇报。

**10 月 25 日** 在 8 月中旬进行改队建村试点的基础上，全县进行改队建村、建立村民委员会的工作，至 12 月 25 日结束。全县原有 593 个生产大队，761 个自然村，在改队建村中，以原生产大队或自然村为单位，建立了 625 个村民委员会。

**11 月 13 日** 县第十届人大常委会第三次会议通过《关于大力学习、宣传和贯彻〈中华人民共和国森林法〉的决议》；通过了关于设立县人大常委会代表联络科、调查研究科的决定。

**11 月 21 日至 27 日** 县人大常委会组织考察组赴掖县、牟平、乳山、崂山四县考察开展人大工作的经验，同时考察了乳山、崂山发展奶山羊的情况。

**12 月 29 日** 县第十届人大常委会第四次会议召开。会议通过《关于大力加强法制宣传教育的决议》；批准县人民政府关于全县改队建村的汇报。

## 1985 年

**2 月 14 日** 县第十届人大常委会第五次会议召开。会议通过县人大常委会工作制度、联系代表办法。

**3 月 31 日至 4 月 2 日** 五莲县第十届人民代表大会第二次会议召开。与会代表 244 名，列席人员 50 名。

**5 月 21 日** 县第十届人大常委会第七次会议通过《关于进一步搞好城镇规划和建设的决议》。

**6 月 27 日** 县第十届人大常委会第八次会议批准了县人民政府拟定的《关于全县在五年左右普及法律常识规划》，并通过《关于加强法制宣传普及法律常识的决议》。

**8 月 20 日至 21 日** 全县人大代表工作经验交流会召开，县委副书记李宗步在会上讲话。

**10 月 22 日至 23 日** 县第十届人大常委会第十次会议通过《关于进一步贯彻〈经济合同法〉的决议》。

**12 月 13 日** 县人大常委会召开会议，贯彻全市县区人大工作经验交流会精神，县委书记李明启在会上讲话。

**12 月 16 日至 17 日** 县第十届人大常委会第十一次会议通过《关于加强地方志工作的决议》。

## 1986 年

**2 月 27 日至 28 日** 县第十届人大常委会第十二次会议通过《关于加强民政工作的决议》。

**4 月 10 日至 11 日** 县第十届人大常委会第十三次会议通过《关于加强审计工作的决议》。

**5 月 17 日至 20 日** 五莲县第十届人民代表大会第三次会议召开。与会代表 246 名，列席代表 87 名。会议补选王明为县十届人大常委会副主任。选举孙长华为县人民政府县长，李志久为县人民政府副县长。

**5 月 21 日** 五莲县人大工作经验交流会议召开。县委书记李明启、县长孙长华在会上讲话。

**7 月 11 日至 12 日** 县第十届人大常委会第十五次会议通过《关于加强物价工作的决议》。

**7 月 14 日** 县人大常委会就《食品卫生法》贯彻执行情况，对洪凝、管帅等五大集镇、县直 66 处职工食堂进行了视察。

**8 月 19 日至 22 日** 县人大常委会组织部分常委会委员、县人大代表和县政府及公安局、法院、检察院、司法局等部门负责人共 26 人，分为 4 个视察组，对全县 22 处乡镇和县直 7 个系统的普法工作进行了视察。

**9 月 15 日至 16 日** 县第十届人大常委会第十六次会议通过《关于进一步宣传、贯彻〈中华人民共和国统计法〉的决议》。

**11 月 19 日至 21 日** 县第十届人大常委会第十七次会议通过《关于认真学习宣传〈中华人民共和国土地管理法〉加强土地管理的决议》和《关于进一步贯彻税收法规加强税务工作的决议》。

## 1987 年

**1 月 19 日至 20 日** 县第十届人大常委会第十八次会议，批准县人民政府关于追加 1986 年财政支出预算的报告，审议通过《关于宣传施行〈中华人民共和国治安管理处罚条例〉的决议》。

**2 月 25 日** 根据市人大常委会的通知，县人大常委会组织驻五莲县的四位省人大代表对县城供水、魏家乡的文明村、山庄乡的扶贫、金矿生产、医院设施及医疗卫生等项工作进行了视察，历时 7 天。

**4 月 20 日至 25 日** 县第十一届人民代表大会第一次会议在县城召开。与会代表 210 名，列席代表 94 名。会议选举贺炳忠为县十一届人大常委会主任，朱佃俊、王明、臧凤兰、刘华祥、郭明令为县十一届人大常委会副主任。选举孙长华为县人民政府县长，韩清存、李群良、李志久为副县长。岳奎文为县人民法院院长，尹世荣为县人民检察院检察长。

**5 月 21 日** 县第十一届人大常委会第一次会议召开，县委副书记徐善来在会上讲话。会议通过了县人大常委会联系人民代表的办法，并决定设立县人大常委会代表资格审查委员会。

**5 月** 建立乡镇人大代表工作办公室。8 月 14 日县委转发了县人大常委会党组《关于乡镇人大代表工作办公室几个问题的报告》。

**6 月** 县第十一届人大常委会就《土地管理法》的贯彻执行情况，对许孟、高泽、管帅、七宝山四处乡镇的 6 个村的用地情况进行了调查。

**7 月 5 日至 8 日** 县第十一届人大常委会就贯彻执行《食品卫生法》的情况进行视察。对洪凝、街头等 8 处乡镇和商业、供销、粮食、外贸系统的食品加工车间、职工食堂、食品门市部等 138 个单位进行了视察。

**7 月 13 日至 14 日** 县第十一届人大常委会第二次会议召开。会议听取并审议关于 1987 年上半年全县财政预算执行情况、《土地管理法》贯彻实施情况、城镇规划建设管理情况的汇报。

**8 月 14 日** 中共五莲县第七次代表大会召开。李明启当选为县委书记，孙长华、徐善来、张庆吉当选为县委副书记。马先吉当选为县纪委书记。

**9 月 3 日至 6 日** 县第十一届人大常委会对全县 22 处乡镇、县直 7 大系统 48 个单位的普及法律常识工作进行视察。

**9 月 13 日** 县第十一届人大常委会第三次会议召开。会议听取并审议县人民政府关于全县国民经济和社会发展计划执行情况、社会治安情况、社会福利情况的汇报；会议决定任命张成禄为五莲县人民政府副县长。

**9 月下旬** 县第十一届人大常委会组织人员重点调查了县直轻工系统上半年国民经济计划执行情况，织布厂、农贸大楼社会治安措施落实情况和杜家沟乡“五保”供养工作情况。

**11 月 7 日** 县第十一届人大常委会第四次会议通过《关于对人大常委会任命的干

部实行政绩考察的试行办法》。

**12月3日** 县第十一届人大常委会第五次会议研究了召开县十一届人大二次会议有关事宜。

**12月4日至5日** 县第十一届人民代表大会第二次会议在县城召开，会议选举市十一届人大代表35名。补选宋全正为县人民政府副县长。

## 1988年

**1月27日至28日** 县第十一届人大常委会第六次会议召开。会议听取并审议村民委员会改选、春节物资供应、物价管理等情况的汇报。

**3月21日至22日** 县第十一届人大常委会第七次会议召开。会议听取并审议贯彻实施《森林法》、春季卫生防疫、交通安全管理情况的汇报。

**3月27日至29日** 五莲县第十一届人民代表大会第三次会议召开。与会代表210名，列席代表59名。

**4月** 由五莲县人民政府提报，县人大常委会批准五莲县与邹县结为社会主义精神文明建设姊妹县。

**5月27日** 县第十一届人大常委会第八次会议召开，依据“以林为主，全面发展”的方针，批准了县人民政府提报的全县林业规划。

**7月5日** 县人大常委会举行“亚洲三十亿人口日”活动，召开了有县五大班子领导和省、市、县部分人大代表，县直各党委、县武装部、计生委、卫生、民政、公安、司法、宣传、青年、妇女等部门负责人及计划生育先进集体和个人代表参加的座谈会。人大常委会主任贺炳忠和县人民政府副县长韩清存分别对加强计划生育工作提出了意见和要求。

**7月18至19日** 县第十一届人大常委会就《义务教育法》的贯彻实施情况，对洪凝、许孟等12处乡镇的24所初中、小学和县直各学校进行了视察。

**7月27日** 县第十一届人大常委会第九次会议召开。会议审议了县人民政府关于环境保护工作情况的汇报，通过《关于加强环境保护工作的决议》。

**9月27日** 县第十一届人大常委会第十次会议召开。通过《关于加强档案工作的决议》、《关于追加1988年财政收支预算的决议》。

**10月19日至22日** 县人大常委会组织有关部门，对全县贯彻执行《山东省计划生育条例》的情况进行检查。

**11月25日** 县第十一届人大常委会第十一次会议召开，会议通过《关于依法治县的决议》。

**11 月** 县人大常委会根据省、市人大常委会的通知，在全县范围内开展执法大检查，历时 3 个月。

## 1989 年

**1 月 23 日至 24 日** 县第十一届人大常委第十二次会议召开。会议听取并审议县人民政府关于春节物资供应、贯彻《山东省计划生育条例》的情况汇报。

**3 月 10 日** 县第十一届人大常委会第十三次会议召开。会议通过《关于县第十一届人大第四次会议召开日期的决定》。

**3 月 19 日至 22 日** 县第十一届人民代表大会第四次会议召开。大会接受孙长华辞去县人民政府县长职务的请求，选举徐善来为五莲县人民政府县长。

**3 月 22 日至 23 日** 县人大代表工作经验交流会召开。县委书记李明启出席会议并讲话。会上表彰了 7 处人大代表工作先进乡镇、11 个人大代表先进组、41 名优秀代表。

**5 月 16 日** 县第十一届人大常委会第十四次会议召开。会议听取并审议县人民政府关于农业生产资料实行专营和供应情况，关于压缩基本建设规模、清理在建项目的汇报。

**7 月 16 日** 县第十一届人大常委会第十五次会议召开。会议听取并审议了县人民政府关于贯彻执行《药品管理法》的情况汇报、开展打流窜挖团伙专项斗争情况汇报；表决通过《关于学习贯彻党的十三届四中全会精神坚决制止动乱维护社会安定的决议》。

**8 月 14 日** 县人民政府县长徐善来向省、市、县三级人大代表及部分县人大常委会委员通报了县人民政府工作情况和下步打算。

**9 月 26 日** 县第十一届人大常委会第十六次会议召开。会议听取并审议了县人民政府关于贯彻实施《矿产资源法》、关于打击严重经济犯罪活动的情况汇报；通过《关于追加 1989 年财政收支预算的决定》。

**10 月 28 日** 县第十一届人大常委会第十七次会议召开。会议依法接受徐善来辞去五莲县人民政府县长职务的请求，同时决定任命张庆吉为五莲县人民政府副县长、代理县长职务。

**11 月 22 日** 县第十一届人大常委会第十八次会议召开。会议听取并审议县人民政府关于宣传贯彻实施《计量法》、关于开展以水利建设为重点的农业基本建设、关于开展以《宪法》为核心内容的法制教育情况的汇报，会议通过了县、乡两级选举委员会组成人员名单。

**11月下旬** 县、乡两级人民代表大会换届选举工作全面展开，至1990年3月结束，选出县第十二届人民代表大会代表240名，乡镇人民代表大会代表1309名。

## 1990年

**1月6日** 县第十一届人大常委会第十九次会议决定撤销代表联络科、法制科、教科文卫科、财经科，设立法制工作委员会、教科文卫工作委员会、财经工作委员会、农经工作委员会。

**3月13日至17日** 县第十二届人民代表大会第一次会议召开，与会代表240名。大会选举韩清存为县人大常委会主任，马先吉、臧凤兰、刘华祥、郭明令、王本著、孙恒德为副主任。选举张庆吉为县人民政府县长，李志久、李群良、宋全正、肖明仁、葛明学为副县长。选举岳奎文为县人民法院院长、尹世荣为县人民检察院检察长。

**3月20日至23日** 中共五莲县第八次代表大会召开，选举徐善来为县委书记，张庆吉、伊光彩、林春明为县委副书记，李桂玲为县纪委书记。

**4月3日** 县第十二届人大常委会第一次会议召开，选举任命了42名政府工作人员。

**5月7日至9日** 县人大常委会会同有关部门对18个县直单位和12处乡镇的52个单位的消防安全工作进行了检查。

**5月25日** 根据市人大常委会通知精神，对全县内务司法部门的执法情况进行了集中大检查，历时20天。

**5月30日** 县第十二届人大常委会第二次会议召开，听取审议县人民政府关于贯彻实施《水法》、《传染病防治法》、《土地管理法》的情况汇报，通过《关于进一步贯彻实施〈中华人民共和国水法〉的决议》。

**7月27日** 县第十二届人大常委会第三次会议召开。会议通过《县人大常委会议事规则》等规章制度。

**8月** 县人大常委会组织有关人员赴崂山、昌邑、寒亭等地学习考察监督“一府两院”和加强乡镇人大工作的经验。

**9月20日** 县第十二届人大常委会第四次会议召开，会议通过《县人大常委会联系代表的暂行办法》、《县人大常委会信访工作暂行办法》。

**9月** 按照“既要稳定物价，又要振兴经济”的指导思想，县人大常委会组织有关人员对许孟、街头、潮河、管帅、汪湖五大集市和县直工商、县联社、商业、粮食等单位进行了物价大检查。

**10月17日至18日** 省人大常委会主任李振来五莲视察工作，在县委书记徐善来、县人大常委会主任韩清存的陪同下，对石场、街头、许孟等乡镇进行了实地视察，并就如何做好人大工作作了指示。

**11月22日** 县第十二届人大常委会第五次会议召开，补选张庆吉为潍坊市第十一届人大代表，任命李山泉为县人民政府副县长。

**12月30日** 县人大常委会召开“五莲县人大常委会成立十周年庆祝大会”。

## 1991年

**1月25日** 县第十二届人大常委会第六次会议召开，听取县人大常委会1990年工作情况的汇报。

**3月9日** 县第十二届人大常委会第七次会议召开，通过《关于五莲县人大常委会增设人事代表工作室的决定》。

**3月23日** 县第十二届人大常委会第八次会议研究了召开县十二届人大第二次会议有关事宜。

**3月26日至29日** 县第十二届人民代表大会第二次会议召开。会议通过《关于五莲县国民经济和社会发展第八个五年计划及十年规划的决议》。

**3月30日** 全县人大工作会议召开。县委书记徐善来、县人大常委会主任韩清存、县人民政府副县长李志久分别在会上讲话。

**4月12日至13日** 县人大常委会组织人员对街头、石场等十处乡镇的林果生产和县城绿化进行了视察。

**4月17日** 县第十二届人大常委会第九次会议批准《五莲县城区绿化管理实施方案》。

**4月28日至29日** 县人大常委会对全县22处乡镇人大主席团的建设和工作开展情况进行视察。

**5月24日** 县第十二届人大常委会第十次会议通过了《关于在全县公民中开展法制宣传教育第二个五年规划的决议》。

**5月31日** 县人大常委会召开人大工作研讨会。

**6月7日至8日** 潍坊市县市区人大常委会工作联系会第九次会议在五莲县召开。县委书记徐善来、县长张庆吉、县政协主席王聚先、县纪委书记李桂玲到会祝贺。

**6月中旬** 县第十二届人大常委会组织对司法部门执法情况进行大检查，检查分宣传发动、自查互查、统一检查三个阶段，重点对公安局、法院、检察院、司法局的执法情况进行全面检查。至8月结束。

**7月16日至17日** 县第十二届人大常委会就《食品卫生法》的贯彻实施情况对9处乡镇和县直部分食品生产经营单位及个体业户进行了视察。

**7月23日** 县第十二届人大常委会就国务院《关于加强计划生育工作，严格控制人口增长的决定》的贯彻情况，组织人员对22处乡镇和县直部门的计划生育工作进行了视察。历时8天。

**7月29日** 县第十二届人大常委会第十一次会议召开。会议听取并审议县人民政府关于上半年国民经济和社会发展计划执行情况和上半年财政预算执行情况的汇报；任命邵长仁为五莲县人民政府副县长（挂职）。

**7月** 县人大常委会举办人大干部培训班，历时3天。

**9月25日** 县第十二届人大常委会第十二次会议通过《关于进一步加强计划生育工作的决定》。

**10月17日至19日** 县人大常委会对花岗石厂、凤利有限公司、通用机械厂、织布二厂、链条厂等单位贯彻实施《企业法》的情况进行了视察。

**11月26日** 县第十二届人大常委会第十三次会议决定板栗树为县树、映山红花为县花。

## 1992年

**1月8日** 县第十二届人大常委会第十四次会议批准《五莲县农村社会养老保险暂行办法》。

**3月14日** 县第十二届人大常委会第十五次会议召开，会议审议批准《五莲县预算外资金管理办法》。

**4月4日至7日** 五莲县第十二届人民代表大会第三次会议召开，与会代表235名，列席代表141名。会议补选王谦安、于世民为县十二届人大常委会副主任，郑昭曦为县人民检察院检察长。

**4月18日** 全县乡镇人大工作经验交流会议召开。

**4月25日至26日** 县人大常委会组织视察全县林果生产。

**5月16日** 县第十二届人大常委第十七次会议召开，会议听取并审议了县人民政府关于二五普法规划实施情况、外经贸工作情况、卫生工作情况的汇报。

**5月下旬** 县人大常委会组织视察全县计划生育工作。

**7月中旬** 县人大常委会组织视察《企业法》贯彻实施情况。

**7月27日至28日** 县第十二届人大常委会第十八次会议通过《关于充分发挥职能作用促进和保障扩大对外开放的决议》。

**8月14日至15日** 县人大常委会组织视察《食品卫生法》贯彻实施情况。

**8月24日至25日** 县人大常委会组织检查司法部门执法情况。

**9月中旬** 县人大常委会组织视察乡镇企业。

**9月23日** 县第十二届人大常委会第十九次会议召开，会议听取并审议贯彻实施《行政诉讼法》、《经济合同法》情况的汇报。

**10月17日** 县第十二届人大常委会第二十次会议召开，研究有关县乡两级换届选举事宜。

**12月7日** 国家民政部批复日照市设区带县，五莲县划归日照市管辖。

## 1993年

**1月17日** 省政府在日照市举行五莲、莒县分别由潍坊、临沂划归日照市交接仪式。

**1月19日** 日照市委宣布五莲县委领导班子调整意见,李永健任中共五莲县委书记,李志久、李桂玲、葛秀良任县委副书记，许乐生任县纪委书记。

**2月10日至14日** 五莲县第十三届人民代表大会第一次会议召开。选举韩清存为县十三届人大常委会主任，伊光彩、马先吉、崔照美、王谦安、于世民、郭明令为副主任。选举李志久为县人民政府县长，胡德新、葛明学、李慎芹、赵世群、王有远为县人民政府副县长。选举鲁志为县人民法院院长。选举郑昭曦为县人民检察院检察长。

**3月15日至16日** 县第十三届人大常委会第一次会议召开，县委书记李永健出席会议并讲话，就新一届人大常委会的工作提出希望和要求。

**4月9日至10日** 县人大常委会组织视察《家畜家禽防疫条例》贯彻实施情况。

**4月中旬** 县人大常委会组织检查公安干警执法情况。

**4月下旬** 县人大常委会组织视察减轻农民负担情况。

**5月17日至18日** 县第十三届人大常委会第二次会议审议批准《五莲县1993—1995年农业基本建设规划》。

**6月7日** 县人大常委会组织视察创建省级卫生城活动情况。

**7月20日** 县第十三届人大常委会第三次会议召开，听取并审议上半年国民经济和社会发展计划执行情况和财政预算执行情况的汇报。

**8月上旬** 县人大常委会组织视察《食品卫生法》贯彻实施情况。

**9月22日至23日** 县第十三届人大常委会第四次会议召开，听取并审议了县计划委员会、县林业局、县卫生局主要负责人的述职报告。

**10月9日** 省人大常委会主任李振一行7人来五莲视察五莲山风景区开发建设及发展高产优质高效农业和乡镇企业情况。

**11月22日** 县第十三届人大常委会第五次会议通过《关于认真学习〈邓小平文选〉第三卷的决定》。

## 1994年

**1月4日** 全县乡镇人大主席团专职常务主席会议召开。

**1月17日** 县第十三届人大常委会第六次会议通过《关于召开五莲县第十三届人民代表大会第二次会议的决定》。

**2月20日至24日** 五莲县第十三届人民代表大会第二次会议召开，与会代表261名，列席代表171名。大会补选门奎禄为县十三届人大常委会副主任。

**2月24日至25日** 全县人大工作会议召开。县委书记李永健、县长李志久、县人大常委会主任韩清存先后在会上讲话。

**3月22日** 县第十三届人大常委会第八次会议通过了《五莲县人大常委会主任会议议事规则》和《五莲县人大常委会组成人员守则》。

**4月18日至19日** 县人大常委会组织视察全县初级中等义务教育实施情况。

**5月24日25日** 县第十三届人大常委会第九次会议通过了于里、中至、叩官、汪湖撤乡设镇的决定。

**6月2日** 全县乡镇人大主席团专职常务主席会议召开。

**6月15日** 县人大常委会组织视察县城饮用水水质情况。

**7月21日至22日** 县第十三届人大常委会第十次会议召开。会议通过《关于在国家机关中实行执法责任制的决定》，批准了《五莲县文化市场管理办法》，通过《关于批准县政府调整1994年财政预算的决定》。

**8月9日至10日** 县人大常委会组织市、县人大代表对肉类食品卫生进行执法检查。

**8月17日** 县人大常委会召开全县实行执法责任制动员大会，县委书记李永健、县人大常委会主任韩清存、县长李志久出席会议并讲话。

**8 月 19 日** 省人大常委会原副主任卢洪在市人大常委会主任王家政的陪同下来五莲指导工作。

**8 月 22 日至 24 日** 县人大常委会组织公安、劳动、经委、财委、建委、检察等部门的负责人参加，对全县贯彻实施《安全生产条例》的情况进行执法检查。

**8 月 30 日** 县人大常委会组织视察《食品卫生法》贯彻实施情况。

**9 月 16 日** 召开全县纪念人民代表大会成立四十周年座谈会，全县各乡镇各部门负责人参加会议，县委副书记朱巨龙、县人大常委会主任韩清存先后在会上讲话。

**9 月 22 日** 县第十三届人大常委会第十一次会议召开，听取并审议县人民政府关于《农业法》、《会计法》贯彻实施情况的汇报和县人民法院关于刑事审判工作情况的汇报。

**10 月 8 日** 县人大常委会组织部分委员和人大代表视察交通工作。

**10 月 18 日** 市人大常委会主任王家政来五莲考查工作。

**10 月 25 日至 26 日** 县人大常委组织部分委员和市、县人大代表、有关部门负责人，分别检查了《妇女权益保障法》、《城市规划法》的贯彻实施情况。

**10 月 26 日** 市人大常委会教科文卫委员会的人员来五莲视察教育、科技工作。

**11 月 3 日至 4 日** 省人大常委会副主任王树芳、省妇联主任赵玉兰，在市长尹忠显、市人大常委会副主任赵奉迪、市妇联主任赵志荣的陪同下来五莲检查《妇女权益保障法》贯彻实施情况。

**12 月 3 日** 县人大常委会召开全县乡镇人大工作会议，部署做好人大代表评议乡镇部门工作，县委副书记黄金华出席会议并讲话。

**12 月 23 日至 28 日** 县人大常委会各主任及驻会委员走访县人大代表。

**12 月 27 日** 县人大常委会召开县人大机关老干部座谈会。

## 1995 年

**1 月 18 日** 市人大常委会主任王家政在市人大常委会副秘书长、办公室主任司朝瑞的陪同下到五莲县走访慰问贫困户，县人大常委会主任韩清存、县长李志久、副县长胡德新陪同走访慰问了建材厂、山庄乡等部分企业、农村贫困户。

**1 月 20 日** 县第十三届人大常委会第十三次会议召开，根据县政府的提请，审查批准了“科技兴莲”战略纲要。

**2 月 16 日** 县人大常委会各主任分片召开了各乡镇人大主席团专职常务主席会议，安排乡镇人代会有关事宜。

**2 月 27 日** 县第十三届人大常委会第十四次会议召开，议定县第十三届人大三次会议的有关事项。

**3 月 2 日至 5 日** 县第十三届人民代表大会第三次会议召开。与会代表 262 名。会议补选张善田为县人大常委会副主任。

**3 月 6 日** 县人大常委会召开代表带头致富经验交流会议，6 名代表作了典型发言，县委书记李永健、县人大常委会主任韩清存分别就代表带头致富的意义和要求作了讲话。

**3 月 12 日** 市人大常委会主任王家政带领市人大工作人员来五莲县汪湖镇参加义务植树活动。

**4 月 13 日** 县第十三届人大常委会第十五次会议召开，听取并审议县政府关于社会治安情况和贯彻实施《消费者权益保护法》情况的汇报，通过《关于开展人大代表带头致富活动的决定》。

**4 月 23 日** 省人大常委会副主任徐学孟在市人大常委会主任王家政的陪同下来五莲视察《农业法》贯彻施实情况。

**5 月 11 日** 省人大城工委主任孙宝珠在市人大常委会副主任赵奉迪陪同下来五莲县视察《城市规划法》实施情况。

**5 月 13 日** 省齐鲁环保世纪行记者团和市环保世纪行记者团来五莲县，在县人大常委会副主任张善田和县政府副县长赵世群的陪同下，进行了采访活动。

**5 月 17 日至 20 日** 县人大常委会组织普法领导小组成员，由副主任马先吉、崔照美、于世民带队对全县“二五”普法情况进行检查。

**5 月 23 日** 市人大常委会副主任赵奉迪带领检查组对五莲县《森林法》贯彻实施情况进行检查。

**6 月 1 日至 6 日** 县人大常委会组织有关部门到 8 处乡镇检查《义务教育法》贯彻实施情况。

**6 月 14 日** 县第十三届人大常委会第十六次会议召开，听取并审议县政府关于贯彻实施《工业企业法》和《义务教育法》情况的汇报、关于办理代表建议意见情况的汇报。

**6 月 27 日至 30 日** 县人大常委会各主任分头走访县人大代表。

**7 月 10 日** 全国人大财经委主任委员柳随年在省、市人大领导的陪同下来五莲县检查工作。

**8 月 15 日** 县第十三届人大常委会第十七次会议召开，听取并审议了县政府关于上半年国民经济计划及财政预算执行情况的汇报、县总工会关于《工会法》贯彻实施情况的汇报。

**8月21日** 县人大常委会在汪湖镇召开全县乡镇人大代表致富经验交流现场会议。

**8月22日至24日** 县人大常委会组织卫生防疫、工商等部门对全县有关单位贯彻执行《食品卫生法》情况进行视察。

**8月25日** 县人大常委会组织劳动局等有关部门对全县贯彻执行《劳动法》情况进行检查。

**8月29日** 市人大常委会主任王家政来五莲县指导工作。

**9月4日至6日** 县人大常委会组织部分委员和代表对15个执法部门的执法责任制执行情况进行了抽查。

**9月22日** 县人大常委会召开国家机关执法责任制检查情况通报会，会上县人大常委会主任韩清存、县委副书记李桂玲分别讲话。

**10月16日至17日** 县第十三届人大常委会第十八次会议召开，听取并审议了县政府关于全县苹果生产情况的汇报，县法院关于告诉申诉审判情况的汇报，县商贸委、水利局、劳动局、民政局的负责人作了述职报告。

**10月21日** 省人大常委会原副主任李晔来五莲县视察指导银杏生产。

**10月26日至27日** 县人大常委会组织委员对全县乡镇企业发展情况进行视察。

**11月1日** 县第十三届人大常委会第十九次会议召开，选举李桂玲为县人民政府副县长、代理县长，何子孔为县人民政府副县长，接受李志久辞去县长职务、胡德新辞去副县长职务的请求。

**11月15日** 县人大常委会召开乡镇人大换届选举工作会议，县委副书记黄金华、县人大常委会主任韩清存、副主任马先吉先后就乡镇人大换届选举讲了意见。

**11月15日** 市人大常委会主任王家政陪同省建行领导来五莲县考察了通用机械厂、于里钢圈厂等企业生产经营情况.

**11月15日** 市人大常委会副主任赵奉迪来五莲县检查指导乡镇人大换届选举工作.

**11月16日至17日** 县人大常委会对8处三资企业生产情况进行了调查.

**11月21日** 市人大常委会主任王家政来五莲县走访代表,并同部分省市人大代表进行座谈.

**11月23日** 市人大常委会副主任孙吉芳来五莲县视察指导工作.

**12月18日至19日** 县人大常委会组织省、市人大代表视察全县国民经济运行情况和《劳动法》贯彻实施情况。

**12月25日至26日** 县第十三届人大常委会第二十次会议召开，听取并审议了乡镇企业、个体私营经济、《劳动法》贯彻实施情况的汇报。

## 1996 年

**1 月中旬** 县人大常委会领导对县人大代表进行了集中走访。

**1 月 23 日** 县第十三届人大常委会召开第二十一次会议，表决通过了关于召开县第十三届人大四次会议，补选市、县人大代表的决定；通过了县人大常委会 1996 年工作要点。

**1 月 26 日** 全县乡镇人大换届选举工作全部结束。

**2 月 25 日至 28 日** 县第十三届人民代表大会第四次会议召开。会议审议通过了《五莲县国民经济和社会发展“九五”计划及 2010 年远景目标纲要》；补选胡兆功、王龙玉为县第十三届人大常委会副主任，李桂玲为县人民政府县长，王世平、刘锋慧为副县长。

**3 月 24 日** 中共中央政治局常委、国务院副总理朱镕基来五莲县视察山区开发和脱贫致富工作。

**3 月 29 日** 全县乡镇人大工作会议召开。县委书记李永健、县人大常委会主任韩清存分别就加强和做好乡镇人大工作讲了意见。

**4 月 15 日至 16 日** 县第十三届人大常委会召开第二十三次会议，听取并审议了县政府关于依法治县五年规划和《审计法》贯彻落实情况汇报，作出了依法治县五年规划的决定。

**4 月 24 日** 市人大常委会副主任张振业、单联云率市人大视察组来五莲县视察集贸市场建设和管理情况。县人大常委会主任韩清存、副主任王谦安，副县长王有远等陪同视察。

**5 月 10 日** 县人大常委会各主任、驻会委员视察五莲县第三中学建设情况。副县长葛明学陪同并汇报了有关工作情况。

**6 月 3 日** 市人大常委会主任王家政带领市邮电局的负责人到所包乡镇石场乡检查指导工作。县人大常委会主任韩清存陪同。

**6 月 10 日** 县人大常委会部分主任、委员在副县长王有远陪同下视察县供销工作，听取了县社供销工作情况汇报，重点视察了供销社基础设施建设和三夏农资供应情况。

**6 月 13 日** 市人大常委会主任王家政来五莲县视察防汛工作。

**7 月 17 日至 18 日** 省人大常委会原主任李振在市人大常委会主任王家政陪同下来五莲县视察。李振一行听取了县委的工作汇报，并在县委书记李永健，县长李桂玲，县人大常委会副主任胡兆功、崔照美等先后陪同下，视察了城市建设、工业生产、山区开发及工业小区建设情况。

**7月24日至26日** 县人大常委会组织有关主任及委室负责人分成两个组，对全县公安干警执法情况进行检查。

**8月8日** 市人大常委会副主任赵奉迪来五莲县视察乡镇人大建设情况。县人大常委会副主任胡兆功陪同活动并汇报了有关情况。

**8月7日至8日** 县人大常委会组织部分主任、委员检查全县贯彻实施《教师法》情况。副县长葛明学陪同检查。

**9月19日至20日** 县人大常委会组织部分主任、委员及有关部门负责人，对全县贯彻实施《劳动法》、《工会法》情况进行检查。

**10月2日至4日** 县人大常委会对全县《药品管理法》贯彻落实情况进行检查。

**10月7日** 县人大常委会对全县商贸流通工作进行了视察。

**10月9日** 县人大常委会召开全县乡镇人大主席和政府序列部门负责人会议，安排部署全县人大工作。县人大常委会主任韩清存讲话。

**10月22日** 省人大常委会人事代表室主任朱广新在市人大常委会副主任赵奉迪陪同下来五莲县视察工作，县人大常委会副主任胡兆功陪同活动并汇报了有关工作。

**10月24日** 县人大常委会视察全县畜牧业生产情况。

**11月26日** 市人大常委会主任王家政带领市直有关部门负责人到联系点石场乡检查指导工作。县人大常委会主任韩清存、副县长王世平陪同活动。

**11月27日** 县人大常委会主任、副主任到汪湖镇就水利工程、道路建设、种植业和农村工作进行视察，并就该镇今后工作提出建议和要求。

**12月5日至6日** 县人大常委会组织驻五莲县部分省、市人大代表对全县国民经济、社会治安、精神文明及《劳动法》贯彻实施情况进行视察。

**12月10日** 市人大常委会对全市人大信访工作进行了评比检查，五莲县人大常委会被评为全市人大信访工作先进单位。

**12月19日** 县第十三届人大常委会第二十七次会议召开，听取并审议县政府关于《统计法》贯彻实施情况和县法院关于执行工作情况的汇报。

**12月24日至26日** 县人大常委会各主任带领委室负责人对全县乡镇人大争先创优工作进行检查。

## 1997 年

**2 月 14 日至 16 日** 五莲县第十三届人民代表大会第五次会议召开。会议补选管恩松为县十三届人大常委会副主任。

**2 月 17 日** 全县人大工作会议召开。

**2 月 25 日** 邓小平逝世的消息通过广播电视播放后，全县人民收看了深切怀念邓小平同志丰功伟绩的实况转播。

**3 月 11 日** 全县乡镇人大工作会议召开。

**3 月 18 日** 县第十三届人大常委会第三十一次会议召开。

**4 月 2 日** 县人大常委会纪念《代表法》颁布实施五周年座谈会召开。

**4 月 18 日** 县第十三届人大常委会第三十二次会议召开。听取并审议《土地管理法》贯彻实施情况的汇报。

**4 月 22 日** 县人大常委会组织视察全县《环境保护法》贯彻实施情况。

**5 月 29 日** 县人大常委会组织部分主任、委员对全县贯彻实施《山东省农业机械安全监督管理条例》情况进行检查。

**6 月 24 日** 县第十三届人大常委会第三十三次会议召开。

**7 月 21 日** 县人大常委会组织视察全县《乡镇企业法》贯彻实施情况。

**7 月 27 日** 全国人大常委会财经委副主任、航天工业部原部长莫文祥来五莲县视察山区开发情况。县人大常委会主任韩清存陪同活动。

**8 月 2 日** 县第十三届人大常委会第三十四次会议召开。听取并审议 1997 年上半年国民经济和社会发展计划执行情况及财政预算执行情况的汇报。

**9 月 3 日** 县人大常委会组织部分主任、委员及县直有关部门负责人视察全县畜牧业发展情况。

**9 月 18 日** 县人大常委会组织部分主任视察全县卫生工作，副县长王连友陪同活动。

**9 月 19 日** 县人大常委会召开述职评议工作动员会议。县委副书记黄金华、县人大常委会主任韩清存先后在会上讲话。

**9 月 24 日** 省人大常委会主任赵志浩来五莲县视察工作。

**10 月 17 日** 全县人大执法责任制检查活动总结会议召开。县委副书记、纪委书记许乐生，县人大常委会主任韩清存先后在会上讲话。

**10 月 29 日** 县第十三届人大常委会第三十五次会议通过《关于五莲县第十四届人

民代表大会代表名额和选举问题的决定》。

**10月30日** 县人大换届选举工作会议召开，县委副书记黄金华、县人大常委会主任韩清存先后在会上讲话。

**11月5日** 县人大常委会组织部分主任、委员视察公安工作。

**11月12日** 县人大常委会组织视察全县地矿执法及矿业秩序整顿工作，副县长王世平陪同视察。

**12月24日** 县第十三届人大常委会第三十六次会议召开。听取并审议《教师法》贯彻实施情况的汇报和反贪污贿赂工作情况的汇报。

## 1998年

**1月10日** 县邮电局投递员迟玉才在山东省八届人大六次会议上当选为全国第九届人民代表大会代表。

**1月12日至16日** 县第十四届人民代表大会第一次会议召开。会议选举李桂玲为县人大常委会主任，胡兆功、崔照美（女）、门奎禄、张善田、王龙玉、刘蔚（女）、袁兆亮、管恩松为县人大常委会副主任；选举黄金华为五莲县人民政府县长，李慎芹、王连友、杜光亮、王世平、刘祥亮、毛秀玲（女）为副县长；鲁志为五莲县人民法院院长；郑昭曦为五莲县人民检察院检察长。

**1月19日** 市人大常委会主任王家政到石场乡走访慰问困难户。县人大常委会主任李桂玲陪同活动。

**2月18日** 县第十四届人大常委会第一次会议召开。县委书记张振川，县人大常委会主任李桂玲分别在会上讲话。

**3月13日** 县人大常委会组织视察《环境保护法》贯彻实施情况。

**3月16日至17日** 中共五莲县第十次代表大会召开。会议选举张振川为县委书记，黄金华、许乐生、何子孔为县委副书记；李建法为县纪委书记。

**3月19日** 市人大常委会主任熊可山，副主任李连成、何可睦、于焕伦、袁文清、葛彦京来五莲视察工作。

**3月24日** 县人大常委会组织视察全县《邮政法》贯彻实施情况，副县长王连友陪同视察。

**4月21日** 县第十四届人大常委会第二次会议召开。会议听取并审议《税收征收管理法》、《矿产资源法》贯彻实施情况的汇报和关于调整1998年国民经济和社会发展计划几个主要指标的汇报。

**4 月 22 日** 全县乡镇人大工作会议召开。

**4 月 22 日** 县人大常委会受市人大常委会委托，组织驻五莲县的市人大代表视察全县《电力法》贯彻实施情况。

**5 月 12 日** 县人大常委会组成人员视察全县乡镇卫生院改貌建设情况。

**5 月 20 日** 市人大常委会副主任于焕伦、原副主任赵奉迪来五莲检查指导人大工作，县人大常委会主任李桂玲、副主任胡兆功陪同活动。

**5 月 26 日** 县人大常委会组织各主任视察了全县粮食仓储情况。

**6 月 16 日** 县第十四届人大常委会第三次会议召开。会议听取并审议关于代表所提建议和意见办理情况的汇报；听取并审议 1997 年本级预算执行和其他财政收支情况的审计报告。

**6 月 17 日** 市人大常委会副主任李连成来五莲召开部分市人大代表座谈会，并到联系点山庄乡了解三夏生产情况。县委常委、组织部长汲广成，县人大常委会副主任胡兆功陪同活动。

**6 月 26 日** 市人大常委会副主任李连成、于焕伦、杨作田，副市长孙运河来五莲视察《防洪法》贯彻实施情况。县委副书记、县长黄金华，县人大常委会副主任胡兆功，副县长王世平陪同活动。

**7 月 3 日** 县第十四届人大常委会第四次会议召开。

**7 月 9 日** 县人大常委会组织视察全县林果生产情况。

**7 月 10 日** 县人大常委会主任、副主任视察《劳动法》贯彻实施情况。

**8 月 7 日** 县人大常委会组织视察全县乡镇企业发展情况。

**8 月 18 日** 县第十四届人大常委会第五次会议召开。表决通过了《五莲山风景区总体规划》。

**8 月 25 日** 县人大常委会组织有关部门负责人视察全县《食品卫生法》贯彻实施情况。

**8 月 26 日** 市人大常委会主任熊可山，副主任袁文清、单联云，副市长郑玉平，市政协副主席张守顺来五莲视察交通法规落实情况。

**9 月 26 日至 27 日** 省人大常委会副主任董凤基、教科文卫委员会副主任委员张青林、委员周志仁，省教委副主任刘鸣泽，在市人大常委会主任熊可山、副主任李连成，市委常委、副市长莫西云的陪同下，来五莲检查《职业教育法》贯彻实施情况。县委书记张振川、县人大常委会主任李桂玲、县长黄金华、县人大常委会副主任崔照美、副县长毛秀玲陪同活动。

**9 月 29 日** 县人大常委会组织检查 1998 年县长工程实施情况。

**10 月 11 日** 省人大常委会原副主任萧寒来五莲县视察工作，县人大常委会主任李桂玲陪同活动。

**10 月 15 日** 市人大常委会副主任单联云带领执法检查组来五莲检查《水土保持法》贯彻执行情况。县人大常委会副主任袁兆亮、副县长王世平陪同活动。

**10 月 15 日** 市人大常委会副主任杨作田来五莲调查个体私营经济发展情况，县人大常委会副主任门奎禄陪同活动。

**10 月 20 日** 县第十四届人大常委会第六次会议召开。会议听取了县政府关于“三五”普法工作、个体私营经济发展情况的汇报。

**11 月 24 日** 县人大常委会召开主任会议，听取并审议县政府贯彻实施《科技进步法》情况汇报。

**12 月 3 日** 全县乡镇人大换届选举工作会议召开。

**12 月 17 日** 县第十四届人大常委会第七次会议召开。会议听取并审议县政府关于《义务教育法》贯彻实施情况和县检察院关于刑事检察工作情况的汇报。

**12 月 18 日** 市人大常委会副主任袁文清、于焕伦走访慰问驻五莲县的市人大代表。县人大常委会主任李桂玲、副主任胡兆功陪同活动。

## 1999 年

**1 月 13 日** 县第十四届人大常委会第八次会议召开，会议通过了召开县第十四届人大第二次会议的决定、县人大常委会 1999 年工作要点和补选县人大代表的决定；任命秦泗顺为县人民检察院副检察长、代理检察长。

**1 月 15 日** 全县第六届村委会换届选举工作会议召开。

**1 月 17 日** 全县乡镇人大换届选举工作现场会在松柏乡召开。会议分别由县人大常委会主任李桂玲、副主任张善田主持，县委副书记许乐生、县人大常委会副主任胡兆功分别讲话。

**1 月 27 日至 28 日** 各乡镇召开换届后的第一次乡镇人代会，圆满完成了乡镇人大换届选举任务。

**2 月 2 日** 县第十四届人大常委会第九次会议召开。会议审议通过了县人大常委会工作报告、县第十四届人大第二次会议议程和日程、会议各项建议名单，通过了代表资格审查委员会关于代表资格审查报告。

**3 月 4 日至 7 日** 县第十四届人民代表大会第二次会议召开。会议依法补选葛明学为县第十四届人大常委会副主任，补选秦杰为县人民政府副县长，补选秦泗顺为县人民检察院检察长。

**3月7日** 全县乡镇人大工作会议召开。会议主要是表彰先进，总结部署工作。县委副书记许乐生主持会议，县委书记张振川，县委副书记、县长黄金华，县人大常委会主任李桂玲先后在会上讲话。

**3月19日** 市人大常委会副主任单联云来五莲视察森林法贯彻执行情况。县人大常委会副主任张善田、副县长王世平陪同活动。

**4月1日** 市人大常委会副主任杨作田来五莲视察盐业法规贯彻实施情况。县人大常委会副主任管恩松、副县长刘祥亮陪同活动。

**4月13日至16日** 县人大常委会组织对全县“三五”普法工作开展情况进行视察。

**4月21日** 县第十四届人大常委会第十次会议召开。通过《五莲县人大常委会关于对部分县政府组成人员进行述职评议的决定》。

**4月23日** 市人大常委会副主任葛彦京来五莲检查《村民委员会组织法》贯彻执行情况。县人大常委会副主任崔照美陪同活动。

**5月6日** 县人大常委会组成人员及部分驻县城的省、市、县人大代表视察了全县《环境保护法》贯彻实施情况及城区供水情况。

**6月16日** 县第十四届人大常委会第十一次会议召开。

**6月30日** 省人大常委会副主任王道玉在市人大常委会副主任李连成、单联云等陪同下，来五莲检查《森林法》贯彻执行情况。县人大常委会主任李桂玲、县长黄金华、县人大常委会副主任张善田陪同活动。

**7月1日** 市人大常委会副主任李连成、何克睦、于焕伦、袁文清、杨作田，副市长董维杰等，来五莲视察《环境保护法》贯彻实施情况。县人大常委会主任李桂玲、县长黄金华、县人大常委会副主任崔照美、副县长秦杰陪同活动。

**7月20日** 县人大常委会组织视察全县农村电网改造工作。

**7月22日** 全国人大常委会副委员长、民进中央主席许嘉璐，全国人大常委会委员、民进中央副主席张怀西来五莲视察生态旅游和农业开发情况。省人大常委会副主任张宗亮，市人大常委会副主任李连成，县委书记张振川，县人大常委会主任李桂玲，县委常委、县委办公室主任戴召田陪同视察了五莲山风景区和叩官镇盘龙河生态经济园等生态旅游和农业开发现场。

**7月29日** 全县国家机关执法责任制动员大会召开。县委书记张振川，县人大常委会主任李桂玲，县委常委、常务副县长李慎芹在会上讲话。

**8月18日** 县第十四届人大常委会第十二次会议召开。会议听取并审议了县人民政府关于1999年上半年国民经济和社会发展计划执行情况的汇报、1999年上半年财政预算执行情况的汇报。

**9月21日** 市人大常委会副主任单联云带领市人大视察组来五莲视察《山东省计划生育条例》贯彻落实情况。县人大常委会主任李桂玲，县委常委、常务副县长李慎芹，县人大常委会副主任崔照美陪同活动。

**10月13日** 县人大常委会述职评议工作动员会议召开。县人大常委会副主任葛明学主持会议，县人大常委会主任李桂玲、县委副书记崔亮讲话。

**10月15日** 市人大常委会副主任单联云到"三带一包"联系点华龙纺织集团检查指导工作，县人大常委会主任李桂玲陪同活动。

**10月19日** 县第十四届人大常委会第十三次会议召开，听取并审议了县法院、检察院、公安局关于《刑事诉讼法》贯彻执行情况的汇报。

**10月20日** 全国人大常委会内务司法委副主任刘珩来五莲调查研究《村民委员会组织法》贯彻落实情况。市人大常委会副主任李连成、单联云，副市长杨文延，县人大常委会主任李桂玲、副主任王龙玉陪同活动。

**10月25日** 市人大常委会副主任单联云带领市人大视察组来五莲视察土地延包工作。县人大常委会副主任张善田、副县长王世平等陪同活动。

**11月3日** 市人大常委会副主任袁文清来五莲检查《土地管理法》贯彻实施情况。县人大常委会副主任王龙玉、副县长王世平陪同活动。

**11月17日** 县人大常委会组织视察电力建设工作。

**11月30日** 市人大常委会副主任于焕论走访看望驻五莲县的市人大代表。县人大常委会主任李桂玲，副主任葛明学陪同活动。

**12月2日** 市人大常委会主任熊可山来五莲走访慰问驻五莲县的全国和省、市人大代表。县委书记张振川、县人大常委会主任李桂玲、县长黄金华、县人大常委会副主任葛明学等陪同活动。

**12月3日** 市人大常委会副主任袁文清来五莲走访部分市人大代表。县人大常委会主任李桂玲、副主任葛明学陪同活动。

## 2000年

**1月7日** 县第十四届人大常委会第十四次会议召开。会议接受黄金华辞去五莲县人民政府县长职务的请求，选举崔亮为五莲县人民政府副县长、代理县长。听取并审议了县经委等8个部门主要负责人述职报告。县委书记黄金华、县委副书记崔亮、县纪委书记李建法、副县长王连友、县政协副主席王京津应邀出席会议。

**1月21日** 市人大常委会副主任李连成、市保险公司一名副经理在县人大常委会主任李桂玲的陪同下，到魏家乡走访贫困户。

**3月2日至5日** 五莲县第十四届人民代表大会第三次会议召开。会议选举崔亮为县人民政府县长，李孟秋为县人大常委会副主任。

**3月23日** 市人大常委会副主任于焕伦一行4人来五莲县了解市人大工作会议材料准备情况。

**3月29日** 县人大常委会组成人员就五莲县城区交通安全管理情况进行了检查。

**4月11日** 县人大常委会组成人员到王世疃乡检查指导工作。

**4月14日** 市人大常委会副主任李连成在县人大常委会主任李桂玲的陪同下，到魏家乡检查指导工作。

**4月18日** 县第十四届人大常委会第十六次会议召开。会议听取并审议了县房地产管理局局长王立选受县人民政府委托所作的关于全县房地产管理和住房制度改革情况的汇报。

**4月28日至29日** 省人大常委会原副主任王树芳、郭松年在市人大常委会副主任于焕伦、县委书记黄金华、县人大常委会主任李桂玲的陪同下，对五莲县山区开发和旅游工作进行了检查指导。

**5月10日** 市人大常委会副主任袁文清一行4人，在县人大常委会副主任崔照美的陪同下，对五莲县《环境保护法》实施情况进行了视察。

**5月12日** 省人大常委会副主任董凤基，省人大常委会委员、教科文卫委员会副主任委员曾昭明，省卫生厅厅长王天瑞等一行11人，在市人大常委会副主任李连成，市政府副市长傅瑞荣，县委书记黄金华，县人大常委会主任李桂玲的陪同下，对五莲县食品卫生工作进行了执法检查。

**5月16日** 县人大常委会组成人员、县政府县长崔亮、分管副县长杜光亮，以及县乡镇企业局、县工商局的负责人，就全县乡镇企业和个体私营经济发展情况进行视察。

**5月18日** 省人大内司委副主任委员袁文光带领省人大关于《山东省司法工作人员违法办案责任追究条例》检查组，在市人大常委会秘书长董瑞昌、县人大常委会副主任王龙玉的陪同下，对全县的贯彻实施情况进行了检查指导。

**5月23日** 市人大常委会副主任李连成、袁文清、市政府副市长孙运河等一行12人，在县人大常委会主任李桂玲、县长崔亮、县人大常委会副主任张善田、副县长王世平的陪同下，就全县《防洪法》贯彻实施情况进行视察。

**6月1日** 县人大常委会组成人员对全县《环境保护法》贯彻实施情况进行了视察。现场查看了莲山水泥股份有限公司的除尘设施及运行情况，听取了县政府关于《环境保护法》贯彻实施情况的汇报。

**6月8日** 市人大常委会副主任于焕伦走访驻五莲县的市人大代表。

**6月13日** 县第十四届人大常委会第十七次会议召开。会议听取并审议了县政府关于1999年度财政预算执行情况和其他财政收支情况审计工作汇报、县政府关于五莲县1999年财政决算的汇报。

**6月20日** 县人大常委会组成人员对全县公安干警执法情况进行了检查。

**6月21日** 市人大常委会副主任李连成、袁文清、于焕伦、单联云，在县人大常委会主任李桂玲的陪同下，对五莲县旅游事业进行了检查。

**7月20日** 由市人大常委会副主任李连成、单联云，副秘书长司朝瑞等人组成的“电力城网、农网改造”检查组，在县人大常委会副主任管恩松、县政府分管副县长的陪同下，对五莲县潮河镇刘家埠、林泉等村进行了检查。

**7月22日** 省人大常委会委员、内司委副主任委员李春田带领省人大“社会治安综合治理”检查组在县人大常委会主任李桂玲、县委副书记何子孔的陪同下，对五莲县社会治安综合治理情况进行了检查，并召开了部分市、县人大代表和部门负责人座谈会。

**8月3日** 北京市石景山区人大常委会主任王建国一行26人来五莲交流人大工作经验，并在县人大常委会主任李桂玲的陪同下，游览了五莲山和九仙山风景区。

**8月9日** 县第十四届人大常委会第十八次会议召开。会议听取并审议了县政府关于2000年上半年国民经济和社会发展计划执行情况的汇报、2000年上半年财政预算执行情况的汇报、县属工业企业经济运行情况的汇报、办理代表建议意见的情况汇报。

**8月22日** 市人大常委会主任熊可山带领市人大检查团在县人大常委会副主任胡兆功、门奎禄的陪同下，分别对五莲县地税局直属分局、街头分局的工作进行了检查。

**8月24日** 市人大常委会副主任单联云带领《妇女权益保障法》实施情况调查组来五莲县，在县人大常委会副主任王龙玉的陪同下进行调查。

**9月8日** 市人大常委会主任熊可山一行16人，在县人大常委会主任李桂玲的陪同下，对全县贯彻执行《渔业法》情况进行视察。

**9月14日** 县人大常委会部分组成人员，在县委副书记、县长崔亮和分管副县长的陪同下，就全县《矿产资源法》的贯彻实施情况，分别到街头、王世疃进行了检查并听取了汇报。

**9月18日** 省人大常委会副主任张瑞凤带领省人大《义务教育法》检查团来五莲

县。在市人大常委会主任熊可山，县委副书记、县长崔亮，县人大常委会主任李桂玲的陪同下，对全县贯彻实施《义务教育法》情况进行检查。

**9月21日** 省人大常委会农业与农村工作委员会副主任委员杲宪庆一行5人，在市人大常委会副主任单联云、县人大常委会副主任张善田的陪同下，对全县贯彻执行《水土保持法》、《森林法》、《山东省农业环境保护条例》情况进行调查。

**10月9日** 全县人大宣传工作座谈会召开。县人大常委会副主任胡兆功对前段人大宣传工作进行了总结，对会后的工作进行了部署。

**10月13日** 县第十四届人大常委会第十九次会议召开。会议听取并审议县政府关于《义务教育法》贯彻执行情况的汇报、县法院关于经济审判工作情况的汇报、县检察院关于打击经济犯罪工作情况的汇报。

**10月16日** 县人大常委会组成人员对全县电力农网改造进行视察。

**10月19日** 县人大常委会组成人员在分管副县长王连友和农业局负责人的陪同下，就全县高产高效农业生产情况，到高泽、院西、于里等乡镇进行视察。

**10月26日** 全县乡镇人大工作会议召开，会议由县人大常委会副主任葛明学主持，县委副书记何子孔、县人大常委会主任李桂玲先后在会上讲话。

**10月30日** 市人大常委会副主任葛彦京带领《母婴保健法》检查组来五莲，在县人大常委会副主任崔照美的陪同下，对全县贯彻执行情况进行检查。

**10月31日** 市人大常委会主任熊可山在县人大常委会主任李桂玲的陪同下，到五莲县于里镇检查指导工作。

**11月29日** 县人大常委会组织驻五莲县的市人大代表就五莲县的国民经济和社会发展情况进行视察。

**12月12日至13日** 县人大常委会主任、副主任对县第十四届人大代表进行走访。

**12月14日** 驻日照的省人大代表在市人大常委会主任熊可山、副主任李连成等陪同下来五莲县进行视察。

## 2001年

**1月3日** 全县乡镇区划调整工作会议召开。主要议题是传达贯彻省、市乡镇规划调整工作座谈会精神，部署乡镇行政区划调整工作的任务和措施。在这次区划调整中，全县由22处乡镇调整为12处乡镇，其中原山阳乡、罗圈乡撤消，所辖村（居）并入洪凝镇；王世疃乡、杜家沟乡撤消，所辖各村并入街头镇；管帅镇撤消，所辖各村并入于里镇；魏家乡撤消，所辖各村并入潮河镇；院西乡撤消，所辖各村并入许孟镇；

撤消高泽乡成立高泽镇，原七宝山镇撤消，所辖各村并入高泽镇；山庄乡撤消，所辖各村并入石场乡；槎河乡撤消，所辖各村并入户部乡。此次乡镇区划调整，除汪湖镇、叩官镇、中至镇、松柏乡4处乡镇基本保持不变外，全县共有十处乡镇被撤消。同时，还新成立了五莲山旅游风景区管理委员会，为副处级单位。

**1月11日** 县第十四届人大常委会第二十次会议召开。会议通过《关于召开县第十四届人大四次会议的决定》，讨论通过县人大常委会2001年工作要点，讨论修改县人大常委会工作报告；议定县第十四届人大第四次会议的有关事项。

**1月12日** 县第十四届人大常委会第二十一次会议召开。会议通过县人大常委会代表资格审查委员会关于代表资格的审查报告。

**2月2日至6日** 县第十四届人民代表大会第四次会议召开。与会代表230名。会议审议批准了县人民政府制定的《五莲县国民经济和社会发展第十个五年计划纲要》；补选鲁志、张永善为县第十四届人大常委会副主任，李应田为县人民政府副县长，卜宪博为县人民法院院长。

**2月6日** 全县乡镇人大工作会议召开，出席县第十四届人大四次会议的代表出席会议，县委副书记李建法出席会议并讲话。

**2月21日** 县第十四届人大常委会第二十二次会议召开。会议通过了《关于接受葛明学、崔照美、门奎禄辞去县人大常委会副主任、胡靖辞去县人大常委会委员职务的决定》

**3月16日** 县第十四届人大常委会第二十三次会议召开。会议听取并审议县政府关于贯彻实施《中华人民共和国城市规划法》情况的汇报。

**4月2日至8日** 开展《代表法》颁布九周年集中学习宣传活动。

**4月3日** 市人大常委会副主任肖开富一行7人，对五莲县农村费改税工作进行调研。

**4月11日** 全市内司委座谈会在五莲召开。

**4月20日** 全市人大常委会农经委工作座谈会在五莲召开。

**4月26日** 县人大常委会召开主任会议，听取了县人民政府关于全县工业企业改革工作情况的汇报；对全县社会治安综合治理情况进行了视察。

**4月27日** 县人大常委会组成人员对五莲县热电厂进行视察。

**5月28日** 县第五次人口普查领导小组办公室发布全县第五次人口普查数据公报，以2000年11月1日零时为标准登记时间，全县总人口为503296人。

**6月21日** 县第十四届人大常委会第二十四次会议召开。会议听取并审议县第十四届人大四次会议代表所提建议意见办理情况、2000年财政决算情况、2000年度本级财政预算执行和其他财政收支审计情况、社会养老保险费缴纳和下岗职工基本生活保障工作情况的汇报。

**6月底** 县人大常委会组成人员视察民营经济发展情况。

**8月8日** 县人大常委会组成人员对全县贯彻实施《水土保持法》和《义务教育法》情况进行视察。

**8月17日** 市人大常委会地税征管视察小组在县人大常委会副主任鲁志的陪同下，对五莲县地税局的税收征收管理工作进行了视察。

**8月21日** 县人大常委会组成人员对全县税收征管工作进行了视察。

**8月22日** 县第十四届人大常委会第二十五次会议召开。会议听取并审议了五莲县2001年上半年国民经济和社会发展计划执行情况、五莲县2001年上半年财政预算执行情况、第四个五年法制宣传教育规划、第二个依法治县规划执行情况的汇报，并通过相关决议。

**8月28日至29日** 省人大常委会副主任李文全来五莲县视察山区开发和个体私营经济。先后视察了于里镇的现代农业示范区、民营经济园、宏大贸易公司、雁雀岭柿子园以及九仙山旅游区、五莲广场、五征农用车公司和华龙纺织集团七分厂等现场。

**9月26日** 县人大常委会组成人员视察全县林果生产。

**10月18日** 市人大常委会副主任房训佐带领市人大视察组来五莲视察民营经济工作。县人大常委会主任李桂玲、副主任胡兆功、县人民政府副县长杜光亮等陪同活动。

**11月8日** 县第十四届人大常委会第二十六次会议召开。会议听取并审议了县林业局、卫生局、统计局、计生委主要负责人的述职报告。

**12月25日** 市人大常委会副主任肖开富来五莲看望驻五莲县的市人大代表。县人大常委会主任李桂玲、副主任李孟秋陪同活动。

**12月27日** 县第十四届人大常委会第二十七次会议召开。会议听取并审议县人民法院执行工作情况的汇报和县人民检察院刑事检察工作情况的汇报。

## 2002年

**1月23日** 县第十四届人大常委会第二十八次会议召开。会议通过《关于2002年全县乡镇人民代表大会换届选举的决定》和《关于2002年全县乡镇人大换届工作安排意见》；议定召开县第十四届人大五次会议的有关事项。

**1月25日** 全县乡镇人大换届选举工作会议召开，部署乡镇人大换届选举工作任务。县委副书记李建法到会并讲话。

**2月28日至3月3日** 县第十四届人民代表大会第五次会议召开。与会代表231名。主要议题是听取并审议县政府工作报告、五莲县2001年国民经济和社会发展计划执行情况与2002年国民经济和社会发展计划（草案）的报告、五莲县2001年财政预算执行情况与2002年财政预算（草案）的报告、县人大常委会工作报告、县人民法院工作报告、县人民检察院工作报告，并通过相关决议。

**4月16日** 县第十四届人大常委会第二十九次会议召开。会议听取并审议县人民政府关于工商行政管理和执法情况的汇报、关于“四五”普法活动情况的汇报。

**6月21日** 县第十四届人大常委会第三十次会议召开。会议听取并审议2001年财政决算情况汇报、2001年度县级预算执行和其他财政收支情况的审计工作报告。

**7月中旬** 县人大常委会组成人员视察《食品卫生法》贯彻实施情况。

**8月2日** 县第十四届人大常委会第三十一次会议召开。会议听取并审议2002年上半年国民经济和社会发展计划执行情况、财政预算执行情况、工业工作情况的汇报。

**8月5日** 县人大常委会组成人员视察全县烟草生产经营情况。

**8月27日** 市人大常委会主任熊可山带领市人大视察组来五莲视察造林绿化工作。副市长孙运河、县委书记黄金华、县人大常委会主任李桂玲、副主任张善田、副县长王世平陪同活动。

**9月5日** 市人大常委会副主任何克睦来五莲视察法院执行工作。县人大常委会主任李桂玲、副主任张永善、县委政法委书记刘祥亮陪同活动。

**10月10日** 省人大常委会原副主任马仲才来五莲调研旅游业发展情况。市委副书记李敏、市人大常委会副主任何克睦、县人大常委会主任李桂玲陪同活动。

**10月上旬** 县人大常委会组成人员视察招商引资工作。

**10月22日** 市人大常委会副主任何克睦带领市人大视察组来五莲视察检察院行业作风建设。

**11月13日** 县第十四届人大常委会第三十二次会议召开。会议听取并审议县公安局、县交通局、县环保局主要负责人的述职报告。

**11月15日** 全县县级人大换届选举工作会议召开。

**11月15日** 市人大常委会副主任房训佐到包扶企业遨游制动器公司检查指导工作，县人大常委会主任李桂玲陪同活动。

**12月30日** 全县人大代表选举日，全县共设102个选区，选出县人大代表218名。

**12月30日** 全县领导干部会议召开，主要是宣布市委关于五莲县委、县政府主要负责同志调整的决定。市委决定：崔亮任中共五莲县委书记、县委党校校长，不再担任中共五莲县委副书记、县长职务；王勇任中共五莲县委副书记；黄金华不再担任中共五莲县委书记、县委党校校长职务，省委另有任用。

## 2003年

**1月2日** 县第十四届人大常委会第三十三次会议召开。会议任命王勇为五莲县人民政府副县长、代理县长，牟军善为五莲县人民政府副县长，申志刚为五莲县人民检察院副检察长、代理检察长。会议决定接受崔亮辞去县人民政府县长、秦泗顺辞去县人民检察院检察长职务的请求。

**1月10日** 县第十四届人大常委会第三十四次会议召开。讨论议定关于县第十五届人大一次会议的有关事宜和县人大常委会2003年工作要点。

**1月15日至19日** 五莲县第十五届人民代表大会第一次会议召开。会议选举李桂玲为县人大常委会主任，李孟秋、刘蔚（女）、杜光亮、秦泗顺、张永善、梁启玉为副主任；王勇为县人民政府县长，戴召田、毛秀玲（女）、秦杰、李应田、牟军善、徐公德为县人民政府副县长；卜宪博为县人民法院院长；申志刚为县人民检察院检察长。

**2月12日** 县第十五届人大常委会第一次会议召开。会议通过了《五莲县人大常委会关于加强自身建设的决定》和新一届人大常委会各项规章制度。

**3月1日至3日** 中共五莲县第十一次代表大会召开。会议选举崔亮为中共五莲县委书记，王勇、何子孔、徐东光、王连友为县委副书记，王连友为县纪委书记。

**3月18日** 县第十五届人大常委会第二次会议召开。会议任命了县人民政府23个部门的主任、局长。

**4月23日** 县第十五届人大常委会第三次会议召开。会议听取并审议了《人民银行法》、《行政诉讼法》贯彻实施情况的汇报。

**5月20日** 县人大常委会组成人员视察全县民营经济。

**6月2日** 市人大常委会副主任靳惠民率市人大中心调研组，来五莲县调研农民增收工作。县人大常委会主任李桂玲，副主任秦泗顺、梁启玉，县人民政府副县长牟军善陪同活动。

**6月11日** 县人大常委会组成人员视察城区环境综合整治工作。

**6月17日** 市人大常委会副主任王应带领市人大执法调研组来五莲县调研《矿产资源法》贯彻实施情况，并视察了五莲县新一轮城市总体规划工作。县人大常委会主任李桂玲，县委常委、县人民政府常务副县长戴召田陪同活动。

**6月18日** 县人大常委会组成人员视察城区市场综合治理情况。

**6月30日** 县第十五届人大常委会第四次会议召开。会议听取并审议2002年度县级财政预算执行和其他财政收支情况的审计工作报告、五莲县2002年财政决算报告、十五届人大一次会议代表建议和意见办理情况的汇报。

**8月19日** 县第十五届人大常委会第五次会议召开。会议听取并审议县政府2003年上半年国民经济和社会发展计划执行情况的汇报、2003年上半年财政预算执行情况的报告和全县1—7月份工业经济运行情况的汇报。

**9月18日** 市人大常委会副主任李志久带领市人大财经委、市总工会负责人，来五莲县对劳动就业与再就业及劳务经济工作进行调研。县人大常委会主任李桂玲、副主任张永善，县人民政府副县长秦杰陪同活动。

**9月下旬** 县人大常委会组成人员对全县林果生产情况进行视察。

**10月16日** 县第十五届人大常委会第六次会议召开。会议听取并审议县人民政府关于全县招商引资工作情况的汇报。

**10月22日至23日** 省人大常委会副主任、省人大农业与农村委员会主任委员李明先一行5人来五莲县就农民增收减负情况进行调研。市人大常委会副主任孙运河、靳惠民，县委书记崔亮，县人大常委会主任李桂玲，县委副书记、县长王勇，副县长牟军善陪同活动。

**10月27日** 市人大常委会副主任牟大勇来五莲县调研普法教育工作。县人大常委会主任李桂玲，县委常委、政法委书记刘祥亮，副县长徐公德陪同活动。

**10月10日** 县人大常委会组织对全县国土资源管理工作进行视察。

**11月18日** 县人大常委会组织视察了高泽、洪凝、街头、叩官四处法庭。县委常委、县委政法委书记刘祥亮，副县长徐公德陪同视察。

**11月19日** 全县人大宣传工作会议召开。

**11月20日** 受市人大常委会委托，县人大常委会组织驻五莲县的市人大代表视察全县经济社会发展情况。

**12月5日** 市人大常委会组织驻日照市的全国、省人大代表来五莲县视察经济社会发展情况。代表们先后视察了佳展塑胶有限公司、华龙纺织集团七分厂、金粟生物制品有限公司、五征农用车有限公司，代表们对五莲县经济社会发展情况表示满意。

**12月25日** 县第十五届人大常委会第七次会议召开。会议听取并审议县政府关于五莲县城市总体规划情况的汇报、关于《义务教育法》贯彻实施情况的汇报和《残疾人保障法》贯彻实施情况的汇报；通过了《关于同意五莲县城市总体规划的决定》。

# 2004年

**1月7日** 县第十五届人大常委会第八次会议召开。会议通过召开县第十五届人大二次会议的决定和有关事项。

**2月8日至11日** 五莲县第十五届人民代表大会第二次会议召开。

**3月9日** 县第十五届人大常委会第九次会议召开。会议听取并审议2003年度金融工作情况的汇报、关于全县贯彻《国家公务员暂行条例》情况的汇报、关于贯彻实施《农村土地承包法》工作情况的汇报。

**3月25日** 全县人大代表建议和政协委员提案办理工作会议召开。

**4月19日** 全国人大常委会原副委员长周光召在市、县领导陪同下视察五莲县旅游业发展情况，游览了五莲山杜鹃花园、光明寺、望海楼等景点，对五莲县的生态资源旅游给予了充分的肯定。

**5月9日** 县人大常委会组成人员检查全县封山育林工作。

**5月17日至18日** 市人大常委会调查组来五莲县对贯彻落实中央1号文件精神、全县农民增收情况、畜牧业发展情况、粮食流通和加工、农村金融体制改革以及税费改革对乡级财政的影响和镇村两级政权运转情况进行调研。县人大常委会主任李桂玲、副主任梁启玉陪同活动。

**5月18日** 县人大常委会组织视察全县民营经济发展情况。县委常委、县人民政府常务副县长戴召田陪同视察。

**6月1日** 县人大常委会组织视察全县旅游工作。县人民政府副县长李应田陪同视察。

**6月1日** 县委办公室转发县人大常委会《关于检查全县封山育林情况的报告》。

**6月11日** 市人大常委会副主任李志久带队一行5人，对五莲县安全生产执法工作情况进行了视察。县委副书记何子孔、县人大常委会主任李桂玲陪同视察。

**6月15日** 县第十五届人大常委会第十次会议召开。会议听取并审议县人民政府关于2003年财政决算情况的汇报、关于办理代表建议意见情况的汇报、关于全县工业经济运行情况的汇报。

**6月22日** 县人大常委会组织视察生态环境保护工作。

**7月16日** 县人大常委会组织视察《食品卫生法》贯彻实施情况。

**8月5日** 省人大常委会城环委副主任委员袁文光、亓凤海带领全省人大发展循环经济、推进生态省建设座谈会与会人员来五莲县视察生态县建设情况。

**8月12日** 县第十五届人大常委会第十一次会议召开。会议听取并审议县人民政府关于2004年上半年国民经济和社会发展计划执行情况的汇报、县人民政府关于2004年上半年财政预算执行情况的汇报、县人民检察院关于查办和预防职务犯罪工作情况的汇报、县人民政府关于《城市规划法》贯彻实施情况的汇报。

**8月22日** 省人大常委会原副主任王克玉来五莲视察生态旅游工作。

**8月30日** 市人大常委会副主任孙运河、李志久、牟大勇、靳惠民以及部分市人大常委会原领导来五莲视察农民增收工作。

**9月7日** 县人大常委会组织视察《烟草专卖法》贯彻实施情况。县人民政府副县长牟军善陪同视察。

**9月14日** 县人大常委会组织视察邮政工作。县人民政府副县长秦杰陪同视察。

**9月15日** 县人大常委会召开纪念人民代表大会成立50周年座谈会，县人大常委会组成人员和机关全体人员参加会议，收看了首都各界纪念人大成立50周年大会实况转播，县人大常委会主任李桂玲在会上讲话。

**10月10日** 县人大常委会组织视察全县工商工作。

**10月13日** 县人大常委会组织视察全县蚕茧生产情况。

**10月20日** 县人大常委会组织视察全县交通工作。

**10月26日** 县人大常委会组织视察全县计划生育工作。

**11月16日** 县人大常委会组织视察阳光热电有限公司。

**11月18日** 县人大常委会组织视察基层法庭工作。

**11月18日** 县人大常委会组织检查技术监督执法工作。

**11月22日** 县人大常委会组织视察全县供电工作。

**11月29日** 县人大常委会组织检查《消防法》贯彻实施情况。

**12月14日** 县第十五届人大常委会第十二次会议召开。会议听取并审议县人民法院关于民事审判工作情况的汇报、盐务局关于贯彻实施《山东省盐业管理条例》的情况汇报；县委政法委书记刘祥亮通报了“平安五连”建设工作情况。

## 2005年

**1月18日** 县第十五届人大常委会第十三次会议召开。会议通过关于召开县第十五届人大三次会议的决定和有关事项。

**2月25日至28日** 五莲县第十五届人民代表大会第三次会议召开。

**4月8日** 县第十五届人大常委会第十四次会议召开。会议听取并审议县人民政府关于《劳动法》贯彻实施情况的汇报和县人民检察院关于检察队伍建设情况的汇报。

**4月20日** 县人大常委会组成人员视察全县安全生产执法工作。

**5月中旬** 县人大常委会组成人员视察全县水资源管理工作。

**6月9日** 县第十五届人大常委会第十五次会议召开。会议听取并审议县人民政府关于2004年度县级预算和其他财政收支情况的审计报告、2004年财政决算报告。

**8月12日** 县第十五届人大常委会第十六次会议召开。会议听取并审议县人民政府关于2005年上半年国民经济和社会发展计划执行情况、财政预算执行情况和工业经济运行情况的汇报。

**8月上旬** 县人大常委会组织检查组对全县体育工作进行检查。

**9月21日** 县人大常委会组成人员检查《药品管理法》贯彻实施情况。

**9月22日** 县人大常委会组成人员视察全县社会福利事业和老龄工作。

**9月23日** 部分驻日照市的中直、省直全国人大代表在市人大常委会副主任孙运河和省、市人大常委会人事代表工作室负责人的陪同下，就建立健全社会矛盾纠纷调处机制问题来五莲县进行专题调研。县人大常委会主任李桂玲，县委副书记、县人民政府县长王勇，县人大常委会副主任秦泗顺，县人民政府副县长徐公德及县法院、县检察院、综治办、公安局、司法局、民政局、信访局和县人大办公室、人事代表工作室负责人参加座谈。

**9月28日** 县人大常委会组成人员检查人口和计划生育工作。

**9月29日** 县人大常委会组成人员检查农机工作。

**11月7日** 县人大常委会主任、副主任检查全县电力工作。

**11月14日** 县人大常委会主任、副主任检查工业基地管委工作。

**11月16日** 县第十五届人大常委会第十七次会议召开。听取并审议县民政局、劳动和社会保障局、城建局、公安局主要负责人的述职报告。

**11月18日** 县人大常委会主任、副主任视察全县交通工作。

**11月22日** 县人大常委会主任、副主任视察全县国土资源管理工作。

## 2006年

**1月8日** 省人大常委会原副主任、省人大书画院院长董凤基一行16人在市、县领导的陪同下来五莲进行书画下乡慰问活动。

**1月18日** 县第十五届人大常委会第十八次会议召开。会议通过县人大常委会2006年工作计划要点和关于召开县第十五届人大第四次会议的有关事项。

**2月14日至17日** 五莲县第十五届人民代表大会第四次会议召开。会议选举崔亮为县人大常委会主任，戴召田、毛秀玲、姜敏为县人大常委会副主任，选举胡靖、王一冰为县人民政府副县长。

**3月15日** 市人大常委会副主任薄明带领市人大常委会研究室负责人来五莲县就全市人大工作会议精神贯彻落实情况进行调研。

**4月17日** 县人大常委会组成人员视察全县第三产业发展情况。

**4月26日** 县第十五届人大常委会第十九次会议召开。会议通过人事任免事项。

**5月底** 县人大常委会组成人员视察《职业病防治法》贯彻实施情况。

**6月8日** 县第十五届人大常委会第二十次会议召开。会议听取并审议县人民政府关于旅游工作情况汇报、2005年财政决算报告、2005年度县级预算和其他财政收支情况审计报告、关于调整五莲县国民经济和社会发展“十一五”规划部分主要指标的报告。

**7月19日** 县人大常委会组成人员视察全县林业生态建设情况。县人大常委会第一副主任戴召田，副主任李孟秋、秦泗顺、毛秀玲、梁启玉、姜敏参加视察。

**8月5日** 全国人大常委会副委员长、民革中央主席何鲁丽一行在省人大常委会副主任莫振奎及市、县主要领导陪同下，考察五莲生态旅游。

**8月10日** 县第十五届人大常委会第二十一次会议召开。会议听取并审议县人民政府关于2006年上半年财政预算执行情况的汇报。

**8月24日** 县人大常委会组成人员视察《环境保护法》贯彻实施情况。

**9月1日** “‘五征杯’我身边的人大代表”征文活动启动，整个活动历时一个月。

**9月14日** 县人大常委会组成人员视察全县村村通自来水工程进展情况。

**9月27日** 县人大常委会组成人员视察城建工作。

**10月17日** 县第十五届人大常委会第二十二次会议召开。会议听取并审议县人民政府关于2006年1–9月份工业经济运行情况和全县畜牧业发展情况的汇报。

**12月31日** 县第十五届人大常委会第二十三次会议召开。会议听取并审议县人民政府关于全县“四五”普法、依法治县情况和“五五”普法规划的汇报，通过《关于在全县公民中开展第五个五年法制宣传教育的决议》。

## 2007年

**1月29日** 县第十五届人大常委会第二十四次会议召开。会议通过关于召开县第十五届人大五次会议的决定；通过代表资格审查报告；议定县第十五届人民代表大会第五次会议有关事宜。

**3月6日至9日** 县第十五届人民代表大会第五次会议召开。会议补选孙著文为县十五届人大常委会副主任。

**4月27日** 县第十五届人大常委会第二十六次会议召开。会议听取并审议县人民政府关于《社会保险费征缴暂行条例》贯彻实施情况的汇报。

**4月29日** 县人大常委会组成人员视察全县农村新型合作医疗工作。

**5月21日** 市人大常委会副主任孙运河、徐善来、李志久、靳惠民、孙承金及秘书长朱洪祥带领检查组来五莲县就《森林法》贯彻实施情况进行执法检查。县人大常委会第一副主任戴召田、副主任李孟秋陪同检查。

**6月19日** 市人大常委会副主任孙运河、张玉佩、梁云爱、李志久、靳惠民、薄明及秘书长朱洪祥带领检查组来五莲县对《安全生产法》贯彻实施情况进行执法检查。

**6月22日** 县第十五届人大常委会第二十七次会议召开。会议听取并审议县人民政府2006年财政决算的报告、2006年县级预算执行情况和其他财政收支情况的审计工作报告。

**8月1日** 县人大常委会组成人员视察全县国土资源管理工作。

**8月21日** 县第十五届人大常委会第二十八次会议召开。会议听取并审议县人民政府关于2007年上半年国民经济和社会发展计划执行情况汇报、财政预算执行情况汇报、工业经济运行情况汇报。

**8月30日** 市人大常委会副主任靳惠民一行16人来五莲县，到县人民法院、县人民检察院进行调研。县人大常委会第一副主任戴召田、副主任秦泗顺陪同调研。

**8月31日** 省人大常委会副主任、省人大换届选举工作委员会主任朱正昌来五莲县调研换届选举工作。

**9月13日** 省人大常委会农业与农村委员会副主任委员张昭立来五莲县就《山东省农村可再生能源条例（草案）》进行立法调研。

**9月21日** 县第十五届人大常委会第二十九次会议召开。会议研究县乡人大换届选举工作有关事宜。

**10月18日** 省人大常委会农业与农村委员会副主任委员马洪顺、宋修武一行9人，来五莲县检查《气象法》、《山东省气象灾害防御条例》贯彻实施情况。

**11月2日** 县第十五届人大常委会第三十次会议召开。会议任命张文宣为县人民政府副县长；免去徐公德、王一冰县人民政府副县长职务。

**12月3日** 县第十五届人大常委会第三十一次会议召开。会议通过关于召开县第十六届人大一次会议的决定；议定县第十六届人民代表大会第一次会议有关事宜。

**12月10日至14日** 县第十六届人民代表大会第一次会议召开。会议选举崔亮为县十六届人大常委会主任，李应田、毛秀玲、孙著文、于曰洪、姜敏为副主任。王勇为县人民政府县长，侯佃晓、滕厚军、牟军善、胡靖、薛向民、张文宣为县人民政府副县长。卜宪博为县人民法院院长。申志刚为县人民检察院检察长。

**12月29日** 县第十六届人大常委会第一次会议召开。会议任命了县人民政府所属24个办、局的主任、局长；会议通过了《五莲县人大常委会组成人员守则》等规章制度；县委书记、县人大常委会主任崔亮在会上讲话。

## 2008年

**1月3日至8日** 日照市十六届人大一次会议召开。会上五莲县的王勇、姜卫东、丁宏利、安榕平被选为省人大代表。

**3月13日** 县第十六届人大常委会第二次会议召开。会议审议通过《五莲县人大常委会2008年工作要点》；听取并审议县人民法院关于《行政诉讼法》贯彻实施情况的汇报。

**3月20日** 市人大常委会原副主任孙运河、徐善来、李志久、靳惠民及原秘书长朱洪祥来五莲县调研。县委书记、县人大常委会主任崔亮，县人大常委会第一副主任李应田、副主任孙著文陪同活动。

**3月25日** 省人大常委会原副主任邵桂芳在市人大常委会第一副主任周惠平、秘书长万志新陪同下来五莲调研。县委书记、县人大常委会主任崔亮，县委副书记、县长王勇，县人大常委会第一副主任李应田陪同活动。

**4月8日** 县人大常委会对全县《义务教育法》贯彻实施情况进行执法检查。

**4月19日至23日** 县人大常委会举办全县乡镇人大干部培训班。

**4月29日** 市人大常委会调研组来五莲调研《职业教育法》实施情况。县委常委、副县长滕厚军，县人大常委会副主任毛秀玲陪同活动。

**5月22日** 县第十六届人大常委会第三次会议召开。会议听取并审议县人民政府关于2007年县级财政决算、关于2007年度县级预算执行和其他财政收支情况审计工作报告；听取并审议关于全县贯彻实施《义务教育法》执法检查情况的汇报。

**6月20日至30日** 县人大常委会组织5个组走访县第十六届人大代表。

**6月24日** 市人大常委会第一副主任周惠平、秘书长万志新来五莲县调研。县委书记、县人大常委会主任崔亮，县人大常委会第一副主任李应田陪同活动。

**7月16日** 市人大常委会副主任高丽萍一行20人来五莲开展港城环保世纪行集中

采访报道活动。县委常委、副县长滕厚军，县人大常委会副主任姜敏陪同活动。

**8月6日** 县第十六届人大常委会第四次会议召开。会议听取并审议县人民政府关于2008年上半年国民经济和社会发展计划执行情况及工业经济运行情况的汇报。

**8月17日** 省人大常委会常务副主任高新亭、副主任鲍志强、崔曰臣、温孚江，秘书长王文升带领省人大常委会理论中心组读书会一行来五莲视察。市委书记、市人大常委会主任杨军，市长赵效为，市人大常委会第一副主任周惠平，市委常委、秘书长王斌，县委书记、县人大常委会主任崔亮，县委副书记、县长王勇，县人大常委会第一副主任李应田陪同活动。

**8月21日** 调研全县烟草工作。县人大常委会副主任于曰洪带领调研组先后深入到高泽镇程戈庄村、西高泽村，汪湖镇后坡子村、小湖村和烟站，现场查看了大田烟叶管理、密集烤房及烟叶收购现场，听取了县烟草部门的情况汇报，与乡镇负责同志进行座谈，形成了《关于全县烟草情况的调研报告》。

**8月27日** 县人大常委会组织对全县大项目建设推进和334省道五莲东段拓宽改造工程进行视察。县人大常委会第一副主任李应田，副主任孙著文、于曰洪、姜敏和部分委员及人大常委会各委室负责同志参加。县委常委、副县长滕厚军，县经贸局、公路局主要负责人陪同视察。

**9月17日** 市人大常委会副主任张玉佩一行21人来五莲县检查《中华人民共和国道路交通安全法》贯彻落实情况。市政府副市长解世增，县人大常委会第一副主任李应田，县委常委、县委政法委书记曹春霞，县人大常委会副主任姜敏，副县长张文宣陪同活动。

**9月18日** 县第十六届人大常委会举行第五次会议。任命林杰为五莲县人民政府副县长（挂职）。

**9月25日** 县人大常委会组织驻五莲县的省、市人大代表对全县中小学校园安全问题进行专题调研。县人大常委会第一副主任李应田、县人大常委会副主任孙著文，副县长滕厚军陪同调研。

**10月10日** 县人大常委会召开人大代表小组座谈会。

**10月23日** 县人大常委会组织执法检查组，对全县贯彻实施《矿产资源法》的情况进行执法检查。

**10月24日** 青岛市人大常委会党组书记、主任张若飞一行22人来五莲参观考察。市人大常委会副主任张玉佩，县人大常委会第一副主任李应田，县人大常委会副主任姜敏陪同活动。

**10月30日** 县人大常委会举办县人大代表培训班。

**11 月 5 日** 县人大常委会执法检查组对全县贯彻实施《税收征管法》的情况进行执法检查。

**11 月 27 日** 县第十六届人大常委第六次会议召开。会议听取并审议县人民政府关于养老保险金收支情况和农民增收情况的汇报。

**12 月 4 日** 驻日照市的全国和省人大代表来五莲进行会前集中视察。

**12 月 11 日** 县人大常委会组织驻五莲县的市十六届人大代表进行会前集中视察。

**12 月 12 日** 省人大常委会内务司法委员会陈明甫一行 8 人来五莲调研《山东省法律援助条例》执行情况。

## 2009 年

**1 月 6 日至 9 日** 五莲县第十六届人民代表大会第二次会议召开。与会代表 216 名。

**2 月 11 日** 县第十六届人大常委会第九次会议召开。会议通过了县人大常委会 2009 年工作要点。

**3 月 28 日** 济南市人大常委会主任徐华东来五莲探亲并调研。

**4 月 14 日** 县第十六届人大常委会第十次会议召开。会议听取并审议县人民法院关于践行以当事人为本理念、全力做好司法为民文章的报告；听取并审议县人民检察院关于《检察官法》贯彻情况的汇报；审议通过《五莲县人大常委会关于进一步加强代表工作的意见》。

**5 月 12 日** 县人大常委会组成人员对全县农村疾病预防控制三级网络建设情况进行视察。县人大常委会第一副主任李应田，副主任毛秀玲、于曰洪、姜敏，秘书长韩宝军参加视察。县人民政府副县长张文宣陪同视察。

**5 月 26 日** 县人大常委会组成人员对全县贯彻实施《道路交通安全法》情况进行调研。县人大常委会第一副主任李应田，副主任毛秀玲、于曰洪、姜敏，秘书长韩宝军参加调研。

**6 月 12 日** 县第十六届人大常委会第十一次会议召开。会议听取并审议县人民政府关于 2008 年县级财政决算报告、关于 2008 年县级预算执行和其他财政收支情况审计工作报告、办理代表建议意见情况的报告。

**7 月 8 日** 2009 港城环保世纪行集中采访组来五莲县进行集中报道活动。

**7 月 14 日** 县人大常委会组成人员对全县贯彻实施《防洪法》情况进行调研。

**7 月 23 日** 县第十六届人大常委会第十二次会议召开。会议听取并审议县人民政府关于2009年上半年国民经济和社会发展计划执行情况、2009年上半年财政预算执行情况、全县林业生态建设情况的汇报。

**8月6日** 县人大常委会组成调研组对全县广播电视工作进行调研。

**8月13日** 县人大常委会执法检查组对全县贯彻实施《畜牧法》情况进行检查。

**8月19日** 县人大常委会组织驻五莲县的省、市人大代表对全县大项目建设情况进行专题调研。

**9月1日** 县人大常委会组织对全县工业经济运行情况进行视察。

**9月中旬至10月中旬** 县人大常委会组织对部分人大代表的先进事迹进行集中宣传报道。

**9月30日** 县第十六届人大常委会第十三次会议召开。会议听取并审议县人民政府关于贯彻实施《山东省旅游条例》情况的汇报；听取并审议县人大常委会执法检查组关于全县贯彻实施《畜牧法》情况的执法检查报告。

**10月15日** 县人大常委会执法检查组对全县贯彻实施《环境保护法》情况进行检查。

**10月26日** 县人大常委会执法检查组对全县贯彻实施《电力法》情况进行检查。

**10月27日** 市人大常委会执法检查组来五莲检查《环境保护法》贯彻实施情况。

**10月28日** 全县人大工作座谈会召开。县人大常委会第一副主任李应田出席会议并讲话。

**11月6日** 县人大常委会组成人员对全县交通基础设施建设情况进行视察。

**11月17日** 县人大常委会第一副主任李应田，副主任毛秀玲、于曰洪、姜敏，秘书长韩宝军一行，视察全县职业教育工作。县委常委、副县长王一群陪同活动。

**12月15日** 县人大常委会组织驻五莲县的市十六届人大代表对全县旅游工作进行会前集中视察。

**12月16日** 县人大常委会组织对全县公安工作进行调研。

**12月17日** 县第十六届人大常委会第十四次会议召开。会议听取并审议县人大常委会执法检查组关于全县贯彻实施《环境保护法》情况的报告、关于全县贯彻实施《电力法》情况的报告；通过关于召开县第十六届人大三次会议的决定。

**12月24日** 县第十六届人大常委会第十五次会议召开。会议决定任命杜江涛任五莲县人民政府副县长、代理县长；会议依法接受王勇辞去五莲县人民政府县长职务的请求。

**12月30日** 市人大常委会第一副主任周惠平来五莲县走访看望驻五莲县的部分市人大代表。

## 2010年

**1月11日** 县第十六届人大常委会第十六次会议召开。会议听取并审议关于补选县第十六届人大代表的代表资格审查报告、关于县第十六届人大三次会议筹备情况的报告；议定县人大常委会工作报告；通过县第十六届人大三次会议有关事项。

**1月19日至22日** 五莲县第十六届人民代表大会第三次会议召开。补选马强为县十六届人大常委会主任；杜江涛为县人民政府县长；胡建为县人民法院院长。

**2月26日** 县人大常委会召开机关全体人员会议，部署开展“抓作风强执行促发展”活动。

**3月19日** 县第十六届人大常委会第十七次会议召开。会议审议通过县人大常委会2010年工作要点、关于进一步加强作风建设增强监督实效的意见。县委书记、县人大常委会主任马强在会上讲话。

**4月15日** 县人大常委会组成人员对全县社会救助体系建设和社会福利工作进行视察。县人大常委会第一副主任李应田，副主任毛秀玲、姜敏，秘书长韩宝军参加活动。县人民政府副县长薛向民陪同视察。

**4月20日** 市人大常委会副主任高丽萍带领视察组来五莲县视察农村住房建设和危房改造情况。县人大常委会第一副主任李应田，县委常委、常务副县长张桂伟，县人大常委会副主任姜敏、秘书长韩宝军及县城建局负责人陪同视察。

**5月6日** 市人大常委会第一副主任周惠平带领秘书长万志新来五莲县调研。县委书记、县人大常委会主任马强，县人大常委会第一副主任李应田，县委常委、县委办公室主任林杰，县人大常委会秘书长韩宝军陪同调研。

**5月12日** 市人大常委会第一副主任周惠平带领秘书长万志新和各区县人大主要负责人来五莲县调研。县人大常委会第一副主任李应田、秘书长韩宝军陪同活动。

**5月18日** 县第十六届人大常委会第十八次会议召开。会议听取并审议县人民法院关于《法官法》贯彻实施情况的报告、县人民检察院关于办理自侦案件情况的报告、县人大常委会执法检查组关于全县贯彻实施《科学技术进步法》情况的执法检查报告。

**6月9日** 县人大常委会组成人员对全县公共文化服务体系建设工作进行视察。

**6月21日** 省人大常委会副主任刘玉功带领视察组来五莲县视察节能减排工作。

**6月30日** 省人大常委会法制委员会主任委员李宏祥来五莲县考察。市人大常委会副主任张玉佩，县人大常委会第一副主任李应田、副主任姜敏、秘书长韩宝军陪同活动。

**7 月 21 日** 县第十六届人大常委会第十九次会议召开。会议依法任命武传忠为五莲县人民检察院副检察长、代理检察长职务；依法接受申志刚辞去五莲县人民检察院检察长职务的请求。

**8 月 12 日** 县人大常委会组织对全县贯彻实施《产品质量法》情况进行执法检查。

**8 月 16 日** 市人大常委会副主任高丽萍带队来五莲县对《环境保护法》贯彻实施情况进行执法检查并开展 2010 年港城环保世纪行活动。

**8 月 19 日** 县人大常委会组织驻五莲县的省、市人大代表对全县大项目建设情况进行专题调研。

**9 月 21 日** 县第十六届人大常委会第二十次会议召开。会议听取并审议县人民政府关于全县工业经济运行情况的报告；听取并审议县人大常委会执法检查组关于全县贯彻实施《产品质量法》情况的执法检查报告。

**10 月 13 日** 县人大常委会组织对全县贯彻实施《农业机械化促进法》情况进行执法检查。

**10 月 28 日** 县人大常委会对全县大项目建设工作进行视察。县人大常委会第一副主任李应田，副主任毛秀玲、姜敏，秘书长韩宝军参加视察，县委常委、常务副县长张桂伟陪同视察。

**11 月 9 日** 齐鲁环保世纪行组委会办公室主任杨亚光带领记者采访团一行 12 人来五莲就危险废物环境污染防治工作进行采访报道。

**11 月 29 日** 县第十六届人大常委会第二十一次会议召开。会议听取并审议县人民政府关于全县农业产业结构调整情况的报告；听取并审议县人大常委会执法检查组关于全县贯彻实施《农业机械化促进法》情况的执法检查报告。

**12 月 1 日至 3 日** 省人大常委会原副主任何宗贵一行 7 人来五莲举行小型笔会活动。

**12 月 6 日** 县人大常委会组成人员对全县电力工作进行调研。

**12 月 8 日** 驻日照市的全国和省人大代表来五莲县进行会前集中视察。

**12 月 15 日** 县人大常委会组织驻五莲县的市人大代表进行会前集中视察。

**12 月 22 日** 市人大常委会第一副主任周惠平、秘书长万志新来五莲看望所联系的人大代表。

**12 月 23 日** 县第十六届人大常委会第二十二次会议召开。会议听取并审议县人民政府关于五莲县国民经济和社会发展第十二个五年规划纲要（草案）的说明；表决通过关于召开县第十六届人大四次会议的决定、关于补选县第十六届人大代表的决定。

**12 月 29 日** 县人大常委会领导对全县公路工作进行调研。县人大常委会第一副主任李应田，副主任毛秀玲、于曰洪、姜敏，秘书长韩宝军参加调研，县委常委、纪委书记滕厚军陪同调研。

## 2011年

**1月5日** 县第十六届人大常委会第二十三次会议召开。会议听取并审议县人大常委会代表资格审查委员会关于补选县第十六届人大代表的代表资格审查报告、关于县第十六届人大四次会议筹备工作情况汇报；审议县人大常委会工作报告；表决通过县第十六届人大四次会议有关事项。

**1月17日至20日** 五莲县第十六届人民代表大会第四次会议召开。会议补选惠鑫、李树湘为县第十六届人大常委会副主任，武传忠为县人民检察院检察长。

**3月18日** 市人大常委会副主任薄明来五莲调研村两委换届选举工作。县人大常委会副主任惠鑫、县人民政府副县长胡靖陪同活动。

**3月20日** 市人大常委会副主任梁云爱来五莲县调研村两委换届选举工作，县人大常委会副主任李树湘陪同活动。

**3月22日** 县第十六届人大常委会第二十四次会议召开。会议听取并审议县人民政府关于全县贯彻实施《劳动合同法》情况汇报、县人民法院关于执行工作情况的报告、县人民检察院关于诉讼监督工作情况的报告。

**3月23日** 市人大常委会副主任张玉佩来五莲调研村两委换届工作。县人大常委会第一副主任李应田、副主任李树湘陪同活动。

**4月26日** 县人大常委会副主任于曰洪带领执法检查组对全县贯彻实施《职业病防治法》情况进行执法检查。

**4月27日** 县人大常委会领导对全县公安机关执法规范化建设情况进行调研。

**5月20日** 县第十六届人大常委会第二十五次会议召开。会议听取并审议县政府关于全县医疗卫生事业发展与改革情况的报告；听取并审议县人大常委会执法检查组关于全县贯彻实施《职业病防治法》情况的执法检查报告。

**6月17日** 县人大常委会组织对全县贯彻实施《环境保护法》情况进行执法调研。

**6月21日** 市人大常委会副主任薄明在市科协负责人陪同下来五莲走访困难老党员。县人大常委会第一副主任李应田陪同活动。

**6月24日** 县人大常委会组织对全县招商引资工作进行视察。县人大常委会第一副主任李应田，副主任毛秀玲、于曰洪、惠鑫、李树湘参加视察。县委常委、副县长王一群，县委常委、宣传部长马妮分别陪同视察。

**6 月 29 日** 市人大常委会副主任张玉佩到松柏镇走访困难老党员。县人大常委会第一副主任李应田陪同活动。

**7 月 14 日** 市人大常委会第一副主任周惠平带领执法检查组，在市人民政府副市长解世增陪同下，来五莲就贯彻实施《山东省旅游条例》情况进行检查。县委书记、县人大常委会主任马强，县人大常委会第一副主任李应田，县委常委、县委办公室主任林杰，县人大常委会副主任李树湘，副县长胡靖陪同活动。

**7 月 27 日** 县第十六届人大常委会第二十六次会议召开。会议听取并审议县政府关于 2011 年上半年国民经济和社会发展计划执行情况、2010 年财政决算和 2011 年上半年预算执行情况、2010 年县级预算执行情况和其他财政收支情况的审计报告、县第十六届人大四次会议代表建议意见处理情况的汇报；审议县人大常委会视察组关于全县招商引资工作视察报告。

**7 月 28 日** 市人大常委会副主任高丽萍带领港城环保世纪行采访报道组一行来五莲进行采访报道活动。县人大常委会副主任惠鑫陪同活动。

**8 月 19 日** 受市人大常委会委托，县人大常委会组织驻五莲县的全国、省、市人大代表对全县养老服务和社会保障体系建设情况进行了专题调研。县人大常委会第一副主任李应田参加调研。县人大常委会副主任于曰洪、惠鑫，县人民政府副县长薛向民陪同调研。

**8 月 22 日** 县人大常委会副主任于曰洪带领调研组对“森林五莲”建设进行调研。

**9 月中旬** 县人大常委会组织对县人大代表进行集中走访。

**10 月 10 日** 县第十六届人大常委会第二十七次会议表决通过《关于在全县公民中开展第六个五年法制宣传教育的决议》、《关于<五莲县 2011—2015 年依法治县规划>的决议》，表决通过关于县、乡人大换届选举工作的有关事项，调整了县人大常委会代表资格审查委员会组成人员，并通过了关于对县十六届人大优秀代表进行表彰的决定。

**10 月 11 日** 全县县乡两级人大换届选举工作会议召开。县委书记、县人大常委会主任马强，县人大常委会第一副主任李应田分别在会上讲话。

# 第一篇 县人大代表

## 第一章 县各界人民代表会议代表

1949 年 11 月，五莲县政府根据中央人民政府发布的《各界人民代表会议组织通则》的有关规定，作出了《关于召开各界人民代表会议的决议》，组织推选出席会议的代表，县农会、青年、妇女、人民武装、商业、手工业等群众团体和行业推选本系统本行业的代表；无组织者由各区组织会议进行推选，经过民主推选后，由县政府发聘书。有少数代表，由县政府在进行全面了解，广泛征求群众意见的基础上，直接下聘请书聘请。县人民政府的代表由县长、副县长充任。以后各届基本采用这种办法推选代表。

1949 年县第一届各界人民代表会议代表资格是：凡年满 18 周岁，居住在本县境内之中国公民，不分性别、民族、宗教信仰、教育程度、居住年限、社会职业及财产状况，均有选举权和被选举权。有下列情形之一者，无选举权和被选举权：1、精神病患者；2、经军事法庭、司法机关和人民法庭剥夺公民权尚未恢复者；3、有反革命行为，经人民政府缉办有案者。以后各届均按照这一标准推选代表。

因资料的缺失，历届出席各界人民代表会议的代表名单已不可查，仅代表构成情况可见下表。

历届各界人民代表会议代表构成简况一览表

| 届次 | 会议开幕时间 | 各界代表人数 | | | | | | | | | | | | | | | | | | |
|---|---|---|---|---|---|---|---|---|---|---|---|---|---|---|---|---|---|---|---|---|
| | | 合计 | 县委 | 政府 | 武装 | 农民 | 手工业者 | 文化教育 | 卫生医药 | 商业供销 | 荣誉转业军人 | 烈军工属 | 妇女 | 青年 | 学生 | 民主人士 | 机关 | 自由职业 | 特邀 | 其他 |
| 一 | 1949.12.17 | 198 | 4 | 14 | 14 | 77 | 3 | 9 | 4 | 15 | 8 | 8 | 18 | 20 | | | | | 4 | |
| 二 | 1950.3.20 | 283 | 3 | 17 | | 108 | | 17 | | 30 | 8 | 10 | 24 | 22 | | 6 | | | 6 | 32 |
| 三 | 1950.5.29 | 263 | 3 | 11 | 2 | 102 | 7 | 16 | | 20 | 4 | 5 | 27 | 12 | | 18 | | | | 36 |
| 四 | 1951.1.15 | 291 | 3 | 15 | 1 | 112 | 6 | 11 | | 25 | 9 | 14 | 33 | 23 | 3 | 4 | | 8 | | 24 |
| 五 | 1951.2.27 | 284 | 3 | 14 | 25 | 108 | 4 | 12 | 9 | 30 | | 18 | 24 | 22 | 6 | | 3 | | 6 | |
| 六 | 1951.6.28 | 263 | 3 | 11 | 2 | 102 | 7 | 11 | | 20 | 4 | 5 | 27 | 12 | 5 | 18 | | 10 | | 26 |
| 七 | 1951.12.5 | 237 | | | | | | | | | | | | | | | | | | |
| 八 | 1952.6.28 | 240 | 3 | 2 | 30 | 88 | 7 | 11 | 9 | 30 | 3 | 10 | 21 | 14 | 5 | 7 | | | | |
| 九 | 1953.1.6 | 306 | 3 | 10 | 26 | 102 | 12 | 25 | 11 | 21 | | 13 | 51 | 22 | 2 | | 4 | | 4 | |

# 第二章 县人民代表大会代表

1953 年，中央人民政府颁布《中华人民共和国全国人民代表大会和地方各级人民代表大会选举法》后，五莲县即根据选举法的精神，选举县人民代表大会代表。历届选举县人民代表大会代表的主要做法是：

建立选举机构，培训选举骨干。每一届人民代表大会召开前，县、乡（区、镇、公社）均建立选举委员会，组织、指导选举工作，制订计划，进行试点，培训骨干，督促检查。

宣传教育。宣传教育工作贯穿选举工作的整个过程，主要是宣传《中华人民共和国地方各级人民代表大会和地方各级人民政府组织法》和《中华人民共和国全国人民代表大会和地方各级人民代表大会选举法》，宣传选举工作的程序要求，宣传人民当家作主的政治制度，宣传人民代表大会制度的优越性。

划分选区。选区的划分遵照便于选民了解代表和代表联系选民的原则，按居住状况或按生产单位、事业单位、工作单位划分。选区的大小，按照每一选区选一至三名代表划分。

选民登记。选民登记的资格，选举法规定："年满十八周岁的中华人民共和国公民，不分民族、种族、性别、职业、社会出身、宗教信仰、教育程度、财产状况和居住期限，都有选举权和被选举权。依照法律被剥夺政治权利的人没有选举权和被选举权。"县第九届人民代表大会在进行选民登记时，做了如下补充规定：1、按登记日期，年满 18 周岁的公民，予以登记并参加选举。2、经医院或机关团体证明失去行使自己意志能力的精神病患者，不列入选民登记名单；间歇性精神病患者列入。3、经法院判决的反革命犯和剥夺政治权利的犯罪分子，不予登记。4、正在关押的已决犯和未决犯，不予登记。5、判处剥夺政治权利的和 1981 年 1 月 1 日前判处管制尚未撤销的不予登记。6、宣告缓刑的刑事犯，予以登记。7、获得假释的刑事犯，没有剥夺政治权利和附加刑的，予以登记。8、判管制的犯罪分子，没有剥夺政治权利和附加刑的，予以登记。在选民登记中，严把年龄关、政治关、行为能力关，切实做到不错登、不漏登。在选举日前 30 日，公布选民名单，并发给选民证。2004 年 10 月，十届全国人大常委会第十二次会议修正的选举法规定，选民名单应在选举日 20 日以前公布，并发给选民证。

推荐代表候选人。第一届至第八届人民代表大会代表候选人由县政府及各人民团体推荐。自第九届人民代表大会始，实行政党、人民团体提名和选民 3 人以上（1986

年12月，选举法第二次修正后，改为选民或代表10人以上，可以推荐代表侯选人）联合提名推荐相结合的办法，经过自下而上，自上而下反复酝酿协商，产生正式代表候选人。代表候选人的名额，多于应选代表名额的二分之一至一倍。正式代表候选人名单在选举日前5日公布。2010年3月，全国人大十一届三次会议修正的选举法规定，正式代表候选人名单及代表候选人的基本情况应当在选举日的7日前公布。

选举代表。第一届至第八届人民代表大会的代表选举，采用间接等额选举的办法。即，由选民选举出席乡（公社）人民代表大会的代表，再由乡（公社）人民代表大会选举出席县人民代表大会的代表；代表候选人名额与应选代表名额相等。自第九届人民代表大会起，根据1979年全国五届人大二次会议通过的《中华人民共和国全国人民代表大会和地方各级人民代表大会选举法》关于“县、自治县、乡、镇的人民代表大会的代表由选民直接选出”的规定，采用差额选举的办法，选民直接选举出席乡和县人民代表大会的代表。选举中，各选区参选的选民应超过应参选选民的半数，采用无记名投票方式进行差额选举，所选代表方有效。代表选出后，由选举委员会根据选举法的规定确定是否有效，并予以公布。

## 第一节 五莲县第一届人民代表大会代表

(1954.7—1956.12)

**代表选举** 本届人民代表大会代表的选举工作自1953年4月开始，建立了县、乡选举工作委员会，县成立了普选巡回法庭和普选检查小组。县选举工作委员会在仁里、常山两个区的26个乡进行了为期两个月的普选试点，摸取经验。此后，普选工作在全县展开，全县划分为983个选区，进行选民登记和选举工作。当时全县总人口376637人，登记选民209802人，不予登记的有依法剥夺选举权的1123人，精神病患者22人。参选选民为197855人，占选民总数的92.8%，选举出乡人大代表4020名。在乡人民代表大会上选举出县人民代表大会代表322名。

**代表构成** 五莲县第一届人民代表大会322名代表中，有工人和农民代表（其中工人代表6名）108名，占代表总数的33.5%；干部代表42名，占代表总数的13%；民兵代表11名，占代表总数的3.4%；手工业者代表15名，占代表总数的4.6%；互助组、合作社的代表55名，占代表总数的17%；供销、商业、信贷行业的代表25名，占代表总数的7.7%；文教科技界代表14名，占代表总数的4.3%；医药卫生界代表11名，占代表总数的3.4%；烈军属和荣誉转业军人代表19名，占代表总数的5.9%；民主人士和其他界别的代表22名（其中民主人士2名），占代表总数的6.8%。

# 五莲县第一届人民代表大会代表名单

（322名）

一区代表团：（37名）

| | | | | | |
|---|---|---|---|---|---|
| 卢星文 | 郭学文 | 张廷吉 | 郑昭超 | 张安恩 | 窦培忠 |
| 秦绪佳 | 窦明升 | 郑明山 | 韩永云 | 郑大娘（女） | 王康烈 |
| 刘凤德 | 房克忠 | 王记泽 | 许加志 | 张相平 | 李京春 |
| 牟乃云 | 郑秀钦（女） | 刘桂花（女） | 李玉芝（女） | 赵枫岩 | 王秀起 |
| 崔福民 | 孙保德 | 郭德山 | 严太明 | 李顺福 | 万克堂（女） |
| 王德甫 | 祝金芳（女） | 刘京明 | 陈德相 | 郑立发 | 李守方 |
| 张荣理 | | | | | |

二区代表团：（13名）

| | | | | | |
|---|---|---|---|---|---|
| 姜立钢 | 郭公奎 | 苏桂花（女） | 郑乃从 | 郑　春 | 张大娘（女） |
| 王树礼 | 袁敦楼 | 徐新平 | 陈光金 | 宋心亮 | 郑存秀 |
| 李学信 | | | | | |

三区代表团：（30名）

| | | | | | |
|---|---|---|---|---|---|
| 朱克佳 | 于为田 | 李纪策 | 陆曰彬 | 刘爱贤（女） | 汤守乾 |
| 王宜美（女） | 仲为进 | 秦玉双（女） | 王淑爱（女） | 李茂甲 | 李家习（女） |
| 李琪禄 | 刘宝贤 | 孙廷山 | 景德学 | 王锡友 | 金乃詠 |
| 张龙宅 | 许彦美（女） | 张纪学 | 王仲义 | 孙加帮 | 李凤文 |
| 何乐民 | 白汝怀 | 贺子凯 | 刘臣贤 | 袁开章 | 臧延杰 |

四区代表团：（26名）

| | | | | | |
|---|---|---|---|---|---|
| 汤作廷 | 郭保运 | 徐延林 | 冯朋吉 | 杜继淑（女） | 刘贤申 |
| 孟文和 | 王庆浦 | 迟岑范 | 盛怀桂（女） | 于焕章 | 梅在芬（女） |
| 郭增远 | 李崇贯 | 张成明 | 古祥礼 | 古立常 | 张继增 |
| 冯克文 | 冯启发 | 沙德美（女） | 赵从丰 | 古坤林 | 古立广 |
| 赵维斗 | 汤奎点 | | | | |

五区代表团：（35名）

| | | | | | |
|---|---|---|---|---|---|
| 季维瑞 | 刘　慨 | 李宗华 | 匡珂善 | 柏生吉 | 秦玉美（女） |
| 于福美（女） | 王同俊 | 于继美（女） | 滕培祥 | 王振相 | 王金德 |
| 朱凤祥 | 厉保荣（女） | 张龙芳 | 柏立吉 | 厉保范 | 厉曰安 |

王保平　　秦经淑(女)　徐秀英(女)　李顺叶　　姚英俊　　郑廷俊(女)
鞠玉文　　许家路　　张传若　　李克藏　　厉书太　　乔瑞芬(女)
刘子云　　贾　对　　王延昌　　于同茂　　王经理

六区代表团：(33名)

韩彦方　　张春喜　　邸清柳　　席思智　　魏本欣　　韩振福
刘继山　　吴梅昌(女)　李为凤(女)　吴宣贤(女)　孙著有　　石学桂
丁启修　　马　江　　陈玉美(女)　郑万彬　　王玉花(女)　王立荣
韩树修　　王克岳　　李得福　　刘贤禄　　孔善修　　解芳苓(女)
徐日德　　马信一　　王金凯　　陈德星　　赵子明　　王功皆
尚殿成　　张耀堂　　王启元

七区代表团：(28名)

武景尧　　韩文秀　　刘金福　　刘正义　　迟令福　　刘振华
张有田　　韩仲刚　　韩墨林　　孙维会(女)　孙维芝　　王成义
刘京禄　　刘敬亭　　孙　贵　　王魁斋　　刘　斗　　徐明英(女)
王成娥(女)　韩启海　　庞昌兰(女)　张余三　　孙桂福　　李奎年
刘子光　　徐茂亭　　张茂松　　王加任

八区代表团：(33名)

倪策喜　　王生真　　杨立成　　邱加太　　夏秀英(女)　王子萍
赵原中　　李福田　　厉玉其　　刘丕仁　　刘本周　　许花茂(女)
孙光廷　　张玉英(女)　刘子宣　　胡明凡　　王志贤　　张中茂
张会採　　韩　英　　郑明秀(女)　王玉峰　　范增顺　　王其宣
王　云　　寇佃礼　　臧家臻　　赵继平(女)　赵桂合　　郇桂英(女)
杨汝星　　杨春龙　　杨玉莲(女)

九区代表团：(25名)

迟兆彦　　安凤梅(女)　时培杰　　王树进　　王守检　　朱伯桂
赵佃先　　聂良洪　　李修节　　张庆斋　　谢举兴　　庞玉财
孙宝臣　　梁从江　　周治新(女)　葛在玉　　潘曰顺　　白举庭
秦立堂　　秦泗农　　秦锡云　　王铭训　　王庆元　　尚洪明
朱宝峰

十区代表团：(30名)

王成礼　　王洪季(女)　姜元屹　　耿发东　　王贵田　　田德和
王丕禄　　张贵田　　于泽廷　　陈元禄　　王延生　　王谦山

郑明喜　朱兰奎　张淑玉（女）崔华田　王玉公　王金贵（女）
王玉英（女）丁治武　葛保德　岳少文（女）朱锡亮　莫振忠
陈元禄　王保砚　王玉庆　唐士红　王孟花（女）王砚生

十一区代表团：（27名）

刘叔秋（女）朱德亮　徐志合　柳现恩　张喜廷　滕云香（女）
鞠文池　谢居立　刘太合　王　治　王　林　谢泽廷
于兴楷　于存里　赵有辛（女）赵正斋　郭希圣　赵玉增
孙仲荣　杜彩凤（女）徐维常　赵明有　陈　营（女）张德富
王汝华　岳希英（女）杜西鹤

不明所属代表团者：（4名）

丁娥原（女）董兆田　门佃花（女）翟之明　张玉山

代表变动情况：

自第一次和第二次会议后，有张廷吉、李学信、丁娥原、刘慨、韩仲刚、陆曰彬、孟广和、尚殿成、刘子光、孙光廷、田德和、朱兰奎、董兆田、门佃花、翟之明、汤作廷、李加席等17人调离五莲或离职学习，张玉山因返回原籍，均申请辞去县人民代表大会代表职务。根据有关法律规定，有关选区补选徐鸿翔、谢鑑之、王均清、王维宝、王修济、蓝开文、孔繁温、陈太宝、杨泽福、杨志臣、李鸿玉、秦夫庆、郑斗全、王宝初、岳明礼、胡善聪等16人为五莲县第一届人民代表大会代表。

另有于焕章因发现系反革命分子，刘太和犯有严重错误，由所选乡人民代表大会撤换，分别补选郑树义、孙树祯为五莲县第一届人民代表大会代表。（于焕章已平反——编者注）

## 第二节　五莲县第二届人民代表大会代表

（1956.12—1959.05）

**代表选举**　本届人民代表大会代表的选举，全县共划分为983个选区，登记选民206355人，参选选民150960人，占选民总数的73.2%，选举出席区人民代表大会的代表。其后，中共五莲县委邀集各人民团体，进行了民主协商，提出了代表候选人名单。1956年11月至12月间，在各区召开的人民代表大会上，选举出县人民代表大会代表300名，经代表资格审查委员会审查，有一名代表年龄不满18周岁，不具备代表资格，本届人民代表大会实有代表299名。

**代表构成**　五莲县第二届人民代表大会299名代表中，有工人和农民代表149名

(其中工人代表 9 名)，占代表总数的 49.8%；干部代表 19 名，占代表总数的 6.3%；民兵代表 8 名，占代表总数的 2.6%；供销、商业、信贷行业的代表 34 名，占代表总数的 11.4%；文教科技界的代表 18 名，占代表总数的 6%；医药卫生界代表 15 名，占代表总数的 5%；烈军属和转业军人代表 18 名，占代表总数的 6%；民主人士和其他界别的代表 38 名，占代表总数的 12.7%。

## 五莲县第二届人民代表大会代表名单

(280 名)

仁里区代表团：(29 名)

刘桂花(女) 郑海秋 张大娘(女) 田太明 索开传 蓝秀梅(女)
郑明俊 王宝英(女) 朱世清 郑光云 刘家敏(女) 宋心云(女)
范希相 李学尧 王为宝 郑乃从 孙宝德 丁小溪
王秀池 牛立功 郑明彦 郭公奎 李守方 崔福民
潘维贞(女) 孙铁舟 王德福 周绪臣 丁新弟

高泽区代表团：(25 名)

王西友 张龙宅 焦文会 孙加帮 袁开章 王中义
秦绪梅(女) 张维学 聂兰章 刘秀荣(女) 王培仙(女) 汤守乾
郑培芳(女) 张继选(女) 于维练 景德学 杨志臣 郑景山
刘爱贤(女) 徐新千 王凤文 何子凯 王宗源 张吉民
李明玉

洪凝区代表团：(31 名)

郭波远 梅玉芳(女) 郑树义 徐延林 侯德成 孔范昌
冯尊三 郭宗原 韩立新 刘为玉 宓方堂 冯志白
冯展花(女) 厉展美(女) 古祥礼 韩永良 古立长 王康烈
黄俊卿 郑来环 郑秀琛(女) 刘维斗 冯明吉 王玉峰
杜继淑(女) 张茂根 张继增 卢星文 李勇之 牟敦希
刘瑞贤

街头区代表团：(32 名)

贾　对 韩　英 于福英(女) 张传苍 张爱华(女) 厉曰安
秦辅卿 刘子云 季维瑞 陈常吉 郑廷俊 席家乐
迟兆禄(女) 柏里吉 张龙苍 迟兆爱(女) 厉复云(女) 李茂森

厉复娥（女）　张守水　厉复高　徐复平　张传若　许传芹（女）
秦洪淑（女）　李密一　陈太保　匡珂善　厉复和　徐鸿翔
王金德　侯成德

五莲区代表团：（32 名）

张耀堂　陆曰彬　刘世元　石学桂　丁元松（女）　马　江
王立荣　丁启修　吴为荣（女）　韩树修　陈德松　邸继流
王玉花（女）　郑万宾　吴照相　王义春（女）　王金凯　马心一
吴运贤　魏本申　魏绪争　孙著友　李德夫　田芳令（女）
赵子明　席思智　王月春（女）　李维凤（女）　韩振海　韩振方
徐义德　孙柱友

户部区代表团：（28 名）

王西坤　王师全（女）　刘全福　王明新　张则玉　李春莲（女）
王展福　王成日　王奎斋　王永稀　赵克淮　李　洪
徐德进　朱纪英（女）　王承娥（女）　徐凤滋　韩墨林　王志逊
迟令福　庞常兰（女）　刘子光　穆志杰　秦绪佳　郝瑞德
张孟芳（女）　孙　桂　王均清　林田林

中至区代表团：（26 名）

李恕早　孙树耕　庞学廷　周智新　葛在玉　吴曰阡
张西三　赵佃先　葛花翠（女）　葛学伟（女）　王明恩　孙保芹
孙俊三（女）　葛学玉　潘曰顺　姚永见　邸安泌　秦素清（女）
李修美（女）　秦四农　谢举兴　崔文喜　王子平　时培杰
王铭训　王树进

淮河区代表团：（29 名）

耿福佃　李振昌　胡德义之母（女）　王玉庆　王保初　岳明礼
郑明喜　吕砚廷　王世英（女）　李记堂　葛保德　李民生
崔华田　王克珍　莫振忠　李悦广　杨宗太　胡士良
周加南　岳光秀（女）　赵明云（女）　于泽廷　朱保丰　王金桂（女）
岳绍文　王孟花（女）　刘玉恒　胡宗辉　张天民

管帅区代表团：（29 名）

鞠文池　赵有新（女）　管恩利（女）　王佃良　滕云香（女）　王加海
王金合（女）　米得亮　王玉凤（女）　柳砚恩　张德富　赵明友
梁恩香（女）　徐为常　徐志和　张希廷　王　林　王教芝

| | | | | | |
|---|---|---|---|---|---|
| 刘希信 | 丁兴皆 | 管进臣 | 何茂英(女) | 张立峰 | 赵正斋 |
| 张曰安 | 张永俊 | 于兰花 | 李兰生 | 于振海 | |

石场区代表团：（19 名）

| | | | | | |
|---|---|---|---|---|---|
| 崔桂城 | 胡善聪 | 周兆娟(女) | 孙范义(女) | 林兆廷 | 徐成桂 |
| 谢克顺 | 胡兆奎 | 胡长信 | 张龙保 | 陈为刚 | 王召秋 |
| 张善仁 | 李光花(女) | 周济德 | 李松芳 | 宋树棠 | 陈大娘(女) |
| 郑培艾 | | | | | |

（由于原始资料统计不全，本届有 19 位代表名单缺失。）

## 第三节 五莲县第三届人民代表大会代表

（1958.05—1961.02）

**代表选举** 1958 年 3 月，由中共五莲县委、县人民委员会邀集各人民团体的负责人及其他方面的代表人物进行协商，初步确定了代表候选人名单，然后经乡党委邀集有关团体进行了充分酝酿，在充分发扬民主的基础上，确定代表候选人名单。在乡人民代表大会上，采用无记名投票的方式，选举县人民代表大会的代表 295 名。

**代表构成** 五莲县第三届人民代表大会 295 名代表中，有工人和农民代表（其中工人代表 1 名）132 名，占代表总数的 44.7%；干部代表 45 名，占代表总数的 15.3%；民兵代表 20 名，占代表总数的 6.8%；手工业者代表 13 名，占代表总数的 4.4%；供销、商业、信贷行业代表 14 名，占代表总数的 4.8%；文教科技界代表 20 名，占代表总数的 6.8%；医药卫生界代表 15 名，占代表总数的 5%；烈军属和荣誉转业军人代表 33 名，占代表总数的 11.2%；民主人士代表 2 名，占代表总数的 0.06%。

### 五莲县第三届人民代表大会代表名单

（295 名）

许孟乡代表团：（12 名）

| | | | | | |
|---|---|---|---|---|---|
| 孙昌臻(女) | 郭公奎 | 蓝秀梅(女) | 汤兆芹 | 牛立公 | 苏玉山 |
| 王孝英(女) | 孙　侠 | 曾记德 | 郑德清 | 李砚田 | 王绪堂 |

宋家乡代表团：（11 名）

| | | | | | |
|---|---|---|---|---|---|
| 古立臣 | 郑明俊 | 周绪臣 | 李佃禄 | 郑俊升 | 郑希芝 |
| 朱世清(女) | 郑明砚 | 郑茂礼 | 杨子平 | 郑海秋 | |

院西乡代表团：（10 名）

张大娘（女） 郑光云（女） 范希相 王秀启 孙保德 王庆元
李继堂 王志贤 崔夫民 赵丙烈

高泽乡代表团：（14 名）

李景全 王培仙（女） 景德学 刘爱贤（女） 何子凯 袁开章
刘秀英（女） 王锡友 刘森田 穆振云（女） 陈为禄 郑景山
丁元柱 聂兰章

汪湖乡代表团：（15 名）

姜元屹 莫振忠 岳明礼 于泽廷 岳绍文（女） 胡宗祥
王金桂（女） 刘玉恒 白汝怀 石花照（女） 王王氏（女） 曹发礼
吉禄先 王有吉 刘福杨

张仙乡代表团：（11 名）

耿福佃 张天民 王世英（女） 王会成 王保初 胡秀兰（女）
杨增太 韩希春 李振沧 吕子丰 臧加福

管帅乡代表团：（13 名）

张永俊 于兰花 鞠文池 赵立兰（女） 滕云香（女） 徐　坤
张曰安 徐连梁 徐志和 葛恩兰（女） 赵正斋 于振海
秦泗忠

于里沟乡代表团：（12 名）

吕洪运 王玉凤（女） 迟廷章 管恩利 王加海 管晋臣
刘喜信 陈　德 邢玉何 亓维俊 于兴皆 刘桂普

石场乡代表团：（13 名）

陈为刚 谢可顺 郑培艾 胡善莲（女） 李星舫 周兆娟 (女)
周彦升 王彦生 宋树棠 林兆廷 周济德 邸文九
房守进

崖前乡代表团：（8 名）

胡善聪 董立学 周瑞武 徐占桂 马从先 仲济英（女）
仲伟兰 李瑞路

中至乡代表团：（14 名）

王铭训 鞠世武 谢举升 葛学玉 时培杰 张锡三
秦素清（女） 王连业 李树藻 韩佃英（女） 魏金一 潘曰顺
张延兴 李修美（女）

学庄乡代表团：（13 名）

周治新（女） 吴曰倩 葛在玉 葛花翠（女） 孙俊三（女） 王明恩
邸安凤（女） 赵子伦 张福三 张茂官 王树进 谢鑑之
刘述年

洪凝乡代表团：（16 名）

董俊卿 古立常 宓方堂 刘子江 汤守乾 刘为斗
郑丕芬（女） 秦玉双（女） 卢星文 刘照贤 厉树美（女） 梅在芬（女）
汤治合 冯志启 韩永高 孙成明（女）

松柏乡代表团：（12 名）

韩永良 厉见美（女） 张桂平 周种宣 杜学诗 郑来环
赵忠元 宋新朋 王善德 孙廷彩 周忠云 刘崇山

中疃乡代表团：（11 名）

张继芬（女） 张继怀 杜继淑（女） 郭波远 徐彦林 臧贵旺
郑树义 刘淑芬（女） 古坤林 冯展江 王玉峰

坊子乡代表团：（10 名）

厉曰安 张艾华（女） 厉凤兰（女） 李密一 李 宜 厉保吉
杨路臣 梁岱法 林建德 潘照落

街头乡代表团：（17 名）

李纪策 秦辅卿 季维瑞 贾 俊 柏立吉 陈长吉
于维美（女） 李宗淑（女） 李业荣（女） 董寿山 张传若 张传苍
韩 英 毕恩康 张龙苍 匡可善 王宪国

迟家乡代表团：（13 名）

徐鸿翔 秦洪淑（女） 迟兆禄（女） 迟兆艾 陈淑峰 李宗英（女）
李宗本 于怀元 王保等 李兆金 高振本 孟登山
李茂合（女）

叩官乡代表团：(13 名)

丁启修 王立荣 吴为荣（女） 马 江 席思智 王守明
张耀堂 刘智君 韩君启 芦 均 梁启芬（女） 徐延兰（女）
郭 密

花崖乡代表团：（13 名）

徐义德 韩振福 魏本申 解方玲（女） 魏绪廷 丁元松
高为海 许世明 张君训 刘贤保（女） 臧墨泉 韩邦武

徐茂友

潮河乡代表团：（12 名）

| | | | | | |
|---|---|---|---|---|---|
| 安丰田 | 邸继流 | 吴宣贤 | 王月春（女） | 李德福 | 孙桂友 |
| 徐从会（女） | 张守坤 | 陈四成 | 吴春和 | 邸记花（女） | 张风岭 |

回头乡代表团：（11 名）

| | | | | | |
|---|---|---|---|---|---|
| 杨树臣 | 徐德进 | 王成娥（女） | 徐凤滋 | 韩启海 | 宋德乐 |
| 张则合 | 张则玉 | 秦绪佳 | 张作英（女） | 徐瑞香（女） | |

户部乡代表团：（13 名）

| | | | | | |
|---|---|---|---|---|---|
| 胡士举（女） | 王明新（女） | 王西坤 | 王志逊 | 李　洪 | 韩墨林 |
| 牟志杰 | 刘金福 | 王成义 | 王启英 | 孙西言 | 杨永太 |
| 徐永花（女） | | | | | |

高戈庄乡代表团：（9 名）

| | | | | | |
|---|---|---|---|---|---|
| 王永喜 | 张孟方（女） | 王修斋 | 赵克怀 | 李焕英（女） | 胡新民 |
| 李香圃 | 迟令福 | 林田春 | | | |

## 第四节　五莲县第四届人民代表大会代表

（1961.02—1963.08）

**代表选举**　1960 年 11 月，县、公社成立选举委员会，在高泽公社程戈庄生产队进行选举试点。当时全县总人口 386769 人，登记选民 196627 人，有 185554 人参加投票选举，占选民总数的 94.4%，选举出公社人民代表大会代表 2098 人。在公社召开的人民代表大会上，选举第四届县人民代表大会代表 303 名。

**代表构成**　因原始资料缺失，代表构成无法统计。

### 五莲县第四届人民代表大会代表名单

（231 名）

洪凝公社代表团：（32 名）

| | | | | | |
|---|---|---|---|---|---|
| 张玉生 | 郭　亭 | 迟兆美（女） | 汤兆芹 | 解永佐 | 冯志起 |
| 冯可奇 | 冯展江 | 解世俊 | 许衍福 | 白庆吉 | 郑树义 |
| 郭波远 | 张继来 | 迟明东 | 徐延林 | 高曰义 | 古坤林 |
| 吴立臣 | 刘维斗 | 李保福 | 臧桂旺 | 沙德美（女） | 于同瑞 |

吴建仁 陈希兴 冯展菊（女） 金延禄 张耀堂 康德义
卢星文 傅子贞（女）

街头公社代表团：（28 名）

徐茂英（女） 迟兆禄（女） 孔庆爱 韩 英 王李氏（女） 于贡求
厉保吉 潘兆乐 徐平兰（女） 杨禄臣 迟照爱 张善德
秦洪淑（女） 陈淑峰 李纪策 张龙苍 张爱华（女） 田嵩年
王庆宗 王方亭 林光清 毕恩康 秦复卿 厉曰安
韩俊三 亓维俊 于在丰 张君训

潮河公社代表团：（18 名）

臧墨泉 张玉田 徐茂有 魏本田 刘成宝 解方玲（女）
邸继流 韩邦五 吴宣善 王月春（女） 魏绪廷 高维海
邸光花（女） 安茂荣（女） 高仲礼 宋成修 贺炳忠 孙著友

户部公社代表团：（18 名）

王永喜 王明新 徐宗义 刘金福 丁仁峰 王志顺
王相南 王士菊（女） 林瑞琪 林田春 赵克怀 孙锡言
韩墨林 王启英 李香普 刘清荣 张孟芳（女） 李 洪

于里公社代表团：（10 名）

张庆斋 米德亮 梁家坤（女） 毛同会 魏怀菊（女） 刘喜信
于兴洪 崔进堂 王在吉 王怀菊

管帅公社代表团：（8 名）

孙步清 孙玉香（女） 秦泗忠 徐贵和 徐兴森 赵应兰（女）
王世兰之母（女） 鞠文池

许孟公社代表团：（26 名）

郑平吉 张大娘（女） 陈代秀（女） 王玉峰 蓝秀梅（女） 王秀其
李柏升 郑景山 郭公奎 朱世清（女） 王志贤 宓方堂
苏玉山 郑 春 徐士柱 李砚田 李学芹（女） 姜玉良
孙熙经 张继新 郑志君 李瑞亭 曾记德 王绪堂
孙铁洲 吕庆常

汪湖公社代表团：（15 名）

王世令（女） 王会成 臧志祥 杨增太 胡士花（女） 臧家福
董寿山 莫振忠 岳在琴（女） 王桂芳（女） 曹发金 于泽廷
岳明礼 崔福全 韩希春

高泽公社代表团：（10 名）

| | | | | | |
|---|---|---|---|---|---|
| 聂兰章 | 安丰田 | 赵明利 | 刘爱贤（女） | 丁原柱 | 陈为路 |
| 何子开 | 景德学 | 王范清 | 高延旒 | | |

中至公社代表团：（22 名）

| | | | | | |
|---|---|---|---|---|---|
| 孙光廷 | 谢举升 | 孔宪远 | 秦素清（女） | 王树进 | 王桂美（女） |
| 韩佃荣（女） | 申文彩 | 吴曰倩 | 张则花 | 张茂官 | 朱洪慈 |
| 张锡三 | 孙保治 | 王连业 | 张延兴 | 邸安凤（女） | 王明恩 |
| 赵子伦 | 李修美（女） | 魏金一 | 王保宏 | | |

石场公社代表团：（15 名）

| | | | | | |
|---|---|---|---|---|---|
| 李松芳 | 李瑞路 | 万克来 | 赵明九 | 郑培爱 | 李善杰 |
| 房守进 | 徐占柱 | 葛长凤（女） | 周祥文 | 崔桂成 | 胡善聪 |
| 胡善美（女） | 赵子学 | 王金德 | | | |

叩官公社代表团：（14 名）

| | | | | | |
|---|---|---|---|---|---|
| 林建德 | 丁启修 | 吴照英（女） | 丁春桂 | 宗德乐 | 王兆理 |
| 韩永安 | 席思智 | 徐凤兹 | 杜文方 | 张则和 | 穆志杰 |
| 张则玉 | 潘继香（女） | | | | |

松柏公社代表团：（15 名）

| | | | | | |
|---|---|---|---|---|---|
| 李桂臻 | 郑海秋 | 许崇信 | 赵忠元 | 杨子平 | 王善德 |
| 韩永良 | 许世明 | 郑树蔚 | 孙廷彩 | 杨开宽 | 张桂平（女） |
| 周绪臣 | 杨永太 | 鞠玉亮 | | | |

（因选举代表的原始资料缺失，本名单系根据第三次会议与会代表登记表整理，有 72 名代表名单缺失。）

## 第五节　五莲县第五届人民代表大会代表

（1963.08—1966.06）

**代表选举**　由县委、县政府及各人民团体协商初步确定代表候选人名单，并经各公社党委邀集各有关团体协商，确定代表候选人，经公社人民代表大会选举出席县第五届人民代表大会代表 301 名。

**代表构成**　五莲县第五届人民代表大会 301 名代表中，有工人和农民代表 149 名（其中工人代表 3 名），占代表总数的 49.5%；干部代表 38 名，占代表总数的 12.6%；民兵代表 13 名，占代表总数的 4.3%；手工业者代表 14 名，占代表总数的 4.7%；供销、商业、信贷行业代表 15 名，占代表总数的 5%；文教科技界代表 19 名，占代表总数的 6.3%；医药卫生界代表 23 名，占代表总数的 7.6%；烈军属和荣誉转业军人代表 27 名，占代表人数总数的 8.9%；解放军代表 2 名，占代表总数的 0.6%。

## 五莲县第五届人民代表大会代表名单

（301 名）

洪凝公社代表团：（32 名）

王同俊　刘为斗　冯志启　杜继淑（女）　郭波远　王玉兰（女）
徐延林　高曰义　张纪来　赵从丰　许延福　王增喜
康德义　吴见仁　许世兰（女）　解世准　古立臣　彭善荣（女）
王宗世　汤在文（女）　冯志思　王仲义　卢星文　李焕文
杨欣山　刘丰祯　陈希兴　解永佐　孙志亨　王韶石
杨在花（女）　李　义

街头公社代表团：（33 名）

李纪策　林光清　王庆增　张善德　王李氏（女）　孔庆爱
韩俊三　厉曰安　秦辅卿　于贡求　王方亭　毕恩康
王瑞砚　田嵩年　迟兆禄（女）　徐平兰（女）　秦洪淑（女）　迟兆爱
徐茂英（女）　高振本　厉保吉　陈长吉　张传约　张爱华（女）
厉凤兰（女）　潘兆东　孙廷贞　戴瑞祥　韩　英　李应善
董加全（女）　乔祥信　李学高

松柏公社代表团：（20 名）

郑树蔚　齐凤岭（女）　张桂平（女）　韩永良　王善德　孙廷彩
周茂先　郑海秋　韩复文　李桂臻　许世明　郑光荣（女）
杨子平　鞠玉亮　杨永太　李经延　刘洪贤（女）　郑建康
徐善明　傅呈祥

户部公社代表团：（23 名）

刘　斗　白汝怀　王桂美（女）　徐增义　丁仁峰　王明新（女）
王志逊　王相南　王永喜　王富春（女）　古之林　王士举（女）
刘学相　张孟芳（女）　刘清荣　王启荣　宋文学　赵克怀
孙西言（女）　王文治　林西福　陈瑞汉　林瑞岐

中至公社代表团：（25 名）

吴曰倩　葛在玉　邸安凤（女）　张则花　赵子伦　孔现运

申文彩　谢举文　宋洪慈　张西兰　秦素清　王明恩
孙宝治　张彦兴　李修美(女)　王凤蓁　李纪兰　刘深恩
安丰田　王怀智　汤良善(女)　秦洪福(女)　陈宗荣　葛恩兰(女)
隽树春

石场公社代表团：(17名)

董连云　马光华　李松芳　房守进　胡善聪　葛长凤(女)
朱华玉(女)　仲为花(女)　葛文参　周绪合　李善杰　王金德
杨明超　胡明芳　万克来　王保琛　梁志道

汪湖公社代表团：(24名)

莫振忠　岳明礼　于泽廷　胡宗祥　石华兆(女)　王王氏(女)
臧家福　王华修(女)　王会成　胡秀兰(女)　杨宗太　韩希春
董寿山　曹发金　王桂芳(女)　岳在臣　胡世花(女)　袁兆池
李振沧　王进山　张玉生　胡恒德　王丰楼　厉瑞南

于里公社代表团：(18名)

赵　顺　刘喜信　孙学春(女)　梁加坤(女)　王加合　管恩进
朱德亮　葛荣菊(女)　毛同会　张庆斋　崔进堂　王宁进
刘玉明　王德芹(女)　柳环更　王炳善　管秋田　王树林

管帅公社代表团：(16名)

王玉峰　王启元　郑全梅　孙著明　鞠文池　王世兰之母(女)
徐桂和　徐兴森　韩守仁　赵立兰(女)　滕云香(女)　孙步清
宋华南　徐连彩　王玉升　徐光瑞

叩官公社代表团：(23名)

厉彦传　丁启修　席思智　牟志杰　韩均池　王连爱(女)
徐凤资　宋德东　张则合　徐瑞香(女)　逄长信　丁春柱
吴照英　韩运安　张则玉　王召礼(女)　韩文英(女)　徐德进
程白提　郑志海　刘中旬　高延旒　林九秀

潮河公社代表团：(22名)

贺炳忠　尚献廷　张守坤　孙著友　高仲礼　魏绪廷
徐茂友　王月春(女)　韩邦五　刘成宝　吴宝贤　冯焕廷
徐正娥(女)　刘茂兰(女)　张则兰(女)　吴任昌　王培庄　刘天合
齐凤英(女)　孙乐业　崔吉福　郑全芳(女)

高泽公社代表团：(18名)

| | | | | | |
|---|---|---|---|---|---|
| 徐成瑞 | 朱锡亮 | 张耀堂 | 刘　芳(女) | 王培仙(女) | 刘爱贤(女) |
| 聂兰章 | 丁元柱 | 赵明利 | 王康义 | 张加福 | 景德学 |
| 臧加臣(女) | 张继福 | 李世钊 | 范为义 | 何子贵 | 阎洪义 |

许孟公社代表团：(30名)

| | | | | | |
|---|---|---|---|---|---|
| 赵文泉 | 吕庆常 | 丛鸿儒 | 苏玉山 | 李瑞廷 | 时培杰 |
| 孙铁舟 | 郑景山 | 孙熙经 | 郭公奎 | 李柏升 | 肖志清(女) |
| 蓝秀梅(女) | 姜文彬 | 曹记德 | 郑光云 | 王秀池 | 王志贤 |
| 张纪新 | 郑平吉 | 郑德荣(女) | 孙士柱 | 李学英(女) | 郑　春 |
| 朱世清 | 王茂全 | 孙士全 | 郑志君 | 孙昌臻(女) | 杨月高 |

代表变动情况：

第二次会议后，因毕恩康、王泰有严重错误被撤销代表资格，补选于文塘、史学义为县第五届人大代表。

## 第六节　五莲县第六届人民代表大会代表

(1966.06)

**代表选举**　1966年4月始，由县人民委员会及各人民团体协商，推荐代表候选人，然后经各公社党委、管委邀集有关团体进行充分酝酿，确定代表候选人名单。经公社人民代表大会选举，产生出席县第六届人民代表大会代表300名。

**代表构成**　五莲县第六届人民代表大会的300名代表中，有工人和农民代表119名（其中工人代表3名），占代表总数的39.7%；干部代表49名，占代表总数的16.3%；民兵代表19名，占代表总数的6.3%；手工业者代表11名，占代表总数的3.7%；供销、商业、信贷行业代表19名，占代表总数的6.3%；文教科技界代表17名，占代表总数的5.7%；医药卫生界代表24名，占代表总数的8%；烈军属和荣誉转业军人代表29名，占代表总数的9.7%；其他界别代表13名，占代表总数的4.3%。

### 五莲县第六届人民代表大会代表名单

(300名)

洪凝公社代表团：(20名)

| | | | | | |
|---|---|---|---|---|---|
| 王　超 | 史学义 | 魏潘学 | 苏玉山 | 解世准 | 刘维斗 |
| 徐延林 | 刘丰贞 | 于红田 | 许延富 | 陈金标 | 白成吉 |

冯志启　　杨培花(女)　许世兰(女)　吴建仁　　汤现荣(女)　王增世
金延禄　　张善利

汪湖公社代表团：(21名)

王丰楼　　王吉亭　　岳在琴(女)　王桂芳(女)　张其明　　张玉生
郑淑彦　　赵文泉　　李振沧　　袁兆池　　莫振忠　　岳明礼
于泽廷　　胡宗祥　　崔福全　　臧家福　　王华修(女)　王玉改
王兆祥　　胡恒德　　曹发金

王世疃公社代表团：(14名)

谢可顺　　高维泮　　于贡求　　杨维松　　秦洪淑(女)　吴书刚
高振琪　　迟兆禄(女)　许家台　　迟兆堂　　赵子兰(女)　姚永振
杨明超　　尹茂胜

管帅公社代表团：(18名)

郑全梅　　孙著明　　徐桂和　　徐兴森　　徐光瑞　　鞠文池
刘桂娄　　王孝芬(女)　李德秀　　刘汉富　　孙步清　　陈志巧
陈忠贤　　王树林　　王金德　　滕云香(女)　赵世兰(女)　王玉升

户部公社代表团：(21名)

王义全　　苏义清　　潘维祥　　王成桂　　王加美(女)　刘学相
刘华祥　　于文塘　　解桂元　　白汝怀　　于仁峰　　王志逊
王相南　　王永喜　　王富春(女)　刘清荣　　王启英　　孙西吉
徐洪亮　　王相德　　崔永芳(女)

石场公社代表团：(18名)

董连云　　马光华　　李星芳　　房守进　　梁志道　　朱华玉(女)
仲维花(女)　葛文参　　周绪合　　陈兴俊　　胡明芳　　万克来
刘太臻　　张桂香(女)　王保琛　　杨　崑　　武景尧　　胡善聪

院西公社代表团：(14名)

赵家润　　孙士柱　　王志贤　　张纪新　　郑德荣(女)　李学英(女)
段锡珍(女)　孙希经　　陶富润　　汤玉兰(女)　孟庆德　　田嵩年
刘法祥　　郑光荣(女)

叩官公社代表团：(22名)

韩德浦　　韩均池　　韩云安　　牟志杰　　席思智　　刘中旬
王召礼　　程百提　　宋德乐　　韩文英(女)　徐瑞香(女)　张则玉
徐德进　　林九秀　　丁春桂　　厉彦满(女)　高玉荣　　王文义

韩茂章　张则合　王瑞砚　杨子平

中至公社代表团：（22 名）

刘深恩　徐中海　刘玉敏（女）　王　庸　王守森　李修美（女）
董文海　李永德　吴曰倩　张则花　赵子伦　申文彩
张锡三　秦素清（女）　张彦兴　李纪兰　汤良善（女）　张庆斋
王悦贤　王海亭　葛在玉　邸安凤（女）

于里公社代表团：（17 名）

毛同会　赵　顺　刘喜信　王兴明　梁家坤（女）　王家合
管秋田　管恩进　朱德亮　周范廷　崔进堂　王德芹（女）
柳瑞英　王炳善　王守进　秦绪佳　刘祥桂

潮河公社代表团：（20 名）

刘茂兰（女）　陈莲兰（女）　仲玉堂　杨欣山　杨永太　王振义
孙乐业　崔福吉　徐敬臣　张守坤　高仲礼　魏绪廷
徐茂友　韩邦五　吴永庆　吴宣贤　徐乐信　王培庄
时培杰　齐凤英（女）

街头公社代表团：（23 名）

李纪策　王庆增　张善德　孔庆爱　厉曰安　秦辅卿
王方亭　徐茂荣（女）　厉保吉　张传约　许艾华（女）　潘兆乐
孙廷明　戴瑞祥　李应善　王增兰（女）　韩京爱（女）　吴洪珍
韩　英　李学祥　王玉峰　古芝林　厉彦求

许孟公社代表团：（22 名）

宋修品　潘成礼　郑景山　孙铁州　郭公奎　李柏升
肖志清（女）　姜文彬（女）　曹纪德　王茂全　周维奎　王铭训
周茂先　王培仙（女）　丛鸿儒　吕庆常　于振海　郑志君
孙士全　吴凤英（女）　刘凤起　李桂堂

松柏公社代表团：（16 名）

郑树蔚　张桂平（女）　韩永良　孙廷采　李桂蓁　傅呈祥
李经砚　郑建康　刘家启　王秀贞（女）　王善法　刘善美（女）
王炳金　刘加森　王培荣　隽廷欣

山阳公社代表团：（14 名）

臧墨泉　石纪先　孙汝甲　冯志法　康德义　郑培兰（女）
安为合　沙德美（女）　王增喜（女）　高曰义　王中义　张建扬

张吉民　王韶石

高泽公社代表团：（17 名）

徐同瑞　刘爱贤(女)　景德学　聂兰章　王康义　张家福
范维敏(女)　周红义　徐传廷　牟金香(女)　范维义　叶亭环
陶富明　王凤思　尚献亭　刘　芳(女)　陈福田

## 第七节　五莲县第八届人民代表大会代表

（1978.05—1980.12）

**代表选举**　1978 年 2 月，中共五莲县委根据《中共中央关于召开五届人大的通知》和《中共山东省委关于召开省五届人代会的通知》精神，部署了召开县第八届人民代表大会的工作。各公社党委、各单位推荐代表候选人，经过自下而上酝酿提名，自上而下征求意见，反复协商，提出代表候选人名单，在此基础上，认真征求代表候选人所在单位干部群众的意见，确定了正式代表候选人名单。在各公社召开的人民代表大会上，采取无记名投票的方式，选举产生了县第八届人民代表大会代表 550 名。

**代表构成**　五莲县第八届人民代表大会的 550 名代表中，有工人代表 66 名，占代表总数的 12%；农民代表 265 名，占代表总数的 49%；其他劳动人民代表 50 名，占代表总数的 9%；干部代表 97 名，占代表总数的 17%；知识分子代表 62 名，占代表总数的 11%；解放军代表 5 名，占代表总数的 0.9%；爱国人士代表 5 名，占代表总数的 0.9%。代表中，共产党员占 70%；妇女代表占 22%。

### 五莲县第八届人民代表大会代表名单

（445 名）

洪凝公社代表团：（66 名）

徐衍秀　陈维正　李成席　汤龙平　冯启军　毕既现
刘淑兰(女)　贾维禄　刘汉英(女)　金延禄　李家全　徐衍林
汤恩廷　马仕梅(女)　迟令范　陈金晋　汤文茂　张继成
仲卫俊　李云坡　李同花(女)　席长思　牟乃专　刘贤美(女)
郑世存　张善荣(女)　王加勤　林召荣　卜凡新　于为连
王玉兰(女)　宋允茂　王丕和　王凤启　尚佃成　朱臻田
周立顺　杨学洪　寇维清　田嵩年　石常京　王宝秀(女)

潘玉瑞　赵洪茂　杨保芹　申作江　张月吉　张继美(女)
李福喜　王学鲁　岳兆兰　于维光　姚廷宣　李　岩(女)
丁凤波　薛淑琴(女)　马成芳　牛增君　李夫言　董月英(女)
徐茂利　柳志梅(女)　高桂兴(女)　王凤师　韩　奎　孙仲荣

管帅公社代表团：(24名)

王乐九　郑召仁　于守信　于树庭　杜希明　焦建英(女)
郭仁修　徐克森　滕云香(女)　刘汉富　李德秀　王立美(女)
张善香(女)　陈文合　褚祥宝　赵玉贵　王其宗　马相斌
赵世全　王启增　赵作收　蓝开明　刘　钊　韩西钦

街头公社代表团：(29名)

王成英(女)　张龙梅(女)　厉元春　徐复平　李康一　于为贞
厉彦胜　徐秀萍(女)　匡玉柱　单立端　李彦武　孙兆满
田光本　厉富明　徐茂兴　张善德　李桃一　白汝怀
陈西刚　王　明　张善会(女)　张传英(女)　郑世美(女)　厉宝新
李宜清　厉曰才　王万合　高曰美(女)　马成关

叩官公社代表团：(28名)

钊安洲　张良吉　王桂美　张志华　安茂占　孙德昌
严明均　徐德进　高曰堂　王文礼　刘建忠　席恩智
刘清科　吴茂堂　林光春　李桂福　张作禄　林光善
孙宝明　韩文英　何恩青　王文田　韩桂善　刁日龙
孙立亮　郑世美　高维柱　韩秀英

户部公社代表团：(23名)

丁建传　王家常　王宝彦(女)　王文春　王振时　王成法
王桂秀(女)　王加花(女)　王　顺　孙锡礼　孙启法　陈淑海
李树昇　林瑞岐　周存彬　赵学义　郝德花(女)　徐瑞花(女)
徐茂军　于长年　王佩莲　徐经华　董福忠

中至公社代表团：(31名)

王花同　王庆发　白文秀　李富中　赵子德　孔宪香(女)
申文彩　王玉凤(女)　孙九云　王德景　程守开(女)　张西叁
李廷令　李启荣　孔庆富　王树秀　吴廷梅(女)　邓文良
陈为成　迟兆竹　韩立津　吕贤本　王加美(女)　秦树义
王庆梅(女)　柳庆云　牛俊来　刘玉新　张善田　郑培志

王永胜

汪湖公社代表团：（30 名）

于　潮　王凤鸣　王振华　王唐修　孟凡卿　胡春生
王述正　刘加福　齐　元　莫振忠　李希荣　岳乃杰
张治泽　王淑英（女）　莫启顺　林玉美　王兆礼　崔宗明
胡青兰（女）　胡太善　胡建元（女）　高茂祥　王贝利　臧传美
王花修（女）　王世方　马云花（女）　吉长富　许世海　钟桂廷

于里公社代表团：（35 名）

范祥义　李桂玲　徐桂合　秦绪利　王吉胜　陈文桂（女）
王熙爱（女）　周凡廷　刘桂晋　赵　顺　王加合　管恩兰
张宗花（女）　王　云（女）　马世兰（女）　潘召祥　于加岫　耿发祥
史连三　韩瑞春　周元坤　韩俊三　丁仁峰　郑斗全
隋振庆　伊光彩　杨　昆　马成田　夏青忱（女）　王金铸
王志耕　李曰芹　王培仙（女）　翟春芝（女）　王宝坤

山阳公社代表团：（25 名）

江尔生　臧墨泉　康德义　沙德美（女）　安汝敬　杜继淑（女）
王凡池　冯康吉　臧加生　迟明勤　孙炳仁　刘清俊
李学言　陈淑田　臧加会　郭公秀（女）　郑培霞（女）　张加彩
王聚先　孙启和　吕常芳　李志民　陈祥福　徐永福
崔照美

许孟公社代表团：（47 名）

丁志林　卞春祥　王立周　王同欣　王志成　王学平
王金磊　王建军　王桂明　王淑席　古立福　冯其收
杨子平　杨善金（女）　朱希若　孙　洲　孙铁洲　刘文广
刘玉江　刘光亮　陈友芳　陈长新　李乃松　李房勋
李　荣　李曰敏　李继堂　宋正秀（女）　张立玉　张彦士
张继常　张宽下　岳奎文　董合娟（女）　郑斗文　郑召运
郑玉连（女）　郑淑会（女）　郑德美（女）　封学忠　娄淑兰　郭公奎
祝工友　祝宝英　魏淑兰（女）　穆春田　滕月智

院西公社代表团：（21 名）

马善福　王伟华　王继秀　王运来　王金彩　田玉智
朱佃俊　孙永凯　李继志　李仕廷　宋连升　宋军正

吴培杰 张士荣 张则凤(女) 郑肖升 郑爱俊 赵玉梅(女)
郭建美(女) 彭善方 范宗莲(女)

松柏公社代表团：（19名）

宋修品 蓝学臻 郑明策 郑明时 王善德 刘进贤
许加早 郑全石 孙著才(女) 邱玉兰(女) 王春花(女) 张纪梅(女)
鞠文池 刘加双 郑明泽 解廷贤 王安修 许传祥
戴召荣

王世疃公社代表团：（19名）

刘增义 叶德生 董连云 田洪梅(女) 郑约堂 孙洪德
安治峰 李业平 李爱华(女) 王保纯 迟兆爱 迟昭禄(女)
高振本 李生业 李孟春 荆术美(女) 姚廷明 朱奉民
李希风

高泽公社代表团：（22名）

王兴恩 王连臣 刘元华 李业江 王永青 景世巧(女)
郑明尚 李宗志 王康义 刘庆贤 郭相仪 袁开政
袁西岳 何子凯 张继兰(女) 郑希花(女) 韩西富 郑明麦
林兆青(女) 张继云(女) 张善英(女) 陈常学

石场公社代表团：（26名）

韩清存 聂兰兴 孙菊梅(女) 李国本(女) 王文美(女) 黄德英(女)
胡守凤(女) 匡桂录(女) 梁加房 房代经 杜守义 孙福田
赵庆先 陈淑伦 王文庆 葛文修 张子厚 杨冠侯
胡明芳 周凡合 聂明斗 王文善 郑成春 孙夫本
刘清道 杨永太

（因选举代表的原始资料缺失，本名单系根据各公社人代会选举县八届人大代表登记表或选票整理，有105名代表名单缺失。叩官公社代表系根据选票整理，故代表性别无法确认。）

## 第八节 五莲县第九届人民代表大会代表

（1980.12—1984.05）

**代表选举** 1980年9月，县和各公社成立了选举委员会，经各政党、各人民团体和选民3人以上联合提出代表候选人，并经过自下而上，自上而下反复酝酿协商，确定正式代表候选人400名，为应选代表的1.66倍。全县共有选民277258人，参加投票选举的选民272495人，参选率为98.2%。选举时各选区参选选民超过选民总数的一半，均采取了无记名投票的方式进行了差额选举，选出县第九届人民代表大会代表240名。

**代表构成** 五莲县第九届人民代表大会240名代表中，有工人和农民代表155名(其中工人代表13名，农民代表142名)，占代表总数的64.6%；财贸系统代表7名，占代表总数的2.9%；文教卫生系统代表11名，占代表总数的4.6%；科技界代表6名，占代表总数的2.5%；干部代表56名，占代表总数的23.2%；解放军代表2名，占代表总数的0.8%；其他方面代表3名，占代表总数的1.25%。

## 五莲县第九届人民代表大会代表名单

(240名)

县直代表团：(18名)

| | | | | | |
|---|---|---|---|---|---|
| 郭云飞 | 周立顺 | 徐云明 | 李平先 | 冯树吉 | 张美凤(女) |
| 李伯华 | 韩俊三 | 王　彬 | 杨冠侯 | 杨　崑 | 盛丰文 |
| 万希照 | 王孝圣 | 马成芳(女) | 孟　杰(女) | 董圣祥 | 张明清 |

许孟公社代表团：(16名)

| | | | | | |
|---|---|---|---|---|---|
| 张彦士 | 王丕和 | 董合娟(女) | 邱加礼 | 张平训 | 李方勋 |
| 牛西庆 | 郑斗文 | 娄淑兰(女) | 封守明 | 唐玉美(女) | 岳奎文 |
| 李乃松 | 李仲山 | 王洪九 | 杨善金(女) | | |

院西公社代表团：(11名)

| | | | | | |
|---|---|---|---|---|---|
| 马先吉 | 宋连升 | 郑见升 | 娄志芬(女) | 王作智 | 贺炳忠 |
| 祝　方 | 孙铁舟 | 宋玉正 | 关凤秀(女) | 郑斗臻 | |

高泽公社代表团：(12名)

| | | | | | |
|---|---|---|---|---|---|
| 许传文(女) | 刘祥宗 | 袁敦启 | 张淑仙(女) | 寇维清 | 秦玉尧 |
| 丁交钦 | 冯志玉(女) | 郑明康 | 何子挑 | 梁家月 | 徐桂英(女) |

洪凝公社代表团：(18名)

| | | | | | |
|---|---|---|---|---|---|
| 古锡光 | 臧凤兰(女) | 陈为正 | 贾维禄 | 张继成 | 胡洪渠 |
| 刘加密 | 刘进贤(女) | 高立福 | 冯志甲 | 迟令智 | 汤廷英(女) |
| 丁启国 | 张守军 | 古长乐 | 刘绍田 | 马成欣 | 王玉兰(女) |

街头公社代表团：（17名）

李明启 李永洋 张加松 于 潮 厉子杨 张守山
丁元兰（女） 房守亮 李平昌 徐尔为 白文贞（女） 王庆士
许建芬（女） 丁仁伦 于世民 王西德 田玉照

王世疃公社代表团：（8名）

杨志臣 王庆义 高振莲（女） 高为安 迟令秀（女） 高振本
姚永慎 朱臻田

山阳公社代表团：（11名）

杨茂礼 张玉珍（女） 崔照美（女） 郑德兰（女） 刘加友 赵文泉
安汝敬 孙炳仁 蓝学臻 杜继淑（女） 冯占翠（女）

松柏公社代表团：（11名）

王志明 王景南 费锡田 娄道兰（女） 秦绪佳 韩永明
刘加香（女） 郑明时 刘加富 娄道竹 李桂芳（女）

户部公社代表团：（13名）

吕长芳 李维花（女） 李应安 田洪来 李 明 王成宗
刘祥英（女） 郝瑞德 刘茂彩 王成贵 王中东 王宝艳（女）
王桂秀（女）

叩官公社代表团：（15名）

魏绪毅 周绪美（女） 孙立亮 韩树功 王文礼 韩忠奎
王玉峰（女） 朱佃俊 林兆喜 林光喜 韩正香（女） 徐平宣
李学信 丁金花（女） 陈为本

潮河公社代表团：（17名）

邢立志 魏绪坤 王成年 王学秀（女） 孙洪德 王培山
李志英（女） 王成宝 李桂玲 孙乐香（女） 冯焕忠 李炳智
李炳英（女） 曹公仁 刘加海 杨茂祥 陈世聚

中至公社代表团：（18名）

王见长（女） 王绍宗 赵子德 聂清英（女） 张继欣 王玉杰
李士贵 王增路 申文彩 范丰香 王维义 葛学智
王花建 葛恩田 于修莲（女） 蓝开文 陈 贵 赵克明

汪湖公社代表团：（16名）

王培莲 林玉章 房康太 管相中 姚福梅（女） 齐忠礼
于钦波 尚明芬 岳光秋 魏顺花（女） 林玉美 胡德修

王赍兰(女)　崔玉莲　王次勋　王洪佐

管帅公社代表团：（11名）

宋允茂　朱立合　张万传　马学明　孙廷洲　赵吉昌

王承举　崔瑞芹(女)　滕云香(女)　赵继卫　郭为菊(女)

于里公社代表团：（12名）

王立周　周元坤　邹大发　靳松然　刘加秀(女)　管仁兰

袁会娟(女)　管仁英(女)　王继新　王富芳(女)　史济民　李志久

石场公社代表团：（15名）

胡宗春(女)　胡兆年　王聚先　黄德英(女)　赵从发　林希安(女)

郑淑敏　王守亮　孔善敏(女)　葛长久　李志民　董立荣

梁爱华　胡翠普　郑兆志

代表变动情况：

一次会议至二次会议期间，董圣祥调出五莲县，徐志文、王洪九二位代表病逝，邹大发由原选区罢免，代表人数减少4名，补选江云华、王希奎、臧秀梅、邵淑荣4人为县第九届人大代表，二次会议共有代表240名。

二次会议至三次会议期间，葛学智、张守山病故，张彦士、孙铁山调出五莲县。三次会议共有代表236名。

三次会议至四次会议期间，于潮、张明清、江云华调出五莲县，关凤秀迁出五莲县，魏绪毅病故，尚明芬因犯错误接受审查，停止履行代表职务。四次会议共有代表230名。

## 第九节　五莲县第十届人民代表大会代表

（1984.05—1987.04）

**代表选举**　1984年3月，县、乡镇成立选举委员会。经过各政党、各人民团体和选民3人以上联合提出代表候选人，并经过自下而上，自上而下反复酝酿协商，最后确定正式代表候选人380名，为应选代表人数的1.58倍。有293921名选民参加了选举。各选区到会选民超过登记选民的半数，采取了无记名投票的方式实行了差额选举，选出县第十届人民代表大会代表240名。

**代表构成**　五莲县第十届人民代表大会240名代表中，有工农代表132名（其中工人代表17名，农民代表115名），占代表总数的55%；干部代表54名，占代表总数的22.5%；知识分子代表37名，占代表总数的15.4%；爱国民主人士代表14名，占代表总数的 5.8%；解放军代表 3 名，占代表总数的 1.3%。代表中，中共党员 122 名，占代表总数的 50.8%，妇女代表 55 名，占代表总数的 22.9%。

## 五莲县第十届人民代表大会代表名单

（240 名）

县直代表团：（19 名）

解尔修　郑昭曦　霰忠庆　张立华（女）　万希照　臧运和
陈太平　王玉兰（女）　丁新第　厉彦云　杨继柳　王文贞（女）
张则智　李克敬　孙欣玉　刁明花（女）　卢绪念　高静聪（女）
王建敏（女）

洪凝镇代表团：（23 名）

刘国良　李维新　崔永武　王进芳（女）　邢科仁　潘维义
郑世业　张　立（女）　孟庆友　古祥春　张善祥　张传花（女）
张继庆　于同祥　刘金星　牟善爱　牟敦伦　迟令记
古耀光　冯展运　李希明　刘公斋　林兆光

山阳乡代表团：（9 名）

杨茂祥　费锡田　厉复汉　王秀英（女）　安汝敬　孙金祥
张加庆　张龙彩（女）　张泽民

许孟镇代表团：（17 名）

徐善来　王承进　刘光明　卞春祥　李维花（女）　王宝森
马庆勋　李建敏　臧秀梅（女）　杨连启　郑兆伦　郑兆礼
傅守美（女）　董顺田　朱莲淑　李乃松　李仲山

院西乡代表团：（11 名）

秦绪佳　刘玉新　宋希正　崔照美（女）　郑光清　孙保培
范存金　李淑芬（女）　郑明康　王玉旭　王淑萍（女）

高泽乡代表团：（10 名）

张庆吉　刘耀升　张志迪　张淑先（女）　何子富　潘云明
刘家平　徐桂英（女）　王永俊　蔡新功

汪湖乡代表团：（11 名）

王光庭　顾玉仁　马学明　王贲秀（女）　曹连玉　胡士德
魏春和　毛光花（女）　崔玉莲　王　静（女）　石增梅（女）

管帅镇代表团：（9名）

高立福　管相忠　赵立军　牟淑君（女）　赵继维　杜祖华

刘瑞民　韩召梅（女）　李业彬

七宝山镇代表团：（8名）

朱佃俊　袁锡平　王希学　王秀珍（女）　王增习　王西德

王凤京　苑克花（女）

于里乡代表团：（11名）

寇维清　杨连群　管仁秋　刘加秀（女）　李桂华　管仁华

王成业　柳富君（女）　安玉丰　王富森　王富俊（女）

中至乡代表团：（14名）

李宗步　周立顺　厉爱宣　潘美花（女）　张继琛　赵子德

陆逢庆　高灼坤（女）　王庆相　孙九双　张西三　李修莲（女）

葛坦功　叶成安

罗圈乡代表团：（5名）

孙恒德　胡延增　王孝增　王洪香（女）　庄广民

石场乡代表团：（7名）

尹世荣　张博华　周绪深　林希安（女）　王学志（女）　仲维开

王作忠

杜家沟乡代表团：（5名）

王龙学　桑友亭　杜守义　孔宪敏（女）　郑培信

山庄乡代表团：（5名）

韩清存　张继福　葛常加　胡明妹（女）　王平祥

街头镇代表团：（16名）

李明启　李群良　蓝学臻　郑培温（女）　厉建文　厉复尊

李学升　路步兰（女）　叶成木　厉建新　柏代吉　徐金荣（女）

王均丰　张善亮　李太富　于家来

王世疃乡代表团：（8名）

贺炳忠　史济民　王安贾　卢平秋（女）　吴进月　迟令坤

韩玉昌　迟明品（女）

潮河镇代表团：（8名）

郭云飞　牟善悦　杨振涛　臧凤兰（女）　冯焕彩　甘世英（女）

王杰海　王建平

叩官乡代表团：（15 名）

李华月　岳奎文　娄善清　韩正香（女）张明勇　韩方迟
张淑德　周绪美（女）王成弟　周绪荣　陈为本　李本庆
马　祥　王玉丰（女）王文礼

户部乡代表团：（7 名）

杨冠侯　李炳成　张则顺　王怡桂（女）李道治　李为良
刘相莲（女）

槎河乡代表团：（5 名）

王　彬　刘茂仁　刘著全　张孟芳（女）王文春

松柏乡代表团：（9 名）

伊光彩　周元坤　林西安　张传花（女）郑明海　孙西山
娄善奎　陈维香（女）韩永高

魏家乡代表团：（8 名）

王　明　赵维侃　王花田　李志英（女）安玉君　刘加宝
许传姣（女）徐茂清

代表变动情况：

第一次会议至第二次会议期间，有解尔修、卢绪念、王淑平、王永俊调出五莲县，减少代表 4 名，补选李龙芝、黄学运、辛有山、张崇昭为第十届人大代表，增选解永佐、李宜安、宿献伟、许家仓为县第十届人大代表，至第二次会议共有代表 244 名。

第二次会议至第三次会议期间，有王光庭、刘国良、李华月、霰忠庆、石增梅、王秀珍因工作变动和结婚迁出，离开五莲县，减少代表 6 名。补选孙长华、苑向东、齐忠礼、张则俊、胡兆功、宫振国 6 人为县十届人大代表，增选王介存、王军忠为县十届人大代表，至第三次会议共有代表 246 名。

## 第十节　五莲县第十一届人民代表大会代表

（1987.04—1990.03）

**代表选举**　1986 年 11 月下旬，县、乡镇成立选举委员会，全县划分 112 个选区。各政党、各人民团体和选民 10 人以上联名提出代表候选人 1397 名，是应选代表的 6.65 倍，经过自下而上，自上而下反复酝酿协商，确定正式代表候选人 326 名，是应选代表的 1.55 倍。全县共有选民 326701 名，参加投票选举的选民 295910 名，参选率为 90.58%。选举中有 110 个选区选举一次成功，选出代表 208 名。有两个选区因少于选举代表名额，分别进行了重选。共选出县第十一届人民代表大会代表 210 名。

**代表构成** 五莲县第十一届人民代表大会 210 名代表中，有工农代表 118 名，占代表总数的 56.1%；干部代表 52 名，占代表总数的 24.8%；知识分子代表 39 名，占代表总数的 18.6%；武警代表 1 名，占代表总数的 0.5%。

## 五莲县第十一届人民代表大会代表名单

（210 名）

洪凝代表团：（21 名）

| | | | | | |
|---|---|---|---|---|---|
| 李志久 | 周荣兰（女） | 钊安洲 | 郭明令 | 王介存 | 张纪庆 |
| 于同祥 | 何义民 | 傅守美（女） | 卜凡新 | 王增太 | 栾岐成 |
| 潘维义 | 郑世红（女） | 孙先桂（女） | 孟庆友 | 杨茂先 | 古全红（女） |
| 张传花（女） | 冯展运 | 王进芳（女） | | | |

街头代表团：（14 名）

| | | | | | |
|---|---|---|---|---|---|
| 李明启 | 李群良 | 夏兆友 | 李新亮 | 郑培温（女） | 李学升 |
| 柏代吉 | 厉希圣 | 王均丰 | 张善德 | 厉　新（女） | 许崇华 |
| 厉子扬 | 韩伯相 | | | | |

许孟代表团：（14 名）

| | | | | | |
|---|---|---|---|---|---|
| 徐善来 | 孙启和 | 崔永武 | 田霭晖（女） | 刘玉霞（女） | 刘仲贤 |
| 张月霞（女） | 刘光明 | 卞春祥 | 卢金福 | 刘桂祥 | 李乃松 |
| 冯启友 | 朱连淑 | | | | |

汪湖代表团：（10 名）

| | | | | | |
|---|---|---|---|---|---|
| 孙长华 | 孙恒德 | 赵凤果 | 尚善柳（女） | 张加宾 | 王秀兰（女） |
| 王兆义 | 倪士文 | 岳秀智 | 崔荣武 | | |

中至代表团：（12 名）

| | | | | | |
|---|---|---|---|---|---|
| 贺炳忠 | 周立顺 | 王友远 | 李修莲（女） | 李建国 | 赵子德 |
| 张秀芝（女） | 王庆印 | 秦玉彦 | 李春立 | 王贵荣（女） | 张继琛 |

叩官代表团：（13 名）

| | | | | | |
|---|---|---|---|---|---|
| 岳奎文 | 荆学明 | 牟善悦 | 张作禄 | 周绪美（女） | 王文礼 |
| 王效勇 | 吴吉瑞 | 韩方池 | 王培洲 | 崔永芳（女） | 张淑德 |
| 王连玉 | | | | | |

户部、槎河代表团：（10 名）

王树林　李仲田　王培珍（女）　王培义　王世洪　陈淑合
于世民　刘茂仁　王泽富　石习春（女）

魏家、潮河代表团：（14 名）

王　明　桑友亭　王培扬　王均发　徐茂英　崔永花（女）
韩立贵　刘华祥　于同利　杨振涛　王连银　王杰海
邢相兰（女）　徐茂东

石场、杜家沟代表团：（10 名）

张博华　王福江　周绪申　王学志（女）　邸建斋　王录新
许家仓　葛平合　丁凤英（女）　郑成福

松柏、王世疃代表团（14 名）

宫振国　陈维照　陈维香（女）　郑明俊　张传花（女）　孙金德
胡善德　任守基　梁家月　王万仁　迟令喜　迟玉东
王吉君（女）　尹世来

院西、山阳代表团：（17 名）

韩清存　王军忠　李子芬（女）　郑光仁　李士廷　王永祥
叩介芳（女）　姚常凤　潘兆振　杨茂祥　厉复汉　鞠主义
于同春　刘发贤　安汝敬　张泽民　王秀英（女）

高泽、罗圈代表团：（12 名）

张则俊　王学范　王玉旭　辛有山　何子富　郑德凯
张善英（女）　王玉明　穆可叶（女）　李宜安　王明海　李祝香（女）

于里、山庄代表团：（12 名）

宋全正　杨连群　王云华（女）　王富森　李桂华　崔正民
苑芳同　王富俊（女）　王承业　张继福　胡乃兰（女）　胡明全

管帅、七宝山代表团（15 名）

臧凤兰（女）　李祝九　徐信廷　刘焕贞　赵作收　韩召花（女）
赵继围　李业宾　尹世荣　管恩松　马世收　周升兰（女）
王希学　王春升　周升木

县直代表团：（22 名）

朱佃俊　郑昭曦　李孟秋　王凡月　王京津　杨继柳
吴兰杰　张立华（女）　刘贤臻　刁明花（女）　李光新　厉彦云
张则智　杨　英（女）　张加顺　李公民　台进华　夏青忱（女）
王　燕（女）　聂兰兴　万希照　于仁花（女）

代表变动情况：

一次会议至三次会议期间，有周立顺、台进华、夏青忱3名代表调离五莲县，其代表资格自行终止。王均丰因犯罪被判刑，被原选区罢免代表资格。1988年2月，补选张庆吉、张成禄、王凡金、辛兆铎、王树勋为县十一届人大代表。

三次会议后，有田霭晖、刘玉霞两名代表因工作变动调出五莲县，代表资格自行终止。至四次会议时，共有代表208名。

## 第十一节 五莲县第十二届人民代表大会代表

(1990.03—1993.02)

**代表选举** 1989年11月下旬，县、乡镇成立选举委员会，全县共划分124个选区。各政党、各人民团体和选民10人以上联名提出代表候选人1060名，为应选代表的4.4倍；经过自下而上，自上而下反复酝酿协商，最后确定正式代表候选人366名，为应选代表的1.5倍，差额比例为二分之一。全县共有选民352462名，参加投票选举的选民306939名，参选率为87.1%。各选区到会选民都超过全体选民的半数，采取了无记名投票的方式实行了差额选举，选出县第十二届人民代表大会代表240名。

**代表构成** 五莲县第十二届人民代表大会240名代表中，有工农代表144名，占代表总数的60%；干部代表54名，占代表总数的22.5%；知识分子代表39名，占代表总数的16.2%；其他界别代表3名，占代表总数的1.3%。代表中，中共党员155名，占代表总数的64.6%；妇女52名，占代表总数的21.7%。文化程度大专以上的36名，占代表总数的15%；中专高中36名，占代表总数的15%；年龄在35岁以下的60名，占代表总数的25%；36岁至55岁的165名，占代表总数的68.7%。年龄最小的19岁，最大的72岁，平均年龄41.4岁。有上届代表连选连任的93名，占代表总数的38.3%。

### 五莲县第十二届人民代表大会代表名单

(240名)

洪凝代表团：(22名)

| | | | | | |
|---|---|---|---|---|---|
| 李伯华 | 李志久 | 李文修 | 许家仓 | 周荣兰(女) | 吉传庆 |
| 何义民 | 刘加密 | 卜兆环 | 卜凡新 | 孟庆友 | 解加伟 |
| 潘维义 | 刘加洲 | 郑世合 | 傅守美(女) | 刘公斋 | 杨茂先 |
| 迟明叶 | 李希明 | 汤善秀(女) | 王进芳(女) | | |

街头代表团：(16名)

丁玉忠　林春明　李群良　高　昂　袁安香（女）　李政芬（女）
厉希胜　张善德　张　美（女）　李应高　于华文　孙兆先
李月松　于维礼　孔祥坤　厉复书

许孟代表团：（16名）

寇相主　徐善来　王本著　台学德　李　英（女）　朱发兰（女）
何兆霞（女）　刘贵祥　刘仲贤　冯启友　李乃松　卢金福
卞春祥　高纪洪　朱连淑　刘光明

中至代表团：（13名）

冯志刚　刘华祥　李祝九　于祥乐　吕洪荣（女）　李修怀
秦玉彦　李春利　王增区　张翠玲（女）　张继琛　赵子德
王培珍（女）

汪湖代表团：（13名）

丁其卫　张庆吉　孙恒德　王春叶（女）　毛德恩　张培祥
李春田　王兆义　王秀兰（女）　张加宾　郭玉相　崔松武
王玉兰（女）

叩官代表团：（14名）

厉彦仓　岳奎文　孙建国　张淑德　徐维杰　王连玉
王秀翠（女）　王文礼　周绪美（女）　吴吉瑞　崔永芳（女）　王培周
王效勇　王付华（女）

于里代表团：（10名）

厉复芹　宋全正　朱臻田　王成业　管恩利　王富森
韦学岚　张志菊（女）　李桂华　王云华（女）

院西代表团：（11名）

许传云　韩清存　阎　波　王永祥　李子芬（女）　李仕亭
杨章全　范淑亮　周　勇　倪月香（女）　郑培龙

高泽、罗圈代表团：（13名）

王学范　王西郁　刘耀升　葛明学　何子富　冯志友
穆可叶（女）　李宗志　周加花（女）　郑德凯　赵子超　姚永信
王秋菊（女）

魏家、山庄代表团：（12名）

梁家月　于仕福　肖明仁　崔金灵　徐衍山　王均度
崔永花（女）　孔庆地　王付秀（女）　胡乃兰（女）　王平存　葛长山

管帅、七宝山代表团：（16 名）

| | | | | | |
|---|---|---|---|---|---|
| 夏兆友 | 杜树彦 | 臧凤兰（女） | 尹世荣 | 赵纪围 | 徐信廷 |
| 赵作收 | 李业旗 | 董克军 | 王翠民（女） | 莫平忠 | 王世学 |
| 王春升 | 王西会 | 徐香云（女） | 于召婉（女） | | |

松柏、王世疃代表团：（15 名）

| | | | | | |
|---|---|---|---|---|---|
| 王光锋 | 陈维照 | 王谦安 | 宫振国 | 于德玲（女） | 郑明俊 |
| 刘京祥 | 刘加荣 | 周加明 | 厉建臻（女） | 王吉君（女） | 尹世来 |
| 姚永贵 | 迟令喜 | 郭江玉 | | | |

山阳、户部代表团：（16 名）

| | | | | | |
|---|---|---|---|---|---|
| 周祥成 | 陈维森 | 伊光彩 | 臧克峰 | 马德昌 | 赵从美（女） |
| 高曰喜 | 于同春 | 刘加勇 | 李善尧 | 李功勋（女） | 刘相莲（女） |
| 秦玉法 | 李金国 | 孙其湘 | 朱莲香（女） | | |

潮河、槎河代表团：（13 名）

| | | | | | |
|---|---|---|---|---|---|
| 徐衍夏 | 于同利 | 贺炳忠 | 马先吉 | 王杰海 | 王承国 |
| 钟玉堂 | 王付山 | 王亮雪（女） | 徐公英（女） | 任正田 | 王泽富 |
| 石西春（女） | | | | | |

石场、杜家沟代表团：（12 名）

| | | | | | |
|---|---|---|---|---|---|
| 张善卓 | 许家锡 | 王　明 | 周绪申 | 葛平友 | 胡宗明 |
| 刘祥志 | 冯立英（女） | 张龙亮 | 葛平合 | 厉宝荣（女） | 郑全雨 |

县直代表团：（28 名）

| | | | | | |
|---|---|---|---|---|---|
| 李孟秋 | 朱佃俊 | 郭明令 | 聂兰兴 | 郑昭曦 | 苑广祥 |
| 臧运鑫 | 袁锡平 | 刘加鸿 | 许延松 | 李秉廉（女） | 王康烈 |
| 刘青松 | 王瑞夫 | 王学贤 | 刘　蔚（女） | 张加顺 | 李公民 |
| 于世民 | 林乐芬（女） | 韩永国 | 王学花（女） | 刘　超 | 高元合 |
| 王世建 | 徐茂兰（女） | 孙玉花（女） | 刘兆辉 | | |

代表变动情况：

一次会议后，补选李山泉为县第十二届人大代表。

二次会议后，李群良、尹世荣、臧运鑫三位代表调离五莲县，代表资格自行终止。朱莲香代表病故。徐信廷代表因触犯刑律，由原选区依法罢免。至三次会议时，共有代表 236 名。

## 第十二节　五莲县第十三届人民代表大会代表

（1993.02—1998.01）

**代表选举**　1992年10月中旬，县、乡镇成立选举委员会，全县划分为130个选区。各政党、人民团体和选民10人以上联名提出候选人569名，为应选代表的2.19倍；第二轮代表候选人479名，为应选代表的1.84倍。经过自下而上反复酝酿协商，最后确定正式代表候选人388名，为应选代表的1.5倍。全县共有选民366886名，参加投票选举的选民335510名，参选率为91.45%。各选区到会选民超过了全体选民的半数，采取了无记名投票方式实行了差额选举，选出县第十三届人民代表大会代表263名。

**代表构成**　五莲县第十三届人民代表大会263名代表中，有工农代表157名，占代表总数的59.7%；干部代表63名，占代表总数的24%；知识分子代表40名，占代表总数的15.2%；其他3名，占代表总数的1.1%。代表中，中共党员170名，占代表总数的64.6%；妇女63名，占代表总数的24%；大专以上文化程度的50名，占代表总数的19%；中专高中文化程度的115名，占代表总数的44.2%；初中文化程度67名，占代表总数的25.5%。年龄在35岁以下的68名，占代表总数的25.9%；36岁至55岁的183名，占代表总数的69.6%；56岁以上的12名，占代表总数的4.6%。年龄最小的22岁，最大的74岁，平均年龄40.6岁。上届代表连选连任的108名，占代表总数的41.5%。

### 五莲县第十三届人民代表大会代表名单

（263名）

洪凝代表团：（23名）

刘光玉　李志久　李维新　李文修　李惠敏（女）　王　斌
潘维义　吉传庆　崔松武　刘加密　卜凡新　杨茂祥
卜善足　王世彩（女）　郑世合　刘公斋　杨茂先　迟令叶
孟庆友　李希明　傅守美（女）　汤善秀（女）　马云莲（女）

山阳代表团：（10名）

崔荣顺　李桂玲　朱连金　李功勋（女）　杨百海　宋德义
臧秀旺（女）　高曰喜　马德国　何乃秀（女）

叩官代表团：（15 名）

张善礼　韩清存　李慎芹　刘洪花(女)　王守信　马先春
王文礼　刘忠爱(女)　邱立亭　谷启亮　崔永芳(女)　王培洲
吴吉瑞　王成礼　王孝勇

街头代表团：（17 名）

胡德宝　李永健　崔照美(女)　王本著　李政芬(女)　王连玉
李曰松　于华文　孔祥坤　李应伟　李宗春(女)　单子梅(女)
孔兆先　张传堂　厉建开(女)　李曰品　李宜德

中至代表团：（14 名）

徐公德　臧凤兰(女)　朱臻田　林家学　吕洪荣(女)　李修怀
王增瑞　王世光　刘世俊(女)　林家珂　赵子德　王培珍(女)
秦玉彦　秦立信

于里代表团：（11 名）

莫若新　鲁　志　刘华祥　李桂华　张志菊(女)　王成业
管仁平　门同芬(女)　管恩芬　管恩利　王友鹏(女)

许孟代表团：（18 名）

窦福俊　张庆吉　岳奎文　李祝九　王友远　刘光明
刘桂祥　卞春祥　王和录　袁安香(女)　宋瑞祥　刘仲贤
朱佰俊(女)　李宜安　郑召官　臧加湘　卢金福　何兆霞(女)

汪湖代表团：（14 名）

赵友海　李山泉　刘耀升　岳正常　张培祥　王乃法
王玉兰(女)　王春叶(女)　张守叶　崔福之　李春田　王月兰(女)
王官勋　刘光录

院西代表团：（12 名）

张永海　郑昭曦　阎　波　李仕亭　周　勇　陈常好
郑光堂　范淑亮　周勤家　穆西彩(女)　王云华(女)　李善奎(女)

高泽代表团：（10 名）

姜　敏　孙恒德　于　萍(女)　秦泗兰(女)　何子富　周加花(女)
李宗志　冯志友　何茂林　陈祥荣

松柏、山庄代表团：（13 名）

王全新　单忠元　潘振福　刘京祥　臧福运　王道荣(女)
李善义　郑召典　于德玲(女)　戴召信　葛长山　王平存

徐礼粉（女）

户部、槎河代表团：（14 名）

厉希圣 孟庆西 郑泽友 王承进 郑安兰（女） 董汉金
陈常乐 李树来 孙启湘 刘祥莲（女） 翟玉海 石西春（女）
冯希云 陈立华

潮河、王世疃代表团：（17 名）

臧克峰 崔金灵 王谦安 于世民 王承果 王连周
董良法 徐公英（女） 韩福香（女） 郭建祥 徐茂臣 高为兰（女）
迟令喜 王万仁 尹世来 迟玉亮 于德麦（女）

石场、杜家沟代表团：（13 名）

邱绍义 许家锡 葛明学 杜树梅（女） 赵龙治 周绪申
葛平友 马成彩（女） 王凡街 葛平合 房克栋 周京亮
王兴竹（女）

管帅、七宝山代表团：（18 名）

岳思文 胡德富 伊光彩 葛秀良 徐云彬 陈淑斗
葛顺花（女） 刘玉花（女） 赵纪卫 董克军 徐云卫 莫平忠
李春光 张西振 于兆婉（女） 管仁溪（女） 王增名 李家成

魏家、罗圈代表团：（13 名）

朱　伟 娄道双 马先吉 王均度 王培森 解相文
魏茂时 刘　胜 郭常森（女） 刘丽英（女） 赵子超 董秀荣
吴京梅（女）

县直代表团：（31 名）

李孟秋 胡德新 赵世群 王龙学 王万起 王凤启
李应安 李曰川 董福增 郭明令 隋红臣 周善亭
王世健 马光年 李秉廉（女） 高元合 刘贤贞（女） 胡　靖（女）
王　萍（女） 郭光梅 石京海 陈维思 卢春娟（女） 林乐芬（女）
丁　华 李公民 许加荣 王学花（女） 刘　蔚（女） 王学贤
孙祥武

代表变动情况：

一次会议以后，张庆吉、李山泉、李家成、李秉廉调离五莲县，代表资格自行终止。补选门奎禄、朱连周为县第十三届人大代表。至 1994 年 2 月二次会议，共有代表 261 名。

二次会议以后，葛秀良调离五莲县，于华文因病去世，其代表资格自行终止。补选黄金华、张善田、赵树智为县十三届人大代表。共有代表262名。

三次会议后，李志久、胡德新、赵世群、王万起调离五莲县，其代表资格自行终止。补选周家富、胡兆功、何子孔、王龙玉、李悦明为县十三届人大代表。至此，全县共有代表263名。

四次会议后，王斌、臧克锋、葛明学、邱绍义调离五莲县，其代表资格自行终止。补选许乐生、管恩松、王世群、徐宣明、王发廷、陈立国为县十三届人大代表。至此共有代表265名（其中卜凡新被暂时停止行使代表职务）。

## 第十三节　五莲县第十四届人民代表大会代表

（1998.01—2003.01）

**代表选举**　1997年9月，县、乡镇成立选举委员会，全县划分为120个选区。各政党、各人民团体和选民10人以上联名提出代表候选人757人，为应选代表的3.46倍；第二轮推荐代表候选人358名，为应选代表的1.63倍。经过自下而上、自上而下反复酝酿、协商，最后确定正式代表候选人339名，为应选代表的1.55倍。全县共有选民373535名，参加投票选举的选民345514名，参选率为92.5%。各选区到会选民超过了全体选民的半数，采取了无记名投票方式实行了差额选举，选出县第十四届人民代表大会代表219名。

**代表构成**　五莲县第十四届人民代表大会219名代表中，有工农代表131名，占代表总数的59.8%；干部代表45名，占代表总数的20.5%；知识分子代表32名，占代表总数的14.6%；其他11名，占代表总数的5.19%。代表中，中共党员146名，占代表总数的66.7%；妇女57名，占代表总数的26%。代表中35岁以下的68名，占代表总数的31.1%；36岁至55岁的144名，占代表总数的65.8%；56岁以上的7名，占代表总数的3.1%。年龄最小的18岁，最大的72岁，平均年龄40.68岁。大专以上文化程度的93名，占代表总数的42.47%；中专高中文化程度的56名，占代表总数的25.57%；初中以下文化程度的70名，占代表总数的31.96%。新当选代表145名，上届代表连选连任的74名，占代表总数的33.8%。

### 五莲县十四届人民代表大会代表名单

（219名）

洪凝代表团：（16名）

| | | | | | |
|---|---|---|---|---|---|
| 刘光玉 | 王龙玉 | 于家来 | 王学友 | 赵洪新 | 徐金年 |
| 何乃香（女） | 娄永杰 | 卜善足 | 刘善林 | 李业兰（女） | 于加军 |
| 厉保高 | 迟庆玉（女） | 牟兰香（女） | 张加殿 | | |

街头代表团：（12名）

| | | | | | |
|---|---|---|---|---|---|
| 杨海波 | 张振川 | 李惠敏（女） | 王晋民 | 李政芬（女） | 李宗春（女） |
| 孙召先 | 厉进文 | 张永新 | 李应梅（女） | 李祝宜 | 程瑞勇 |

叩官代表团：（12名）

| | | | | | |
|---|---|---|---|---|---|
| 岳兆玉 | 韩清存 | 李慎芹 | 卢玉山 | 吴吉瑞 | 王守信 |
| 王少勇 | 王春友 | 马永兰（女） | 夏青梅（女） | 高兴美（女） | 王宗玉 |

中至代表团：（12名）

| | | | | | |
|---|---|---|---|---|---|
| 王治环 | 管恩松 | 陈立国 | 葛友臣 | 刘光芬（女） | 王增瑞 |
| 赵纪佐 | 韩顺江 | 秦泗福 | 王翠玲（女） | 徐衍英（女） | 孙著存 |

于里代表团：（10名）

| | | | | | |
|---|---|---|---|---|---|
| 潘维义 | 黄金华 | 袁兆亮 | 管仁评 | 刘明明（女） | 李桂华 |
| 苑芳梅（女） | 管恩星 | 王兴任 | 王桂富（女） | | |

许孟代表团：（13名）

| | | | | | |
|---|---|---|---|---|---|
| 陈修学 | 鲁　志 | 娄善清 | 聂清斌 | 陈光芳（女） | 卞春祥 |
| 李加义 | 杨乐春 | 王和禄 | 张崇香 | 袁安香（女） | 宋瑞祥 |
| 朱伯俊（女） | | | | | |

汪湖代表团：（11名）

| | | | | | |
|---|---|---|---|---|---|
| 郝善双 | 于世民 | 刘　蔚（女） | 娄善明 | 王官勋 | 王贲照 |
| 许传花（女） | 李荣密 | 岳正翠（女） | 岳超兰（女） | 崔福之 | |

院西代表团：（10名）

| | | | | | |
|---|---|---|---|---|---|
| 王殿军 | 李桂玲 | 朱连周 | 李仕亭 | 高曰星 | 杨民贞 |
| 徐敏霞（女） | 郑召华 | 郑光苗（女） | 刘贤兰（女） | | |

高泽、山阳代表团：（18名）

| | | | | | |
|---|---|---|---|---|---|
| 刘清林 | 胡宗利 | 崔照美（女） | 门奎禄 | 何茂林 | 王玉明 |
| 陈吉祥 | 袁玉喜 | 袁兆爱（女） | 郑泽伟 | 李申全 | 朱连金 |
| 高曰喜 | 安茂炜 | 杨兆南 | 杨百言 | 杨　莉（女） | 李宗兰（女） |

松柏、山庄代表团：（13名）

| | | | | | |
|---|---|---|---|---|---|
| 郑卫东 | 苗存岭 | 王谦安 | 张善田 | 王克理 | 郑德安 |

解令俊　刘京祥　于德玲（女）　王道荣（女）　侯文广　葛安升
胡宗花（女）

户部、槎河代表团：（11 名）

郑斗坤　菅德梓　高华清　李继荣　李　福　刘召雪（女）
刘祥彩（女）　孙启湘　刘雪玉　孙瑞兰（女）　陈相明

潮河、王世疃代表团：（15 名）

隋红臣　王荣臻　许乐生　郑昭曦　徐立春　董良法
徐公英（女）　王连周　宋正英（女）　杨乐华　王万仁　孙桂康
陈为芬（女）　高维兰（女）　张传喜

石场、杜家沟代表团：（12 名）

臧著星　徐建平　王世群　董书任　周东波　周扬满（女）
赵龙治　葛平友　葛长英（女）　葛平合　胡善芳（女）　房克栋

管帅、七宝山代表团：（16 名）

叶德臣　朱文德　何子孔　徐宣明　张善礼　林桂俊
马桂春　李曰惠　葛顺花（女）　刘玉花（女）　韩立鹤　周加建
王增名　白文梅（女）　李春光　王治云

魏家、罗圈代表团：（13 名）

孙秀志　王　平　胡兆功　丁金胜　刘丽英（女）　王秀彩（女）
刘　胜　崔永泉　魏绪深　赵玉顺　王洪香（女）　王德玉
姚常江

县直代表团：（25 名）

张加扬　张玉佩　郭明令　厉明彦　孙锡栋　董福增
张永善　王发廷　李应安　李成席　袁锡德　张增光
马玉英（女）　胡　靖（女）　丁淑云（女）　高元合　王文收　王学花（女）
王　萍（女）　丁凤爱（女）　杨秀丽（女）　马志强　郑保国　李世清
石京国

代表变动情况：

一次会议后，郑昭曦代表病故。补选胡德新、葛明学、秦泗顺、何茂伦、孙永波、冯志法、厉承迪、周家平、谢光明为县十四届人大代表。

二次会议后，张振川、许乐生、陈立国 3 名代表因工作变动离开五莲县，其代表资格自行终止。补选崔亮、李孟秋、曹春霞、薛向民、李明升、丁孝平为县十四届人大代表。

三次会议后，张玉佩调离五莲县，其代表资格自行终止。补选李建法、卜宪博、李兆明、韩义芳、李瑛为县十四届人大代表。

四次会议后，王宗玉因不履行代表职责，被依法终止代表资格。2002 年 2 月补选聂兰兴、张善卓为县第十四届人大代表。

## 第十四节　五莲县第十五届人民代表大会代表

（2003.01—2007.12）

**代表选举**　2002 年 10 月，县、乡镇成立选举委员会，全县划分为 102 个选区。各政党、各人民团体和选民 10 人以上联名提出的代表候选人 637 名，为应选代表的 2.93 倍；第二轮代表候选人 361 名，为应选代表的 1.66 倍。经过自下而上、自上而下反复酝酿、协商，最后确定正式代表候选人 319 名，为应选代表的 1.47 倍。各选区按照法定时间召开投票选举大会。全县共有选民 371451 人，参加投票选举的选民 377618 人，参选率为 93.6%。各选区到会选民超过了全体选民的半数，采取了无记名投票方式实行了差额选举，选出县第十五届人民代表大会代表 217 名。

**代表构成**　五莲县第十五届人民代表大会 217 名代表中，工农代表 127 名，占代表总数的 58.5%；干部代表 45 名，占代表总数的 20.7%；知识分子代表 35 名，占代表总数的 16.2%；其他 10 名，占代表总数的 4.6%。代表中，中共党员 147 名，占代表总数的 67.7%；妇女 57 名，占代表总数的 26.3%。代表中 35 岁以下的 30 名，占代表总数的 13.8%;36 岁至 55 岁的 177 名，占代表总数的 81.6%；56 岁以上的 10 名，占代表总数的 4.8%。年龄最小的 24 岁，最大的 67 岁，平均年龄 40.2 岁。大专以上文化程度的 145 名，占代表总数的 66.8%；中专高中文化程度的 55 名，占代表总数的 25.4%；初中以下文化程度的 17 名，占代表总数的 7.8%。新当选代表 160 名，上届代表连选连任的 57 名。

### 五莲县十五届人民代表大会代表名单

（217 名）

洪凝代表团：（30 名）

| | | | | | |
|---|---|---|---|---|---|
| 薛向民 | 王　勇 | 鲁　志 | 丁金胜 | 崔曾山 | 赵洪新 |
| 杨振友 | 孔令娟（女） | 于同生 | 马德国 | 汤继科 | 姚夫军 |
| 娄永杰 | 刘善林 | 许传武 | 安茂炜 | 厉宝高 | 冯立爱 |

卜善足　朱连金　高曰喜　张　丽（女）　古荣光　李宗兰（女）
王世选（女）　郭建秀（女）　冯展爱（女）　王德玉　陈相平　周胜芳（女）

街头代表团：（18名）

谢光明　崔　亮　韩清存　夏召洪　李祝宜　娄池远
张梅花（女）　李政芬（女）　张守富　徐茂华　郑培廷　王万仁
王保义　李宗建　厉　军　庞传美（女）　陈为来　胡善芳（女）

于里代表团：（15名）

冯志法　何子孔　胡兆功　王希学　臧同运　管仁评
王建国　韩海勇　王立营　刘光瑞　李桂华　徐衍英（女）
潘曰素（女）　刘玉花（女）　王桂富（女）

许孟代表团：（18名）

李胜军　李桂玲　林世刚　韩崇专　陈光芳（女）　郑光苗（女）
李加义　郑召巧　刘善昌　杨民贞　丁炳学　封西祥
丁炳富　徐兆忠　聂清斌　王春元　高曰江　崔维洋

潮河代表团：（13名）

李明升　张善田　张永善　刘　蔚（女）　王全忠　贾昌友
杨乐华　徐茂祝　王义武　孙志诚　刘丽英（女）　刘加香（女）
陈维花（女）

汪湖代表团：（12名）

韩义芳　管恩松　申志刚　高华清　于曰华　王贲照
魏宗荣　胡德仁　曹正伟　王学秀（女）　韩玉云（女）　莫修兰（女）

叩官代表团：（12名）

孙秀志　李孟秋　戴召田　厉保全　孙树芳（女）　郑安艳（女）
王春友　林光锡　吴吉瑞　徐衍乐　刘祥好　林玲玲（女）

中至代表团：（12名）

李兆明　王连友　王龙玉　孙良明　葛友臣　赵纪谱
王世顺　孙宝君　古全彩（女）　王超芳（女）　管西密　穆乃云（女）

高泽代表团：（15名）

王洪英（女）　徐东光　荆学明　孙永波　王和禄　王玉明
何召玲　王治健　褚文才　袁玉喜　莫正秀（女）　何茂乐
王刚民　迟玉娟（女）　陈祥满

石场代表团：（11名）

丁孝平　袁光亮　秦泗顺　王世群　何茂林　周扬满(女)
胡宗伟　梁加余　赵龙治　胡乃苗(女)　葛长英(女)

户部代表团：(10名)

李　瑛(女)　侯佃晓　杜光亮　孙洪河　徐衍祥　孙启福
徐衍民　孙启湘　常义美(女)　陈相明

松柏代表团：(10名)

王治环　胡德新　卜宪博　何茂伦　卢玉平　王善平
郑明芳　李学文　孙桂玉(女)　许传梅(女)

县直代表一团：(20名)

周荣兰(女)　王珍发　许崇遵　梁启玉　李惠敏(女)　厉明彦
孙世和　孙锡栋　马学生　王建华　单忠元　丁传明
王立选　姜　敏　张崇娟(女)　石京国　杨秀丽(女)　魏　玲(女)
王凤春(女)　丁玉娟(女)

县直代表二团：(21名)

窦福俊　丁宏利　李　江　李世平　张加扬　姜卫东
贾元会　王建刚　张　健　关凤权　王锡斌　古立谦
管西增　杨云强　徐清立　高志贤　孙有敏(女)　刘　霞(女)
徐海燕(女)　孙海青(女)　王　伟(女)

代表变动情况：

一次会议以后，孙世和因工作变动调离五莲县，韩义芳，李明升因工作变动，辞去代表职务。补选隋红臣、张明勇、岳兆玉、费守平、娄连华、姜少利、刘光玉、潘维义为县十五届人大代表。至二次会议时，共有代表222名。

二次会议后，王珍发、王凤春、高志贤因工作变动离开五莲县，其代表资格自行终止；王春元、魏玲、郑明芳、徐衍民、杨振友因工作变动原因辞去代表职务。

三次会议后，王连友、邱玉德、隋红臣因工作变动，调离五莲县，其代表资格自行终止。娄连华、崔宗山、韩崇专、王和禄、何茂林、王保义因工作变动和身体原因辞去代表职务。根据县十五届人大常委会第18次会议关于补选代表的决定，补选杜江涛、李应田、毛秀玲、李世春、韩宝军、胡德兰、赵百顺、杜树厚、孙志国、惠鑫、李勇为县十五届人大代表。至第四次会议时，共有代表224名。

四次会议后，徐东光、李世春、杨海波、王洪英因工作变动离开五莲县，王希学、厉保全、孙良明、卢玉平、曹正伟因工作变动等原因辞去代表职务，以上9名代表的代表资格终止。补选朱贵友、孙著文、李业兵、陈乐增、冯启强、郑娟为县十五届人大代表。至第五次会议，共有代表221名。

## 第十五节　五莲县第十六届人民代表大会代表

（2007.12—　）

**代表选举**　2007年9月下旬，县、乡镇成立选举委员会，全县划分为99个选区，依法登记选民387468人。第一轮推荐代表候选人467名，为应选代表人数的2.19倍，根据较多数选民意见，依法确定正式代表候选人312名，为应选代表的1.46倍。11月25日在全县835个投票站有294008人参加投票，参选率为75.89%，采用无记名投票方式实行了差额选举，选出县十六届人大代表213名。

**代表构成**　五莲县第十六届人民代表大会213名代表中，有工人农民代表129名，占代表总数的60.6%；干部代表53名，占代表总数的24.9%；知识分子代表31名，占代表总数的14.5%。代表中，中共党员136名，占代表总数的63.9%；妇女49名，占代表总数的23%。35岁以下的32名，占代表总数的15%；36岁至55岁的170名，占代表总数的79.8%；56岁以上的11名，占代表总数的5.2%，平均年龄41.3岁。大专以上文化程度的147名，占代表总数的69%；中专高中文化程度的50名，占代表总数的23.5%；初中以下文化程度的16名，占代表总数的7.5%。新当选代表122名，上届代表连选连任的91名。

### 五莲县第十六届人民代表大会代表名单

（213名）

洪凝代表团：（30名）

杜树厚　王　勇　李桂玲　申志刚　苏顺地　周召波

娄永杰　许传武　汤希勇　殷元建　冯立爱　高月喜

周扬胜　孔令娟（女）　赵玉武　杨金宝　李永云（女）　陈相平

岳胜香（女）　桑会廷　王智勋　陈常青　马克录　王见慎

于同生　马德国　张　丽（女）　李宗兰（女）　姚夫军　刘加香（女）

街头代表团：（15名）

朱洪斌　崔　亮　胡德新　徐茂华　郑世英（女）　张守富

李祝宜　张梅花（女）　于同凯　王炳梅（女）　董衍平　郑培廷

徐义翠（女）　陈为来　孙洪河

于里代表团：（15 名）

李业兵　何子孔　戴召田　陈兆华　李明升　赵从礼
王建国　王希文　翟　娟（女）　王立荣　管仁评　刘光瑞
韦学全　韦学忠　韩瑞乐

许孟代表团：（18 名）

赵百顺　杜江涛　李孟秋　韩义芳　刘海武　郑德叶（女）
郑光苗（女）　滕以发　王德月　陈光芳（女）　臧运平　闫永强
张崇贵　范培刚　李加义　朱建霞（女）　杨民贞　穆洪军

潮河代表团：（13 名）

冯志法　李应田　杜光亮　杨兆娟（女）　王全忠　陈为花（女）
孙海峰　刘加香（女）　徐茂祝　王义武　贾昌友　郝鹏飞
杨乐华

汪湖代表团：（11 名）

丁传明　侯佃晓　梁启玉　卢法绪　于曰华　范金娟（女）
倪永兵　石增刚　王贤中　薛克玲（女）　崔兆艳（女）

叩官代表团：（13 名）

王雪燕（女）　朱贵友　秦泗顺　聂兰周　朱炳信　刘祥好
靳伟然　田如萍　辛秀玉　梁乃华　郭常花（女）　杜光顺
丁月丽（女）

中至代表团：（11 名）

冯启强　毛秀玲（女）　张永善　王光湘　张云学　赵纪谱
穆乃云（女）　郑明允　张　华　孙宝君　李淑春（女）

高泽代表团：（13 名）

孙志国　孙著文　李乃金　王汉利　秦培云　王玉明
何召玲　张甲敏　潘为菊（女）　杨永兰（女）　秦绪连　王万法
褚文才

石场代表团：（11 名）

郑　娟（女）　于曰洪　何茂姗（女）　杜祥进　李兆合　万德彩（女）
聂秀任　梁家余　周扬健　梁家元　王汝顺

户部代表团：（11 名）

郑昭伟　卜宪博　刘　磊（女）　荣玉山　生佩金　刘祥彩（女）
李树来　李金国　刘海滨　林桂岩　李世华

松柏代表团：（10名）

林世刚　姜　敏　韩宝军　周升元　张仲玉　臧福运
王善平　潘曰素（女）　王兴云（女）　孙桂玉（女）

县直代表一团：（21名）

杨茂波　李兆明　邱立诺　龚乃云　姜少利　崔荣相
王龙凤（女）　刘平刚　陈华毅（女）　周扬顺　王建勇　丁玉娟（女）
王连光　王义云（女）　毕文秀　晋津泉　厉　杰（女）　郭公坊
许传志　李　芹（女）　岳在田

县直代表二团：（21名）

解植国　李世平　王新选　张加扬　张　建　李　江
胡宗瑞　朱宗英（女）　汤　杰（女）　张守志　王连涛　陈祥义
刘建伟　王佃庆　王水焕（女）　王锡斌　钟　飞　厉　彪
王培来　杨凤荣（女）　刘　霞（女）

代表变动情况：

一次会议后，孙著文、崔荣相、王连光、赵百顺、赵从礼、于曰华、张云学、荣玉山因工作变动，辞去县十六届人大代表职务。于2008年12月县十六届人大常委会第十二次主任会议决定补选丁传湘、王会智、王克芳、王浩然、厉承迪、吉新现、孙克胜、迟令席、郑杜亮、聂兰宗、高庆来为县十六届人大代表。

二次会议后，王勇、侯佃晓、龚乃云、卜宪博、姜少利、郑昭伟、孙志国7位代表调离五莲县，其代表资格自行终止。王会智、刘海武、朱炳信、张仲玉、李兆合、陈祥义、聂兰宗7位代表，因工作变动辞去代表职务。于2010年1月补选马强、郝善双、张桂伟、林清晓、胡建、惠鑫、张仲武、孙志刚、李世彬、管仁涛、葛忠军、王辉、王贤林、徐衍标、王范增、刘加友、陈修善、李凤楼为县十六届人大代表。

三次会议后，于2011年1月补选李树湘、武传忠、石京磊、李伟华、郑培军、陈祥国、王婷婷为县十六届人大代表。

# 第二篇 县人大常委会及其办事机构

## 第一章 县人大常委会党组及机关党支部

**县人大常委会党组** 1980年12月五莲县第九届人民代表大会第一次会议选举产生了县人大常委会，作为五莲县人民代表大会的常设机构。随后，经过中共五莲县委批准，设立了五莲县人大常委会党组。县人大常委会党组在中共五莲县委的领导下进行工作，主要是负责贯彻执行党的路线、方针、政策；讨论和决定本单位的重大问题；团结党内外的干部和群众，完成党和国家交给的任务；指导机关党组织的工作。

### 五莲县第九届人大常委会党组

(1980.12—1984.05)

书　记：王聚先（1982.12离职）
　　　　贺炳忠（1982.12任职）

副书记：秦绪佳

成　员：王立周　高立福　赵文泉　寇维清

### 五莲县第十届人大常委会党组

(1984.05—1987.04)

书　记：贺炳忠

副书记：朱佃俊

成　员：杨茂祥　高立福（1986.04离职）　王　明（1986.05任职）

### 五莲县十一届人大常委会党组

(1987.04—1990.03)

书　记：贺炳忠

副书记：朱佃俊

成　员：王　明　臧凤兰（女）　刘华祥　宫振国（1987.05任职）
　　　　刘耀升（1990.02任职）

## 五莲县第十二届人大常委会党组

（1990.03—1993.02）

书　记：韩清存

副书记：马先吉

成　员：臧凤兰（女）　刘华祥　王本著　孙恒德

王谦安（1992.04 任职）　于世民（1992.04 任职）

刘耀升（1992.12 离职）　潘振福（1992.12 任职）

## 五莲县第十三届人大常委会党组

（1993.02—1998.01）

书　记：韩清存

副书记：伊光彩（1994.02 离职）　马先吉（1996.04 离职）

胡兆功（1996.05 任职）

成　员：崔照美（女）　王谦安　于世民　门奎禄（1994.02 任职）

张善田（1995.03 任职）　王龙玉（1996.02 任职）

管恩松（1997.02 任职）　潘振福（1997.02 离职）

王世群（1997.03 任职）

## 五莲县第十四届人大常委会党组

（1998.01—2003.01）

书　记：李桂玲

副书记：胡兆功　葛明学（1999.02 至 2001.02）

成　员：崔照美（女，2001.02 离职）　门奎禄（2001.02 离职）

张善田　王龙玉　袁兆亮　管恩松　李孟秋（1999.10 任职）

鲁　志（2001.02 任职）　张永善（2001.02 任职）

王世群（2002.03 离职）　林世刚（2002.06 任职）

## 五莲县第十五届人大常委会党组

（2003.01—2007.12）

书　记：李桂玲（2006.02 离职）　崔　亮（2006.02 任职）

副书记：戴召田（2006.02 任职）　李孟秋　杜光亮

成　员：秦泗顺　张永善（2006.03 离职）　梁启玉
　　　　姜　敏（2006.02 任职）　孙著文（2007.03 任职）
　　　　林世刚（2005.04 离职）　韩宝军（2005.04 任职）

## 五莲县第十六届人大常委会党组

（2007.12—　　）

书　记：崔　亮（2010.01 离职）　马　强（2010.01 任职）

副书记：李应田

成　员：孙著文（2008.12 离职）　于曰洪　姜　敏（2011.01 离职）
　　　　惠　鑫（2011.01 任职）　李树湘（2011.01 任职）
　　　　韩宝军（2011.05 离职）　杨兆娟（女，2011.07 任职）

**人大常委会机关党支部**　县人大常委会成为常设机构后，即建立了人大常委会机关党支部。2004 年 3 月建立了人大常委会机关老干部党支部，均接受县直机关党委（党工委）的领导。2008 年 11 月老干部支部换届。

## 县人大常委会机关党支部

书　记：费锡田（1981.01 至 1987.09）
　　　　宫振国（1987.09 至 1990.05）
　　　　刘耀升（1990.05 至 1994.02）
　　　　潘振福（1994.02 至 1997.02）
　　　　王世群（1997.03 至 2002.03）
　　　　林世刚（2002.10 至 2005.04）
　　　　韩宝军（2005.04 至 2011.09）
　　　　杨兆娟（女，2011.09 任职）

副书记：梁爱华（1987.09 至 1989.03）
　　　　宫振国（1990.05 至 1994.03）
　　　　李文修（1989.04 至 1995.12）
　　　　王文国（1995.12 至 2002.10）
　　　　聂兰波（2002.10 至 2007.06）
　　　　李乃金（2007.08 至 2009.09）
　　　　纪元成（2009.09 至 2011.09）

厉金亮（2009.09 任职）

组织委员：

朱臻田（1986.06 至 1994.05）

郑泽友（1994.05 至 1995.12）

郭　凯（女，1995.12 至 2002.08）

李乃金（2003.03 至 2005.04）

宣传委员：

刘学贤（1986.06 至 1987.09）

陈常东（2002.10 至 2007.10）

委　员：宫振国（1986.06 至 1987.09）

李宗亮（1986.06 至 1989.11）

李文修（1987.09 至 1989.04）

许家仓（1990.05 至 1992.02）

李祝九（1990.05 至 1993.02）

董书任（1994.02 至 1999.01）

王承进（1994.02 至 1995.02）

王云国（2002.10 至 2005.04）

岳本荣（2002.10 至 2005.04）

许崇峻（2002.10 至 2009.09）

李乃金（2005.04 至 2007.08）

厉金亮（2005.04 至 2009.09）

纪元成（2007.10 至 2009.09）

陈常东（2007.10 至 2008.10）

赵　军（2008.11 任职）

林志明（2008.11 任职）

## 县人大常委会机关老干部党支部

书　记：于世民

副书记：王谦安

委　员：刘耀升（2008.01 离职）

张善田（2008.01 任职）

# 第二章　县人大常委会

1979 年 7 月，全国人大五届二次会议修改的《中华人民共和国地方各级人民代表大会和地方各级人民政府组织法》第四十条明确规定，地方各级人民代表大会“设立常务委员会”，常务委员会“是本级人民代表大会的常设机关”。五莲县自 1980 年 12 月召开的第九届人民代表大会第一次会议始，设立五莲县人民代表大会常务委员会，迄今已至第十六届。

## 五莲县第九届人大常委会

（1980.12—1984.05）

1980 年 12 月 27 日至 30 日举行的五莲县第九届人民代表大会第一次会议，选举产生了五莲县第九届人大常委会主任、副主任、委员。1981 年 6 月，委员董圣祥调离五莲县。1981 年 12 月 7 日至 10 日举行的五莲县九届人民代表大会第二会议上，补选王彬为副主任，补选江云华为县九届人大常委会委员，1983 年 6 月，江云华调离五莲县。1982 年 12 月 22 日至 25 日，在县九届人大三次会议上，选举贺炳忠为县人大常委会主任。

主　任：王聚先（1982.12 离职）　贺炳忠（1982.12 任职）

副主任：秦绪佳　王立周　高立福　赵文泉　寇维清

　　　　王　彬（1981.12 任职）

委　员：马先吉　王玉兰（女）　王　彬（1980.12 至 1981.12）

　　　　厉子扬　孙恒德　李平先　李维花（女）　杨志臣

　　　　杨冠侯　韩俊三　董圣祥（1981.06 离职）

　　　　江云华（1981.12 至 1983.06）

## 五莲县第十届人大常委会

（1984.05—1987.04）

1984 年 5 月 27 日至 29 日举行的五莲县第十届人民代表大会第一次会议，选举产生了五莲县第十届人大常委会主任、副主任、委员。期间，李维花、李维新因调政府部门工作，辞去委员职务。霰忠庆调离五莲县。1986 年 5 月，在县十届人大第三次会议上，补选王明为县第十届人大常委会副主任，崔照美、张则俊、胡兆功为县第十届人大常委会委员。

主　任：贺炳忠

副主任：朱佃俊　杨茂祥　高立福（1986.04 离职）

王　彬　王　明（1986.05 任职）

委　员：（按得票多少为序，票数相同者按姓氏笔划排列）

万希照　孙恒德　李学升　李维新（1985.10 离职）

傅守美（女）　霰忠庆（1986.02 离职）　王龙学

陈太平　张立华（女）潘维义　王　明（1984.05 至 1986.05）

李维花（女，1986.06 离职）　崔照美（女，1986.05 任职）

张则俊（1986.05 任职）　胡兆功（1986.05 任职）

## 五莲县第十一届人大常委会

（1987.04—1990.03）

1987 年 4 月 20 日至 25 日举行的五莲县第十一届人民代表大会第一次会议，选举产生了五莲县第十一届人大常委会主任、副主任、委员。1987 年 8 月周立顺调离五莲县。张则俊改任政府部门工作，辞去委员职务。

主　任：贺炳忠

副主任：朱佃俊　王　明　臧凤兰（女）　刘华祥　郭明令

委　员：孙启和　周立顺（1987.08 离职）　王树林　任守基　宫振国

孙恒德　张则俊（1987.07 离职）聂兰兴　张博华

周荣兰（女）　潘维义　杨　英（女）　王吉君（女）

## 五莲县第十二届人大常委会

（1990.03—1993.02）

1990 年 3 月 13 日至 17 日召开的五莲县第十二届人民代表大会第一次会议，选举产生了县第十二届人大常委会主任、副主任、委员。1991 年 4 月，聂兰兴调政府部门工作，辞去县十二届人大常委会委员职务。1992 年 4 月县第十二届人大第三次会议，补选王谦安、于世民为县第十二届人大常委会副主任。

主　任：韩清存

副主任：马先吉　臧凤兰（女）　刘华祥　郭明令　王本著　孙恒德

王谦安（1992.04 任职）　于世民（1992.04 任职）

委　员：宫振国　刘耀升　李文修　朱臻田　李祝九

许家仓（1991.03 离职）　阎　波　李孟秋

聂兰兴（1991.04 离职） 周荣兰（女，1992.07 离职）

臧克峰 潘维义 李秉廉（女） 刘 蔚（女）

## 五莲县第十三届人大常委会

（1993.02—1998.01）

1993 年 2 月 10 日至 14 日召开的五莲县第十三届人民代表大会第一次会议，选举产生了县十三届人民代表大会常务委员会主任、副主任、委员。1994 年 2 月，因工作变动，伊光彩辞去副主任职务。1994 年 1 月，因工作变动，阎波、李秉廉辞去委员职务。1994 年 2 月召开的县第十三届人大二次会议上，补选门奎禄为县十三届人大常委会副主任，朱连周、胡靖为县十三届人大常委会委员。1995 年 3 月在县十三届人大三次会议上，补选张善田为县十三届人大常委会副主任。1995 年 4 月，刘蔚、王承进辞去常委会委员职务。1996 年 2 月，在县十三届人大四次会议上，补选胡兆功、王龙玉为县十三届人大常委会副主任。1996 年 4 月 16 日县十三届人大常委会第二十三次会议，依法接受马先吉辞去县十三届人大常委会副主任职务的申请；接受董福增辞去县人大常委会委员职务的申请。1996 年 10 月接受臧凤兰辞去县人大常委会委员职务的申请。1997 年 2 月在县十三届人大五次会议上，补选管恩松为县十三届人大常委会副主任，补选王世群、王发廷、陈立国、徐宣明为县十三届人大常委会委员。

主 任：韩清存

副主任：伊光彩（1994.02 离职） 马先吉（1996.04 离职）
崔照美（女） 王谦安 于世民 郭明令
门奎禄（1994.02 任职） 张善田（1995.03 任职）
胡兆功（1996.02 任职） 王龙玉（1996.02 任职）
管恩松（1997.02 任职）

委 员：臧凤兰（女，1996.10 离职） 刘耀升 潘振福（1997.02 离职）
李文修 朱臻田 李祝九（1994.11 离职）王承进（1995.04 离职）
郑泽友 阎 波（1994.01 离职） 董福增（1996.04 离职）
李惠敏（女） 隋红臣 李秉廉（女，1994.01 离职）
刘 蔚（女，1995.04 离职） 朱连周（1994.02 任职）
胡 靖（女，1994.02 任职） 王世群（1997.02 任职）
王发廷（1997.02 任职） 陈立国（1997.02 任职）
徐宣明（1997.02 任职）

## 五莲县第十四届人大常委会

（1998.01—2003.01）

1998 年 1 月 12 日至 16 日召开的五莲县第十四届人民代表大会第一次会议，选举产生了县第十四届人大常委会主任、副主任、委员。1999 年 1 月，接受朱连周、陈立国、董书任、李继荣辞去十四届人大常委会委员职务的申请。1999 年 3 月举行的县第十四届人大二次会议上，补选葛明学为县十四届人大常委会副主任，孙永波、何茂伦为县第十四届人大常委会委员。2000 年 3 月，在县十四届人大三次会议上，补选李孟秋为县第十四届人大常委会副主任，补选曹春霞为县十四届人大常委会委员。2001 年 2 月，县第十四届人大常委会第二十一次会议，依法接受葛明学、崔照美、门奎禄辞去县人大常委会副主任职务的申请，接受胡靖辞去县人大常委会委员职务的申请。2001 年 2 月举行的县第十四届人大第四次会议上，补选鲁志、张永善为县十四届人大常委会副主任。2002 年 3 月，在县人大十四届五次会议上，补选聂兰兴、张善卓为县十四届人大常委会委员。

主　任：李桂玲

副主任：胡兆功　崔照美（女，2001.02 离职）　门奎禄（2001.02 离职）
张善田　王龙玉　刘　蔚（女）　袁兆亮　管恩松
葛明学（1999.03 至 2001.02）　李孟秋（2000.03 任职）
鲁　志（2001.02 任职）　张永善（2001.02 任职）

委　员：丁金胜　王世群　王发廷　朱连周（1999.01 离职）
李继荣（1999.01 离职）　李惠敏（女）　张加扬
陈立国（1999.01 离职）　胡　靖（女，2001.02 离职）
徐宣明　高华清　董书任（1999.01 离职）　孙永波（1999.03 任职）
何茂伦（1999.03 任职）　曹春霞（女，2000.03 任职）
聂兰兴（2002.03 任职）　张善卓（2002.03 任职）

## 五莲县第十五届人大常委会

（2003.01—2007.12）

2003 年 1 月 15 日至 19 日举行的五莲县第十五届人民代表大会第一次会议，选举产生了五莲县第十五届人大常委会主任、副主任、委员。2005 年 2 月，在县第十五届人大三次会议上，何茂伦辞去县十五届人大常委会委员职务，补选谢光明为县人大常委会委员。2006 年 2 月县第十五届人大四次会议依法接受李桂玲、刘蔚、张永善辞去县人大常委会主任、副主任职务的申请；补选崔亮为县十五届人大常委会主任，戴召田、毛秀玲、姜敏为县第十五届人大常委会副主任，韩宝军为常务委员会委员。2006年4月，谢光明辞去县人大常委会委员职务。2007年3月县十五届人大五次会议依法接受秦泗顺辞去县人大常委会副主任职务的申请；补选孙著文为县第十五届人大常委会副主任。

主　任：李桂玲（2006.02离职）　崔　亮（2006.02任职）

第一副主任：戴召田（2006.02任职）

副主任：李孟秋　刘蔚（女，2006.02离职）　杜光亮

秦泗顺（2007.03离职）　张永善（2006.02离职）

梁启玉　毛秀玲（女，2006.02任职）

姜　敏（2006.02任职）　孙著文（2007.03任职）

委　员：（按姓氏笔划为序）

丁宏利　丁金胜　王世群　刘善林　孙永波　李　江　李世平

李惠敏（女）　何茂伦（2005.02离职）　林世刚　周荣兰（女）

荆学明　高华清　谢光明（2005.02至2006.04）　韩宝军（2006.02任职）

## 五莲县第十六届人大常委会

（2007.12—　）

2007年12月10日至14日举行的五莲县第十六届人民代表大会第一次会议，选举产生了五莲县第十六届人大常务委员会主任、副主任、委员。2008年12月22日，县第十六届人大常委会第七次会议，依法接受孙著文辞去县人大常委会副主任职务的申请，接受崔荣相、王连光辞去县人大常委会委员职务的申请。2009年1月，在县第十六届人大第二次会议上，补选韩宝军为县人大常委会秘书长，王克芳、厉承迪、孙克胜、迟令席、高庆来为县十六届人大常委会委员。2009年12月17日，县第十六届人大常委会第十四次会议，决定同意陈祥义、郭公坊辞去县十六届人大常委会委员职务。2010年1月11日，县第十六届人大常委会第十六次会议，决定同意崔亮辞去县十六届人大常委会主任职务。2010年1月在县第十六届人大三次会议上，补选马强为县十六届人大常委会主任，王新选、惠鑫为委员。2010年9月21日，县第十六届人大常委会第二十次会议，决定同意迟令席、刘磊辞去县十六届人大常委会委员职务。2011年1月5日，县第十六届人大常委会二十三次会议，决定同意厉承迪、李明升辞去县十六届人大常委会委员职务。2011年1月18日，县第十六届人大第四次会议依法接受姜敏辞去县十六届人大常委会副主任职务的申请；补选惠鑫、李树湘为县十六届人大常委

会副主任。2011年3月，县第十六届人大常委会第二十四次会议接受何茂珊辞去县十六届人大常委会委员职务的申请。2011年5月，县第十六届人大常委会第二十五次会议，依法接受韩宝军辞去县十六届人大常委会秘书长、委员职务的申请。

主　任：崔　亮（2010.01离职）　马　强（2010.01任职）

第一副主任：李应田

副主任：毛秀玲（女，2007.12至2011.07）　孙著文（2008.12离职）
于曰洪　姜　敏（2011.01离职）　惠　鑫（2011.01任职）
李树湘（2011.01任职）

秘书长：韩宝军（2009.01至2011.05）

委　员：王连光（2008.12离职）　王建国　刘　磊（女，2010.09离职）
杨兆娟（女）　李　江　李乃金　李世平　李明升（2011.01离职）
何茂珊（女，2011.03离职）　邱立诺　陈为来　陈祥义（2009.12离职）
娄永杰　贾昌友　郭公坊（2009.12离职）　崔荣相（2008.12离职）
韩义芳　韩宝军（2011.05离职）　王克芳（2009.01任职）
厉承迪（2009.01至2011.01）　孙克胜（2009.01任职）
迟令席（2009.01至2010.09）　高庆来（2009.01任职）
王新选（2010.01任职）　惠　鑫（2010.01任职）

五莲县第九届至第十六届人大常委会
主任、副主任、秘书长任职情况表

| 届　次 | 职　务 | 姓　名 | 任职时间 | 备　注 |
|---|---|---|---|---|
| 第九届<br>1980.12–1984.05 | 主　任 | 王聚先 | 1980.12–1982.12 | |
| | | 贺炳忠 | 1982.12–1984.05 | 三次会议当选 |
| | 副主任 | 秦绪佳 | 1980.12–1984.05 | |
| | | 王立周 | 1980.12–1984.05 | |
| | | 高立福 | 1980.12–1984.05 | |
| | | 赵文泉 | 1980.12–1984.05 | |
| | | 寇维清 | 1980.12–1984.05 | |
| | | 王　彬 | 1981.12–1984.05 | 二次会议当选，不驻会 |
| 第十届<br>1984.05–1987.04 | 主　任 | 贺炳忠 | 1984.05–1987.04 | |
| | 副主任 | 朱佃俊 | 1984.05–1987.04 | |
| | | 杨茂祥 | 1984.05–1987.04 | |
| | | 高立福 | 1984.05–1986.04 | |

| | | | | |
|---|---|---|---|---|
| | | 王 彬 | 1984.05–1987.04 | 不驻会 |
| | | 王 明 | 1986.05–1987.04 | |
| 第十一届<br>1987.04–1990.03 | 主 任 | 贺炳忠 | 1987.04–1990.03 | |
| | 副主任 | 朱佃俊 | 1987.04–1990.03 | |
| | | 王 明 | 1987.04–1990.03 | |
| | | 臧凤兰(女) | 1987.04–1990.03 | |
| | | 刘华祥 | 1987.04–1990.03 | |
| | | 郭明令 | 1987.04–1990.03 | 不驻会 |
| 第十二届<br>1990.03–1993.02 | 主 任 | 韩清存 | 1990.03–1993.02 | |
| | 副主任 | 马先吉 | 1990.03–1993.02 | |
| | | 臧凤兰(女) | 1990.03–1993.02 | |
| | | 刘华祥 | 1990.03–1993.02 | |
| | | 郭明令 | 1990.03–1993.02 | 不驻会 |
| | | 王本著 | 1990.03–1993.02 | |
| | | 孙恒德 | 1990.03–1993.02 | |
| | | 王谦安 | 1992.04–1993.02 | 三次会议当选 |
| | | 于世民 | 1992.04–1993.02 | 三次会议当选 |
| 第十三届<br>1993.02–1998.01 | 主 任 | 韩清存 | 1993.02–1998.01 | |
| | 副主任 | 伊光彩 | 1993.02–1994.02 | 正处级 |
| | | 马先吉 | 1993.02–1996.04 | 1994.01 正处级 |
| | | 崔照美(女) | 1993.02–1998.01 | |
| | | 王谦安 | 1993.02–1998.01 | |
| | | 于世民 | 1993.02–1998.01 | |
| | | 郭明令 | 1993.02–1998.01 | 不驻会 |
| | | 门奎禄 | 1994.02–1998.01 | 二次会议当选 |
| | | 张善田 | 1995.03–1998.01 | 三次会议当选 |
| | | 胡兆功 | 1996.02–1998.01 | 四次会议当选,正处级 |
| | | 王龙玉 | 1996.02–1998.01 | 四次会议当选 |
| | | 管恩松 | 1997.02–1998.01 | 五次会议当选 |
| 第十四届<br>1998.01–2003.01 | 主 任 | 李桂玲 | 1998.01–2003.01 | |
| | 副主任 | 胡兆功 | 1998.01–2003.01 | |
| | | 崔照美(女) | 1998.01–2001.02 | |
| | | 门奎禄 | 1998.01–2001.02 | |
| | | 张善田 | 1998.01–2003.01 | |
| | | 王龙玉 | 1998.01–2003.01 | |
| | | 刘蔚(女) | 1998.01–2003.01 | |
| | | 袁兆亮 | 1998.01–2003.01 | |
| | | 管恩松 | 1998.01–2003.01 | |
| | | 葛明学 | 1999.03–2001.02 | 二次会议当选,正处级 |
| | | 李孟秋 | 2000.03–2003.01 | 三次会议当选,正处级 |
| | | 鲁 志 | 2001.02–2003.01 | 四次会议当选 |

<table>
<tr><td></td><td></td><td>张永善</td><td>2001.02–2003.01</td><td>四次会议当选</td></tr>
<tr><td rowspan="12">第十五届<br>2003.01–2007.12</td><td rowspan="2">主 任</td><td>李桂玲</td><td>2003.01–2006.02</td><td></td></tr>
<tr><td>崔 亮</td><td>2006.02–2007.12</td><td>四次会议当选</td></tr>
<tr><td rowspan="10">副主任</td><td>戴召田</td><td>2006.02–2007.12</td><td>四次会议当选<br>第一副主任 正处级</td></tr>
<tr><td>李孟秋</td><td>2003.01–2007.12</td><td></td></tr>
<tr><td>刘蔚(女)</td><td>2003.01–2006.02</td><td>不驻会</td></tr>
<tr><td>杜光亮</td><td>2003.01–2007.12</td><td></td></tr>
<tr><td>秦泗顺</td><td>2003.01–2007.03</td><td></td></tr>
<tr><td>张永善</td><td>2003–01–2006.02</td><td></td></tr>
<tr><td>梁启玉</td><td>2003.01–2007.12</td><td></td></tr>
<tr><td>毛秀玲(女)</td><td>2006.02–2007.12</td><td>四次会议当选</td></tr>
<tr><td>姜 敏</td><td>2006.02–2007.12</td><td>四次会议当选</td></tr>
<tr><td>孙著文</td><td>2007.03–2007.12</td><td>五次会议当选</td></tr>
<tr><td rowspan="10">第十六届<br>2007.12–</td><td rowspan="2">主 任</td><td>崔 亮</td><td>2007.12–2010.01</td><td></td></tr>
<tr><td>马 强</td><td>2010.01–</td><td>三次会议当选</td></tr>
<tr><td rowspan="7">副主任</td><td>李应田</td><td>2007.12–</td><td>第一副主任 正处级</td></tr>
<tr><td>毛秀玲(女)</td><td>2007.12–2011.07</td><td></td></tr>
<tr><td>孙著文</td><td>2007.12–2008.12</td><td></td></tr>
<tr><td>于曰洪</td><td>2007.12–</td><td></td></tr>
<tr><td>姜 敏</td><td>2007.12–2011.01</td><td></td></tr>
<tr><td>惠 鑫</td><td>2011.01–</td><td>四次会议当选</td></tr>
<tr><td>李树湘</td><td>2011.01–</td><td>四次会议当选</td></tr>
<tr><td>秘书长</td><td>韩宝军</td><td>2009.01–2011.05</td><td>二次会议当选</td></tr>
</table>

# 第三章 县人大常委会办事机构

1980 年 12 月，五莲县第九届人民代表大会选举产生了常务委员会后，即按照《中华人民共和国地方各级人民代表大会和地方各级人民政府组织法》关于“常务委员会根据工作需要，设立办事机构”的规定，设立了相应的办事机构。第九届人大常委会设立了办公室。1984 年 11 月，第十届人大常委会第三次会议决定，设立代表联络科、调查研究科。1985 年 12 月，县十届人大常委会第十一次会议决定，设立法制科。1988 年 5 月第十一届人大常委会第八次会议决定，撤销调查研究科，设立教科文卫科、财经科。1990 年 1 月，县十一届人大常委会第十九次会议决定，撤销代表联络科、法制科、教科文卫科、财经科，设立法制工作委员会、教科文卫工作委员会、财经工作委员会、农经工作委员会。1991 年 3 月，县十二届人大常委会第七次会议决定设立人事代表工作室。1997 年 1 月，设立老干部科（股级），2003 年 11 月，调整为老干部管理科，为副科级行政机构、属办公室内设科室。2010年8月，设立洪凝街道人大工作委员会。

## 五莲县第九届人大常委会办事机构

（1980.12—1984.05）

办公室

主　任：（空职）

副主任：费锡田（1981.01任职）

## 五莲县第十届人大常委会办事机构

（1984.05–1987.04）

办公室

主　任：宫振国（1985.12任职）

副主任：费锡田　李文修（1984.11至1985.12；1987.03任职）

代表联络科（1984.11设立）

科　长：（空职）

副科长：李继荣（1984.11任职）　朱臻田（1986.04任职）

调查研究科（1984.11设立）

科　长：（空职）

副科长：刘学贤（1984.11任职）

法制科（1985.12设立）

科　长：（空职）

副科长：李宗亮（1985.12任职）

## 五莲县第十一届人大常委会办事机构

（1987.04–1990.03）

办公室

主　任：宫振国（1990.01离职）　刘耀升（1990.01任职）

副主任：费锡田（1987.07 离职） 李文修（1990.01 离职）
刘学贤（1988.05 任职）

代表联络科（1990.01 撤销）
科　长：梁爱华（1988.05 至 1989.03） 许家仓（1989.03 任职）
副科长：李继荣（1989.12 离职） 朱臻田（1988.11 离职）

调查研究科（1988.05 撤销）
科　长：梁爱华（1987.07 至 1988.05）
副科长：刘学贤（1988.05 离职）

法制科（1990.01 撤销）
科　长：费锡田（1987.07 至 1987.09） 李祝九（1989.03 任职）
副科长：李宗亮（1988.11 离职） 董书任（1988.07 任职）

教科文卫科（1988.05 至 1990.01）
科　长：（空职）
副科长：郑泽友（1988.05 任职）

财经科（1988.05 至 1990.01）
科　长：朱臻田（1988.11 任职）
副科长：（空职）

法制工作委员会（1990.01 设立）
主　任：李祝九
副主任：董书任

教科文卫工作委员会（1990.01 设立）
主　任：朱臻田
副主任：郑泽友

财经工作委员会（1990.01 设立）

主　任：李文修

农经工作委员会（1990.01 设立）

主　任：许家仓

副主任：李继荣

## 五莲县第十二届人大常委会办事机构

（1990.03–1993.02）

办公室：

主　任：刘耀升（1992.12 离职）　潘振福（1992.12 任职）

副主任：潘振福（1990.05 至 1992.12）　丁金胜（1990.05 任职）

　　　　刘学贤（1990.07 离职）

人事代表工作室（1991.03 设立）

主　任：郑泽友（1992.12 任职）

副主任：郑泽友（1991.03 至 1992.12）　徐建平（1992.01 任职）

法制工作委员会

主　任：李祝九

副主任：董书任

教科文卫工作委员会

主　任：朱臻田

副主任：郑泽友（1991.03 离职）　孙永波（1992.01 任职）

财经工作委员会

主　任：李文修

农经工作委员会

主　任：许家仓（1991.03 离职）　王承进（1992.01 任职）

副主任：李继荣

## 五莲县第十三届人大常委会办事机构

（1993.02–1997.12）

办公室

主　任：潘振福（1997.02 离职）　王世群（1997.03 任职）

副主任：丁金胜（1996.01 离职）　王文国（1996.01 任职）

人事代表工作室

主　任：郑泽友（1996.10 离职）　李继荣（1997.03 任职）

副主任：李继荣（1996.05 至 1997.02）　徐建平（1995.02 离职）

　　　　郭　凯（女，1996.01 任职）

法制工作委员会

主　任：董书任（1997.03 任职）

教科文卫工作委员会

主　任：朱臻田（1994.05 离职）　丁金胜（1996.01 任职）

副主任：孙永波

农经工作委员会

主　任：王承进（1995.02 离职）　高华清（1996.01 任职）

副主任：李继荣（1996.05 离职）

财经工作委员会

主　任：李文修（1995.12 离职）　徐宣明（1996.01 任职）

## 五莲县第十四届人大常委会办事机构

（1998.01–2003.01）

办公室

主　任：王世群（2002.03 离职）　林世刚（2002.06 任职）

副主任：王文国（2002.08 离职）　林世刚（1999.01 至 2002.06）

　　　　聂兰波（2002.06 任职）

人事代表工作室

主　任：李继荣（1999.01 离职）　孙永波（1999.01 任职）

副主任：郭　凯（女，2002.08 离职）

法制工作委员会

主　任：董书任（1999.01 离职）　张永善（2000.10 至 2002.06）

　　　　张隆武（2002.06 至 2003.03）

副主任：陈常东（1999.01 任职）

教科文卫工作委员会

主　任：丁金胜

副主任：孙永波（1999.01 离职）

农经工作委员会

主　任：高华清

财经工作委员会

主　任：徐宣明（2002.06 离职）　张则智（2002.06 至 2003.03）

## 五莲县第十五届人大常委会办事机构

（2003.01–2007.12）

办公室

主　任：林世刚（2005.04 离职）　韩宝军（2005.04 任职）

副主任：聂兰波（2007.06 离职）　李乃金（2003.03 至 2007.08）

　　　　纪元成（2007.08 任职）

人事代表工作室

主　任：孙永波（2007.06 离职）　李乃金（2007.08 任职）

副主任：周华民（2007.08 任职）

法制工作委员会

主　任：潘维义（2003.03 至 2007.06）　韩义芳（2007.08 任职）

副主任：陈常东

教科文卫工作委员会

主　任：丁金胜（2007.06 离职）　李明升（2007.08 任职）

农经工作委员会

主　任：高华清

财经工作委员会：

主　任：刘光玉（2003.03 至 2005.04）　胡德兰（女，2005.04 任职）

老干部管理科（2003.11 由老干部科改称，副科级行政机构）

科　长：厉金亮（2005.03 任职）

## 五莲县第十六届人大常委会办事机构

（2007.12–　）

办公室

主　任：韩宝军（2011.05 离职）　杨兆娟（女，2011.07 任职）

副主任：纪元成（2007.12 至 2011.07，其中 2011.04 至 2011.07 牵头办公室工作）

　　　　厉金亮（2008.08 至 2011.07）

主任科员：厉金亮（2011.07 任职）

副主任科员：田文进（2011.07 任职）

人事代表工作室

主　任：李乃金（2011.07 离职）

副主任：周华民（2009.07 离职）　徐敏锐（2009.07 任职）

法制工作委员会

主　任：韩义芳

副主任：陈常东（2008.05 离职）

教科文卫工作委员会

主　任：李明升（2010.07 离职）　林　春（2011.07 任职）

农经工作委员会

主　任：高华清（2008.05 离职）　王克芳（2008.08 任职）

财经工作委员会

主　任：胡德兰（女，2008.05 离职）　厉承迪（2008.05 至 2010.07）

　　　　李永乐（2011.07 任职）

老干部管理科

科　长：厉金亮（2008.07 离职）

　　　　赵　军（2008.07 任职）

洪凝街道人大工作委员会（2010 年 8 月设立）

主　任：石京磊（2010.09 任职）

# 第三篇 会 议

## 第一章 县各界人民代表会议

1949 年 9 月，中国人民政治协商会议第一届全体会议通过的《中国人民政治协商会议共同纲领》中指出："中华人民共和国的国家政权属于人民。人民行使国家政权机关为各级人民代表大会和各级人民政府。"新中国建立后，中央人民政府发布了《各界人民代表会议组织通则》，五莲县根据以上基本原则和上级的指示精神，自 1949 年 12 月至 1953 底，共召开了九届各界人民代表会议。其中一至八届各界人民代表会议，是人民政府密切联系群众、推行政策、进行建设的协议机关。行使的职权是：听取县政府施政方针及各项工作报告，提出建议和批评；向政府反映各界人民的意见与要求；讨论并建议有关县政兴革事宜；向各界人民传达会议决议，并协助政府动员人民执行决议。闭会期间，县人民政府代行其职权，并负责下次代表会议的筹备工作。1952 年 6 月召开的第八届各界人民代表会议，作出了各界人民代表会议代行人民代表大会职权的决议。1953 年 1 月召开的第九届各界人民代表会议，行施了人民代表大会职权，选举了县人民政府县长、副县长、县人民政府委员会委员。此后，权力机关为五莲县人民代表大会。

第一届各界人民代表会议在县委驻地前长城岭召开，其余各届会议均在洪凝召开。

### 五莲县第一届各界人民代表会议

五莲县第一届各界人民代表会议于 1949 年 12 月 17 日至 22 日举行。共有代表 198 名，全部参加了会议。

会议期间，代表们听取了县委书记赵均平所作的《关于建设五莲县的方针任务的报告》和县长徐新所作的《十一个月来施政报告》。会议就开展冬季农副业生产、节约备荒；根据自愿结合、互助互利的原则，整顿与提高变工组织；加强城乡互助，物资交流，大力发展与提高供销合作社；提高政治警惕，整顿与巩固人民武装，加强社会治安；兴办文化教育事业，发展农村冬学；恢复发展医药卫生事业，逐步发展医药合作社；广泛宣传婚姻政策，反对虐待妇女和买卖婚姻等问题，进行了讨论。会议就以上工作做出了决议。

会上代表们还就发展农业生产，粮食与财经，司法与婚姻，文化教育等方面，提出提案 1430 项。

会议选举了五莲县第一届各界人民代表会议常务委员会。

主　席：张鲁东

副主席：汤宝镇　刘本周　王　度　盛怀桂

秘　书：战菲村

副秘书：牟乃云

委　员：林相田　韩文秀　秦辅卿　王均清　刘吉师　吴常香
郑世昌　祁孝先　郑全忠　秦洪森　李瑞亭　李兆田

## 五莲县第二届各界人民代表会议

五莲县第二届各界人民代表会议于 1950 年 3 月 2 日至 3 日举行。与会代表 283 名。

会议期间，代表们听取了县委书记赵均平所作的《关于目前形势和 1950 年的总任务》的报告，听取县人民政府县长董奏吉所作的《县人民政府施政报告》。会议就深入进行阶级教育和时事、前途教育；树立战争观念，加强武装建设；拥军优属，固定代耕；打井挖河，植树造林，救灾度荒；搞好文化卫生工作；加强组织建设；查报黑地，整理地级，实行合理负担等方面的工作做出了决议。

会议选举了五莲县第二届各界人民代表会议常务委员会。

主　席：董奏吉

副主席：管阶陸　程俊善　王　度　李瑞亭

秘　书：战菲村

副秘书：牟乃云

委　员：赵均平　郑世昌　祁孝先　王连茂　王徐方　莫文同
韩文秀　赵吉周　白殿成　高兴海　秦洪孙　安丰田
刘宾周　郑家臣　王叔利　王喜莲　郑培美　李楼一
刘照秀　古立常　郑照荣

## 五莲县第三届各界人民代表会议

五莲县第三届各界人民代表会议于 1950 年 5 月 29 日至 31 日举行。与会代表 263 名。

会议期间，代表们听取了县委书记赵均平所作的《目前的形势和任务》的报告、县人民政府副县长王德法所作的《县人民政府施政报告》。会议就搞好夏季生产救灾运动；加强武装观念，整理建设民兵组织，搞好社会治安；加强财经工作领导；加强国民教育和社会教育等方面做出了决议。

会议选举了五莲县第三届各界人民代表会议常务委员会。

主　席：董奏吉

副主席：张守椿　滕云香 (女)　管阶陸　许宾贤

秘　书：战菲村

副秘书：牟乃云

委　员：李兆田　李瑞亭　厉金梅　王考验　张志登　傅　全
郑世昌　周续忠　王进月　高兴海　白殿成　崔少增
汤　君　许丙允　韩文秀　赵玉兰　秦辅卿　赵均平
胡次玉　祁孝先

## 五莲县第四届各界人民代表会议

五莲县第四届各界人民代表会议于 1951 年 1 月 15 日至 18 日与全县农民代表大会合并举行。与会代表 291 名。

会议期间，代表们听取了县委组织部长卢星文所作的方针任务报告和县人民政府县长董奏吉所作的工作报告。会议就以结束土地改革为中心，搞好建群、建政工作；加强民兵建设，肃匪反特；加强财经工作；开展抗美援朝保家卫国的宣传教育，积极支援国防建设等方面的工作做出了决议。

会议选举了五莲县第四届各界人民代表会议常务委员会

主　席：董奏吉

副主席：王爱德　滕云香 (女)　管阶陸　许宾贤

秘　书：李瑞宸

副秘书：牟乃云

委　员：王康义　刘宾周　汤　君　秦大娘　卢星文　赵均平
傅　全　李兆田　陈汉锡　安丰田　郑万彬　李京绪
郑世昌　隽树芬　王均清　高兴海　于子珍　李瑞亭
王大祥

## 五莲县第五届各界人民代表会议

五莲县第五届各界人民代表会议于1951年2月27日至3月1日举行。与会代表284名。

会议就深入进行抗美援朝宣传教育，订立爱国公约，开展百元捐献和向亚洲、朝鲜、日本人民写一封信活动；确定地权，颁发土地证，抓紧结束土改；组织变工互助，试办代销合作社；镇压反革命，管制不法地主；加强民兵训练；成立民办公助小学，组织识字班、读报组等项工作做出了决议。

会议选举了五莲县第五届各界人民代表会议常务委员会。

主　席：董奏吉

副主席：李瑞亭　李兆田　许宾贤

秘　书：李瑞宸

副秘书：牟乃云

委　员：（资料缺失）

## 五莲县第六届各界人民代表会议

五莲县第六届各界人民代表会议于1951年6月28日至7月1日举行。与会代表263名。公安、司法部门负责人列席了会议。

会议期间，听取了县人民政府关于镇压反革命的报告及施政工作报告。重点研究了镇压反革命及贯彻落实全国抗美援朝总会的三项爱国口号。

会议选举了五莲县抗美援朝分会及反革命案件审查委员会组成人员。

会议选举了五莲县第六届各界人民代表会议常务委员会。

主　席：董奏吉

副主席：李瑞亭　李兆田　许宾贤

秘　书：李瑞宸

副秘书：牟乃云

委　员：（资料缺失）

## 五莲县第七届各界人民代表会议

五莲县第七届各界人民代表会议于1951年12月5日开幕。与会代表237人。

会议总结了抗美援朝、结束土改、镇压反革命和增产节约运动的情况。会议就将抗美援朝运动深入普及到各村各户各行各业，达到家喻户晓；继续进行镇压反革命斗争；抓紧土地证的补发、改换工作；全力开展冬季副业生产；文化教育；民兵训练及民主建政等项工作做出了决议。

会议选举了五莲县第七届各界人民代表会议常务委员会。

主　席：董奏吉

副主席：郑全中　滕云香（女）　许宾贤

秘　书：王洪杰

副秘书：牟乃云

委　员：陈汉玺　赵均平　李瑞亭　郑世昌　古立常　韩茂金　郭在玉　郑万彬　白殿成　高兴海　汤　君　郭大娘（女）　张茂娟　朱兰奎　王爱德　王大祥　厉广桃　杨纪广　范为生　崔兆曾

## 五莲县第八届各界人民代表会议

五莲县第八届各界人民代表会议于1952年6月28日至30日举行。与会代表240名。县人民政府各科、局长列席了会议。

会议期间，代表们听取了县委书记刘慨所作的《关于目前形势、方针、任务的报告》、县人民政府县长刘荣廷所作的《关于政府1952年上半年工作总结报告》。会议就开展爱国增产竞赛运动，粉碎美帝国主义细菌战等工作做出了决议。

会议选举了五莲县第八届各界人民代表会议常务委员会。

主　席：刘　慨

副主席：许宾贤　徐延林

委　员：卢星文　郑世昌　刘荣廷　白汝怀　王乐民　朱兰奎　牟乃云　白殿成　王立贤　于茂华　陈长太　张玉兰　古立宾　王康现　郑万宾　韩茂金　魏殿章　郭大娘（女）

耿发东　　王汝庆　　赵正斋　　葛在玉

## 五莲县第九届各界人民代表会议

(1953.01—1953.12)

### 第一次会议

五莲县第九届各界人民代表会议第一次会议于1953年1月6日至12日举行。与会代表306名，列席代表19名。

会议期间，代表们听取了中共五莲县委关于方针任务建议的报告，审议批准了县人民政府1952年施政工作报告和1952年财政预算报告。会议还就继续深入开展抗美援朝运动，继续深入开展爱国增产节约运动，民主建政，整顿民兵组织，开展拥军优属运动，贯彻婚姻法，镇压反革命及取缔反动道会门，推行速成识字法，开展城乡物资交流，开展爱国卫生运动等10个方面的工作做出了决议。

这次会议代行人民代表大会职权，采用无记名投票的方式，民主选举了县长、副县长、县人民政府委员会委员；选举了出席省人民代表大会的代表。

会议还给全县烈士家属、革命军人家属、转业及回乡军人发出了慰问信。

县　长：朱兰奎

副县长：武景尧

委　员：王庆元　王汝华　王汝庆　王金德　王德符　卢星文
古祥礼　厉曰安　朱兰奎　刘　慨　牟乃云　刘宾州
刘祥贵　许宾贤　李纪策　李茂甲　李增贯　张庆斋
张继增　张耀堂　武景尧　柏生吉　姜元屹　盛怀桂(女)
葛在玉　韩文秀(女)　韩忠刚

### 第二次会议

五莲县第九届各界人民代表会议第二次会议于1953年3月22日至25日举行。与会代表245名，列席代表14名。

会议期间，代表们听取了县委关于春季工作建议报告，听取并审议了县人民政府三个月的施政工作总结报告。会议着重研讨了春季大生产；实现普遍民兵制，建立民兵基干团，准备实行义务兵役制；进一步贯彻婚姻法等事宜。与会代表对苏联斯大林的逝世表示了沉痛哀悼。

本次会议收到提案743件，会中收到52件，共计795件。

### 第三次会议

五莲县第九届各界人民代表会议第三次会议于1953年12月14日至17日举行。与会代表235名，列席代表21名。

会议期间，代表们听取了中共五莲县委关于党在过渡时期总路线和总任务的报告，并就贯彻执行党在过渡时期总路线、总任务作了决议。听取并审议了县人民政府关于一年来施政工作总结和今冬任务的报告。与会代表还听取了于里乡张庄村农民苑方义等5人对于里乡原乡长、坏分子苑克茂违法乱纪、逼死人命一案的揭发控诉。会议期间，苑克茂被处决。

本次会议收到提案661件。

## 第二章 县人民代表大会会议

五莲县人民代表大会是五莲县的地方国家权力机关，根据《中华人民共和国地方各级人民代表大会和地方各级人民政府组织法》的有关规定，它的职权是：在本行政区域内，保证宪法、法律、政策、法令、政令和上级人民代表大会决议的遵守和执行，保证国家计划和国家预算的执行；审查和批准本行政区域的国民经济计划和预算、决算；讨论、决定本行政区域的政治、经济、文化、教育、卫生、环境和资源保护、民政、民族工作的重大事项；选举本级人民代表大会常务委员会的组成人员；选举县长、副县长，县人民法院院长；选举县人民检察院检察长，所选人民检察院检察长需报经上级人民检察院检察长提请该级人民代表大会常委会批准；选举上一级人民代表大会代表；听取和审议本级人大常委会的工作报告、本级人民政府和人民法院、人民检察院的工作报告；改变或撤销本级人民政府的不适当的决议和命令；改变或撤销下一级人民代表大会的不适当的决议和下一级人民政府的不适当的决议和命令；保护社会主义的全民所有的财产和劳动群众集体所有的财产、保护公民私人所有的合法财产；维护社会秩序，保障公民的人身权利、民主权利和其他权利。

## 第一节 五莲县第一届人民代表大会会议

（1954.07—1956.12）

### 第一次会议

五莲县第一届人民代表大会第一次会议于1954年7月2日至5日在县城举行。本届大会共选代表322名，与会代表298名。

会议期间，代表们听取了县委宣传部部长牟乃云所作的《关于<中华人民共和国宪法>（草案）的基本精神和主要内容的报告》，并通过了坚决拥护和执行宪法的决议。审议批准了县人民政府1954年上半年施政工作报告。

### 第二次会议

五莲县第一届人民代表大会第二次会议于1955年1月29日至2月2日在县城举行。与会代表236名，列席代表29名。

会议期间，代表们听取了县委书记卢星文所作的《目前形势和今后任务的建议报告》。会议集中研究了实行义务兵役制，征集兵源等事宜。

会议审议并批准了县人民政府《关于1954年下半年施政工作总结报告》，并就巩固和发展互助合作组织；做好征集兵源工作，巩固国防建设；搞好统购统销；加强社会治安；搞好拥军优属工作；教育群众积极认购国家建设公债；搞好文教卫生工作等事项进行了决议。

会议向毛主席、解放军、志愿军发了致敬信。

附：

五莲县第一届人民代表大会第二次会议向毛主席的致敬信

敬爱的毛主席：

五莲县第一届人民代表大会第二次会议于一月二十九日开始，经五天的工作，现已完成预定的任务。

通过这次会议，全体代表一致认为几年来五莲山区与全国各地一样，在中国共产党、中央人民政府和您——敬爱的领袖——英明的领导和关怀之下，各项工作都取得了很大成绩，农村面貌为之一新，发生了根本的变化，改变了旧社会半年糠菜半年粮的贫困生活和文化落后的状态。人民的物质文化生活不断改善和提高，过着美满幸福吃穿富裕的好日子，各项建设工作正在日新月异的发展着。俺完全相信领袖的话：“我们的目的一定要达到，我们的目的一定能够达到。”俺一定遵照领袖的话，团结全县人民，努力工作，建设我们美好的将来。我们仅代表全县人民兴奋的向您——我们敬爱的领袖表示衷心的感谢，并致以崇高的敬意。

但我们也认识到目前形势由于美蒋条约的签订，严重的威胁着祖国的安全和亚洲与世界的和平。全体代表一致愤慨，坚决以实际行动粉碎美蒋的战争条约，我们全县人民一致要紧密地团结在共产党的周围，积极开展以互助合作为中心的农业增产运动，保证超额完成一九五五年的农业生产计划，并大力宣传目前形势和兵役制的好处，顺利完成征集补充兵员的光荣任务，为保证祖国的社会主义经济建设，保卫亚洲和世界持久和平，为支援中国人民解放军解放台湾而奋斗到底！

山东省五莲县第一届人民代表大会第二次会议

一九五五年二月一日

## 第三次会议

五莲县第一届人民代表大会第三次会议于 1955 年 12 月 27 日至 31 日在县城举行。与会代表 257 名。

会议期间，代表们听取了山东省第一届人民代表大会第三次会议精神的传达报告，听取了中共五莲县委的《1955 年度征兵工作的报告》。

会议审议批准了县人民政府县长徐鸿翔所作的《1955 年施政工作总结和今后任务的报告》。

会议通过了《关于拥护省第一届人民代表大会第三次会议的决议》和《关于做好安置复员建设军人工作的决议》。

会议根据《中华人民共和国地方各级人民代表大会和地方各级人民委员会组织法》的规定，选举了县人民委员会县长、副县长、委员和县人民法院院长。

自本次会议起，五莲县人民政府改称五莲县人民委员会。

县　长：徐鸿翔

副县长：谢鑑之　王启元

委　员：卢星文　王君清　王保初　岳明礼　厉曰安　赵维斗
李鸣玉　徐延林　郑树义　秦辅卿　张继增　盛怀桂（女）

胡善聪　　鞠文池　　于泽廷　　徐鸿翔　　谢鑑之　　王启元

人民法院院长：王金德

## 第二节　五莲县第二届人民代表大会会议

（1956.12—1958.05）

### 第一次会议

五莲县第二届人民代表大会第一次会议于 1956 年 12 月 29 日至 1957 年 1 月 2 日在县城举行。本届共选代表 299 名，与会代表 278 名，列席代表 12 名。

会议期间，代表们听取并审议了县人民委员会县长徐鸿翔所作的《五莲县人民委员会关于 1956 年施政工作总结与今后意见的报告》，会议作出决议，同意这个报告，并要求要以搞好冬春生产和整社为中心，搞好征兵工作和其他各项工作。要开展增产节约运动，为超额完成第一个五年计划的目标而奋斗。

会议期间，有 22 名代表作了大会发言。

会议用无记名投票的方式，选举了县人民委员会县长、副县长、委员。

县　长：徐鸿翔

副县长：谢鑑之　　王启元　　王绪堂

委　员：于泽廷　　王子平　　王保初　　王永喜　　王锡坤　　厉曰安

刘　芳(女)　蓝开文　　张继增　　秦辅卿　　卢星文　　赵维斗

李鸣玉　　徐延林　　鞠文池　　徐鸿翔　　谢鑑之　　王启元

王绪堂

附：

大会主席团名单

徐鸿翔　　谢鑑之　　王启元　　王绪堂　　卢星文　　张继增

于泽廷　　赵维斗　　秦辅卿　　刘　芳(女)　蓝开文　　王保初

王永喜　　李鸣玉　　徐延林　　鞠文池　　厉曰安　　王子平

王锡坤

## 第二次会议

五莲县第二届人民代表大会第二次会议于1957年10月24日至29日在县城举行。与会代表235名，列席代表17名。

会议期间，代表听取了中共五莲县委关于目前形势和任务的报告；听取并审议了县人民委员会县长徐鸿翔所作的《五莲县人民委员会工作报告》；听取并审议了《五莲县人民委员会关于1956年县决算和1957年县预算（草案）的报告》和《法院工作汇报》。会议批准了县人民委员会工作报告和财政预决算报告，并作出决议。决议要求进一步发展农业生产，兴修农田水利，大搞冬季植树造林，大力开展增产节约运动。

会议运用整风的精神，围绕农业合作化和粮食统购销问题进行了鸣放、辩论，有25名代表在大会上发言。

会议补选宋树棠为县人民法院院长。

附：

大会执行主席名单

| | | | | | |
|---|---|---|---|---|---|
| 徐鸿翔 | 王启元 | 王绪堂 | 鞠文池 | 徐延林 | 厉曰安 |
| 王宝初 | 王子平 | 王西林 | 秦辅卿 | | |

## 第三次会议

五莲县第二届人民代表大会第三次会议于1957年12月28日至30日在县城举行。与会代表230名，列席代表8名。

县委书记卢星文致开幕词，提出为了落实全国农业发展纲要40条精神，制定五莲县10年规划5年完成，5年规划2年完成的农业发展规划。

县人民委员会副县长谢鑑之在《五莲县人民委员会工作报告》中，提出了提前完成10年农业发展规划的目标和要求。

会议围绕10年规划争取5年完成，5年规划2年完成的目标，就加速农业生产发展，制定长远农业发展规划；贯彻“在优先发展重工业的前提下，工农业生产同时并举”的社会主义建设方针；加速农业生产的发展，迅速提高群众生活水平以及搞好冬季的生产救灾等事宜通过了决议。

## 第三节 五莲县第三届人民代表大会会议

（1958.05—1961.02）

### 第一会议

五莲县第三届人民代表大会第一次会议于1958年5月28日至31日在县城举行。本届大会共选代表295名，与会代表261名，列席代表2名。

会议期间，代表们听取并审议了由县人民委员会县长徐鸿翔所作的《五莲县人民委员会施政工作总结与今后任务的报告》，大会批准这个报告，并就贯彻执行“鼓足干劲，力争上游，多快好省地建设社会主义”的总路线；搞好水利建设；发展县、乡工业；交售余粮和搞好当前农业生产等事宜通过了决议。

会议期间，围绕贯彻社会主义时期总路线，反右倾、鼓干劲的问题，进行了大鸣大放，贴出了大字报321张，有22名代表在大会上发言。

会议审议了县人民委员会提出的《关于1957年地方决算和1958年预算（草案）的报告》，审议了县人民法院的《1958年5月前法院工作报告》。

会议选举了县人民委员会县长、副县长、委员、法院院长。

县　长：徐鸿翔

副县长：谢鑑之　王绪堂

委　员：卢星文　迟廷章　姜元屹　杨子平　杨永太　刘淑芬（女）
李景全　张耀堂　徐延林　毕恩康　鞠文池　厉曰安
于泽廷　秦辅卿　王永喜

法院院长：宋树棠

附：

大会主席团名单

卢星文　李景全　姜元屹　刘淑芬（女）　杨永太　徐鸿翔
谢鑑之　王绪堂　张君训　杨子平　李纪策　臧墨泉
杨树臣　孟登山　苏义山　谢可顺　白汝怀　鞠文池
徐延林　厉曰安　秦辅卿　于泽廷　王保初　王永喜
毕恩康

### 第二次会议

五莲县第三届人民代表大会第二次会议于1959年12月14日至17日在县城举行。与会代表206名，列席代表4名。

会议期间，听取中共五莲县委关于目前形势和今后任务的报告。并围绕贯彻党的八届八中全会精神，反右倾，鼓干劲，坚定走社会主义道路的信心，搞好1959年继续跃进等问题，进行了讨论。

会议期间，代表们听取并审议了县人民委员会《关于施政工作与今后任务的报告》和《关于1958年地方财政决算和1959年地方财政预算（草案）的报告》。会议批准了这两个报告，并就贯彻党的八届八中全会精神，广泛深入地在全县开展两条道路的斗争和社会主义教育运动，坚定走社会主义道路的信心；以社会主义教育为纲，大搞水利建设，造林绿化；作好优抚安置工作；搞好交通运输等项事宜通过了决议。

会议补选张耀堂为县人民委员会县长，李振沧为县人民委员会副县长。

附：

大会主席团名单

| | | | | | |
|---|---|---|---|---|---|
| 徐鸿翔 | 王绪堂 | 卢星文 | 徐延林 | 鞠文池 | 张耀堂 |
| 姜元屹 | 厉曰安 | 迟廷章 | 秦辅卿 | 于泽廷 | 杨永太 |
| 杨子平 | 王保初 | 王永喜 | 李景全 | 刘淑芬(女) | 毕恩康 |
| 李振沧 | 张君训 | 安丰田 | 刘维斗 | 王孝英 | |

## 第四节　五莲县第四届人民代表大会会议

（1961.02—1963.08）

### 第一次会议

五莲县第四届人民代表大会第一次会议于1961年2月4日至6日在县城举行。本届共选举代表303名，与会代表253名。

会议期间，传达贯彻了省委四级干部会议有关认清形势和做好生产救灾工作的精神。听取并审议了县人民委员会《关于1958年以来的工作总结和当前任务的报告》，总结1958年“大跃进”的经验教训，进一步揭发批判了“五风”的错误，着重批判了共产风、浮夸风、在农业生产上的胡指挥和命令风。

会议审议通过了《关于1960年的财政决算和1961年财政预算（草案）的报告》。

会议选举了五莲县人民委员会县长、副县长、委员

县　长：张耀堂

副县长：刘　斗　　李振沧　　王绪堂　　王启元

委　员：卢星文　　杨永太　　刘　芳(女)　贺炳忠　　汤官太　　杨子平

徐延林　　厉曰安　　王保初　　于泽廷　　秦辅卿　　鞠文池

王永喜　　毕恩康

## 第二次会议

五莲县第四届人民代表大会第二次会议于1962年1月23日至25日在县城举行。与会代表235名。

会议听取并审议了县人民委员会工作报告，并就当年的主要工作任务作出了决议，主要是认真贯彻落实以农业为基础，以工业为主导，农轻重为序的国民经济发展方针。

## 第三次会议

五莲县第四届人民代表大会第三次会议于1962年12月21日至24日在县城举行，与会代表231名。参加县三级干部会议的人员列席了会议。

会议期间，代表们听取了县委书记卢星文所作的一年来工作总结报告，传达学习了省二届人大四次会议精神。听取并审议县人民委员会县长张耀堂所作的《五莲县人民委员会工作报告》，会议通过了这个报告，决议要求要深入进行社会主义教育，坚定不移地走社会主义道路；贯彻执行党的各项政策，调动社员集体生产的积极性；进一步巩固集体经济，切实搞好经营管理；按照全国农业发展纲要规定，解决好遗留问题；贯彻农业“八字宪法”，争取更大丰收。

会议审议通过了县人民委员会提出的《1961年财政决算和1962年财政预算执行情况的报告》。

附：

大会主席团、秘书长名单

主席团：

于泽廷　于同瑞　王启元　王绪堂　王永喜　厉曰安
毛同会　卢星文　刘　斗　刘森田　刘　芳(女)　毕恩康
苏玉山　李振沧　李纪策　李瑞禄　郑树蔚　韩墨林
秦辅卿　秦泗忠　徐延林　张耀堂　贺炳忠　汤官太
杨永太　杨子平　臧墨泉　臧志祥　鞠文池

秘书长：李振沧

## 第五节　五莲县第五届人民代表大会会议

（1963.08—1966.06）

### 第一次会议

五莲县第五届人民代表大会第一次会议于1963年8月28日至30日在县城举行。本届共选代表301名，与会代表262名。

会议期间，听取了县人民委员会县长张耀堂所作的《五莲县人民委员会工作报告》，经过讨论，通过了这个报告并作出相关决议。

会议审议批准了《五莲县1962年财政决算执行情况和1963年财政预算意见的报告》。

会议选举了县人民委员会县长、副县长、委员。选举张耀堂、郭公奎、刘兰芳、王华修为省第三届人民代表大会代表。

县　长：赵文泉

副县长：李焕文　张耀堂　李振沧

委　员：卢星文　赵文泉　高延旒　吕庆常　李焕文　张耀堂
李振沧　杨永太　刘　芳(女)　杨子平　丛鸿儒　徐延林
厉曰安　于泽廷　秦辅卿　鞠文池　王永喜　毕恩康
张锡三

附：

大会主席团名单

主席团：

卢星文　鞠玉亮　李焕文　赵文泉　张耀堂　高延旒
贺炳忠　吕庆常　刘　芳(女)　杨永太　杨子平　杨明超

| | | | | | |
|---|---|---|---|---|---|
| 徐延林 | 厉曰安 | 于泽廷 | 秦辅卿 | 张锡三 | 丛鸿儒 |
| 郭公奎 | 王华修（女） | 鞠文池 | 王永喜 | 毕恩康 | 王同俊 |
| 郑全梅 | 苏玉山 | 毛同会 | 徐成瑞 | 厉瑞南 | 刘深恩 |
| 董连云 | 李纪策 | 白汝怀 | 厉彦传 | 郑树蔚 | 李振沧 |
| 张守坤 | | | | | |

## 第二次会议

五莲县第五届人民代表大会第二次会议于1964年8月9日至11日在县城举行，与会代表252名。

会议分两阶段进行，第一阶段，听取并审议县人民委员会县长赵文泉所作的《五莲县人民委员会工作报告》，和县人民委员会《关于1963年地方财政收支决算和1964年地方财政收支预算的报告》，会议同意并批准这两个报告，并通过了相关决议。第二阶段，讨论落实下半年的工作任务。

附：

大会主席团、秘书长名单

主席团：

| | | | | | |
|---|---|---|---|---|---|
| 鞠玉亮 | 赵文泉 | 张耀堂 | 吕庆常 | 刘　芳（女） | 杨永太 |
| 杨子平 | 杨明超 | 徐延林 | 厉曰安 | 于泽廷 | 秦辅卿 |
| 张锡三 | 丛鸿儒 | 郭公奎 | 王华修（女） | 鞠文池 | 王永喜 |
| 毕恩康 | 王同俊 | 郑全梅 | 苏玉山 | 毛同会 | 徐成瑞 |
| 厉瑞南 | 刘深恩 | 董连云 | 李纪策 | 白汝怀 | 厉彦传 |
| 郑树蔚 | 张守坤 | | | | |

秘书长：杨明超

## 第三次会议

五莲县第五届人民代表大会第三次会议于1965年1月14日至16日在县城举行。与会代表225名。

会议期间，代表们听取并审议了县人民委员会县长赵文泉所作的《五莲县人民委员会工作报告》，大会同意这个报告，并决议：要进一步开展社会主义教育运动；开展比学赶帮和增产节约运动；改造自然，建设山区。

会议审议并批准了县人民委员会《关于1964年财政决算和1965年财政预算安排(草案）的报告》，并通过相关决议。

会议补选于文塘、史学义为县人民委员会副县长。撤销毕恩康县人民委员会委员职务。

附：

大会主席团、秘书长名单

主席团：

鞠玉亮　赵文泉　于文塘　史学义　杨子平　丛鸿儒
厉曰安　徐延林　秦辅卿　于泽廷　王永喜　张锡三
鞠文池　尚献亭　李纪策　苏玉山　董连云　刘深恩
毛同会　王同俊　厉彦传　郑树蔚　徐成瑞　郭公奎
韩希春　白汝怀　郑全梅　王华修(女)

秘书长：尚献亭

## 第四次会议

五莲县第五届人民代表大会第四次会议于1965年6月4日至5日在县城举行。与会代表211名。

会议听取并审议了县人民委员会县长赵文泉所作的《五莲县人民委员会工作报告》，会议同意这个报告，并通过决议。

会议讨论了全县的“三五”规划，一致认为：全县的“三五”规划，是全县人民的奋斗目标，是一个积极可行的规划，表示要为实现这个规划而奋斗！

附：

大会主席团、秘书长名单

主席团：

鞠玉亮　赵文泉　于文塘　史学义　杨子平　丛鸿儒
厉曰安　徐延林　秦辅卿　于泽廷　王永喜　张锡三
鞠文池　王华修　李纪策　苏玉山　董连云　刘深恩
毛同会　王同俊　厉彦传　郑树蔚　徐成瑞　白汝怀
郑全梅　张守坤　张庆斋

秘书长：张庆斋

## 第六节 五莲县第六届人民代表大会会议

（1966.06）

五莲县第六届人民代表大会第一次会议于1966年6月3日至6日在县城举行。本届共选出代表300名，与会代表254名。

会议期间，代表们听取了县人民委员会县长赵文泉所作的《五莲县人民委员会工作报告》，讨论了县人民委员会制订的“三年翻身规划”，一致同意这个报告和规划，并通过了相关决议。

会议审议批准了县人民委员会《关于1965年财政决算和1966年财政预算（草案）的报告》。

会议还听取了县委《认清形势，提高警惕，做好工作，加强战备》的报告，代表们表示要坚决贯彻毛泽东主席提出的“备战、备荒、为人民”的方针，加速山区建设，尽快地发展农业生产，以做好各项工作的实际行动，加强战备。

会上，有16位代表发了言。

会议选举了县人民委员会县长、副县长、委员。

县　长：赵文泉

副县长：于文塘　史学义　李振沧

委　员：王　超　杨明超　吕庆常　刘　芳(女)　杨子平　徐延林　厉曰安　秦辅卿　于泽廷　王永喜　鞠文池　张锡三　刘太臻

附：

大会主席团、秘书长名单

主席团：

王　超　赵文泉　史学义　李振沧　于文塘　吕庆常
杨永太　杨子平　丛鸿儒　厉曰安　徐延林　秦辅卿
于泽廷　鞠文池　王永喜　张锡三　刘太臻　郭公奎
王华修(女)　刘象震　毛同会　刘深恩　徐成瑞　宋修品
张守坤　韩德普　白汝怀　郑树蔚　臧墨泉　谢可顺
李纪策　王同俊　王成柱　王汝改　沙德美(女)　迟兆禄(女)

秘书长：杨永太

## 第七节 五莲县革命委员会

（1968.02—1978.05）

“文化大革命”初期，以五莲一中“红卫兵”组织为首的17个群众组织于1967年1月31日夺了县委、县人委的权，并于2月3日成立了“五莲县革命造反派联合指挥部”。1968年2月13日，经昌潍地区革命委员会筹备委员会批准，成立了由军队代表、领导干部代表和群众代表组成的五莲县革命委员会。革委会设主任、副主任、常委，均由上级委派，且调整频繁。

1971年1月，中共五莲县第四次代表大会召开，新县委成立后，革命委员会行施政府职权。以后，根据上级的有关规定，五莲县革命委员会列为第七届人民代表大会届次。

主　任：王先鞭（1968.02—1970.02）
　　　　吕庆常（1970.02—1971.01）
　　　　赵忠超（1971.01—1975.11）
　　　　姜曰绍（1975.11 任职）
副主任：李景民（军队代表，1968.02—1970.02）
　　　　王　超（1968.02—1970.02）
　　　　刘太臻（1968.02—1975.11）
　　　　刘　斗
　　　　吕庆常（1968.10—1970.02；1971.01—1975.10）
　　　　徐尔田（1969.12—1975.05）
　　　　佟金义（军队代表，1969.08—1970.02）
　　　　王先鞭（1970.02—1971.09）
　　　　赵忠超（1970.06—1971.01）
　　　　李绍智（1972.11—1975.10）
　　　　程怀仁（1972.11—1975.10）
　　　　于　潮（1974.01 任职）
　　　　谢　典（1974.01—1975.10）

## 第八节 五莲县第八届人民代表大会会议

（1978.05—1980.12）

五莲县第八届人民代表大会第一次会议于1978年5月29日至6月1日在县城举行。本届大会共选代表550名，与会代表530名。

会议期间，代表们学习了全国五届人大会议精神，学习了叶剑英委员长关于修改宪法的报告和新宪法。

会议听取并审议了县革命委员会副主任于潮所作的《五莲县革命委员工作报告》，审议了县革命委员会提出的《建设高标准大寨县的三年规划（草案）》，会议批准了以上报告和规划，并就学习贯彻新时期的总路线和新宪法，深入揭批“四人帮”，加强政权建设和农业学大寨、工业学大庆等项工作做了决议。会上有17位代表发言。

会议选举了县革命委员会主任、副主任、委员、人民法院院长、人民检察院检察长。

主　任：于　潮

副主任：张彦士　宋允茂　王立周　秦绪佳　蓝开文　朱佃俊

委　员：于　潮　宋允茂　张彦士　王立周　秦绪佳　蓝开文
朱佃俊　万希照　王宝坤　王继秀　王贵云　王　明
王康义　王凡池　王德景　王宝艳（女）王金铸　王玉兰（女）
王兴恩　田玉智　叶德生　申作江　齐忠礼　朱臻田
孙九云　孙铁洲　刘建忠　迟明春　杨茂祥　杨森光
周立顺　周凡合　周元坤　郑明时　赵文泉　陈太宝
陈立杰　陈友芬（女）祝保英　徐福平　徐敬臣　夏青忱（女）
康德义　崔照美（女）焦建英（女）滕云香（女）鞠文池

人民法院院长：李志民

人民检察院检察长：吕长芳

附：

大会主席团、秘书长名单

主席团：

于　潮　于振海　王　元　王　明　王文礼　王乐九
王玉兰（女）王立周　王兴恩　王金铸　王康义　王丕和
王聚先　牛俊来　蓝开文　田玉智　申作江　孙九云

| | | | | | |
|---|---|---|---|---|---|
| 孙洪德 | 江尔生 | 安汝敬 | 朱佃俊 | 刘加福 | 宋允茂 |
| 宋修品 | 陈立杰 | 陈维正 | 钊安洲 | 迟明春 | 杨茂祥 |
| 杨森光 | 张彦士 | 周元坤 | 尚殿成 | 郑明时 | 岳奎文 |
| 范祥义 | 姜世安 | 赵文泉 | 贺炳忠 | 徐经华 | 徐福平 |
| 夏清忱 (女) | 贾维明 | 贾维禄 | 秦绪佳 | 崔照美 (女) | 寇维清 |
| 康德义 | 韩清存 | 滕云香 (女) | | | |

秘书长：王丕和

## 第九节　五莲县第九届人民代表大会会议

(1980.12—1984.05)

### 第一次会议

五莲县第九届人民代表大会第一次会议于 1980 年 12 月 27 日至 30 日在县城举行。本届共选代表 240 名，与会代表 230 名，列席代表 38 名。

会议期间，代表听取并审议了县革命委员会主任张彦士所作的《五莲县革命委员会工作报告》，县计划委员会主任田玉智所作的《关于我县 1981 年至 1985 年国民经济发展规划（草案）的报告》，县财税局长陈祥福所作的《关于我县 1979 年财政决算 1980 年财政预算执行情况和 1981 年财政预算指标初步意见的报告》，县人民法院院长李志民所作的《五莲县人民法院工作报告》，县人民检察院检察长吕长芳所作的《五莲县人民检察院工作报告》。会议批准了以上报告，并通过了相关决议。会议提出了 3 项任务：认真贯彻执行国民经济调整、改革、整顿、提高方针，加快经济建设步伐；加强社会主义民主与法制教育，巩固和发展安定团结的政治局面；加强政权建设，充分发挥人民政府的职能作用。

会议根据《中华人民共和国地方各级人民代表大会和地方各级人民政府组织法》的有关规定，选举王聚先为县第九届人民代表大会常务委员会主任，秦绪佳、王立周、高立福、赵文泉、寇维清为副主任，选举委员会委员 11 名。

本次会议宣布撤销五莲县革命委员会，设立五莲县人民政府，选举了县人民政府县长、副县长；选举了县人民法院院长、人民检察院检察长。

县　长：张彦士

副县长：齐忠礼　　杨茂祥　　朱佃俊　　蓝开文　　臧凤兰 (女)

法院院长：李志民

检察院检察长：吕长芳

附：

大会主席团、秘书长名单

主席团：

| | | | | | |
|---|---|---|---|---|---|
| 于　潮 | 于世民 | 马先吉 | 马学明 | 王聚先 | 王丕和 |
| 王立周 | 王　彬 | 王志明 | 蓝开文 | 蓝学臻 | 田洪来 |
| 史济民 | 孙铁舟 | 齐忠礼 | 朱佃俊 | 朱臻田 | 李平先 |
| 李志民 | 李明启 | 李桂玲 | 吕长芳 | 张彦士 | 张明清 |
| 宋允茂 | 宋连升 | 杨　昆 | 杨志臣 | 杨茂祥 | 邱家礼 |
| 周元坤 | 林玉美 | 范奉香 | 贺炳忠 | 赵文泉 | 岳奎文 |
| 胡洪渠 | 秦绪佳 | 高立福 | 董盛祥 | 贾维禄 | 寇维清 |
| 梁爱华 | 梁家月 | 盛丰文 | 崔照美（女） | 管相忠 | 臧凤兰（女） |
| 魏绪一 | | | | | |

秘书长：王丕和（兼）

## 第二次会议

五莲县第九届人民代表大会第二次会议于1981年12月7日至10日在县城举行。与会代表220名。

会议期间，代表听取并审议了县人民政府县长张彦士作的《五莲县人民政府工作报告》，县计划委员会主任田玉智作的《关于五莲县1981年国民经济计划执行情况和1982年国民经济计划安排意见的报告》，县财税局局长陈祥福作的《关于五莲县1981年财政预算执行情况和1982年财政预算安排意见的报告》，县人大常委会主任王聚先作的《五莲县人民代表大会常务委员会工作报告》，县人民法院院长李志民作的《五莲县人民法院工作报告》，县人民检察院检察长吕长芳作的《五莲县人民检察院工作报告》。会议批准了以上报告，并通过相关决议。会议提出要继续坚定不移地贯彻党的十一届三中全会以来的路线、方针、政策，坚持四项基本原则，巩固发展安定团结的政治局面，加快发展国民经济。

会议补选王彬为县第九届人大常委会副主任，江云华为县第九届人大常委会委员。

附：

大会主席团、秘书长名单

主席团：

| | | | | | |
|---|---|---|---|---|---|
| 于 潮 | 于世民 | 马先吉 | 马学明 | 王立周 | 王丕和 |
| 王玉兰(女) | 王成年 | 王志明 | 王 彬 | 王聚先 | 厉子扬 |
| 史济民 | 孙恒德 | 李铁舟 | 江云华 | 朱臻田 | 安玉敬 |
| 李平先 | 李应安 | 李明启 | 李维花(女) | 张明清 | 宋允茂 |
| 宋连升 | 杨志臣 | 杨冠侯 | 邱家礼 | 林玉美 | 林兆喜 |
| 岳奎文 | 范奉香 | 贺炳忠 | 赵文泉 | 胡洪渠 | 秦绪佳 |
| 高立福 | 韩俊三 | 郭云飞 | 寇维清 | 梁爱华 | 梁家月 |
| 盛丰文 | 崔照美(女) | 葛学智 | | | |

秘书长：秦绪佳

## 第三次会议

五莲县第九届人民代表大会第三次会议于1982年12月22日至25日在县城举行。应与会代表236名，实与会代表212名。

会议期间，首先学习了全国人大五届五次会议通过的新宪法和国务院关于"六五"计划的报告。会上，代表听取并审议了县人民政府副县长齐忠礼作的《五莲县人民政府工作报告》，县计划委员会主任田玉智作的《关于五莲县1982年国民经济计划执行情况和1983年国民经济计划安排意见的报告》，县财税局局长陈祥福作的《关于五莲县1982年财政预算执行情况和1983年财政预算安排意见的报告》，县人大常委会副主任秦绪佳作的《五莲县第九届人民代表大会常务委员会工作报告》，县人民法院院长李志民作的《五莲县人民法院工作报告》，县人民检察院检察长吕长芳作的《五莲县人民检察院工作报告》。大会审议并批准以上报告，通过相关决议。

会议选举贺炳忠为县人大常委会主任，王聚先为县人民政府县长。

会议选举了出席省第六届人民代表大会的代表：钊安洲、田洪本、史素芬。

附：

大会主席团、秘书长名单

主席团：

| | | | | | |
|---|---|---|---|---|---|
| 于 潮 | 马先吉 | 马学明 | 王立周 | 王丕和 | 王玉兰(女) |
| 王西德 | 王志明 | 王 彬 | 蓝学臻 | 田洪来 | 厉子扬 |
| 史济民 | 孙恒德 | 江云华 | 朱臻田 | 李平先 | 李桂玲 |
| 李维花(女) | 张明清 | 宋允茂 | 杨志臣 | 杨冠侯 | 邱家礼 |

| | | | | | |
|---|---|---|---|---|---|
| 林兆喜 | 郑兆志 | 范奉香 | 祝　方 | 贺炳忠 | 赵文泉 |
| 胡洪渠 | 秦绪佳 | 高立福 | 韩俊三 | 郭云飞 | 寇维清 |
| 梁家月 | 盛丰文 | 崔照美（女） | 管相忠 | | |

秘书长：秦绪佳

## 第四次会议

五莲县第九届人民代表大会第四次会议于1983年12月28日至30日在县城举行。应与会代表230名，实与会代表207名。

会议期间，县人民政府县长王聚先作了《五莲县人民政府工作报告》，县计划委员会主任田玉智作了《关于五莲县1983年国民经济计划执行情况和1984年国民经济计划安排意见的报告》，县财税局局长陈祥福作了《五莲县1983年财政预算执行情况和1984年财政预算安排意见的报告》，县人大常委会主任贺炳忠作了《五莲县人民代表大会常务委员会工作报告》，县人民法院院长李志民作了《五莲县人民法院工作报告》，县人民检察院检察长吕长芳作了《五莲县人民检察院工作报告》。会议审议、批准以上报告，并通过相应决议。

会议根据省六届人大常委会第三次会议关于县、乡两级人民代表大会推迟换届时间的决定，通过决议，五莲县第九届人民代表大会的任期延长至1984年五莲县第十届人民代表大会第一次会议举行时为止，在此之前，五莲县第九届人民代表大会的代表和大会常务委员会应依法履行其职责。

会议选出了38名出席潍坊市第十届人民代表大会的代表。

附：

大会主席团、秘书长名单

主席团：（按姓氏笔划排列）

| | | | | | |
|---|---|---|---|---|---|
| 马先吉 | 马学明 | 王立周 | 王丕和 | 王玉兰（女） | 王成年 |
| 王西德 | 王志明 | 王　彬 | 蓝学臻 | 田洪来 | 厉子扬 |
| 史济民 | 孙恒德 | 朱臻田 | 李平先 | 李明启 | 李维花（女） |
| 宋允茂 | 杨志臣 | 杨冠侯 | 邱家礼 | 林兆喜 | 郑兆志 |
| 范奉香 | 祝　方 | 贺炳忠 | 赵文泉 | 胡洪渠 | 秦绪佳 |
| 高立福 | 韩俊三 | 郭云飞 | 寇维清 | 梁家月 | 盛丰文 |
| 崔照美（女） | 管相忠 | | | | |

秘书长：秦绪佳

## 第十节 五莲县第十届人民代表大会会议

(1984.05—1987.04)

### 第一次会议

五莲县第十届人民代表大会第一次会议于1984年5月27日至29日在县城举行。本次大会共选出代表240名，实际到会240名，特邀代表和列席代表73名。

会议期间，代表听取并审议了县人民政府代理县长徐善来作的《五莲县人民政府工作报告》，县人大常委会主任贺炳忠作的《五莲县人民代表大会常务委员会工作报告》，大会批准了这两个报告，并通过了相关决议。

会议审议了县计划委员会主任田玉智在县九届人大四次会议上所作的《五莲县1983年国民经济计划执行情况和1984年国民经济计划安排意见的报告》及会议作出的决议；审议了县财税局局长陈祥福在县九届人大四次会议上所作的《五莲县1983年财政预算执行情况和1984年财政预算安排意见的报告》及会议所作出的决议。会议批准这两个报告，并通过了相关决议。

会议审议了县人民法院院长李志民关于《五莲县人民法院工作报告（书面)》、县人民检察院检察长吕长芳关于《五莲县人民检察院工作报告（书面)》，会议批准了这两个报告，并通过了相关决议。

会议选举了贺炳忠为县第十届人民代表大会常委会主任，朱佃俊、杨茂祥、高立福、王彬为副主任，选举委员12名。

会议选举了五莲县人民政府县长、副县长、县人民法院院长、县人民检察院检察长。

县　长：徐善来

副县长：刘国良　　臧凤兰　　杨冠侯　　李群良

法院院长：岳奎文

检察院检察长：尹世荣

附：

大会主席团、秘书长名单

主席团：（按姓氏笔划排列）

| | | | | | |
|---|---|---|---|---|---|
| 马学明 | 万希照 | 王　明 | 王　彬 | 王光庭 | 王承进 |
| 刘玉新 | 刘茂仁 | 刘国良 | 刘耀升 | 蓝学臻 | 史济民 |
| 厉复汉 | 厉爱宣 | 朱佃俊 | 伊光彩 | 孙恒德 | 牟善悦 |
| 李华月 | 李明启 | 李宗步 | 李炳成 | 李维花（女） | 李维新 |
| 李群良 | 李学升 | 陈太平 | 张立华（女） | 张庆吉 | 张继福 |
| 张博华 | 杨连群 | 杨茂祥 | 杨冠侯 | 林西安 | 潘维义 |
| 胡延增 | 贺炳忠 | 赵维侃 | 娄善清 | 高立福 | 桑友亭 |
| 徐善来 | 袁西平 | 崔照美（女） | 崔荣武 | 傅守美（女） | 韩清存 |
| 解尔修 | 管相忠 | 臧凤兰（女） | 霰忠庆 | | |

秘书长：朱佃俊（兼）

## 第二次会议

五莲县第十届人民代表大会第二次会议于1985年3月31日至4月2日在县城举行。与会代表244名，列席代表50名，省、市人大代表和特邀代表36名。

会议期间，代表们听取并审议了县人民政府县长徐善来作的《政府工作报告》，县计划委员会副主任王树林作的《关于五莲县1984年国民经济计划执行情况和1985年国民经济计划安排意见的报告》，县财政局局长王本著作的《关于五莲县1984年财政决算和1985年财政预算安排意见的报告》，县人大常委会主任贺炳忠作的《五莲县人民代表大会常务委员会工作报告》，县人民法院院长岳奎文作的《五莲县人民法院工作报告》，县人民检察院检察长尹世荣作的《五莲县人民检察院工作报告》。会议批准了以上报告，并通过了相关决议。在关于县政府报告的决议中，要求县政府认真贯彻执行《中共中央关于经济体制改革的决议》，发挥政府职能部门的作用，积极落实经济体制改革措施，进一步调整农业结构，抓好商品经济，加快城乡经济建设步伐，反对和抵制新形势下的不正之风，争取两个文明建设的新胜利。

附：

大会主席团、秘书长名单

主席团：（按姓氏笔划排列）

| | | | | | |
|---|---|---|---|---|---|
| 马学明 | 万希照 | 王　明 | 王　彬 | 王龙学 | 王光庭 |
| 王承进 | 刘玉新 | 刘茂仁 | 刘耀升 | 蓝学臻 | 史济民 |
| 厉复汉 | 厉爱宣 | 朱佃俊 | 伊光彩 | 孙恒德 | 牟善悦 |
| 许加仓 | 李华月 | 李明启 | 李宗步 | 李宜安 | 李学升 |

| | | | | | |
|---|---|---|---|---|---|
| 李炳成 | 李维花（女） | 李维新 | 陈太平 | 张立华（女） | 张庆吉 |
| 张继福 | 张博华 | 周元坤 | 杨连群 | 杨茂祥 | 林西安 |
| 贺炳忠 | 赵维侃 | 娄善清 | 高立福 | 袁西平 | 崔荣武 |
| 宿献伟 | 傅守美（女） | 韩清存 | 解永佐 | 潘维义 | 臧运和 |
| 霰忠庆 | | | | | |

秘书长：朱佃俊（兼）

## 第三次会议

五莲县第十届人民代表大会第三次会议于 1986 年 5 月17 日至 20 日在县城举行。与会代表 246 名，列席代表 87 名。

会议期间，代表们听取并审议了县人民政府副县长齐忠礼作的《五莲县人民政府工作报告》，县计划委员会主任王谦安作的《关于五莲县 1985 年国民经济和社会发展计划执行情况及 1986 年国民经济和社会发展计划安排意见的报告》，县财政局局长王本著作的《关于五莲县 1985 年财政预算执行情况和 1986 年财政预算草案的报告》，县人大常委会主任贺炳忠作的《五莲县人民代表大会常务委员会工作报告》，县人民法院院长岳奎文作的《五莲县人民法院工作报告》，县人民检察院检察长尹世荣作的《五莲县人民检察院工作报告》，大会批准了以上报告，并通过相关决议。

会议审议了《五莲县人民政府关于五莲县国民经济和社会发展第七个五年计划(草案)》，大会通过决议，批准了这一计划。决议要求，各级政府要勇于探索和开拓前进，进一步改进工作作风，提高工作效率，加强社会主义民主和社会主义法制建设，搞好社会治安工作，为全面推进经济体制改革和四化建设创造了一个良好的社会环境，以保证“七五”计划的顺利实施。

会议补选王明为县第十届人大常委会副主任，崔照美、张则俊、胡兆功为县人大常委会委员。

会议选举孙长华为五莲县人民政府县长，李志久为五莲县人民政府副县长。

附：

### 大会主席团、秘书长名单

主席团：（按姓氏笔划排列）

| | | | | | |
|---|---|---|---|---|---|
| 马学明 | 万希照 | 王　明 | 王　彬 | 王龙学 | 王介存 |
| 王军忠 | 史济民 | 蓝学臻 | 厉复汉 | 厉爱宣 | 朱佃俊 |

| | | | | | |
|---|---|---|---|---|---|
| 刘玉新 | 刘茂仁 | 刘耀升 | 伊光彩 | 孙长华 | 孙恒德 |
| 牟善悦 | 许加仓 | 李明启 | 李宗步 | 李宜安 | 李学升 |
| 李炳成 | 李维花（女） | 苑向东 | 陈太平 | 张立华（女） | 张庆吉 |
| 张则俊 | 张继福 | 张博华 | 周元坤 | 杨连群 | 杨茂祥 |
| 林西安 | 贺炳忠 | 胡兆功 | 赵维侃 | 徐善来 | 娄善清 |
| 崔照美（女） | 崔荣武 | 宿献伟 | 傅守美（女） | 韩清存 | 解永佐 |
| 潘维义 | | | | | |

秘书长：朱佃俊（兼）

## 第十一节　五莲县第十一届人民代表大会会议

（1987.04–1990.03）

### 第一次会议

五莲县第十一届人民代表大会第一次会议于1987年4月20日至25日在县城举行。与会代表210名，列席代表94名。

会议期间，代表们听取并审议了县人民政府县长孙长华作的《政府工作报告》，县计划委员会主任王谦安作的《关于五莲县1986年国民经济和社会发展计划执行情况及1987年国民经济和社会发展计划安排意见的报告》，县财政局局长王本著作的《关于五莲县1986年财政决算和1987年财政预算的报告》，县人大常委会主任贺炳忠作的《五莲县第十届人民代表大会常务委员会工作报告》，县人民法院院长岳奎文作的《五莲县人民法院工作报告》，县人民检察院检察长尹世荣作的《五莲县人民检察院工作报告》。大会批准了以上报告，并通过了相关决议。

会议选举贺炳忠为五莲县第十一届人大常务委员会主任，朱佃俊、王明、臧凤兰、刘华祥、郭明令为副主任，选举委员13名。

会议选举了五莲县人民政府县长、副县长、县人民法院院长、县人民检察院检察长。

县长：孙长华

副县长：韩清存　　李群良　　李志久

法院院长：岳奎文

检察院检察长：尹世荣

附：

大会主席团、秘书长名单

主席团：（按姓氏笔划排列）

| | | | | | |
|---|---|---|---|---|---|
| 于同利 | 王　明 | 王介存 | 王军忠 | 王友远 | 王学范 |
| 王福江 | 厉复汉 | 孙长华 | 朱佃俊 | 刘华祥 | 刘茂仁 |
| 牟善悦 | 许家仓 | 李明启 | 李孟秋 | 李祝九 | 李宜安 |
| 李仲田 | 钊安洲 | 杨茂祥 | 杨连群 | 张博华 | 张继福 |
| 陈维照 | 周荣兰（女） | 贺炳忠 | 郑昭曦 | 赵凤果 | 夏兆友 |
| 徐善来 | 聂兰兴 | 梁家月 | 桑友亭 | 郭明令 | 崔荣武 |
| 臧凤兰（女） | 管恩松 | | | | |

秘书长：朱佃俊（兼）

## 第二次会议

五莲县第十一届人民代表大会第二次会议于1987年12月4日至5日在县城举行。与会代表207名，列席代表90名。

会议听取并审议了县人民政府工作情况汇报，选举了出席潍坊市第十一届人民代表大会的35名代表，选举宋全正为县人民政府副县长。

附：

大会主席团、秘书长名单

主席团：（按姓氏笔划排列）

| | | | | | |
|---|---|---|---|---|---|
| 于同利 | 王　明 | 王友远 | 王介存 | 王军忠 | 王吉君（女） |
| 王学范 | 王树林 | 王福江 | 厉复汉 | 孙启和 | 孙恒德 |
| 刘华祥 | 刘茂仁 | 朱佃俊 | 任守基 | 许家仓 | 牟善悦 |
| 李仲田 | 李宜安 | 李明启 | 李孟秋 | 李祝九 | 张继福 |
| 张博华 | 陈维照 | 周荣兰（女） | 杨　英（女） | 杨连群 | 杨茂祥 |
| 郑昭曦 | 宫振国 | 贺炳忠 | 赵凤果 | 夏兆友 | 徐善来 |
| 聂兰兴 | 梁家月 | 郭明令 | 桑友亭 | 崔荣武 | 管恩松 |
| 潘维义 | 臧凤兰（女） | | | | |

秘书长：朱佃俊（兼）

## 第三次会议

五莲县第十一届人民代表大会第三次会议于1988年3月27日至29日在县城举行。与会代表210名，列席代表95名。

会议期间，代表们听取并审议了县人民政府县长孙长华所作的《政府工作报告》，县计划委员会主任王谦安所作的《关于五莲县1987年国民经济和社会发展计划执行情况及1988年国民经济和社会发展计划安排意见的报告》，县财政局局长王本著所作的《关于五莲县1987年财政预算执行情况和1988年财政预算（草案）的报告》，县人大常委会主任贺炳忠所作的《五莲县人民代表大会常务委员会工作报告》，县人民法院院长岳奎文所作的《五莲县人民法院工作报告》，县人民检察院检察长尹世荣所作的《五莲县人民检察院工作报告》。会议批准了以上报告，并通过了相关决议。会议号召全县人民，在党的十三大精神指引下，团结一致，勇于改革，自力更生，艰苦创业，为全面完成1988年的各项任务而努力奋斗。

附：

大会主席团、秘书长名单

主席团：（按姓氏笔划排列）

于同利　王　明　王介存　王友远　王军忠　王吉君（女）
王学范　王树林　王福江　厉复汉　朱佃俊　任守基
牟善悦　刘华祥　刘茂仁　许家仓　孙启和　孙恒德
李仲田　李宜安　李明启　李孟秋　李祝九　杨　英（女）
杨连群　杨茂祥　张庆吉　张继福　张博华　陈维照
周荣兰（女）　郑昭曦　宫振国　赵凤果　贺炳忠　徐善来
郭明令　夏兆友　聂兰兴　桑友亭　梁家月　崔荣武
管恩松　臧凤兰（女）　潘维义

秘书长：朱佃俊（兼）

## 第四次会议

五莲县第十一届人民代表大会第四次会议于1989年3月19日至22日在县城举行。与会代表208名，列席代表118名。

会议期间，代表们听取并审议了县人民政府县长孙长华所作的《政府工作报告》，县计划委员会主任王谦安所作的《关于五莲县1989年国民经济和社会发展计划（草案）的报告》，县财政局局长王本著所作的《关于五莲县1988年财政预算执行情况和1989年财政预算（草案）的报告》，县人大常委会主任贺炳忠所作的《五莲县人民代表大会常务委员会工作报告》，县人民法院院长岳奎文所作的《五莲县人民法院工作报告》，县人民检察院检察长尹世荣所作的《五莲县人民检察院工作报告》。大会批准了以上报告，并通过了相关决议。

大会选举徐善来为县人民政府县长。

附：

大会主席团、秘书长名单

主席团：（按姓氏笔划排列）

| | | | | | |
|---|---|---|---|---|---|
| 于同利 | 王介存 | 王吉君（女） | 王连玉 | 王　明 | 王树林 |
| 王树勋 | 王福江 | 朱佃俊 | 任守基 | 刘华祥 | 孙长华 |
| 孙启和 | 孙恒德 | 李仲田 | 李宜安 | 李明启 | 李孟秋 |
| 杨茂祥 | 杨连群 | 杨　英（女） | 张庆吉 | 张继琛 | 张继福 |
| 张博华 | 陈维照 | 周荣兰（女） | 赵凤果 | 宫振国 | 贺炳忠 |
| 徐善来 | 郭明令 | 夏兆友 | 聂兰兴 | 梁家月 | 崔荣武 |
| 臧凤兰（女） | 潘维义 | | | | |

秘书长：朱佃俊（兼）

## 第十二节 五莲县第十二届人民代表大会会议

（1990.03—1993.02）

### 第一次会议

五莲县第十二届人民代表大会第一次会议于1990年3月13日至17日在县城举行。与会代表240名，列席人员125名。

会议期间，代表们听取并审议了由县人民政府代县长张庆吉所作的《政府工作报告》，县计划委员会主任王谦安所作的《关于五莲县1989年国民经济和社会发展计划执行情况和1990年计划（草案）的报告》，县财政局局长王本著所作的《关于五莲县1989年财政预算执行情况和1990年财政预算（草案）的报告》，县人大常委会主任贺炳忠所作的《五莲县人大常委会工作报告》，县人民法院院长岳奎文所作的《五莲县人民法院工作报告》，县人民检察院检察长尹世荣所作的《五莲县人民检察院工作报告》。会议批准了以上报告，并通过了相关决议。

会议选举韩清存为县第十二届人大常委会主任，马先吉、臧凤兰、刘华祥、郭明令、王本著、孙恒德为县第十二届县人大常委会副主任。选举县第十二届人大常委会委员 14 名。

会议选举了县人民政府县长、副县长、县人民法院院长、县人民检察院检察长。

县　长：张庆吉

副县长：李志久　　李群良　　宋全正　　肖明仁　　葛明学

法院院长：岳奎文

检察院检察长：尹世荣

附：

大会主席团、秘书长名单

主席团：（按姓氏笔划排列）

丁玉忠　丁其卫　于仕福　于同利　马先吉　王　明
王西郁　王光锋　王学范　厉复芹　厉彦仓　冯志刚
朱佃俊　伊光彩　刘华祥　许传云　许家锡　孙恒德
杜树彦　李伯华　李孟秋　张庆吉　张善卓　陈维森
陈维照　林春明　周荣兰（女）　周祥成　徐衍夏　徐善来
宫振国　贺炳忠　聂兰兴　夏兆友　郭明令　寇相主
梁家月　阎　波　韩清存　潘维义　臧凤兰（女）　臧克峰

秘书长：朱佃俊（兼）

## 第二次会议

五莲县第十二届人民代表大会第二次会议于 1991 年 3 月 27 日至 29 日在县城举行。与会代表 240 名，列席代表 50 名。

会议期间，代表们听取并审议了县人民政府县长张庆吉所作的《关于五莲县民国经济和社会发展第八个五年计划及十年规划纲要（草案）的报告》，县计划委员会主任王谦安所作的《关于五莲县 1990 年国民经济和社会发展计划执行情况及 1991 年计划（草案）安排意见的报告》，县财政局局长李应田所作的《关于五莲县 1990 年财政预算执行情况和1991年财政预算（草案）的报告》，县人大常委会主任韩清存所作的《五莲县人民代表大会常务委员会工作报告》，县人民法院院长岳奎文所作的《五莲县人民法院工作报告》，县人民检察院检察长尹世荣所作的《五莲县人民检察院工作报告》。大会批准了以上报告，并通过了相关的决议。

大会原则批准县人民政府制定的《五莲县国民经济和社会发展第八个五年计划及十年发展规划纲要》。大会号召，全县人民要在县委的统一领导下，团结一致，齐心协力，发扬艰苦奋斗的精神，为胜利完成“八五”计划和十年规划目标而努力奋斗。

附：

大会主席团、秘书长名单

主席团：（按姓氏笔划排列）

丁玉忠　丁其卫　于仕福　于同利　马先吉　王本著
王西郁　王光锋　王学范　厉复芹　厉彦仓　朱臻田
伊光彩　刘华祥　刘　蔚（女）　刘耀升　许传云　许家锡
孙恒德　杜树彦　李文修　李仕亭　李伯华　李祝九
李孟秋　李秉廉（女）　李善尧　张庆吉　张善卓　陈维森
陈维照　林春明　周荣兰（女）　徐衍夏　徐善来　宫振国
聂兰兴　夏兆友　郭明令　寇相主　梁家月　阎　波
韩清存　潘维义　臧凤兰（女）　臧克峰

秘书长：马先吉（兼）

## 第三次会议

五莲县第十二届人民代表大会第三次会议于1992年4月4日至7日在县城举行。与会代表235名，列席代表141名。

会议期间，代表们听取并审议了县人民政府县长张庆吉所作的《政府工作报告》，县计划委员会主任王谦安所作的《关于五莲县1991年国民经济和社会发展计划执行情况与1992年计划（草案）的报告》，县财政局局长李应田所作的《关于五莲县1991年财政决算和1992年财政预算（草案）的报告》，县人大常务会主任韩清存所作的《五莲县人民代表大会常务委员会工作报告》，县人民法院院长岳奎文所作的《五莲县人民法院工作报告》，县人民检察院代理检察长郑昭曦所作的《五莲县人民检察院工作报告》。大会批准了以上报告，并通过了相关决议。

大会补选王谦安、于世民为县第十二届县人大常委会副主任，补选郑昭曦为县人民检察院检察长。

附：

大会主席团、秘书长名单

主席团：（按姓氏笔划排列）

丁其卫　于仕福　于同利　马先吉　王本著　王西郁

王光锋　王学范　厉复芹　厉彦仓　朱发兰（女）　朱臻田

伊光彩　刘华祥　刘　蔚（女）　刘耀升　许传云　许家锡

孙其湘　孙恒德　杜树彦　李文修　李仕亭　李伯华

李孟秋　李秉廉（女）　李祝九　李政芬（女）　张庆吉　张善卓

陈维照　林春明　周荣兰（女）　宫振国　赵作收　徐衍夏

徐善来　高曰喜　郭明令　梁家月　阎　波　韩清存

潘维义　臧凤兰（女）　臧克锋

秘书长：马先吉（兼）

## 第十三节　五莲县第十三届人民代表大会会议

（1993.02—1998.01）

### 第一次会议

五莲县第十三届人民代表大会第一次会于 1993 年 2 月 10 日至 14 日在县城举行。与会代表 263 名，列席代表 141 名。

会议期间，代表们听取并审议了县人民政府县长张庆吉所作的《政府工作报告》，县计划委员会主任李悦明所作的《关于五莲县 1992 年国民经济和社会发展计划执行情况和 1993 年计划（草案）的报告》，县财政局局长李应田所作的《关于五莲县 1992 年财政决算和 1993 年财政预算（草案）的报告》，县人大常委会主任韩清存所作的《五莲县第十二届人民代表大会常务委员会工作报告》，县人民法院院长岳奎文所作的《五莲县人民法院工作报告》，县人民检察院检察长郑昭曦所作的《五莲县人民检察院工作报告》。大会批准以上报告，并通过了相关决议。

大会选举韩清存为县第十三届人大常委会主任，伊光彩、马先吉、崔照美、王谦安、于世民、郭明令为副主任，选举委员 14 名。

大会选举了县人民政府县长、副县长、县人民法院院长、县人民检察院检察长。

大会选举了74名出席日照市第十三届人民代表大会的代表。

县　长：李志久

副县长：胡德新　葛明学　李慎芹　赵世群　王有远

法院院长：鲁　志

检察院检察长：郑昭曦

附：

大会主席团、秘书长名单

主席团：（按姓氏笔划排列）

于世民　马先吉　王本著　王全新　王谦安　厉希圣
刘　蔚（女）刘光玉　刘华祥　刘耀升　许家锡　孙恒德
朱　伟　朱臻田　伊光彩　李文修　李永健　李志久
李孟秋　李祝九　李桂玲　李秉廉（女）邱绍义　张永海
张庆吉　张善礼　单忠元　岳思文　孟庆西　姜　敏
娄道双　胡德宝　胡德富　赵友海　郭明令　莫若新
徐公德　阎　波　崔金灵　崔荣顺　韩清存　葛秀良
窦福俊　潘维义　臧凤兰（女）臧克峰

秘书长：马先吉（兼）

## 第二次会议

五莲县第十三届人民代表大会第二次会议于1994年2月20日至24日在县城举行。与会代表261名，列席代表171名。

会议期间，代表们听取并审议了县人民政府县长李志久所作的《县政府工作报告》，县计划委员会主任李悦明所作的《关于五莲县1993年国民经济和社会发展计划执行情况和1994年计划（草案）的报告》，县财政局长李应田所作的《关于五莲县1993年财政决算和1994年财政预算（草案）的报告》，县人大常委会主任韩清存所作的《五莲县人民代表大会常务委员会工作报告》，县人民法院院长鲁志所作的《五莲县人民法院工作报告》，县人民检察院检察长郑昭曦所作的《五莲县人民检察院工作报告》。大会批准了以上报告，并通过了相关决议。

大会补选门奎禄为县第十三届人大常委会副主任，朱连周、胡靖为县第十三届人大常委会委员。

附：

大会主席团、秘书长名单

主席团：（按姓氏笔划排列）

于世民　马先吉　王　斌　王全新　王承进　王谦安
厉希圣　刘　蔚(女)　刘光玉　刘光录　刘耀升　朱　伟
朱臻田　李文修　李永健　李志久　李孟秋　李祝九
李桂玲　李惠敏(女)　陈淑斗　邱绍义　张永海　张善礼
郑泽友　单忠元　岳思文　孟庆西　姜　敏　娄道双
郭明令　莫若新　徐公德　崔金灵　崔荣顺　崔照美(女)
隋红臣　董福增　韩清存　葛平合　葛秀良　窦福俊
潘振福　臧凤兰(女)　臧克锋

秘书长：马先吉

## 第三次会议

五莲县第十三届人民代表大会第三次会议于1995年3月2日至5日在县城举行。与会代表262名，列席人员185名。

会议期间，代表们听取并审议了县人民政府县长李志久所作的《政府工作报告》，县计划委员会主任李悦明所作的《关于五莲县1994年国民经济和社会发展计划执行情况与1995年计划（草案）的报告》，县财政局长李应田所作的《关于五莲县1994年财政决算和1995年财政预算（草案）的报告》，县人大常委会主任韩清存所作的《五莲县人大常委会工作报告》，县人民法院院长鲁志所作的《五莲县人民法院工作报告》，县人民检察院检察长郑昭曦所作的《五莲县人民检察院工作报告》。大会批准了以上报告，并通过了相关决议。

会议补选张善田为县第十三届人大常委会副主任。

附：

大会主席团、秘书长名单

主席团：（按姓氏笔划排列）

于世民　门奎禄　马先吉　王　斌　王承进　王官勋

王谦安　刘　蔚(女)　刘光玉　刘京祥　刘耀升　孙启湘
朱　伟　朱连周　朱臻田　李文修　李永健　李志久
李孟秋　李桂玲　李惠敏(女)　张永海　张善礼　郑泽友
单忠元　林家学　胡　靖(女)　岳思文　姜　敏　娄道双
赵龙治　郭明令　高曰喜　莫若新　徐云彬　徐公德
黄金华　崔金灵　崔照美(女)　崔荣顺　隋红臣　董福增
韩清存　窦福俊　潘振福　臧凤兰(女)　臧克峰

秘书长：马先吉（兼）

## 第四次会议

五莲县第十三届人民代表大会第四次会议于1996年2月25日至28日在县城举行。与会代表263名，列席人员181名。

会议期间，代表们听取并审议了县人民政府代县长李桂玲所作的《政府工作报告》，县计划委员会主任李悦明所作的《关于五莲县1995年国民经济和社会发展计划执行情况与1996年计划（草案）的报告》，县财政局长李应田所作的《关于五莲县1995年财政预算执行情况和1996年财政预算（草案）的报告》，县人大常委会主任韩清存所作的《五莲县人大常委会工作报告》，县人民法院院长鲁志所作的《五莲县人民法院工作报告》，县人民检察院检察长郑昭曦所作的《五莲县人民检察院工作报告》。会议批准了以上报告，并通过了相关决议。

会议审议、批准县人民政府制定的《五莲县国民经济和社会发展"九五"计划及2010年远景目标纲要（草案）》。

会议补选胡兆功、王龙玉为县十三届人大常委会副主任。

会议补选李桂玲为县人民政府县长，王世平、刘锋慧为县人民政府副县长。

附：

大会主席团、秘书长名单

主席团：（按姓氏笔划排列）

于世民　门奎禄　马先吉　王　斌　王官勋　王谦安
刘光玉　刘京祥　刘耀升　孙启湘　朱　伟　朱连周
朱臻田　李文修　李永健　李孟秋　李政芬(女)　李桂玲
李惠敏(女)　何子孔　张永海　张西振　张善田　张善礼
迟令喜　周家富　郑泽友　单忠元　林家学　胡　靖(女)

岳思文　胡兆功　姜　敏　赵子超　赵龙治　郭明令
高曰喜　徐云彬　徐公德　黄金华　崔荣顺　崔照美(女)
随红臣　董福增　韩清存　窦福俊　潘振福　臧凤兰(女)

秘书长：马先吉（兼）

## 第五次会议

五莲县第十三届人民代表大会第五次会议于1997年2月13日至16日在县城举行。与会代表264名，列席人员197名。

会议期间，代表们听取并审议了县人民政府县长李桂玲所作的《政府工作报告》，县计划委员会主任赵树智所作的《五莲县1996年国民经济和社会发展计划执行情况与1997年国民经济和社会发展计划（草案）的报告》，县财政局长李应田所作的《五莲县1996年财政预算执行情况和1997年财政预算（草案）报告》，县人大常委会主任韩清存所作的《五莲县人大常委会工作报告》，县人民法院院长鲁志所作的《五莲县人民法院工作报告》，县人民检察院检察长郑昭曦所作的《五莲县人民检察院工作报告》。会议批准了以上报告，并通过了相关决议。

会议补选管恩松为县十三届人大常委会副主任，王世群、王发廷、陈立国、徐宣明为县十三届人大常委会委员。

附：

### 大会主席团、秘书长名单

主席团：（按姓氏笔划排列）

于世民　门奎禄　王龙玉　王和录　王谦安　许乐生
刘光玉　刘京祥　刘耀升　孙启湘　朱　伟　朱连周
朱臻田　李文修　李永健　李仕亭　李政芬(女)　李桂玲
李惠敏(女)　张西振　张善田　迟令喜　吴吉瑞　何茂林
周家富　郑泽友　单忠元　林家学　胡　靖(女)　胡兆功
姜　敏　赵子超　赵龙治　郭明令　高曰喜　徐云彬
徐公德　黄金华　崔照美(女)　隋红臣　葛平合　董福增
韩清存　翟玉海　潘振福

秘书长：胡兆功（兼）

## 第十四节　五莲县第十四届人民代表大会会议

（1998.01—2003.01）

### 第一次会议

五莲县第十四届人民代表大会第一次会议于 1998 年 1 月 12 日至 16 日在县城举行。与会代表 219 名，列席人员 170 名。

会议期间，代表们听取并审议了县人民政府县长李桂玲所作的《政府工作报告》，县计委主任赵树智所作的《五莲县 1997 年国民经济和社会发展计划执行情况与 1998 年国民经济和社会发展计划（草案）的报告》，县财政局长李应田所作的《五莲县 1997 年财政预算执行情况和 1998 年财政预算（草案）的报告》，县人大常委会主任韩清存所作的《五莲县人大常委会工作报告》，县人民法院院长鲁志所作的《五莲县人民法院工作报告》，县人民检察院检察长郑昭曦所作的《五莲县人民检察院工作报告》。会议批准了以上报告，并通过了相关决议。

会议选举李桂玲为县第十四届人大常委会主任，胡兆功、崔照美、门奎禄、张善田、王龙玉、刘蔚、袁兆亮、管恩松为县十四届人大常委会副主任，选举委员 12 名。

会议选举了五莲县人民政府县长、副县长、县人民法院院长、县人民检察院检察长。

会议选举了出席日照市第十四届人民代表大会的代表。

县　长：黄金华

副县长：李慎芹　王连友　杜光亮　王世平　刘祥亮　毛秀玲（女）

法院院长：鲁　志

检察院检察长：郑昭曦

附：

大会主席团、秘书长名单

主席团成员：（按姓氏笔划排列）

于世民　门奎禄　王　平　王世群　王龙玉　王发廷
王治环　王荣臻　王谦安　王殿军　叶德臣　朱文德
朱连周　许乐生　刘光玉　刘清林　孙秀志　李桂玲
李惠敏（女）　杨海波　何子孔　张玉佩　张加扬　张振川

张善田　陈立国　陈修学　苗存岭　岳兆玉　郑卫东
郑斗坤　郝善双　胡　靖（女）胡兆功　胡宗利　徐建平
徐宣明　郭明令　黄金华　菅德梓　崔照美（女）隋红臣
韩清存　臧著星　管恩松　潘维义

秘书长：胡兆功（兼）

## 第二次会议

五莲县第十四届人民代表大会第二次会议于1999年3月4日至7日在县城举行。与会代表223名，列席人员201名。

会议期间，代表听取并审议了县人民政府县长黄金华所作的《政府工作报告》，县计划委员会主任赵树智所作的《关于五莲县1998年国民经济和社会发展计划执行情况与1999年计划（草案）的报告》，县长助理、县财政局长李应田所作的《关于五莲县1998年财政预算执行情况和1999年财政预算（草案）的报告》，县人大常委会主任李桂玲所作的《五莲县人大常委会工作报告》，县人民法院院长鲁志所作的《五莲县人民法院工作报告》，县人民检察院代理检察长秦泗顺所作的《五莲县人民检察院工作报告》。会议批准了以上报告，并通过了相关决议。

会议补选葛明学为县第十四届人大常委会副主任，孙永波、何茂伦为县第十四届人大常委会委员。

会议补选秦杰为县人民政府副县长，秦泗顺为县人民检察院检察长。

附：

大会主席团、秘书长名单

主席团成员：（按姓名笔划排列）

丁金胜　门奎禄　王　平　王世群　王龙玉　王发廷
王治环　王荣臻　王殿军　叶德臣　冯志法　厉承迪
许乐生　刘　蔚（女）刘清林　孙秀志　李桂玲　李慎芹
李惠敏（女）何子孔　张加扬　张玉佩　张振川　张善田
陈立国　陈修学　苗存岭　杨海波　周家平　胡　靖（女）
胡兆功　胡宗利　胡德新　徐建平　徐宣明　袁兆亮
高华清　郝善双　秦泗顺　黄金华　菅德梓　葛明学
谢光明　崔照美（女）鲁　志　隋红臣　董福增　管恩松

臧著星　　潘维义

秘书长：胡兆功（兼）

## 第三次会议

五莲县第十四届人民代表大会第三次会议于2000年3月2日至5日在县城举行。与会代表226名，列席人员202名。

会议期间，代表们听取并审议了县人民政府代理县长崔亮所作的《政府工作报告》，县计划委员会主任赵树智所作的《关于五莲县1999年国民经济和社会发展计划执行情况与2000年计划（草案）的报告》，县长助理、县财政局长李应田所作的《关于五莲县1999年财政预算执行情况和2000年财政预算（草案）的报告》，县人大常委会主任李桂玲所作的《五莲县人大常委会工作报告》，县人民法院院长鲁志所作的《五莲县人民法院工作报告》，县人民检察院检察长秦泗顺所作的《五莲县人民检察院工作报告》。会议批准了以上报告，并通过了相关决议。

会议补选崔亮为县人民政府县长。

会议补选李孟秋为县十四届人大常委会副主任，曹春霞为县十四届人大常委会委员。

附：

大会主席团、秘书长名单

主席团成员：（按姓名笔划排列）

丁孝平　丁金胜　门奎禄　王世群　王龙玉　王发廷
王治环　王荣臻　王殿军　叶德臣　冯志法　厉承迪
刘　蔚(女)　刘清林　孙永波　孙秀志　李孟秋　李明升
李桂玲　李慎芹　李惠敏(女)　何子孔　何茂伦　张加扬
张玉佩　张善田　陈修学　苗存岭　杨海波　周家平
胡　靖(女)　胡兆功　胡宗利　胡德新　徐建平　徐宣明
袁兆亮　高华清　郝善双　秦泗顺　黄金华　菅德梓
葛明学　谢光明　崔　亮　崔照美(女)　韩清存　鲁　志
隋红臣　董福增　管恩松　臧著星　薛向民

秘书长：胡兆功（兼）

## 第四次会议

五莲县第十四届人民代表大会第四次会议于2001年2月2日至6日在县城举行。与会代表230名，列席人员167名。

会议期间，代表听取并审议了县人民政府县长崔亮所作为《政府工作报告》，县计划委员主任王荣臻所作的《关于五莲县2000年国民经济和社会发展计划执行情况和2001年计划（草案）的报告》，县长助理、县财政局局长李应田所作的《关于五莲县2000年财政预算执行情况和2001年财政预算（草案）的报告》，县人大常委会主任李桂玲所作的《五莲县人大常委会工作报告》，县人民法院代院长卜宪博所作的《五莲县人民法院工作报告》，县人民检察院检察长秦泗顺所作的《五莲县人民检察院工作报告》。会议批准了以上报告，并通过了相关决议。

会议审议批准了县人民政府制定的《五莲县国民经济和社会发展第十个五年计划纲要》。

会议补选鲁志、张永善为县第十四届人大常委会副主任。

会议补选李应田为县人民政府副县长，卜宪博为县人民法院院长。

附：

大会主席团、秘书长名单

主席团成员：（按姓名笔划排列）

丁孝平　丁金胜　卜宪博　门奎禄　王世群　王龙玉
王发廷　王治环　刘　蔚（女）　孙永波　孙秀志　李　瑛（女）
李兆明　李建法　李孟秋　李明升　李桂玲　李慎芹
李惠敏（女）　何子孔　何茂伦　张永善　张加扬　张善田
杨海波　胡　靖（女）　胡兆功　胡德新　徐宣明　袁兆亮
高华清　郝善双　秦泗顺　黄金华　曹春霞（女）　葛明学
谢光明　崔　亮　崔照美（女）　韩义芳　韩清存　鲁　志
隋红臣　管恩松　薛向民

秘书长：胡兆功（兼）

## 第五次会议

五莲县第十四届人民代表大会第五次会议于2002年2月28日至3月3日在县城举行。与会代表231名，列席人员162名。

会议期间，代表们听取并审议了县人民政府县长崔亮所作的《政府工作报告》、县计划委员会主任王荣臻所作的《关于五莲县2001年国民经济和社会发展计划执行情况与2002年计划（草案）的报告》、县财政局长赵子峰所作的《关于五莲县2001年财政预算执行情况和2002年财政预算（草案）的报告》、县人大常委会主任李桂玲所作的《五莲县人大常委会工作报告》、县人民法院院长卜宪博所作的《五莲县人民法院工作报告》、县人民检察院检察长秦泗顺所作的《五莲县人民检察院工作报告》。会议批准以上报告，并通过相关决议。

会议补选聂兰兴、张善卓为县第十四届人大常委会委员。

附：

大会主席团、秘书长名单

主席团成员：（按姓名笔划排列）

| | | | | | |
|---|---|---|---|---|---|
| 丁孝平 | 丁金胜 | 卜宪博 | 王世群 | 王龙玉 | 王发廷 |
| 王治环 | 刘　蔚（女） | 孙永波 | 孙秀志 | 李　瑛（女） | 李兆明 |
| 李建法 | 李孟秋 | 李明升 | 李桂玲 | 李慎芹 | 李惠敏（女） |
| 何子孔 | 何茂伦 | 张永善 | 张加扬 | 张善田 | 杨海波 |
| 胡　靖（女） | 胡兆功 | 胡德新 | 徐宣明 | 袁兆亮 | 高华清 |
| 郝善双 | 秦泗顺 | 黄金华 | 曹春霞（女） | 谢光明 | 崔　亮 |
| 韩义芳 | 韩清存 | 鲁　志 | 隋红臣 | 董福增 | 管恩松 |
| 薛向民 | | | | | |

秘书长：胡兆功（兼）

## 第十五节 五莲县第十五届人民代表大会会议

（2003.01—2007.12）

## 第一次会议

五莲县第十五届人民代表大会第一次会议于2003年1月15日至19日在县城举行。与会代表217名，列席人员132名。

会议期间，代表们听取并审议了县人民政府代县长王勇所作的《五莲县人民政府工作报告》，县发展计划局局长王荣臻所作的《关于五莲县2002年国民经济和社会发展计划执行情况与2003年计划（草案）的报告》，县财政局长赵子峰所作的《关于五莲县2002年财政预算执行情况和2003年财政预算（草案）的报告》，县人大常委会主任李桂玲所作的《五莲县人大常委会工作报告》，县人民法院院长卜宪博所作的《五莲县人民法院工作报告》，县人民检察院检察长申志刚所作的《五莲县人民检察院工作报告》。会议批准了以上报告，并通过相关决议。

会议选举李桂玲为县十五届人大常委会主任，李孟秋、刘蔚、杜光亮、秦泗顺、张永善、梁启玉为县十五届人大常委会副主任。选举县十五届人大常委会委员13名。

会议选举了县人民政府县长、副县长、县人民法院院长、县人民检察院检察长。

会议选举了日照市第十五届人民代表大会代表。

县　长：王　勇

副县长：戴召田　毛秀玲(女)　秦　杰　李应田　牟军善　徐公德

法院院长：卜宪博

检察院检察长：申志刚

附：

### 大会主席团、秘书长名单

主席团：（按姓名笔划排列）

丁孝平　丁宏利　丁金胜　卜宪博　王　勇　王世群
王龙玉　王连友　王治环　王珍发　王洪英(女)　申志刚
冯志法　刘　蔚(女)　刘善林　孙永波　孙秀志　杜光亮
李　江　李　瑛(女)　李世平　李兆明　李孟秋　李明升
李胜军　李桂玲　李惠敏(女)　何子孔　何茂伦　张永善
张加扬　张善田　林世刚　周荣兰(女)　胡兆功　胡德新
侯佃晓　荆学明　袁兆亮　秦泗顺　徐东光　高华清
崔　亮　梁启玉　韩义芳　韩清存　鲁　志　谢光明

窦福俊　　管恩松　　薛向民　　戴召田

秘书长：胡兆功（兼）

## 第二次会议

五莲县第十五届人民代表大会第二次会议于2004年2月8日至11日在县城举行。与会代表222名，列席人员129名。

会议期间，代表们听取并审议了县人民政府县长王勇所作的《五莲县人民政府工作报告》，县发展计划局长王荣臻所作的《关于五莲县2003年国民经济和社会发展计划执行情况与2004年计划（草案）的报告》，县财政局长惠鑫所作的《关于五莲县2003年财政预算执行情况和2004年财政预算（草案）的报告》，县人大常委会主任李桂玲所作的《五莲县人大常委会工作报告》，县人民法院院长卜宪博所作的《五莲县人民法院工作报告》，县人民检察院检察长申志刚所作的《五莲县人民检察院工作报告》。会议批准了以上报告，并通过了相关决议。

附：

大会主席团、秘书长名单

主席团：（按姓名笔划排列）

丁孝平　　丁宏利　　丁金胜　　卜宪博　　王　勇　　王世群

王连友　　王治环　　王珍发　　王洪英（女）　申志刚　　冯志法

刘　蔚（女）　刘善林　　孙永波　　孙秀志　　杜光亮　　李　江

李　瑛（女）　李世平　　李孟秋　　李桂玲　　李惠敏（女）　何子孔

何茂伦　　张永善　　张明勇　　林世刚　　岳兆玉　　周荣兰（女）

荆学明　　胡德新　　侯佃晓　　费守平　　娄连华　　秦泗顺

徐东光　　高华清　　崔　亮　　梁启玉　　隋红臣　　韩清存

窦福俊　　薛向民　　戴召田

秘书长：李孟秋（兼）

## 第三次会议

五莲县第十五届人民代表大会第三次会议于2005年2月25日至28日在县城举行。与会代表222名，列席人员126名。

会议听取并审议了县人民政府县长王勇所作的《政府工作报告》，并通过决议，批准了这个报告。

会议审议并批准了《五莲县 2004 年国民经济和社会发展计划执行情况与 2005 年计划》和《五莲县 2004 年财政预算执行情况与 2005 年财政预算的报告》。

会议听取并审议了县人大常委会主任李桂玲所作的《五莲县人大常委会工作报告》，县人民法院院长卜宪博所作的《五莲县人民法院工作报告》，县人民检察院检察长申志刚所作的《五莲县人民检察院工作报告》。会议批准了以上报告，并通过了相关决议。

会议补选谢光明为县十五届人大常委会委员。

附：

大会主席团、秘书长名单

主席团：（按姓氏笔划排列）

| | | | | | |
|---|---|---|---|---|---|
| 丁孝平 | 丁宏利 | 丁金胜 | 卜宪博 | 王　勇 | 王世群 |
| 王连友 | 王治环 | 王洪英（女） | 申志刚 | 冯志法 | 刘　蔚（女） |
| 刘善林 | 孙永波 | 孙秀志 | 杜光亮 | 李　江 | 李　瑛（女） |
| 李世平 | 李孟秋 | 李桂玲 | 李惠敏（女） | 杨海波 | 邱玉德 |
| 何子孔 | 张永善 | 张明勇 | 林世刚 | 岳兆玉 | 周荣兰（女） |
| 费守平 | 胡德新 | 侯佃晓 | 荆学明 | 秦泗顺 | 徐东光 |
| 高华清 | 崔　亮 | 梁启玉 | 隋红臣 | 韩清存 | 窦福俊 |
| 薛向民 | 戴召田 | | | | |

秘书长：李孟秋（兼）

## 第四次会议

五莲县第十五届人民代表大会第四次会议于 2006 年 2 月 14 日至 17 日在县城举行。与会代表 224 名，列席人员 128 名。

会议期间，代表们听取并审议县人民政府县长王勇所作的《政府工作报告》，会议通过决议，批准了这个报告。

会议审议并批准了《五莲县国民经济和社会发展第十一个五年计划纲要》、《五莲县 2005 年国民经济和社会发展计划执行情况与 2006 年计划》、《五莲县 2005 年财政预算执行情况与 2006 年财政预算报告》。

会议听取并审议了县人大常委会主任李桂玲所作的《五莲县人大常委会工作报告》，县人民法院院长卜宪博所作的《五莲县人民法院工作报告》，县人民检察院检察长申志刚所作的《五莲县人民检察院工作报告》。会议批准了以上报告，并通过了相关决议。

会议补选崔亮为县第十五届人大常委会主任，戴召田、毛秀玲、姜敏为县第十五届人大常委会副主任，韩宝军为县第十五届人大常委会委员。

会议补选胡靖、王一冰为县人民政府副县长。

附：

大会主席团、秘书长名单

主席团：（按姓名笔划排列）

| | | | | | |
|---|---|---|---|---|---|
| 丁宏利 | 丁金胜 | 卜宪博 | 马学生 | 王　勇 | 王治环 |
| 王洪英(女) | 毛秀玲(女) | 申志刚 | 冯志法 | 刘　蔚(女) | 刘善林 |
| 孙永波 | 孙志国 | 杜光亮 | 杜江涛 | 杜树厚 | 李　江 |
| 李　瑛(女) | 李世平 | 李世春 | 李应田 | 李孟秋 | 李桂玲 |
| 李惠敏(女) | 杨海波 | 何子孔 | 张永善 | 陈为来 | 郑昭伟 |
| 赵百顺 | 岳兆玉 | 周荣兰(女) | 费守平 | 胡德新 | 侯佃晓 |
| 荆学明 | 秦泗顺 | 徐东光 | 高华清 | 崔　亮 | 梁启玉 |
| 韩清存 | 谢光明 | 窦福俊 | 薛向民 | 戴召田 | |

秘书长：李孟秋

## 第五次会议

五莲县第十五届人民代表大会第五次会议于2007年3月6日至9日在县城举行。与会代表221名，列席人员155名。

会议期间，代表们听取并审议了县人民政府县长王勇所作的《政府工作报告》。会议决定，批准这个报告。

会议审议了《五莲县2006年国民经济和社会发展计划执行情况与2007年计划（草案）的报告》，《五莲县2006年财政预算执行情况与2007年财政预算（草案）的报告》。会议批准了以上报告，并通过了相关决议。

会议听取并审议了县人大常委会第一副主任戴召田所作的《五莲县人大常委会工作报告》，县人民法院院长卜宪博所作的《五莲县人民法院工作报告》，县人民检察院检察长申志刚所作的《五莲县人民检察院工作报告》。会议批准以上报告，并通过了相关决议。

会议补选孙著文为县第十五届人大常委会副主任。

附：

大会主席团、秘书长名单

主席团：（按姓名笔划排列）

丁宏利　丁传明　丁金胜　卜宪博　马学生　王　勇
毛秀玲（女）申志刚　冯志法　冯启强　朱贵友　刘善林
孙永波　孙志国　孙著文　杜光亮　杜江涛　杜树厚
李　江　李　瑛（女）李世平　李业兵　李应田　李孟秋
李桂玲　李惠敏（女）何子孔　陈为来　陈乐增　林世刚
周荣兰（女）郑　娟（女）郑昭伟　赵百顺　胡德新　侯佃晓
姜少利　姜　敏　荆学明　秦泗顺　高华清　崔　亮
梁启玉　韩宝军　韩清存　窦福俊　薛向民　戴召田

秘书长：戴召田（兼）

## 第十六节　五莲县第十六届人民代表大会会议

（2007.12—　　）

### 第一次会议

五莲县第十六届人民代表大会第一次会议于2007年12月10日至14日在县城举行。与会代表240名，列席人员150名。

会议期间，代表们听取并审议了县人民政府县长王勇所作的《政府工作报告》，会议决定，批准这个报告。

会议审议并批准了《关于五莲县2007年国民经济和社会发展计划执行情况与2008年计划的报告》和《关于五莲县2007年财政预算执行情况和2008年财政预算的报告》。

会议听取并审议了县人大常委会第一副主任戴召田所作的《五莲县第十五届人大常委会工作报告》，县人民法院院长卜宪博所作的《五莲县人民法院工作报告》，县人民检察院检察长申志刚所作的《五莲县人民检察院工作报告》。会议批准了以上报告，并通过了相关决议。

会议选举崔亮为县第十六届人大常委会主任，李应田、毛秀玲、孙著文、于曰洪、姜敏为县第十六届人大常委会副主任，选举了县第十六届人大常委会委员 18 名。

会议选举了县人民政府县长、副县长、县人民法院院长、县人民检察院检察长。

县　长：王　勇

副县长：侯佃晓　滕厚军　牟军善　胡　靖(女)　薛向民　张文宣

法院院长：卜宪博

检察院检察长：申志刚

附：

大会主席团、秘书长名单

主席团：（按姓名笔画排列）

丁传明　卜宪博　于曰洪　毛秀玲(女)　王　勇　王雪燕(女)
冯启强　冯志法　申志刚　孙志国　孙著文　朱洪斌
朱贵友　何子孔　李世平　李业兵　李　江　李应田
李孟秋　李桂玲　杜光亮　杜江涛　杜树厚　杨茂波
陈为来　林世刚　郑昭伟　郑　娟(女)　侯佃晓　姜少利
姜　敏　胡德新　赵百顺　崔　亮　崔荣相　梁启玉
龚乃云　韩宝军　解植国　戴召田

秘书长：戴召田（兼）

## 第二次会议

五莲县第十六届人民代表大会第二次会议于 2009 年1 月 6 日至 9 日在县城举行。与会代表 216 名，列席人员 158 名。

会议听取并审议了县人民政府县长王勇所作的《政府工作报告》，会议决定批准这个报告。

会议审议并批准了《关于五莲县 2008 年国民经济和社会发展计划执行情况与 2009 年计划的报告》和《关于五莲县 2008 年财政预算执行情况和 2009 年财政预算的报告》。

会议听取并审议了县人大常委会第一副主任李应田所作的《五莲县人民代表大会常务委员会工作报告》，县人民法院院长卜宪博所作的《五莲县人民法院工作报告》，县人民检察院检察长申志刚所作的《五莲县人民检察院工作报告》。会议批准了以上报告，并通过了相关决议。

会议补选韩宝军为五莲县第十六届人大常委会秘书长，王克芳、厉承迪、孙克胜、高庆来为县十六届人大常委会委员。

附：

大会主席团、秘书长名单

主席团：（按姓名笔画排列）

| | | | | | |
|---|---|---|---|---|---|
| 丁传明 | 卜宪博 | 于曰洪 | 毛秀玲（女） | 王建国 | 王　勇 |
| 王浩然 | 王雪燕（女） | 冯启强 | 冯志法 | 申志刚 | 刘　磊（女） |
| 孙志国 | 朱洪斌 | 朱贵友 | 何子孔 | 何茂珊（女） | 李乃金 |
| 李世平 | 李业兵 | 李　江 | 李应田 | 李明升 | 李桂玲 |
| 杜江涛 | 杜树厚 | 杨兆娟（女） | 杨茂波 | 邱立诺 | 陈为来 |
| 陈祥义 | 林世刚 | 郑昭伟 | 郑　娟（女） | 侯佃晓 | 姜少利 |
| 姜　敏 | 娄永杰 | 胡德新 | 贾昌友 | 郭公坊 | 崔　亮 |
| 龚乃云 | 韩义芳 | 韩宝军 | 解植国 | 戴召田 | |

秘书长：李应田（兼）

## 第三次会议

五莲县第十六届人民代表大会第三次会议于2010年1月19日至22日在县城举行。与会代表219名，列席人员144名。

会议听取并审议了县人民政府代县长杜江涛所作的《政府工作报告》，会议决定批准这个报告。

会议审议并批准了《关于五莲县2009年国民经济和社会发展计划执行情况与2010年计划的报告》和《关于五莲县2009年财政预算执行情况和2010年财政预算的报告》。

会议听取并审议了县人大常委会第一副主任李应田所作的《五莲县人大常委会工作报告》，县人民法院代院长胡建所作的《五莲县人民法院工作报告》，县人民检察院检察长申志刚所作的《五莲县人民检察院工作报告》。会议批准了以上报告，并通过了相关决议。

会议补选马强为县第十六届人大会常委会主任，王新选、惠鑫为委员。

会议补选杜江涛为五莲县人民政府县长，胡建为五莲县人民法院院长。

附：

大会主席团、秘书长名单

主席团：（按姓名笔画排列）

| | | | | | |
|---|---|---|---|---|---|
| 丁传明 | 于曰洪 | 马　强 | 毛秀玲（女） | 王克芳 | 王建国 |
| 王浩然 | 王雪燕（女） | 冯启强 | 冯志法 | 厉承迪 | 申志刚 |
| 刘　磊（女） | 孙克胜 | 孙志刚 | 朱洪斌 | 朱贵友 | 何子孔 |
| 何茂珊（女） | 张仲武 | 张桂伟 | 李乃金 | 李世平 | 李世彬 |
| 李业兵 | 李　江 | 李应田 | 李明升 | 李桂玲 | 杜江涛 |
| 杜树厚 | 杨兆娟（女） | 杨茂波 | 迟令席 | 邱立诺 | 陈为来 |
| 林世刚 | 林清晓 | 郑　娟（女） | 姜　敏 | 娄永杰 | 胡　建 |
| 胡德新 | 郝善双 | 贾昌友 | 高庆来 | 惠　鑫 | 韩义芳 |
| 韩宝军 | 解植国 | 戴召田 | | | |

秘书长：李应田（兼）

## 第四次会议

五莲县第十六届人民代表大会第四次会议于2011年1月17日至20日在县城举行。与会代表221名，列席人员157名。

会议听取并审议了县人民政府县长杜江涛所作的《政府工作报告》，决定批准这个报告。

会议审议了县人民政府提出的《五莲县国民经济和社会发展第十二个五年规划纲要（草案）》，决定批准这个规划纲要，并由县人民政府发布实施。

会议审议了县人民政府提出的《五莲县2010年国民经济和社会发展计划执行情况与2011年计划（草案）的报告》和《五莲县2010年财政预算执行情况和2011年财政预算（草案）的报告》，决定批准这两个报告。

会议听取并审议了县人大常委会第一副主任李应田所作的《五莲县人大常委会工作报告》，县人民法院院长胡建所作的《五莲县人民法院工作报告》，县人民检察院代检察长武传忠所作的《五莲县人民检察院工作报告》。会议批准了以上报告，并通过了相关决议。

会议补选惠鑫、李树湘为县十六届人大常委会副主任。

会议补选武传忠为县人民检察院检察长。

附：

大会主席团、秘书长名单

主席团：（按姓名笔划排列）

| | | | | | |
|---|---|---|---|---|---|
| 于曰洪 | 马　强 | 毛秀玲（女） | 王光湘 | 王克芳 | 王建国 |
| 王浩然 | 王雪燕（女） | 王新选 | 石京磊 | 孙克胜 | 孙志刚 |
| 朱洪斌 | 朱贵友 | 何子孔 | 何茂珊（女） | 张仲武 | 张桂伟 |
| 李乃金 | 李世平 | 李世彬 | 李伟华 | 李兆明 | 李　江 |
| 李应田 | 李树湘 | 李桂玲 | 杜江涛 | 杨兆娟（女） | 杨茂波 |
| 迟令席 | 邱立诺 | 陈为来 | 林世刚 | 林清晓 | 武传忠 |
| 郑　娟（女） | 郑培军 | 姜　敏 | 娄永杰 | 胡　建 | 胡德新 |
| 郝善双 | 贾昌友 | 高庆来 | 惠　鑫 | 葛忠军 | 韩义芳 |
| 韩宝军 | 戴召田 | | | | |

秘书长：李应田（兼）

# 第三章　县人大常委会会议

《中华人民共和国地方各级人民代表大会和地方各级人民政府组织法》规定："常务委员会会议由主任召集，每两个月至少举行一次"。县人大常委会会议，主要是讨论、决定全县的政治、经济、文化教育、卫生、民政、民族工作的重大事项；根据县人民政府的建议，决定对全县国民经济计划和预算的部分变更；监督县人民政府、人民法院和人民检察院的工作；改变或者撤销下一级人民代表大会的不适当决议；在人民代表大会闭会期间，决定副县长的个别任免，在县长因故不能担任职务的时候，决定代理的人选；决定县人民政府行政局的局长；按照人民法院组织法和人民检察院组织法的规定，任免人民法院副院长、庭长、副庭长、审判委员会委员、审判员，任命或者批准任免人民检察院副检察长、检察委员会委员、检察员；在县人民代表大会闭会期间，补选上一级人民代表大会出缺的代表和撤换个别代表。

## 第一节 五莲县第九届人大常委会会议

（1980.12—1984.05）

**第一次会议** 1981年1月9日召开。应与会主任、副主任、委员17名，实到13名。

会议期间，学习了《地方组织法》；县人大常委会主任王聚先讲话，提出了四点要求：一要充分认识人大常委会的性质、职责和任务；二要认真处理好各项议案及建议、批评和意见；三要切实加强与人民代表的联系；四要切实加强县人大常委会自身建设。

**第二次会议** 1981年1月19日召开。应与会主任、副主任、委员17名，实到15名。

会议通过县第九届人大常委会1981年工作要点；研究了做好县九届人大一次会议代表所提建议、意见的处理问题；研究了加强与代表联系，建立人大代表小组的事宜。

会议通过人事任免事项。

**第三次会议** 1981年3月12日召开。应与会主任、副主任、委员17名，实到15名。

会议审议代表所提建议、意见；通过关于建立代表小组的决议；通过人事任免事项。与会委员还参加了植树节活动。

**第四次会议** 1981年5月29日至30日召开。应与会主任、副主任、委员17名，实到14名。

会议传达地区人大常委会主任座谈会精神；学习中共中央〔1981〕16号文件、省人大常委会主任赵林和地区人大常委会主任于成凤的讲话；听取并审议通过了县人民政府副县长朱佃俊所作的《关于1980年国民经济计划执行情况和1981年全县国民经济计划部分调整安排意见》。

**第五次会议** 1981年8月11日召开。应与会主任、副主任、委员17名，实13名。

会议学习了省委书记白如冰在省五届人大常委会七次会议上的讲话。参观了坊子苹果园，南西峪、阎马、前街头等村新建果园，户部的葡萄山、前长城岭的板栗山、花园村的养牛。然后，委员们分成两组，由人大常委会副主任带领，分别对农业和教育工作进行了视察。

**第六次会议** 1981年11月11日召开。应到会主任、副主任、委员17名，实到14名。

会议传达学习了省人大常委会主任赵林在省五届人大常委会第八次会议上的讲话；研究了召开县九届人大二次会议的问题，通过了《关于召开县九届人大二次会议的决议》。会议听取并审议县公安局局长周元坤关于社会治安情况的汇报，通过了《关于加强法制宣传教育，继续搞好社会治安的决议》。

**第七次会议** 1981 年 12 月 4 日召开。应到会主任、副主任、委员 17 名，实到 12 名。

会议听取了关于县九届人大二次会议筹备情况的汇报；讨论了县九届人大二次会议主席团、秘书长和代表资格审查委员会、议案审查委员会成员建议名单；讨论通过了《五莲县第九届人民代表大会常务委员会工作报告》。

**第八次会议** 1982 年 1 月 3 日召开。应到会主任、副主任、委员 17 名，实到 13 名。会议通过人事任免事项。

**第九次会议** 1982 年 3 月 7 日召开。应到会主任、副主任、委员 17 名，实到 12 名。

会议听取并审议县人民政府副县长朱佃俊所作的《1981 年国民经济计划执行情况和 1982 年全县国民经济计划部分调整安排意见的报告》，经过讨论和审议，会议批准了这个报告，由县人民政府组织实施。

**第十次会议** 1982 年 5 月 1 日召开。应到会主任、副主任、委员 17 名，实到 15 名。

会上学习和讨论了全国人大常委会《关于严惩严重破坏经济的罪犯的决定》和中共中央、国务院《关于打击经济领域中严重犯罪活动的决定》；听取并审议县人民检察院检察长吕长芳关于贯彻两个“决定”打击经济领域中的严重犯罪活动情况的的汇报。通过《关于贯彻执行中央打击经济领域中严重犯罪活动的两个“决定”的决议》。

会议通过人事任免事项。

**第十一次会议** 1982 年 5 月 14 日召开。应到会主任、副主任、委员 17 名，实到 13 名。

会议审议五莲县人民政府《关于保护林木发展林业生产的布告》的汇报，认为政府《关于保护林木发展林业生产的布告》整个内容符合国家的有关政策、法律和法令。各项规定和措施是得当的、可行的。因此全会批准这个布告，并由县人民政府在全县范围内发布实施。

会议任命王聚先为县人民政府副县长、代理县长。

**第十二次会议** 1982 年 6 月 6 日召开。应到会主任、副主任、委员 17 名，实到 13 名。

会议认真学习、讨论了《中华人民共和国宪法修改草案》、全国人大常委会《关于公布<中华人民共和国宪法修改草案>的决议》和彭真副委员长的说明，以及省地委的通知和省人大常委会的有关决议。会议通过了《关于组织全县人民讨论<中华人民共和国宪法修改草案>的决议》。

**第十三次会议** 1982年8月30日召开。应到会主任、副主任、委员17名，实到12名。

会议学习、讨论了《中共山东省委、山东省人民政府关于加强山区生产建设的决定》，传达贯彻了在五莲县召开的全省山区工作会议精神，通过《关于加快山区生产建设的决议》。

会议通过人事任免事项。

**第十四次会议** 1982年10月25日召开。应到会主任、副主任、委员17名，实到12名。

会议学习了国务院《村镇建房用地管理条例》。听取了县政府副县长杨茂祥《关于贯彻执行国务院<村镇建房用地管理条例>的实施办法》的汇报。经过审议，一致认为县政府关于村镇建房用地实施办法是符合国务院《村镇建房用地管理条例》规定精神和五莲县实际情况的，是得当可行的，全会批准这个实施办法，并由县人民政府在全县范围内颁布实施。

会议通过人事任免事项。

**第十五次会议** 1982年12月16日召开。应到会主任、副主任、委员17名，实到14名。

会议听取了关于召开县九届人大三次会议的各项筹备情况汇报，讨论了召开县九届人大三次会议的具体日期和大会议程，讨论了县九届人大三次会议主席团、秘书长和代表资格审查委员会、议案审查委员会成员建议名单，讨论通过了《五莲县第九届人民代表大会常务委员会工作报告》。

**第十六次会议** 1983年3月19日召开。应到会主任、副主任、委员17名，实到13名。

会议审议通过五莲县人民政府拟定的《五莲县国家机关工作人员奖惩实施办法》，由县人民政府组织实施。

会议还学习了上级有关文件，审议通过五莲县人民政府拟定的《关于颁发科研成果及推广成果证书和奖金的试行办法》，由县人民政府颁发实施。

**第十七次会议** 1983年6月3日召开。应到会主任、副主任、委员17名，实到14名。

会议审议《五莲县关于贯彻执行山东省城市（镇）建设管理条例等有关规定的实施办法》。会议原则批准这个实施办法，并由县人民政府作必要的修改补充后颁发实施。

会议听取并审议县人民政府副县长朱佃俊所作的《五莲县1982年国民经济计划执行情况和1983年全县国民经济计划调整安排意见的报告》。经过讨论审议，会议决定批准这个报告，并要求各单位贯彻执行，确保全县国民经济计划的顺利完成和超额完成。

**第十八次会议** 1983年7月9日召开。应到会主任、副主任、委员17名，实到12名。

会议听取了六届全国人大代表、县委书记于潮关于第六届全国人大第一次会议主要精神的传达汇报，认真学习了中央负责同志的重要讲话和报告。会议通过了《关于认真学习贯彻六届全国人大一次会议精神的决议》，要求全县人民联系实际，认真学习贯彻六届全国人大一次会议精神，团结奋斗，为完成这次会议提出的各项任务而奋斗。

会议还研究决定，对贯彻《食品卫生法》的情况进行执法检查，对农村教育工作进行检查。

会议通过人事任免事项。

**第十九次会议** 1983年9月15日召开。应到会主任、副主任、委员17名，实到13名。

会议听取了县人大常委会副主任高立福关于对五社（中至、汪湖、户部、松柏、许孟）一镇（洪凝）农村教育工作检查情况和县教育局负责同志关于全县教育事业发展情况的汇报，并进行了认真地讨论。通过《关于加强教育工作的决议》。

**第二十次会议** 1983年12月25日召开。应到会主任、副主任、委员17名，实到12名。

会议听取了9月间对《食品卫生法》进行执法检查情况的汇报，肯定了前段贯彻《食品卫生法》取得的成绩，指出了存在的问题，通过了《关于认真贯彻执行<食品卫生法>的决议》。

**第二十一次会议** 1984年3月15日召开。应到会主任、副主任、委员17名，实到12名。

会议期间，县人大常委会主任贺炳忠传达了潍坊市第十届人民代表大会第一次会议精神，并作了关于清除精神污染，加强社会主义精神文明建设的发言；听取并审议县公安局负责人所作的关于打击刑事犯罪分子利用淫秽物品进行犯罪活动的情况汇报；听取并审议广播局负责人所作的自觉清除精神污染，努力搞好广播的汇报；听取并审议教育局负责人所作的教育战线清除和抵制精神污染的情况汇报；听取并审议文化局负责人所作的文化工作中清除精神污染的情况汇报。

**第二十二次会议**　1984年5月23日召开。应到会主任、副主任、委员17名，实到13名。县人民政府副县长杨冠侯及县人民法院、县人民检察院、县人大常委会办公室、县人民政府有关部门负责人列席会议。

会议听取了省六届人大代表金继藩传达省六届人大二次会议精神；听取县人民政府副县长朱佃俊关于选举工作和县十届人大一次会议筹备工作情况的汇报；议定了县十届人大一次会议议程和大会主席团、秘书长、代表资格审查委员会、议案审查委员会组成人员建议名单。

## 第二节　五莲县第十届人大常委会会议

(1984.05—1987.04)

**第一次会议**　1984年7月12日召开。应到会主任、副主任、委员15名，实到11名。县人民法院、县人民检察院、县人大常委会办公室负责人列席会议。

会议期间，委员们学习了《中华人民共和国地方各级人民代表大会和地方各级人民政府组织法》的有关章节，学习了中共中央〔1984〕8号、9号文件，并就人大常委会的性质、职责进行了座谈。会议审议通过了《县人大常委会工作要点》。

会议通过人事任免事项。

**第二次会议**　1984年9月23日召开。应到会主任、副主任、委员15名，实到12名。县人民政府副县长杨冠侯及县人民法院、县人民检察院、县人大常委会办公室、县人民政府有关部门负责人列席会议。

会议期间，传达学习了省人大常委会主任秦和珍在潍坊市和潍城区、益都、诸城、昌邑、安丘县人大常委会负责同志座谈会上的讲话；听取了县人民政府副县长刘国良所作的《关于贯彻中央一号文件，发展农村商品生产情况的报告》、县财政局长王本著受县人民政府委托所作的《关于1984年1—8月份全县财政预算执行情况的报告》；县人大常委会副主任杨茂祥汇报了关于县十届人大代表小组建立情况和关于代表建议意见处理情况的汇报。

会议通过人事任免事项。

**第三次会议**　1984年11月13日召开。应到主任、副主任、委员15名，实到10名。县人民政府副县长杨冠侯及县人民法院、县人民检察院、县人大常委会各科室负责人列席会议。

会议期间，学习了全国六届人大常委会第七次会议通过的《中华人民共和国森林法》，会议认为，认真贯彻执行《森林法》，对于加快全县林业建设的速度，进一步开发建设山区，振兴五莲经济，有着极其重要的意义，因此要认真地学习、贯彻《森林法》。会议通过了《关于大力学习宣传和贯彻〈中华人民共和国森林法〉的决议》。

**第四次会议** 1984年12月29日至30日召开。应到会主任、副主任、委员15名，实到13名。县人民政府副县长杨冠侯及县人民法院、人民检察院、县人大常委会各科室、县人民政府有关部门负责人列席会议。

会议期间，学习了《宪法》、《中华人民共和国地方各级人民代表大会和地方各级人民政府组织法》；听取并审议县人民政府《关于全县法制宣传教育工作情况的汇报》、《关于改队建村工作情况的汇报》；听取了县人大常委会考察组《关于赴掖县、乳县等四县学习人大工作经验的情况汇报》。会议讨论通过了《关于大力加强法制宣传教育的决议》、《关于召开五莲县第十届人民代表大会第二次会议的决定》。

**第五次会议** 1985年2月14日召开。应到会主任、副主任、委员15名，实到13名。县人民政府副县长李群良，县人民法院、人民检察院、县人大常委会各科室、县人民政府有关部门负责人列席会议。

会议期间，县乡镇企业局局长于常年汇报了全县乡镇企业发展的情况；讨论通过了《五莲县人大常委会工作制度》和《五莲县人大常委会关于联系人大代表的试行办法》；讨论议定了《五莲县人大常委会1985年工作要点》；通过了《关于增加本届代表名额和补选代表的决定》。

**第六次会议** 1985年3月23日召开。应到会主任、副主任、委员15名，实到11名。县人民政府副县长臧凤兰和县人民法院、人民检察院、县人大常委会各科室、县人民政府有关部门负责人列席会议。

会议审议通过了《关于县十届人大二次会议筹备工作情况的报告》、《关于代表变动增补代表的情况报告》；决定了召开县十届人大二次会议具体日期和大会议程（草案）；讨论通过了五莲县第十届人民代表大会第二次会议主席团和秘书长、代表资格审查委员会、议案审查委员会建议名单；讨论通过了《五莲县人民代表大会常务委员会工作报告》。

**第七次会议** 1985年5月21日召开。应到会主任、副主任、委员15名，实到10名。县人民政府副县长杨冠侯和县人民法院、人民检察院、县人大常委会各科室、县人民政府有关部门负责人列席会议。

会议期间，委员们学习了关于全国六届人大三次会议精神汇报提纲和彭真委员长在全国六届人大三次会议预备会议上的讲话；学习了《山东省城市建设开发暂行办法》、《物价监督检查暂行规定》；听取并审议县建委主任贾维禄受县人民政府委托所作的《关于城镇规划建设情况和今后意见的汇报》；听取并审议物价局长孙锦范受县人民政府委托所作的《关于全县物价管理情况的汇报》。

会议通过了《关于进一步搞好城镇规划和建设的决议》，研究了召开县人大代表工作经验交流会的有关事宜。

**第八次会议**　1985年6月27日召开。应到会主任、副主任、委员15名，实到10名。县人民政府副县长杨冠侯和县人民法院、人民检察院、县人大常委会各科室、县人民政府有关部门负责人列席会议。

会议听取并审议县司法局长任守基受县人民政府委托所作的《关于全县在五年左右普及法律常识规划的汇报》，批准了这个规划，并通过了《关于加强法制宣传普及法律常识的决议》；听取并审议县人民政府《关于对代表建议、要求和意见处理情况的汇报》。讨论决定择期视察全县食品卫生工作，并通过《关于组织视察食品卫生工作的决定》。

会议通过人事任免事项。

**第九次会议**　1985年8月22日召开。应到会主任、副主任、委员15名，实到12名。县人民政府副县长臧凤兰、县人民法院院长岳奎文、县人民检察院副检察长王世俊、县人大常委会各科室负责人列席会议。

会议学习了关于干部任免的有关规定，通过人事任免事项。

**第十次会议**　1985年10月22日至23日召开。应到会主任、副主任、委员15名，实到11名。县人民政府副县长臧凤兰、县人民法院院长、县人民检察院检察长，县人大常委会各科室、县人民政府有关部门负责人列席会议。

会议期间，委员们学习了中共中央〔1984〕八、九号文件和省长李长安、省人大常委会主任李振在省人大常委会第十五次会议上的讲话以及《经济合同法》的有关部分；听取并审议县财政局长王本著受县人民政府委托所作的《关于五莲县1985年1至9月份财政预算执行情况的汇报》；听取并审议县工商局长赵纪斋受县人民政府委托所作的《关于贯彻执行〈经济合同法〉的情况汇报》；听取并审议县人民法院院长岳奎文所作的《关于处理经济纠纷案件和打击经济犯罪情况的汇报》；听取并审议县人民检察院检察长尹世荣所作的《关于打击经济犯罪的情况汇报》。

会议通过《关于进一步贯彻〈经济合同法〉的决议》。

会议通过人事任免事项。

**第十一次会议**　1985年12月16日至17日召开。应到会主任、副主任、委员15名，实到13名。县人民政府副县长臧凤兰、县人民法院、县人民检察院、县人大常委会各科室、县人民政府有关部门负责人列席会议。

会议期间，传达学习了潍坊市县区人大常委会工作经验交流会精神；听取并审议县文教局长台进华受县人民政府委托所作的《关于全县教育工作情况的汇报》；听取并审议县税务局长齐方田受县人民政府委托所作的《关于全县税务工作情况的汇报》；听取并审议县志编纂委员会副主任梁爱华受县人民政府委托所作的《关于全县地方志工作情况的汇报》。会议通过了《关于加强地方志工作的决议》。

会议决定设立县人大常委会法制科。

会议通过人事任免事项。

**第十二次会议** 1986年2月27日至28日召开。应到会主任、副主任、委员16名，实到12名。县人民政府副县长李群良、县人民法院、县人民检察院、县人大常委会各科室、县人民政府有关部门负责人列席会议。

会议期间，听取并审议县计划委员会副主任丁立安受县人民政府委托所作的《关于1985年国民经济计划执行情况和1986年国民经济计划安排意见的汇报》；听取并审议县民政局长司正邦受县人民政府委托所作的《关于民政工作情况的汇报》；听取了县人大常委会办公室副主任费锡田所作的《关于召开县人民代表座谈会的情况汇报》；听取了关于县人大代表持证视察的说明；研究了召开县十届人大三次会议的有关事项。

会议讨论通过了县人大常委会1986年工作要点。

会议通过了《关于加强民政工作的决议》、《关于五莲县第十届人民代表大会代表持证视察的决定》、《关于召开五莲县第十届人民代表大会第三次会议的决定》。

**第十三次会议** 1986年4月10日至11日召开。应到会主任、副主任、委员16名，实到10名。县委常委、县人民政府副县长齐忠礼以及县人民法院、县人民检察院、县人大常委会各科室、县人民政府有关部门负责人列席会议。

会议期间，听取并审议县审计局长于常年受县人民政府委托所作的《关于全县审计工作的汇报》；听取并审议县水利局副局长王佩立受县人民政府委托所作的《全县水土保持规划情况的汇报》；听取并审议县计划委员会副主任王玉兰受县人民政府委托所作的《关于国民经济和社会发展第七个五年计划（草案）的报告》。通过了《关于加强审计工作的决议》、《关于全县水土保持普查区划规划成果的决定》。

会议听取了关于县十届人大三次会议筹备工作情况的汇报，讨论决定了召开县十届人大三次会议的时间，提出了县十届人大三次会议议程草案，提出了县十届人大三次会议主席团、秘书长、代表资格审查委员会和议案审查委员会建议名单，讨论修改县人大常委会工作报告。

会议通过人事任免事项。

**第十四次会议** 1986年4月15日召开。应到会主任、副主任、委员16名，实到11名。县委常委、县人民政府副县长齐忠礼、县人民法院、县人民检察院、县人大常委会各科室、县人民政府有关部门负责人列席会议。

会议讨论决定，原计划在四月份召开的县十届人大三次会议推迟到五月份召开，通过了《关于推迟召开五莲县第十届人民代表大会第三次会议的决定》。

会议还讨论通过了补选县人大常委会委员和副县长候选人建议名单。

**第十五次会议** 1986年7月11日至12日召开。应到会主任、副主任、委员16名，实到14名。县委常委、县人民政府副县长齐忠礼、县人民法院、县人民检察院、县人大常委会各科室、县人民政府有关部门负责人，各乡镇负责文教卫生工作的副乡镇长列席会议。

会议期间，与会人员学习了《食品卫生法》、《物价管理条例》、全国人大常委会关于普及法律常识的决议和中共中央、国务院批转五年普及法律常识实施方案的通知。听取并审议县司法局副局长陈常健受县人民政府委托所作的《普及法律常识工作的情况汇报》、县物价局局长孙锦范受县人民政府委托所作的《关于全县物价工作的情况汇报》、县卫生局局长夏青忱受县人民政府委托所作的《关于全县食品卫生工作情况的汇报》。通过了《关于组织视察普及法律常识工作的决定》、《关于加强物价工作的决议》、《关于视察<食品卫生法>实施情况的决定》。

会议通过人事任免事项。

**第十六次会议** 1986年9月15日至16日召开。应到会主任、副主任、委员16名，实到11名。县委常委、县人民政府副县长齐忠礼、县人民法院、县人民检察院、县人大常委会各科室、县人民政府有关部门负责人列席会议。

会议期间，与会人员学习了中共中央〔1986〕18号文件、县委〔1986〕26号文件、《中华人民共和国统计法》；听取并审议县财政局长王本著受县人民政府委托所作的《关于1986年1月至8月份财政预算执行情况的汇报》、县林业局局长刘华祥受县人民政府委托所作的《关于全县林业前段发展情况和“七五”期间发展规划的汇报》、县统计局长王锦华受县人民政府委托所作的《关于五莲县贯彻实施〈统计法〉情况的报告》、县人民政府办公室副主任梁爱华所作的《关于县十届人大三次会议代表所提建议意见和要求处理情况的汇报》、县人大常委会办公室主任宫振国所作的《关于县人大常委会视察普及法律常识工作的情况汇报》。

会议通过了《关于进一步宣传、贯彻〈中华人民共和国统计法〉的决议》。

会议通过人事任免事项。

**第十七次会议** 1986年11月19日至21日召开。应到会主任、副主任、委员16名，实到16名。县委常委、县人民政府副县长齐忠礼以及县人民法院、县人民检察院、县人大常委会各科室、县人民政府有关部门负责人列席会议。

会议期间，与会人员学习了中共十二届六中全会通过的《关于精神文明建设指导方针的决议》、《中华人民共和国土地管理法》和省换届选举工作会议有关文件；听取并审议县水利局长李曰川受县人民政府委托所作的《关于水利工作情况的汇报》、县农牧局局长李增勇受县人民政府委托所作的《关于全县土地管理工作情况的汇报》、县税务局长齐方田受县人民政府委托所作的《关于全县税务工作情况的汇报》、县环保局副局长周汝祥受县人民政府委托所作的《关于全县〈环境保护法〉（试行）贯彻执行情况的汇报》；

会议通过了《关于认真学习宣传〈中华人民共和国土地管理法〉加强土地管理的决议》、《关于进一步贯彻税收法规加强税务工作的决议》。

会议批准了五莲县选举委员组成人员名单和五莲县人大常委会代表资格审查委员会组成人员名单。

会议通过人事任免事项。

**第十八次会议** 1987年1月19日至20日召开。应到会主任、副主任、委员16名，实到12名。

会议期间，学习了《地方组织法》、《地方选举法》、《山东省县级以下人民代表大会代表选举实施细则》、《治安管理处罚条例》；听取并审议县选举委员会副主任朱佃俊所作的《关于县、乡换届选举工作情况的汇报》、县财委主任李宗本受县人民政府委托所作的《关于春节物资供应准备情况的汇报》、县财政局局长王本著受县人民政府委托所作的《追加1986年财政支出预算的汇报》、县公安局长郑昭曦受县人民政府委托所作的《关于全县前段社会治安情况和宣传、执行〈治安管理处罚条例〉的实施意见的汇报》、县民政局局长司正邦受县人民政府委托所作的《关于民政优抚工作情况的汇报》。

经过审议，通过了《关于批准县政府追加1986年财政支出预算的决定》、《关于宣传施行〈中华人民共和国治安管理处罚条例〉的决议》。

**第十九次会议** 1987年3月25日至26日召开。应到会主任、副主任、委员16名，实到14名。县人民政府副县长李志久、县人民法院、县人民检察院、县人大常委会各科室、县人民政府有关部门负责人列席会议。

会议期间，学习了全国人大常委会《关于加强法制教育维护安定团结的决定》；传达了潍坊市十届人大四次会议精神；听取并审议县乡镇企业局局长臧运和受县人民政府委托所作的《关于乡镇企业工作情况的汇报》、外贸公司经理张茂盛受县人民政府委托所作的《关于对外经济贸易工作情况的汇报》、林业局副局长苏乐清受县人民政府委托所作的《关于执行〈森林法〉的情况汇报》。经过审议，通过了《关于认真学习坚决贯彻全国人大常委会〈关于加强法制教育维护安定团结的决定〉的决议》。

会议讨论通过了《五莲人大常委会1987年工作要点》、《关于推迟县、乡两级人代会代表“选举日”的决定》。

会议通过人事任免事项。

**第二十次会议** 1987年4月8日召开。应到会主任、副主任、委员16名，实到11名。县人民政府副县长臧凤兰、县人民法院、县人民检察院及县人大常委会各科室负责人列席会议。

会议讨论通过了《关于召开县十一届人大一次会议日期的决定》、讨论通过了县十一届人大常委会工作报告。

**第二十一次会议** 1987年4月18日召开。应到会主任、副主任、委员16名，实到12名。县人民政府副县长臧凤兰、县人民法院、县人民检察院、县人大常委会各科室、县人民政府有关部门负责人列席会议。

会议听取了县十一届人大一次会议筹备情况的汇报；听取并通过县人大常委会代表资格审查委员会关于县十一届人大代表资格审查情况的报告；听取并审议县人民政府关于1986年国民经济和社会发展计划执行情况的汇报；听取并审议县人民政府关于1986年财政预算执行情况的汇报；讨论通过县十一届人大一次会议有关事项。

会议通过人事任免事项。

## 第三节 五莲县第十一届人大常委会会议

(1987.04—1990.03)

**第一次会议** 1987年5月21日至22日召开。应到会主任、副主任、委员19名，实到会14名。县人民政府副县长李志久，县人民法院、县人民检察院、县人大常委会各科室、县人民政府有关部门负责人列席会议。

会议期间，县委副书记徐善来就提高人大工作重要性的认识，积极做好人大工作的问题讲了话；与会人员学习了《地方组织法》和全国人大常委会《关于加强法制教育维护安定团结的决定》；传达了省六届人大五次会议精神；会议讨论通过县人大常委会工作要点、《关于联系人民代表的办法》、《关于依法任免干部的试行办法》、《关于设立县人大常委会代表资格审查委员会的决定》、《关于组织视察<食品卫生法>实施情况的决定》。

会议通过人事任免事项。

**第二次会议** 1987年7月13日至14日召开。应到会主任、副主任、委员19名，实到 15 名。县人民政府副县长臧凤兰，县人民法院、县人民检察院、县人大常委会各科室、县人民政府有关部门负责人列席会议。

会议期间，与会人员学习了《中华人民共和国土地管理法》、国务院颁布发的《城市规划条例》和《山东省城市（镇）建设管理条例》；听取并审议县财政局长王本著受县人民政府委托所作的《关于 1987 年上半年财政预算执行情况和下半年工作安排意见的汇报》；听取并审议县农牧局长李增勇受县人民政府委托所作的《关于贯彻实施<土地管理法>情况的汇报》；听取并审议县建委主任李学义受县人民政府委托所作的《关于城镇规划建设管理情况和今后意见的汇报》；听取并审议县人民政府办公室副主任梁爱华所作的《关于对县十一届人大第一次会议代表所提建议和意见的处理情况的汇报》；听取县人大常委会法制科副科长李宗亮所作的《关于组织视察〈食品卫生法〉实施情况的汇报》。

会议通过人事任免事项。

**第三次会议** 1987 年 9 月 13 日至 14 日召开。应到会主任、副主任、委员 17 名，实到会 12 名。县委常委、县人民政府常务副县长韩清存，县人民法院、县人民检察院、县人大常委会各科室、县人民政府有关部门负责人列席会议。

会议期间，听取并审议县计委主任王谦安受县人民政府委托所作的《关于五莲县 1987 年上半年国民经济和社会发展计划执行情况的汇报》、县公安局长郑昭曦受县人民政府委托所作的《关于当前社会治安情况和下步工作打算的汇报》、县司法局长李维花受县人民政府委托所作的《关于全县律师、公证工作情况的汇报》、县民政局长司正邦受县人民政府委托所作的《关于全县社会福利工作的情况汇报》。听取了县人大常委会法制科副科长李宗亮所作的《关于视察普及法律常识工作的汇报》。

会议通过人事任免事项。

**第四次会议** 1987 年 11 月 7 日至 8 日召开。应到会主任、副主任、委员 17 名，实到 16 名。县人民政府副县长李群良，县人民法院、县人民检察院、县人大常委会各科室、县人民政府有关部门负责人，16 处乡镇人大代表工作办公室主任和 6 处乡镇政府文书列席会议。

会议期间，学习了中国共产党第十三次全国代表大会文件；听取并审议县教育局副局长王均龙受县人民政府委托所作的《关于实施<义务教育法>的情况汇报》、县统计局长林西安受县人民政府委托所作的《关于全县实施<统计法>情况的汇报》、县人民法院院长岳奎文所作的《关于贯彻<中华人民共和国民法通则>搞好民事审判工作情况的汇报》；县人大常委会副主任王明传达了全市乡镇人大代表工作座谈会精神；会议讨论通过了县人大常委会《关于对人大常委会任命的干部实行政绩考察的试行办法》、《关于召开县十一届人大二次会议的决定》。

**第五次会议**　1987年12月3日召开。应到会主任、副主任、委员17名，实到15名。县委常委、县政府常务副县长韩清存，县人民法院、县人民检察院、人大常委会各科室负责人列席会议。

会议期间，听取并审议县人大常委会办公室主任宫振国所作的《关于县十一届人大二次会议筹备工作情况的汇报》；听取县人大常委会代表资格审查委员会副主任王明所作的《关于代表变动情况的报告》；讨论议定了县十一届人大二次会议主席团、秘书长建议名单；议定县十一届人大二次会议议程（草案）；讨论酝酿市十一届人大代表候选人预备名单。

**第六次会议**　1988年1月27日至28日召开。应与会主任、副主任、委员17名，实到15名。县委常委、县人民政府常务副县长韩清存、县人民法院院长、县人民检察院检察长、县人大常委会各科室负责人及县人民政府有关部门负责人列席会议。

会议期间，听取并审议县民政局长司正邦受县人民政府委托所作的《关于全县村民委员会改选情况的汇报》；听取并审议县财贸委副主任李司祥受县人民政府委托所作的《关于春节物资供应准备情况的汇报》；听取并审议县物价局长孙锦范受县人民政府委托作的《关于物价管理情况的汇报》；会议审议通过了《五莲县人大常委会1988年工作要点》、《五莲县人大常委会关于召开县第十一届人民代表大会第三次会议和补选代表的决定》。

会议通过人事任免事项。

**第七次会议**　1988年3月21日至22日召开。应与会主任、副主任、委员17名，实到14名。县委副书记徐善来出席会议，县政协副主席蓝开文应邀列席会议。县委常委、县人民政府常务副县长韩清存，县人民法院院长、县人民检察院检察长、县人大常委会各科室负责人及县人民政府有关部门负责人、16处乡镇的人大办公室主任列席会议。

会议期间，听取并审议县林业局局长赵克友受县人民政府委托所作的《关于全县实施<森林法>和春季植树造林安排情况的汇报》；听取并审议县公安局局长郑昭曦受县人民政府委托所作的《关于全县交通管理情况的汇报》；听取并审议县卫生局副局长李国范受县人民政府委托所作的《关于全县春季卫生防疫工情况的汇报》；听取了县人大常委会办公室主任宫振国所作的《关于县十一届人大三次会议筹备工作情况的汇报》；通过了县人大常委会工作报告。

会议通过人事任免事项。

**第八次会议**　1988年5月27日至28日召开。应与会主任、副主任、委员17名，实到 14 名。县委常委、县人民政府常务副县长韩清存，县人民法院院长、县人民检察院检察长、县人大常委会各科室负责人及县人民政府有关部门负责人列席会议。

会议期间，听取并审议县司法局长李维花受县人民政府委托所作的《关于全县普及法律常识工作情况的汇报》；听取并审议县财贸委主任李宗本受县人民政府委托所作的《关于春季农业生产资料供应情况的汇报》；听取并审议县林业局长赵克友受县人民政府委托所作的《关于全县林业规划情况的汇报》；审议通过了《县人大常委会 1988 年下半年工作计划》；审议通过了《关于调整加强人大常委会各委室的决定》。

会议通过人事任免事项。

**第九次会议** 1988 年 7 月 27 日至 28 日召开。应与会主任、副主任、委员 17 名，实到 13 名。县政协主席王丕和应邀列席会议。县人民政府副县长李志久、县人民法院院长、县人民检察院检察长、县人大常委会各科室负责人及县人民政府有关部门负责人列席会议。

会议期间，听取并审议县财政局副局长李应田受县人民政府委托所作的《关于 1988 年上半年财政预算执行情况的汇报》；听取并审议县环保局局长史济民受县人民政府委托所作的《关于环境保护工作情况的汇报》；听取并审议县人民政府办公室主任王京津所作的《关于办理代表建议、批评和意见的情况汇报》；听取并审议县人民法院院长岳奎文所作的《依法理顺经济法律关系的汇报》；听取了县人大常委会副主任臧凤兰所作的《关于视察教育工作情况的汇报》；会议表决通过了《关于加强环境保护工作的决议》。

会议通过人事任免事项。

**第十次会议** 1988 年 9 月 27 日至 28 日召开。应与会主任、副主任、委员 17 名，实到 15 名。县委副书记徐善来出席会议，县政协副主席蓝开文应邀列席会议。县委常委、县人民政府常务副县长韩清存，县人民法院院长、县人民检察院检察长、县人大常会各科室负责人及县人民政府有关部门负责人列席会议。

会议期间，学习了全国人大常委会万里委员长在七届全国人大常委会第二次会议上的讲话；听取并审议县工商局局长王凤启受县人民政府委托所作的《关于贯彻实施〈经济合同法〉的情况汇报》；听取并审议县档案局长宋延训受县人民政府委托所作的《关于实施〈档案法〉情况的汇报》；听取并审议县科委主任戈洪寿受县人民政府委托所作的《关于科技工作情况的汇报》；听取并审议县财政局长王本著受县人民政府委托所作的《关于追加 1988 年财政收支预算的报告》；听取并审议县人民检察院副检察长王太和所作的《关于打击严重经济犯罪情况的汇报》；会议通过了《关于加强档案工作的决议》、《关于批准县政府追加 1988 年财政收支预算的决议》。

县委副书记徐善来在会上讲了话。

**第十一次会议**　1988年11月25日至26日召开。应与会主任、副主任、委员17名，实到13名。县委副书记徐善来出席会议。县人民政府副县长李群良、县人民法院院长、县人民检察院检察长、县人大常委会各科室负责人及县人民政府有关部门负责人、15处乡镇人大代表工作办公室主任、7处乡镇文书列席会议。

会议期间，学习了《全国人大常委会关于加强民主法制维护安定团结保障改革和建设顺利进行的决议》；听取县委副书记徐善来所作的《关于依法治县实施方案的说明》；听取县人大常委会副主任刘华祥关于县市区人大常委会工作第四次联系会精神的汇报；听取并审议县外经委主任王泽晓受县人民政府委托所作的《关于全县发展外向型经济情况的汇报》；听取并审议县工业委员会主任王宝玉受县人民政府委托所作的《关于贯彻实施〈企业法〉情况的汇报》；听取并审议县税务局副局长汤向民受县人民政府委托所作的《关于税收工作情况的汇报》；听取并审议县公安局副局长张更生受县人民政府委托所作的《关于贯彻执行〈治安管理处罚条例〉情况的汇报》；会议通过了《关于依法治县的决议》、《关于认真贯彻实施〈中华人民共和国全民所有制工业企业法〉的决议》。

会议通过人事任免事项。

**第十二次会议**　1989年1月23日至24日召开。应与会主任、副主任、委员17名，实到13名。县人民政府副县长宋全正、县人民法院院长、县人民检察院检察长、县人大常委会各科室负责人及县人民政府有关部门负责人列席会议。

会议期间，县人大常委会主任贺炳忠传达了省人大工作经验交流会议精神；听取并审议县财贸委副主任李司祥受县人民政府委所作的《关于春节物资供应准备情况的汇报》；听取并审议县计生委主任张隆武受县人民政府委托所作的《关于宣传贯彻执行〈山东省计划生育条例〉情况的汇报》；听取县人大常委会副主任臧凤兰所作的《关于在全县进行执法大检查情况的汇报》；听取县人大常委会副主任王明所作的《关于评选乡镇人大工作先进单位和优秀人大代表情况的汇报》；讨论通过了《县人大常委会1988工作总结》和《县人大常委会1989年工作要点》。

**第十三次会议**　1989年3月10日召开。应与会主任、副主任、委员17名，实到17名。县委常委、县人民政府常务副县长韩清存，县人民法院院长、县人民检察院检察长、县人大常委会各科室负责人、县人民政府办公室副主任王世平列席会议。

会议期间，听取了县人大常委会办公室主任宫振国所作的《关于县十一届人大四次会议筹备情况的汇报》；听取了县人大常委会副主任王明所作的《关于县十一届人大代表变动情况的报告》；讨论并通过《关于县十一届人大第四次会议召开日期的决定》；

讨论议定县十一届人大四次会议建议议案和主席团、秘书长建议名单。

会议通过人事任免事项。

**第十四次会议** 1989 年 5 月 16 日至 17 日召开。应与会主任、副主任、委员 17 名，实到 14 名。县人民政府副县长宋全正、县人民法院院长、县人民检察院检察长、县人大常委会各科室负责人及县人民政府有关部门负责人列席会议。

会议期间，学习了《中华人民共和国全国人民代表大会议事规则》；听取并审议县财委副主任李司祥受县人民政府委托所作的《关于农业生产资料实行专营和供应情况的汇报》；听取并审议县计委副主任王玉兰受县人民政府委托所作的《关于全县前段压缩基本建设投资规模清理在建项目和今后工作意见的汇报》；听取并审议县林业局长赵克友受县人民政府委托所作的《关于全县贯彻实施〈森林法〉情况的汇报》；听取并审议县科委主任王洪健受县人民政府委托所作的《关于目前全县科技工作情况和今后工作意见的汇报》；县人大常委会副主任臧凤兰传达了潍坊市第五次县市区人大常委会工作联系会议精神。

会议通过人事任免事项。

**第十五次会议** 1989 年 7 月 16 日至 17 日召开。应与会主任、副主任、委员 17 名，实到 13 名。县人民政府副县长宋全正、县人民法院院长、县人民检察院检察长、县人大常委会各科室负责人及县人民政府有关部门负责人列席会议。

会议期间，学习了《中国共产党十三届四次全会公报》和中央领导同志的讲话；听取并审议县计委主任王谦安受县人民政府委托所作的《关于 1989 年上半年国民经济和社会发展计划执行情况的汇报》；听取并审议县财政局长王本著受县人民政府委托所作的《关于 1989 年上半年财政预算执行情况的汇报》；听取并审议县人民政府副县长宋全正所作的《关于开展“打流窜、挖团伙”专项斗争情况报告》和《关于出席县十一届人大四次会议代表所提建议和意见的处理情况的汇报》；听取并审议县卫生局长徐衍秀受县人民政府委托所作的《关于贯彻实施〈药品管理法〉的情况汇报》。

会议表决通过了《关于学习贯彻党的十三届四中全会精神坚决制止动乱维护社会安定的决议》。

会议通过人事任免事项。

**第十六次会议** 1989 年 9 月 26 日至 28 日召开。应与会主任、副主任、委员 17 名，实到 12 名。县委常委、县人民政府常务副县长韩清存，县人民法院院长、县人民检察院检察长、县人大常委会各科室负责人及县人民政府有关部门负责人列席会议。

会议期间，县人大常委会主任贺炳忠传达了全市人大工作座谈会精神；听取并审议县人民政府常务副县长韩清存所作的《关于政府机关廉政建设情况的汇报》；听取并审议县财政局长王本著受县人民政府委托所作的《关于追加1989年财政收支预算的报告》，通过了《关于批准县政府追加1989年财政收支预算的决定》；听取并审议县矿产局长厉彦云受县人民政府委托所作的《关于贯彻实施〈矿产资源法〉的情况汇报》；听取并审议县人民检察院检察长尹世荣所作的《关于打击严重经济犯罪活动的情况汇报》。

会议通过人事任免事项。

**第十七次会议** 1989年10月27日召开。应与会主任、副主任、委17名，实到16名。县委副书记张庆吉、县长徐善来出席会议。县人民法院、县人民检察院、县政府办公室、县人大常委会各科室的负责人列席会议。

会议期间，学习了江泽民同志在国庆四十周年大会上的讲话；会议接受徐善来辞去县人民政府县长职务的请求，决定任命张庆吉为五莲县人民政府副县长、代理县长职务。

会议通过人事任免事项。

**第十八次会议** 1989年11月22日至23日召开。应与会主任、副主任、委员17名，实到12名。县人民政府副县长宋全正、县人民法院院长、县人民检察院检察长、县人大常委会各科室负责人及县人民政府有关部门负责人列席会议。

会议期间，学习党的十三届五中全会公报；县人大常委会主任贺炳忠传达了全省换届选举工作会议精神；县人大常委会副主任王明宣读了《关于县乡两级人民代表大会换届选举工作的意见》和县乡两级选举委员会及其组成人员的情况；听取并审议县标准计量局长戈洪寿受县人民政府委托所作的《关于宣传贯彻实施〈计量法〉情况的汇报》；听取并审议县农委主任于世民受县人民政府委托所作的《关于全县农业基本建设情况的汇报》；听取并审议县人民政府副县长宋全正所作的《关于开展以宪法为核心内容的法制宣传教育情况的汇报》。

会议通过了《关于任命县选举委员会组成人员的决定》。

会议通过人事任免事项。

**第十九次会议** 1990年1月6日召开。应与会主任、副主任、委员17名，实到13名。县人民政府副县长宋全正、县人民法院院长、县人民检察院检察长、县人大常委会各科室负责人及县人民政府有关部门负责人列席会议。

会议期间，讨论了县人大常委会1989年工作总结；会议听取并审议县民政局长厉保庭受县人民政府委托所作的《关于社会保障工作情况的汇报》；听取并审议县城建局长李曰川受县人民政府委托所作的《关于修订五莲县县城总体规划的汇报》。

会议通过了《关于批准五莲县人民政府修订县城总体规划的决定》、《关于调整县

人大常委会各委室的决定》

会议通过人事任免事项。

**第二十次会议** 1990年3月8日召开。应与会主任、副主任、委员17名，实到16名。县人民法院、县人民检察院、县政府办公室、县人大常委会委室负责人列席会议。

会议期间，听取了县人大常委会副主任朱佃俊所作的《关于县十二届人民代表大会第一次会议筹备工作情况的汇报》；决定县十二届人民代表大会第一次会议1990年3月13日召开；听取并审议县人大常委会代表资格审查委员会主任王明所作的《关于五莲县第十二届人民代表大会代表资格审查情况的报告》，并作出了《关于批准代表资格审查委员会〈关于五莲县第十二届人民代表大会代表资格审查情况的报告〉的决定》；讨论议定了县十二届人民代表大会第一次会议建议议程；讨论议定了县十二届人民代表大会第一次会议主席团、秘书长建议名单；讨论议定了县十二届人民代表大会第一次会议预算审查委员会建议名单和议案审查委员会建议名单；讨论修改了县人大常委会工作报告。

会议通过人事任免事项。

## 第四节 五莲县第十二届人大常委会会议

（1990.03—1993.02）

**第一次会议** 1990年4月3日至4日召开。应到会主任、副主任、委员21名，实到21名。县委副书记伊光彩、县人民政府县长张庆吉出席会议。县人民政府副县长肖明仁、以及县人民法院、县人民检察院、县人大常委会各委室、县人民政府办公室的负责人列席会议。

会议期间，学习了全国人大常委会副委员长彭冲在全国七届人大三次会议上的讲话和《地方组织法》；讨论通过了县人大常委会1990年工作要点；讨论议定了县人大常委会“一室四委”工作规则；通过了代表资格审查委员组成人员名单。

会议通过人事任免事项。

**第二次会议** 1990年5月30日至31日召开。应到会主任、副主任、委员21名，实到20名。县人民法院、县人民检察院、县人大常委会各委室、县人民政府有关部门负责人、各乡镇人大代表工作室主任列席会议。

会议期间，听取并审议县水利水产局长汤兆海受县人民政府委托所作的《关于贯彻实施〈中华人民共和国水法〉的情况汇报》，通过了《关于认真贯彻实施〈中华人民共和国水法〉的决议》；听取并审议县农业局副局长陈忠杰受县人民政府委托所作的

《关于编制五莲县生态农业建设规划的说明》，批准了这个规划，由县政府组织实施。

会议通过人事任免事项。

县委副书记伊光彩到会讲话。

**第三次会议** 1990年7月27日至28日召开。应到会主任、副主任、委员21名，实到20名。县人民政府县长张庆吉、副县长葛明学以及县人民法院、县人民检察院、县人大常委会各委室、县政府有关部门负责人列席会议。

会议期间，听取并审议县人民政府副县长葛明学所作的《关于县十一届人民代表大会第一次会议代表所提建议和意见处理情况的汇报》；听取并审议县人民检察院检察长尹世荣所作的《关于全县上半年打击经济犯罪情况的汇报》；听取并审议县计划委员会主任王谦安受县人民政府委托所作的《关于上半年国民经济和社会发展计划执行情况的汇报》；听取并审议县财政局长李应田受县人民政府委托所作的《关于上半年财政预算执行情况和下半年工作安排意见的汇报》；听取并审议县科委主任王洪健受县人民政府委托所作的《关于全县科技兴农情况的汇报》；听取并审议县林业局长岳德江受县人民政府委托所作的《关于全县推广果园规范管理情况的汇报》；讨论通过了《县人大常委会议事规则》、《县人大常委会人事任免办法》、《县人大常委会与县人民政府、县人民法院、县人民检察院工作联系暂行办法》。

会议通过人事任免事项。

**第四次会议** 1990年9月20日至21日召开。应到会主任、副主任、委员21名，实到14名。县人民法院、县人民检察院、县人大常委会各委室、县人民政府有关部门的负责人和7处乡镇人大专职常务主席列席会议。

会议期间，受县政府的委托，副县长葛明学作了《关于实施〈中华人民共和国行政诉讼法〉各项准备工作情况的汇报》；环保局局长史济民作了《关于贯彻实施〈中华人民共和国环境保护法〉的情况汇报》；物价局副局长张进平作了《关于物价工作情况的汇报》；审计局局长于常年作了《关于贯彻实施〈中华人民共和国审计条例〉的情况汇报》；文化局局长赵斌作了《关于文化市场管理情况的汇报》。县法院院长岳奎文作了《关于〈中华人民共和国行政诉讼法〉实施前的准备情况和实施意见的汇报》。

会议通过了《五莲县人大常委会联系县人民代表大会代表的暂行办法》、《五莲县人大常委会信访工作暂行办法》。

会议通过人事任免事项。

**第五次会议** 1990年11月21日至22日召开。应到会主任、副主任、委员19名，实到会12名。县委常委、县人民政府副县长李志久，县人民法院、县人民检察院、县人大常委会各委室、县政府有关部门的负责人和3处乡镇人大专职常务主席列席会议。

会议期间，听取并审议县城建局长李曰川受县人民政府委托所作的《关于贯彻实施〈中华人民共和国城市规划法〉的情况汇报》；听取并审议县林业局局长岳德江受县人民政府委托所作的《关于全县依法兴林，搞好林果生产情况的汇报》；听取并审议县经委主任王泽晓受县人民政府委托所作的《关于全县工业工作情况的汇报》；听取了县人大常委会副主任马先吉所作的《关于补选潍坊市第十一届人民代表大会代表的说明》。

会议通过了《关于认真贯彻实施〈中华人民共和国城市规划法〉的决议》。

会议补选张庆吉为潍坊市第十一届人民代表大会代表。

会议通过人事任免事项。

**第六次会议** 1991年1月25日至26日召开。应到会主任、副主任、委员19名，实到19名。县委常委、县人民政府副县长李志久，县人民法院、县人民检察院、县人大常委会各委室、县政府有关部门负责人，部分市、县人大代表及10处乡镇人大主席团常务主席列席会议。县政协副主席杨冠侯应邀列席会议。

会议期间，听取了县人大常委会主任韩清存所作的《五莲县人大常委会1990年工作总结报告》，县委常委、县人民政府副县长李志久代表县政府所作的《关于1990年政府工作情况的汇报》、县人民法院院长岳奎文所作的《关于法院1990年工作情况的汇报》、县人民检察院检察长尹世荣所作的《关于1990年全县检察工作情况的汇报》。

会议讨论通过了《五莲县人大常委会1991年工作要点》。

会议通过人事任免事项。

**第七次会议** 1991年3月9日召开。应到会主任、副主任、委员19名，实到19名。县人民政府副县长李山泉，县人民法院、县人民检察院、县人大常委会委室负责人列席会议。县政协副主席杨冠侯应邀列席会议。

会议期间，听取了县人大常委会副主任马先吉所作的《关于召开县十二届人民代表大会第二次会议时间和关于增设办事机构的说明》；听取县人大常委会副主任孙恒德所作的《关于补选县十二届人大代表的说明》。

会议通过了《关于召开县十二届人民代表大会第二次会议的决定》、《关于补选代表的决定》、《关于设立县人大常委会人事代表工作室的决定》。

会议通过人事任免事项。

**第八次会议** 1991年3月23日召开。应到会主任、副主任、委员19名，实到16名。县人大常委会各委室、县人民政府有关部门负责人列席会议。县政协副主席王贵云应邀列席会议。

会议期间，听取了县人大常委会副主任马先吉所作的《关于召开县十二届人民代表大会第二次会议筹备情况的报告》；表决通过了县人大常委会代表资格审查委员会关于补选代表的代表资格审查报告；提出了县十二届人民代表大会第二次会议主席团、秘书长建议名单和议案审查委员会、财政预算审查委员会建议名单；议定了县十二届人民代表大会第二次会议列席人员的范围。

**第九次会议**　1991年4月17日召开。应到会主任、副主任、委员19名，实到18名。县人民政府副县长肖明仁，县人民法院、县人民检察院、县人大常委会各委室、县人民政府有关部门负责人列席会议。县政协副主席王贵云应邀列席会议。

会议期间，传达了全国七届人大四次会议精神，通过了《关于认真学习贯彻全国七届人大四次会议精神的决议》；听取并审议县建委主任陈修全受县人民政府委托所作的《关于编制五莲县城区园林绿化管理办法的说明》，通过《关于批准〈五莲县城区园林绿化管理办法〉的决定》；听取并审议县教委主任王龙学受县人政府委托所作的《关于〈五莲县九年制义务教育实施方案〉的说明》，通过了《关于批准〈五莲县九年制义务教育实施方案〉的决定》；审议通过了《五莲县人大常委会关于财政预决算监督的暂行办法》。

会议通过人事任免事项。

**第十次会议**　1991年5月24日至25日召开。应到会主任、副主任、委员19名，均出席会议。县人民政府副县长李群良、县法院、县检察院、县人大常委会各委室、县人民政府有关部门负责人和4处乡镇人大主席团专职常务主席列席会议。县政协副主席王贵云应邀列席会议。

会议期间，听取并审议县司法局长杨继柳受县人民政府委托所作的《关于第一个五年普法工作情况和第二个五年普法规划实施意见的汇报》；听取并审议县标准计量局长戈洪寿受县人民政府委托所作的《关于宣传实施〈标准化法〉情况的汇报》；听取并审议县乡镇企业局长杨连群受县人民政府委托所作的《关于全县乡镇企业情况的汇报》；听取并审议县人大常委会副主任孙恒德所作的《关于五莲县人大常委会监督工作暂行办法的说明》。

会议通过了《关于在全县公民中开展法制宣传教育第二个五年规划的决议》、《关于进一步贯彻实施〈标准化法〉的决议》、《五莲县人民代表大会常务委员会监督工作暂行办法》。

会议通过人事任免事项。

**第十一次会议**　1991年7月29日至30日召开。应到会主任、副主任、委员19名，实到12名。县人民政府副县长葛明学、县人民法院、县人民检察院、以及县人大常委会委室、县政府有关部门负责人列席会议。县政协副主席王贵云应邀列席会议。

会议期间，学习了江泽民总书记在庆祝中国共产党成立七十周年大会上的讲话；听取并审议县计委主任王谦安受县人民政府委托所作的《关于1991年上半年国民经济和社会发展计划执行情况的汇报》；听取并审议县财政局长李应田受县人民政府委托所作的《关于1991年上半年财政预算执行情况和下半年工作安排意见的汇报》；听取并审议县人民政府副县长葛明学所作的《关于对县十二届人民代表大会第二次会议代表所提建议和意见处理情况的汇报》；听取并审议县人民法院院长岳奎文所作的《关于经济审判工作情况的汇报》。

会议通过人事任免事项。

**第十二次会议** 1991年9月25日至26日召开。应到会主任、副主任、委员19名，实到16名。县人民政府副县长、县人民法院、县人民检察院、县人大常委会各委室、县政府有关部门负责人和部分乡镇人大主席团常务主席列席会议。

会议期间，听取并审议县公安局长王万起受县人民政府委托所作的《关于全县治安工作情况的汇报》；听取并审议县计生委主任厉保洛受县人民政府委托所作的《关于1991年1月至8月份全县计划生育工作情况的汇报》；听取并审议县商业局长刘世金受县人民政府委托所作的《关于商业工作情况的汇报》。

会议通过了《关于进一步加强计划生育工作的决议》。

会议通过人事任免事项。

**第十三次会议** 1991年11月26日至27日召开。应到会主任、副主任、委员19名，实到15名。县人民政府副县长葛明学、县人民法院、县人民检察院、县人大常委会各委室、县人民政府有关部门负责人和部分乡镇人大主席团常务主席列席会议。

会议期间，听取并审议县经委主任惠日方受县人民政府委托所作的《关于全县工业生产情况的汇报》；听取并审议县人民政府副县长葛明学所作的《关于〈行政诉讼法〉贯彻实施情况的汇报》；听取并审议县人民法院院长岳奎文所作的《关于贯彻〈中华人民共和国行政诉讼法〉情况的汇报》；听取县人民政府关于县树、县花评议情况的说明和县人大常委会关于审议县树、县花方案的说明；听取了县人民政府关于制定《五莲县军人抚恤优待暂行办法》的说明。

会议听取并审议县教委主任王龙学、审计局局长于常年、税务局局长汤向民、农业局长娄善清的述职报告，并进行了评议。

会议通过《关于进一步贯彻施行〈中华人民共和国行政诉讼法〉的决议》、《关于县树、县花的决定》。批准了《五莲县军人抚恤优待暂行办法》。

**第十四次会议** 1992年1月8日召开。应到会主任、副主任、委员会19名，实到17名。县人民政府县长张庆吉、县人民法院、县人民检察院、县人大常委会委室、县人民政府有关部门负责人列席。

会议期间，听取并审议县工商局长王凤启受县人民政府委托所作的《关于贯彻实施〈山东省保护消费者合法权益条例〉情况的汇报》；听取并审议县公安局长王万起受县人民政府委托所作的《关于打击拐卖妇女儿童和卖淫嫖娼犯罪活动的情况汇报》。

会议通过了《关于贯彻实施全国人大常委会〈关于严禁卖淫嫖娼的决定〉和〈关于严惩拐卖、绑架妇女儿童的犯罪分子的决定〉的决议》、《关于召开五莲县第十二届人民代表大会第三次会议的决定》；批准了县人大常委会1992年工作计划和《五莲县农村社会养老保险暂行办法》。

会议通过人事任免事项。

**第十五次会议** 1992年3月14日召开。应到会主任、副主任、委员19名，实到17名。县人民政府县长张庆吉、县人民法院、县人民检察院、县人大常委会各委室、县人民政府有关部门负责人列席会议。县政协副主席王贵云应邀列席会议。

会议期间，学习了《中共中央关于传达学习邓小平同志重要谈话的通知》；审议通过了《五莲县预算外资金管理办法》；讨论修改了《五莲县人大常委会工作报告》。

会议通过人事任免事项。

**第十六次会议** 1992年4月2日召开。应到会主任、副主任、委员19名，实到16名。县人大常委会各委室、县人民政府有关部门负责人列席会议。

会议期间，听取了县人大常委会副主任马先吉所作的《关于县十二届人大三次会议筹备情况的报告》；审议批准了县人大常委会副主任孙恒德所作的《关于代表资格审查的报告》；讨论通过了《五莲县十二届人大三次会议关于议案、质询案问题的规定》。

会议通过人事任免事项。

**第十七次会议** 1992年5月16日召开。应到会主任、副主任、委员19名，实到16名。县人民政府县长张庆吉、县人民法院、县人民检察院、县人大常委会各委室、县人民政府有关部门负责人，以及部分乡镇人大主席团常务主席列席会议。

会议期间，听取并审议县司法局长杨继柳受县人民政府委托所作的《关于全县第二个五年普法规划实施情况的汇报》；听取并审议县外经贸委主任张善田受县人民政府委托所作的《关于外经外贸工作情况的汇报》；听取并审议县卫生局长徐衍秀受县人民政府委托所作的《关于全县卫生工作情况的汇报》；讨论通过了《五莲县人大代表评议乡镇部门工作试行办法》。

会议通过人事任免事项。

**第十八次会议** 1992年7月27日至28日召开。应到会主任、副主任、委员19名，实到18名。县人民政府副县长葛明学、李山泉、县人民法院、县人民检察院、县人大常委会各委室、县政府有关部门负责人，以及4处乡镇人大主席团专职常务主席列席会议。县政协副主席王贵云应邀列席会议。

会议期间，听取并审议县计委主任李悦明受县人民政府委托所作的《关于1992年上半年国民经济和社会发展计划执行情况的汇报》；听取并审议县财政局长李应田受县人民政府委托所作的《关于1992年上半年财政预算执行情况和下半年工作安排意见的汇报》；听取并审议县公安局长王万起受县人民政府委托所作的《关于全县社会治安工作情况的汇报》；听取并审议县人民政府副县长葛明学所作的《关于出席县十二届人民代表大会第三次会议代表所提建议和意见处理情况的汇报》；审议通过了《五莲县人大常委会关于充分发挥职能作用促进和保障扩大对外开放的决议》。

会议通过人事任免事项。

**第十九次会议** 1992年9月23日召开。应到会主任、副主任、委员19名，实到18名。县人民政府副县长葛明学、县人民法院、县人民检察院、县人大常委会各委室、县政府有关部门负责人、4处乡镇人大主席团专职常务主席列席会议。县政协副主席王贵云应邀列席会议。

会议期间，学习了《全民所有制工业企业转换经营机制条例》；传达了市第十一届人大常委会第二十八次会议精神；听取并审议县法制局长王桂法受县人民政府委托所作的《关于贯彻实施〈中华人民共和国行政诉讼法〉情况的汇报》；听取并审议县经委主任惠日方受县人民政府委托所作的《关于县属工业技术改造工作情况的汇报》；听取并审议县工商局长王凤启受县人民政府委托所作的《关于贯彻实施〈中华人民共和国经济合同法〉的情况汇报》。

**第二十次会议** 1992年10月17日召开。应到会主任、副主任、委员19名，实到18名。县人民政府副县长李山泉，县人民法院、县人民检察院、县人大常委会各委室、县人民政府有关部门负责人列席会议。

会议期间，县人大常委会副主任马先吉传达了省换届选举工作会议精神，并对《关于五莲县第十三届人民代表大会代表名额和选举问题的决定（草案）》作了说明，宣读了《关于1993年县乡两级人大换届选举工作安排意见》；县人大常委会副主任臧凤兰作了《关于调整五莲县人大常委会代表资格审查委员会组成人员的说明》；县人大常委会副主任刘华祥宣读了《关于任命各乡镇选举委员会组成人员的决定（草案）》。

会议审议通过了《关于五莲县第十三届人民代表大会代表名额和选举问题的决定》、《关于1993年县、乡两级人大换届选举工作安排意见》、《关于调整五莲县选举委员会组成人员的决定》、《关于调整代表资格审查委员会组成人员的决定》、《关于任命各乡镇选举委员会组成人员的决定》。

**第二十一次会议**　1992 年 12 月 22 日召开。应到会主任、副主任、委员 19 名，实到 19 名。县人民政府县长张庆吉，县人民法院、县人民检察院、县人大常委会各委室、县人民政府办公室负责人列席会议。

会议讨论审议县十二届人大常委会工作报告（讨论稿），决定授权县十二届人大常委会主任会议作进一步的文字修改。

会议通过人事任免事项。

**第二十二次会议**　1993 年 1 月 31 日召开。应到会主任、副主任、委员 19 名，实到 16 名。县人民法院院长、县人民检察院检察长、县人大常委会各委室负责人、县人民政府办公室负责人列席会议。

会议审议并通过《关于召开县十三届人大一次会议的决定》、《关于增加县十三届人大代表名额的决定》、《关于县十三届人大代表资格审查报告》；讨论议定了县十三届人大一次会议议程（草案）和大会主席团、秘书长、主席团常务主席、副秘书长、预算审查委员会、议案审查委员会和列席人员建议名单。

会议通过人事任免事项。

## 第五节　五莲县第十三届人大常委会会议

（1993.02—1998.01）

**第一次会议**　1993 年 3 月 15 日至 16 日召开。应与会主任、副主任、委员 21 名，实到 21 名。县委常委、县人民政府常务副县长胡德新，县人民法院院长、县人民检察院检察长、县人大常委会各委室负责人、县人民政府有关部门负责人、6 处乡镇人大主席团专职常务主席列席会议。县政协副主席杨冠侯应邀列席会议。

会议传达了日照市十三届人大一次会议精神；议定了县人大常委会 1993 年工作要点；表决通过了《关于任命县人大常委会代表资格审查委员会的决定》。

会议闭幕时，县委书记李永健、县人大常委会主任韩清存分别讲话，就新一届人大常委会的工作提出了希望和要求。

会议通过人事任免事项。

**第二次会议**　1993 年 5 月 17 日至 18 日召开。应与会主任、副主任、委员 21 名，实到 19 名。县人民政府县长李志久、常务副县长胡德新、县人民法院院长、县人民检察院检察长、县人大常委会各委室负责人、县人民政府有关部门负责人、6 处乡镇人大主席团专职常务主席列席会议。

会议期间，听取并审议县税务局长汤向民受县人民政府委托所作的《关于贯彻实施<中华人民共和国税收征收管理法>的情况报告》；听取并审议县建委主任陈修全受县人民政府委托所作的《关于贯彻实施<城市规划法>情况的汇报》；听取并审议县人民法院院长鲁志所作的《关于民事审判工作情况的报告》；会议根据县人民政府县长李志久的提请，讨论审议并批准了《五莲县1993—1995年农业基本建设规划》。

**第三次会议** 1993年7月20日召开。应与会主任、副主任、委员21名，全部到会。县委常委、县人民政府常务副县长胡德新，县人民法院院长、县人民检察院检察长、县人大常委会各委室负责人、县人民政府有关部门负责人、部分乡镇人大主席团专职常务主席列席会议。

会议期间，听取并审议县计委主任李悦明受县人民政府委托所作的《关于1993年上半年国民经济和社会发展计划执行情况的汇报》；听取并审议县财政局局长李应田受县人民政府委托所作的《关于1993年上半年财政预算执行情况和下半年工作安排意见的汇报》；听取并审议县公安局长王万起受县人民政府委托所作的《关于全县社会治安情况的汇报》；听取并审议县计生委副主任韩宝富所作的《关于贯彻实施<山东省计划生育条例>情况的汇报》；听取并审议县水利水产局副局长胡兆京所作的《关于贯彻实施<中华人民共和国水土保持法>的情况汇报》；听取并审议县委常委、县人民政府常务副县长胡德新所作的《关于出席县十三届人大一次会议代表所提建议和意见处理情况的汇报》。

会议审议通过了《关于贯彻实施<中华人民共和国水土保持法>的决议》。

**第四次会议** 1993年9月22日至23日召开。应与会主任、副主任、委员21名，实到会20名。县委常委、县人民政府常务副县长胡德新，县人民法院院长、县人民检察院检察长、县人大常委会各委室负责人、以及部分市人大代表列席会议。

会议期间，学习了中纪委第二次全体会议公报，及中央、省、市、县委关于党政机关清正廉洁的有关规定；听取并审议县土地管理局局长刘茂仁受县人民政府委托所作的《关于贯彻实施<土地管理法>情况的汇报》；听取并审议县技术监督局局长管恩松受县人民政府委托所作的《关于宣传贯彻<产品质量法>情况的汇报》；听取并审议县教委主任孙著文受县人民政府委托所作的《关于全县义务教育工作情况的汇报》。

会议听取了县计委主任李悦明、县林业局长刘君印、县卫生局长徐衍秀的述职报告。

会议审议通过了《关于贯彻实施<中华人民共和国产品质量法>的决议》。

县人大常委会主任韩清存就反腐倡廉问题讲了话。

**第五次会议** 1993年11月22日至23日召开。应与会主任、副主任、委员21名，全部到会。县委常委、县人民政府常务副县长胡德新，县人民法院院长、县人民检察院检察长、县人大常委会各委室负责人、县人民政府有关部门负责人、以及部分市人大代表列席会议。

会议期间，传达了全市人大工作会议精神；学习了中共中央十四届三中全会公报；学习了《中共中央关于学习<邓小平文选>第三卷的决定》，并作出了《关于认真学习<邓小平文选>第三卷的决定》；听取并审议县外经贸委主任张善田受县人民政府委托所作的《关于外经贸工作情况的汇报》；听取并审议县乡镇企业局局长解直礼受县人民政府委托所作的《关于乡镇企业推行股份合作制情况的汇报》；听取并审议县人民法院院长鲁志所作的《关于经济审判工作情况的汇报》。

会议通过人事任免事项。

**第六次会议**　1994 年 1 月 17 日召开。应与会主任、副主任、委员 21 名，实到会 20 名。县人民政府县长李志久、副县长葛明学、县人民法院院长、县人民检察院检察长、县人大常委会各委室负责人、县人民政府有关部门的负责人列席会议。

会议经过讨论审议，通过了《关于召开五莲县第十三届人民代表大会第二次会议的决定》、《关于补选县十三届人大代表的决定》；讨论议定了县人大常委会工作报告，决定由办公室进一步修改后提交县十三届人大二次会议。

会议通过人事任免事项。

**第七次会议**　1994 年 2 月 4 日召开。应与会主任、副主会、委员 19 名，实到 19 名。县委常委、县人民政府常务副县长胡德新，县人民法院院长，县人民检察院检察长、县人大常委会各委室负责人、县政府有关部门负责人列席会议。

会议审议通过《关于提前召开五莲县第十三届人民代表大会第二次会议的决定》；议定五莲县第十三届人民代表大会第二次会议建议议程；议定五莲县第十三届人民代表大会第二次会议主席团、秘书长、常务主席、议案审查委员会、预算审查委员会成员建议名单；决定五莲县第十三届人民代表大会第二次会议列席人员；通过关于补选县十三届人大代表的决定；决定接受伊光彩辞去县十三届人大常委会副主任职务的请求。

会议通过人事任免事项。

**第八次会议**　1994 年 3 月 22 日召开。应与会主任、副主任、委员 21 名，实到 20 名。县人民政府县长李志久、县人民法院院长、县人民检察院检察长、县人大常委会各委室和县人民政府办公室的负责人列席会议。

会议期间，省八届人大代表李志久传达了省八届人大二次会议精神；表决通过了《五莲县人大常委会 1994 年工作要点》；表决通过《五莲县人民代表大会常务委员会主任会议议事规则》和《五莲县人民代表大会常务委员会组成人员守则》；调整了县人大常委会代表资格审查委员会组成人员。

会议通过人事任免事项。

**第九次会议** 1994年5月24日至25日召开。应与会主任、副主任、委员21名，实到19名。县委常委、县人民政府常务副县长胡德新，县人民法院院长、县人民检察院检察长、县人大常委会各委室负责人、县人民政府有关部门负责人、6处乡镇人大主席团专职常务主席列席会议。

会议期间，听取并审议县司法局长李宗亮受县人民政府委托所作的《关于全县“二五”普法工作实施情况的汇报》；听取并审议县林业局长刘君印受县人民政府委托所作的《关于贯彻实施〈中华人民共和国森林法〉情况的汇报》；听取并审议县税务局长孔凡元受县人民政府委托所作的《关于贯彻实施新税制的情况汇报》；会议通过了于里、中至、叩官、汪湖4乡撤乡设镇的决定。

会议通过人事任免事项。

**第十次会议** 1994年7月21日至22日召开。应与会主任、副主任、委员21名，实到19名。县委常委、县人民政府常务副县长胡德新，县人民法院院长、县人民检察院检察长、县人大常委会各委室及县人民政府有关部门负责人、7处乡镇人大主席团专职常务主席列席会议。

会议期间，听取并审议县计委主任李悦明受县人民政府委托所作的《关于1994年上半年国民经济和社会发展计划执行情况的汇报》；听取并审议县财政局长李应田受县人民政府委托所作的《关于1994年上半年财政预算执行情况和下半年工作安排意见的汇报》；听取并审议县人民政府常务副县长胡德新所作的《关于在县十三届人大二次会议上代表所提建议和意见办理情况的汇报》；听取并审议县文体委主任王均龙受县人民政府委托所作的《关于五莲县文化市场工作情况的汇报》；表决通过《关于在国家机构中实行执法责任制的决定》、《关于对被提请任命干部进行法律知识考试的暂行办法》、《五莲县文化市场管理办法》、《关于批准县政府调整1994年财政预算的决定》。

会议通过人事任免事项。

**第十一次会议** 1994年9月22日召开。应与会主任、副主任、委员21名，实到20名，县委常委、县人民政府常务副县长胡德新，副县长葛明学，县人民法院院长、县人民检察院检察长、县人大常委会各委室及县人民政府有关部门负责人、8处乡镇人大主席团专职常务主席列席会议。

会议期间，听取并审议县农委主任马学明受县人民政府委托所作的《关于贯彻实施〈中华人民共和国农业法〉情况的汇报》；听取并审议县财政局长李应田受县人民政府委托所作的《关于贯彻实施〈中华人民共和国会计法〉情况的汇报》；听取并审议县人民法院院长鲁志所作的《五莲县人民法院关于刑事审判工作情况的汇报》。

会议通过人事任免事项。

**第十二次会议**　1994年11月22日至23日召开。应与会主任、副主任、委员21名，实到21名。县委常委、县政府常务副县长胡德新，县纪委书记许乐生、县人民法院院长、县人民检察院检察长、县人大常委会各委室及县人民政府有关部门负责人、6处乡镇人大主席团专职常务主席列席会议。

会议期间，听取并审议县科委主任娄善清受县人民政府委托所作的《关于贯彻实施〈中华人民共和国科学技术进步法〉情况的汇报》；听取并审议县外经贸委主任张善田受县人民政府委托所作的《关于外经外贸工作情况的汇报》；听取并审议县监察局长周荣兰受县人民政府委托所作的《关于廉政建设工作情况的汇报》；会议听取并审议县公安局长王万起、工商物价局长厉爱宣、土地矿产局长刘茂仁的述职报告。

会议通过人事任免事项。

**第十三次会议**　1995年1月20日召开。应与会主任、副主任、委员21名，实到19名。县人民政府副县长葛明学、县人民法院院长、县人民检察院检察长、县人大常委会委室及县人民政府有关部门负责人列席会议。

会议经过讨论审议，表决通过了《关于召开五莲县第十三届人民代表大会第三次会议的决定》、《关于补选司朝瑞等同志为日照市十三届人大代表的决定》、《关于补选县十三届人大代表的决定》、《关于于里等四乡撤乡设镇后国家机关工作人员变更职务名称的决定》、《关于批准县人民政府“科技兴莲”战略纲要的决定》；议定了人大常委会工作报告和1995年工作要点。

**第十四次会议**　1995年2月27日召开。应与会主任、副主任、委员21名，实到20名。县委常委、县人民政府常务副县长胡德新，县人民法院院长、县人民检察院检察长、县人大常委会各委室及县人民政府有关部门负责人列席会议。

会议议定了县十三届人大三次会议的建议议程、各项建议名单、列席人员和建议日程；审议通过了代表资格审查报告。

会议通过人事任免事项。

**第十五次会议**　1995年4月17日召开。应与会主任、副主任、委员21名，实到18名。

会议期间，听取并审议县工商物价局长厉爱宣受县人民政府委托所作的《关于贯彻实施〈消费者权益保护法〉的情况汇报》；听取并审议县公安局长王万起受县人民政府委托所作的《关于全县社会治安情况的汇报》；会议表决通过了《关于开展人大代表带头致富活动的决定》。

会议通过人事任免事项。

**第十六次会议**　1995年6月14日召开。应与会主任、副主任、委员21名，实到18名。县委常委、县人民政府常务副县长胡德新，县人民法院院长、县人民检察院检察长、县人大常委会各委室及县人民政府有关部门负责人、7 处乡镇人大主席团专职常务主席列席会议。

会议期间，听取并审议县教委主任孙著文受县人民政府委托所作的《关于〈义务教育法〉贯彻落实情况的汇报》；听取并审议县经委主任袁兆亮受县人民政府委托所作的《关于〈工业企业法〉贯彻落实情况的汇报》；听取并审议县人民政府常务副县长胡德新所作的《关于对县十三届人大三次会议上代表所提建议和意见处理情况的汇报》。

会议通过人事任免事项。

**第十七次会议** 1995 年 8 月 15 日召开。应与会主任、副主任、委员 21 名，实到 18 名。县委常委、县人民政府常务副县长胡德新，县人民法院院长、县人民检察院检察长、县人大常委会各委室及县人民政府有关部门负责人、8 处乡镇人大主席团专职常务主席列席会议。

会议期间，听取并审议县计委主任李悦明受县人民政府委托所作的《关于 1995 年上半年国民经济和社会发展计划执行情况的汇报》；听取并审议县财政局局长李应田受县人民政府委托所作的《关于 1995 年上半年财政预算执行情况和下半年工作安排意见的汇报》；听取并审议县总工会主席董福增所作的《关于贯彻实施〈工会法〉情况的汇报》。

**第十八次会议** 1995 年 10 月 16 日至 17 日召开。应与会主任、副主任、委员 21 名，实到 18 名。县人民政府副县长王友远、许先军，县人民法院院长、县人民检察院检察长、县人大常委会各委室及县人民政府有关部门负责人、6 处乡镇人大主席团专职常务主席列席会议。

会议期间，听取并审议县林业局长梁启玉受县人民政府委托所作的《关于五莲县苹果生产情况的汇报》；听取并审议县人民法院院长鲁志所作的《关于告诉申诉审判工作情况的汇报》；会议听取并审议县商贸委主任管恩松、劳动局长阎波、水利局长聂兰兴、民政局局长孙维江的述职报告。

**第十九次会议** 1995 年 11 月 1 日召开。应与会主任、副主任、委员 21 名，实到 17 名。县人民政府县长李志久、县人民法院院长、县人民检察院检察长、县人大常委会各委室及县人民政府有关部门负责人列席会议。

会议表决通过《关于任命李桂玲、何子孔同志为五莲县人民政府副县长的决定》、《关于接受李志久同志辞去五莲县人民政府县长职务和胡德新辞去五莲县人民政府副县长职务的决定》、《关于任命李桂玲同志为五莲县人民政府代理县长的决定》、《五莲县人大常委会关于任命乡镇选举委员会组成人员的决定》；会议讨论议定了各乡镇应选代表名额。

县人民政府代理县长李桂玲、副县长何子孔分别在会上作了表态发言。

**第二十次会议**　1995年12月25日至26日召开。应与会主任、副主任、委员21名，实到19名。县人民政府副县长赵世群、县人民法院院长、县人民检察院检察长、县人大常委会各委室及县人民政府有关部门负责人、8处乡镇人大主席团专职常务主席列席会议。

会议期间，传达学习了日照市第九次党代会精神；听取并审议县乡镇企业局长解直礼受县人民政府委托所作的《关于全县乡镇企业运行情况的汇报》；听取并审议县工商物价局长厉爱宣受县人民政府委托所作的《关于全县个体私营经济发展情况的汇报》；听取并审议县劳动局长阎波受县人民政府委托所作的《关于全县贯彻实施〈中华人民共和国劳动法〉情况的汇报》。

会议通过人事任免事项。

**第二十一次会议**　1996年1月23日召开。应与会主任、副主任、委员21名，实到18名。县人民政府代县长李桂玲、县人民法院院长、县人民检察院检察长、县人大常委会各委室及县人民政府有关部门负责人、3位县人大代表列席。

会议通过了《关于召开五莲县第十三届人民代表大会第四次会议的决定》、《关于补选县十三届人大代表的决定》、《关于补选韩朴明为日照市十三届人大代表的决定》、《关于高泽、石场两乡撤乡设镇的决定》；通过了县人大常委会1996年工作要点；议定了县人大常委会工作报告。

会议通过人事任免事项。

**第二十二次会议**　1996年2月2日召开。应与会主任、副主任、委员21名，实到17名。县人大常委会各委室负责人列席会议。

会议议定了县十三届人民代表大会第四次会建议议程；议定了五莲县第十三届人民代表大会第四次会议主席团、秘书长、常务主席、预算审查委员会、议案审查委员会组成人员建议名单；议定了县十三届人民代表大会第四次会议列席人员；通过了代表资格审查报告；通过了《关于补选县十三届人大代表的决定》。

**第二十三次会议**　1996年4月15日至16日召开。应与会主任、副主任、委员21名，实到20名。县委常委、县人民政府常务副县长何子孔，副县长王有远、县人民法院院长、县人民检察院检察长、县人大常委会各委室及县人民政府有关部门负责人、7处乡镇人大主席团专职常务主席列席会议。

会议传达学习了全国、省八届人大四次会议精神；听取并审议县人民政府关于五莲县依法治县五年规划的汇报，并通过了《关于批准<五莲县依法治县五年规划>的决定》；听取并审议县审计局长杨连群受县人民政府委托所作的《关于贯彻实施<中华人民共和国审计法>情况的汇报》。

会议通过人事任免事项。

**第二十四次会议** 1996年6月13日至14日召开。应与会主任、副主任、委员19名，实到16名。县委常委、县人民政府常务副县长何子孔，副县长李慎芹、刘锋慧，县人民法院院长、县人民检察院检察长、县人大常委会各委室负责人及县人民政府有关部门负责人列席会议。

会议期间，听取并审议县人民政府常务副县长何子孔所作的《关于代表建议和意见办理情况的汇报》；听取并审议县水利局长聂兰兴受县人民政府委托所作的《关于全县贯彻落实<水法>工作情况的汇报》；听取并审议县审计局长杨连群受县人民政府委托所作的《关于五莲县1995年同级财政预算执行和其他财政收支的审计工作报告》；听取并审议县人民检察院检察长郑昭曦所作的《关于打击经济犯罪情况的汇报》；会议审议批准了《五莲县行政事业性收费管理办法》。

会议通过人事任免事项。

**第二十五次会议** 1996年8月15日至16日召开。应与会主任、副主任、委员19名，实到16名。县委常委、县人民政府常务副县长何子孔，副县长王世平，县人民法院院长、县人民检察院检察长、县人大常委会各委室及县人民政府有关部门负责人、9处乡镇人大主席团专职常务主席列席会议。

会议期间，听取并审议县计委主任赵树智受县人民政府委托所作的《关于五莲县1996年上半年国民经济和社会发展计划执行情况的汇报》；听取并审议县财政局长李应田受县人民政府委托所作的《关于五莲县1996年上半年财政预算执行情况和下半年工作安排意见的汇报》；听取并审议县技术监督局长秦树新受县人民政府委托所作的《关于贯彻实施<产品质量法>情况的汇报》；会议审查批准了《五莲县城区市容、环境卫生综合管理规定》；通过了《关于五莲县撤县设市的决定》。

**第二十六次会议** 1996年10月16日至17日召开。应与会主任、副主任、委员19名，实到18名。县人民政府副县长王有远、刘锋慧，县人民法院院长、县人民检察院检察长、县人大常委会各委室及县人民政府有关部门负责人、6处乡镇人大主席团专职常务主席列席会议。

会议期间，传达学习了党的十四届六中全会决议；听取并审议县地税局长滕惠友受县人民政府委托所作的《关于<税收征管法>贯彻实施情况的汇报》；听取并审议县科委主任娄善清受县人民政府委托所作的《关于贯彻执行<中华人民共和国科学技术进步法>情况的汇报》；听取并审议县农业局长葛恩锋受县人民政府委托所作的《关于五莲县"两高一优"农业生产情况的汇报》；听取并审议县司法局长李宗亮受县人民政府委托所作的《关于在全县公民中开展法制宣传教育第三个五年规划的报告》，表决通过了

《关于在全县公民中开展第三个五年法制宣传教育的决议》；会议听取并审议县建委主任厉彦仓、县计生委主任张隆武、县交通局长李应安、县乡镇企业局长解直礼的述职报告。

会议通过人事任免事项。

**第二十七次会议** 1996年12月19日召开。应与会主任、副主任、委员18名，实到15名。县委常委、县人民政府常务副县长何子孔，县人民法院院长、县人民检察院检察长、县人大常委会各委室及县人民政府有关部门负责人、5处乡镇人大主席团专职常务主席列席会议。

会议期间，听取并审议县统计局长范丰香受县人民政府委托所作的《关于贯彻实施<中华人民共和国统计法>情况汇报》；听取并审议县人民法院副院长冠相主所作的《关于执行工作情况汇报》。

会议通过人事任免事项。

**第二十八次会议** 1996年12月30日召开。应与会主任、副主任、委员18名，实到16名。县人民法院院长、县人民检察院检察长列席会议。

会议根据县人民检察院的提请，决定暂时停止卜凡新履行代表职务。

**第二十九次会议** 1997年1月6日召开。应与会主任、副主任、委员18名，实到17名。县人民政府县长李桂玲、县人民法院院长、县人民检察院检察长、县人大常委会各委室负责人列席会议。

会议通过了《五莲县人大常委会关于召开五莲县第十三届人民代表大会第五次会议的决定》和《五莲县人大常委会关于补选五莲县第十三届人民代表大会代表的决定》。

会议通过人事任免事项。

**第三十次会议** 1997年1月27日召开。应与会主任、副主任、委员18名，实到16名。县人民法院院长、县人民检察院检察长、县人大常委会各委室负责人、县人民政府办公室负责人列席会议。

会议通过《关于调整五莲县人大常委会代表资格审查委员会成员的决定》；议定县人大常委会工作报告；通过县人大常委会1997年工作要点；议定县十三届人大五次会议议程和日程、各项建议名单、列席人员范围；通过五莲县人大常委会代表资格审查委员会关于代表资格的审查报告；补选日照市十三届人大代表。

**第三十一次会议** 1997年3月18日召开。应与会主任、副主任、委员23名，实到20名。县委常委、县人民政府常务副县长何子孔，县人民法院院长、县人民检察院检察长、县人大常委会各委室负责人、县人民政府办公室负责人列席会议。

会议通过人事任免事项。

**第三十二次会议** 1997年4月18日召开。应与会主任、副主任、委员23名，实到22名。县委常委、县人民政府常务副县长何子孔，县人民法院院长、县人民检察院检察长、县人大常委会各委室负责人、县人民政府有关部门负责人、7处乡镇人大主席列席会议。

会议听取并审议县土地管理局局长刘茂仁受县人民政府委托所作的《贯彻落实〈土地管理法〉情况的汇报》。

会议通过人事任免事项。

**第三十三次会议** 1997年6月24日召开。应与会主任、副主任、委员23名，实到22名。县委常委、县人民政府常务副县长何子孔，县人民法院院长、县人民检察院检察长、县人大常委会各委室负责人、县人民政府有关部门负责人、6处乡镇人大主席列会议。

会议期间，听取并审议县人民政府常务副县长何子孔所作的《关于在县十三届人大五次会议上代表所提建议和意见办理情况的汇报》；听取并审议县人民政府关于《五莲县行政事业性收费管理办法》实施情况的汇报；听取并审议县审计局长杨连群受县人民政府委托所作的《关于五莲县1996年同级财政预算执行和其它财政收支情况的审计工作报告》。

**第三十四次会议** 1997年8月21日召开。应与会主任、副主任、委员23名，实到22名。县委常委、县人民政府常务副县长何子孔，县人民法院院长、县人民检察院检察长、县人大常委会各委室负责人、县人民政府有关部门负责人、6处乡镇人大主席列席会议。

会议期间，听取并审议县计划委员会主任赵树智受县人民政府委托所作的《关于五莲县1997年上半年国民经济和社会发展计划执行情况的汇报》；听取并审议县财政局长李应田受县人民政府委托所作的《关于1997年上半年财政预算执行情况和下半年财政工作安排意见的汇报》；听取并审议县公安局长张永善受县人民政府委托所作的《关于全县社会治安工作情况的汇报》。

**第三十五次会议** 1997年10月29日召开。应与会主任、副主任、委员23名，实到22名。县委常委、县人民政府常务副县长何子孔，副县长袁兆亮、县人民法院院长、县人民检察院检察长、县人大常委会各委室负责人及县人民政府有关部门负责人、6处乡镇人大主席列席会议。

会议期间，听取并审议县人民法院院长鲁志作所作的《关于行政审判工作情况的汇报》；听取并审议县经委主任刘兆亮、县农业局局长葛恩锋、县环保局局长彭培玉、县司法局局长李宗亮的述职报告；会议表决通过了《关于1998年县级人大换届选举工作安排意见》、《关于五莲县第十四届人民代表大会代表名额和选举问题的决定》、《关于调整五莲县选举委员会组成人员的决定》。

会议通过人事任免事项。

**第三十六次会议**　1997年12月24日召开。应与会主任、副主任、委员22名，实到20名。县人民政府副县长王连友、县人民法院院长、县人民检察院检察长、县人大常委会各委室负责人、县人民政府有关部门负责人列席会议。

会议期间，听取并审议县教委主任孙著文受县人民政府委托所作的《关于贯彻实施〈教师法〉情况的汇报》；听取并审议县人民检察院检察长郑昭曦所作的《关于反贪污贿赂工作情况的汇报》；讨论议定县人大常委会工作报告。

会议通过人事任免事项。

**第三十七次会议**　1998年1月6日召开。应与会主任、副主任、委员22名，实到18名。县人民政府副县长、县人民法院院长、县人民检察院检察长、县人大常委会各委室负责人、县人民政府办公室负责人列席会议。

会议表决通过《关于召开县十四届人民代表大会第一次会议的决定》；表决通过《关于五莲县十四届人民代表大会代表资格的审查报告》；议定县十四人大一次会议的议程、日程及各项建议名单；讨论决定县十四届人大一次会议列席人员范围。

## 第六节　五莲县第十四届人大常委会会议

(1998.01—2003.01)

**第一次会议**　1998年1月18日召开。应与会主任、副主任、委员21名，实到21名。县人民政府副县长王连友、县人民法院院长、县人民检察院检察长、县人大常委会委室负责人、县人民政府办公室负责人、各乡镇人大主席列席会，邀请县委组织部、宣传部负责人列席会议。

会上，县委书记张振川讲话，充分肯定了县人大及其常委会的作用和贡献，提出了新形势下人大工作的任务和要求，并就进一步加强和改善党对人大工作的领导提出了意见。

县人大常委会主任李桂玲在会上讲话，指出要明确面临的形势和任务，增强做好人大工作的责任感；要加强自身建设，不断提高人大常委会工作的质量和水平；要正确处理“四个关系”，推动人大工作再上新水平。

会议表决通过了《五莲县人大常委会1998年工作计划要点》。

会议通过人事任免事项。

**第二次会议** 1998年4月21日召开。应与会主任、副主任、委员20名，实到19名。县人民政府副县长王连友、县人民法院院长、县人民检察院检察长、县人大常委会各委室负责人、县人民政府有关部门负责人、6处乡镇人大主席列席会议。

会议期间，听取并审议县地税局长滕惠友受县人民政府委托所作的《关于〈税收征收管理法〉执行情况的汇报》；听取并审议县地矿局长岳思文受县人民政府委托所作的《关于〈矿产资源法〉贯彻实施情况的汇报》；听取并审议县计划委员会主任赵树智受县人民政府委托所作的《关于调整1998年国民经济和社会发展计划几个主要指标的汇报》；修改并通过《五莲县人大常委会规范性文件》；表决通过《五莲县人大常委会关于加强自身建设的决定》。

会议通过人事任免事项。

**第三次会议** 1998年6月16日召开。应与会主任、副主任、委员20名，实到20名。县人民政府副县长刘祥亮，县人民法院院长、县人民检察院检察长、县人大常委会各委室负责人、县人民政府有关部门负责人、6处乡镇人大主席列席会议。

会议期间，听取并审议县人民政府副县长刘祥亮所作的《关于在县十四届人大一次会议上代表所提建议和意见办理情况的汇报》；听取并审议县审计局长杨连群受县人民政府委托所作的《关于五莲县1997年本级预算执行和其它财政收支情况的审计工作报告》；会议通过了《关于任命县十四届人大常委会代表资格审查委员会的决定》。

**第四次会议** 1998年7月3日召开。应与会主任、副主任、委员20名，实到17名。

会议通过《五莲县人大常委会关于依法罢免厉彦仓日照市十四届人大代表职务的决定》。

**第五次会议** 1998年8月18日召开。应与会主任、副主任、委员20名，实到20名。县人民政府副县长王连友、县人民法院院长、县人民检察院检察长、县人大常委会各委室负责人、县人民政府有关部门负责人、6处乡镇人大主席列席会议。县政协副主席王京津应邀列席会议。

会议期间，听取并审议县计划委员会主任赵树智受县人民政府委托所作的《关于五莲县1998年上半年国民经济和社会发展计划执行情况的汇报》；听取并审议县财政局长李应田受县人民政府委托所作的《关于1998年上半年财政预算执行情况和下半年工作安排意见的汇报》；听取并审议《关于工业企业经济运行情况的汇报》；听取并审议《关于编制〈五莲山风景名胜区总体规划〉情况说明的汇报》；会议通过《关于批准〈五莲山风景名胜区总体规划〉的决定》。

会议通过人事任免事项。

**第六次会议** 1998 年 10 月 20 日召开。应与会主任、副主任、委员 20 名，实到 20 名。县人民政府副县长王连友、县人民法院院长、县人民检察院检察长、县人大常委会各委室负责人、县人民政府有关部门负责人、6 处乡镇人大主席列席会议。县政协副主席王京津应邀列席会议。

会议期间，传达了省委书记吴官正、省人大常委会主任赵志浩在第十期全省地方人大工作研讨班上的讲话精神；听取并审议县人民政府《关于全县个体私营经济发展情况的汇报》；听取并审议县司法局长李宗亮受县人民政府委托所作的《1998 年全县普法依法治理工作情况汇报》；听取并审议县人民法院院长鲁志所作的《关于民事审判工作情况的汇报》。

会议通过人事任免事项。

**第七次会议** 1998 年 12 月 17 日召开。应与会主任、副主任、委员 20 名，实到 17 名。县人民政府副县长毛秀玲、县人民法院院长、县人民检察院检察长、县人大常委会各委室负责人、县人民政府有关部门负责人列席会议。

会议期间，听取并审议县教委副主任谢志刚受县人民政府委托所作的《关于贯彻实施〈义务教育法〉情况的汇报》；听取并审议县人民检察院检察长秦泗顺所作的《刑事侦察工作情况的汇报》。

**第八次会议** 1999 年 1 月 13 日召开。应与会主任、副主任、委员 20 名，实到 20 名。县人民政府副县长王连友、县人民法院院长、县人民检察院检察长、县人大常委会各委室负责人、县人民政府办公室负责人列席会议。县政协副主席王京津应邀列席会议。

会议表决通过关于召开县十四届人大二次会议的决定；通过县人大常委会 1999 年工作要点；表决通过补选县十四届人大代表的决定；补选秦泗顺、王建国、李惠敏为日照市第十四届人大代表。

会议通过人事任免事项。

**第九次会议** 1999 年 2 月 2 日召开。应与会主任、副主任、委员 17 名，实到 17 名。县人民政府副县长王连友、县人民法院院长、县人民检察院检察长、县人大常委会各委室负责人列席会议。县委组织部负责人、县政协副主席王京津应邀列席会议。

会议讨论审议五莲县人大常委会工作报告；议定县十四届人大二次议议程和日程；议定县十四届人大二次会议各项建议名单；决定县十四届人大二次会议列席人员范围；通过代表资格审查委员会关于代表资格的审查报告。

会议通过人事任免事项。

**第十次会议** 1999 年 4 月 21 日召开。应与会主任、副主任、委员 20 名，实到 15

名。县人民政府副县长王连友、县人民法院院长、县人民检察院检察长、县人大常委会各委室负责人、县政府办公室负责人、县建委负责人、6处乡镇人大主席列席会议。

会议期间，听取并审议县建委主任王建国受县人民政府委托所作的《关于〈城市规划法〉贯彻实施情况的汇报》；表决通过《五莲县人大常委会关于1999年度对县政府8个部门主要负责人进行述职评议的决定》和《五莲县人大常委会关于对部分县政府组成人员进行述职评议的意见》。

会议通过人事任免事项。

**第十一次会议** 1999年6月16日召开。应与会主任、副主任、委员20名，实到19名。县人民政府副县长王连友、县人民法院院长、县人民检察院检察长、县人大常委会各委室负责人、县人民政府有关部门负责人、6处乡镇人大主席列席会议。县政协副主席王京津应邀列席会议。

会议期间，听取并审议县长助理、县财政局局长李应田受县人民政府委托所作的《关于五莲县1998年财政决算情况的报告》；听取并审议县审计局长杨连群受县人民政府委托所作的《五莲县1998年本级预算执行和其它财务收支情况的审计工作报告》；听取并审议县人民政府副县长王连友所作的《关于在县十四届人大二次会议上代表所提建议和意见办理情况的汇报》；审议通过了《关于五莲县1998年财政决算的决议》。

会议通过人事任免事项。

**第十二次会议** 1999年8月18日召开。应与会主任、副主任、委员20名，实到17名。县委常委、县人民政府常务副县长李慎芹，县人民法院院长、县人民检察院检察长、县人大常委会各委室负责人、县人民政府有关部门负责人、4处乡镇人大主席列席会议。县政协副主席王京津应邀列席会议。

会议期间，听取并审议县计划委员会主任赵树智受县人民政府委托所作的《关于五莲县1999年上半年国民经济和社会发展计划执行情况的汇报》；听取并审议县长助理、县财政局长李应田受县人民政府委托所作的《关于1999年上半年财政预算执行情况和下半年工作安排意见的汇报》。

会议通过人事任免事项。

**第十三次会议** 1999年10月19日召开。应与会主任、副主任、委员20名，实到20名。县人民政府副县长王连友、县人民法院院长、县人民检察院检察长、县人大常委会各委室负责人、县政府办公室负责人、4处乡镇人大主席列席会议。县政协副主席王京津应邀列席会议。

会议期间，听取并审议县人民法院院长鲁志所作的《关于〈刑事诉讼法〉执行情况的汇报》；听取并审议县人民检察院检察长秦泗顺所作的《实施修订后的刑诉法情况汇报》；听取并审议县公安局长张永善所作的《关于贯彻执行〈刑事诉讼法〉情况的汇报》。

会议通过人事任免事项。

**第十四次会议** 2000年1月7日召开。应与会主任、副主任、委员20名，实到20名。县人民政府副县长王连友、县人民法院院长、县人民检察院检察长、县人大常委会各委室负责人、县人民政府有关部门负责人、各乡镇人大主席列席会议。县长黄金华、县委副书记崔亮、县纪委书记李建法、县政协副主席王京津应邀出席会议。

会议期间，接受黄金华辞去五莲县人民政府县长职务的请求，任命崔亮为县人民政府副县长、代理县长；会议听取并审议县经委、教委、建委、财政局、民政局、劳动局、公安局、水利局8个政府部门主要负责人的述职报告。

**第十五次会议** 2000年2月16日召开。应与会主任、副主任、委员20名，实到14名。县人民政府副县长王连友、县人民法院院长、县人民检察院检察长、县人大常委会各委室负责人列席会议。县政协副主席王京津应邀列席会议。

会议期间，讨论修改县人大常委会工作报告；表决通过五莲县人大常委会代表资格审查委员会关于代表资格的审查报告；通过县十四届人大三次会议各项建议名单；决定县十四届人大三次会议列席人员范围；通过县十四届人大三次会议议程和日程。

**第十六次会议** 2000年4月18日召开。应与会主任、副主任、委员22名，实到16名。县委常委、县人民政府常务副县长李慎芹，县人民法院院长、县人民检察院检察长、县人大常委会各委室负责人、县人民政府有关部门负责人、4处乡镇人大主席和部分市县人大代表列席会议。

会议听取并审议了县房管局局长王立选受县人民政府委托所作的《关于全县房地产管理和住房制度改革情况的汇报》。

**第十七次会议** 2000年6月13日召开。应与会主任、副主任、委员22名，实到19名。县人民政府副县长王连友、县人民法院院长、县人民检察院检察长、县人大常委会各委室负责人、县人民政府有关部门负责人、4处乡镇人大主席列席会议。县政协副主席王京津应邀列席会议。

会议期间，听取并审议县审计局局长杨连群受县人民政府委托所作的《五莲县1999年本级财政预算执行和其它财政收支情况的审计工作报告》；听取并审议县长助理、县财政局长李应田受县人民政府委托所作的《关于五莲县1999年财政决算情况的报告》。

会议通过人事任免事项。

**第十八次会议** 2000年8月9日召开。应与会主任、副主任、委员22名，实到20

名。县人民政府副县长王连友、县人民法院院长、县人民检察院检察长、县人大常委会各委室负责人、县人民政府有关部门负责人、4处乡镇人大主席列席会议。县政协副主席王京津应邀列席会议。

会议期间，听取并审议县计划委员会主任赵树智受县人民政府委托所作的《关于五莲县2000年上半年国民经济和社会发展计划执行情况的汇报》；听取并审议县长助理、县财政局长李应田受县人民政府委托所作的《关于2000年上半年财政预算执行情况和下半年财政工作安排意见的汇报》；听取并审议县经委《关于县属工业经济运行情况的汇报》；听取并审议县人民政府副县长王连友所作的《关于对县十四届人大三次会议代表所提建议和意见办理情况的汇报》。

**第十九次会议** 2000年10月13日召开。应与会主任、副主任、委员22名，实到20名。县人民政府副县长王连友、县人民法院院长、县人民检察院检察长、县人大常委会各委室负责人、县人民政府有关部门负责人、4处乡镇人大主席列席会议。县政协副主席王京津应邀列席会议。

会议期间，听取并审议县教委主任孙著文受县人民政府委托所作的《关于贯彻实施〈中华人民共和国义务教育法〉情况的汇报》；听取并审议县人民法院院长卜宪博所作的《关于经济审判工作情况的汇报》；听取并审议县人民检察院检察长秦泗顺所作的《关于打击经济犯罪工作情况的汇报》。

会议通过人事任免事项。

**第二十次会议** 2001年1月11日召开。应与会主任、副主任、委员22名，实到20名。县人民政府副县长王连友、县人民法院院长、县人民检察院检察长、县人大常委会各委室负责人、县人民政府有关部门负责人列席会议。县政协副主席王京津应邀列席会议。

会议期间，表决通过《关于召开县十四届人大四次会议的决定》、《关于补选县十四届人大代表的决定》；讨论通过县人大常委会2001年工作要点；讨论并修改县人大常委会工作报告；议定县十四届人大四次会议的有关事项。

**第二十一次会议** 2001年1月12日召开。应与会主任、副主任、委员22名，实到22名。县人民政府副县长王世平、县人民法院院长、县人民检察院检察长、县人大常委会各委室负责人列席会议。县政协副主席马学明应邀列席会议。

会议通过县人大常委会代表资格审查委员会关于代表资格的审查报告。

会议通过人事任免事项。

**第二十二次会议** 2001年2月21日召开。应与会主任、副主任、委员24名，实到20名。县委副书记、县人民政府常务副县长李慎芹，县人民法院院长、县人民检察院检察长、县人大常委会各委室负责人列席会议。

会议通过《关于接受葛明学、崔照美、门奎禄辞去县人大常委会副主任，胡靖辞去县人大常委会委员职务的决定》。

**第二十三次会议** 2001年3月16日召开。应与会主任、副主任、委员20名，实到18名。县人民政府副县长王连友、县人民法院院长、县人民检察院检察长、县人大常委会各委室负责人、4处乡镇的人大主席列席会议。

会议听取并审议县建委关于贯彻实施《中华人民共和国城市规划法》情况的汇报。

会议通过人事任免事项。

**第二十四次会议** 2001年6月21日召开。应与会主任、副主任、委员20名，实到18名。县委副书记、县人民政府常务副县长李慎芹，县人民法院院长、县人民检察院检察长、县人大常委会各委室负责人、县人民政府有关部门负责人、4处乡镇人大主席列席会议。

会议期间，听取并审议县人民政府常务副县长李慎芹所作的《关于对县十四届人大四次会议代表所提建议和意见办理情况的汇报》；听取并审议县财政局长赵子峰受县人民政府委托所作的《关于五莲县2000年财政决算情况的报告》；听取并审议县审计局长王建国所作的《五莲县2000年度本级财政预算执行和其他财政收支情况的审计工作报告》；听取并审议县劳动和社会保障局《关于全县社会养老保险费缴纳和下岗职工基本生活保障工作情况的汇报》；表决通过了《关于五莲县2000年财政决算的决议》。

**第二十五次会议** 2001年8月22日召开。应与会主任、副主任、委员20名，实到20名。县委副书记、县人民政府常务副县长李慎芹，县人民法院院长、县人民检察院检察长、县人大常委会各委室负责人、县人民政府有关部门负责人列席会议。县政协副主席马学明应邀列席会议。

会议期间，听取并审议县计委主任王荣臻受县人民政府委托所作的《关于五莲县2001年上半年国民经济和社会发展计划执行情况的汇报》；听取并审议县财政局长赵子峰受县人民政府委托所作的《关于2001年上半年财政预算执行情况和下半年财政工作安排意见的汇报》；听取并审议县司法局长李宗亮受县人民政府委托所作的《五莲县关于在公民中开展法制宣传教育的第四个五年（2001–2005）规划（草案）、五莲县关于依法治县第二个五年（2001–2005）规划（草案）的情况汇报》；会议通过了《关于在公民中开展法制宣传教育第四个五年规划的决议》、《关于实施依法治县第二个五年规划的决议》。

会议通过人事任免事项。

**第二十六次会议** 2001年11月8日召开。应与会主任、副主任、委员20名，实到

20名。县委副书记、县人民政府常务副县长李慎芹，县人民法院院长、县人民检察院检察长、县人大常委会各委室负责人、县人民政府各部门主要负责人、各乡镇人大主席和部分县人大代表列席会议。会议邀请县委书记黄金华、县委副书记李建法、县纪委书记王连友、县委组织部长汲广成、县政协副主席马学明参加会议。

会议听取并审议了县林业局长梁启玉、县卫生局长潘振福、县统计局长王平、县计生委主任张隆武所作的述职报告。

县委书记黄金华、县人大常委会主任李桂玲分别在会上讲话。

**第二十七次会议** 2001年12月27日召开。应与会主任、副主任、委员20名，实到20名。县委副书记、县人民政府常务副县长李慎芹，县人民法院院长、县人民检察院检察长、县人大常委会各委室负责人、县人民政府办公室负责人列席会议。县政协副主席马学明应邀列席会议。

会议期间，听取并审议县人民法院院长卜宪博所作的《关于执行工作情况的汇报》；县人民检察院检察长秦泗顺所作的《关于刑事检察工作情况的汇报》。

**第二十八次会议** 2002年1月23日召开。应与会主任、副主任、委员20名，实到18名。县委副书记、县人民政府常务副县长李慎芹，县人民法院院长、县人民检察院检察长、县人大常委会各委室负责人、县人民政府办公室负责人列席会议。县政协副主席马学明应邀列席会议。

会议审议通过《关于2002年全县乡镇人民代表大会换届选举的决定》、《关于2002年全县乡镇人大换届工作安排意见》、《关于任命各乡镇选举委员会组成人员的决定》；通过县人大常委会2002年工作要点；讨论修改县人大常委会工作报告；议定县十四届人大五次会议有关事宜。

会议补选李守民、张永霞为日照市第十四届人大代表。

**第二十九次会议** 2002年4月16日召开。应与会主任、副主任、委员22名，实到22名。县委副书记、县人民政府常务副县长李慎芹，县人民法院院长、县人民检察院检察长、县人大常委会各委室负责人、县人民政府有关部门负责人、4处乡镇人大主席列席会议。县政协副主席马学明应邀列席会议。

会议期间，听取并审议县工商局长兰启云所作的《关于工商行政管理和执法工作情况的汇报》；听取并审议县司法局关于“四五”普法活动的情况汇报。

**第三十次会议** 2002年6月21日召开。应与会主任、副主任、委员22名，实到19名。县委副书记、县人民政府常务副县长李慎芹，县人民法院院长、县人民检察院检察长、县人大常委会各委室负责人、县人民政府有关部门负责人、4处乡镇人大主席列席会议。县政协副主席马学明应邀列席会议。

会议期间，听取并审议县财政局长赵子峰受县人民政府委托所作的《关于2001年财政决算情况的汇报》，通过了《关于五莲县2001年财政决算的决议》；听取并审议县审计局长王建国受县人民政府委托所作的《关于2001年度县级预算执行和其他财政收支情况的审计工作报告》；听取并审议县人民政府常务副县长李慎芹所作的《关于对县十四届人大五次会议代表所提建议和意见办理情况的汇报》。

会议通过人事任免事项。

**第三十一次会议** 2002年8月2日召开。应与会主任、副主任、委员22名，实到20名。县委副书记、县人民政府常务副县长李慎芹，县人民法院副院长、县人民检察院检察长、县人大常委会各委室负责人、县人民政府有关部门负责人、4处乡镇人大主席列席会议。县政协副主席马学明应邀列席会议。

会议期间，听取并审议县发展计划局长王荣臻受县人民政府委托所作的《关于五莲县2002年上半年国民经济和社会发展计划执行情况的汇报》；听取并审议县财政局长赵子峰受县人民政府委托所作的《关于2002年上半年财政预算执行情况和下半年财政工作安排意见的汇报》；听取并审议县经贸局关于2002年上半年工业工作情况的汇报。

会议通过人事任免事项

**第三十二次会议** 2002年11月13日召开。应与会主任、副主任、委员22名，实到22名。县委副书记、县人民政府常务副县长李慎芹，县人民法院院长、县人民检察院检察长、县人大常委会各委室负责人、县政府有关部门的主要负责人列席会议。县委副书记李建法、县纪委书记王连友、县委组织部长汲广成出席会议。

会议期间，听取并审议了县公安局长孙世和、县交通局长姜敏、县环保局长朱伟的述职报告；会议表决通过《关于五莲县第十五届人民代表大会代表名额和选举办法的决定》、《关于2003年县级人大换届选举工作的安排意见》。

县委副书记李建法、县人大常委会主任李桂玲分别在会上讲话。

会议通过人事任免事项。

**第三十三次会议** 2003年1月2日召开。应与会主任、副主任、委员22名，实到22名。县委副书记、县人民政府常务副县长李慎芹，县人民法院院长、县人民检察院检察长、县人大常委会各委室负责人、县人民政府办公室负责人列席会议。县长崔亮、县政协副主席马学明应邀列席会议。

会议决定任命王勇为五莲县人民政府副县长、代理县长，牟军善为五莲县人民政府副县长。会议决定接受崔亮辞去县人民政府县长职务的请求，免去李慎芹、王世平五莲县人民政府副县长职务。决定接受秦泗顺辞去五莲县人民检察院检察长职务的请求，决定任命申志刚为五莲县人民检察院副检察长、代理检察长。

**第三十四次会议** 2003年1月10日召开。应与会主任、副主任、委员22名，实到22名。县人民政府副县长毛秀玲、县人民法院院长、县人民检察院代检察长、县人大常委会各委室负责人、县人民政府办公室负责人列席会议。

会议通过了《关于召开县十五届人大第一次会议的决定》；表决通过县人大常委会代表资格审查委员会关于代表资格审查的报告；讨论并修改县人大常委会工作报告；议定县十五届人大第一次会议有关事宜。

## 第七节　五莲县第十五届人大常委会会议

（2003.01—2007.12）

**第一次会议** 2003年2月12日召开。应与会主任、副主任、委员20名，实到18名。县委常委、县人民政府常务副县长戴召田、县人民法院院长、县人民检察院检察长、县人大常委会各委室负责人、县人民政府办公室负责人列席会议。县政协副主席董福增应邀列席会议。

会议期间，讨论通过《五莲县人大常委会关于加强自身建设的决定》和新一届人大常委会各项规章制度；通过了《关于任命县十五届人大常委会代表资格审查委员会组成人员的决定》。

会议通过人事任免事项。

**第二次会议** 2003年3月18日召开。应与会主任、副主任、委员20名，实到20名。县委常委、县人民政府常务副县长戴召田、县人民法院院长、县人民检察院检察长、县人大常委会各委室负责人、县人民政府各组成部门负责人列席会议。县政协副主席董福增应邀列席会议。

会议期间，学习了《五莲县人大常委会人事任免办法》、《五莲县人大常委会对被提请任命干部进行法律知识考试办法》；会议任命了县人民政府23个部门的主任、局长。

**第三次会议** 2003年4月23日召开。应与会主任、副主任、委员20名，实到20名。县委常委、县人民政府常务副县长戴召田、县人民法院院长、县人民检察院检察长、县人大常委会各委室负责人、县人民政府办公室负责人列席会议。县政协副主席董福增应邀列席会议。

会议期间，听取并审议县人民银行行长张崇娟所作的《关于<中国人民银行法>贯彻执行情况的汇报》；听取并审议县人民法院院长卜宪博所作的《关于<行政诉讼法>贯彻实施情况的汇报》。

会议通过人事任免事项。

**第四次会议** 2003年6月30日召开。应与会主任、副主任、委员20名，实到20名。县委常委、县人民政府常务副县长戴召田、县人民法院院长、县人民检察院检察长、县人大常委会各委室负责人、县人民政府各有关部门负责人、4处乡镇人大副主席列席会议。县政协副主席董福增应邀列席会议。

会议期间，听取并审议县审计局长王建国受县人民政府委托所作的《关于2002年度县级财政预算执行和其他财政收支情况的审计工作报告》；听取并审议财政局长赵子峰受县人民政府委托所作的《关于五莲县2002年财政决算的报告》，通过了《关于五莲县2002年财政决算的决议》；听取并审议县人民政府常务副县长戴召田所作的《关于县十五届人大一次会议代表建议和意见办理情况的汇报》。

**第五次会议** 2003年8月19日召开。应与会主任、副主任、委员20名，实到20名。县委常委、县人民政府常务副县长戴召田、县人民法院院长、县人民检察院检察长、县人大常委会各委室负责人、县人民政府有关部门负责人、4处乡镇人大副主席列席会议。县政协副主席董福增应邀列席会议。

会议期间，听取并审议发展计划局长王荣臻受县人民政府委托所作的《关于五莲县2003年上半年国民经济和社会发展计划执行情况的汇报》；听取并审议县财政局局长赵子峰受县人民政府委托所作的《关于2003年上半年财政预算执行情况的汇报》；听取并审议县经贸局长陈修学受县人民政府委托所作的《关于1至7月份工业经济运行情况的汇报》；经过审议，提出了《关于2003年上半年计划、财政预算执行情况的审议意见》。

**第六次会议** 2003年10月16日召开。应与会主任、副主任、委员20名，实到20名。县人民政府副县长牟军善、县人民法院院长、县人民检察院检察长、县人大常委会各委室负责人、县人民政府有关部门负责人、4处乡镇人大副主席列席会议。县政协副主席董福增应邀列席会议。

会议期间，听取并审议县招商局长孙福全受县人民政府委托所作的《全县招商引资工作情况汇报》。

会议通过人事任免事项。

**第七次会议** 2003年12月25日召开。应与会主任、副主任、委员20名，实到20名。县人民政府副县长毛秀玲、县人民法院院长、县人民检察院检察长、县人大常委会各委室负责人、县人民政府有关部门负责人、县残联负责人、4处乡镇人大副主席列席会议。县政协副主席杨连群应邀列席会议。

会议期间，听取并审议县人民政府关于提请对五莲县城市总体规划进行审议的报告；听取并审议县教育局长孙著文受县人民政府委托所作的《关于贯彻落实<中华人民共和国义务教育法>情况的汇报》；听取并审议县残联理事长汪宣堂所作的《关于<残疾人保障法>贯彻落实情况的汇报》。

会议通过《关于同意五莲县城市总体规划的决定》、《关于补选县十五届人大代表的决定》。

会议通过人事任免事项。

**第八次会议** 2004年1月7日召开。应与会主任、副主任、委员20名，实到20名。县委常委、县人民政府常务副县长戴召田、县人民法院院长、县人民检察院检察长、县人大常委会各委室负责人、县人民政府办公室负责人列席会议。县政协副主席董福增应邀列席会议。

会议期间，通过了关于召开县十五届人大二次会议的决定；表决通过县人大常委会代表资格审查委员会关于代表资格审查报告；议定县十五届人大二次会议有关事宜；讨论并修改了县人大常委会工作报告；通过县人大常委会2004年工作计划要点；通过补选市十五届人大代表的决定。

**第九次会议** 2004年3月9日召开。应与会主任、副主任、委员20名，实到20名。县人民政府副县长李应田、县人民法院院长、县人民检察院检察长、县人大常委会各委室负责人、县人民政府有关部门负责人、4处乡镇人大副主席列席会议。县政协副主席董福增应邀列席会议。

会议期间，听取并审议人民银行五莲支行副行长高飞所作的《关于2003年度金融工作情况的汇报》；听取并审议县人事局长朱连周受县人民政府委托所作的《全县贯彻实施<国家公务员暂行条例>情况的汇报》；听取并审议县农业局长赵百顺受县人民政府委托所作的《贯彻实施<农村土地承包法>工作情况汇报》。

**第十次会议** 2004年6月15日召开。应与会主任、副主任、委员20名，实到19名。县委常委、县人民政府常务副县长戴召田，县人民法院院长、县人民检察院检察长、县人大常委会各委室负责人、县人民政府有关部门负责人、4处乡镇人大副主席列席会议。县政协副主席董福增应邀列席会议。

会议期间，听取并审议县财政局长惠鑫受县人民政府委托所作的《关于五莲县2003年财政决算的报告》；听取并审议县审计局长王建国受县人民政府委托所作的《关于2003年度县级预算和其他财政收支的审计工作报告》；听取并审议县人民政府常务副县长戴召田所作的《关于县十五届人大二次会议代表建议和意见办理情况的汇报》；听取并审议县经贸局长陈修学所作的《2004年1—5月份工业经济运行情况汇报》；会议通过《关于五莲县2003年财政决算的决议》。

**第十一次会议** 2004年8月12日召开。应与会主任、副主任、委员20名，实到20名。县委常委、县人民政府常务副县长戴召田、县人民法院院长、县人民检察院检察长、县人大常委会各委室负责人、县人民政府有关部门负责人、4处乡镇人大副主席列席会议。

会议期间，听取并审议县发展计划局长王荣臻受县人民政府委托所作的《关于五莲县2004年上半年国民经济和社会发展计划执行情况的汇报》；听取并审议县财政局长惠鑫受县人民政府委托所作的《关于五莲县2004年上半年财政预算执行情况的汇报》；听取并审议县人民检察院检察长申志刚所作的《关于查办和预防职务犯罪工作情况的汇报》；听取并审议县城乡建设局局长姜敏受县人民政府委托所作的《关于<城市规划法>贯彻实施情况的汇报》。

会议通过人事任免事项。

**第十二次会议** 2004年12月14日召开。应与会主任、副主任、委员20名，实到19名。县人民政府副县长李应田、县人民法院院长、县人民检察院检察长、县人大常委会各委室负责人、县盐务局长、4处乡镇人大副主席列席会议。县政协副主席董福增应邀列席会议。

会议期间，听取并审议县人民法院关于民事审判工作情况的汇报；听取并审议县盐务局长钱洪家所作的《关于<山东省盐业管理条例>贯彻实施情况报告》；听取县委常委、县委政法委书记刘祥亮所作的《"平安五莲"建设工作情况通报》。

会议通过关于补选县十五届人大代表的决定。

**第十三次会议** 2005年1月18日召开。应与会主任、副主任、委员20名，实到19名。县人民政府副县长秦杰、县人民法院院长、县人民检察院检察长、县人大常委会各委室负责人列席会议。县政协副主席董福增应邀列席会议。

会议期间，审议通过县人大常委会2005年工作计划要点；审议通过关于召开县十五届人大三次会议的决定；审议通过代表资格审查委员会关于代表资格审查报告；通过县十五届人大三次会议各项建议名单、建议议程、建议日程，确定列席人员范围；讨论修改县人大常委会工作报告。

**第十四次会议** 2005年4月8日召开。应与会主任、副主任、委员21名，实到18名。县人民政府副县长李应田、县人民法院院长、县人民检察院检察长、县人大常委会各委室负责人、县人民政府有关部门负责人、4处乡镇人大副主席列席会议。县政协副主席董福增应邀列席会议。

会议期间，听取并审议县劳动和社会保障局局长王建华受县人民政府委托所作的

《关于贯彻实施<中华人民共和国劳动法>情况的汇报》；听取并审议县人民检察院检察长申志刚所作的《检察队伍建设情况的汇报》。

会议通过人事任免事项。

**第十五次会议** 2005年6月9日召开。应与会主任、副主任、委员21名，实到21名。县人民政府副县长秦杰、县人民法院院长、县人民检察院检察长、县人大常委会各委室负责人、县人民政府有关部门负责人、4处乡镇人大副主席列席会议。县政协副主席杨连群应邀列席会议。

会议期间，听取并审议县审计局局长王建国受县人民政府委托所作的《关于2004年度县级预算和其他财政收支情况的审计工作报告》；听取并审议县财政局局长惠鑫受县人民政府委托所作的《关于五莲县2004年财政决算的报告》，会议审查批准这个报告，并通过《关于五莲县2004年财政决算的决议》。

**第十六次会议** 2005年8月12日召开。应与会主任、副主任、委员21名，实到21名。县人民政府副县长李应田、县人民法院院长、县人民检察院检察长、县人大常委会各委室负责人、4处乡镇人大副主席列席会议。县政协副主席董福增应邀列席会议。

会议期间，听取并审议县发展计划局局长王荣臻受县人民政府委托所作的《关于五莲县2005年上半年国民经济和社会发展计划执行情况的汇报》；听取并审议县财政局局长惠鑫受县人民政府委托所作的《关于2005年上半年财政预算执行情况的报告》；听取并审议县经贸局局长陈修学受县人民政府委托所作的《关于2005年1至7月份工业经济运行情况的报告》；听取并审议县人民政府副县长李应田所作的《关于县十五届人大三次会议代表建议和意见办理情况的汇报》。

**第十七次会议** 2005年11月16日召开。应与会主任、副主任、委员21名，实到14名。县人民政府副县长李应田、县人民法院院长、县人民检察院检察长、县人大常委会各委室负责人、县人民政府有关部门负责人、12处乡镇人大副主席列席会议。县政协副主席董福增应邀列席会议。

会议期间，听取并审议县民政局局长孙克胜、县劳动和社会保障局局长王建华、县城乡建设局局长姜敏、县公安局局长姜少利的述职报告。

**第十八次会议** 2006年1月18日召开。应与会主任、副主任、委员21名，实到21名。县委常委、县人民政府副县长李应田，县人民法院院长、县人民检察院检察长、县人大常委会各委室负责人、县人民政府有关部门负责人列席会议。县政协副主席董福增应邀列席会议。

会议期间，听取并审议县农业局局长李兆明受县人民政府委托所作的《关于全县农民增收情况的汇报》；听取并审议县人民法院院长卜宪博所作的《关于行政审判工作情况的汇报》；通过《关于进一步加强法院行政审判工作的决议》；通过县人大常委会2006年工作计划要点；通过关于召开县十五届人大四次会议的决定；议定县十五届人大四次会议有关事宜；讨论修改县人大常委会工作报告。

**第十九次会议** 2006年4月26日召开。应与会主任、副主任、委员21名，实到18名。县人民政府副县长秦杰、县人民法院副院长、县人民检察院检察长、县人大常委会各委室负责人列席会议。县政协副主席朱连周应邀列席会议。

会议通过人事任免事项。

**第二十次会议** 2006年6月8日召开。应与会主任、副主任、委员20名，实到18名。县人民政府副县长王一冰、县人民法院院长、县人民检察院检察长、县人大常委会各委室负责人、县人民政府有关部门负责人、4处乡镇人大副主席列席会议。县政协副主席桑友亭应邀列席会议。

会议期间，听取并审议风景区管委会主任、党工委书记安榕平受县人民政府委托所作的《关于全县旅游工作情况的汇报》；听取并审议县人民检察院检察长申志刚所作的《刑事检察工作情况报告》；听取并审议县财政局长惠鑫受县人民政府委托所作的《关于五莲县2005年财政决算的报告》，通过《关于批准五莲县2005年财政决算的决议》；听取并审议县审计局局长王平受县人民政府委托所作的《关于2005年度县级预算和其他财政收支情况的审计工作报告》；听取并审议县发展和改革局局长费守平受县人民政府委托所作的《关于调整五莲县国民经济和社会发展“十一五”规划部分主要指标的报告》，通过《关于批准五莲县国民经济和社会发展“十一五”规划部分主要指标调整方案的决定》。

**第二十一次会议** 2006年8月10日召开。应与会主任、副主任、委员20名，实到19名。县委常委、县人民政府副县长李应田，县人民法院院长、县人民检察院检察长、县人大常委会各委室负责人、县人民政府有关部门负责人、4处乡镇人大副主席列席会议。县政协副主席朱连周应邀列席会议。

会议期间，听取并审议县人民政府副县长李应田所作的《关于县十五届人大四次会议代表建议和意见办理情况的汇报》；听取并审议县发展改革局局长费守平受县人民政府委托所作的《关于五莲县2006年上半年国民经济和社会发展计划执行情况的报告》；听取并审议县财政局局长惠鑫受县人民政府委托所作的《关于2006年上半年财政预算执行情况的报告》。

**第二十二次会议** 2006年10月17日召开。应与会主任、副主任、委员20名，实到20名。县委常委、县人民政府副县长李应田，县人民法院院长、县人民检察院检察长、县人大常委会各委室负责人、县人民政府有关部门负责人、4处乡镇人大副主席列席会议。县政协副主席朱连周应邀列席会议。

会议期间，听取并审议县长助理、县经贸局局长陈修学受县人民政府委托所作的《关于 2006 年 1 至 9 月份全县工业经济运行情况的汇报》；听取并审议县畜牧中心主任臧著星受县人民政府委托所作的《关于全县畜牧业发展情况的汇报》。

**第二十三次会议** 2006 年 12 月 31 日召开。应与会主任、副主任、委员 20 名，实到 20 名。县委常委、县人民政府副县长李应田，县人民法院院长、县人民检察院检察长、县人大常委会各委室负责人、县政府办公室和司法局负责人列席会议。县政协副主席桑友亭应邀列席会议。

会议期间，表决通过关于补选县十五届人大代表的决定；听取并审议县司法局局长孙秀志受县人民政府委托所作的《关于全县“四五”普法、依法治县情况和“五五”普法规划的汇报》，表决通过《关于在全县公民中开展第五个五年法制宣传教育的决议》、《关于〈五莲县 2006–2010 年依法治县规划〉的决议》。

会议通过人事任免事项。

**第二十四次会议** 2007 年 1 月 29 日召开。应与会主任、副主任、委员 20 名，实到 19 名。县委常委、县人民政府常务副县长侯佃晓、县人民法院院长、县人民检察院副检察长、县人大常委会各委室及县人民政府有关部门负责人列席会议。县政协副主席朱连周应邀列席会议。

会议期间，表决通过关于召开县十五届人大五次会议的决定；通过关于接受代表辞职的决定；通过代表资格审查报告；通过关于补选市十五届人大代表的决定；议定县十五届人大五次会议有关事宜；讨论并修改县人大常委会工作报告；通过县人大常委会工作要点。

**第二十五次会议** 2007 年 4 月 7 日召开。应与会主任、副主任、委员 20 名，实到 19 名。市人民检察院检察长列席会议。

会议期间，听取日照市人民检察院关于提请许可对犯罪涉嫌人谢光明采取刑事拘留的报告；表决通过《五莲县人大常委会关于许可对县人大代表谢光明采取刑事拘留的决定》。

**第二十六次会议** 2007 年 4 月 27 日召开。应与会主任、副主任、委员 20 名，实到 19 名。

会议期间，听取并审议县劳动和社会保障局局长王建华受县人民政府委托所作的《关于〈社会保险费征缴暂行条例〉贯彻实施情况的汇报》；表决通过《关于许可对县人大代表张明勇采取强制措施的决定》。

**第二十七次会议** 2007 年 6 月 22 日召开。应与会主任、副主任、委员 20 名，实到

20名。县委常委、县人民政府副县长李应田，县人民法院院长、县人民检察院检察长、县人大常委会各委室及县人民政府有关部门负责人、4处乡镇人大副主席列席会议。县政协副主席桑友亭应邀列席会议。

会议期间，表决通过《关于鲁志等同志具有五莲县人民检察院人民监督员资格的决定》；听取并审议县财政局局长惠鑫受县人民政府委托所作的《关于五莲县2006年财政决算的报告》，表决通过《关于批准五莲县2006年度县级财政决算的决议》；听取并审议县审计局局长王平受县人民政府委托所作的《关于2006年度县级预算执行情况和其他财政收支情况的审计工作报告》。

**第二十八次会议** 2007年8月21日召开。应与会主任、副主任、委员20名，实到17名。县委常委、县人民政府常务副县长侯佃晓，县人民法院院长、人民检察院检察长、县人大常委会各委室及县人民政府有关部门负责人、4处乡镇人大副主席列席会议。县政协副主席桑友亭应邀列席会议。

会议期间，听取并审议县委常委、县人民政府常务副县长侯佃晓所作的《关于县十五届人大五次会议代表建议和意见办理情况的报告》；听取并审议县发展和改革局局长费守平受县人民政府委托所作的《关于五莲县2007年上半年国民经济和社会发展计划执行情况的报告》；听取并审议县财政局局长惠鑫受县人民政府委托所作的《关于2007年上半年财政预算执行情况的报告》；听取并审议县经贸局长解植国受县人民政府委托所作的《关于2007年1至7月份全县工业经济运行情况的报告》。

会议通过人事任免事项。

**第二十九次会议** 2007年9月21日召开。应与会主任、副主任、委员20名，实到19名。县人民政府副县长徐公德、县人民法院副院长、县人民检察院副检察长、县人大常委会各委室及县人民政府办公室负责人列席会议。县政协副主席桑友亭应邀列席会议。

会议期间，表决通过关于任命五莲县选举委员会组成人员的决定、关于任命各乡镇选举委员会组成人员决定、关于调整代表资格审查委员会组成人员的决定、关于县人大代表名额、乡镇人大代表名额和选举问题的决定，关于县、乡人大换届选举工作安排意见。

会议通过人事任免事项。

**第三十次会议** 2007年11月2日召开。应与会主任、副主任、委员20名，实到18名。县委常委、县人民政府常务副县长侯佃晓，县人民法院院长、县人民检察院检察长、县人大常委会各委室负责人列席会议。

会议任命张文宣为县人民政府副县长；免去徐公德、王一冰五莲县人民政府副县长职务。

**第三十一次会议** 2007年12月3日召开。应与会主任、副主任、委员20名，实到18名。县委常委、县人民政府常务副县长侯佃晓、县人民法院院长、县人民检察院检察长、县人大常委会各委室负责人列席会议。县政协副主席桑友亭应邀列席会议。

会议期间，通过关于召开县十六届人大一次会议的决定；表决通过代表资格审查报告；讨论修改县人大常委会工作报告；议定县十六届人大一次会议有关事宜。

## 第八节 五莲县第十六届人大常委会会议

(2007.12- )

**第一次会议** 2007年12月29日召开。应与会主任、副主任、委员24名，实到22名。县委常委、县人民政府常务副县长侯佃晓，县人民法院院长、县人民检察院检察长、县人大常委会各委室负责人列席会议。县政协副主席朱伟应邀列席会议。

会议期间，任命了县人民政府24个工作部门的主任、局长；通过《关于加强自身建设的决定》、《关于任命县十六届人大常委会代表资格审查委员会组成人员的决定》；通过《五莲县人大常委会组成人员守则》等10项规章制度；县委书记、县人大常委会主任崔亮就做好新一届人大常委会的工作讲了意见。

**第二次会议** 2008年3月13日召开。应与会主任、副主任、委员24名，实到23名。县委常委、县人民政府常务副县长侯佃晓，县人民法院院长、县人民检察院检察长、县人大常委会各委室负责人、4处乡镇人大副主席列席会议。县政协副主席王世群应邀列席会议。

会议期间，审议通过《五莲县人大常委会2008年工作要点》；听取并审议县人民法院院长卜宪博所作的《关于〈行政诉讼法〉贯彻实施情况的汇报》。

会议通过人事任免事项。

**第三次会议** 2008年5月22日召开。应与会主任、副主任、委员24名，实到23名。县委常委、县人民政府常务副县长侯佃晓，县人民法院院长、县人民检察院检察长、县人大常委会各委室及县人民政府有关部门负责人、4处乡镇人大副主席列席会议。县政协副主席朱连周应邀列席会议。

会议期间，听取并审议县财政局副局长孙江受县人民政府委托所作的《关于五莲县2007年财政决算情况的报告》，并批准了这个报告；听取并审议县审计局长王平受县人民政府委托所作的《关于2007年度县级预算执行情况和其他财政支出情况的审计工作报告》；听取并审议县委常委、县人民政府常务副县长侯佃晓所作的《关于县十六届人大一次会议代表建议和意见办理情况的报告》；听取县人大常委会副主任毛秀玲所作的《关于全县贯彻实施<中华人民共和国义务教育法>情况的执法检查报告》。

会议通过人事任免事项。

**第四次会议** 2008年8月6日召开。应与会主任、副主任、委员24名，实到21名。县委常委、县人民政府常务副县长侯佃晓，县人民法院院长、县人民检察院检察长、县人大常委会各委室及县人民政府有关部门负责人、4处乡镇人大副主席列席会议。县政协副主席朱连周应邀列席会议。

会议期间，听取并审议县发展和改革局局长孙福全受县人民政府委托所作的《关于2008年上半年国民经济和社会发展计划执行情况的报告》；听取并审议县财政局局长李兆明受县人民政府委托所作的《关于2008年上半年财政预算执行情况的报告》；听取并审议县经贸局局长解植国受县人民政府委托所作的《关于2008年上半年全县工业经济运行情况的报告》。

会议通过人事任免事项。

**第五次会议** 2008年9月18日召开。应与会主任、副主任、委员24名，实到21名。县委常委、县人民政府副县长滕厚军，县人民法院院长、县人民检察院检察长、县人大常委会各委室及县人民政府有关部门负责人、6处乡镇人大副主席列席会议。县政协副主席朱连周应邀列席会议。

会议期间，听取并审议县人民检察院检察长申志刚所作的《关于履行检察职能服务保障民生工作情况的报告》，通过《关于履行检察职能服务保障民生工作情况的审议意见》；听取并审议县司法局局长孙秀志受县人民政府委托所作的《关于全县"五五"普法与依法治县工作情况的报告》，通过《关于全县"五五"普法与依法治县工作情况的审议意见》；听取并审议县烟草公司经理战军受县人民政府委托所作的《关于全县烟草工作情况的汇报》；听取并审议县人大常委会农工委主任王克芳受主任会议委托所作的《关于全县烟草工作情况的调研报告》，通过《关于全县烟草工作情况的审议意见》。

会议通过人事任免事项。

**第六次会议** 2008年11月27日召开。应与会主任、副主任、委员24名，实到20名。县人民政府副县长林杰、县人民法院院长、县人民检察院检察长、县人大常委会各委室及县人民政府有关部门负责人、5处乡镇人大副主席列席会议。县政协副主席朱连周应邀列席会议。

会议期间，听取并审议劳动和社会保障局局长赵百顺受县人民政府委托所作的《关于养老保险金收支情况的报告》，并通过《关于全县养老保险金收支情况的审议意见》；听取并审议县农业局局长李胜军受县人民政府委托所作的《关于农民增收情况的报告》，通过《关于全县农民增收情况的审议意见》；听取并审议县人大常委会农工委主任王克芳受主任会议委托，代表县人大常委会执法检查组所作的《关于<矿产资源法>贯彻实施情况的报告》，并通过《关于全县贯彻实施<矿产资源法>情况的审议意见》；听取并审议县人大常委会财工委主任厉承迪受主任会议委托，代表县人大常委会执法检查组所作的《关于<税收征管法>贯彻实施情况的报告》，通过《关于全县贯彻实施<税收征管法>情况的审议意见》。

**第七次会议** 2008年12月22日召开。应与会主任、副主任、委员24名，实到15名。县委常委、县人民政府常务副县长侯佃晓，县人民法院院长、县人民检察院检察长、县人大常委会各委室负责人列席会议。县政协副主席朱连周应邀列席会议。

会议通过《关于补选县十六届人大代表的决定》。

会议通过人事任免事项。

**第八次会议** 2008年12月30日召开。应与会主任、副主任、委员21名，实到18名。县委常委、县人民政府常务副县长侯佃晓，县人民法院院长、县人民检察院检察长、县人大常委会各委室及县人民政府有关部门负责人列席会议。县政协副主席朱连周应邀列席会议。

会议期间，听取并审议县财政局长李兆明受县人民政府委托所作的《关于调整2008年五莲县地方财政收入预算的报告》，通过《关于批准2008年五莲县地方财政收入预算调整方案的决定》；听取并审议县人大常委会副主任姜敏代表县人大常委会代表资格审查委员会所作的《关于补选代表的代表资格审查报告》；听取并审议县人大常委会办公室主任韩宝军受主任会议委托所作的《关于县十六届人大二次会议筹备工作情况的汇报》；会议通过《关于召开县十六届人大二次会议的决定》；通过县十六届人大二次会议建议议程、日程，主席团和秘书长、常务主席和副秘书长、预算审查委员会和议案审查委员会建议名单；通过了列席人员范围。

**第九次会议** 2009年2月11日召开。应与会主任、副主任、委员26名，实到22名。县人民政府副县长薛向民、县人民法院副院长冯爱伦、县人民检察院检察长申志刚、县人大常委会各委室及县人民政府办公室负责人列席会议。县政协副主席朱连周应邀列席会议。

会议通过了《县人大常委会2009年工作要点》。

会议通过人事任免事项。

**第十次会议** 2009年4月19日召开。应与会主任、副主任、委员26名，实到22名。县人民政府副县长牟军善、县人民法院院长、县人民检察院检察长、县人大常委会各委室及县人民政府办公室负责人、6处乡镇人大副主席列席会议。县政协副主席王世群应邀列席会议。

会议期间，听取并审议县人民法院院长卜宪博所作的《关于践行以当事人为本理念、全力做好司法为民文章》的报告，通过《关于县人民法院<关于践行以当事人为本理念、全力做好司法为民文章的报告>的审议意见》；听取并审议县人民检察院检察长申志刚所作的《关于<检察官法>贯彻情况的报告》，通过《关于<检察官法>贯彻实施情况的审议意见》；会议表决通过《五莲县人大常委会关于进一步加强代表工作的意见》。

**第十一次会议** 2009 年 6 月 12 日召开。应到会主任、副主任、委员 26 名，实到 20 名。县委常委、县人民政府常务副县长张桂伟、县人民法院院长、县人民检察院检察长、县人大常委会各委室及县人民政府有关部门负责人、4 处乡镇人大副主席列席会议。县政协副主席朱连周应邀列席会议。

会议期间，听取并审议县财政局长李兆明受县人民政府委托所作的《关于五莲县 2008 年财政决算情况的报告》；听取并审议县审计局长王平受县人民政府委托所作的《关于 2008 年度县级预算执行情况和其他财政收支情况的审计工作报告》；听取并审议县委常委、县人民政府常务副县长张桂伟所作的《关于县十六届人大二次会议代表建议和意见办理情况的报告》；会议表决通过了《关于批准五莲县 2008 年财政决算的决议》、《关于 2008 年度县级预算执行和其他财政收支情况的审计工作报告的决议》、《关于对县十六届人大二次会议代表建议和意见办理情况报告的审议意见》。

**第十二次会议** 2009 年 7 月 23 日召开。应与会主任、副主任、委员 26 名，实到 22 名。县委常委、县人民政府常务副县长张桂伟，县人民法院院长、县人民检察院检察长、县人大常委会各委室及县人民政府有关部门的负责人、4 处乡镇人大副主席列席会议。

会议期间，听取并审议县发展和改革局长孙福全受县人民政府委托所作的《关于五莲县 2009 年上半年国民经济和社会发展计划执行情况的报告》；听取并审议县财政局长李兆明受县人民政府委托所作的《关于 2009 年上半年财政预算执行情况的报告》；听取并审议县林业局长于同春受县人民政府委托所作的《关于全县林业生态建设情况的报告》，会议通过对以上三个报告的审议意见。

会议通过人事任免事项。

**第十三次会议** 2009 年 9 月 30 日召开。应与会主任、副主任、委员 26 名，实到 26 名。县人民政府副县长薛向民、县人民法院副院长、县人民检察院检察长、县人大常委会各委室及县人民政府有关部门的负责人列席会议。县政协副主席朱连周应邀列席会议。

会议期间，听取并审议风景区管委主任安榕平受县人民政府委托所作的《关于全县贯彻实施<山东省旅游条例>情况的报告》；听取并审议县人大常委会农工委主任王克芳受主任会议委托所作的《关于全县贯彻实施<畜牧法>情况的执法检查报告》，会议通过对以上两个报告的审议意见。

会议通过人事任免事项。

**第十四次会议** 2009年12月17日召开。应与会主任、副主任、委员26名，实到20名。县委常委、县人民政府副县长王一群，县人民法院、县人民检察院、县人大常委会各委室、县人民政府有关部门的负责人列席会议。县政协副主席朱连周应邀列席会议。

会议期间，听取并审议县人大常委会法工委主任韩义芳受主任会议委托所作的《关于全县贯彻实施<中华人民共和国环境保护法>情况的报告》、县人大常委会财工委主任厉承迪受主任会议委托所作的《关于全县贯彻实施<中华人民共和国电力法>情况的报告》；会议通过《关于召开五莲县第十六届人民代表大会第三次会议的决定》、《关于补选县十六届人大代表的决定》。

会议通过人事任免事项。

**第十五次会议** 2009年12月24日召开。应与会主任、副主任、委员24名，实到24名。县委常委、县政府常务副县长张桂伟，县人民法院、县人民检察院、县人大常委会各委室、县人民政府有关部门负责人列席会议。县政协副主席朱连周应邀列席会议。

会议主要通过人事任免事项。会议决定杜江涛任五莲县人民政府副县长、代理县长；会议依法接受王勇辞去五莲县人民政府县长职务的请求。

**第十六次会议** 2010年1月11日召开。应与会主任、副主任、委员24名，实到23名。县人民法院、县人民检察院、县人大常委会各委室、县人民政府有关部门的负责人列席会议。县政协副主席王世群应邀列席会议。

会议期间，听取并审议县人大常委会代表资格审查委员会副主任委员姜敏所作的《关于补选县十六届人大代表的代表资格审查报告》；听取并审议县十六届人大三次会议筹备工作情况的报告；审议县人大常委会工作报告，决定提请五莲县第十六届人大三次会议审议。

会议通过人事任免事项。

**第十七次会议** 2010年3月19日召开。应与会主任、副主任、委员26名，实到26名。县委常委、县人民政府常务副县长张桂伟，县人民法院、县人民检察院、县人大常委会各委室、县政府办公室负责人列席会议。县政协副主席朱连周应邀列席会议。

会议审议通过《五莲县人大常委会2010年工作要点》；审议通过《五莲县人大常

委会关于进一步加强作风建设增强监督实效的意见》。

县委书记、县人大常委会主任马强在会上讲话，强调要认清形势，坚持在解放思想中统一思想，切实增强加快发展的紧迫感；要紧紧围绕发展第一要务，充分发挥职能作用；始终坚持党的领导，坚定正确的政治方向；坚持以人为本，保障和改善民生；坚持民主法制，推进依法治县进程。

**第十八次会议** 2010 年 5 月 18 日召开。应与会主任、副主任、委员 26 名，实到 23 名。县人民政府副县长胡靖、县人民法院、县人民检察院、县人大常委会各委室、县人民政府有关部门的负责人及 4 处乡镇人大副主席列席会议。县政协副主席朱连周应邀列席会议。

会议期间，听取并审议县人民法院院长胡建所作的《关于贯彻实施<法官法>情况的报告》；听取并审议县人民检察院检察长申志刚所作的《关于办理自侦案件情况的报告》；听取并审议县人大常委会教科文卫委员会主任李明升受主任会议委托所作的《关于全县贯彻实施<科技进步法>情况执法检查报告》。

会议通过《关于批准撤销洪凝镇设立洪凝街道办事处、撤销松柏乡设立松柏镇的决议》。

**第十九次会议** 2010 年 7 月 21 日召开。应与会主任、副主任、委员 26 名，实到 26 名。县委常委、常务副县长张桂伟，县人民法院院长胡建、县人民检察院副检察长李建波、县人大常委会各委室及县人民政府有关部门的负责人、部分县十六届人大代表列席会议。县政协副主席朱连周应邀列席会议。

会议依法任命武传忠为县人民检察院副检察长、代理检察长职务；依法接受申志刚辞去县人民检察院检察长职务的请求。

会议期间，听取并审议县政府关于 2010 年上半年国民经济和社会发展计划执行情况的报告；听取并审议县政府关于 2009 年县级决算和 2010 年上半年预算执行情况的报告；听取并审议县政府关于 2009 年县级预算执行和其它财政收支情况审计报告；听取并审议县政府关于县十六届人大三次会议代表建议、意见办理情况的报告。

**第二十次会议** 2010 年 9 月 21 日召开。应与会主任、副主任、委员 26 名，实到 17 名。县委常委、县人民政府副县长王一群，县人民法院院长胡建、县人民检察院副检察长张孟和、县人大常委会各委室及县人民政府有关部门的负责人列席会议。县政协副主席朱连周应邀列席会议。

会议期间，听取并审议县经济和信息化局局长解植国受县人民政府委托所作的《关于全县工业经济运行情况的报告》；听取并审议县人大常委会法工委主任韩义芳受主任会议委托代表县人大常委会执法检查组所作的《关于全县贯彻实施<中华人民共和

国产品质量法>情况的执法检查报告》。会议通过《关于全县工业经济运行情况的审议意见》、《关于全县贯彻实施<中华人民共和国产品质量法>情况的审议意见》。

会议通过人事任免事项。

**第二十一次会议** 2010年11月29日召开。应与会主任、副主任、委员24名，实到18名。县人民政府副县长张文宣、县人民法院院长胡建、县人民检察院代理检察长武传忠、县人大常委会各委室及县人民政府有关部门的负责人列席会议。县政协副主席朱连周应邀列席会议。

会议期间，听取并审议县人民政府副县长张文宣受县人民政府委托所作的《关于全县农业结构调整情况的报告》；听取并审议县人大常委会农工委主任王克芳受主任会议委托所作的《关于全县贯彻实施<中华人民共和国农业机械化促进法>情况的执法检查报告》。会议提出了《关于对全县农业产业结构调整情况报告的审议意见》、《关于全县贯彻实施<农业机械化促进法>情况的执法检查报告的审议意见》。

会议通过人事任免事项。

**第二十二次会议** 2010年12月23日召开。应与会主任、副主任、委员24名，实到21名。县委常委、县人民政府常务副县长张桂伟，县人民法院院长胡建、县人民检察院代理检察长武传忠，县人大常委会各委室、县政府办公室、县发展和改革局负责人列席会议。县政协副主席朱连周应邀列席会议。

会议期间，听取并审议县发展和改革局局长孙福全受县人民政府委托所作的《关于五莲县国民经济和社会发展第十二个五年规划纲要（草案）编制情况的汇报》；会议通过《关于召开五莲县第十六届人民代表大会第四次会议的决定》、《关于补选县十六届人大代表的决定》；补选程乐群、滕杰为市十六届人大代表。

**第二十三次会议** 2011年1月5日召开。应与会主任、副主任、委员24名，实到19名。县委常委、县人民政府常务副县长张桂伟，县人民法院院长胡建、县人民检察院代理检察长武传忠，县人大常委会各委室、县政府办公室、县发展和改革局、县财政局负责人列席会议。县政协副主席朱连周应邀列席会议。

会议期间，听取并审议县人大常委会副主任、代表资格审查委员会副主任委员姜敏所作的《关于补选代表的代表资格审查报告》；会议通过县十六届人大四次会议筹备工作情况的报告、县人大常委会工作报告、县十六届人大四次会议有关事项。

会议通过人事任免事项。

**第二十四次会议** 2011年3月22日召开。应与会主任、副主任、委员22名，实到14名。县人民政府副县长薛向民，县人民法院院长胡建、县人民检察院检察长武传忠、县人大常委会各委室、县政府办公室、县人力资源和社会保障局负责人列席会议。县政协副主席朱连周应邀列席会议。

会议期间，听取并审议县人力资源和社会保障局局长赵百顺受县人民政府委托所作的《关于全县贯彻实施<中华人民共和国劳动合同法>情况的报告》；听取并审议县人民法院院长胡建所作的《关于执行工作情况的汇报》；听取并审议县人民检察院检察长武传忠所作的《关于诉讼监督工作情况的报告》；会议通过《关于对全县贯彻实施<劳动合同法>情况的审议意见》、《关于法院执行工作情况报告的审议意见》；会议接受何茂珊辞去县十六届人大常委会委员职务的请求；会议通过《关于确认主任会议许可对县人大代表汤希勇采取强制措施的决定》。

**第二十五次会议**　2011 年 5 月 20 日召开。应与会主任、副主任、委员 21 名，实到 15 名。县人民政府副县长薛向民、县人民法院院长胡建、县人民检察院检察长武传忠、县人大常委会各委室、县政府办公室、县卫生局负责人列席会议。县政协副主席朱连周应邀列席会议。

会议期间，听取并审议县卫生局长董良全受县人民政府委托所作的《关于全县医疗卫生事业发展与改革情况的报告》；听取并审议县人大常委会农工委主任王克芳受主任会议委托所作的《关于全县贯彻实施<中华人民共和国职业病防治法>情况的执法检查报告》；会议依法接受韩宝军辞去县十六届人大常委会秘书长、委员职务的请求。

会议通过人事任免事项。

**第二十六次会议**　2011 年 7 月 27 日召开。应与会主任、副主任、委员 20 名，实到 18 名。县委常委、县人民政府常务副县长张桂伟、县人民法院院长胡建、县人民检察院检察长武传忠、县人大常委会各委室负责人、县人民政府有关部门的负责人列席会议。县政协副主席朱连周应邀列席会议。

会议期间，听取并审议县发展和改革局局长孙福全受县人民政府委托所作的《关于五莲县 2011 年上半年国民经济和社会发展计划执行情况的报告》；听取并审议县财政局局长李兆明受县人民政府委托所作的《关于五莲县 2010 年财政决算和 2011 年上半年预算执行情况的报告》；听取并审议县审计局长丁传明受县人民政府委托所作的《关于 2010 年度县级预算执行和其他财政收支情况的审计工作报告》；听取并审议县委常委、县人民政府常务副县长张桂伟所作的《关于县十六届人大四次会议代表建议和意见办理情况的报告》；审议县人大常委会视察组关于全县招商引资工作的视察报告。

会议通过《关于批准五莲县 2010 年县级决算的决议》、《关于 2010 年度县级预算执行和其他财政收支情况的审计工作报告的决议》。

会议通过人事任免事项。

**第二十七次会议**　2011 年 10 月 10 日召开。应与会主任、副主任、委员 19 名，实到 18 名。县委常委、县人民政府常务副县长张桂伟，县人民法院副院长汤继科，县人民检察院副检察长李建波，县人大常委会各委室、县人民政府有关部门负责人列席会议。县政协副主席朱伟应邀列席会议。

会议期间，听取并审议县水利局局长陈加宏受县人民政府委托所作的关于全县水利工作情况的报告；听取并审议县司法局局长薄怀国受人民政府委托所作的关于全县“五五”普法依法治理情况和“六五”普法规划的报告；听取并审议县人大常委会办公室主任杨兆娟受主任会议委托所作的《关于在全县公民中开展第六个五年法制宣传教育的决议（草案）》的说明；听取并审议县人大常委会副主任李树湘受主任会议委托所作的关于任命五莲县选举委员会组成人员、各乡镇选举委员会组成人员和关于调整县十六届人大常委会代表资格审查委员会组成人员的提请报告。

会议表决通过《关于在全县公民中开展第六个五年法制宣传教育的决议》、《关于<五莲县 2011—2015 年依法治县规划>的决议》，会议还表决通过了关于县、乡人大换届选举工作有关事项，调整县人大常委会代表资格审查委员会组成人员，并通过了对县十六届优秀人大代表进行表彰的决定。

# 第四章　县人大常委会主任会议

《中华人民共和国地方各级人民代表大会和地方各级人民政府组织法》规定：“常务委员会主任、副主任组成主任会议，处理常务委员会的重要日常工作。”五莲县人大常委会根据这一规定，不定期的召开县人大常委会主任会议，就县人大常委会的重要日常工作，有关政治、经济等方面的重大事项，组织调查、视察等重大活动进行研究，提交县人大常委会表决通过，付诸实施。

## 第一节　五莲县第九届人大常委会主任会议

（1980.12—1984.05）

| 次数 | 召开时间 | 会　议　议　题 |
|---|---|---|
| 1 | 1981.01.11 | 研究主任分工和代表建议、意见处理问题。 |
| 2 | 1981.01.17 | 确定主任分工，研究召开县九届人大常委会第二次会议事宜。 |
| 3 | 1981.03.03 | 研究人事安排及代表建议、意见处理问题。 |
| 4 | 1981.04.04 | 研究代表建议、意见处理和视察学校工厂问题。 |

| 5 | 1981.04.09 | 研究召开县九届人大常委会第三次会议有关事宜。 |
|---|---|---|
| 6 | 1981.05.27 | 研究召开县九届人大常委会第四次会议的议程。 |
| 7 | 1981.05.30 | 研究加强与代表联系和调查城市环境污染的问题。 |
| 8 | 1981.06.16 | 研究上半年工作总结和下半年工作计划。 |
| 9 | 1981.08.07 | 研究加强与代表联系、组织视察和召开县九届人大常委会第五次会议事宜。 |
| 10 | 1981.08.21 | 听取视察中至、户部两公社实行联产计酬生产责任制情况的汇报，和检查潮河、石场两公社教育工作情况的汇报，研究写好调查报告的问题。 |
| 11 | 1981.08.23 | 研究联产计酬生产责任制和农村中小学教育调查报告。 |
| 12 | 1981.08.30 | 安排 9 月份工作。 |
| 13 | 1981.10.07 | 研究召开县九届人大常委会第六次会议及视察财贸、工业的问题。 |
| 14 | 1981.11.08 | 研究召开县九届人大常委会第六次会议的问题。 |
| 15 | 1981.11.20 | 研究召开县九届人大二次会议事宜。 |
| 16 | 1982.03.04 | 研究了 24 件代表建议、意见的处理结果；研究召开第九届人大常委会第九次会议的有关事项；决定在全民文明礼貌月活动期间，给代表发一封信，要求人大代表积极参加全民文明礼貌月活动。 |
| 17 | 1982.04.20 | 研究决定县九届人大常委会第十次会议于 5 月 1 日召开。 |
| 18 | 1982.05.22 | 学习省委和省人大常委会关于组织全民学习讨论宪法修改草案的通知，研究组织全民参与讨论宪法修改草案的安排意见。 |
| 19 | 1982.11.28 | 研究召开县九届人大三次会议的筹备工作。 |
| 20 | 1982.12.26 | 研究县九届人大三次会议的总结，代表建议、意见的处理，新宪法的学习、宣传问题。 |
| 21 | 1983.03.02 | 研究召开县九届人大常委会第十六次会议的时间和议程；研究决定在全民义务植树活动中给县人大代表发一封信；审查研究代表建议、意见 22 件，其中有 18 件可答复。 |
| 22 | 1983.05.21 | 研究召开县九届人大常委会第十七次会议的议程；审查了 32 件代表建议、意见的处理情况。 |
| 23 | 1983.07.07 | 研究学习、宣传、贯彻全国六届人大一次会议精神的问题；研究召开县九届人大常委会第十八次会议的议程。 |
| 24 | 1983.09.05 | 研究召开县九届人大常委会第十九次会议的时间和议程。 |
| 25 | 1983.09.15 | 研究召开县人大代表座谈会，重点了解山场承包及山场林木政策调整方面群众的反映和要求；组织对食品卫生法进行执法检查。 |
| 26 | 1983.12.16 | 研究召开县第九届人民代表大会第四次会议的有关事宜。 |

| 27 | 1983.12.26 | 听取有关县第九届人民代表大会第四次会议的筹备情况汇报，对会议的有关事项进行了研究。 |
|---|---|---|
| 28 | 1983.12.31 | 总结召开县第九届人大第四次会议的情况，布置作好会议总结等事宜。 |
| 29 | 1984.03.04 | 传达学习市十届人大一次会议精神，研究召开县第九届人大常委会第二十一次会议的问题。 |
| 30 | 1984.03.14 | 传达省选举工作会议精神，研究全县选举工作的有关事宜。 |
| 31 | 1984.04.18 | 讨论研究选举工作的有关事宜。 |
| 32 | 1984.05.03 | 省六届人大代表金继藩传达省六届人大二次会议精神；传达市十届人大二次会议精神；听取了选举情况汇报；研究了召开县十届人大一次会议的有关事宜。 |

## 第二节 五莲县第十届人大常委会主任会议

（1984.05—1987.04）

| 次数 | 召开时间 | 会 议 议 题 |
|---|---|---|
| 1 | 1984.09.03 | 听取县十届人大一次会议代表所提建议、意见处理情况的汇报；研究建立代表小组的问题；议定召开县十届人大常委会第二次会议议程。 |
| 2 | 1984.10.31 | 研究召开县十届人大常委会第三次会议的事宜。 |
| 3 | 1985.02.06 | 研究召开县十届人大常委会第五次会议的事宜。 |
| 4 | 1985.03.05 | 听取关于召开县十届人大二次会议的筹备工作情况汇报；研究召开县十届人大常委会第六次会议的有关事宜。 |
| 5 | 1985.03.19 | 研究召开县十届人大二次会议的有关事宜。 |
| 6 | 1985.04.20 | 研究召开县十届人大常委会第七次会议的有关事宜。 |
| 7 | 1985.05.13 | 研究召开县十届人大常委会第七次会议的议程；研究召开人大代表小组活动经验交流会的有关事宜。 |
| 8 | 1985.06.16 | 研究召开县十届人大常委会第八次会议的议程；研究人大代表工作经验交流会的材料。 |
| 9 | 1985.07.25 | 研究对食品卫生法执行情况进行视察的人员、时间、方法；研究召开全县人大代表工作经验交流会的问题；研究处理代表建议、意见的问题；研究召开县十届人大常委会第九次会议的问题。 |
| 10 | 1985.09.21 | 研究召开县十届人大常委会第十次会议的议程。 |
| 11 | 1985.11.24 | 传达市人大工作经验交流会议精神，研究传达贯彻这次会议精神的意见；研究召开县十届人大常委会第十一次会议的问题。 |
| 12 | 1985.12.24 | 研究召开县十届人大常委会第十一次会议议程。 |
| 13 | 1986.01.20 | 研究召开县十届人大常委会第十二次会议议程；研究召开县十届人大三次会议的有关事宜。 |
| 14 | 1986.02.14 | 听取有关召开县十届人大常委会第十二次会议筹备工作情况的汇报；研究召开人大代表工作经验交流会典型材料；研究召开县十届人大三次会议的准备工作。 |

| 15 | 1986.03.16 | 听取人大代表建议、意见处理情况的汇报；研究召开县十届人大三次会议和组织省人大代表视察的问题。 |
|---|---|---|
| 16 | 1986.04.04 | 研究召开县十届人大常委会第十三次会议的问题；研究召开县十届人大三次会议的议程和有关事项。 |
| 17 | 1986.05.14 | 研究召开县十届人大三次会议的具体事项。 |
| 18 | 1986.07.09 | 研究召开县十届人大常委会第十五次会议的事宜。 |
| 19 | 1986.07.19 | 听取县人民检察院检察长尹世荣关于检察院半年工作的汇报；听取人大代表建议、意见处理情况的汇报；研究视察普法情况的时间和参加人员。 |
| 20 | 1986.08.06 | 听取县林业局局长刘华祥关于全县林业生产情况和今后规划的汇报；研究召开县十届人大常委会第十六次会议的问题。 |
| 21 | 1986.09.04 | 学习中共中央〔1986〕18号文件；研究召开县十届人大常会第十六次会议的议程。 |
| 22 | 1986.09.27 | 听取市人大常委会召开的信访工作会议精神汇报，研究做好信访工作的措施；研究召开县十届人大常委会第十七次会议的问题。 |
| 23 | 1986.11.16 | 贯彻全省选举工作会议精神，研究选举工作的步骤、方法，确定在高泽公社进行选举工作试点。 |
| 24 | 1986.12.02 | 研究高泽、许孟、于里、汪湖、罗圈、院西、山阳七乡镇选举委员会组成人员名单。 |
| 25 | 1986.12.05 | 研究七宝山、叩官、松柏、管帅、户部、街头、中至、王世疃、石场、槎河、魏家、潮河、洪凝等乡镇选举委员会组成人员名单；研究县直选区划分并分配代表名额。 |
| 26 | 1986.12.28 | 研究召开县十届人大常委会第十八次会议的议程。 |
| 27 | 1987.01.15 | 研究召开县十届人大常委会第十八次会议的日程。 |
| 28 | 1987.02.22 | 研究召开县十届人大常委会第十九次会议和组织省人大代表视察的问题。 |
| 29 | 1987.03.22 | 听取召开县十届人大常委会第十九次会议筹备情况的汇报，确定会议召开时间和会议议程。 |
| 30 | 1987.04.01 | 研究县十一届人民代表大会第一次会议准备工作。 |
| 31 | 1987.04.08 | 研究修改县人大常委会工作报告。 |
| 32 | 1987.04.13 | 研究县十一届人民代表大会第一次会议议程细则及有关材料。 |

## 第三节 五莲县第十一届人大常委会主任会议

(1987.04—1990.03)

| 次数 | 召开时间 | 会 议 议 题 |
|---|---|---|
| 1 | 1987.05.03 | 研究召开县十一届人大常委会第一次会议和人大常委会主任、副主任、委员的分工问题。 |
| 2 | 1987.05.15 | 研究召开县十一届人大常委会第一次会议的时间和议程。 |

| | | |
|---|---|---|
| 3 | 1987.05.28 | 学习省、市人大常委会关于对《土地管理法》实施情况进行视察或调查的通知，听取县土地管理站负责人关于实施《土地管理法》的情况汇报，决定对全县实施《土地管理法》的情况进行调查，并研究了调查的指导思想和调查的方式、方法。 |
| 4 | 1987.06.09 | 研究视察《食品卫生法》实施情况和召开县十一届人大常委会第二次会议的问题。 |
| 5 | 1987.07.03 | 研究视察《食品卫生法》的时间、人员组成、视察单位等具体事宜。 |
| 6 | 1987.07.10 | 研究召开县十一届人大常委会第二次会议的有关事宜。 |
| 7 | 1987.07.21 | 研究县十一届人大常委会下半年的工作。 |
| 8 | 1987.08.02 | 研究召开乡镇人大主任会议的问题。 |
| 9 | 1987.08.27 | 研究视察全县普法情况的事宜。 |
| 10 | 1987.09.11 | 研究召开县十一届人大常委会第三次会议的事宜。 |
| 11 | 1987.09.22 | 贯彻全市乡镇人大工作会议精神，研究配备乡镇人大办事机构的问题。 |
| 12 | 1987.10.13 | 研究市人代会代表候选人和召开县十一届人大常委会第四次会议的问题。 |
| 13 | 1987.11.03 | 研究召开县十一届人大常委会第五次会议的问题。 |
| 14 | 1987.11.19 | 听取在诸城召开的人大工作联系会精神汇报和县十一届人大二次会议筹备情况的汇报。 |
| 15 | 1987.12.23 | 研究召开县十一届人大常委会第六次会议的问题。 |
| 16 | 1988.03.02 | 研究召开县十一届人大常委会第七次会议的议程。 |
| 17 | 1988.03.09 | 讨论修改县人大常委会工作报告。 |
| 18 | 1988.04.11 | 研究召开县十一届人大常委会第八次会议议程。 |
| 19 | 1988.04.22 | 听取市财政工作会议精神的传达；听取与邹县建立精神文明建设姊妹县及邹县精神文明建设情况的汇报。 |
| 20 | 1988.05.18 | 听取市人大工作联系会精神的传达；研究召开县十一届人大常委会第九次会议的事宜。 |
| 21 | 1988.06.21 | 审查县政府提报的林业发展规划。 |
| 22 | 1988.08.21 | 研究组织讨论预算法和召开县十一届人大常委会第十次会议的事宜。 |
| 23 | 1988.09.23 | 研究召开县十一届人大常委会第十次会议的议程。 |
| 24 | 1988.10.25 | 检查县人大代表经验交流会准备情况；研究召开县十一届人大常委会第十一次会议事宜。 |
| 25 | 1988.11.07 | 研究进行执法大检查的问题；批准县公安局关于聘请部分人大代表为执法监督员的请示。 |

| 26 | 1988.11.22 | 研究召开县十一届人大常委会第十一次会议议程。 |
|---|---|---|
| 27 | 1988.12.19 | 研究召开县十一届人大常委会第十二次会议议程。 |
| 28 | 1988.12.29 | 研究评选优秀人大代表、先进人大代表小组、人大工作先进单位事宜。 |
| 29 |  | (原始记录漏记 29 次会议) |
| 30 | 1989.01.09 | 讨论修改县人大常委会 1988 年工作总结；研究评选优秀人大代表和先进人大工作单位的事宜。 |
| 31 | 1989.01.28 | 研究县十一届人大四次会议的筹备事宜。 |
| 32 | 1989.02.24 | 研究召开县十一届人大四次会议和人大工作经验交流会的有关事宜。 |
| 33 | 1989.04.26 | 研究召开县十一届人大常委会第十四次会议的有关事宜。 |
| 34 | 1989.05.08 | 研究准备市人大召开的县市区人大常委会工作联系会的材料。 |
| 35 | 1989.05.15 | 研究召开县十一届人大常委会第十四次会议议程。 |
| 36 | 1989.06.13 | 研究召开县十一届人大常委会第十五次会议有关事宜。 |
| 37 | 1989.07.14 | 研究召开县十一届人大常委会第十五次会议议程。 |
| 38 | 1989.08.16 | 研究召开县十一届人大常委会第十六次会议的有关事宜 |
| 39 | 1989.08.22 | 研究市人大工作座谈会材料。 |
| 40 | 1989.09.13 | 研究召开县十一届人大常委会第十七次会议的有关事宜。 |
| 41 | 1989.10.24 | 研究人大换届选举的有关事宜。 |
| 42 | 1989.10.30 | 传达市人大常委会信访工作座谈会精神，研究信访工作。 |
| 43 | 1989.11.09 | 传达省人大换届选举工作会议精神。 |
| 44 | 1989.11.19 | 研究县人大换届选举的有关事宜。 |
| 45 | 1989.12.18 | 研究县第十二届人民代表大会代表名额的分配。 |

## 第四节　五莲县第十二届人大常委会主任会议

(1990.03—1993.02)

| 次数 | 召开时间 | 会　议　议　题 |
|---|---|---|
| 1 | 1990.03.24 | 研究县人大常委会主任、副主任分工；议定主任、副主任由县委分工的联系点和乡镇人大工作与县人大代表的联系点；议定县十二届人大常委会第一次会议议题。 |
| 2 | 1990.04.01 | 研究召开县十二届人大常委会第一次会议事宜。 |

| | | |
|---|---|---|
| 3 | 1990.04.10 | 研究县十二届人大常委会 1990 年工作计划。 |
| 4 | 1990.04.15 | 研究召开乡镇人大工作办公室主任会议的有关事宜。 |
| 5 | 1990.04.24 | 研究视察教育工作的事宜；研究召开县十二届人大常委会第二次会议的事宜；研究检查消防工作的事宜；讨论县人大常委会工作规则。 |
| 6 | 1990.05.14 | 研究视察《义务教育法》的有关事宜；研究批准《五莲县生态农业规划》的事宜；议定召开县十二届人大常委会第二次会议的时间。 |
| 7 | 1990.05.25 | 议定召开县十二届人大常委会二次会议议程、日程；议定下段人大常委会工作重点。 |
| 8 | 1990.06.09 | 听取潍坊市人大常委会召开的县市区人大常委会工作联系会议精神；研究县十二届人大常委会二次会议审议的问题落实事宜；研究集中走访代表事宜。 |
| 9 | 1990.06.25 | 审议县人民政府关于出席县十二届人大一次会议代表所提建议、意见的处理意见；讨论县人大常委会机关各项工作制度。 |
| 10 | 1990.07.13 | 传达潍坊市人大常委会召开的人大代表工作会议精神；汇总走访县人大代表的情况。 |
| 11 | 1990.07.22 | 研究召开县十二届人大常委会第三次会议和召开乡镇人大办公室主任会议的有关事宜。 |
| 12 | 1990.08.06 | 学习全国人大常委会的九项任务；总结县第十二届人大常委会第三次会议的情况；研究召开县十二届人大常委会第四次会议的事宜。 |
| 13 | 1990.09.07 | 议定召开县第十二届人大常委会第四次会议的有关事宜。 |
| 14 | 1990.09.17 | 研究召开县第十二届人大常委会第四次会议议程。 |
| 15 | 1990.09.24 | 总结召开县第十二届人大常委会第四次会议的情况；研究召开县第十二届人大常委会第五次会议的准备工作。 |
| 16 | 1990.09.30 | 传达市人大常委会会议精神；研究对《城市规划法》、《森林法》的贯彻执行情况进行调查的问题。 |
| 17 | 1990.10.08 | 传达县委常委会议精神。 |
| 18 | 1990.10.14 | 传达潍坊市县市区人大常委会第八次联系会精神；传达二十城市人大工作座谈会第六次会议精神；研究县人大常委会成立十周年庆祝活动的有关事宜。 |
| 19 | 1990.10.21 | 传达省人大常委会主任李振来五莲检查工作的情况；研究县人大常委会成立十周年工作总结事宜；研究召开乡镇人大办公室主任会议事宜。 |
| 20 | 1990.10.28 | 研究对《城市规划法》进行调查和视察的事宜；研究召开老干部座谈会的事宜。 |
| 21 | 1990.11.12 | 研究召开县第十二届人大常委会第五次会议的事宜；研究县人大常委会成立十周年宣传活动的意见。 |

| | | |
|---|---|---|
| 22 | 1990.11.16 | 听取县公安局、县畜牧局关于除六害情况和畜牧工作情况的汇报。 |
| 23 | 1990.11.19 | 传达市人大常委会召开的乡镇人大工作会议精神。 |
| 24 | 1990.11.24 | 总结县第十二届人大常委会第五次会议情况；总结县人大常委会成立十周年宣传活动情况；研究走访县人大代表事宜。 |
| 25 | 1990.12.03 | 研究搞好年终总结与走访县人大代表事宜；研究召开县人大常委会成立十周年庆祝大会的有关事宜。 |
| 26 | 1990.12.24 | 汇报走访县人大代表的情况；研究市人大工作理论研讨会的准备工作；研究人大常委会机关岗位责任制执行情况和评比的事宜。 |
| 27 | 1990.12.29 | 研究召开县人大常委会成立十周年庆祝大会的有关事宜。 |
| 28 | 1991.01.15 | 传达贯彻省人大工作经验交流会议精神。 |
| 29 | 1991.01.16 | 学习省人大工作经验交流会议文件；研究今后两年突出抓好的几项工作。 |
| 30 | 1991.01.21 | 传达贯彻市人大常委会召开的贯彻全省人大工作经验交流会议精神暨人大常委会工作十年总结表彰会议精神；研究召开县十二届人大常委会第六次会议的准备事宜。 |
| 31 | 1991.01.23 | 研究县人大常委会 1991 年工作要点。 |
| 32 | 1991.01.26 | 总结县十二届人大常委会第六次会议情况；研究 1990 年县人大常委会工作总结和 1991 年工作计划。 |
| 33 | 1991.02.02 | 研究制定对内务司法部门监督办法；研究召开省、市、县人大代表座谈会和县人大常委会老干部座谈会的事宜。 |
| 34 | | (原始记录无 34 次) |
| 35 | 1991.03.04 | 研究县人大常委会工作报告；研究召开县十二届人大常委会第七次会议的有关事宜。 |
| 36 | 1991.03.17 | 研究乡镇人大主席团组成人员建议名单；研究召开县十二届人大常委会第八次会议的有关事宜。 |
| 37 | 1991.04.08 | 研究视察林果生产的问题；研究召开县十二届人大常委会第九次会议的事宜；研究听取电力工作汇报的事宜。 |
| 38 | 1991.04.16 | 研究尹世荣辞去县人民检察院检察长职务的辞呈；研究召开县十二届人大常委会第九次会议事宜。 |
| 39 | 1981.04.20 | 听取县电力局长张传生关于电力工作情况的汇报；总结县十二届人大常委会第九次会议的情况；研究召开县十二届人大常委会第十次会议事宜。 |
| 40 | 1991.05.02 | 研究县十二届人大常委会第十次会议的准备情况；研究视察乡镇人大主席团的事宜。 |
| 41 | 1991.05.13 | 研究视察乡镇人大主席团和召开人大工作研讨会的事宜。 |
| 42 | 1991.05.20 | 研究县十二届人大常委会第十次会议议程。 |

| | | |
|---|---|---|
| 43 | 1991.06.18 | 研究召开县十二届人大常委会第十一次会议的安排、培训乡镇人大主席或秘书、走访县人大代表、贯彻市第九次县、市、区人大工作联系会的有关事宜。 |
| 44 | 1991.06.22 | 听取并审议县监察局局长林希来关于监察工作情况的汇报。 |
| 45 | 1991.07.07 | 研究培训乡镇人大主席、秘书和走访人大代表的事宜。 |
| 46 | 1991.07.26 | 研究召开县十二届人大常委会第十一次会议议程。 |
| 47 | 1991.08.01 | 总结视察《食品卫生法》贯彻执行情况和视察计划生育工作的情况。 |
| 48 | 1991.08.05 | 听取并审议县司法局长杨继柳关于公证和律师工作情况的汇报；研究执法检查和创建省级卫生城的视察方案。 |
| 49 | 1991.08.15 | 研究同意县人民检察院对县人大代表徐信庭因挪用公款实行刑事拘留的请示。 |
| 50 | 1991.08.16 | 听取并审议县供销社主任蓝学臻关于全县供销工作情况的汇报。 |
| 51 | 1991.09.02 | 研究召开县十二届人大常委会第十一次会议的准备工作；传达市人大培训班的精神；通报县委常委会的有关精神；听取并审议县人民医院党支部书记岳德江汇报医院工作情况。 |
| 52 | 1991.09.13 | 听取并审议县民政局长孙维江关于民政工作的情况汇报和档案局副局长秦泗满关于档案工作的情况汇报。 |
| 53 | 1991.09.20 | 听取县委书记徐善来通报县委工作；研究召开县十二届人大常委会第十二次会议事宜。 |
| 54 | 1991.10.03 | 总结县十二届人大常委会第十二次会议情况；研究召开县十二届人大常委会第十三次会议事宜。 |
| 55 | 1991.10.14 | 研究视察工业生产和各主任到联系厂调查的事宜。 |
| 56 | 1991.11.06 | 汇报分片召开乡镇人大主席团专职常务主席会议情况；研究召开人大工作经验交流会材料；研究召开人大代表评议乡镇直部门现场会和召开县十二届人大常委会第十三次会议事宜。 |
| 57 | 1991.11.20 | 研究召开县十二届人大常委会第十三次会议议程。 |
| 58 | 1991.12.02 | 传达市人大常委会信访工作会议精神；研究 12 月份工作安排；总结县十二届人大常委会第十三次会议情况。 |
| 59 | 1991.12.16 | 传达市人大工作研讨会精神；研究议定县十二届人大常委会第十四次会议议程。 |
| 60 | 1991.12.27 | 学习中共十三届八中全会《关于农业和农村工作的决定》、江泽民在十三届八中全会上的讲话；研究县人大常委会 1992 年工作计划。 |
| 61 | 1992.01.06 | 汇总走访县人大代表情况；研究召开县十二届人大常委会第十四次会议事宜；通报年前县委工作安排。 |
| 62 | 1992.02.14 | 研究召开县十二届人大三次会议筹备工作；研究召开人大工作宣传会议和分片召开乡镇人大主席团专职主席会、人大常委会各委室对口联系会的事宜。 |
| 63 | 1992.02.27 | 研究人大常委会工作报告；研究听取审议粮食工作情况汇报的事宜。 |

| 64 | 1992.03.11 | 听取并审议县粮食局局长魏茂恕关于全县粮食工作情况的汇报。 |
|---|---|---|
| 65 | 1992.03.20 | 讨论县十二届人大三次会议有关材料。 |
| 66 | 1992.03.31 | 传达省、市人大会议精神；研究召开县十二届人大常委会第十六次会议议程安排；传达县委召开的办公会议精神。 |
| 67 | 1992.04.13 | 学习讨论县委八届八次全委扩大会议精神；研究县十二届人大三次会议代表意见、建议的办理事宜；研究召开人大宣传工作会议和人大工作经验交流会的事宜。 |
| 68 | 1992.04.30 | 听取并审议县农业局关于贯彻实施《中华人民共和国农作物种子管理条例》和《山东省农作物种子管理条例》的汇报；研究召开县十二届人大常委会第十七次会议事宜。 |
| 69 | 1992.05.12 | 听取县十二届人大常委会第十七次会议筹备情况的汇报；讨论修改《人大代表评议乡镇部门工作试行办法》。 |
| 70 | 1992.05.20 | 研究视察计划生育工作事宜。 |
| 71 | 1992.06.08 | 传达县委常委会议精神；研究县乡体制改革事宜。 |
| 72 | 1992.06.16 | 研究召开县十二届人大常委会第十八次会议有关事宜；县人大常委会主任韩清存汇报由市人大常委会组织去南方考察的情况。 |
| 73 | 1992.07.18 | 听取全市县市区人大常委会工作联系会精神的汇报；听取县人民政府关于县十二届人大三次会议代表所提建议、意见处理情况的汇报；议定县十二届人大常委会第十八次会议议程。 |
| 74 | 1992.07.24 | 汇总走访县人大代表的情况；总结县十二届人大常委会第十八次会议情况；研究召开县十二届人大常委会第十九次会议有关事宜。 |
| 75 | 1992.08.07 | 听取并审议县教委主任王龙学受县人民政府委托所作的关于全县职业技术教育工作情况的汇报。 |
| 76 | 1992.08.08 | 听取并审议县人民银行行长刘加合受县人民政府委托所作的关于金融工作情况的汇报。 |
| 77 | 1992.09.05 | 听取并审议县农机局长李传伍受县人民政府委托所作的关于全县农机管理和发展情况的汇报；听取并审议县科委主任王洪健受县人民政府委托所作的关于“科技兴农”工作情况的汇报。 |
| 78 | 1992.09.21 | 研究召开县十二届人大常委会第十九次会议的有关事宜。 |
| 79 | 1992.10.23 | 听取并审议县计生委关于 1992 年 1—9 月份人口目标责任书执行情况的汇报；研究县、乡人大换届选举事宜。 |
| 80 | 1992.11.02 | 研究省八届人大代表推荐名单。 |
| 81 | 1992.11.03 | 听取并审议县商业局长王发廷受县人民政府委托所作的关于商业工作情况的汇报。 |
| 82 | 1992.11.17 | 检查有关选举工作的事宜；研究走访人大代表的事宜；研究县人大常委会各委室的工作。 |
| 83 | 1992.12.14 | 传达市人大常委会县市区人大工作联系会精神、20 省市人大工作联系会精神、华东地区法制工作座谈会精神、县经济工作会议精神；研究县人大常委会工作报告。 |

| | | |
|---|---|---|
| 84 | 1992.12.29 | 审议县人大常委会工作报告；研究县、乡人代会的筹备工作。 |
| 85 | 1993.01.15 | 听取并审议县人民法院院长岳奎文所作的《解放思想、强化服务，为加快经济建设提供法律保障和服务》的报告。 |
| 86 | 1993.01.28 | 研究召开县十三届人大一次会议事宜。 |

## 第五节　五莲县第十三届人大常委会主任会议

(1993.02—1998.01)

| 次数 | 召开时间 | 会　议　议　题 |
|---|---|---|
| 1 | 1993.02.15 | 研究县十三届人大常委会主任、副主任分工和召开县十三届人大常委会第一次会议的事宜。 |
| 2 | 1993.03.02 | 议定县十三届人大常委会第一次会议议程；议定县人大常委会 1993 年工作要点。 |
| 3 | 1993.04.07 | 听取并审议县联社主任蓝学臻受县人民政府委托所作的关于全县供销工作情况的汇报 |
| 4 | 1993.05.04 | 研究召开县十三届人大常委会第二次会议的有关事宜。 |
| 5 | 1993.05.28 | 听取并审议县粮食局长魏茂恕受县人民政府委托所作的关于全县粮食工作情况的汇报。 |
| 6 | 1993.06.21 | 听取并审议县民政局副局长冯志刚受县人民政府委托所作的关于民政工作情况的汇报。 |
| 7 | 1993.06.22 | 听取并审议县审计局长于常年受县人民政府委托所作的关于全县审计工作情况的汇报。研究走访人大代表和召开县十三届人大常委会第三次会议事宜。 |
| 8 | 1993.06.25 | 听取县人民政府常务副县长胡德新关于县十三届人大一次会议代表所提建议、意见处理情况的汇报。 |
| 9 | 1993.07.14 | 议定召开县十三届人大常委会第三次会议议程。 |
| 10 | 1993.08.03 | 传达市人大常委会会议精神和市人大常委会教科文卫工作会议精神；研究视察《食品卫生法》的有关事宜。 |
| 11 | 1993.08.17 | 听取并审议县矿产局长李炳成受县人民政府委托所作的关于贯彻实施《矿产资源法》情况的汇报。 |
| 12 | 1993.08.21 | 视察商业工作后，听取并审议县商业局长王发廷受县人民政府委托所作的关于商业工作情况的汇报。 |
| 12 | 1993.08.31 | 研究召开县十三届人大常委会第四次会议事宜。（两次 12 次会议，系原始记录如此） |
| 13 | 1993.09.02 | 研究召开县十三届人大常委会第四次会议议程。 |
| 13 | 1993.10.29 | 听取县人民检察院检察长郑昭曦关于反贪污工作的汇报；传达市人大常委会召开的农经工作会议精神和城市环保工作会议精神。（两次 13 次会议，系原始记录如此） |

| | | |
|---|---|---|
| 14 | 1993.11.18 | 研究召开县十三届人大常委会第五次会议事宜。 |
| 15 | 1993.12.30 | 研究县人大常委会及各委室的总结事宜。 |
| 16 | 1994.01.12 | 汇报走访县人大代表情况；讨论县人大常委会工作报告；研究县十三届人大常委会第六次会议议题；研究省、市人大代表视察方案。 |
| 17 | 1994.03.10 | 议定县人大常委会 1994 年工作要点；议定县人大常委会有关制度；研究县十三届人大常委会第八次会议议题；研究人大常委会主任分工。 |
| 18 | 1994.04.14 | 听取并审议县人民政府关于金融工作和多种经营生产情况的汇报。 |
| 19 | 1994.05.11 | 研究县十三届人大常委会第九次会议议程；传达县六大班子联席会精神；通报县委常委会议精神。 |
| 20 | 1994.05.21 | 审议贯彻实施新税制、《森林法》、二五普法情况的调查报告；传达日照市人大常委会召开的教科文卫座谈会精神。 |
| 21 | 1994.06.13 | 传达市人大常委会召开的执法责任制会议精神；研究下段工作。 |
| 22 | 1994.06.18 | 听取并审议行政事业性收费情况的汇报。 |
| 23 | 1994.07.14 | 研究走访县人大代表事宜；研究县十三届人大常委会第十次会议议程。 |
| 24 | 1994.07.25 | 研究视察乡镇企业的有关事宜；研究召开执法责任制动员大会的准备工作；研究人民代表大会 40 周年纪念活动的准备事宜。 |
| 25 | 1994.08.08 | 研究视察《食品卫生法》贯彻执行情况和检查《劳动安全条例》贯彻执行情况的事宜。 |
| 26 | 1994.09.13 | 研究人民代表大会 40 周年纪念活动的事项；研究县十三届人大常委会第十一次会议议程。 |
| 27 | 1994.10.06 | 研究 10 月份工作安排。 |
| 28 | 1994.10.15 | 听取并审议县商贸委主任管恩松受县人民政府委托所作的关于商业工作情况的汇报；听取并审议县人民检察院检察长郑昭曦关于反贪污贿赂工作情况的汇报。 |
| 29 | 1994.11.11 | 议定县十三届人大常委会第十一次会议议程；传达县委常委会精神。 |
| 30 | 1994.11.17 | 议定县十三届人大常委会第十一次会议日程；传达县政府常务会议精神 |
| 31 | 1994.12.01 | 议定召开乡镇人大主席团专职主席会议事宜；研究组织代表视察、走访人大代表、年终总结等事宜。 |
| 32 | 1994.12.09 | 听取并审议关于个体私营经济发展情况的汇报。 |
| 33 | 1994.12.22 | 讨论县人大常委会 1994 年工作总结；研究召开县人大常委会老干部座谈会、人大代表致富经验交流会等事宜。 |
| 34 | 1995.01.04 | 汇报走访县人大代表情况；传达县联席会议精神；研究 1995 年工作要点。 |
| 35 | 1995.01.17 | 研究县十三届人大常委会第十三次会议议程。 |
| 36 | 1995.02.25 | 研究县十三届人大常委会第十四次会议议程。 |

| 37 | 1995.03.15 | 讨论修订乡镇人大工作条例。 |
|---|---|---|
| 38 | 1995.03.30 | 传达市十三届人大三次会议精神；研究县十三届人大常委会第十五次会议议程。 |
| 39 | 1995.04.10 | 讨论《消费者权益保护法》贯彻实施情况的调查报告和关于社会治安情况的调查报告；讨论关于开展人大代表致富活动的决定。 |
| 40 | 1995.05.11 | 听取并审议县水产服务中心主任田洪来受县人民政府委托所作的关于全县淡水渔业发展情况的汇报；研究检查“二五”普法活动的实施方案。 |
| 41 | 1995.05.30 | 听取县十三届人大三次会议代表所提建议、意见办理情况的汇报；研究检查《义务教育法》贯彻实施情况的方案；研究《工业企业法》贯彻实施情况的调查意见。 |
| 42 | 1995.06.05 | 听取电力局局长刘兆亮关于电力工作情况的汇报。 |
| 43 | 1995.06.13 | 研究县十三届人大常委会第十六次会议议程；传达县委常委会议精神。 |
| 44 | 1995.07.17 | 听取县人民银行行长李成席关于金融工作情况的汇报；研究人大代表培训、执法责任制检查等事宜。 |
| 45 | 1995.07.25 | 传达县委会议精神；研究执法责任制检查、分片召开乡镇人大主席团专职常务主席会议事宜。 |
| 46 | 1995.08.17 | 研究召开乡镇人大工作会议、检查《劳动法》贯彻实施情况、视察《食品卫生法》贯彻实施情况等有关事宜。 |
| 47 | 1995.09.01 | 研究对执法责任制决议的贯彻实施情况进行检查的事宜；研究县十三届人大常委会第十八次会议事宜。 |
| 48 | 1995.09.20 | 汇报执法责任制检查情况 |
| 49 | 1995.10.09 | 研究县十三届人大常委会第十八次会议议程；研究有关果品生产的调查报告。 |
| 50 | 1995.10.24 | 研究视察乡镇企业事宜；研究县十三届人大常委会第十八次会议上 4 名述职人员的综合评议意见。 |
| 51 | 1995.10.31 | 议定县十三届人大常委会第十九次会议议程；研究乡镇人大换届选举事宜。 |
| 52 | 1995.11.07 | 听取县技术监督局局长秦树新关于贯彻实施《产品质量法》情况的汇报。 |
| 53 | 1995.11.13 | 研究召开乡镇人大换届工作会议、视察“三资”企业、召开县十三届人大常委会第二十次会议有关事宜。 |
| 54 | 1995.11.30 | 研究乡镇人大换届选举工作。 |
| 55 | 1995.12.04 | 议定县十三届人大常委会第二十次会议议程；研究组织省、市人大代表视察事宜；研究乡镇人大换届选举事宜；传达县政府常务会议精神。 |
| 56 | 1995.12.15 | 研究召开县十三届人大常委会第二十一次会议事宜；研究乡镇人大换届选举事宜；研究县人大常委会 1996 年工作计划和工作要点。 |
| 57 | 1996.01.22 | 汇报走访县人大代表情况；议定召开县十三届人大常委会第二十一次会议事宜；传达市人大常委会信访工作会议精神；汇报人大代表选举情况。 |
| 58 | 1996.03.11 | 研究 1996 年 3 月份工作安排；研究加强人大常委会自身建设事宜；传达县委常委会议精神。 |

| 59 | 1996.03.21 | 研究乡镇人大工作会议材料。 |
|---|---|---|
| 60 | 1996.04.10 | 研究召开县十三届人大常委会第二十三次会议事宜；传达全市换届选举工作座谈会精神。 |
| 61 | 1996.05.16 | 听取县人民政府关于全县商贸流通工作情况的汇报；研究下步工作。 |
| 62 | 1996.05.27 | 听取县人民政府关于办理人大代表建议、意见的情况汇报；汇报检查乡镇人大建设情况；研究召开县十三届人大常委会第二十四次会议有关事宜。 |
| 63 | 1996.06.06 | 听取县审计局关于财政审计情况的汇报；议定县十三届人大常委会第二十四次会议议程。 |
| 64 | 1996.07.03 | 研究走访县人大代表事宜；研究对公安干警执法情况进行检查、视察《食品卫生法》实施情况。 |
| 65 | 1996.07.23 | 听取县人民银行行长李成席所作的《关于<银行法>贯彻实施情况的汇报》。 |
| 66 | 1996.08.08 | 研究县十三届人大常委会第二十五次会议议程。 |
| 66 | 1996.08.13 | 讨论《五莲县城区市容、环境卫生综合治理规定》。（两次 66 次会议，系原始记录如此） |
| 67 | 1996.09.04 | 研究 9 月份工作。 |
| 68 | 1996.09.12 | 听取县计生委主任张隆武受县人民政府委托所作的关于《山东省计划生育条例》贯彻实施情况的汇报。 |
| 69 | 1996.09.24 | 检查 9 月份工作的进展情况；研究召开县十三届人大常委会第二十六次会议事宜。 |
| 70 | 1996.10.14 | 议定县十三届人大常委会第二十六次会议议程。 |
| 71 | 1996.10.21 | 研究视察畜牧业的有关事宜。 |
| 72 | 1996.11.04 | 研究县人大宣传工作会议事宜。 |
| 72 | 1996.11.18 | 听取县人事局长汪德胜受县人民政府委托所作的《关于<国家公务员暂行条例>贯彻实施情况的汇报》；研究组织省、市人大代表视察有关事宜。（两次 72 次会议，系原始记录如此） |
| 73 | 1996.12.02 | 传达市人大工作会议精神；研究组织省、市人大代表视察的事宜。 |
| 74 | 1996.12.20 | 研究检查乡镇人大争先创优活动、走访县人大代表、年终工作总结、召开县人大机关老干部座谈会等事项。 |
| 75 | 1997.01.03 | 研究走访县人大代表、议定县第十三届人大五次会议事宜；议定补选县人大代表及召开县第十三届人大常委会第二十九次会议事宜。 |
| 76 | 1997.01.22 | 讨论修改县人大常委会工作报告、全县人大工作会议报告；讨论议定县人大常委会 1997 年工作要点；议定县第十三届人大常委会第三十次会议事宜。 |
| 77 | 1997.03.06 | 传达市人代会精神；研究县人大常委会 3 月份工作安排；议定乡镇召开人代会有关事宜。 |
| 78 | 1997.03.10 | 议定召开乡镇人大工作会议及县人大常委会对所任命干部进行法律知识考试的有关事宜。 |

| 79 | 1997.03.25 | 研究县人大常委会有关工作；研究县第十三届人大常委会第三十二次会议有关事宜；研究办公室有关工作。 |
|---|---|---|
| 80 | 1997.04.14 | 研究议定县第十三届人大常委会第三十二次会议日程、议程；研究对《环境保护法》贯彻实施情况及碘盐经营、施用情况进行检查事宜。 |
| 81 | 1997.07.03 | 研究县人大常委会7月份工作安排；传达市人大常委会信访工作会议精神；议定市人大代表经验交流会典型材料；传达县委联席会议精神。 |
| 82 | 1997.08.13 | 议定县第十三届人大常委会第三十四次会议有关事宜；研究执法责任制检查事宜。 |
| 83 | 1997.08.28 | 研究视察畜牧业生产情况、执法责任制检查有关事宜。 |
| 84 | 1997.09.17 | 研究召开述职动员会议及进行执法检查的有关事宜。 |
| 85 | 1997.10.06 | 研究县第十三届人大常委会第三十五次会议有关事宜；各检查组汇报执法检查情况。 |
| 86 | 1997.10.23 | 议定县第十三届人大常委会第三十五次会议日程、议程；研究县人大换届选举的有关事宜。 |
| 87 | 1997.11.27 | 听取县卫生局局长潘振福关于《母婴保健法》实施情况的汇报。 |
| 88 | 1997.12.22 | 研究召开县第十三届人大常委会第三十六次会议有关事宜；讨论修改县人大常委会工作报告；研究松柏乡选举工作试点观摩会有关事宜。 |

## 第六节　五莲县第十四届人大常委会主任会议

（1998.01—2003.01）

| 次数 | 召开时间 | 会议议题 |
|---|---|---|
| 1 | 1998.01.22 | 研究召开县十四届人大常委会第一次会议事宜。 |
| 2 | 1998.02.13 | 议定县十四届人大常委会第一次会议议程，研究领导在会上的讲话材料。 |
| 3 | 1998.03.24 | 听取并审议县邮政局长王治全关于贯彻实施《邮政法》情况的汇报。 |
| 4 | 1998.03.30 | 讨论修定《县人大常委会组成人员守则》、《县人大常委会议事规则》；议定县十四届人大常委会第二次会议议程。 |
| 5 | 1998.04.15 | 研究县十四届人大常委会第二次会议及乡镇人大工作会议事宜。 |
| 6 | 1998.05.01 | 研究1998年5月份的工作。 |
| 7 | 1998.06.09 | 听取并审议县人民政府关于处理代表建议、意见的汇报；议定县十四届人大常委会第三次会议事宜。 |
| 8 | 1998.07.03 | 听取县人民检察院关于厉彦仓受贿案的案情介绍，决定罢免其日照市十四届人大代表资格，并提请常委会表决。 |
| 9 | 1998.07.16 | 汇报走访县人大代表情况。 |

| 10 | 1998.08.04 | 听取市人大常委会教科文卫工作座谈会、财经工作座谈会精神的汇报；研究8月份的工作。 |
|---|---|---|
| 11 | 1998.09.11 | 听取并审议县司法局局长李宗亮受县人民政府委托所作的《关于公证、律师工作情况的汇报》。 |
| 12 | 1998.09.25 | 研究推广王世疃乡人大信访工作经验和检查县长工程的有关事宜。 |
| 13 | 1998.11.06 | 传达全市乡镇人大换届选举会议精神，研究五莲县乡镇人大换届安排意见；研究检查乡镇人大争先创优活动和召开乡镇人大工作会议的有关事宜。 |
| 14 | 1998.11.24 | 听取并审议县科委主任娄善清受县人民政府委托所作的《关于贯彻实施<科技进步法>情况的汇报》。 |
| 15 | 1998.12.09 | 汇报检查乡镇人大工作的情况；通过县人大常委会1999年工作要点；研究走访县人大代表和组织市人大代表视察事宜；研究县十四届人大常委会第七次会议议程；研究县十四届人大第二次会议和乡镇人大工作会议议程安排。 |
| 16 | 1999.01.04 | 研究县人大常委会主任、副主任工作分工事宜。 |
| 17 | 1999.02.02 | 研究十四届人大二次会议及召开县十四届人大常委会第九次会议事宜。 |
| 18 | 1999.03.12 | 总结县十四届人大二次会议情况；传达全县纪检工作会议精神。 |
| 19 | 1999.04.06 | 传达市十四届人大常委会第十次会议精神；研究县第十四届人大常委会第十次会议议程。 |
| 20 | 1999.06.07 | 研究县第十四届人大常委会第十一次会议议程。 |
| 21 | 1999.06.10 | 听取并审议县政府副县长王连友关于县十四届人大二次会议代表所提建议、意见办理情况的汇报。 |
| 22 | 1999.08.08 | 研究召开县第十四届人大常委会第十二次会议议程。 |
| 23 | 1999.08.25 | 听取县经委主任房禄祥关于1—7月份工业经济运行情况的汇报；视察通用机械厂、减震器厂、化工厂3处县属工业企业。 |
| 24 | 1999.09.13 | 传达县委常委会议精神；研究视察林果生产事宜。 |
| 25 | 1999.09.29 | 听取县林业局局长梁启玉关于全县林果生产情况的汇报；视察潮河、魏家、王世疃、街头4乡镇林果生产情况。 |
| 26 | 1999.10.09 | 研究县人大常委会10月份工作。 |
| 27 | 1999.10.18 | 传达县委常委会精神；研究县第十四届人大常委会第十三次会议事宜。 |
| 28 | 1999.12.13 | 传达县委常委会精神；汇报走访县人大代表情况。 |
| 29 | 2000.01.03 | 研究县第十四届人大常委会第十四次会议议程。 |
| 30 | 2000.03.13 | 研究2000年3月份工作及乡镇人大代表培训事宜。 |
| 31 | 2000.05.09 | 研究2000年5月份工作；听取全市人大代表工作会议精神的汇报。 |

| | | |
|---|---|---|
| 32 | 2000.05.26 | 听取县人民银行行长李成席关于全县金融运行情况的汇报；听取县民政局长桑友亭关于《老年人权益保障法》贯彻实施情况的汇报。 |
| 33 | 2000.06.07 | 研究 2000 年 6 月份工作。 |
| 34 | 2000.07.18 | 听取商贸委主任丁玉忠关于全县商贸流通工作情况的汇报；听取畜牧局长范淑明关于全县畜牧生产情况的汇报。 |
| 35 | 2000.08.02 | 研究召开县十四届人大常委会第十八次会议议程。 |
| 36 | 2000.09.07 | 听取县卫生局局长潘振福关于贯彻实施《医疗机构管理条例》情况的汇报；研究 9 月份的工作。 |
| 37 | 2000.09.20 | 听取县旅游局局长崔荣顺关于全县旅游工作情况的汇报。 |
| 38 | 2000.10.08 | 研究召开县十四届人大常委会第十九次会议议程。 |
| 39 | 2000.12.21 | 汇报走访县人大代表情况。 |
| 40 | 2001.01.08 | 讨论议定召开县十四届人大四次会议有关事宜。 |
| 41 | 2001.01.29 | 研究召开县十四届人大常委会第二十一次会议有关事宜。 |
| 42 | 2001.02.20 | 研究主任分工和召开县十四届人大常委会第二十二次会议有关事宜。 |
| 43 | 2001.03.13 | 研究召开县十四届人大常委会第二十三次会议有关事宜。 |
| 44 | 2001.06.12 | 研究召开县十四届人大常委会第二十四次会议有关事宜。 |
| 45 | 2001.09.14 | 研究人大代表向选民述职工作会议事宜。 |
| 46 | 2001.11.01 | 研究政府部门述职人员调查情况。 |
| 47 | 2002.01.16 | 讨论研究县人大常委会工作报告和 2002 年工作要点。 |
| 48 | 2002.02.25 | 研究县十四届人大五次会议筹备工作。 |
| 49 | 2002.04.12 | 安排 4 月份工作。 |
| 50 | 2002.06.13 | 研究县十四届人大常委会第三十次会议议程和走访县人大代表事宜。 |
| 51 | 2002.07.29 | 研究县十四届人大常委会第三十一次会议议程；汇报走访县人大代表情况。 |
| 52 | 2003.01.02 | 提请人事任免事项。 |
| 53 | 2003.01.07 | 讨论人大常委会代表资格审查委员会关于代表资格的审查报告；讨论县十五届人大一次会议议程 、日程、各项建议名单；讨论县人大常委会工作报告；讨论县人大常委会 2003 年工作要点。 |

## 第七节 五莲县第十五届人大常委会主任会议

（2003.01—2007.12）

| 次数 | 召开时间 | 会　议　议　题 |
| --- | --- | --- |
|  | 2005.10.08 | 研究县十五届人大常委会第十七次会议有关事宜；研究老人节活动安排。 |
|  | 2005.11.07 | 传达市人大工作会议精神，研究述职评议工作。 |
| 2006 年 1 | 2006.02.21 | 研究县人大常委会主任、副主任分工事宜；县委书记、县人大常委会主任崔亮就如何做好人大工作讲了意见。 |
| 2 | 2006.02.28 | 研究县人大常委会“四委二室”2006 年以来工作开展情况及近期工作安排；研究 3 月份工作；传达市人大工作会议精神。 |
| 3 | 2006.04.07 | 研究召开县十五届人大常委会第十九次会议有关事宜；讨论研究视察全县第三产业发展情况。 |
| 4 | 2006.06.05 | 研究召开县十五届人大常委会第二十次会议有关事宜。 |
| 5 | 2006.07.10 | 听取走访县人大代表情况汇报、视察全县林业生态建设情况的汇报；部署人大常委会各主任包村事宜。 |
| 6 | 2006.07.26 | 学习《构建社会主义和谐社会》；汇报走访县人大代表情况。 |
| 7 | 2006.08.08 | 研究召开县十五届人大常委会二十一次会议、视察《环境保护法》事宜。 |
| 8 | 2006.09.05 | 研究九月份工作；安排学习任务。 |
| 9 | 2006.10.10 | 研究召开县十五届人大常委会第二十二次会议事宜；研究开展“我身边的人大代表”征文活动。 |
| 10 | 2006.11.13 | 研究举办县人大常委会学习《监督法》培训班事宜；研究召开县十五届人大常委会二十三次会议事宜。 |
| 11 | 2006.12.19 | 研究贯彻落实《监督法》的意见；研究视察《治安管理处罚法》贯彻实施情况方案。 |
| 2007 年 9 | 2007.07.17 | 听取赴德州等地考察人大工作情况的汇报；研究走访县人大代表安排意见。 |
| 10 | 2007.08.06 | 听取走访县人大代表情况汇报。 |
| 11 | 2007.09.03 | 研究县乡人大换届选举事宜；研究县乡选举委员会组成人员建议名单。 |
| 12 | 2007.09.19 | 研究召开县十五届人大常委会二十九次会议事宜。 |
| 13 | 2007.10.26 | 听取松柏乡换届选举工作试点情况汇报。 |
| 14 | 2007.12.02 | 研究召开县十六届人大一次会议有关事项。 |

（因资料的缺失，第十五届人大常委会主任会议只收集到以上 19 次会议的记录——编者注）

## 第八节 五莲县第十六届人大常委会主任会议

(2007.12— )

| 次数 | 召开时间 | 会 议 议 题 |
|---|---|---|
| 1 | 2007.12.24 | 研究召开县十六届人大常委会第一次会议有关事宜。 |
| 2 | 2008.03.05 | 研究召开县十六届人大常委会第二次会议有关事宜；议定各委室工作职责、机关各项工作规程和制度。 |
| 3 | 2008.05.19 | 研究召开县十六届人大常委会第三次会议有关事宜。 |
| 4 | 2008.06.11 | 研究确定走访县十六届人大代表有关事宜。 |
| 5 | 2008.07.10 | 听取各小组走访县人大代表情况汇报；研究视察工业园区建设推进情况。 |
| 6 | 2008.08.18 | 通报 8 月 17 日省人大常委会理论学习中心组读书会来五莲视察情况；通报关于烟草工作调研情况。 |
| 7 | 2008.08.20 | 传达全市防灾救灾安全生产工作会议精神。 |
| 8 | 2008.09.12 | 研究召开县十六届人大常委会第五次会议及组织省、市人大代表视察的有关事宜。 |
| 9 | 2008.10.20 | 研究安排近期工作及举办全县人大代表培训班事宜。 |
| 10 | 2008.11.24 | 研究召开县十六届人大常委会第六次会议的有关事宜。 |
| 11 | 2008.12.08 | 研究安排市人大代表会前集中视察的有关事宜。 |
| 12 | 2008.12.15 | 研究召开县十六届人大常委会第七次会议事宜。 |
| 13 | 2008.12.29 | 研究召开县十六届人大常委会第八次会议有关事宜。 |
| 14 | 2009.02.02 | 研究 2009 年县人大常委会工作要点。 |
| 15 | 2009.02.06 | 研究召开县十六届人大常委会第九次会议有关事宜。 |
| 16 | 2009.04.09 | 研究召开县十六届人大常委会第十次会议有关事宜。 |
| 17 | 2009.05.05 | 研究县人大常委会 5 月份工作。 |
| 18 | 2009.06.02 | 研究县人大常委会 6 月份工作。 |
| 19 | 2009.06.30 | 听取县人大常委会各走访小组走访县人大代表的情况汇报；研究 7 月份县人大常委会工作。 |
| 20 | 2009.07.07 | 研究通过县人大常委会关于走访县人大代表情况的报告。 |
| 21 | 2009.07.17 | 研究召开县十六届人大常委会第十二次会议有关事宜。 |
| 22 | 2009.09.30 | 依法接受卜宪博辞去五莲县人民法院院长职务的请求，决定胡建任五莲县人民法院副院长、代理院长。 |

| | | |
|---|---|---|
| 23 | 2009.10.12 | 研究县人大常委会10月份工作。 |
| 24 | 2009.12.17 | 研究补选市、县人大代表的有关事宜。 |
| 25 | 2009.12.24 | 依法接受王勇辞去五莲县人民政府县长职务的请求，决定杜江涛任五莲县人民政府副县长、代理县长。 |
| 26 | 2010.01.05 | 研究召开县十六届人大三次会议有关问题及召开县十六届人大常委会第十六次会议有关事宜。 |
| 27 | 2010.02.25 | 研究县人大常委会2010年工作要点；研究县人大常委会主任、副主任工作分工；研究部署机关召开“抓作风，强执行，促发展”活动动员会议的有关事宜。 |
| 28 | 2010.03.16 | 研究召开县十六届人大常委会第十七次会议的有关事宜；讨论修改县人大常委会《关于进一步加强作风建设增强监督实效的意见》。 |
| 29 | 2010.04.07 | 听取各乡镇召开人民代表大会有关情况的汇报；研究县人大常委会4月份工作；研究进一步加强机关学习的问题。 |
| 30 | 2010.07.06 | 研究走访县十六届人大代表有关事宜；研究召开县十六届人大常委会第十九次会议的有关事宜；研究确定对服务业进行调研的有关事宜。 |
| 31 | 2010.07.21 | 会议依法接受申志刚辞去五莲县人民检察院检察长职务的请求，决定武传忠副检察长代理五莲县人民检察院检察长。 |
| 32 | 2010.07.27 | 听取走访县人大代表的情况汇报；讨论决定关于人大代表建议意见办理情况报告的审议意见。 |
| 33 | 2010.08.02 | 学习《中华人民共和国农业机械化促进法》；研究县人大常委会8月份工作。 |
| 34 | 2010.08.31 | 听取全县人大代表小组建设和“三带头一满意”活动检查情况的汇报；听取县人大常委会执法检查组关于全县贯彻实施《产品质量法》情况的汇报；研究对全县农村住房建设和危房改造情况进行调研的有关事宜；研究开展代表向选民述职工作有关事宜；研究确定召开县十六届人大常委会第二十次会议有关事宜。 |
| 35 | 2010.10.11 | 研究县人大常委会10月份工作。 |
| 36 | 2010.12.13 | 研究召开县十六届人大四次会议、组织驻五莲县的市人大代表进行会前视察、召开县十六届人大常委会第二十二次会议的有关事宜。 |
| 37 | 2010.12.27 | 研究修改县人大常委会工作报告。 |
| 38 | 2011.02.15 | 研究县人大常委会主任、副主任工作分工；研究县人大常委会2011年工作要点。 |
| 39 | 2011.02.16 | 听取县人民检察院检察长武传忠汇报县人大代表汤希勇涉嫌经济犯罪问题，研究对县人大代表汤希勇依法采取强制措施的问题。 |
| 40 | 2011.04.06 | 研究4月份工作安排。 |
| 41 | 2011.05.03 | 研究5月份工作安排；议定《五莲县人大志》编纂工作有关事宜。 |
| 42 | 2011.05.11 | 讨论县人大常委会机关工作。 |
| 43 | 2011.06.07 | 欢迎李永乐、林春到县人大常委会机关工作；安排6月份工作。 |

| 44 | 2011.07.04 | 研究7月份工作安排；安排驻五莲的省、市人大代表年中调研事宜。 |
|---|---|---|
| 45 | 2011.07.11 | 欢迎杨兆娟到县人大常委会机关工作。县委组织部副部长王文华宣读了县委任职决定，县人大常委会第一副主任李应田提出了希望和要求。 |
| 46 | 2011.07.25 | 通报全县工作安排；调整副主任分工；研究召开县十六届人大常委会第27次会议有关事宜。 |
| 47 | 2011.08.09 | 通报县委书记碰头会有关事项；安排县人大常委会8月份工作；研究县人大换届选举办公室抽调人员问题。 |
| 48 | 2011.08.26 | 议定向县委常委会汇报人大换届选举工作有关情况。 |
| 49 | 2011.09.06 | 研究对县人大常委会9至12月份工作进行调整，把重点放在换届选举工作上。 |
| 50 | 2011.09.27 | 审议讨论县、乡两级人大换届选举有关事宜；研究召开《五莲县人大志》评审会有关事项。 |

# 第五章　全县人大工作会议

## 全县人大代表工作经验交流会议

1985年8月20日至21日，县第十届人大常委会召开了全县人大代表工作经验交流会议。县第十届人大常委会委员、各代表联系组组长、各代表小组组长、部分县人大代表、县人民政府负责人、县人民法院院长、县人民检察院检察长，县直部、委、办、局的负责人参加了会议。

会议传达了省、市人大工作经验交流会议精神。县委副书记李宗步在会上讲话，肯定了县人大常委会的工作，进一步强调了人大常委会的性质、任务和地位，要求要围绕党的总任务、总目标，全面履行好人大常委会的职责，为振兴国民经济做出贡献。

会上交流人大代表工作经验，有松柏乡党委重视代表工作，发挥代表作用的经验；院西、中至乡代表联系组介绍了经常组织活动，开展代表工作的经验；户部乡政府乡长李炳成介绍了怎样当好联系组长的体会；郑明海、李乃松、杨振涛三位代表介绍了他们履行代表职责，协助政府推行工作的经验；张崇交、刘瑞民、王秀英等代表介绍了他们在各自的岗位上，全心全意为人民服务，一心一意做好本职工作，充分发挥模范带头作用的经验。

## 贯彻全市县区人大工作经验交流会精神的会议

1985年12月13日，县十届人大常委会召开了贯彻全市县区人大工作经验交流会精神的会议，代表联系组组长、代表小组长出席了会议。

会议期间，重新学习了中共中央[1984]八号、九号文件，传达了全市县区人大常委会工作经验交流会精神，学习了有关会议文件。县委书记李明启根据市人大工作经验交流会精神，结合五莲的实际情况，讲了话，讲话从提高思想认识，加强领导，理顺关系，开展工作等方面提出了要求。县人民政府副县长齐忠礼就如何摆正关系，主动接受监督，更好地改进和推动政府的各项工作等问题讲了话。县人大常委会主任贺炳忠讲话，主要内容为：进一步明确人大常委会的地位，认清神圣职责，树立高度的责任感；要振奋革命精神，树立开拓进取的思想；要坚持求实精神，突出人大工作重点；要主动做好代表工作，充分发挥代表作用。

## 五莲县人大代表工作经验交流会议

五莲县人大代表工作经验交流会议于1986年5月21日召开。出席县十届人大三次会议的代表参加了会议。

会议期间，有山庄乡代表联系组介绍了围绕党的中心工作，积极开展代表工作的经验；有潮河镇政府镇长牟善悦、交通局局长杨继柳、电力公司经理李龙芝介绍了他们当好人民公仆、多为人民办实事的体会；有洪凝镇洪凝村党总支书记潘维义、松柏乡钱家庄子村张传花、管帅镇管帅村刘瑞民、街头镇于家丰台村王均丰介绍他们带领群众致富的经验；有于里乡法庄村王成业、街头镇西城仙村柏代吉介绍了他们勤劳致富的经验；有汪湖乡方城学区小学校长曹连玉、松柏乡后长城岭村幼儿教师陈为香介绍了热爱本职工作，甘为人民做奉献的经验。

会议期间，县委书记李明启讲了话。讲话肯定了人大代表工作的成绩和人大代表的作用，并对进一步搞好人大工作提出了要求：一是提高做好人大工作重要意义的认识；二是明确党的政策和法律的关系，进一步抓好社会主义法制建设；三是坚持依法办事，正确处理好监督与被监督的关系；四是党委要加强领导，关心和支持人大工作。

县委副书记、县人民政府县长孙长华也在会上讲了话，一是摆正政府同人民代表大会及其常委会的关系，自觉接受人民群众监督；二是正确履行政府管理经济的职能；三是充分发挥各部门的作用，共同搞好政府工作。

县人大常委会主任贺炳忠在会上讲话，对今后做好人大代表工作提出了要求。

## 五莲县人大代表工作经验交流会

五莲县人大代表工作经验交流会，于1989年3月22日至23日召开。参加县十一届人大四次会议的代表出席会议。

会议期间，有7名县人大代表和一名乡镇人大代表工作办公室主任分别就履行代表职责，发挥代表作用，带领群众致富，做好本职工作，以及做好人大代表工作等方面发了言，另有4名代表作了书面发言。省七届人大代表金继藩传达了省七届人大二次会议精神。

在会议闭幕式上，县委书记李明启讲了话，讲话充分肯定了人大代表在改革和建设中发挥的作用，并对进一步做好人大工作提出了要求：一是进一步提高对人大工作的认识；二是加强民主法制建设，促进治理、整顿方针的贯彻落实；三是切实加强党对人大工作的领导，努力为人大代表行使职权创造良好的环境和条件。

县人大常委会主任贺炳忠在会议结束时讲了话，对进一步做好人大代表工作提出了要求。

会议对人大代表工作先进单位、先进代表组、优秀代表进行了表彰。

## 全县人大工作会议

县十二届人大二次会议结束后，接着于1991年3月29日至30日召开了全县人大工作会议。

县五大班子领导、出席县十二届人大二次会议的全体人大代表、部分乡镇党委的负责同志、县直部门和局级以上企业负责人共400余人参加会议。

会议听取了典型发言，有1处乡党委、1处乡镇人大主席团、1处乡镇代表小组和7位人大代表发言。

会议期间，县委副书记伊光彩传达了全省人大工作经验交流会议和市人大工作会议精神。县委书记徐善来讲话，充分肯定了县人大工作的发展进步和在两个文明建设中的重要作用，并就不断提高对坚持人民代表大会制度重要性和必要性的认识，进一步发挥地方国家权力机关在新形势下的重要作用，切实加强和改善党对人大工作的领导等方面讲了意见。县人大常委会主任韩清存就坚持在党的领导下积极开展人大工作，围绕党的基本路线依法行使职权，进一步扩宽联系代表和群众的民主渠道，努力加强权力机关的自身建设等方面讲了意见。县委常委、县人民政府副县长李志久就人民代表大会及其常委会依法监督、积极支持政府工作，促进了全县的两个文明建设；进一步提高对人大重要地位和作用的认识，自觉接受县人大对政府的依法监督；加强同人大的联系，扎扎实实地做好各项工作等方面讲了意见。

会议进行了分组讨论，对照先进单位的经验，找差距；学习领导的讲话精神，就作好人大工作、发挥人大代表作用等方面，制定措施。

## 五莲县人大工作研讨会

五莲县人大工作研讨会于1991年5月31日举行，市人大常委会和县委的有关领导出席会议，乡镇人大主席团专职常务主席、部分县人大代表、县直有关部门负责人参加会议。

会议期间有县委宣传部、县委研究室、县人民法院、县人民检察院、县人民政府经济研究中心、县人大常委会各委室、乡镇人大主席团的19位同志就加强民主与法制建设，坚持和完善人民代表大会制度；加强监督工作；县级人大常委会自身建设；加强乡镇人大工作等方面宣读了论文。

会上，县人大常委会主任韩清存就坚持和完善人民代表大会制度的几个问题发了言，发言指出，坚持和完善人民代表大会制度，必须进一步提高干部群众对我国根本政治制度的认识；坚持和完善人民代表大会制度，必须坚持党对人大工作的领导；坚持和完善人民代表大会制度，必须紧紧依靠和密切联系人民群众。

会议结束时，县委副书记伊光彩在会上讲了话，指出搞好和推进人大工作的理论研讨活动，对于更好发挥人大及其常委会和乡镇人大主席团的职能作用，促进政治、经济和各项社会事业的发展具有重要的意义。

## 全县人大工作会议

1994年2月24日至25日，全县人大工作会议召开。出席县十三届人大二次会议的代表、县直有关部门的负责人参加会议。

会议期间，市人大代表、洪凝镇中疃村党支部书记冯展进，县人大代表、石场医院医师杜树梅，县人大代表、叩官乡水利站站长王少勇，县人大代表、魏家乡中心小学校长王均度，县人大代表、街头镇于家丰台村党支部书记于华文在会上发了言。

县委书记李永健在会上讲话，充分肯定县人大及其常委会在改革开放和经济建设中发挥了重要作用，并就深刻认识坚持和完善人民代表大会制度的重要性；明确人大工作的指导思想和工作重点，充分发挥人大及其常委会的职能作用；“政府两院”要自觉接受人大及其常委会的监督；切实加强和改善党对人大工作的领导等方面讲了意见。

县委副书记、县人民政府县长李志久在会上就全县各级政府自觉接受人大及其常委会的监督，努力做好政府工作讲了意见：进一步提高认识，摆正政府同人大的关系；自觉接受人大监督，努力实现政府决策的民主化和科学化；增强法制观念，提高依法行政水平；各级政府要积极支持人大工作，为人大工作创造良好的外部环境。

县人民法院院长鲁志、县人民检察院检察长郑昭曦分别就自觉接受县人大及其常委会的监督，做好法院、检察院工作讲了话。

县人大常委会主任韩清存讲了话，就加强学习，深化认识，在思想上努力适应新时期人大工作的需要；认真贯彻执行党的基本路线，紧紧围绕经济建设中心开展人大工作；适应改革开放和经济建设的需要，大力加强社会主义法制建设；进一步加强代表工作，更好地发挥人大代表作用；深入开展对人民代表大会制度与人大工作的宣传和理论研究；努力加强人大常委会和乡镇人大主席团的自身建设，保障人大工作的顺利开展等方面的问题讲了意见。

## 全县人大宣传工作会议

1996年11月11日，县委宣传部和县人大常委会办公室联合召开全县人大宣传工作会议。各乡镇党委宣传委员、乡镇人大主席团主席和县直有关部门的负责人参加会议。

会议期间，交流了做好人大宣传工作的经验，表彰了8名人大通讯员，中共五莲县委宣传部和五莲县人大常委会办公室印发了《关于进一步加强和改进人大宣传工作的意见》。

会上，县人大常委会副主任胡兆功讲话，肯定了前段人大宣传工作取得的成绩，指出了进一步加强人大宣传工作的指导思想和主要任务：要大力宣传邓小平关于加强人民代表大会制度和社会主义法制建设思想；要大力宣传社会主义民主和法制建设所取得的重大成就；要大力宣传人大及其常委会依法履行职责的情况；要大力宣传人大代表密切联系群众，依法履行职责的事迹。讲话还就改进和加强人大宣传工作提出了要求。

县委书记李永健到会讲话，他要求人大宣传工作要坚持正面宣传为主和团结、稳定、鼓劲的方针，做到“三个贴紧”：一要贴紧党的中心工作；二是要贴紧人民群众；三是贴紧人大工作的实际。

## 全县人大工作会议

1997 年 2 月 17 日，县十三届人大五次会议结束后，接着召开全县人大工作会议，出席县十三届人大五次会议的代表和县直各单位的负责人出席会议。

会上，县教委、洪凝镇党委、于里镇人大主席团、汪湖镇人大主席团、叩官镇政府、王世疃乡人大主席团、县劳动局等单位分别就支持人大工作、接受人大监督、做好乡镇人大工作等方面，介绍了经验。

县委书记李永健在会上讲话，充分肯定了县人大及其常委会在改革开放和经济建设、推进民主法制建设工作中发挥的作用；并就在新形势做好人大工作提出了要求。

县人大常委会主任韩清存讲话。就在新形势下做好人大工作提出要求。

县委副书记、县长李桂玲在会上讲话，就各级政府自觉接受人大监督，支持人大工作讲了意见。

## 全县人大工作会议

2006 年 7 月 31 日，县委召开了全县人大工作会议。

县几大班子领导，县人大常委会组成人员、人大机关工作人员，曾在县人大常委会担任领导职务的老同志，县人民法院院长、县人民检察院检察长，县直党政群各部门、正科级以上事业单位、条条单位主要负责同志，县直规模以上企业党组织主要负责人，各乡镇党委书记、乡镇长、人大副主席出席了会议。县领导崔亮、王勇、何子孔、徐东光、杜江涛、戴召田、李希广在主席台就座。徐东光主持会议。

县委书记、县人大常委会主任崔亮，县委副书记、县长王勇，县人大常委会第一副主任戴召田在会上讲话。

崔亮在讲话中充分肯定了全县人大工作取得的显著成绩，深刻阐述了新形势下坚持和完善人民代表大会制度、做好人大工作的重要意义，全面分析了全县人大工作面临的形势和任务，就进一步加强和改善党对人大工作的领导，支持人大及其常委会依法履行各项职责提出了明确要求。

王勇的讲话，从政府工作的角度，就如何切实增强接受人大监督的自觉性和坚定性、建立健全接受人大监督的工作机制、严格依法行政和依法办事等方面讲了意见。

戴召田的讲话指出，县委召开的这次全县人大工作会议，是在新形势下加强和改进党对人大工作的领导，促进全县人大工作再上新台阶的一次重要会议，对当前和今后一个时期做好全县人大工作、推进民主法制建设具有重要的指导性意义。他要求，要进一步统一思想，提高认识，以昂扬向上的精神状态和求真务实的工作作风，开拓进取，扎实工作，认真履行宪法和法律赋予的各项职责，努力推动全县人大工作再上新水平。

县法院院长卜宪博、县检察院检察长申志刚就如何自觉接受人大及其常委会监督，依法履行审判、检察职责作了发言。会上，印发了中共五莲县委《关于进一步加强人大工作的意见》和全市人大工作会议精神传达提纲。

# 第六章　乡镇人大工作会议

## 乡镇人大代表工作办公室主任会议

1987 年 8 月 8 日至 10 日，全县乡镇人大代表工作办公室主任会议召开。各乡镇人大代表工作办公室主任（未配主任的乡镇由乡镇政府文书参加）出席会议。

会议期间，学习了中共中央 [1984] 八、九号文件、中共中央 [1986] 十八号文件，《宪法》、《地方组织法》、《地方选举法》的有关章节，省选举工作实施细则的有关条款，以及有关人大代表的任务、地位、职权和活动方式的讲话。

县委副书记徐善来在会上讲了话，讲话指出，要提高思想认识，正确对待人大工作；党委要加强对人大工作的领导，从各方面支持人大代表办公室开展工作，党组织和广大党员要以实际行动支持人大代表依法履行职责；要认真学习法律，不断提高人大工作人员的业务素质；要处理好人大代表工作同中心工作的关系。

县人大常委会主任贺炳忠就如何做好人大代表办公室工作讲了话，他指出要提高思想认识，增强做好人大代表工作的光荣感和责任感；要明确乡镇人大代表工作的职责和范围，熟悉掌握工作方法；要紧紧依靠党的领导，不断开创乡镇人大工作的新局面。

洪凝镇党委、叩官乡人大代表办公室的负责人在会上介绍了做好人大代表工作的经验。各乡镇与会人员在会上发言介绍下步做好乡镇人大代表工作的打算。

## 乡镇党务书记、人大主席团专职常务主席会议

乡镇党务书记、人大主席团专职常务主席会议于 1991 年 4 月 4 日召开。会议主要研究召开乡镇人民代表大会的事宜。县人大常委会主任韩清存就乡镇人代会前抓的几项工作，乡镇人代会的主要任务和开法，乡镇人代会需要注意的几个问题，乡镇人大主席团的几项工作讲了意见。

## 全县乡镇人大工作经验交流会议

全县乡镇人大工作经验交流会议于1992年4月18日召开。乡镇党委有关负责人、乡镇人大主席团专职常务主席参加会议。会上有8处乡镇从不同的侧面分别介绍了重视支持人大工作的做法和履行人大及主席团职责的经验。

县人大常委会主任韩清存在会上讲话，指出1991年以来，县乡两级人大机构贯彻落实《潍坊市乡镇人民代表大会主席团工作试行办法》，乡镇人大工作实现了突破性进展。为了进一步活跃乡镇人大工作，讲话提出了四点要求：一、紧紧围绕经济建设这个中心，认真履行主席团职责；二、强化基层民主与法制建设，保障和促进两个文明建设的顺利进行；三、强化人大基础工作，进一步把代表工作搞活；四、加强学习，进一步提高自身素质。

## 全县乡镇人大工作会议

1993年4月26日，全县乡镇人大工作会议召开。各乡镇党委有关负责人、乡镇人大主席团专职常务主席参加。县委副书记伊光彩主持会议。

会议期间，传达贯彻了全国八届人大一次会议精神，学习了全国人大常委会委员长乔石的讲话及宪法修正案、《地方组织法》。叩官乡、许孟镇、七宝山镇、街头镇人大主席团介绍做好人大工作的经验。

县人大常委会主任韩清存在会上讲话，回顾近年来乡镇人大工作的情况，提出了今后乡镇人大工作的任务：一、要紧紧依靠党委的领导开展人大工作；二、要围绕加强社会主义民主与法制建设这个重点，搞好代表工作；三要密切联系群众，搞活代表工作；四、要不断加强乡镇人大主席团自身建设。

## 全县乡镇人大主席团专职常务主席会议

1994年1月4日，全县乡镇人大主席团专职常务主席会议召开。会议传达学习了省人大常委会副主任郭松年在全省人大代表工作座谈会上的讲话。

县人大常委会主任韩清存在会上讲话，指出要牢固树立做好乡镇人大工作的坚定信念；强化人大工作的宣传力度，活跃乡镇人大工作；要认真做好人大代表工作。讲话还部署了召开乡镇人代会、走访人大代表、制定1994年乡镇人大工作计划等事项。

县委副书记葛秀良在会上讲话，对做好乡镇人大工作提出了四点要求：一、要进一步提高对新形势下乡镇人大工作重要性的认识；二、要加强学习，努力适应新时期乡镇人大工作的需要；三、要围绕经济建设和党的中心工作，依法行使职权，充分发挥乡镇人大的职能作用；四要正确处理好与党委和政府的关系。

## 全县乡镇人大主席团专职常务主席会议

1994年6月2日，全县乡镇人大主席团专职常务主席会议召开。

县人大常委会主任韩清存在会上讲话，回顾了上半年乡镇人大主席团开展工作的情况，并就开展乡镇人大主席团工作提出了要求：一、要树立良好的精神状态；二、要加强学习，不断提高政策理论和法律知识水平；三、要认真履行主席团职责，保证和促进党委中心工作顺利开展；四、搞好调查研究，增强监督实效。

## 全县乡镇人大工作会议

1994年12月3日 全县乡镇人大工作会议召开。各乡镇人大主席团专职常务主席参加会议。

县人大常委会主任韩清存讲话，着重强调了要认真组织好人大代表评议乡镇部门工作的问题。

县委副书记黄金华在会上讲话，就人大代表评议乡镇部门工作；紧紧围绕党委中心工作，认真行使职权；认真做好人大代表工作讲了意见。

## 全县乡镇人大工作会议

1995年4月26日，全县乡镇人大工作会议召开。各乡镇党务书记、人大主席团专职常务主席参加会议。

会议期间，学习了新修定的《地方组织法》和《选举法》。

县人大常委会主任韩清存讲话，要求要充分认识乡镇人大工作的重要性，增强做好人大工作的责任感、使命感和法律感，并部署下段乡镇人大的工作任务。

县委副书记黄金华讲话，对做好乡镇人大工作提出了要求。

## 全县乡镇人大工作会议

1996年3月26日，全县乡镇人大工作会议召开。各乡镇党委副书记、乡镇人大主席参加会议。

县人大常委会主任韩清存在会上讲话指出，这次会议是乡镇人大换届后召开的第一次全县乡镇人大工作会议，主要任务是深入学习有关法律法规，讨论研究今后乡镇人大工作任务，推动乡镇人大工作再上新水平。讲话要求要进一步提高认识，明确职责，增强做好乡镇人大工作的使命感和责任感；要鼓足干劲，真抓实干，不断开创乡镇人大工作新局面。

县委书记李永健在会上讲话，强调要正确认识乡镇人大工作的重要性；要积极主动的开展工作；要重视自身建设。

## 全县乡镇人大工作会议

1996年10月9日，全县乡镇人大工作会议召开。各乡镇人大主席和部分县直部门负责人参加会议。

会议交流了前段各乡镇人大工作的情况，研究部署下步的几项主要工作，进一步明确任务，统一思想，做好年底前的各项工作。

县人大常委会主任韩清存在会上讲话，部署了下步要抓好的几项工作。

## 全县乡镇人大工作会议

1998年4月22日，全县乡镇人大工作会议召开。各乡镇党委有关负责人和乡镇人大主席参加会议。

会上，县人大常委会副主任胡兆功讲话，总结了前段全县乡镇人大工作的情况，部署了开好乡镇人民代表大会的任务和要求，并就人民代表大会闭会期间的工作做了安排。

县委副书记许乐生在会上讲话，就开好乡镇人民代表大会和乡镇人大的日常工作提出了要求。

## 全县乡镇人大工作会议

1999年3月7日，县十四届人大二次会议闭幕后，接着召开全县乡镇人大工作会议，出席县十四届人大二次会议的代表、县直部门负责人、各乡镇党委书记参加会议。

会议期间，有于里镇党委书记姜敏、王世疃乡人大主席张继福、许孟镇镇长冯志法、洪凝镇人大主席于家来在大会上发言；表彰了14处乡镇人大工作先进单位。

县委书记张振川在会上讲话，讲话指出要充分认识新形势下加强乡镇人大工作的重要性；要正确处理“四个关系”，进一步发挥乡镇人大职能作用；要积极帮助和支持乡镇人大搞好自身建设。

县委副书记、县长黄金华在会上讲话，讲话指出要进一步提高对加强乡镇人大工作重要意义的认识；要自觉接受人大监督，确保政府决策的民主化和科学化；要切实增强法制观念，不断提高依法行政水平；各级政府要积极支持人大的工作，为人大工作创造良好的外部条件。

县人大常委会主任李桂玲在会上讲话，讲话充分肯定了乡镇人大工作的成绩，要求要进一步明确职责，增强做好乡镇人大工作的使命感和责任感，扎实工作，不断开创乡镇人大工作新局面。

# 第四篇　决议·决定

## 第一章　县人民代表大会决议

### 第一节　县人民代表大会决议选录

#### 五莲县第一届人民代表大会第二次会议决议

（1955 年 2 月 1 日通过）

一、全体代表一致批准五莲县人民政府关于 1954 年下半年施政工作总结报告，并认为政府 1954 年对农业生产，互助合作与粮食统购统销等几项主要工作，在上级党的领导下与全县广大人民的努力，是取得了一定的成绩的，并表示满意。

二、全体代表听取了中共五莲县委员会书记卢星文同志关于目前形势和今后任务的建议报告，大会一致认为当前全县人民的迫切任务是：必须发动全县人民，以实际行动反对“美蒋共同防御条约”，大力支援人民解放军解放台湾，消灭蒋介石卖国集团，做好各项工作，完成国家经济建设的计划。必须开展以互助合作为中心的农业生产运动，在征集补充兵员工作期间，以征集工作为重点，结合进行其他各项工作。在当前应积极巩固和发展合作社与互助组并重点做好征集补充兵员工作，大力宣传形势与义务兵役制，认真处理统购遗留问题善始善终的结束统购统销工作。大会一致决议：

（一）积极巩固和发展互助合作组织，做好春耕生产准备工作，保证 1955 年农业增产任务的完成。同时完成林业和畜牧业的发展计划。具体要求是：通过总结评比解决老社存在的突出问题，并制订今春的生产计划，积极开展增产运动。今春要办好 900 处新建的农业生产合作社，以及计划新建 42 处手工业组、社。

（二）做好征集补充兵员工作，巩固国防建设。具体要求是：在 3 月 10 日以前按照上级要求和政策规定，完成 700 名补充兵员征集任务。

（三）结合做好处理统购的遗留问题和做好 1955 年粮食统销。

（四）教育广大人民积极踊跃的认购 1955 年的国家建设公债，以支援国家工业化建设。

（五）加强社会治安工作，对民兵加强政治教育和训练，提高民兵的政治觉悟。

（六）加强拥军优属，作好烈、军属的代耕和救济工作，以及认真作好复员建设军人的安置工作。

（七）作好文教卫生工作，提高人民的文化生活，增强人民的健康水平，达到有利于生产的目的。

全体代表一致决议，把大会的精神贯彻到广大群众中去。我们要紧密团结在共产党和毛主席的周围，与全国人民一道为支援解放台湾，为完成国家社会主义经济建设五年计划第三年度计划而奋斗！

## 五莲县第二届人民代表大会第一次会议关于五莲县人民委员会工作报告的决议

（1957 年 1 月 2 日通过）

五莲县第二届人民代表大会第一次会议，听取了徐鸿翔县长所作的五莲县人民委员会施政工作总结报告。

会议认为一年来在中央与省人民委员会的正确领导下，我县的农业、手工业和资本主义工商业的社会主义改造，取得了决定性的胜利。在这个胜利的基础上，基本实现了提前超额完成第一个五年计划的任务，从而保证了 70%以上的农业合作社社员增加了收入；在交通运输业、商业、文化教育、卫生等各项事业的许多主要指标，已经达到或超过五年计划的规定。所有这些就使全县人民群众的物质文化生活有了一定程度的改善。会议同意徐鸿翔县长所作的报告。

但必须指出，一年来工作中也曾经发生了一些缺点和错误，主要是在各项事业的发展和要求措施方面，例如在开展水利、技术改革、制订计划以及其他基本建设问题上，有要求过高过急和不切合实际的毛病。这些缺点和错误有些是由于各级领导，首先是县人民委员会领导上，存有主观主义和官僚主义作风而造成的，有些则是由于生产关系发生了根本变化的情况下，缺乏经验，而难于完全避免的。对于这些缺点、错误要继续批判纠正。会议认为在纠正上述缺点和错误时，必须保护群众和干部的社会主义积极性，避免可能发生另一方面的偏向。

1957 年是我国发展国民经济第一个五年计划的最后一年，会议同意县人民委员会提出的今后工作意见，“在今冬明春工作中应以生产整社为中心（有灾地区应以生产救灾、整社为中心）的工作方针，围绕生产整社完成征兵任务以及其他各项工作。并开展增产节约运动，更好的超额完成第一个五年计划”的奋斗目标和措施。特别指出：增产节约运动的根本目的在于发展生产。根据我县实际情况，尤其在于增加农业生产。

会议责成县人民委员会采取各项有效措施，领导和帮助农业生产合作社做好整顿巩固工作，搞好生产，保证粮食和经济作物任务的完成。只有农业生产发展了，其他各项事业的发展才可能取得可靠的基础。会议要求各工作部门的同志们，尽一切努力支持农业合作社和农业生产的发展。并号召全县所有国家工作人员、工人、农民和知识分子、各阶层人民，热烈响应中央的号召，积极行动起来，根据勤俭建国，勤俭办企业，勤俭办合作社，勤俭办一切事业的方针，在各个工作岗位上，努力增加生产，提高工作效率和质量，发扬勤劳勇敢，艰苦朴素的作风，并从各方面加强监督和检查，使增产节约运动深入广泛的开展起来，经常持久地坚持下去。

## 五莲县第三届人民代表大会第一次会议<br>关于五莲县人民委员会施政工作总结与今后任务的报告的决议

（1958年5月31日通过）

五莲县第三届人民代表大会第一次会议，批准了徐鸿翔县长所作的《五莲县人民委员会施政工作总结与今后任务的报告》。通过反复讨论，大会一致认为《五莲县人民委员会施政工作总结与今后任务的报告》是正确的，实事求是的反映了我县在农村的社会主义建设上的重大成就，严肃认真的检查了县人民委员会在工作中的某些缺点，正确的总结了整风、生产等各项工作中的经验。大会还认为，在前段的整风、生产两大高潮中，我们实际上就贯彻执行了毛主席提出的，鼓足干劲，力争上游，多快好省地建设社会主义的总路线。我们为了确确实实的在毛主席提出的这条总路线的光辉照耀下，勇猛兼程前进，巩固整风、生产等各项工作的成果，争取1958年大丰收，大会一致决议：

1、坚决贯彻执行毛主席提出的，鼓足干劲，力争上游，多快好省地建设社会主义的总路线，并在这条总路线的光辉照耀下，勇猛兼程前进。大会认为必须把这条总路线向全县人民广泛深入的宣传贯彻，使之家喻户晓人人皆知，并且在农村的各项社会主义建设工作中，具体的体现总路线的实质和精神，从而使各项工作大跃进。

2、大会认为根据报告中的今后任务和当前情况，以及在会议期间我们听了赵省长的广播报告中的指示精神，必须迅速的立即开展一个千军万马轰轰烈烈的抗旱保苗、保收、保种运动，争取1958年的全年大丰收。要立即克服认为“小麦已成定局，浇也无益”和因农活忙，水具、劳力不足，水源缺乏等错误思想，我们要鼓足干劲，发动广大男女劳动力，迅速普遍浇一次小麦灌浆水、麦黄水，必须发挥所有水库、水罐、称杆（井上用的）、辘轳等一切提水工具的作用，不足的应迅速赶制简易提水工具，并与发展地方工业相结合。把一切河流、水井、水湾、水池、水库、水泉、砂泉都运用起来，歇人不歇工具，日夜轮战。我们的口号是："向自然宣战，向老天夺粮"、"不等雨不靠天，依靠自己争丰产"、"与自然大博斗，向干旱夺丰收"、"苦干10昼夜，普浇丰产水"、"到处水车转，遍地辘轳响"、"小麦不进场，一直浇到黄"。同时要防除一切病虫害和倒伏现象的发生，熟一块、收一块、运一块、打一块，切实作好护场护坡工作，保证麦收秩序良好，还要保证春播作物的苗全苗旺，麦收前普遍进行一次查苗补苗，浇一遍水，凡不合乎密植的要补足；未播完的春田要抓紧播完，特别是地瓜花生要抓紧播种；同时消灭一切空闲地，大量栽方瓜，增了产渡荒有力量；作好夏种的一切准备工作，特别是玉米方格和营养杯育苗，要立即搞好，以便适时移植，麦收后普通耕一遍地（包括大豆地）保证施肥每亩5000斤（包括大豆地），要求提前10天到半月播种，切实贯彻执行夏种的技术规格要求和种子、工具、肥料、农药、农械等提早作好准备，有雨抢种，无雨水浇点种，达到边收边种，保证苗全苗旺。

3、大力开展群众性的水利突击运动，作好防汛工作的准备。当前的水利建设应以适应抗旱保苗、保收、保种灌溉需要为主，并本着随挖随浇、随修随用的原则，使目前抗旱运动与实现全面水利化结合起来。加强防汛的准备，对一切大小河流的兴修工程，划片包干负责到底，固定责任，普遍进行一次检查修理，应边检查边修理，迎接汛期的到来。对目前要搞的水利工程，要进行全面规划，保证质量，计算劳力，争取汛前基本实现水利化。

在抗旱三保运动以及今后的各项工作中，要发扬共产主义精神，开展大协作、大支援、大互助，乡与乡、社与社、队与队、山区与平原，互相支援、共同促进。

4、会议认为必须迅速发展县、乡工业，使工业生产赶上农业生产，工农业生产共同高涨，并坚决贯彻勤俭办企业和"四为""三就""两主""一自"的方针。

5、会议认为，为了加速社会主义的建设，必须出卖余粮以支援工业生产，加快工业建设步伐，然后才能支援农业生产，巩固工农业联盟，为此，要实事求是，报出产量，一定按征购分配办法贯彻执行。坚决反对本位主义和自私自利思想，正确认识和解决国家、合作社、社员三者的互相关系。

最后，会议号召全县39万人民，坚决贯彻鼓足干劲，力争上游，多快好省地建设社会主义的总路线，迅速的行动起来，开展一个抗旱保苗、保收、保种运动，同时继续贯彻以政治为统帅，以生产为中心，进行鸣放辩论，开展革新与守旧、先进与保守、大公无私与自私自利的两条路线的斗争，更加巩固农村社会主义的思想阵地，在思想觉悟提高的基础上，深入广泛的开展增产节约与作好社员生活安排、文教、卫生、交通、运输、商业等各项工作。

会议还号召全县人民，加强团结，万众一心，在共产党毛主席的领导下，鼓足勇气，克服困难，为实现我县今年亩产600斤争取800斤而奋斗。

## 五莲县第四届第二次人民代表大会关于五莲县人民委员会工作报告的决议

（1962年1月25日通过）

五莲县第四届人民代表大会第二次会议听取了刘斗副县长作的《五莲县人民委员会工作总结与今后工作任务的报告》和李振沧副县长关于《五莲县人民委员会1960年财政决算和1961年财政预算执行情况的报告》。全体到会代表通过讨论，一致表示满意，并要求全体代表坚决贯彻执行。大会一致认为，一年来全县人民在中国共产党和毛主席的英明领导下，高举了总路线、大跃进、人民公社三面红旗。因而在工农业生产上以及在财贸、邮电、交通、文教、卫生、社会治安等各方面工作中都取得了很大成绩。一年来，我们认真地贯彻执行了各项政策，克服了“五风”，干部作风有了显著的转变。广大群众的社会主义觉悟有了很大提高，生产积极性已大大调动起来了，大家一致认为：今年很好，明年将比今年更好。经过讨论，全体代表对争取明年增产更多的粮食信心很足，决心很大，大家一致表示：要在今年丰收的基础上争取明年有更大的丰收，把各方面的工作做得更好。因此，大会一致决议：

一、工业方面：

认真贯彻以农业为基础，以工业为主导，农轻重为序的方针，要求全县1962年工业总产值达到426万元。为此，必须进一步加强广大职工的社会主义教育和工业支援农业的教育，继续深入地开展增产节约运动，争取超额完成全年生产计划。

二、农业方面：

在1962年中，我们要千方百计地争取更大的丰收。首先，必须要将粮食和油料作物的产量有很大的增长，同时对林业、畜牧业、渔业、副业的生产也要有很大的发展，计划1962年粮食总产量达17640万斤，花生总产达到1530万斤；大家畜达到2.1万头。对生猪、活羊、家禽、果品、蚕茧都有所增长。为此，当前必须开展一个踏踏实实的农业生产运动。具体抓好如下几条：

（1）修地堰、垒坝阡、保持水土，开展冬耕深翻，改良土壤。

（2）大搞养猪积肥，开展 “三大堆”运动。

（3）切实搞好麦田和越冬菜的管理。

（4）认真执行党的林业政策，对林业生产必须加强领导，动员全县人民发奋图强，自力更生，大力植树造林、护林，要求家家户户植树，队队造林、护林，大力开展采种、育苗，贯彻自采种、自造林的方针。切实保护和管理好现有林木，发动生产队和广大社员普遍制订护林公约，建立护林组织。严禁毁林开荒、乱砍、滥伐，对护林有功的应当给予适当奖励；对乱砍滥伐林木的，除追回原物或按价赔偿外，应当根据情节轻重，给予批评教育，以至法律处分，对于有意破坏林木的坏分子，应当依法严惩。

（5）认真贯彻以小型为主、自力更生为主、以当年收益为主的方针，因地制宜的进行农田水利基本建设。

（6）在积极发展集体经济的前提下，允许和鼓励社员利用剩余时间和假日发展家庭副业，增加社会产品，补助社员收入，活跃农村市场。

（7）认真作好明春生产准备，首先要保存好种子，特别是地瓜种、花生种，要求明年队队不买地瓜苗。其二，修好农具“四大件”。第三，加强牲畜饲养管理，作好疫病防治，大抓繁殖，改善喂养，保证牲畜安全健壮。

三、切实做好社员吃、烧、穿、住、用等生活安排，教育群众瞻前顾后，细水长流，计划用粮，节约用粮，做到不出问题。

并要求财贸、文教卫生、邮电、交通、民兵、社会治安、优军优属、科学研究等方面的工作做出更好的成绩来。

为了完成上述各项任务，大会认为必须：

（一）进一步贯彻执行党的各项政策，特别是必须继续深入贯彻农村人民公社60条政策，进一步调动广大社员集体生产的积极性，必须善始善终的作好核算单位下放和农副产品大包干，以促进当前生产，搞好明年生产准备，争取明年大丰收。

（二）广泛深入地进行广大干部群众的社会主义教育，通过教育，达到提高觉悟，鼓足干劲，克服分散主义、本位主义、自由主义和实用主义，树立集体主义、爱国主义思想，教育广大群众树雄心、立大志，千方百计搞好明年生产。

（三）教育广大干部进一步转变作风，发扬光荣的革命传统和艰苦奋斗的精神，在工作中密切联系广大群众，遇事与群众商量的作风。

最后会议号召全县人民加强团结，万众一心，在党中央和毛主席的英明领导下，高举总路线、大跃进、人民公社三面红旗，发奋图强，自力更生，鼓足更大的革命干劲，千方百计战胜连续三年自然灾害带来的暂时困难，力争1962年工农业生产更大丰收和各项工作新的胜利。

# 五莲县第五届人民代表大会第二次会议
# 关于五莲县人民委员会工作报告的决议

（1964年8月11日通过）

五莲县第五届人民代表大会第二次会议，于8月9日至11日举行。会议听取了赵文泉县长作的五莲县人民委员会工作总结与今后任务的报告，以及1963年财政决算执行情况和1964年财政预算安排意见的报告。

经过充分讨论，与会代表一致同意赵文泉县长所作的五莲县人民委员会工作报告，并一致同意和批准了全县1963年财政决算执行情况和1964年财政预算安排意见的报告，认为这个报告符合我县的实际情况。

大会满意的提出，自去冬今春以来，通过社会主义教育，学习了中共《关于进一步巩固人民公社集体经济，发展农业生产的决定》、《关于目前农村工作中若干问题的决定》和宣传贯彻中央“两个十条”，学习解放军、大庆、大寨的经验，开展了比学赶帮运动，领导全县人民进行了艰苦的工作。全县政治、经济、文化和人们的政治精神面貌都起了巨大的变化。在生产上出现了一个新的农业生产高潮，今年各项生产都好于往年，首先，小麦获得了空前的大丰收，为夺取全年丰收打响了第一炮。今年春播适时，夏播早，施肥多，管的细，各种作物生长良好，丰收大有希望。以革命的精神，下苦功夫，改造自然，建设山区，进行了闸山沟、垒地阡，大搞水土保持，因而，有不少的单位搞成山地梯田石墙化，大大的控制了水土流失。在洼地进行了挖沟开渠，排除了积水，减轻了涝灾。在搞好农业生产的同时，大抓了多种经营和副业生产，增加了收入，为农业生产积累了资金，促进了生产的发展。在工业、交通、财贸、文教卫生、政法、民兵等各个战线上都取得了显著成绩。

根据上半年的工作情况，大会一致认为，全县人民下半年的主要任务是：继续高举总路线、大跃进、人民公社三面红旗，再接再厉乘胜前进，为全面超额完成今年的农业生产计划而奋斗。

当前的任务是：继续深入地动员全县人民，在大好形势下，克服自满麻痹思想，认清当前正在汛期，是多灾季节，又是农业生产的关键季节，真正夺取全年大丰收，还需要作艰苦的工作。首先，战胜旱涝、风、虫等各种自然灾害，加大措施搞好晚秋作物田间管理，大力加强病虫害的防治，坚决作到作物不受虫害的影响。抓好防汛防涝和抗旱的各项准备。继续大搞晚秋作物的追肥。搞好中耕锄地、拨草。种足、种好、管好秋菜，争取秋季更大丰收。第二，抓好秋收，要求颗粒归仓，寸草归垛，实现丰产丰收。选好、留足、管好各种良种。收足饲草、烧草、干菜。第三，抓好秋种，要求作到适时播种，施足基肥，种足种好。第四，认真做好全年粮食征购分配工作，必须兼顾国家、集体、个人三方面利益，全面的完成和超额完成全年粮、油征购任务。做好全年分配，在分配中，要坚持按劳分配的原则。要根据利于发展生产，增加社员收入，节约开支，少扣多分的原则，适当确定扣分比例。教育群众开展节约用粮、计划用粮。抓紧时间搞好早秋和全年的分配方案。及时组织兑现。同时还要做好“四属”、“五保户”、“困难户”的优抚和优待劳动日的工作。并要注意全面安排好社员生活。第五，继续搞好多种经营。加强领导，组织劳力，千方百计的完成全县每人平均60元计划的要求。

为了保证上述任务的完成，必须进一步加强政治思想工作，继续深入地开展社会主义教育运动和机关的“五反”运动，进一步提高广大干部、群众的阶级觉悟，防止资产阶级的思想侵蚀，巩固社会主义阵地。认真贯彻执行党的各项政策，搞好劳动管理。实行“四小”作业，包工定额，评工记分，充分调动群众的生产积极性；继续深入地开展比学赶帮运动，定期检查评比，发扬积极因素，大搞生产斗争和科学实验，继续组织工业交通、财贸、文教、卫生、政法、民兵等部门积极的做好业务工作，大力支援农业生产；认真贯彻干部参加劳动的决定，进一步转变工作作风，努力做好各项工作。

大会认为我县总的形势是大好的，同时也应看到在我们前进的道路上并不是没有困难的，但是我们坚信，只要坚决贯彻执行党的各项方针、政策，踏踏实实地工作，善于依靠群众，走群众路线，并及时的总结经验，巩固成绩，克服缺点，艰苦工作，我们一定能够取得新的胜利。

最后，大会号召全县人民紧密地团结在党中央、毛主席的周围，更高的举起总路线、大跃进、人民公社三面红旗，同心同德、勤勤恳恳、鼓足革命干劲，力争上游，戒骄戒躁，踏踏实实的做好各项工作，为争取全年农业生产大丰收，为争取社会主义革命和社会主义建设的新胜利而奋勇前进！

## 五莲县第六届人民代表大会第一次会议<br>关于五莲县人民委员会工作报告和一九六五年财政决算<br>一九六六年财政预算的决议

(1966年6月6日五莲县第六届人民代表大会<br>第一次会议通过)

五莲县第六届人民代表大会第一次会议，听取了赵文泉县长代表县人民委员会所作的五莲县人民委员会工作报告，是符合我县实际情况的，一致同意批准这个报告。会议批准史学义副县长关于五莲县1965年财政决算和1966年财政预算（草案）的报告。

会议满意的指出1965年我县和全国全省一样，各条战线上都取得了很大成绩，形势是大好的。国民经济得到了全面发展，农业生产虽然遭受了严重的旱灾，仍然取得了一个较好的收成；多种经营有了空前的发展；工业生产也有新的发展；农田水利基本建设项目是完成最多的一年；市场繁荣，物价稳中有降，人民生活有了改善，文化生活有了较大的发展。一个社会主义建设的新高潮，正在广泛深入的展开，人的政治思想觉悟大大提高，精神面貌大大改变，全县出现了一派生气勃勃，欣欣向荣的革命新气象。会议认为我们所以能够取得这些成就，是由于我县人民在党中央、毛主席的英明领导下，在省委、省人委，地委、专署的正确领导下，高举毛泽东思想伟大红旗，坚持贯彻鼓足干劲，力争上游，多快好省地建设社会主义的总路线，深入开展阶级斗争、生产斗争和科学实验三大革命运动的结果；是我县人民大学毛主席著作，发扬艰苦奋斗，自力更生、勤俭创业的精神，实干、穷干、苦干、巧干的结果；也是深入开展面上的社会主义教育运动和大学人民解放军、大学大寨、大学大庆，广泛开展比学赶帮超群众运动的结果。

会议指出，1966年我县的主要任务是：以毛主席提出的“备战、备荒、为人民”的七字方针，为我们一切工作的出发点和立足点，更高地举起毛泽东思想伟大红旗，以阶级斗争和两条道路斗争为纲，深入的开展社会主义教育运动，以革命促生产，集中主要力量，依靠自力更生，争取农业更大丰收。加强国防建设；广泛深入地开展增产节约运动，争取全面完成计划；妥善的安排市场供应，为实现三年翻身规划作出贡献。

会议认为，今年是我国开始实行发展国民经济的第三个五年计划的头一年，也是我县三年翻身规划的头一年，今年工作做的好，对完成和超额完成我县的三年翻身规划，具有极大的意义。大会号召全县人民，积极行动起来，在党中央和毛主席的英明领导下，紧密团结一致，继续高举毛泽思想伟大红旗，大学毛主席著作，发扬一不怕苦，二不怕死，不为名，不为利，一心为人民，一心为革命的彻底革命精神，发扬大寨、大庆精神，坚持实干、穷干、苦干、巧干，搞好“五夏”工作，这是实现全年计划的关键时刻，要切实抓好，为全面完成今年的国民经济计划而努力奋斗！坚决在社会主义文化大革命的工作中，获得全胜。

## 五莲县第九届人民代表大会第一次会议关于县革命委员会工作报告的决议

(1980年12月29日通过)

五莲县第九届人民代表大会第一次会议，批准张彦士同志代表县革命委员会所作的工作报告。对五莲县第八届人民代表大会以来县革命委员会的工作表示满意。

会议认为，县革命委员会的工作报告，对我县两年多来形势发展的估价，是符合实际情况的，对认真搞好国民经济的调整、改革、整顿、提高，打好四化建设第一战役；对加强社会主义民主与法制，巩固发展安定团结的政治局面；对加强政权建设，充分发挥政府部门的职能作用所提出的任务、要求和措施，是切实可行的，表达了全县人民的共同愿望，必须认真贯彻落实。

会议号召，全县各条战线上的广大干部群众，紧密团结在党中央周围，在省地县委和各级政府的领导下，坚持党的政治路线，坚持四项基本原则，认真贯彻执行调整国民经济的八字方对，团结一致，同心同德，谦虚谨慎，戒骄戒躁，鼓足干劲，力争上游，扎扎实实地做好各项工作，努力完成这次会议提出的各项任务，为多快好省地建设社会主义现代化强国不断做出新贡献。

## 五莲县第十届人民代表大会第三次会议关于国民经济和社会发展第七个五年计划的决议

(1986年5月20日全体会议通过)

五莲县第十届人民代表大会第三次会议，经过认真审议，决定批准五莲县人民政府关于《国民经济和社会发展第七个五年计划 (草案)》。

会议认为，第七个五年计划确定的指导思想、建设方针和改革部署是正确的，提出的国民经济和社会发展的各项任务是积极可靠的，切实可行的。经过努力是可以实现的。

会议要求，各级政府要勇于探索和开拓前进，进一步改进工作作风，提高工作效率，加强社会主义民主和社会主义法制建设，搞好社会治安工作，为全面推进经济体制改革和四化建设创造一个良好的社会环境，以保证 “七五”计划的顺利实施。

会议号召，全县人民在党的领导下，团结一致，齐心协力，共同奋斗，为胜利完成“七五”计划提出的任务而奋斗。

## 五莲县第十一届人民代表大会第一次会议关于政府工作报告的决议

(1987年4月25日全体会议通过)

五莲县第十一届人民代表大会第一次会议，听取了孙长华县长所作的《政府工作报告》。经过审议，同意这个报告。

会议认为，自县十届人大一次会议以来，县人民政府带领全县人民，坚持四项基本原则，认真贯彻执行改革、开放、搞活的方针，在组织领导经济建没和其他各项事业中，取得了明显的成绩，工农业生产有了较快地发展，城乡市场繁荣活跃，人民生活水平不断提高，社会治安实现了根本好转，科技、教育、卫生等事业都有新发展。会议对县政府的工作表示满意。

会议认为，《政府工作报告》中提出的1987年的工作任务和各项措施，符合我县的实际情况，是积极可靠、切实可行的。县政府要认真贯彻党中央、国务院有关文件和全国六届人大五次会议精神，坚定不移地坚持四项基本原则，继续贯彻改革、开放、搞活的方针。广泛深入的开展增产节约、增收节支运动，不断深化改革，搞活企业，努力提高经济效益。切实搞好农村改革的充实、巩固、配套、提高，增强农业发展的后劲。要坚持“两个文明一齐抓”的指导方针，进一步加强思想建设和文化建设，深入开展以宪法为核心的法制教育，以保障经济建设和社会主义事业的健康发展。

会议号召，全县人民要认真贯彻执行党的路线、方针、政策和国家的法律法令，发扬艰苦奋斗，勤俭建国的精神，团结一致，齐心协力，为全面完成1987年的各项任务而努力奋斗。

## 五莲县第十二届人民代表大会第二次会议关于五莲县国民经济和社会发展第八个五年计划及十年规划纲要报告的决议

(1991年3月29日五莲县第十二届人民代表大会第二次会议通过)

五莲县第十二届人民代表大会第二次会议，经过认真审议，决定批准张庆吉县长代表县人民政府所作的《关于五莲县国民经济和社会发展第八个五年计划及十年规划纲要（草案）的报告》，原则批准县人民政府制定的《五莲县国民经济和社会发展第八个五年计划及十年规划纲要》。

会议认为，“七五”时期，是我县经济和社会发展史上具有重要意义的历史时期。在过去的五年里，全县人民在县委的正确领导下，认真贯彻执行党的路线、方针、政策和国家的法律、法规，团结奋斗，积极进取，深入进行治理整顿和深化改革，巩固和发展了我县安定团结的政治局面，社会主义物质文明和精神文明建设都取得了很大成就。会议对县人民政府五年来各方面卓有成效的工作表示满意。

会议认为，我县第八个五年计划和十年规划纲要确定的指导思想、建设方针是正确的，提出的主要奋斗目标和措施，是积极可靠，切实可行的。经过全县人民的共同努力是完全可以实现的。

鉴于“八五”计划和十年规划纲要在执行中，将会出现一些预料不到的新情况、新问题，会议授权县人民政府在制订年度计划时对发展速度、建设规模和实施措施进行必要的补充和调整。

会议要求，在实施“八五”计划和十年规划的过程中，要突出加强农业。认真贯彻“稳定粮油、提高林果、发展畜牧、坚持多种经营、振兴乡村企业”的战略方针，完善政策，强化服务，依靠科技，增加投入，使农村经济有一个大的发展。要加快发展工业。以提高经济效益为中心，抓好重点工程的建设，搞好现有企业的技术改造和挖潜革新，加快技术进步和智力开发的步伐，从物质、技术、人才等方面为21世纪五莲经济的腾飞准备后续能力。

会议强调，在搞好经济建设的同时，必须进一步加强社会主义民主和法制建设，努力实现社会风气和社会治安状况的根本好转。今后，要在第一个五年普法教育的基础上，大力加强法制教育，组织实施第二个五年普法规划，做到有法必依、执法必严、违法必究，使经济建设和社会事业的发展逐步纳入法制轨道。

会议要求，各级人民政府要牢固树立全局观念、群众观念和法制观念，自觉接受同级人民代表大会及其常设机构和广大人民群众的监督，进一步转变作风，提高工作效率，将今后各方面的工作做得更好。

会议号召，全县人民要在县委的统一领导下，团结一致，齐心协力，发扬艰苦奋斗的精神，为胜利完成“八五”计划和十年规划的目标而努力奋斗！

# 五莲县十三届人民代表大会第四次会议关于《五莲县国民经济和社会发展“九五”计划及2010年远景目标纲要》的决议

(1996年2月28日县十三届人大四次会议通过)

五莲县第十三届人民代表大会第四次会议，讨论并审议了县人民政府制定的《五莲县国民经济和社会发展“九五”计划及2010年远景目标纲要(草案)》。会议认为，《纲要》以党的基本理论、基本路线为指导，实事求是地总结了过去17年，特别是“八五”期间经济和社会发展所取得的成就和基本经验，提出的“九五”计划及2010年全县国民经济和社会发展的指导思想、任务目标、指导原则和政策措施等，符合党的十四届五中全会和县第九次党代会精神，切合我县实际，反映了改革发展的时代要求，代表了全县人民的根本利益，是我县“九五”期间及后十年经济和社会发展的宏伟蓝图和战略决策。会议决定，批准《五莲县国民经济和社会发展“九五”计划及2010年远景目标纲要》。

会议认为，“八五”期间是全县经济和社会事业发生巨大变化的重要时期。五年来，全县人民在县委和县政府的正确领导下，认真贯彻党的基本路线，深化改革，扩大开放，全面发展社会各项事业，加强社会主义精神文明建设和民主法制建设，取得了国民经济的持续、快速、健康发展，全县上下呈现出政治稳定，经济发展，社会进步的良好局面。

会议指出，“九五”及后10年，是我县贯彻落实党的十四届五中全会精神，实现经济体制和增长方式重大转变，建立社会主义市场经济体制，培植现代化产业结构体系，基本实现社会主义现代化，人民生活水平达到小康的重要时期。实观上述奋斗目标，必须坚定不移地坚持以邓小平建设有中国特色的社会主义理论和党的基本路线为指导，以加快实现“两个转变”为目标，进一步解放思想，更新观念，牢牢把握“抓住机遇，深化改革，扩大开放，促进发展，保持稳定”的工作大局，认真贯彻中央提出的九条重要方针，依靠科技进步，实现产业结构升级，促进经济和社会事业的持续、快速、健康发展。

会议强调，顺利实施“九五”计划，实现跨世纪的宏伟目标，要认真组织好具体规划和实施工作。要深入宣传《纲要》的战略意义，进一步增强历史责任感、紧迫感，始终以经济建设为中心，以加快发展为主题，以改革、开放为动力，坚持解放思想与实事求是相统一，继续弘扬“自力更生，艰苦创业，挖山不止，拼命实干”的五莲精神，加快“再建山上五莲”的建设步伐；坚持把调整产业结构放在突出位置，加快实现“两个转变”，突出“科教兴莲”战略；坚持两手抓，两手都要硬，努力推进国民经济总量膨胀、结构优化、效益增加、社会进步、人民生活质量提高的全面发展。

会议号召，全县人民要在县委的正确领导下，解放思想，团结实干，奋发图强，开拓创新，为全面完成或超额完成全县国民经济和社会发展“九五”计划及2010年远景目标，阔步奔向21世纪，夺取社会主义现代化建设的新胜利而努力奋斗!

## 五莲县十四届人民代表大会第一次会议<br>关于五莲县人民政府工作报告的决议

（1998年1月16日县十四届人大一次会议通过）

五莲县第十四届人民代表大会第一次会议，听取并审议了县人民政府县长李桂玲作的《五莲县人民政府工作报告》。会议认为，报告实事求是地总结了政府五年来的工作，提出了下届政府工作的目标任务，思路明确，重点突出，符合党的十五大会议精神，切合我县实际，决定予以批准。

会议认为，本届政府任期的五年，是我县改革开放和建设事业取得显著成绩的五年，是我县改革开放以来经济发展较快、城乡面貌变化较大、人民生活水平提高较快的5年。5年来，县政府在县委的正确领导下，组织和带领全县人民认真贯彻党的十四、十五大会议精神，牢牢把握工作大局，正确处理改革、发展和稳定的关系，突出经济建设中心，围绕实现两个根本性转变，紧紧抓住加快发展这个主题，解放思想，真抓实干，有力地推动了全县改革开放、经济建设和社会各项事业的全面发展，圆满完成了县十三届人民代表大会确定的各项任务目标。农业和农村经济全面发展，工业生产快速增长，第三产业发展步伐加快，各项改革不断深化，对外开放进一步扩大，社会秩序保持稳定，人民生活水平显著提高，社会主义精神文明和民主法制建设得到增强，全县经济和社会各项事业取得显著成绩。会议对县政府五年来的工作表示满意。

会议认为，下届政府任期是承前启后、继往开来的重要时期，也是抓住机遇、加快发展、实现跨世纪宏伟目标的关键时期。县政府要继续坚持以邓小平理论和党的基本路线为指导，深入贯彻党的十五大精神，进一步深化改革，扩大开放，强化农业基础，突出工业主导地位，调整优化经济结构，培植壮大支柱产业，推进科技进步，提高经济增长质量，不断推动全县“两个文明”建设再上新水平。要进一步强化农业基础地位，大力推进农业产业化，增加农业投入，加快乡镇企业发展和小城镇建设，提高生产基地和龙头企业的建设水平，推动农业农村经济的持续健康发展；要坚定不移地实施工业带动战略，突出“抓大扶强”思路，继续坚持总量扩张与质量提高并举的方针，突出重点，优化结构，全面提高工业整体素质和经济运行质量；要积极发展第三产业，大力开拓市场，搞活商贸流通，努力开发新兴行业，大力发展个体私营经济，推动第三产业向高层次、多领域发展；要继续抓好财税金融工作，培植地方税源，强化预算外资金管理，确保财政收支平衡；要加快“科教兴莲”步伐，加强基础教育，加大科技成果的开发、转化力度；要加大投入，加强基础设施配套建设；要进一步强化国策意识，抓好计划生育、环境保护和土地管理工作；要大力加强社会主义精神文明和民主法制建设，认真组织实施“三五”普法，加强社会治安综合治理，保持社会秩序稳定。

会议要求，县政府要切实加强自身建设，加强学习，解放思想，勤政务实，依法行政，不断提高服务质量和工作水平，努力开创政府工作的新局面。

会议号召，全县人民要在县委的正确领导下，高举邓小平理论伟大旗帜，进一步解放思想，同心同德，艰苦创业，开拓进取，把全县改革开放和现代化建设事业全面推向21世纪，为争取经济建设和社会发展的新胜利而努力奋斗！

## 五莲县十五届人民代表大会第一次会议<br>关于五莲县人民政府工作报告的决议

（2003年1月19日县十五届人大一次会议通过）

五莲县第十五届人民代表大会第一次会议，听取并审议了县人民政府代县长王勇作的《五莲县人民政府工作报告》。会议认为，报告实事求是地总结了政府五年来的工作，提出了今后工作的目标任务，思路明确，重点突出，措施有力，符合党的十六大精神，切合我县实际，反映了全县人民的共同心愿和根本利益。会议决定批准这个报告。

会议认为，过去的五年，县政府团结和带领全县人民高举邓小平理论伟大旗帜，深入贯彻“三个代表”重要思想，紧紧围绕经济建设中心，解放思想，抢抓机遇，迎难而上，奋力开拓，全县综合经济实力明显增强，各项改革稳步推进，开放型经济成效显著，城乡面貌显著变化，各项社会事业协调发展，人民生活水平明显改善。会议对县政府五年来的工作表示满意。

会议指出，今后五年，是全面贯彻落实党的十六大精神，承前启后、继往开来的重要时期。做好今后五年的工作，对于抓住重要的战略机遇期，全面建设小康社会，加快我县经济和社会发展具有十分重要的意义。会议强调，在新的发展阶段，县政府要坚持以党的十六大精神和“三个代表”重要思想为指针，以加快发展为主题，坚持“两个转变一个提高”的思路，大力实施“工业强县”、“开放兴县”、“生态建县”三大战略，推动县域经济跨跃式发展。坚持以项目建设为载体，全力壮大工业经济；以招商引资为突破口，营造新的发展优势；以民营经济和旅游开发为重点，加大新经济增长点的培植力度；以农业产业化为主攻方向，提高农业综合效益；以财政增收为着力点，大力加强财政体系建设；以规划为龙头，努力提高城市建设和管理水平；以可持续发展为目标，协调推进各项社会事业；以解决热点难点问题为切入点，努力维护社会稳定。

会议强调，实现经济和社会发展的任务目标，必须切实加强政府自身建设。县政府要按照“开拓、勤政、务实、高效、廉洁”的要求，加强学习，转变作风，求真务实，依法行政，树立良好的政府形象。

会议号召，全县人民要高举邓小平理论伟大旗帜，深入贯彻党的十六大精神和“三个代表”重要思想，在县委的正确领导下，同心同德，艰苦奋斗，为全面建设小康社会，推进全县经济建设和社会各项事业持续快速健康发展而努力奋斗!

## 五莲县第十六届人民代表大会第四次会议<br>关于政府工作报告的决议

(2011 年 1 月 20 日县十六届人大四次会议第三次全体会议通过)

五莲县第十六届人民代表大会第四次会议听取和审议了杜江涛县长代表县人民政府所作的《政府工作报告》。会议认为，报告对 2010 年和“十一五”时期的工作总结实事求是、客观准确，提出的“十二五”时期和 2011 年政府工作思路、目标和措施符合党的十七大、十七届三中、四中、五中全会和中央、省市经济工作会议精神，符合转变经济发展方式的要求，反映了全县人民的共同心愿和根本利益。会议同意这个报告，决定批准这个报告。

会议认为，2010 年，全县上下按照市委、市政府对五莲工作的新要求，在县委的坚强领导下，坚持以科学发展观为指导，以“突破发展瓶颈、振兴五莲经济”为目标，以财政增长、群众增收、城乡面貌改变为出发点和落脚点，解放思想促发展，创新攻坚求突破，经济实现较快增长，社会事业全面进步，较好地完成了县十六届人大三次会议确定的工作任务，为“十一五”规划的完成划上了圆满句号。“十一五”时期，县政府与全县人民一道，牢固树立和落实科学发展观，深化改革，扩大开放，发展经济，改善民生，做了大量工作，综合经济实力逐步提升，发展活力不断增强，城乡面貌变化较大，人民生活水平稳步提高，社会各项事业持续健康发展。会议对县政府“十一五”时期的工作表示满意。

会议指出，“十二五”时期，是我县壮大县域经济实力、实观超常规跨越发展的关键时期。2011年是实施“十二五”规划的开局年。做好整个“十二五”尤其是今年的政府工作意义重大，影响深远。全县上下要以科学发展观为指导，深入贯彻落实党的十七届五中全会、省市县委全委会议和中央、省市经济工作会议精神，把提速扩量作为中心任务，把项目争引建设作为重中之重，把壮大县乡财力、增加干部群众收入、改善城乡面貌作为各项工作的出发点和落脚点，以超常规措施推动项目争引建设、工业调整振兴、园区开发建设、统筹城乡发展、“森林五莲”建设、旅游业转型升级等重点工作，解放思想，创新突破，促进经济社会跨越发展，努力为“十二五”规划的实施开好局、起好步。

会议要求，各级政府及其工作人员要适应新的形势和任务，坚持科学执政、民主执政、依法执政，大力加强政府自身建设，积极推进体制机制创新，进一步优化发展环境，激发内在动力，以超常规、创新性、突破性措施开创工作新局面。

会议号召，全县人民要在市委、市政府和县委的坚强领导下，解放思想，抢抓机遇，创新创业，为全面实现“十二五”发展目标，加快建设富强民主、文明和谐的新五莲而努力奋斗!

## 第二节　县人民代表大会决议存目

1980年12月召开的县九届人大一次会议，通过县革命委员会工作报告、国民经济和社会发展计划报告、财政预决算报告、县人民法院工作报告、县人民检察院工作报告的决议。自1981年12月县九届人大二次会议至2011年1月县十六届人大四次会议(其中1987年12月召开的县十一届人大二次会议除外）期间，每次人民代表大会均通过县政府工作报告、国民经济和社会发展计划报告、财政预决算报告、县人大常委会工作报告、县人民法院工作报告、县人民检察院工作报告的决议，存目不再单独列出。

五莲县第一届第一次人民代表大会关于拥护《中华人民共和国宪法（草案)》的决议（1954年7月6日通过)

五莲县第一届人民代表大会第二次会议决议（1955年2月1日通过)

五莲县第一届人民代表大会第三次会议关于拥护省人民代表大会第三次会议的决议和批准县施政工作总结及今后任务的报告的决议（1955年12月29日通过)

五莲县第一届人民代表大会第三次会议关于作好安置复员建设军人工作的决议（1955年12月29日通过）

五莲县第二届人民代表大会第一次会议关于五莲县人民委员会工作报告的决议（1957年1月2日通过）

五莲县第二届人民代表大会第二次会议决议（1957年10月29日全体代表通过）

五莲县第三届人民代表大会第一次会议关于五莲县人民委员会施政工作总结与今后任务的报告的决议（1958年5月31日通过）

五莲县第三届人民代表大会第二次会议决议（1959年12月17日全体代表一致通过）

五莲县第四届第二次人民代表大会关于五莲县人民委员会工作报告的决议（1962年1月25日通过）

五莲县第五届人民代表大会第一次会议关于五莲县人民委员会工作报告的决议（1963年8月30日）

五莲县第五届人民代表大会第二次会议关于五莲县人民委员会工作报告的决议（1964年8月11日）

五莲县第五届人民代表大会第三次会议关于五莲县人民委员会工作报告的决议（1965年1月16日）

五莲县第五届人民代表大会第四次会议关于五莲县人民委员会工作报告的决议（1965年6月5日）

五莲县第六届人民代表大会第一次会议关于五莲县人民委员会工作报告和一九六五年财政决算一九六六年财政预算的决议（1966年6月6日五莲县第六届人民代表大会第一次会议通过）

五莲县第八届人民代表大会第一次会议关于五莲县革命委员会工作报告的决议（1978年6月1日县第八届人民代表大会第一次会议通过）

五莲县第十届人民代表大会第三次会议关于国民经济和社会发展第七个五年计划的决议（1986年5月20日全体会议通过）

五莲县第十二届人民代表大会第二次会议关于五莲县国民经济和社会发展第八个五年计划及十年规划纲要报告的决议（1991年3月29日五莲县第十二届人民代表大会第二次会议通过）

五莲县第十三届人民代表大会第四次会议关于五莲县国民经济和社会发展“九五”计划及2010年远景目标纲要的决议（1996年2月28日县十三届人大四次会议通过）

五莲县第十四届人民代表大会第四次会议关于五莲县国民经济和社会发展第十个

五年计划纲要的决议（2001 年 2 月 6 日县十四届人大四次会议第三次全体会议通过）

五莲县第十五届人民代表大会第四次会议关于五莲县国民经济和社会发展第十一个五年规划纲要的决议（2006 年 1 月 17 日县十五届人大四次会议第三次全体会议通过）

五莲县第十六届人民代表大会第四次会议关于五莲县国民经济和社会发展第十二个五年规划纲要的决议（2011 年 1 月 2 日县十六届人大四次会议第三次全体会议通过）

# 第二章　县人大常委会决议与决定

## 第一节　县人大常委会决议与决定选录

### 五莲县人大常委会关于加快山区生产建设的决议

（1982 年 8 月 30 日县九届人大常委会第十三次会议通过）

五莲县第九届人民代表大会常务委员会第十三次会议，认真学习、讨论了《中共山东省委、山东省人民政府关于加快山区生产建设的决定》。传达贯彻了全省山区工作会议精神。全会一致认为：省委、省政府的决定非常适时，非常重要。为搞好我县山区建设指明了方向，表示完全拥护，并坚决贯彻执行。

会议回顾了我县三中全会以来的山区建设工作，并且进行了认真分析和评估，一致认为：我县在县委和政府的领导下，认真贯彻“以林为主，林粮牧结合，多种经营，全面发展”的山区生产方针。经过全县广大干部群众的积极努力，初步打开了山区建设的新局面。经济建设有了一个较快的发展，成绩很大，形势喜人。但离省委、省府的要求，还有很大的差距，问题不少，任务艰巨，必须加倍努力。

（一）

省委、省府《关于加快山区生产建设的决定》，总结了我省山区建设的经验，提出了任务和要求，指明了山区建设的方向。贯彻落实好这个决定，对于进一步搞好我县山区建设具有极为重要的意义。全会要求各级政府和部门都要大力宣传省委、省府的决定精神，使之家喻户晓，人人明白。要组织干部群众认真学习领会决定的精神实质，重新认识山区。同时进行一次山区建设大好形势的教育，把思想统一到决定上来，提高自觉性，增强紧迫感。要联系实际，对照决定总结工作，肯定成绩，找出差距，修订规划，落实措施，切实贯彻落实好省委、省府的决定，加快我县山区建设步伐。

（二）

会议指出，加快山区建设是我们义不容辞的责任，必须充分认识我县是个农业县，又是纯山区，山区建设工作是全党全民的中心任务。全县人民要在各级党组织的领导下，积极认真地贯彻执行省委、省政府的决定和县委、县政府关于贯彻执行的决定。要树立喜山、爱山、治山、养山、创家立业为子孙后代造福的思想；要树立愚公移山，艰苦奋斗，坚韧不拔的精神，积极投入山区建设。各级领导干部要有强烈的革命事业心，继续艰苦创业，明确主攻方向，制定切实可行的规划，组织群众扎扎实实地大干，做到一步一个脚印。各行各业都要从人力、物力、财力以及技术指导等方面进行支持和援助，为建设山区做贡献。

（三）

全面开发、建设山区是一项长期艰巨的任务，是社会主义现代化建设事业的需要，是从根本上改变山区人民政治、经济、文化生活的需要。因此，必须加强山区建设的领导。会议强调：各级领导干部，都要进一步提高对山区建设重要性的认识，统一思想，振奋精神，反骄破满，再接再励。要进一步落实好林业政策，总结和完善各种形式的生产责任制，搞好科学技术推广应用工作。必须明确山区建设是工业、农业、财贸、交通、医疗卫生、文化教育、科学技术等方面的总体战，农、林、牧、副、渔全面发展，山、水、林、田、路、村、镇统一规划，综合治理。因此，要把山区建设当作一场总体战来打。要物质文明和精神文明一起抓，党内党外齐发动，上下左右全面动员，以更大的干劲和气魄，更高的标准和要求，把我县山区建设提高到一个新水平。

会议号召，全县各级干部和人民群众，都要在县委和县政府的领导下，坚韧不拔，齐心协力，为实现县委提出的规划目标而努力奋斗。

## 五莲县人大常委会<br>关于认真学习坚决贯彻全国人大常委会<br>《关于加强法制教育维护安定团结的决定》的决议

（1987年3月26日县十届人大常委会第十九次会议通过）

县十届人大常委会第十九次会议，认真学习讨论了全国人大常委会《关于加强法制教育维护安定团结的决定》。会议认为，全国人大常委会的《决定》，根据我国当前形势，重申了宪法、刑法的有关规定，全面体现了宪法和四项基本原则的精神，强调了加强法制教育，维护安定团结的政治局面，完全代表了全国人民的根本利益和共同愿望。《决定》是坚持四项基本原则，反对资产阶级自由化，保障改革、开放、搞活方针深入贯彻执行强有力的法律武器和思想武器，是当前对广大干部群众进行以宪法为重点的法制教育的重要教材。对这一《决定》，会议一致表示热烈拥护，坚决贯彻执行。

会议认为，党的十一届三中全会以来，在县委的领导下，全县人民坚持四项基本原则，认真贯彻执行了党的线路、方针、政策和国家的法律、法令。各项改革不断深入，政治、经济形势越来越好。广大干部群众一定要珍惜这个来之不易的大好形势，并通过学习、贯彻《决定》，进一步加强法制教育，维护安定团结的政治局面，把我县的社会主义建设事业推向前进。会议强调，各级政府和各行各业各部门都要联系实际认真做好以下几项工作：

一、加强组织领导，切实抓好学习。

各级政府和部门，要把学习《决定》列入议事日程，切实抓紧抓好。各基层单位要认真组织广大干部群众，安排一定时间，反复学习。要进一步抓好普法工作，今年要以宪法为重点，通过学习，使干部群众全面理解三中全会以来的路线、方针、政策，提高对坚持四项基本原则和反对资产阶级自由化的认识，明确社会主义制度与资本主义制度的本质区别，划清社会主义民主与资产阶级民主的界限，正确理解民主与法制、民主与集中、自由与纪律、权利与义务的辩证关系。增强法制观念和公民意识。做到知法、守法、依法正确行使公民的权利，履行公民的义务，自觉维护安定团结。

二、利用多种形式，广泛进行宣传。

贯彻执行好《决定》，根本问题是教育人。各级政府，要加强对宣传工作的领导。司法、宣传等有关部门，要认真组织，充分利用一切宣传工具和宣传形式，广泛深入的进行宣传教育。力争做到家喻户晓，使《决定》精神为广大干部群众所掌握。

三、认真执行《决定》，维护宪法尊严。

在学习贯彻《决定》中，广大干部群众要把宪法作为根本的活动准则，不断增强辨别是非的能力，自觉维护宪法的尊严，勇于同各种违宪违法行为作斗争。对肆意破坏社会秩序和安定团结的犯罪分子，司法机关要追究其法律责任，根据情节轻重依法惩办，更好的维护全县安定团结的政治局面。

四、紧密联系实际，推动各项工作。

各级政府、部门和单位，要把《决定》精神贯穿到实际工作中去。要教育干部群众坚持《决定》和宪法的基本指导思想，坚定不移地坚持四项基本原则，继续深入地贯彻执行十一届三中全会以来的路线、方针、政策，发扬改革创新精神，激发建设社会主义现代化的积极性，积极开展增产节约、增收节支活动，全面完成今年的各项任务；要严格依法办事，做好县、乡两级人代会的换届选举工作，加强政权建设，保证各项建设事业的顺利进行。

会议号召，全县人民要以实际行动，认真学习贯彻全国人大常委会的《决定》，更加坚定地坚持四项基本原则，更加坚定地贯彻改革、开放、搞活的方针，团结一致，艰苦奋斗，维护和发展安定团结的政治局面，为推进我县社会主义物质文明和精神文明建设而奋斗。

## 五莲县人民代表大会常务委员会<br>关于依法治县的决议

（1988 年 11 月 26 日县十一届人大常委会第十一次会议通过）

五莲县第十一届人民代表大会常务委员会第十一次会议，学习讨论了县委关于《五莲县依法治县实施方案》。会议认为，实行依法治县是普法工作深入开展的必然趋势，是建立社会主义商品经济新秩序的内在要求。这对于进一步加强社会主义民主与法制建设，治理经济环境，整顿经济秩序，全面深化改革，逐步把五莲建设成为高度民主、法制健全、繁荣文明的现代化新型城乡，具有重要的意义。

会议认为，我国法制建设有了很大发展，以宪法为核心的法律体系已初步形成，在政治、经济和社会生活诸方面已基本有法可依。经过三年的普法教育，广大干部群众依法办事的自觉性有所提高，各级领导开始由单纯依靠政策办事，向着既依靠政策又依法办事转变，注意运用法律手段管理经济和社会事业。社会主义民主政治得到进一步加强，公民运用法律武器保护自身合法权益，同违法犯罪作斗争的能力正在不断提高。总的看，在我县实行依法治县的条件已经具备。但是，当前，我们正处在新旧体制交替之际，各种问题还依然存在，有法不依，执法不严，违法不究，甚至以言代法、以权代法、以情代法的现象还时有发生，这反映了建立商品经济新秩序必须依法治理的紧迫感和必要性。因此，必须大力加强法制建设，实行依法治县，逐步使我县各项事业走上依法办事的轨道。为此，会议决议如下：

一、广泛进行宣传发动。依法治县是全民的事业，必须动员全民参加，各级领导机关和宣传、执法部门，要采取各种形式，运用各种宣传阵地和工具，大力宣传依法治县的重要性、必要性和可行性，宣传依法治县的目标、措施、方法和步骤，造成一定的声势和气氛；宣传单位要把依法治县作为宣传工作的一项重要内容，切实抓好。通过宣传发动，使广大公民特别是各级领导干部都必须明确维护宪法和法律的尊严，保证宪法和法律的实施，是所有公民、各级政府和各部门义不容辞的责任；明确法制建设必须贯穿于改革、开放和建设的全过程；明确社会主义商品经济新秩序，必须建立在法治的基础上；明确自己在依法治县中所负有的具体责任，从而增强依法治县的紧迫感和责任感，并积极投身于依法治县中。

二、继续搞好普法教育。在公民中普及法律常识，增强公民的法律意识，这是实行依法治县的重要基础。必须把普法教育在现有的基础上，继续扎扎实实地进行下去。各级领导干部都要带头学法，密切联系实际，切实解决有法不依的问题。要在适当时机搞好普法的验收工作，凡学完“十法一条例”的单位，要立即转入专业法规的学习；企业要组织干部职工学习以企业为核心的有关法律法规；学习专业法规，要注重坚持学用结合，学以致用的原则。目前，农村普法还是个薄弱环节，要作为重点切实抓好。

三、严格依法办事。各级政府及其职能部门，要牢固树立法制观念，认真贯彻实施宪法、法律，认真贯彻执行上级和本级人大及其常委会的决议、决定，做到依法决策，依法执政，依法管理经济和各项事业；司法机关要严肃执法，运用法律武器保护人民，惩治犯罪，促进改革，服务四化；社会团体和企事业单位，要以宪法和法律为根本的活动准则，结合实际，贯彻执行好各项法律。各级领导干部和执法人员，应秉公执法，为政清廉，主动接受人民群众的监督；人民代表要积极履行自己的义务，带头遵法、执法，维护人民群众的合法权益，促进依法治县的顺利进行；广大人民群众要自觉遵守法律规定的义务，以维护自己的合法权益，争做文明公民。在全面贯彻法律、法规的同时，还要针对社会生活中存在的法律实施方面的突出问题，发挥各专业部门的职能作用，实行专项治理，把我县经济建设和社会发展各项事业纳入法制轨道。

四、进一步强化法律监督。大力加强法律监督，保证宪法、法律在本行政区域的实施，是地方国家权力机关的一项重要职权。人大常委会要充分发挥职能，对依法治县和各项法律的实施进行有效地监督。行政司法机关既要搞好执法，又要及时检查所属部门、企事业单位和群众执行、遵守法律、法规的情况。法院要通过履行审判职能严格依法审判，维护法律的严肃性。检察院要强化监督机关的职能，切实担负起监督法律正确实施和维护国家法律统一的重要职责。

五、制定实施计划。实行依法治县是一项长期的战略性任务，各级政府、法院、检察院和社会团体、企事业单位都要依据法律和自己所担负的职责，结合实际，制定出依法治乡、治镇、治厂、治校、治村和治理行业等方面的具体规划及年度计划，并建立严格的责任制，一级抓一级，定期检查考核，以保证依法治县措施的落实。要把学法、用法、执法作为考核干部工作政绩、评选先进单位和个人的一项重要内容，并做到奖罚分明。

六、加强组织领导。依法治县是全局性的工作，是综合性、全方位、多层次的系统工程，必须在县委的统一领导下，齐抓共管，通力合作，各司其职，各负其责。各级领导要高度重视依法治县工作，各级政府要建立强有力的领导班子和办事机构，采取各种措施，搞好依法治县的组织领导和协调工作。各部门、各单位也要有相应的领导力量抓依法治县工作，形成共同向依法治县目标前进的局面。各执法机关要搞好自身建设，逐步建立健全法制工作机构和法律服务机构，整顿执法队伍，提高执法人员的素质。

会议号召，全县人民要在县委、县府的领导下，积极行动起来，一手抓改革和建设，一手抓法制。把各项工作都建立在法治的基础上，为尽快把五莲建设成为民主、法制健全的社会主义现代化的文明县而努力奋斗。

## 五莲县人民代表大会常务委员会<br>关于县树、县花的决定

（1991 年 11 月 27 日县十二届人大常委会第十三次会议通过）

五莲县第十二届人民代表大会常务委员会第十三次会议，根据县人民政府的提议，决定：板栗树为五莲县县树，映山红花为五莲县县花。

## 五莲县人大常委会<br>关于充分发挥职能作用促进和保障扩大对外开放的决议

（1992 年 7 月 28 日县十二届人大常委会第十八次会议通过）

为了贯彻邓小平同志南巡谈话和中央政治局全体会议精神，县委、县政府专门召开对外开放会议，确定了进一步扩大对外开放、加快发展外向型经济的指导思想和具体措施，这是非常及时和重要的。扩大对外开放，加快山区经济发展步伐，是全县上下面临的一项紧迫任务。在实现这一任务中，人大常委会要充分发挥职能作用，促进和保障经济建设的健康发展。

一、进一步解放思想，统一认识。邓小平同志的重要谈话，是在我国社会主义现代化建设的关键时期，促进思想解放，深化改革，扩大开放，加快经济发展，坚持走有中国特色社会主义道路的纲领性文件。人大常委会和各级人大代表，都应紧密联系实际，认真学习领会和全面贯彻邓小平同志的重要谈话和中央政治局会议精神。并按照是否有利于发展社会主义社会的生产力，是否有利于增强社会主义国家的综合国力，

是否有利于提高人民生活水平的要求，真正把思想统一起来，以尽快适应深化改革，进一步扩大对外开放的需要。

二、紧紧把握经济建设这个中心，依法行使好各项职权。在新的形势下，人大常委会要十分坚定地服从和服务于经济建设这个中心，按照这个要求开展法律监督和工作监督，组织代表开展活动。要坚定不移地全面贯彻执行党的“一个中心、两个基本点”的基本路线，切实把人大工作的重点放在促进和保障加快改革开放步伐上，推动全县经济更快发展。

三、改进工作作风，加强调查研究。县人大常委会要积极参与深化改革和扩大开放工作中重大事项的调查研究，通过视察、检查、听取政府工作汇报、加强同代表的联系等方式，及时了解全县经济发展情况，针对发现的问题，提出改进意见和建议。要围绕对外开放和经济发展积极开展工作，充分发挥人大整体职能，审议和决定好加快经济发展的重大事项。要及时了解社情，积极监督和支持司法机关的执法工作，大力促进社会治安综合治理，以保障改革开放的顺利进行。

## 五莲县人大常委会<br>关于开展人大代表带头致富活动的决定

（1995年4月17日县十三届人大常委会第十五次会议通过）

为充分发挥人大代表在经济建设中的模范带头作用，加快全县经济发展步伐，确保再建“山上五莲”和“九七”小康工程的顺利实现，县人大常委会决定在全县农村各级人大代表中广泛开展带头致富活动。

要提高认识。开展代表带头致富活动，既是法律对代表的内在要求，也是新时期人大工作服从和服务于经济建设的重要内容，同时又符合党的富民政策要求。认真开展好这项活动，对充分发挥代表作用，全面贯彻党的各项方针政策，增强广大人民群众参与改革和建设的积极性，保障和促进社会生产力的发展，具有十分重要的意义。同时，对创造农村致富经验，推动再建“山上五莲”和提前实现“九七”小康工程也必将起到积极的示范、推动作用。

要明确任务。全县农村各级人大代表每人都要有一个致富项目，做到“六个带头”，争取用两年左右的时间率先富起来，达到“小康村”或“小康户”的标准。一个致富项目，就是要根据自身的技术、技能和资金条件，采取自办、领办或联办等形式，围绕再建“山上五莲”和“九七”小康工程，在种植业、养殖业、流通加工业等方面选上一个骨干致富项目，年收入过万元，成为全县农村“小康户”。干部代表要带领群众选准路子，共同致富，带动一个村或一个企业率先成为“小康村”或明星企业。六个带头：带头解放思想；带头深化改革；带头学科技、用科技；带头依法生产和经营；带头树立全局观念；带头开展“帮联富”活动，联系选民，共同致富。

要精心组织。各级政府和乡镇人大主席团要把这项活动具体抓在手上，抓出成效。要把代表致富活动与当前开展的争创“小康户”、“小康村”和经济强村活动结合起来，从代表中发现和培植典型，总结经验。要加强与代表的联系，经常走访代表，深入调查研究，逐个摸底排队，分类指导，尤其要帮助致富无门的代表，寻找致富门路，主动为代表致富当参谋、出点子、压担子。要定期检查代表致富活动情况，及时发现和解决代表致富活动中遇到的困难与问题。

要强化服务。各有关部门要进一步强化服务意识，端正服务态度，主动为代表在生产和生活上搞好技术、信息、咨询、销售等系列化服务工作。要加大投入，特别是对代表上项目、上规模，要进行重点帮助和扶持，为代表带头致富创造良好的条件与环境。

县人大常委会要求全县各级人大代表，要提高认识，明确任务，开动脑筋，抓住机遇，发挥优势，加快发展，创造出新的业绩，为加快全县经济发展和提前实现小康目标再立新功！

## 五莲县人大常委会<br>关于在全县国家机关进一步落实<br>执法责任制的决议

（1999年6月16日县十四届人大常委会第十一次会议通过）

1994年7月，五莲县十三届人大常委会第十次会议依法作出决议，在全县国家机关实行执法责任制。5年来，各国家机关认真执行县人大常委会的决议，强化措施，健全制度，狠抓落实，执法责任制实施取得了较好成绩。但随着形势的发展，特别是党的十五大依法治国基本方略的确定，对执法责任制工作提出了新的更高的要求。为认真贯彻依法治国方略，进一步强化执法监督力度，扎实推进依法治县进程，县十四届人大常委会第十一次会议决定，在全县国家机关进一步落实执法责任制。为此，作决议如下：

一、落实执法责任制，要在县委的统一领导下，坚持以邓小平民主法制理论和党的基本路线为指导，坚持“两手抓，两手都要硬”的方针，认真总结前几年实行执法责任制工作的经验，切实解决职责不清、职权交叉、不够规范等问题，在深化、完善上下功夫，保证宪法和各项法律在本行政区域内的遵守和执行，保障全县改革开放和现代化建设的顺利进行。

二、落实执法责任制的国家机关范围是：县人民政府及其执法部门，县人民法院，县人民检察院。各国家机关的主要负责人为本机关实行执法责任制的负责人。执法内容是：全国人大及其常委会、国务院颁布实施的法律法规，省人大及其常委会、省政府颁布实施的地方性法规及有关行政规章。执法要求：切实做到有法必依、执法必严、违法必究。

三、落实执法责任制是一项宏大的社会系统工程，法律性强，涉及面广，工作量大，必须有组织、有领导、有计划、有步骤地进行。实行执法责任制的国家机关，必须明确各自负责实施的法律法规，明确本机关及其工作人员的执法责任，完善执法规范，建立行政机关执法过错追究制和审判、检察机关错案责任追究制，并就执行法律法规的组织领导、目标任务、学习宣传、守法执法、保障措施以及考评奖惩等，制定出具体的方案，认真组织实施。要结合各自的工作特点，将执法责任制层层分解，明确责任，制定切实可行的执法责任制考核内容和评比条件，纳入年度考评范围。所有执法人员特别是各级领导干部都要学法、懂法，强化执法意识和执法责任感，严格依法行政，依法办事，公正司法，不断提高执法水平。要把执法责任制同法律宣传教育、依法治县结合起来，相互促进，共同发展，推动全县社会主义法制建设上一个新台阶。

四、县人大常委会根据宪法和法律赋予的职权，采取执法检查、调查、视察、对重大个案的督查、听取审议工作汇报和考试、述职、评议等多种形式，对全县国家机关落实执法责任制的情况进行监督检查，及时督促纠正执法工作中存在的问题，支持和促进国家机关依法行使职权，并将实行执法责任制情况，作为任命干部和评定是否称职的重要依据。公民和社会各方面对国家机关及其工作人员执法中的问题，要积极反应、检举。新闻单位要切实搞好对实施执法责任制的舆论监督和宣传工作。

五、对在实施执法责任制工作中做出优异成绩的单位和个人，要采取授予荣誉称号等方式进行表彰奖励；差的要给予通报批评，期限整改；对有法不依、执法不严，造成严重后果的，要按照有关规定严肃查处，直至追究法律责任。

## 五莲县人大常委会
## 关于在全县公民中开展第五个五年法制宣传教育的决议

（2006 年 12 月 31 日五莲县十五届人大常委会第二十三次会议通过）

自 2001 年开始，我县在全体公民中实施了法制宣传教育第四个五年规划，以宪法为核心的法律知识得到广泛普及，依法治理工作不断深化，公民的法律意识和法律素质明显增强，各项事业的法制化管理水平逐步提高，为全县经济社会持续健康快速发展提供了有力保障。为全面贯彻落实科学发展观，促进依法治国基本方略的实施，加快依法治县步伐，进一步提高公民的法律素质和全县社会法制化管理水平，保证我县国民经济和社会发展“十一五”规划目标的实施，推动平安和谐五莲建设，有必要从2006年至2010年在全县公民中组织实施法制宣传教育第五个五年规划。为此，特作决议如下：

一、法制宣传教育的指导思想。以邓小平理论和“三个代表”重要思想为指导，深入学习贯彻党的十六大和十六届五中、六中全会精神，全面落实科学发展观，深入围绕经济社会发展“十一五”规划，围绕构建社会主义和谐社会的总体部署，围绕建设社会主义新农村的具体要求，坚持法制教育和法制实践相结合，切实加强以农村、社区为重点的基层民主法制建设，进一步提高公民法律意识和法律素质，牢固树立社会主义荣辱观；进一步增强公务员社会主义法治理念，提高依法行政能力和水平；进一步增强各级政府和社会组织依法治理的自觉性，提高依法管理和服务社会的水平。

二、法制宣传教育的主要任务。根据我县国民经济和社会发展“十一五”规划提出的目标，确定法制宣传教育的任务。要广泛深入地学习宣传宪法，开展社会主义法治理念教育，使全县公民进一步掌握宪法的基本知识，提高宪法意识，自觉遵守宪法，维护宪法尊严，树立宪法权威。适应公民学习和运用法律的需求，进一步学习宣传国家基本法律法规，深入学习宣传与经济社会发展相关的法律法规，深入学习宣传与群众生产生活密切相关的法律法规，深入学习宣传加强生态环境保护与治理的法律法规，深入学习宣传与维护社会和谐稳定、促进社会公平正义相关的法律法规，增强全县公民社会主义法治理念和爱国意识、责任意识及权利义务观念，培养全县公民自觉学法、用法、守法、护法的行为习惯，保障和促进全县政治、经济、文化和社会建设。

三、突出重点对象，采取不同措施，增强法制宣传教育工作的针对性。在继续做好全体公民法制宣传教育工作的基础上，重点做好公务员特别是各级领导干部和司法、行政执法人员的法制宣传教育，同时做好青少年、企业经营管理人员、农村“两委”成员和进城务工人员的法制宣传教育。各级领导干部要带头学法用法，提高依法决策和管理经济和社会事务的能力；所有公务员特别是司法和行政执法人员要牢固树立有权必有责、用权受监督、违法要追究的观念，提高依法行使公共权力的能力，确保国家法律法规的正确实施。进一步强化青少年特别是在校学生的法制宣传教育，努力培养青少年的爱国意识、守法意识和权利义务意识，养成学法守法的行为习惯。继续加强企业经营管理人员的法制宣传教育，着力培养诚信守法观念和社会责任意识，提高依法生产经营和依法管理的能力。开展对农村“两委”成员和进城务工人员法制宣传教育培训活动，要突出法制教育与法律服务、法律援助相结合，引导广大进城务工人员了解和掌握维护自身合法权益、解决矛盾纠纷的法律知识和途径，推动社会主义新农村建设。

四、普治并举，同步推进，整体提高依法治县水平。认真实施《五莲县2006—2010年依法治县规划》，全面开展依法治县、依法治镇（乡、街道），制定计划，落实责任，搞好组织实施；积极探索推进县域、行业和基层依法治理的新形式。围绕司法、执法、普法、法律监督、法律服务以及社会管理，开展多层次、多领域的依法治理工作，开展法治城乡（镇）创建活动，努力提高全社会法治化管理水平；深入贯彻《全面推进依法行政实施纲要》，全面推进法治政府建设。完善依法行政体制和机制，健全依法行政制度，严格依法行政程序，强化行政行为监督。完善和推广执法责任制、执法公示制和执法过错责任追究制；探索建立执法质量考核评议制度；完善政府法律顾问制度，推行公职律师制度；围绕平安建设、和谐区域建设以及群众特别关注的社会热点、难点问题，开展专项治理活动；开展依法行政示范单位创建活动。

五、创新和丰富法制宣传教育的形式和载体，提高法制宣传教育的社会效果。深入开展以“学法律、讲权利、讲义务、讲责任”为内容的公民法制宣传教育，大力推进法制宣传教育进机关、进乡村、进社区、进学校、进企业主题活动，把法制宣传教育融入基层人民群众的生产生活之中，形成崇尚法律、遵守法律、依法办事的社会氛围。广播、电视等大众传播媒体要树立责任意识，加强法制栏目建设，开展准确生动、通俗易懂的法制宣传教育。加强法制文艺宣传工作，繁荣法制文化事业，提高法制宣传教育的吸引力和感染力。加强政府和专业普法网站建设，利用互联网平台开展法制宣传教育。加强各种法制宣传教育园地、阵地建设，鼓励、引导和规范法制宣传教育志愿者活动。搞好“12·4”全国法制宣传日宣传教育活动。

六、加强法制宣传教育工作的组织领导，动员和依靠全社会力量共同参与。各国家机关、各社会团体、各企事业单位和各类组织，都要高度重视法制宣传教育工作，进一步健全法制宣传教育制度，落实工作责任，在搞好内部宣传教育的同时，面向全社会开展法制宣传教育活动，确保各项工作落到实处。要力戒形式主义，注重实际效果。要加强调查研究，总结推广开展法制宣传教育的先进经验和先进典型。要切实加强基层基础工作，采取有效措施，解决人员、交通、教材、经费、器材、设施等问题，为基层法制宣传教育顺利开展创造良好条件。

七、加强法制宣传教育工作的监督检查，保证本决议得到切实执行。县人大常委会和乡镇人大要把对法律的实施监督工作与法制宣传教育工作结合起来，推动法制宣传教育工作的不断深入。

## 五莲县人大常委会关于加强自身建设的决定

（2007年12月29日县十六届人大常委会第一次会议通过）

党的十七大对人大工作提出了新的更高的要求，面对新形势、新任务，为更好地履行宪法和法律赋予的职责，充分发挥地方国家权力机关的作用，进一步发展社会主义民主，健全社会主义法制，推进依法治县进程，县十六届人大常委会结合人大工作实际，就加强自身建设作如下决定：

一、坚持党的领导。要自觉维护县委的领导核心地位，认真贯彻执行党的路线、方针、政策，在政治上、思想上、行动上坚决同党中央和各级党委保持一致，把坚持党的领导、充分发扬民主和严格依法办事有机结合起来。在指导思想上，要根据县委决策意图确定人大的工作方向，根据县委总体部署确定人大的主要任务，保证人大工作始终沿着正确的方向不断向前发展；在工作安排上，要把履行职责的出发点放在维护县委工作大局上，把履行职责的落脚点放在保障和促进县委决策落实上，做到人大工作与县委的中心工作同步合拍；在重大问题上，要坚持向县委请示汇报制度，争取县委的领导和支持，使党的主张通过人大及其常委会的工作变成全县人民的共同意志，从法律和制度上保证党的路线、方针、政策的贯彻落实。

二、坚持科学发展。要牢牢把握科学发展这一时代主题，将科学发展贯穿于履行职责的全过程。要围绕科学发展议决大事。抓住本行政区域内带有根本性、全局性、长远性的重大事项，开展调查研究，搞好审议决策，适时作出既符合发展规律，又符合五莲实际的决议决定，从决策上保障和推进经济社会科学发展。要围绕科学发展监督大事。按照县十二次党代会确定的围绕“山清水秀、县强民富”新五莲的总目标，继续大力实施“工业强县、开放兴县、生态建县”三个战略和努力实现“两个跨越一个提升”的总体部署，积极开展行之有效的监督活动，及时发现一些带有普遍性、倾向性的矛盾和问题，有针对性地提出意见和建议，督促和支持政府落实科学发展观，创新科学发展的措施和办法，实现经济发展、生态保护、社会进步的良性互动。要围绕科学发展参与大事。在搞好决策和监督的同时，还要充分利用职能优势，组织引导各级人大代表立足本职，发挥特长，围绕科学发展议大事、办实事、创业绩，为建设“富强和谐、人民安康”的新五莲贡献力量。

三、坚持依法履职。要认真学习邓小平理论和“三个代表”重要思想以及科学发展观、构建和谐社会等重要战略思想，自觉用科学理论武装头脑，指导实践，把思想统一到十七大精神上来，把力量凝聚到贯彻县委提出的各项任务目标上来，把行动落实到推动全县改革开放和现代化建设上来；要系统性地组织学习宪法、法律和人民代表大会制度的基本理论以及相关的业务知识，尤其要认真学习《监督法》，增强法制观念，树立法治意识，提高依法办事的能力。要发扬理论联系实际的学风，紧密联系全县改革开放和现代化建设的实际，紧密联系人大工作的实际，着眼于马克思主义理论的运用，着眼于对实际问题的理论思考，着眼于新的实践和新的发展，学深、学好、学出成效，学以致用，开拓创新，不断增强科学发展、促进社会和谐的能力和依法履行职责的水平，从整体上提高常委会组成人员的自身素质。要进一步完善和规范常委会工作职责和工作程序，努力营造实事求是的会风，不断提高常委会会议的议事水平和工作效率。要根据《监督法》的总体要求，完善各项工作制度，进一步提高人大工作的制度化、规范化、程序化水平。要主动接受人大代表和人民群众的监督，将常委会依法履行职权情况，通过一定的方式向人大代表通报，并向社会公布，使常委会的权力运行置于人大代表和全县人民的监督之中。要按照与时俱进的要求，把宪法和法律赋予的职权与人大工作的具体实践相结合，更新观念，探索各种灵活多样而又行之有效的方式方法，使人大的各项工作不断推陈出新，各项职权的行使更加充分有效。

四、坚持以民为本。要牢固树立全心全意为人民服务的思想观念，坚持做到权为民所用、情为民所系、利为民所谋。要始终以党和人民的利益为重，正确看待和运用手中的权力，努力为人民掌好权、用好权，用人民赋予的权力服务于人民、造福于人民，反对形式主义、官僚主义和以权谋私；要坚持求真务实的工作作风，无论是调查视察、执法检查还是其它活动，都深入基层，深入实际，倾听群众呼声，反映群众意愿，切实帮助群众解决实际困难；要时刻把人民群众利益放在首位，想问题、办事情、作决定，都要从人民群众的根本利益出发，自觉地把群众的意愿和要求作为履行职责的基础，把为群众办实事、办好事作为工作的出发点和落脚点，把人民群众是否满意、是否赞成作为衡量工作得失成败的根本标准，切实维护好、实现好、发展好最广大人民群众的根本利益。

五、坚持与时俱进。常委会要按照“发展要有新思路、改革要有新突破、开放要有新局面、各项工作要有新举措”的要求，坚持改革精神，强化创新意识，创造性地开展工作。要坚持观念创新，对人大工作进行全面回顾，总结新经验，研究新情况，解决新问题，保持与时俱进的思想观念和开拓创新的进取精神，为创造性地开展人大工作打牢思想基础；要坚持思路创新，紧扣县委确定的奋斗目标，抓住“一府两院”的重点工作，把发挥职能作用与保障中心需要结合起来；完善工作思路，调整工作重点，履行好宪法和法律赋予的职责，使人大工作更好地服从服务于全县大局；要坚持方法创新，针对当前人大工作中普遍存在的突出问题，深入开展理论研究，积极进行实践探索，做到理论和实践相结合，决定权与监督权、任免权相结合，人大监督与社会监督、新闻监督相结合，进一步拓宽工作领域，丰富工作内容，使人大工作不断推陈出新，始终与时代发展同步伐，努力开创地方人大工作新局面。

## 第二节 县人大常委会决议与决定存目

五莲县人大常委会关于建立人大代表小组的决议（1981年3月12日县九届人大常委会第三次会议通过）

五莲县人大常委会关于召开县九届人大二次会议的决议（1981年11月11日县九届人大常委会第六次会议通过）

五莲县人大常委会关于加强法律宣传教育继续搞好社会治安的决议（1981年11月11日县九届人大常委会第六次会议通过）

五莲县人大常委会关于贯彻执行中央打击经济领域严重犯罪活动的两个“决定”的决议（1982年5月1日县第九届人大常委会第十次会议通过）

五莲县人大常委会关于组织全县人民讨论《中华人民共和国宪法（修改草案）》的决议（1982年6月6日县第九届人大常委会第十二次会议通过）

五莲县人大常委会关于加快山区生产建设的决议（1982年8月30县第九届人大常务委员会第十三次会议通过）

五莲县人大常委会关于认真学习贯彻六届全国人大一次会议精神的决议（1983年7月9日县第九届人大常委会第十八次会议通过）

五莲县人大常委会关于加强教育工作的决议（1983年9月15日县第九届人大常委会第十九次会议通过）

五莲县人大常委会关于认真贯彻执行《食品卫生法》的决议（1983年12月25日县第九届人大常委会第二十次会议通过）

五莲县人大常委会关于学习宣传和贯彻《中华人民共和国森林法》的决议（1984年11月13日县第十届人大常委会第三次会议通过）

五莲县人大常委会关于大力加强法制宣传教育的决议（1984年12月29日县第十届人大常委会第四次会议通过）

五莲县人大常委会关于召开五莲县第十届人民代表大会第二次会议的决定（1984年12月29日县第十届人大常委会第四次会议通过）

五莲县人大常委会关于增加本届代表名额和补选代表的决定（1985年2月14日县

第十届人大常委会第五次会议通过）

五莲县人大常委会关于进一步搞好城镇规划和建设的决议（1985 年 5 月 21 日县第十届人大常委会第七次会议通过）

五莲县人大常委会关于进一步贯彻《经济合同法》的决议（1985 年 10 月 23 日县第十届人大常委会第十次会议通过）

五莲县人大常委会关于加强地方志工作的决议（1985 年 12 月 17 日县第十届人大常委会第十一次会议通过）

五莲县人大常委会关于加强民政工作的决议（1986 年 2 月 28 日县第十届人大常委会第十二次会议通过）

五莲县人大常委会关于五莲县第十届人民代表大会代表持证视察的决定（1986 年 2 月 28 日县第十届人大常委会第十二次会议通过）

五莲县人大常委会关于召开五莲县第十届人民代表大会第二次会议的决定（1986 年 2 月 28 日县第十届人大常委会第十二次会议通过）

五莲县人大常委会关于加强审计工作的决议（1986 年 4 月 11 日县第十届人大常委会第十三次会议通过）

五莲县人大常委会关于全县水土保持普查区划规划成果的决定（1986 年 4 月 11 日县第十届人大常委会第十三次会议通过）

五莲县人大常委会关于推迟召开五莲县第十届人民代表大会第三次会议的决定（1986 年 4 月 15 日县第十届人大常委会第十四次会议通过）

五莲县人大常委会关于组织视察普及法律常识工作的决定（1986 年 7 月 12 日县第十届人大常委会第十五次会议通过）

五莲县人大常委会关于加强物价工作的决议（1986 年 7 月 12 日县第十届人大常委会第十五次会议通过）

五莲县人大常委会关于视察《食品卫生法》实施情况的决定（1986 年 7 月 12 日县第十届人大常委会第十五次会议通过）

五莲县人大常委会关于进一步宣传贯彻《中华人民共和国统计法》的决议（1986 年 9 月 16 日县第十届人大常委会第十六次会议通过）

五莲县人大常委会关于进一步贯彻国家税收法规加强税务工作的决议（1986 年 11 月 21 日县第十届人大常委会第十七次会议通过）

五莲县人大常委会关于认真学习宣传《中华人民共和国土地管理法》加强土地管理的决议（1986 年 11 月 21 日县第十届人大常委会第十七次会议通过）

五莲县人大常委会关于批准县政府追加 1986 年财政支出预算的决定（1987 年 1 月

20日县第十届人大常委会第十八次会议通过)

五莲县人大常委会关于宣传实施《中华人民共和国治安管理处罚条例》的决议(1987年1月20日县第十届人大常委会第十八次会议通过)

五莲县人大常委会关于认真学习坚决贯彻全国人大常委会《关于加强法制教育维护安定团结的决定》的决议(1987年3月26日县第十届人大常委会第十九次会议通过)

五莲县人大常委会关于推迟县、乡两级人代会"选举日"的决定(1987年3月26日县第十届人大常委会第十九次会议通过)

五莲县人大常委会关于设立县人大常委会代表资格审查委员会的决定(1987年5月22日县十一届人大常委会第一次会议通过)

五莲县人大常委会关于组织视察食品卫生法的决定(1987年5月22日县十一届人大常委会第一次会议通过)

五莲县人大常委会关于召开县十一届人大二次会议的决定(1987年11月8日县十一届人大常委会第四次会议通过)

五莲县人大常委会关于召开县第十一届人民代表大会第三次会议和补选代表的决定(1988年1月28日县第十一届人大常委会第六次会议通过)

五莲县人大常委会关于调整加强人大常委会办事机构的决定(1988年5月28日县第十一届人大常委会第八次会议通过)

五莲县人大常委会关于加强环境保护工作的决议(1988年7月28日县十一届人大常委会第九次会议通过)

五莲县人大常委会关于加强档案工作的决议(1988年9月28日县第十一届人大常委会第十次会议通过)

五莲县人大常委会关于批准县政府追加1988年财政收支预算的决议(1988年9月28日县第十一届人大常委会第十次会议通过)

五莲县人大常委会关于依法治县的决议(1988年11月26日第十一届人大常委会第十一次会议通过)

五莲县人大常委会关于认真贯彻实施《中华人民共和国全民所有制工业企业法》的决议(1988年11月26日县第十一届人大常委会第十一次会议通过)

五莲县人大常委会关于县十一届人大第四次会议召开日期的决定(1989年3月10日县第十一届人大常委会第十三次会议通过)

五莲县人大常委会关于学习贯彻党的十三届四中全县精神，坚决制止动乱维护社会安定的决议(1989年7月16日县第十一届人大常委会第十五次会议通过)

五莲县人大常委会关于批准县政府追加1989年财政收支预算的决定（1989年9月28日县第十一届人大常委会第十六次会议通过）

五莲县人大常委会关于批准五莲县人民政府修订县城总体规划的决定（1990年1月6日县第十一届人大常委会第十九次会议通过）

五莲县人大常委会关于代表资格审查委员会《关于五莲县第十二届人民代表大会代表资格审查情况的报告》的决议（1990年3月18日县第十一届人大常委会第二十次会议通过）

五莲县人大常委会关于认真贯彻实施《中华人民共和国城市规划法》的决议（1990年11月22日县第十二届人大常委会第五次会议通过）

五莲县人大常委会关于召开县十二届人民代表大会第二次会议的决定（1991年3月9日县第十二届人大常委会第七次会议通过）

五莲县人大常委会关于补选代表的决定（1991年3月9日县第十二届人大常委会第七次会议通过）

五莲县人大常委会关于设立县人大常委会人事代表工作室的决定（1991年3月9日县第十二届人大常委会第七次会议通过）

五莲县人大常委会关于认真学习贯彻全国七届人大四次会议精神的决议（1991年4月17日县十二届人大常委会第九次会议通过）

五莲县人大常委会关于在全县公民中开展法制宣传教育第二个五年规划的决议（1991年5月25日县第十二届人大常委会第十次会议通过）

五莲县人大常委会关于进一步贯彻实施《标准化法》的决议（1991年5月25日县第十二届人大常委会第十次会议通过）

五莲县人大常委会关于进一步加强计划生育工作的决议（1991年9月26日县第十二届人大常委会第十二次会议通过）

五莲县人大常委会关于进一步贯彻实施《中华人民共和国行政诉讼法》的决议（1991年11月27日县第十二届人大常委会第十三次会议通过）

五莲县人大常委会关于县树、县花的决定（1991年11月27日县第十二届人大常委会第十三次会议通过）

五莲县人大常委会关于贯彻实施全国人大常委会《关于严禁卖淫嫖娼的决定》和《关于严惩拐卖、绑架妇女儿童的犯罪分子的决定》的决议（1992年1月8日县第十二届人大常委会第十四次会议通过）

五莲县人大常委会关于召开五莲县第十二届人民代表大会第三次会议的决定（1992年1月8日县第十二届人大常委会第十四次会议通过）

五莲县人大常委会关于批准《五莲县农村社会养老保险暂行办法》的决定（1992年1月8日县第十二届人大常委会第十四次会议通过）

五莲县人大常委会关于召开五莲县第十二届人民代表会议第三次会议的决定（1992年3月14日县第十二届人大常委会第十五次会议通过）

五莲县人大常委会关于批准《五莲县预算外资金管理办法》的决定（1992年3月14日县第十二届人大常委会第十五次会议通过）

五莲县人大常委会关于变更县十二届人民代表大会第三次会议召开时间的决定（1992年4月2日第十二届人大常委会第十六次会议通过）

五莲县人大常委会关于批准县十二届人大常委会代表资格审查委员会关于代表资格审查报告的决定（1992年4月2日县第十二届人大常委会第十六次会议通过）

五莲县人大常委会关于充分发挥职能作用促进和保障扩大对外开放的决议（1992年7月28日县第十二届人大常委会第十八次会议通过）

五莲县人大常委会关于五莲县第十三届人民代表大会代表名额和选举问题的决定（1992年10月17日县第十二届人大常委会第二十次会议通过）

五莲县人大常委会关于调整县选举委员会组成人员的决定（1992年10月17日县第十二届人大常委会第二十次会议通过）

五莲县人大常委会关于调整代表资格审查委员会组成人员的决定（1992年10月17日县第十二届人大常委会第二十次会议通过）

五莲县人大常委会关于任命各乡镇选举委员会组成人员的决定（1992年10月17日县第十二届人大常委会第二十次会议通过）

五莲县人大常委会关于召开县十三届人民代表大会第一次会议的决定（1993年1月31日第十二届人大常委会第二十二次会议通过）

五莲县人大常委会关于增加县十三届人民代表大会代表名额的决定（1993年1月31日县第十二届人大常委会第二十二次会议通过）

五莲县人大常委会关于批准县政府关于五莲县1993年人口计划的决定（1993年3月16日县第十三届人大常委会第一次会议通过）

五莲县人大常委会关于任命县人大常委会代表资格审查委员会的决定（1993年3月16日县第十三届人大常委会第一次会议通过）

五莲县人大常委会关于批准《五莲县1993—1995年农业基本建设规划》的决定（1993年5月18日县第十三届人大常委会第二次会议通过）

五莲县人大常委会关于贯彻实施《中华人民共和国水土保持法》的决议（1993年7月20日县第十三届人大常委会第三次会议通过）

五莲县人大常委会关于贯彻实施《中华人民共和国产品质量法》的决议（1993 年 4 月 23 日县第十三届人大常委会第四次会议通过）

五莲县人大常委会关于补选县十三届人大代表的决定（1994 年 2 月 4 日县第十三届人大常委会第七次会议通过）

五莲县人大常委会关于批准县政府调整 1994 年财政预算的决定（1994 年 7 月 22 日县第十三届人大常委会第十次会议通过）

五莲县人大常委会关于召开五莲县第十三届人民代表大会第三次会议的决定 (1995 年 1 月 20 日五莲县第十三届人大常委会第十三次会议通过)

五莲县人大常委会关于于里等四乡撤乡设镇后国家机关工作人员变更职务名称的决定 (1995 年 1 月 20 日五莲县第十三届人大常委会第十三次会议通过)

五莲县人大常委会关于批准县人民政府“科技兴莲”战略纲要的决定（1995 年 1 月 20 日五莲县第十三届人大常委会第十三次会议通过）

五莲县人大常委会关于开展人大代表带头致富活动的决定（1995 年 4 月 17 日县第十三届人大常委会第十五次会议通过）

五莲县人大常委会关于任命乡镇选举委员会组成人员的决定（1995 年 11 月 1 日县第十三届人大常委会第十九次会议通过）

五莲县人大常委会关于召开五莲县十三届人民代表大会第四次会议的决定（1996 年 1 月 23 日五莲县第十三届人大常委会第二十一次会议通过）

五莲县人大常委会关于高泽、石场两乡撤乡设镇的决定（1996 年 1 月 23 日县第十三届人大常委会第二十一次会议通过）

五莲县人大常委会关于补选县十三届人大代表的决定（1996 年 2 月 2 日县第十三届人大常委会第二十二次会议通过）

五莲县人大常委会关于批准《五莲县依法治县五年规划》的决定（1996 年 4 月 16 日五莲县第十三届人大常委会第二十三次会议通过）

五莲县人大常委会关于批准《五莲县行政事业性收费管理办法》的决定（1996 年 6 月 14 日五莲县第十三届人大常委会第二十四次会议通过）

五莲县人大常委会关于五莲县撤县设市的决定（1996 年 8 月 15 日五莲县第十三届人大常委会第二十五次会议通过）

五莲县人大常委会关于批准《五莲县城区市容、环境卫生综合管理规定》的决定（1996 年 8 月 15 日五莲县第十三届人大常委会第二十五次会议通过）

五莲县人大常委会关于在全县公民中开展第三个五年法制宣传教育的决议（1996 年 10 月 17 日县第十三届人大常委会第二十六次会议通过）

五莲县人大常委会关于召开五莲县第十三届人民代表大会第五次会议的决定(1997 年 1 月 6 日县第十三届人大常委会第二十九次会议通过)

五莲县人大常委会关于调整五莲县人大常委会代表资格审查委员会成员的决定(1997 年 1 月 27 日县第十三届人大常委会第三十次会议通过)

五莲县人大常委会关于召开县十四届人民代表大会第一次会议的决定（1998 年 1 月 6 日县第十三届人大常委会第三十七次会议通过）

五莲县人大常委会关于通过五莲县人大常委会规范性文件的决定 (1998 年 4 月 21 日县第十四届人大常委会第二次会议通过)

五莲人大常委会关于加强自身建设的决定 (1998 年 4 月 21 日县第十四届人大常委会第二次会议通过)

五莲县人大常委会关于任命县十四届人大常委会代表资格审查委员会的决定 (1998 年 6 月 16 日县第十四届人大常委会第三次会议通过)

五莲县人大常委会关于批准《五莲山风景区总体规划》的决定（1998 年 8 月 18 日县第十四届人大常委会第五次会议通过）

五莲县人大常委会关于召开县十四届人大二次会议的决定（1999 年 1 月 13 日县第十四届人大常委会第八次会议通过）

五莲县人大常委会关于补选县十四届人大代表的决定（1999 年 1 月 13 日县第十四届人大常委会第八次会议通过）

五莲县人大常委会关于 1999 年度对县政府 8 个部门主要负责人进行述职评议的决定（1999 年 4 月 21 日县第十四届人大常委会第十次会议通过）

五莲县人大常委会关于五莲县 1998 年财政决算的决议（1999 年 6 月 16 日县第十四届人大常委会第十一次会议通过）

五莲县人大常委会关于在全县国家机关进一步落实执法责任制的决议（1999 年 6 月 16 日县第十四届人大常委会第十一次会议通过）

五莲县人大常委会关于召开县十四届人大四次会议的决定（2001 年 1 月 11 日县第十四届人大常委会第二十次会议通过）

五莲县人大常委会关于补选县十四届人大代表的决定（2001 年 1 月 11 日县第十四届人大常委会第二十次会议通过）

五莲县人大常委会关于五莲县 2000 年财政决算的决议（2001 年 6 月 21 日县第十四届人大常委会第二十四次会议通过）

五莲县人大常委会关于在公民中开展法制宣传教育第四个五年规划的决议（2001 年 8 月 22 日县第十四届人大常委会第二十五次会议通过）

五莲县人大常委会关于实施依法治县第二个五年规划的决议（2001年8月22日县第十四届人大常委会第二十五次会议通过）

五莲县人大常委会关于2002年全县乡镇人民代表大会换届选举的决定（2002年1月23日县第十四届人大常委会第二十八次会议通过）

五莲县人大常委会关于任命各乡镇选举委员会组成人员的决定（2002年1月23日县第十四届人大常委会第二十八次会议通过）

五莲县人大常委会关于五莲县2001年财政决算的决议（2002年6月21日县第十四届人大常委会第三十次会议通过）

五莲县人大常委会关于五莲县第十五届人民代表大会代表名额和选举办法的决定（2002年11月13日县第十四届人大常委会第三十二次会议通过）

五莲县人大常委会关于召开县十五届人大第一次会议的决定（2003年1月10日县第十四届人大常委会第三十四次会议通过）

五莲县人大常委会关于加强自身建设的决定（2003年2月12日县第十五届人大常委会第一次会议通过）

五莲县人大常委会关于任命县十五届人大常委会代表资格审查委员会组成人员的决定（2003年2月12县第十五届人大常委会第一次会议通过）

五莲县人大常委会关于五莲县2002年财政决算的决议（2003年6月30日县第十五届人大常委会第四次会议通过）

五莲县人大常委会关于同意五莲县城市总体规划的决定（2003年12月25日县第十五届人大常委会第七次会议通过）

五莲县人大常委会关于补选县十五届人大代表的决定（2003年12月25日县第十五届人大常委会第七次会议通过）

五莲县人大常委会关于召开县十五届人大二次会议的决定（2004年1月7日县第十五届人大常委会第八次会议通过）

五莲县人大常委会关于补选市十五届人大代表的决定（2004年1月7日县第十五届人大常委会第八次会议通过）

五莲县人大常委会关于五莲县2003年财政决算的决议（2004年6月15日县第十五届人大常委会第十次会议通过）

五莲县人大常委会关于补选县十五届人大代表的决定（2004年12月14日县第十四届人大常委会第十二次会议通过）

五莲县人大常委会关于召开县十五届人大三次会议的决定（2005年1月18日县第十五届人大常委会第十三次会议通过）

五莲县人大常委会关于五莲县2004年财政决算的决议（2005年6月9日县第十五届人大常委会第十五次会议通过）

五莲县人大常委会关于进一步加强法院行政审判工作的决议（2006年1月18日县第十五届人大常委会第十八次会议通过）

五莲县人大常委会关于召开县十五届人大二次会议的决定（2006年1月18日县第十五届人大常委会第十八次会议通过）

五莲县人大常委会关于五莲县2005年财政决算的决议（2006年6月8日县第十五届人大常委会第二十次会议通过）

五莲县人大常委会关于批准五莲县国民经济和社会发展“十一五”规划部分主要指标调整方案的决定（2006年6月8日县第十五届人大常委会第二十次会议通过）

五莲县人大常委会关于在全县公民中开展第五个五年法制宣传教育的决议（2006年12月31日县第十五届人大常委会第二十三次会议通过）

五莲县人大常委会关于《五莲县2006—2010年依法治县规划》的决议（2006年12月31日县第十五届人大常委会第二十三次会议通过）

五莲县人大常委会关于召开县十五届人大五次会议的决定（2007年1月29日县第十五届人大常委会第二十四次会议通过）

五莲县人大常委会关于许可对县人大代表谢光明采取刑事拘留的决定（2007年4月7日县第十五届人大常委会第二十五次会议通过）

五莲县人大常委会关于许可对县人大代表张明勇采取强制措施的决定（2007年4月27日县第十五届人大常委会第二十六次会议通过）

五莲县人大常委会关于鲁志等同志具有五莲县人民检察院人民监督员资格的决定（2007年6月22日县第十五届人大常委会第二十七次会议通过）

五莲县人大常委会关于任命五莲县选举委员会组成人员的决定（2007年9月21日县第十五届人大常委会第二十九次会议通过）

五莲县人大常委会关于任命各乡镇选举委员会组成人员的决定（2007年9月21日县第十五届人大常委会第二十九次会议通过）

五莲县人大常委会关于县人大代表名额、乡镇人大代表名额和选举问题的决定（2007年9月21日县第十五届人大常委会第二十九次会议通过）

五莲县人大常委会关于召开县十六届人大一次会议的决定（2007年12月3日县第十五届人大常委会第三十一次会议通过）

五莲县人大常委会关于加强自身建设的决定（2007年12月29日县第十六届人大常委会第一次会议通过）

五莲县人大常委会关于任命县十六届人大常委会代表资格审查委员会组成人员的决定（2007 年 12 月 29 日县第十六届人大常委会第一次会议通过）

五莲县人大常委会关于批准五莲县 2007 年县级财政决算的决议（2008 年 5 月 22 日县第十六届人大常委会第三次会议通过）

五莲县人大常委会关于召开县十六届人大二次会议的决定（2008 年 12 月 30 日县第十六届人大常委会第八次会议通过）

五莲县人大常委会关于批准 2008 年五莲县地方财政收支预算调整方案的决定（2008 年 12 月 30 日县第十六届人大常委会第八次会议通过）

五莲县人大常委会关于批准五莲县 2008 年财政决算的决议（2009 年 6 月 12 日县第十六届人大常委会第十一次会议通过）

五莲县人大常委会关于 2008 年度县级预算执行和其他财政收支情况的审计工作报告的决议（2009 年 6 月 12 日县第十六届人大常委会第十一次会议通过）

五莲县人大常委会关于召开五莲县第十六届人民代表大会第三次会议的决定（2009 年 12 月 17 日县第十六届人大常委会第十四次会议通过）

五莲县人大常委会关于补选县十六届人大代表的决定（2009 年 12 月 17 日县第十六届人大常委会第十四次会议通过）

五莲县人大常委会关于批准撤销洪凝镇设立洪凝街道办事处，撤销松柏乡设立松柏镇的决议（2010 年 5 月 6 日县第十六届人大常委会第十八次会议通过）

五莲县人大常委会关于批准五莲县 2009 年财政决算的决议（2010 年 7 月 21 日县第十六届人大常委会第十九次会议通过）

五莲县人大常委会关于 2009 年度县级预算执行和其他财政收支情况的审计工作报告的决议（2010 年 7 月 21 日县第十六届人大常委会第十九次会议通过）

五莲县人大常委会关于召开五莲县第十六届人民代表大会第四次会议的决定（2010 年 12 月 23 日县第十六届人大常委会第二十二次会议通过）

五莲县人大常委会关于补选县十六届人大代表的决定（2010 年 12 月 23 日县第十六届人大常委会第二十二次会议通过）

五莲县人大常委会关于许可对县人大代表汤希勇采取强制措施的决定（2011 年 3 月 22 日县第十六届人大常委会第二十四次会议通过）

五莲县人大常委会关于批准五莲县 2010 年财政决算的决议（2011 年 7 月 27 日县第十六届人大常委会第二十六次会议通过）

五莲县人大常委会关于 2010 年度县级预算执行和其他财政收支情况的审计工作报告的决议（2011 年 7 月 27 日县第十六届人大常委会第二十六次会议通过）

五莲县人大常委会关于在全县公民中开展第六个五年法制宣传教育的决议（2011年10月10日县第十六届人大常委会第二十七次会议通过）

五莲县人大常委会关于《五莲县2011—2015年依法治县规划》的决议（2011年10月10日县第十六届人大常委会第二十七次会议通过）

五莲县人大常委会关于新一届县、乡人大代表名额和选举问题的决定（2011年10月10日县十六届人大常委会第二十七次会议通过）

五莲县人大常委会关于任命五莲县选举委员会组成人员的决定（2011年10月10日县第十六届人大常委会第二十七次会议通过）

五莲县人大常委会关于任命各乡镇选举委员会组成人员的决定（2011年10月10日县第十六届人大常委会第二十七次会议通过）

五莲县人大常委会关于调整县十六届人大常委会代表资格审查委员会组成人员的决定（2011年10月10日县第十六届人大常委会第二十七次会议通过）

五莲县人大常委会关于表彰优秀县十六届人大代表的决定（2011年10月10日县第十六届人大常委会第二十七次会议通过）

（为避免与“人事任免”篇重复，故有关人事任免的决定均未收录——编者注）

# 第五篇 监督

## 第一章 法律监督

法律监督是指对宪法和法律的实施情况进行监督。县人大及其常委会的法律监督，是监督宪法、法律、行政法规、地方性法规,以及人大及其常委会有关的决议、决定在本行政区域内的实施情况。主要包括以下几个方面：一是对被认为同宪法、法律、行政法规和地方性法规相抵触的县人民政府的规定和命令进行监督；二是对被认为同宪法、法律、行政法规和地方性法规相抵触的乡镇人大的决议进行监督；三是对被认为同宪法、法律、行政法规和地方性法规相抵触的县法院、检察院的批复，影响大、群众反映强烈的个别案件的判决裁定和决定进行监督；四是对政府、法院、检察院违宪违法行为进行监督。

### 第一节 五莲县第九届人大常委会期间

(1980.12–1984.05)

**通过《关于贯彻执行中央打击经济领域中严重犯罪活动的两个“决定”的决议》** 1982 年 5 月 1 日，县九届人大常委会第十次会议，通过学习和讨论全国人大常委会《关于严惩严重破坏经济的罪犯的决定》和中共中央、国务院《关于打击经济领域中严重犯罪活动的决定》，通过了《关于贯彻执行中央打击经济领域中严重犯罪活动的两个“决定”的决议》。决议要求全县各级政府和各单位都要认真学习两个“决定”，采取多种形式向全县人民广泛深入地宣传两个“决定”，使广大干部、职工和人民群众明确打击经济领域中严重犯罪的意义和方针政策，增强遵纪守法观念和同违法犯罪行为作斗争的决心和信心。同时，通过广泛深入的宣传两个“决定”，充分发挥社会主义法律的强大威力，迫使那些严重破坏经济的罪犯，投案自首，坦白交待，认罪伏法，争取从宽处理。政策和法律不会宽大无边，任何继续隐瞒罪行和继续犯罪的案犯都不能逃脱法律的严厉制裁。决议还要求各级领导机关务必清醒地认识到这场斗争的必要性和迫切性，切实把打击经济领域中的严重犯罪活动当作一项重大的任务，加强领导，把这一场斗争进行到底。

**批准《五莲县人民政府关于保护林木发展林业生产的布告》** 1982年5月14日，县第九届人大常委会第十一次会议，审议县人民政府《关于保护林木发展林业生产的布告》，批准了这个报告，并通过决议，要求各级政府和各单位，要把保护林木发展林业列入重要议事日程，并且要利用一切机会和场合，大力宣传保护林木发展林业生产的重大意义，大力宣传布告的各项规定和各项措施。决议号召全县广大干部群众，都要自觉地、模范地维护和履行布告的所有规定，监督布告的深入实施。

**《食品卫生法》执法检查** 1983年9月27日至29日，县人大常委会一名副主任会同县政府一名副县长，组织文委、经委、卫生局、工商局等12个有关部门负责人以及食品卫生监督员，对全县贯彻《食品卫生法》的情况进行了检查。这次检查，着重检查了7处食品加工厂、4处国营饭店、4处熟食加工点、3处肉食门市部、4处厂办饭店、3处食品小市场，以及洪凝、许孟、管帅、街头、潮河四社一镇的供销社饭店、食品站、食品加工厂，18处队办饭店，共55个单位。从检查的情况看，比较好的27个单位，占检查总数的49.1%，不及格的28个单位。其中问题比较多，需要进行整改的20个单位，需进行停业整顿的8个单位。根据检查中存在的问题，提出了五点建议：一要继续抓好《食品卫生法》的学习和宣传；二要同开展“五讲四美”活动紧密结合起来；三是各部门、各单位要结合自己的实际，根据《食品卫生法》的规定，制定行之有效的规章制度；四要加强食品卫生的监督工作；五要加强对食品卫生工作的领导。

**通过《关于贯彻执行〈食品卫生法〉的决议》** 1983年12月25日，县九届人大常委会第二十次会议听取对《食品卫生法》执法检查情况的汇报后，作出了《关于认真贯彻执行〈食品卫生法〉的决议》。决议要求，各级领导要进一步提高思想认识，继续抓好《食品卫生法》的学习和宣传。所有从事食品生产、经营的部门和单位，要认真组织广大干部群众，加深学习《食品卫生法》，切实搞好从业人员的轮训，使之熟悉《食品卫生法》的基本知识，做到知法、守法、依法办事。所有从事食品生产经营的国营、集体单位，以及个体户要结合自己的实际，制定行之有效的规章制度，加强食品卫生设备的使用和管理。要结合爱国卫生运动，发动广大职工群众进行认真地整顿。工商部门要加强对个体生产、经营者和个体摊贩的卫生管理。监督部门要秉公执法，严格检查，加强监督。

## 第二节 五莲县第十届人大常委会期间

(1984.05–1987.04)

**组织讨论《中华人民共和国森林法（修改草案）》** 1984年7月24日，根据省人大常委会的部署，县人大常委会召集县人民政府分管农业的副县长以及县人民法院、县人民检察院、林业局、公安局、司法局、县委研究室、法律顾问处等单位的负责人，学习了《中华人民共和国森林法（修改草案）》，并进行座谈。26日召集有关乡镇长，山区、平原地区有代表性村庄的市、县人大代表或支部书记进行座谈。由县人大常委会副主任分别到街头、叩官、潮河3处乡镇召开人大代表座谈会，广泛征求意见。最后提出16条修改意见上报。

**组织讨论修改山东省《关于保护农村专业户合法权益的暂行规定（草稿）》** 1984年9月下旬至10月上旬，根据省、市人大常委会的部署，组织讨论修改山东省《关于保护农村专业户合法权益的暂行规定（草稿）》。县人大常委会召开了主任办公会议，进行了认真学习和讨论，并研究了组织讨论的意见。于9月28日召集了县政府分管农业的副县长和县委农村工作部、政策研究室以及经委、乡镇企业局、工商管理局、税务局、司法局、洪凝镇个体工商协会、县人民法院、法律顾问处等有关部门负责同志参加的座谈会。10月3日，县人大常委会负责同志，到街头镇召开了由镇党委书记（市人大代表）、罗家丰台村党支部书记（省人大代表）、镇工商所、税务所、个体工商协会的负责同志和四名专业户参加的座谈会。同时，还在县直代表小组活动会议上进行了座谈讨论。在这些座谈会上，由县人大常委会负责同志主持，对《暂行规定（草稿）》逐条逐句的进行了学习和讨论。对《暂行规定（草稿）》第4、5、7、12条提出了具体的修改意见，并提出两点建议：一、制订保护农村专业户合法权益的法规很有必要，建议《暂行规定》应尽快通过并公布实施；二、公布后，要广泛地进行宣传，做到保护农村专业户的合法权益有法可依、有章可循。

**组织讨论《中华人民共和国草原法（草案）》** 1984年10月按潍坊市人大常委会关于组织讨论修改《中华人民共和国草原法（草案）》的要求，县人大常委会负责同志于10月14日到街头镇召开了由镇长、镇农技、林业、兽医三站的站长和县人大代表以及牧业专业户参加的座谈会。10月15日召集了县委农村工作部、县委政策研究室、农业局、林业局、水利水产局、司法局、法律顾问处、畜牧兽医站等部门的负责同志以及部分省、市人大代表参加的座谈会。会议由县人大常委会负责同志主持，对《中华人民共和国草原法（草案）》逐条逐款的进行了学习和讨论。最后提出了4条补充意见上报。

**通过《关于大力开展学习、宣传和贯彻〈中华人民共和国森林法〉的决议》** 全国六届人大常委会七次会议通过的《中华人民共和国森林法》颁布后，县人大常委会于1984年11月13日召开了县十届人大常委会第三次会议，学习《森林法》，通过了《关于大力开展学习、宣传和贯彻〈中华人民共和国森林法〉的决议》。决议认为五莲是一个以林为主，发展林业的山区县。认真贯彻执行“森林法”，对于加快全县林业建设的速度，进一步开发建设山区，振兴五莲经济，有着极其重要的意义。决议要求，全县广大干部群众务必充分认识贯彻执行《森林法》的重要意义，提高自觉性，积极投入到学习、宣传《森林法》的活动中去；公安、法院、检察院有关法律部门要秉公执法，对触犯法律的要根据其情节轻重，严格按照《森林法》所规定的法律责任进行处罚；各级领导干部要高度重视，切实把学习、宣传、贯彻《森林法》的活动抓紧抓好。

**通过《关于大力加强法制宣传教育的决议》** 1984年12月30日召开的县十届人大常委会第四次会议通过了《关于大力加强法制宣传教育的决议》。决议认为，近几年来，随着社会主义民主与法制建设的不断发展。县委、县政府加强了对法制宣传教育工作的领导。司法机关和有关部门采取了一些有效措施，运用各种形式，开展了法制宣传活动。使广大干部群众受到了法制教育。人民群众的法制观念大大增强。决议还认为，全县法制宣传教育由于缺乏长远规划，措施不够有力，发展不平衡，没有形成经常化、制度化，因而宣传的广度和深度还不够。

决议强调，必须大力加强法制宣传教育，切实搞好全县的社会主义法制建设。一是进一步提高对法制宣传教育重要意义的认识；二是动员广大干部群众迅速掀起一个以《宪法》为中心内容的法制学习热潮；三是通力协作，紧密配合，运用多种形式，切实搞好法制宣传教育工作；四是切实加强领导，坚持不懈地抓好法制宣传教育工作。

**批准县人民政府《关于全县在五年左右普及法律常识规划》** 1985年6月27日召开的县十届人大常委会第八次会议审议批准了县人民政府拟定的《关于全县在五年左右普及法律常识规划》，并通过了《关于加强法制宣传普及法律常识的决议》。决议认为，近几年来，五莲县各级政府和有关部门采取有效措施，认真抓了法制宣传教育工作，广大干部群众的法制观念不断增强，对于全县已经实现的社会治安秩序的根本好转，深入进行两个文明建设起了积极的促进作用。但是，就全县范围讲，还没有做到经常化、制度化、系统化，没有真正达到使每个公民都知法、守法的要求。有法不知、有法不依的现象依然存在。决议要求各级领导干部和广大人民群众务必充分认识普及法律常识的重要性、迫切性，增强紧迫感，为深入开展法制宣传教育，实施普及法律常识五年规划做出努力；开展法制宣传教育和普及法律常识，重点是《宪法》、《刑法》、《刑事诉讼法》、民事法律知识、《民事诉讼法（试行)》、《婚姻法》、《经济合同法》、《食品卫生法》、《森林法》、《兵役法》、《治安管理处罚条例》等重要法律法规以及与各行各业有密切关系的其他法律内容；紧密联系实际，采取多种形式开展法制学习宣传教育；各级政府和部门要纳入议事日程，切实加强领导；各级领导要带头学习、带头宣传、带头依法办事；要健全组织，制订必要的制度，培训宣传骨干，深入实际，抓点带面，确保普及法律常识工作扎扎实实的开展起来。

**视察《食品卫生法》贯彻执行情况**　县十届人大常委会于1985年8月上半月对全县贯彻执行《食品卫生法》的情况进行了一次规模较大的视察。县人大常委会主任贺炳忠，副主任高立福、王彬，副县长臧凤兰等亲自靠上，加强了组织领导，视察分三个阶段进行：8月1日至10日，为宣传发动阶段。县人大常委会拟定了视察方案，主任会议研究确定了视察安排意见。县政府下达了关于搞好食品卫生，迎接视察的通知，召开了各有关部门负责人会议，层层进行部署发动。8月10日至12日为正式视察阶段，组织了部分县人大常委会委员、县人大代表和县政府及政法委、妇联、卫生局、商业局、供销社、工商局、粮食局、司法局、法院、检察院、乡镇企业局、防疫站等部门的负责同志，邀请了部分省、市人大代表，共34人。在食品卫生监督工作人员的配合下，分3个视察组，对县城（洪凝镇）和街头、许孟、管帅、潮河等13处乡镇123个食品生产加工、经营单位和职工食堂贯彻执行《食品卫生法》的情况进行了视察。视察中采取了听汇报、察看现场、走访群众、采样检验、考核法律、总结评议等方法。对视察的情况，广播站每天都进行了报道和宣传。在视察13处乡镇时，还特地组织和邀请了就近的33位省、市、县人大代表，分别参加了所在乡镇的视察。视察结束，各组汇报了情况，认真进行了总结评议，评出贯彻执行《食品卫生法》较好的单位46个，占被视察单位总数的38%；一般的61个，占49%；较差的16个。

针对视察中发现的问题，视察组提出了四点建议：一、进一步学习宣传、贯彻执行《食品卫生法》；二、充分发挥各业务主管部门的作用；三、加强食品卫生监督工作；四、建议县政府及有关部门对较好的单位给予表扬鼓励，对较差的单位县食品卫生监督部门要依照法律规定，提出具体处理意见，对问题较多单位，有重点地进行回查。对较差的个别单位要给予停业整顿和罚款等处罚。

**通过《关于进一步贯彻执行<经济合同法>的决议》**　1985年10月22日至23日，县十届人大常委会第十次会议在听取并审议县工商局长赵纪斋受县人民政府委托所作的关于贯彻执行〈经济合同法〉的情况汇报后，通过了《关于进一步贯彻执行〈经济合同法〉的决议》。决议要求：一是要充分认识贯彻实施《经济合同法》，对于加强经济领域内的法制建设，维护社会主义经济秩序，保证经济体制改革和农村产业结构调整顺利进行的重要意义；二是广泛地开展学习和宣传活动；三是加强监督检查；四是切实加强领导。

**视察普及法律常识工作**　1986年8月19日至22日，县人大常委会组织部分委员、县人大代表和县人民政府、公安局、法院、检察院、司法局等部门的负责人共26人，分为4个视察组，对全县22处乡镇和县直7个系统的普法工作，进行了一次比较全面的视察。视察中，首先听取了各乡镇党委、政府和县直各党委负责同志的汇报。并对39个普法工作试点单位进行实地视察。对196名基层干部和青年进行了法律知识考试。经过对被视察单位分析评议，29处党委中，普法工作好的和比较好的10处，占34%；一般的15处，占52%；差的4处，占14%。39个基层单位中，好的和比较好的19个，占49%；一般的15个，占38%；差的5个，占13%。对196名干部青年抽查，考试成绩平均达到96.3分。全县普及法律常识工作的主要特点是：一、各级领导重视，列入了议事日程；二、准备工作充分，制度健全，执行认真；三、采取多种形式，突出教育重点；四、联系实际学法、依法解决实际问题。存在的主要问题是：一、发展不平衡；二、参加普法学习的面比较窄；三、宣传普法工作意义的形式比较单调；四、普法教材不足。针对存在的问题，提出了四条建议：一、要切实解决好领导干部的思想认识，真正把普法工作当作一件大事来抓，认真贯彻"一手抓建设、一手抓法制"的思想，精心组织，精心指导，抓紧抓好；二、要突出抓好领导干部的普法学习和依法解决实际问题这两个重点；三、要切实抓好普法五年规划和当年实施计划的落实；四、发挥职能部门的作用。

**通过《关于进一步宣传、贯彻<中华人民共和国统计法>的决议》** 1986年9月16日，县第十届人大常委会第十六次会议，听取并审议了县统计局长王锦华受县人民政府委托所作的《关于宣传、贯彻实施〈中华人民共和国统计法〉情况的汇报》后，经过审议，通过了《关于进一步宣传、贯彻〈中华人民共和国统计法〉的决议》。决议认为，《统计法》的颁布实施，对于加强统计工作、保障经济建设事业的发展具有极为重要的作用。一年多来，县政府和有关部门在组织《统计法》的学习贯彻方面做了大量工作，取得了一定成绩。决议指出，由于《统计法》颁布时间较短、宣传还不够广泛深入。在执行过程中，还存在一些问题。主要是少数领导同志和统计人员对这项法律的严肃性认识不足，重视不够，有法不依，数出多门的现象仍然存在。统计人员少、业务素质差的问题也亟待解决。决议要求，县政府及有关部门，要进一步加强对《统计法》实施的领导，广泛深入地宣传普及《统计法》常识，增强各级领导和统计人员执法、守法的自觉性；要大力支持统计机构、统计人员依法履行职责；要切实抓好统计队伍的思想建设、组织建设、业务建设；统计机构和广大统计人员，要认真履行法律规定的各项职责。

**通过《关于进一步贯彻国家税收法规加强税务工作的决议》** 1986年11月21日，县十届人大常委会第十七次会议，在听取县人民政府《关于全县税务工作情况的汇报》后，经过审议，通过了《关于进一步贯彻国家税收法规加强税务工作的决议》。

决议指出，税法是国家法律的重要组成部分，是保证税收工作顺利进行的法律武器。各级政府、各部门、各单位要结合普法教育，广泛深入地宣传税法在四化建设中的重要地位和作用。

决议要求，进一步加强对税收工作的领导，把贯彻执行税法，组织税收作为一项经常性的重要任务来抓；要不断完善税收管理制度，加强征收管理，大力支持税务干部行使法律赋予的职权；开展经常性的税收检查，对违犯税收法规，偷税等违法违纪案件要严肃处理；不断加强对税务干部政治、业务素质的培养，努力提高税务干部的政治业务素质，贯彻执行好各项税务法规，为四化建设多做贡献。

**通过《关于认真学习宣传〈中华人民共和国土地管理法〉加强土地管理的决议》** 1986 年 11 月 21 日，县十届人大常委会第十七次会议，在听取县农牧局长李增勇受县人民政府委托所作的《关于全县土地管理情况的汇报》后，经过审议，通过了《关于认真学习宣传〈中华人民共和国土地管理法〉加强土地管理的决议》。

决议指出，《土地管理法》是国家法律的重要组成部分，是保障合理利用土地资源的法律武器。各级政府、各部门、各单位要结合普法教育，广泛深入地学习宣传《土地管理法》，使全县广大干部和群众，提高认识，珍惜土地。教育一切用地单位和个人增强法制观念，节约用地、自觉依法用地。各土地管理部门和广大土地管理干部，要严格按照土地法规办事。

决议要求：各级人民政府要进一步加强对土地管理工作的领导，把贯彻落实《中华人民共和国土地管理法》作为一项经常性的重要任务来抓。充实健全土地管理机构。要进一步稳定完善土地承包责任制，并结合本单位实际，落实规划措施，健全土地管理制度，坚决制止乱占滥用土地的现象，做到合理利用土地资源、保护耕地，为振兴山区经济多做贡献。

## 第三节　五莲县第十一届人大常委会期间

（1987.04–1990.03）

**视察《食品卫生法》实施情况** 1987 年 7 月 5 日至 8 日，县十一届人大常委会组织对全县实施《食品卫生法》的情况进行视察。参加视察的有县人大常委会主任贺炳忠，副主任朱佃俊、王明、刘华祥、臧凤兰、郭明令，县人民政府副县长韩清存，以及部分省、市人大代表、县人大常委会委员，县人民政府办公室、卫生局、工商局、供销社、粮食局、商业局、乡镇企业局、计量局、公安局、法院、司法局、物价局等单位负责人，共 44 人，分为 4 个视察组，对洪凝、街头、潮河、许孟、管帅、高泽、松柏、中至等乡镇的饭店、食品门市部、营业餐点、个体商贩摊点 138 个单位进行了视察。通过总结评议，评出好的单位41个，占被视察单位总数的29.7%；一般的单位63个，占被视察单位总数的45.7%；差的单位34个，占被视察单位总数的24.6%。根据视察中发现的问题，提出了四点建议：一、建议县政府进一步加强对食品卫生工作的领导，督促有关业务单位通力协作，密切配合，共同做好食品卫生工作；二、充分发挥各业务部门的作用，扎扎实实地搞好日常的检查监督工作；三、充实加强食品卫生检疫队伍；四、建议县政府及有关部门对好的单位进行表扬，对差的单位责令限期整改。

**视察普及法律常识工作** 1987年9月3日至6日，县第十一届人大常委会组织视察普及法律常识工作。县人大常委会副主任朱佃俊、王明、臧凤兰、刘华祥、郭明令及部分常委会委员以及县政法委、公安局、法院、检察院、司法局、县人大常委会各科室负责人共25人参加视察，有关乡镇和县直系统的负责人及部分县人大代表也参加了视察。共分为5个视察小组，对22处乡镇和县直7大系统的49个单位进行了视察。视察中采取听、看、访、考、议的方法，听取了被视察单位负责人的汇报，查看了学习场所和普法的各项规章制度，访问了有关人员，出题考核了131名基层干部、青年和教师，最后进行了评议，评出好的乡镇和县直单位14个，占被视察单位总数的48.2%；一般的14个，占被视察单位总数的48.2%；差的1个，占被视察单位总数的3.4%。通过视察，总结了普及法律常识工作的经验：一、认识提高，抓普法工作的措施有力；二、突出了普法工作的两个重点：在宣传教育内容上，突出了“宪法”、全国人大常委会《关于加强法律教育维护安定团结的决定》这个重点；在普法对象上突出了干部和青少年这个重点；三、采取灵活多样的形式，深入学习宣传法律；四、联系实际，学法用法；五、法律开始进入决策机构。根据普法中发展不平衡，少数单位制度不落实，学校的法制教育较薄弱等问题，提出了三点建议：一、县政府要进一步强化普法的宣传教育工作；二、各级领导要充分认识普法工作的艰巨性，加大措施，下大力气，把普法工作推向深入；三、要加强对普法工作的领导，做到真抓真靠，抓死抓牢。

**全县执法大检查** 1988年10月底，根据上级的统一部署，在县委的统一领导下，由县人大常委会和县人民政府共同组织，进行执法检查。成立了由县委书记李明启任组长、县人大常委会、县人民政府及有关部门负责人参加的执法大检查领导小组。10月30日召开了全县执法大检查动员大会,县人大常委会主任贺炳忠就执法大检查的意义、方法和步骤讲了话。检查分为学习动员、自查自纠、互查和检查验收四个阶段。在检查过程中召开座谈会、调查会1600余次，走访约访有关单位180余家，发恳求意见信一万余封。执法大检查至1989年1月结束。通过执法大检查，总结了法制宣传教育的经验。为了巩固和发展执法大检查的成果，进一步推进社会主义法制建设，提出了四点建议：一是认真学习贯彻党的十三届三中全会提出的“治理经济环境，整顿经济秩序，全面深化改革”的方针，进一步增强执法意识，切实解决有法不依、执法不严、违法不究的问题，保证改革开放和经济建设的顺利进行；二是继续抓好整改工作，认真研究制定依法治理的规划和方案，依据有关法律、法规，建立健全执法规程和工作制度；三是深入开展普法教育，不断提高干部群众的法制观念；四是加强执法队伍建设，不断提高执法人员的素质。

**通过《关于认真贯彻实施〈中华人民共和国全民所有制工业企业法〉的决议》** 1988 年 11 月 26 日，县第十一届人大常委会第十一次会议，听取并审议了县工业委员会主任王宝玉受县政府委托所作的《关于贯彻实施〈中华人民共和国全民所有制工业企业法〉情况的汇报》后，表决通过了《关于认真贯彻实施〈中华人民共和国全民所有制工业企业法〉的决议》。

决议认为，认真贯彻实施《企业法》，将对推进改革，保障企业合法权益，增强活力，促进全民所有制经济的巩固和发展，有着重要的现实意义。

决议要求：一、县政府要把学习、宣传《企业法》作为普法教育，实施依法治县的重要内容，切实抓好；二、一切全民所有制工业企业都要认真贯彻执行《企业法》；三、各职能部门要按照《企业法》的规定，尊重企业依法享有的各项权利，为企业创造良好的外部环境；四、县政府及主管部门要切实加强对实施《企业法》的领导。

## 第四节　五莲县第十二届人大常委会期间

（1990.03–1993.02）

**通过《关于认真贯彻实施<中华人民共和国水法>的决议》** 1990 年 5 月 31 日，县十二届人大常委会第二次会议在听取并审议县人民政府《关于贯彻实施〈中华人民共和国水法〉的情况汇报》后，表决通过了《关于认真贯彻实施〈中华人民共和国水法〉的决议》。

决议认为，自《中华人民共和国水法》（以下简称水法）颁布实施以来，县政府及主管部门，在组织学习、宣传贯彻实施水法中做了很多工作，取得了一定成绩。但是，全县在贯彻执行水法活动中，宣传不够广泛深入，干部群众对此认识不足，有法不依、执法不严、违法不究的现象仍然存在。

决议要求，一、进一步加强《水法》的学习、宣传；二、依法实行对水资源的统一管理；三、强化监督管理机制。

**通过《关于贯彻实施〈中华人民共和国城市规划法〉的决议》** 1990 年 11 月 22

日，县十二届人大常委会第五次会议，听取并审议了县人民政府关于贯彻实施《中华人民共和国城市规划法》情况的汇报后，表决通过了《关于贯彻实施〈中华人民共和国城市规划法〉的决议》。

决议认为，自《城市规划法》颁布实施以来，县政府及主管部门在组织宣传学习和贯彻实施《城市规划法》的过程中，做了大量工作，城镇面貌有了较大改观。但个别单位不执行统一规划进行非法建设，有法不依，以言代法，以权代法，执法不严，违法不究的现象仍然存在。为了认真贯彻实施《城市规划法》，决议要求：一、进一步加强学习宣传，提高干部群众贯彻执行《城市规划法》的自觉性；二、采取切实可行措施，保证《城市规划法》的贯彻实施；三、强化管理职能，加强执法监督。

**通过《关于在全县公民中开展法制宣传教育第二个五年规划的决议》** 1991年5月25日，县第十二届人大常委会第十次会议，听取并审议了县司法局局长杨继柳受县人民政府委托所作的《关于第一个五年普法工作情况和在全县公民中开展法制宣传教育第二个五年规划的汇报》，决定批准五莲县法制宣传教育第二个五年规划，表决通过了《关于在全县公民中开展法制宣传教育第二个五年规划的决议》。决议认为，全县第一个五年普法工作，在各级党委、政府的领导下，经过各有关部门和广大干部群众的共同努力，已经取得了明显成效。

为搞好“二五”普法工作，决议要求：一、充分认识开展法制宣传教育“二五”规划的重要性，以积极的态度搞好法制宣传教育第二个五年规划的实施工作；二、开展“二五”法制宣传教育活动，要以学习宣传《宪法》为核心，以专业法为重点；三、实施“二五”法制宣传教育的对象是工人、农民、知识分子、干部、学生、个体劳动者以及其它有接受能力的公民。其重点对象是各级领导干部、执法人员、宣传教育工作者、青少年和中学以上学校的在校学生；四、开展法制宣传教育活动要紧密联系当前国际、国内形势，联系党的中心工作，联系部门工作的实际进行；五、实施“二五”法制宣传教育规划，必须加强领导。要在各级党委的领导下，动员全社会的力量，通力协作，密切配合，形成一个齐抓共管的局面。

**检查司法部门的执法情况** 1991年6月中旬至8月上旬，县人大常委会对全县司法部门的执法情况进行了检查，检查分宣传发动、自查互查和统一检查三个阶段进行。在统一检查阶段，县人大常委会4位副主任靠上，会同公、检、法、司和县人大常委会委室负责人，组成4个检查组，重点对县法院、县检察院、县公安局、县司法局进行了全面检查，同时抽查了街头、山阳等8处乡镇基层司法组织的执法情况。

检查认为，全县司法部门在执法工作中基本做到了有法必依、执法必严、违法必究的要求。主要特点是：一、司法机关充分发挥职能作用，推动了全县社会治安秩序的进一步好转；二、加强思想业务建设，坚持廉洁执法；三、健全执法制度，改善执法活动；四、认真做好治安、调解工作，把问题解决在初发阶段。

检查发现在司法工作中存在的问题，诸如在某些单位和某些方面有法不依、执法不严的现象还时有发生；疑难案件破案率不高、破案速度不快，个别案件出现认定事实不清、定性不准、适用法律不当的问题。

针对存在的问题，提出了三点建议：一是要抓好“二五”普法规划的实施；二是要加强执法机关的思想、业务、作风建设，搞好经常性的形势、法纪、廉政和职业道德教育，不断提高执法人员的政治、业务素质，保持执法队伍的纯洁和坚强的战斗力；三是要加强法律监督。

**检查《食品卫生法》贯彻实施情况** 1991年7月16日至17日，县人大常委会组织部分委员和代表及县政府有关部门负责人共50人，划分5个组，由主任、副主任带领，分别对洪凝、许孟、管帅、街头、潮河、汪湖、高泽、石场、叩官等9处乡镇和县直部分食品生产经营单位及个体户共194个单位贯彻实施《食品卫生法》的情况进行了重点检查。检查采取听汇报、问情况、看现场、访群众、综合评议等方法，本着重促轻罚的原则，使检查教育、总结经验教训相结合，既肯定了成绩，又查出了存在的主要问题。同时，对查出有严重问题的单位，责成食品卫生监督部门根据《食品卫生法》和有关规定，当场进行了处理。对问题严重、分别给予限期改进处罚的15个单位及时进行了回查。被检查的194个单位中，好的和比较好的35个，占18%；一般的121个，占62.4%；差的38个，占19.6%。

通过检查，发现在贯彻实施《食品卫生法》中存在一些问题：一是个别单位从业人员法制观念淡薄，食品卫生意识差；二是监督机构人员少，监测手段落后，不适应监督任务的要求；三是食品生产经营设备简陋；四是食品生产经营监督管理职能部门工作不协调，日常工作配合不够好。

根据检查中发现的问题，提出了三点建议：一是认真学习，广泛宣传《食品卫生法》，努力提高全民的食品卫生意识；二是要加强领导，综合治理；三是加强食品卫生监督机构的内部建设。县政府及有关部门要从工作实际出发，适当充实加强监督监测队伍，逐步增加先进的监测检验设备，以保证监督工作开展的需要。

**通过《关于进一步贯彻施行〈中华人民共和国行政诉讼法〉的决议》** 1991年11月27日，县第十二届人大常委会第十三次会议，听取并审议了县人民法院《关于贯彻施行〈行政诉讼法〉情况的汇报》后，表决通过了《关于进一步贯彻施行〈中华人民共和国行政诉讼法〉的决议》

决议认为，《中华人民共和国行政诉讼法》自1990年10月1日贯彻施行以来，促进了全县各行政机关、司法机关的依法行政和审判，各项行政工作开始纳入依法管理的轨道，并取得一定成效。但是，具体工作中有法不依、执法不严、规避法律、变通处理的现象仍然存在，贯彻实施《行政诉讼法》的过程中有不少问题亟待认真解决。决议要求，一、加大学习和宣传措施，进一步提高干部群众对施行《行政诉讼法》重要性的认识；二、健全机构，搞好培训和复议工作；三、及时受理行政诉讼案件，依法搞好行政案件的审判；四、加强领导，确保《行政诉讼法》的顺利实施。

**视察《企业法》贯彻实施情况** 1992 年 7 月中旬，县人大常委会组织部分县人大代表，就《企业法》及有关涉外企业法律的贯彻实施情况进行了视察。

视察认为，全县工业主管部门及县属工业企业通过贯彻实施《企业法》和《中外合资经营企业法》，对于搞活企业，发展生产，都取得明显成效：一、加强宣传教育，干部职工的法律意识不断增强；二、《企业法》的贯彻实施推动企业的内部改革，扩大对外开放；三、企业逐步纳入依法管理的轨道；四、促进民主管理，充分发挥了职工的主人翁作用；五、企业党组织积极支持厂长行使职权，发挥了党组织的核心作用。

视察发现，《企业法》的贯彻实施虽取得了一定成效，但也存在一些不容忽视的问题：一是劳动人事制度不完善，普遍超编，影响到企业的经济效益；二是来自社会的三乱较多，有关部门巧立名目，向企业摊派加重了企业负担；三是民主管理还存有薄弱环节，个别企业职工代表大会制度不健全；四是个别企业党组织的核心作用发挥的不够好，重生产经营，轻思想政治工作。

**检查司法部门执法情况** 1992 年 7 月下旬至 8 月下旬，县人大常委会组织驻会委员和有关单位负责人对司法部门执法情况进行了检查。检查分两段进行：第一阶段，自查；第二阶段，集中检查。8 月 24 日至 25 日，分四个检查组，采取了“听、查、议、测、考”的方法，对县直各司法机关和于里、洪凝等 4 处乡镇的执法单位进行了检查。检查过程中，听取了部门负责人和部分执法人员关于执法工作情况的汇报；查阅了执法单位的案卷、制度建设等情况；召集乡镇党委政法书记、部分县乡人大代表、基层干部群众参加的座谈会，广泛征求对司法部门执法工作的建议意见。在评议的基础上，对干警的遵纪守法、工作作风和服务职能等进行了书面测评；组织基层执法人员进行法律知识考试。

检查认为，全县的执法工作基本做到了有法必依，执法必严，违法必究的要求，主要特点是：一、办案程序进一步规范化，执法水平不断提高；二、政法队伍廉洁勤政，战斗力进一步提高；三、建立监督机制，促进了规范办案。

检查发现在执法中有乱用警械、个别案件办案质量不高，有些信访案件处理不及时等方面的问题。

**视察《食品卫生法》贯彻实施情况** 1992年8月14日至15日县人大常委会组织部分人大代表和县政府分管副县长及有关部门的负责人、食品卫生监督员共40多人，划分5个组，由人大常委会主任、副主任带队，分别对县城及洪凝、潮河、街头、许孟、管帅、松柏、叩官、中至、石场、高泽、院西、汪湖、于里13处乡镇的272个食品生产经营单位贯彻实施《食品卫生法》情况进行了视察。

视察结束后，参加视察的人员对情况进行了综合分析，评出好的单位63个，占23%；一般的122个，占45%；差的87个，占32%。总结好的单位的成绩和经验，主要是：重视和加强了对《食品卫生法》的宣传教育；进一步健全了卫生管理组织和各项规章制度；进一步加强了基础设施建设。

视察指出了贯彻实施《食品卫生法》中亟待解决的问题：一、无证违法营业；二、卫生设施残缺不全；三、卫生差；四、房屋破旧，简陋，不符合食品加工及经营的有关要求。

视察就进一步贯彻实施《食品卫生法》提出了建议：一、要采取多种形式、多条渠道广泛宣传《食品卫生法》；二、加强食品卫生监督管理；三、进一步加强执法队伍建设；四、齐抓共管，综合治理。

## 第五节　五莲县第十三届人大常委会期间

（1993.02–1998.01）

**视察《家畜家禽防疫条例》贯彻实施情况** 1993年4月9日至10日，县人大常委会组织县畜牧局、工商局、商业局等有关部门对洪凝、山阳、许孟、管帅4处乡镇的集市畜禽及肉品贸易市场、兽医站、食品站、部分村庄和县肉联厂、县社冷藏厂、外贸种鸡场、人民路商场等单位贯彻实施《家畜家禽防疫条例》情况及生产、加工、流通各个环节的防疫检疫工作情况，采取听、看、访、查、议的方法进行了视察。

视察认为，全县的畜禽防疫工作，在县委的领导下，各级政府和有关部门做了大量工作，取得了显著成效。主要有以下特点：一、领导重视，认真抓；二、广泛深入地开展了宣传教育；三、加强了队伍、设施和制度建设。

视察也发现了一些亟待解决的问题：一、有的单位、村庄的领导对开展畜禽防疫检疫工作的重要性认识不足，工作不认真，措施不得力；二、在防疫检疫工作方式方法上，有的单位未按规程操作，不按科学办事；三、部分乡、村兽医防疫员素质较差；四、生猪放开经营后，原来的防疫技术承包形式和收费办法已不适应。

视察根据存在的问题，提出了四点建议：一、加强宣传，进一步提高干部群众对贯彻《条例》重要性的认识；二、进一步修定完善有关政策规定，使防疫检疫工作更好地适应畜禽业发展和市场经济的需要；三、各部门进一步加强领导，密切配合；四、进一步加强兽医队伍建设。

视察形成的《关于视察〈家畜家禽防疫条例〉贯彻实施情况的报告》，受到县委的重视，县委书记李永健就这个报告作了批示："要大力发展畜禽业，必须加强防疫工作，使之相适应。县人大常委会视察《条例》贯彻实施情况的报告中所提问题应引起重视，所提建议基本可行，有关部门要抓好落实"。县委办公室以莲办发〔1993〕11号文转发了该报告。

**检查全县公安干警执法情况** 1993年4月上旬，县人大常委会组织部分委员、人大代表和有关部门的负责人，组成3个检查组，以3天的时间对户部、于里、石场等6处乡镇和3处县直派出所公安干警的执法情况进行检查。

检查认为，全县公安干警的执法水平、办案质量有了很大提高，在人民群众中树立了良好的形象。主要特点是：一、各级领导重视干警的执法工作；二、干警秉公执法，办案质量不断提高；三、注重了自身建设，干警素质有了新的提高。

检查指出了存在的问题，诸如个别干警的服务意识、依法办案的自觉性还不够高，个别案件在认定事实、定性处理上还不够准确，疑难案件的侦破率比较低；个别干警的业务素质不够高，影响案件的正确审理。另外，公安机关的办案经费短缺、办公设施落后，不适应治安形势的需要。

检查提出了加强公安干警队伍建设的建议：一、要进一步强化依法办事意识，增强干警执法办案自觉性；二、要加强案件侦破，进一步提高办案质量，要在严格办案制度、推行案件质量目标责任制的同时，积极改进工作方法，并采取有效措施，加强重大疑难案件的侦破工作，通过对重大犯罪的打击震慑作用，推动社会秩序的进一步稳定；三、要加强自身建设，进一步提高干警素质；四、要加强基础建设，改善工作条件。

**视察《食品卫生法》贯彻实施情况** 1993年8月中旬，县人大常委会组织部分委员、人大代表及县政府有关部门负责人、食品卫生监督人员，分为5个组，对城区和汪湖、许孟两处乡镇的174个食品加工经营单位进行了视察。视察采取听汇报、现场查看、考核询问有关知识、综合评议等方法，对不符合《食品卫生法》要求的单位提出批评和改进意见，对严重违法的单位予以现场处理。

视察的174个单位中，饭店类56个，食品加工类15个，食品销售类30个，职工食堂10个，食品商贩63个。从执法情况看，好的49个，一般的100个，差的25个。视察过程中，对严重违反食品卫生法规的18个单位，责成食品卫生监督部门依法给予警告、罚款的行政处罚并限期改进。

视察认为，全县各有关部门比较重视抓食品卫生工作，突出的特点是：各级都开始重视《食品卫生法》的学习、宣传和落实工作；卫生防疫、建委、工商等职能部门，基本做到各司其职，常抓不懈，监督管理和执法水平较前有了明显提高；城区群众爱清洁、讲卫生的习惯开始形成；食品经营业户的卫生设施有了很大改善。

视察指出，部分单位和经营业户的问题还比较突出：一、个别单位领导对食品卫生重视不够，管理不善；二、违法经营现象仍然存在；三、执法部门监督管理不力。

视察就搞好《食品卫生法》的贯彻实施，提出了建议：一、进一步强化《食品卫生法》的宣传教育；二、进一步加强领导，切实做到常抓不懈；三、落实责任制，抓好经常性的监督管理。

**检查《妇女权益保障法》贯彻实施情况**　1994年8月25日，县人大常委会组织部分委员，市、县人大代表和有关部门的负责人，采取听汇报、开座谈会的方式，深入到10处企业、2个村庄，就《妇女权益保障法》实施情况进行了检查。

检查认为，《妇女权益保障法》虽然实施时间较短，但由于各级领导重视，取得了明显的成效：一、组织领导得到加强；二、学习宣传工作多样、经常；三、妇女的政治地位不断提高；四、妇女的各项权益得到较好的保障。

检查发现，在贯彻实施《妇女权益保障法》的过程中，仍存在一些不容忽视的问题：一、宣传的力度不够，对全面贯彻实施《妇女权益保障法》的重要意义认识不够；二、在实现男女平等，保障妇女合法权益，充分发挥妇女作用方面还有较大差距；三、部分企业中生育基金难以落实。

检查就贯彻实施好《妇女权益保障法》,提出了三条建议：一、加大宣传力度，使《妇女权益保障法》更加深入人心；二、进一步重视妇女干部的选拔、培养工作；三、积极采取措施，齐抓共管，保障妇女各项合法权益。

**检查《城市规划法》贯彻实施情况**　1994年10月25日，县人大常委会组织部分主任、委员和代表，县政府分管副县长、计委、土地管理、建委及环保中心、规划管理办公室等部门的负责人，对《城市规划法》及县城总体规划实施情况进行了检查。

检查中听取了建委关于贯彻实施《城市规划法》和县城总体规划实施情况的汇报，对县城近几年的建设项目进行了重点检查。检查认为，近几年来，在县委、县政府的领导和有关部门的配合下，加强了城市建设的规划管理工作，取得了显著成效：一、认真执行报批制度；二、严格执行“两证一书”制度；三、加强了规划管理。同时，还加强了规划队伍建设，强化了管理工作措施，管理工作水平不断提高；四、以规划为“龙头”，搞好城市建设。

检查就贯彻《城市规划法》、搞好城市规划提出了建议：一要进一步树立长远思想，搞好城市规划；二要进一步树立全局观念，全面落实各项有关城市规划的法律法规；三要进一步加强对《城市规划法》和有关法规的宣传，努力提高全民的规划意识。

**检查“二五”普法工作情况** 1995年5月17日至20日，县人大常委会以普法领导小组成员为主，组织18名同志，分3个组由负责同志带领，对洪凝、潮河、松柏等10个乡镇党委和县直商业、物资、劳动等8个党委的48个基层单位的“二五”普法工作情况进行了检查。

检查认为，“二五”普法搞得好和比较好的单位，在抓普法工作中，有以下特点：一、领导重视，当大事抓；二、学以致用，重点抓；三、典型教育，深入抓；四、坚持制度，经常抓。

检查指出了在“二五”普法中必须切实加以解决的问题：有的单位领导，对“二五”普法的重要性认识不到位，工作不得力。有的单位普法与执法结合不好，学用两张皮，以权代法、以权压法的现象时有发生。宣传“二五”普法的广度、深度都不够。普法经费紧缺，在一定程度上影响了普法工作的正常进行。

检查针对存在的问题，提出建议:一、向全社会特别是各级党政领导，进一步大力宣传搞好“二五”普法的重要性，一定把搞好“二五”普法提到适应改革开放和建设社会主义市场经济体制的高度，提到普法是加强法制的治本措施的高度来认识；二、按照规划要求，加大普法力度，特别对那些学法普及面很窄的单位，要采取得力措施，认真补好普法学习课，保证普法面达到规定的标准要求；三、对普法经费严重不足的问题，建议县政府在财力紧缺的情况下，考虑工作需要，给予适当支持；四、全县各级，从现在起，都要边抓后期普法学习，边抓普法工作总结。

**视察《食品卫生法》贯彻实施情况** 1995年8月24日至25日，县人大常委会组织部分委员、人大代表及执法监督员和县直部门的负责人，分三个组到洪凝、街头、潮河、许孟四处乡镇和城区，采取听汇报、看现场、仪器检验、综合评议的方法，对食品生产、经营单位贯彻实施《食品卫生法》情况进行了视察。

本次共视察139个食品生产、经营单位，其中贯彻实施《食品卫生法》比较好的单位24个，一般的94个，差的21个。

视察认为，1994年以来，各监督管理职能部门和多数食品生产经营单位，进一步加大执法力度，强化工作措施，食品卫生工作有了明显进展，取得了一定成绩。

视察发现了一些问题：一是个别单位的领导及从业人员食品卫生法制观念淡薄，既无食品卫生管理制度，又无具体管理人员及预防措施；二是超前管理及预防措施不到位；三是部分单位食品卫生意识差。

视察针对存在的问题提出了建议：一是进一步加强《食品卫生法》的学习和宣传；二是进一步加强食品卫生监督管理；三是抓好典型，促后进转化。

**检查执法责任制贯彻落实情况** 1995年8月至9月下旬，县人大常委会组织力量，对《关于在全县国家机关中实行执法责任制的决议》（以下称《决议》）的贯彻落实情况进行检查。检查工作分三个阶段进行。8月份，各执法单位进行自查，并写出自查报告；9月上旬，县人大常委会组织5个执法检查组，重点抽查了15个单位的执法情况；9月下旬，组织召开了县直各执法机关负责人会议，将检查情况进行了反馈通报。

检查认为，实行执法责任制一年多来，收到了初步成效：一是增强了执法意识；二是推动了严格执法；三是促进了经济建设和社会稳定。

检查指出了贯彻落实执法责任制存在的问题：一是有的领导干部对《决议》认识不深、对检查重视不够；二是执法力度不够；三是执法不严；四是个别执法人员素质不高；五是对法律学习宣传不够广泛深入。

检查针对存在的问题，提出了四点建议：一是要进一步提高对实行执法责任制意义和作用的认识；二是要把学法、懂法、用法放在提高执法队伍素质的重要位置；三是要严格执法，狠抓办案，把执法责任制落到实处；四是要加强领导和监督，推动执法责任制活动深入开展。

**检查《中华人民共和国矿产资源法》贯彻实施情况** 1996年3月中旬，县人大常委会组织力量对全县贯彻落实《矿产资源法》的情况进行了检查。参加检查的有：县人大常委会、县政府分管的领导同志，县土地矿产管理局的负责人。共分两个组，对县黄金公司和街头、王世疃、叩官、许孟、松柏5处乡镇进行了重点检查。检查活动采取听、查、评、议的方式，每到一地，先听取汇报，再到采矿企业实地查看，然后进行总结评议。

检查认为，近几年来，全县各级党委、政府认真贯彻《矿产资源法》，全面强化矿业开采监督管理，使矿产资源管理工作走上了法制化、规范化的轨道。一、各级领导重视，切实把矿产资源开发管理工作列入重要议事日程；二、全民管矿意识进一步提高；三、矿产资源管理基础业务建设取得新进展；四、矿产资源得到了合理开采和有效保护，矿管秩序进一步好转；五、职能部门充分发挥了作用。

检查指出了存在的问题：一、部分干部群众的矿管法制观念不强；二、由于缺乏地质资料，造成采矿点较乱；三、矿产资源管理尚未全部到位；四、矿管队伍素质有待进一步提高。

检查针对存在的问题，提出了建议：一、进一步加强矿产资源管理法律法规的宣传；二、进一步合理开采利用和有效保护矿产资源；三、进一步加强矿管基础工作；

四、进一步加强矿管队伍建设。

**对贯彻实施《审计法》情况的审议意见** 1996年4月15日，县十三届人大常委会第二十三次会议，听取并审议了县审计局局长杨连群受县人民政府委托所作的关于《审计法》贯彻实施情况的汇报。会议提出审议意见。

会议认为，《审计法》颁布实施一年来，县政府及其职能部门采取有效措施，加强学习宣传，狠抓贯彻实施，取得了初步成效。但仍存在困难和问题：一、学习宣传不够深入广泛，重视审计人员的学习，对有关经济部门、单位领导层的学习重视不够；二、部分企业法人凭个人意志办事，干扰了经济秩序，给审计工作增加了难度；三、审计执法队伍人员少，难以承担繁重的审计任务；四、离任审计相对准确，其他审计不能准确反映真实情况，影响审计执法的客观公正。

针对存在的问题，会议提出如下建议：一、进一步提高认识，加强学习宣传；二、要加强审计队伍建设；三、要加强企业会计队伍管理；四、严格审计执法。

**检查《城市规划法》贯彻实施情况** 1996年5月中旬，县人大常委会组织各位主任和驻会委员，在县政府一名副县长、县建委、环保、规划管理等单位负责人的陪同下，对《城市规划法》的贯彻实施情况进行了检查。检查中，首先听取了县建委负责人关于贯彻实施《城市规划法》情况的汇报，然后，重点查看了列入1996年县长工程的冯家坪引水工程、东南环路对接工程、河西公园、集后旧区改建工程，以及县城部分企业、商场、道路、生活居住区、城乡结合部的规划建设和管理情况，听取了土地管理、消防等有关部门对城市规划管理的意见和建议。

检查认为，全县贯彻实施《城市规划法》取得明显成效：一、干部群众的法律意识普遍增强；二、规划工作不断加强；三、各部门紧密配合，严格执行“两证一书”制度；四、《城市规划法》的实施，有力的促进了城市建设。

检查中发现了一些亟待解决的问题：一、少数干部群众仍存有法律意识淡薄的问题；二、城市建设的资金投入与实际需要差距较大；三、规划起点、标准较低；四、城市管理上还存在一些薄弱环节。

检查针对发现的问题提出了建议：一、要继续加强《城市规划法》的学习和宣传；二、要进一步加强规划管理工作；三、进一步提高规划水平；四、加快旧城改建和县城基础设施建设步伐；五、进一步加强城市管理。

**检查全县环保执法情况** 1996年6月中旬，县人大常委会组成人员，在县政府分管领导、环保局、经委、乡镇企业局负责人的陪同下，采取听汇报、看现场、议情况、定措施的方法，先后到县黄金公司、造纸厂、酒厂、许孟镇村企业，对这些单位的环保执法情况进行了检查。

检查认为，近几年来，全县各级各部门对环境保护的认识和重视程度普遍有了较大提高，环境污染有所控制，成绩比较明显。

检查发现了存在的问题：一、少数企业的干部职工仍存在重经济轻环保的思想，治污措施落实不积极；二、治理资金不足影响治污进度；三、执法力度不够。

检查针对存在的问题，提出了建议：一、进一步加强环保法规的学习和宣传；二、加快污染源的治理步伐；三、加强乡镇企业的环境管理；四、进一步加强环境的监督管理。

**检查公安执法工作情况**　1996年7月24日至25日，县人大常委会组织部分主任和有关委室负责人，就公安执法工作情况进行了检查，检查采取听、看、议、评的方法，听取了县公安局全面工作情况的汇报，察看了县公安局及交警、消防和6个基层派出所执法情况，召集基层部分干部群众进行了座谈。

检查认为，县公安局在县委、县政府的领导下，严格执法，热情服务，扎实工作，成绩显著。

检查发现在执法方面存在的问题：一、在执法认识和行动上有差距；二、有些基层单位转捕率偏低，削弱了公安机关的打击力度；三、基层派出所受体制的制约，执法界限上有不清的现象。

检查针对发现的问题，提出了建议：一、进一步加强有关公安法律、法规的宣传教育；二、不断深化“严打”斗争；三、进一步加强公安队伍建设；四、强化城区秩序管理。

**视察《食品卫生法》、《家畜家禽防疫条例》贯彻实施情况**　1996年7月29日至31日，县人大常委会组织常委会各主任、驻会委员及各委室主任，县政府分管副县长、卫生、防疫、工商、计量、畜牧部门负责人及部分执法监督员共42名，组成6个组，视察了《食品卫生法》、《家畜家禽防疫条例》的贯彻实施情况。

本次共视察了12处乡镇和县城区的213个食品生产经营单位和个体户，其中加工厂11处，饭店67处，职工食堂10处，食品批发零售点41处，个体摊点84个；10处乡镇兽医站。视察后经评议认为，贯彻实施《食品卫生法》比较好的单位49个，一般的116个，较差的48个。对15处差的单位分别给予责令限期改正或停业整顿的处罚，并查封和销毁各类霉烂变质食品达3000公斤。

视察认为，自1995年修订后的《食品卫生法》颁布实施和实行生猪定点屠宰以来，全县各级普遍重视“一法一条例”的贯彻实施，加大了执法力度，强化了工作措施，有力地促进了全县食品卫生和畜禽防检工作的进展，取得了明显成绩。

视察中发现了一些不容忽视和亟待解决的问题，主要的有：一是部分食品经营单位的领导或从业人员法制观念和食品卫生意识仍然比较淡薄；二是多数个体饭店的卫生设施不符合法律要求；三是部分单位的食品卫生管理较差。

视察针对存在问题提出建议：一要继续加强“一法一条例”的学习和宣传；二要进一步加大执法力度，强化监督管理；三要抓好典型，促后进转化。

**检查《教师法》贯彻实施情况** 1996年8月27日至28日，县人大常委会组织部分主任、委员和县政府分管副县长、县教委负责人，分两个组，采取听县、乡政府和所到学校贯彻实施《教师法》情况汇报，看教学和生活设施、教育教学情况，召开教师座谈会和集体综合评议的方法，对街头、中至、潮河、院西4处乡镇的部分学校和县一中、实验小学两处国办学校进行了重点检查。

检查认为，《教师法》颁布实施近三年来，各级党委、政府和广大教育工作者为宣传贯彻实施《教师法》做了大量工作，取得了初步成效。一、学习宣传比较广泛；二、教师工作条件有了改善；三、教师生活待遇不断提高；四、教师自身素质不断增强。

检查发现了存在的问题：一、对《教师法》的宣传不够深透；二、学校教学设施还不够完善；三、教师生活待遇还存在一些困难和不足；四、教师自身素质有待进一步提高。

检查针对存在的问题，提出了建议：一、继续加强宣传学习，提高全社会对《教师法》的认识；二、继续加大投入，改善教师的工作条件；三、切实依法维护教师的合法权益，努力改善教师的生活条件；四、加强教育教学管理，建设具有良好思想品德修养和业务素质的教师队伍。

**视察《劳动法》《工会法》贯彻实施情况** 1996年9月中旬，县人大常委会组织部分主任、委员，分2个视察组，历时2天，对全县15处企业贯彻实施《劳动法》、《工会法》情况进行了视察。期间，听取了县劳动局、总工会和15处企业关于贯彻实施“两法”情况的汇报，召开了企业100多名干部职工参加的座谈会，查看了企业的有关资料及职工生产、生活等设施，最后，对视察情况进行了讨论。

视察认为，在县委的正确领导下，县政府及有关职能部门在推动“两法”贯彻实施方面做了大量的工作，取得了明显成效。一是学习宣传“两法”深入广泛；二是依法规范了企业劳动行为；三是开展了签订集体合同工作；四是劳动监察职能作用得到进一步发挥。

视察认为，全县贯彻“两法”的工作只是初步的，目前还存在着一些比较突出的问题：一是学习宣传的力度不够；二是执法的深度和广度不够；三是职工的一些合法权益还没有很好的落实；四是基层工会组织不健全，职能作用不能到位。

视察针对发现的问题，提出建议：一是继续加强“两法”的学习宣传，提高职工特别是企业法人的法律意识；二是进一步加大执法力度，依法规范企业生产经营行为；三是要强化劳动监督管理；四是坚持调查研究，实行分类指导。

**检查《药品管理法》贯彻实施情况** 1996年10月2日至4日，县人大常委会组织部分主任、委员和县卫生局负责人、药品监督员共11人，对全县贯彻执行《药品管理法》情况进行了检查。在首先听取了县卫生局的情况汇报后，分两个组，采取听所到单位负责人汇报，看药品批零门市部和医疗单位的药品仓库、药房、制剂室，查进药单据，走访了解当地群众，集体综合评议的方法，对县医药公司、人民医院、中医院、纺织公司医院和洪凝、许孟、街头、管帅4处乡镇医院及部分村卫生室贯彻实施《药品管理法》的情况进行了重点检查。

检查认为，在各级党委、政府的领导下，有关部门及广大从药人员认真贯彻实施《药品管理法》，依法加强了药品管理，取得了较好成绩。一、加强了《药品管理法》的宣传学习；二、建立健全了监督管理机构和规章制度；三、严格药品质量管理；四、加强了药品市场的监管。

检查发现了存在的问题：一、《药品管理法》的宣传不够广泛深入；二、执法监督力度不够；三、部分乡镇的村卫生室进药渠道混乱；四、药品仓库设施较差。

检查针对存在的问题提出了建议：一、进一步加大《药品管理法》的宣传学习；二、加大执法力度，强化监督管理；三、规范供药渠道，严把药品质量关；四、进一步加强药品库房基础设施建设。

**检查《山东省消防管理办法》贯彻实施情况** 1996年10月中旬，县人大常委会组织有关人员对全县贯彻实施《山东省消防管理办法》情况进行了集中检查。首先召开了由公安、消防、计划、城建、财政、邮电、自来水等9个部门和单位负责人参加的座谈会，分别听取了上述部门和单位贯彻实施《办法》情况的汇报，然后对建委、房地产开发总公司、酒厂、纺织集团总公司、造纸厂以及县城的两条主要街道和两个商场进行了检查。

检查认为，由于县委、县政府以及各级各部门的重视，《消防管理办法》的贯彻实施取得了明显成效。一、领导重视，把贯彻实施《消防管理办法》当作大事来抓；二、加大了宣传力度，不断提高全社会消防意识；三、加大投入，加快了城镇消防安全的步伐；四、搞好消防队伍建设，加大消防执法力度。

检查就深入贯彻实施《消防管理办法》提出了建议：一、继续加强《消防管理办法》的学习宣传；二、编制城镇消防规划，加快全县消防工作的改革和发展；三、加大投入，保障消防事业与经济和社会同步发展；四、强化执法力度。

**检查《环境保护法》贯彻实施情况** 1997年4月22日，县人大常委会组织20名组成人员在县长、分管副县长及环保局、经委、轻工局、乡镇企业局、洪凝镇政府等部门负责人的陪同下，对全县贯彻实施《环境保护法》情况进行了检查。在听取县环保局关于全县《环境保护法》贯彻实施情况的汇报后，重点对县造纸厂、酒厂、钢珠厂、五金工具厂、运输机械股份公司、洪凝板纸厂等工业企业污染治理情况进行了检查，检查结束后集中进行了讨论审议。

检查认为《环境保护法》颁布实施8年来，全县各级认真学习宣传和贯彻落实法律各项规定，广泛开展环保宣传教育活动，加大执法力度，狠抓污染治理，依法强化监督，有力地推动了全县环保工作的深入开展和法律的顺利实施。

检查在肯定全县环保工作取得较大成绩的同时，也分析找出了存在的问题和不足。主要是个别单位的领导对《环境保护法》的认识还有差距；个别企业和部门舍不得在污染治理上投资；环保排污费的征收困难很大；污染治理专项资金管理不顺；乡镇企业新上项目的污染治理力度不够。

检查针对存在的问题，提出了建议：一要继续加大《环境保护法》的学习宣传力度；二要进一步加大环保执法力度；三要进一步理顺污染治理专项基金管理渠道；四要切实搞好环境治理的规划和落实。

**检查“三五”普法工作** 1997年5月下旬，县人大常委会组织部分主任、委员和分管副县长、普法领导小组有关人员，对全县“三五”普法工作情况进行了检查。检查分3个小组，分别到洪凝、管帅、潮河等6处乡镇和县直教委、商业、轻工等6个党委及所属的12个基层单位，听取了各单位工作汇报，查看了普法硬件建设，并召开了有关人员座谈会，最后听取了县司法局关于全县普法工作情况汇报，就检查情况进行了讨论。

检查认为，“三五”普法以来，全县各级把“三五”普法工作作为一件大事列入重要议程，加强领导，落实规划，广泛宣传，扎实工作，使全县第三个五年法制宣传教育工作有了良好的开端。

检查发现普法中的问题和不足，一是有的单位对普法重要性认识不足；二是普法内容不到位；三是基础工作差距大。

检查针对普法工作中的问题和普法工作任务，提出建议：一是要进一步提高思想认识；二是要强化制度，落实措施；三是要采取多种形式搞好普法教育；四是要注意总结经验，抓好典型示范。

**视察《水法》贯彻实施情况** 1997年5月26日至27日，县人大常委会的13名组成人员在分管副县长、县农委、县水利局负责人的陪同下，对全县贯彻实施《水法》

情况进行了视察。先后深入到9处乡镇察看了农田水利建设、人畜饮水工程、水库除险加固工程、节水灌溉工程、库区开发项目和水土保持工程，听取了县水利局关于贯彻实施《水法》情况的汇报，最后集中进行了讨论审议。

视察认为，《水法》颁布实施九年来，特别是近几年来，全县各级党委、政府坚持依法治水，兴修水利，把水利当作农业、工业、国民经济和人类赖以生存的命脉，持之以恒，常抓不懈，初步形成了农田灌溉、防洪排涝、城市供水和水土保持四大水利建设体系，使全县的水利事业进入了历史最好时期。

视察在充分肯定成绩的同时，也分析找出了存在的问题：一是水利建设还存在着重建轻管的问题，水利设施老化失修，影响了工程效益的发挥；二是部分干部群众对《水法》的认识不够深刻，仍然存在有法不知道，知道不执法，执法不严的现象；三是由于年年防汛不见汛，在部分干部群众中存在侥幸麻痹思想，缺乏抗大洪、防大汛的准备；四是水利经济效益不高的问题依然存在，以水养水的机制还没有建立起来。

视察针对存在的问题和全县水利工作实际，提出建议：一是要继续加大对《水法》的学习宣传力度；二是坚持科技兴水，科学管水，促进全县水利建设的管理再上新水平；三是正确处理抗旱与防汛的关系，扎扎实实地搞好防汛工作；四是坚持以水养水，发展水利经济。

**检查《食品卫生法》贯彻实施情况**　1997年7月28日至29日，县人大常委会组成人员和部分县人大代表、县人大常委会各委室负责人带领食品卫生执法部门，共47名检查人员，分两个组对城区内32个单位的77处食品生产、经营企业和摊点，重点是熟食、饭店、冷饮行业贯彻实施《食品卫生法》及有关法规情况进行了检查。

这次检查，在听取了县卫生局的全面情况汇报后，重点深入现场作了实地检查，所检查的77处食品生产、经营企业、摊点，其中贯彻实施《食品卫生法》较好的12处，一般的63处，差的2处。检查认为，1997年以来，县食品卫生主管部门及有关执法单位，进一步加大执法力度，强化工作措施，全县食品卫生状况有了明显好转。

通过检查，发现食品卫生工作中的问题不少，主要表现为：一是食品生产、经营单位学习宣传《食品卫生法》的自觉性不高；二是食品卫生管理工作出现许多新情况。如下岗职工、流动人员经营食品摊点增多，且多不定点、不定时，给卫生监督工作带来很大难度；食品生产单位职工变动频繁，换证工作及卫生教育跟不上；食品卫生检测手段落后，不适应食品卫生工作的需要；三是部分单位食品卫生状况较差，管理不善。

检查针对存在的问题，提出了建议：一是要进一步加强《食品卫生法》的学习宣传；二是要进一步加强食品卫生监督管理；三是逐步考虑解决食品执法部门的食品卫生监测设备落后的问题，为食品卫生监测提供技术保证；四是抓好典型，促后进转化。

**视察《人民银行法》贯彻实施情况** 1997年8月7日，县人大常委会主任、副主任及部分委员对全县贯彻实施《人民银行法》情况进行了视察。视察人员先到县建设银行、县工商银行、县农村信用联社三个单位，分别听取了单位的工作汇报，查看了工作场所，然后听取了县人民银行行长关于全县金融工作全面情况的汇报，并进行了讨论审议。

视察认为，自《人民银行法》颁布实施以来，人民银行、各专业银行狠抓法律学习宣传，严格执行法律规定，为全县经济工作健康持续发展做出了突出的贡献。一是不断加强管理,提高了依法经营的水平;二是采取有力措施,使信贷投放保持了增长;三是金融部门将信贷原则和全县经济发展重点有机结合起来,支持了经济发展。

视察中发现了一些问题和不足：一是两项资金占用过多；二是因资金的违规吸存贷，造成金融风险加大；三是在项目投入上，宏观调控力度不强，重复建设现象依然存在，致使原有项目亏损加大，新上项目经营困难，造成银行出现逾期贷款、呆账、呆滞贷款，金融系统亏损。

视察针对存在的问题提出建议：一是加大工作措施，大力压缩两项资金占用；二是依法加强金融管理，确保全县金融秩序稳定；三是调整优化信贷结构，培育新的经济增长点。

**检查执法责任制实施情况** 1997年8月初至10月中旬，县人大常委会组织力量，对全县各行政、司法和有执法任务的单位实施执法责任制情况进行了一次全面检查。整个检查活动分动员发动、自查自纠、组织抽查和总结通报四个阶段进行。全县执法责任制动员会议后，各执法单位按照要求，广泛发动，精心组织，对本部门、本单位实行执法责任制情况进行了认真地自查和自纠，并按时上报了自查报告。在主任会议逐一审查各单位自查报告的基础上，从中确定了16个单位作为检查的重点进行了抽查，抽查结束后，县人大常委会组织各执法单位主要负责人共61名集中进行了法律知识考试，考试平均分数达85分以上，其中有41人成绩在90分以上。

检查认为，在国家机关中实行执法责任制三年来，各执法单位不断提高认识，强化领导，扎实工作，积极认真地落实县人大常委会的决议，使执法责任制工作取得了一定成效。

检查指出了实施执法责任制工作中的问题和不足：一是在思想认识上不到位；二是在执法工作中，有的仍习惯于按传统方式办事；三是在制度建设方面，有的执行不认真，不严格；四是有的部门仍存在执法队伍整体素质不高的现象；五是有些部门在执法中职能交叉、权限不明。

检查就今后实行执法责任制提出了建议：一是要进一步提高认识，加强领导；二是要采取多种形式加强法制宣传教育；三是要加大力度，进一步强化监督检查。

**视察《乡镇企业法》贯彻实施情况**　1997年8月中旬，县人大常委会组织部分副主任、委员，在分管副县长、县乡镇企业局负责人的陪同下，对全县贯彻实施《乡镇企业法》的情况进行了视察。先后深入到11处乡镇的13处企业和3个工业小区，调查了解企业的发展和生产经营情况。听取了县乡镇企业局关于贯彻实施《乡镇企业法》情况的汇报，并集中进行了讨论审议。

视察认为，1997年以来，全县各级党委、政府认真贯彻落实《中华人民共和国乡镇企业法》，以推进两个根本性转变，开展乡镇企业二次创业总揽全局。坚持以市场为导向，加大投入，膨胀规模，深化改革，加强管理，狠抓产品结构调整，使全县的乡镇企业出现了快速健康发展的势头。

视察认为，全县乡镇企业发展中存在不少困难和问题：一是资金严重短缺；二是乡镇之间发展很不平衡；三是招商引资的力度不够，乡镇企业向外向型转变的步伐缓慢。

视察对今后乡镇企业的发展提出了建议：一是切实解决认识问题，把乡镇企业摆在全县经济发展的重要位置上来抓；二是制定优惠政策，促进乡镇企业发展；三是突出重点，带动全面，促进全县乡镇企业平衡发展。

**检查《五莲县城区市容、环境卫生综合管理规定》落实情况**　1997年9月29日，县人大常委会组成人员在常务副县长何子孔的陪同下，组织建委、公安局、卫生局、工商局、环保局等部门的负责人，对《五莲县城区市容、环境卫生综合管理规定》(以下简称《规定》) 实施情况进行了检查。在有重点地检查了城区的道路、城区改造有关现场和部分城区基建项目及环境卫生情况后，听取了建委主要负责人的情况汇报。

检查认为，一年来，县政府把落实《规定》，创造优美、清洁、文明的城区环境列入了重要的工作议程，在城区管理有关职能部门的努力下，城区市容、环境卫生面貌发生了很大变化。

检查在肯定成绩的同时，指出了存在的问题：一是城区居民城市意识仍较淡薄，需进一步加大宣传力度；二是城区基础设施滞后，主要街道较窄，人流不畅，违章占道经营现象造成了脏乱；三是城区卫生基础设施还不够配套，个别地段卫生死角还需治理；四是城区内交通秩序仍需整顿。

检查针对存在的问题，提出了建议：一是要加大《规定》的宣传力度，进一步增强居民的城市意识；二是要严格按照城区建设总体规划办事；三是要继续按照管建并举的要求，进一步加强城区综合治理；四是在当前资金短缺的情况下，要坚持城市建设先急后缓、先重点后一般的原则，重点搞好人群集中地段的设施建设；五是要继续动员各级各部门对《规定》齐抓共管，制定措施，落实责任，努力实现城区市容、环境卫生综合管理的规范化、制度化。

## 第六节　五莲县第十四届人大常委会期间

（1998.01–2003.01）

**视察《环境保护法》贯彻实施情况**　1998 年 3 月上旬，县人大常委会组成人员在县政府副县长及有关部门负责人陪同下，采取听汇报、看现场、集体评议的方法，先后到县酒厂、造纸厂、汪湖青莲公司 3 处重点新老污染企业，就贯彻实施《环境保护法》情况进行了视察。

视察认为，1997 年以来，全县深入贯彻实施《环境保护法》，进一步加强领导，加大投入，采取积极措施，有效地治理和控制了环境污染，取得了一定成绩。

视察认为，全县环保工作尽管成绩比较突出，但也还存在一些亟待解决的问题：一是少数干部群众的环保法律意识不强，重经济轻环保的思想仍然存在，在防治污染问题上缺少责任感、紧迫感；二是重点污染治理项目还存在问题；三是部分乡镇新上建设项目没有经过环保部门的评审，更没有执行“三同时”规定，造成新的污染源。

视察针对存在的问题，提出建议：一要继续深入学习宣传《环境保护法》，进一步提高全民的环保意识和法制观念；二要进一步强化措施，抓好重点污染源的治理；三要进一步加大执法力度，严格环境监督管理；四要进一步加强领导，形成环保工作齐抓共管的局面。

**视察《电力法》贯彻实施情况**　1998 年 4 月 22 日，县人大常委会各主任在县政府、经委、电力局负责人陪同下，对全县贯彻实施《电力法》情况进行了视察。

视察认为，《电力法》颁布实施以来，五莲县电力部门在县委、县政府和县人大的领导与监督下，认真贯彻实施国家电力政策法规，进一步增强全社会依法办电、依法管电、依法用电的法律意识，努力为电力建设、生产经营创造良好的社会环境。同时，积极实施“基础带动战略”，大规模、高速度地强化基础建设，电力工业得到了长足发展。

视察在充分肯定取得成绩的同时，对今后贯彻实施《电力法》提出了建议：一是进一步加大学习宣传力度，在全社会形成自觉学法、守法、遵法的良好氛围；二是进一步提高服务水平和质量，继续保持良好的行业形象；三是千方百计筹措资金，积极解决电力基础建设投资大造成的资金困难等问题；四是下大决心搞好城区供暖工作，切实为城区居民生活提供方便。

**检查《公司法》贯彻实施情况** 1998 年 7 月 6 日至 7 日，县人大常委会组成人员，在县经委、商贸委负责人的陪同下，深入部分公司制企业，就贯彻实施《公司法》的情况进行了检查。

检查认为，《公司法》颁布实施以来，特别是 1997 年以来，先后有链条厂、水泥厂、造纸厂 3 家企业报经省政府批准成立为股份有限公司。有轻工机械厂、钢球厂、农牧机械厂等 24 家企业注册登记为有限责任公司。企业经过改制，劳动力资源配置日趋合理，企业呈现出新的生机与活力。

检查指出了贯彻《公司法》中存在的问题和不足：一是公司制尚处于探索阶段，个别企业改制后显得不适应；二是推行《公司法》实施的法律监督不到位；三是政府管理部门没有从根本上改变传统的管理企业的办法，没有把思想和行动统一到《公司法》上来。

检查针对存在的问题，提出了建议：一是利用多种形式，加强对《公司法》的学习宣传；二是政府及职能部门要大胆放权，做到少干预，多支持，促进改制企业尽快走上规范化、法制化管理轨道；三是《公司法》主管部门要进一步强化执法监督，强化执法服务；四是改制企业内部要进一步增强《公司法》意识，依法搞好各种经营、管理决策。

**检查《关于加强社会治安综合治理的决定》的贯彻实施情况** 1998 年 7 月 7 日至 13 日，县人大常委会副主任崔照美带领县人大常委会法工委人员，采用召开座谈会、实地检查、问卷调查等形式，对贯彻实施《关于加强社会治安综合治理的决定》（以下简称《决定》）情况进行了检查。

检查认为，近几年，全县各级党政和政法各部门紧紧围绕全县工作大局，坚持“两手抓，两手都要硬”的方针，在严格落实社会治安综合治理责任制的基础上，不断强化了城乡居民小区安全文明的创建和司法队伍建设，预防和减少了犯罪，促进了司法公正，为全县政治稳定、社会稳定、经济发展和人民群众安居乐业作出了积极贡献。

检查指出了在社会治安综合治理中存在的问题：一是普法依法治理是个系统工程，但从思想指导上工作力度不够；二是外地流窜作案增多，公民的自治能力弱，民转刑案件有所上升；三是司法队伍、司法公正仍是需要解决的重要课题。

**关于县法院民事审判工作情况汇报的审议意见** 1998 年 10 月 20 日，县十四届人大常委会第六次会议，听取并审议了县法院关于民事审判工作情况的汇报，提出了审议意见。

会议认为，近年来，县人民法院对民事审判工作积极进行改制、改革，充分发挥了自身的司法职能，对疏导民间纠纷，保护当事人的合法权益，维护稳定，促进社会进步和经济发展做出了积极的贡献。

会议指出，全县的民事审判工作虽然成效显著，但也存在一些问题：民事审判警力不足；审判方式改革发展不平衡；少数审判人员还不具备熟练驾驭新的庭审方式的能力；个别干警工作方法简单。

会议针对存在的问题，提出了建议和要求：一是要加快民事审判方式的改革步伐，为社会进步、经济发展和保护当事人合法权益提供有力的司法支持；二是要坚持审执并举，解决审后难执行的问题；三是要进一步提高法官队伍整体素质。

**对《义务教育法》贯彻实施情况的审议意见** 1998年12月17日，县十四届人大常委会第七次会议，听取并审议了县政府关于《义务教育法》贯彻实施情况的汇报，提出了审议意见。

会议认为，近年来，全县各级坚持“科教兴莲”的方针，积极落实教育优先发展的战略措施，强化政府行为，加大投入力度，规范学校管理，深化教育改革，加强队伍建设，大力贯彻实施义务教育法，促进了全县义务教育工作和教育事业的全面、健康发展。

会议在充分肯定全县义务教育取得显著成绩及职能部门工作的同时，对全县在贯彻实施义务教育过程中存在的发展不够平衡、学生辍学现象及改善教育外部环境等问题提出了建议：一要进一步加大《义务教育法》的宣传学习力度，切实提高各级领导干部和广大人民群众依法治教的思想认识；二要不断强化政府行为，制止农村学生辍学和流失现象；三要继续加大对义务教育的投入；四要加强学校内部管理和外部环境的治理整顿；五要进一步深化教育改革，大力实施素质教育。

**检查“三五”普法工作** 1999年4月中旬，县人大常委会组成人员对全县的“三五”普法工作进行了检查。检查组分别到潮河、于里、许孟、街头等8处乡镇和县直商业、教育、纺织、地税等系统和单位，听取各单位普法工作情况汇报，察看普法办公、档案等硬件设施，组织有关人员进行了法律知识考试，最后听取了县司法局关于全县“三五”普法工作情况汇报，并就整个“三五”普法工作进行了讨论审议。

检查认为，“三五”普法以来，全县干部群众的法律意识不断增强，依法行政、依法管理工作逐步规范，有力促进了全县社会秩序的稳定和各项事业的发展。

检查指出了“三五”普法工作中的问题和不足：一是对普法重要性的认识不足；二是工作发展不平衡；三是基础工作不扎实。

检查针对存在的问题，提出了建议：一是要进一步提高思想认识；二是突出重点，分类施教；三是坚持普法与依法治理和创建活动相结合；四是要进一步加强基层基础工作。

**对《城市规划法》贯彻实施情况的审议意见** 1999年4月21日，县十四届人大常委会第十次会议，听取并审议了县政府关于《城市规划法》贯彻实施情况的汇报，提出审议意见。

会议认为，近年来，城建主管部门认真贯彻实施《城市规划法》，坚持统一规划、合理布局、因地制宜、综合开发、配套建设的原则，不断提高规划水平，完善城市规划体系，强化规划执法，使县城建设得到了较快发展。

会议指出了城建规划管理工作中存在的一些问题和不足，主要是：由于宣传力度不够，少数干部群众法律意识、城市意识仍较淡薄；城市规划管理缺乏力度；规划设计水平不高。

会议针对存在的问题，提出了建议：一、要进一步加大对《城市规划法》的宣传力度，提高全民的城市观念和规划观念；二、要进一步提高规划设计水平；三、要进一步强化执法力度；四、要在财力允许的情况下，进一步建设和完善基础文化娱乐设施。

**关于《刑事诉讼法》贯彻实施情况的审议意见** 1999年10月19日，县十四届人大常委会第十次会议，听取并审议了县人民法院、县人民检察院、县公安局关于《刑事诉讼法》贯彻实施情况的汇报，提出审议意见。

会议认为，1996年3月17日，全国人大对1979年制订的《刑法诉讼法》作了修正，并于1997年1月1日实施两年来，全县各级对贯彻执行新修正的《刑事诉讼法》高度重视，采取有力措施，取得了显著成效，但也存在一些问题。

会议针对存在的问题提出建议。一是进一步端正思想，充分认识贯彻实施修正后的《刑事诉讼法》的重大意义；二是进一步加强法律学习，提高干警的法律素质和业务水平；三是要完善执法办案监督制约机制；四是各司法机关要按照“分工负责、互相配合、相互制约”的原则，密切联系，协同作战，准确、及时地打击犯罪。

**视察《环境保护法》贯彻实施情况** 2000年6月1日，县人大常委会组成人员对全县《环境保护法》贯彻实施情况进行了视察。在查看了莲山水泥股份有限公司的除尘设施及运行情况后，听取了县政府关于《环境保护法》贯彻实施情况的汇报，最后进行了讨论审议。

视察认为，《环境保护法》颁布实施以来，特别是近几年来，全县各级认真学习和贯彻落实各项环保法律法规和中央环境保护座谈会精神，坚持污染治理和生态保护并重，不断加大执法力度，大力开展生态示范区建设，有力地推动了环保工作的开展，促进了经济建设健康发展。

视察在充分肯定全县环保工作取得成绩的同时，分析指出了存在的问题和不足，主要是：对环保法律法规的学习宣传教育还不够深入；部分乡镇生态保护与经济发展结合不够紧密，示范区项目科技含量不高，以点带面不够广泛；环保执法力度有待进一步加大，执法力量有待进一步加强。

视察针对存在的问题，提出了建议。一、要继续加大环保法律法规的学习宣传力度；二、要突出重点，积极解决人民群众反映强烈的环保热点；三、要坚持污染防治生态保护并重，加快生态示范区建设步伐；四、要进一步加大环保执法力度；五、要切实提高环保执法服务水平。

**检查公安干警执法情况** 2000年6月20日，县人大常委会组成人员对县公安干警执法情况进行了检查。这次检查分为四个组，由各主任带队，分别深入到于里、街头、院西、叩官等乡镇派出所，听取各单位的工作汇报，召开人大代表及有关人员座谈会，查看卷宗、教育制度建设等情况，并进行了民主测评。随后，到看守所查看了羁押人犯情况，听取了县公安局关于公安干警执法情况汇报，最后进行了讨论审议。

检查认为，2000年以来，县公安局紧紧围绕全县中心工作，按照“管好队伍不发生问题，干好工作让群众满意”的工作思路，全面强化队伍建设，深化警务制度改革，认真履行各项公安保卫工作职能，公安干警的执法执纪水平和办案质量不断提高，为推动全县两个文明建设发挥了积极作用。一是维护社会政治稳定的功能日益增强；二是刑事犯罪活动得到了依法严厉打击；三是驾驭社会治安的能力得到进一步提高；四是公安队伍正规化建设取得显著成效，整体执法水平不断提高。

检查就进一步提高公安干警执法水平，促进公安工作健康发展，提出了建议。一是要进一步提高公安干警执法责任意识，确保一方平安；二是要进一步提高法制观念，做到公正执法；三是要重视办案经费投入，增强办案实效。

**视察《水土保持法》贯彻实施情况** 2001年8月8日，县人大常委会主任会议听取了县水利局关于贯彻实施《水土保持法》情况的汇报，并实地察看了全县水土保持工作开展情况。

视察认为，近年来，县委、县政府高度重视水土保持工作，把治理水土流失作为农业农村工作的基础来抓，引导全县各级在山区综合开发中，坚持山、水、林、田、路综合治理，促进了水土保持工作的深入开展。

视察指出贯彻实施《水土保持法》工作中存在的不足：一是部分干部群众对《水土保持法》认识不够深刻，预防为主的意识不强，边治理边破坏的现象时有发生；二是投资依然不足；三是水土保持执法工作还存有一定薄弱环节。

视察针对存在的问题，提出了建议：一要进一步加大对《水土保持法》的宣传力度，切实增强干部群众“预防为主”意识，自觉抓好水土保持工作；二要围绕“三大效益”，抓好水土综合治理；三要齐抓共管，促进《水土保持法》的深入贯彻落实。

**视察《食品卫生法》贯彻实施情况** 2002年7月中旬，县人大常委会组成人员在县政府分管副县长、卫生局、防疫站及有关人员的陪同下，分两组重点对25处餐饮服务、食品加工和经营业户进行了集中视察，听取了县卫生管理部门工作汇报，最后进行了集中审议。

视察认为，近几年来全县各级普遍重视加强了食品卫生工作，《食品卫生法》得到较为深入的贯彻落实，食品生产、经营和食品卫生执法监督方面都依法进行。

视察指出了食品卫生工作中存在的问题：一是卫生法制宣传力度不够；二是食品卫生监测设备落后，投入不足；三是食品生产经营仍存在不严格依法进行的现象。

视察认为，食品卫生工作事关广大人民群众身体健康和生命安全这一根本利益，因此，全县各级要切实搞好这项工作。要深入开展《食品卫生法》的宣传教育活动；要加大食品卫生监测设备和技术的投入；要进一步强化食品卫生执法和监督管理。

## 第七节　五莲县第十五届人大常委会期间

（2003.01–2007.12）

**检查交通执法工作** 2003年6月上旬，县人大常委会组成人员对全县交通执法工作情况进行了检查。实地察看了县汽车站、汪湖检查站的非典防治工作和胶新铁路五莲段的建设情况，最后听取了交通执法情况汇报，并进行了集中审议。

检查认为，2003年以来，在县委、县政府的正确领导下，依法行政、公正执法，全县交通运输秩序明显改善；全力做好执法队伍的培训管理工作，正确处理执法与服务的关系，不断完善服务措施，交通执法服务水平和执法队伍素质明显提高，树立了交通执法部门的新形象，促进了全县交通事业的快速发展。

检查在充分肯定成绩的同时，针对发现的问题，提出了建议。一是要进一步加大交通法律法规的宣传力度，提高全民知法、守法意识；二是要进一步加大交通执法力度，规范交通市场秩序；三是要进一步完善执法服务措施，提高执法服务水平；四是要进一步提高交通执法队伍的整体素质，努力造就一支廉洁勤政的执法队伍。

**视察《食品卫生法》贯彻实施情况** 2004年7月16日，县人大常委会组成人员对《食品卫生法》贯彻实施情况进行了视察。视察中，实地察看了罗山商场、金粟公司、惠舒园、酒厂、招待所、百货大楼、良友宾馆等单位，听取了工作汇报，并进行了集中审议。

视察认为，近年来，在贯彻实施《食品卫生法》过程中，全县上下把加强全民卫生法律法规教育作为一项重要工作来抓，加强了宣传培训工作，增强了广大群众的卫生法制观念与防病知识；加强了执法队伍建设，设置了食品卫生监督员；坚持执法与服务并举，加大了监督执法力度，做到了有法必依、执法必严、违法必究，最大限度地保护了消费者利益与人民身体健康；实行多部门协调合作，开展了专项治理，保护了合法经营，震慑了非法生产，维护了食品市场秩序。

视察在充分肯定成绩的同时，针对存在的薄弱环节提出建议意见：一是继续加大对《食品卫生法》的宣传教育力度，提高全民的维权意识；二是突出重点、注重实效，扎扎实实推进《食品卫生法》的贯彻实施；三是依法行政，进一步加大执法力度，提高服务水平，维护人民群众合法权益。

**视察《烟草专卖法》贯彻实施情况** 2004年9月7日，县人大常委会组成人员在分管副县长和烟草公司负责同志陪同下，视察了全县《烟草专卖法》贯彻实施情况。视察组首先查看了汪湖、许孟烟站运行情况，然后进行了集中审议。

视察认为，县烟草专卖局和烟草公司贯彻落实法律法规、服务烟农、落实政策三到位，既富烟农、又富财政，取得了很大成绩。特别对烟草公司面对黄烟生产严峻形势提出的“放水养鱼”让利于烟农的做法给予肯定。最后提出了建议意见：一是加大专卖法宣传力度，提高广大人民群众守法意识；二是面对新情况，采取新措施，保证黄烟生产健康发展；三是继续加大执法力度，打击造假贩假活动；四是加强队伍建设，提高人员素质。

**视察全县基层法庭工作** 2004年11月18日，县人大常委会组成人员对全县基层法庭工作情况进行了视察。视察人员首先到高泽、洪凝、叩官、街头等实地察看了法庭的基本建设情况，然后听取了县人民法院《加强法庭建设，开创法庭管理工作新局面》的工作汇报，最后进行了讨论审议。

视察认为：近年来，县法院以求实、改革、创新的精神，不断加大法庭建设力度，积极为基层群众搞好司法服务，树立起了良好社会形象。通过开展“法庭建设年”活动，建成了总建筑面积达2826平方米，集办公、审判、食宿、娱乐于一体的4处花园式的规范化法庭，改善了法庭办公条件。通过开展“法庭管理年”活动，加强审判工作规范化管理，严格队伍规范化管理，强化行政工作规范化管理，推行全员岗位目标化管理制度，促进了法庭工作高效规范运转。

视察对今后法庭的工作，提出了建议和意见：一、继续加大对法官的业务素质培训与法官精英化教育，使法官人人业务过硬，人人争当精英；二、充分运用好人民赋予的权力，坚决杜绝人情案、关系案；三、进一步加大执法力度，保证依法及时结案；

四、要做到执法严明、执法公正，为经济发展保驾护航。

**检查技术监督执法工作** 2004年11月18日，县人大常委会各主任在县政府分管副县长和技术监督局负责同志的陪同下，对技术监督执法工作进行了检查。检查人员实地查看了泰山民爆器材有限公司、金粟生物制品有限公司、三联家电、百货大楼和万福园等单位的质量技术监督情况，听取了技术监督局负责人的汇报，并进行了集中审议。

检查认为，全县质量技术监督工作能够不断加大行政执法力度，坚持“四位一体”综合执法，按照“普治结合、普法先行”的思路，加大了质量技术监督法律法规的普法力度，严格规范行政执法行为，促进了依法行政，整顿和规范了市场经济秩序。坚持从源头抓质量，进一步提高质量监督工作的有效性；推行质量监管模式改革，积极落实区域监管责任制，加强定期监督检查工作，严格执行市场准入制度，加强生产许可证和强制性认证管理；大力实施名牌战略，积极扶优扶强；发挥标准信息的系统化、规范化作用，提高了服务于工农业生产的贡献率；加强了计量监督管理，大力推行质量认证工作，巩固了企业的技术基础，提升了民营企业的运营质量；加强了普查登记和信息网络建设，加大了专项整治力度。

检查在肯定成绩的同时，提出了三点建议：一是继续强化法律法规的宣传力度，努力提高社会各界对质量技术监督法律的学习宣传；二是正确处理执法服务和执法监督的关系，不断提高行政执法水平；三是加强执法人员的培训，切实提高执法队伍素质。

**检查《消防法》贯彻实施情况** 2004年11月29日，县人大常委会组成人员在县政府分管副县长和县公安局以及消防大队主要负责人的陪同下，对《消防法》的贯彻实施情况进行了检查。检查人员实地查看了华龙纺织有限公司、佳展塑胶有限公司和金粟生物制品有限公司贯彻实施《消防法》的情况，观看了消防队员的常规演练，听取了公安局主要负责人的汇报，进行了讨论审议。

检查认为，近年来，县公安局消防大队在县委、县政府的正确领导下，坚持以科学发展观为指导，紧紧围绕保卫和服务经济建设这个中心，认真贯彻“预防为主，防消结合”的工作方针，突出社会化消防、城市消防基础设施建设、农村防火和消防安全专项治理四个重点，强化措施，加大力度，有效地预防和减少了火灾事故特别是重特大火灾事故的发生，为全县经济发展和社会稳定创造了良好的消防安全环境。

检查在肯定成绩的同时，实事求是地指出了《消防法》在贯彻实施的过程中存在的问题：一是消防安全意识不够强，不同程度地存在重发展、轻消防，重救灾、轻预防的观念；二是对消防工作投入不足，消防基础设施建设严重滞后；三是有关部门在《消防法》的贯彻实施上还缺乏依法办事的自觉性；四是消防大队经费缺乏保障，消防警备力量不足。

检查针对存在的问题，提出了三点建议：1、进一步提高对公安消防工作的思想认识，继续加大宣传力度；2、加大投入，搞好消防基础设施建设；3、充分发挥职能作用，进一步加大消防执法监督力度，为全县的经济社会发展做出贡献。

**视察全县安全生产执法工作** 2005年4月20日，县人大常委会组成人员对全县安全生产执法工作情况进行了视察。在县政府和安监局负责同志陪同下，视察人员先后深入到乡镇、县直单位和部分企业进行了实地察看，听取了县政府工作汇报，进行了集中讨论审议。

视察认为，近年来，在县委的正确领导下，全县各级高度重视安全生产工作,县政府及主管部门紧紧围绕建设“平安五莲”目标，全面贯彻落实安全生产法，大力实施“安康工程”，深入开展安全生产综合治理和安全生产执法监督检查，开展对重点区域、重点企业的监管和整治，努力做好事故防范工作，全县连续多年无重特大事故发生，为推动全县经济跨越发展做出了积极的贡献。

为了更好的促进全县安全生产工作的深入开展，视察人员提出了建议：一是要继续加强宣传教育，营造更加浓厚的舆论氛围，不断增强全社会的安全生产责任意识；二是要进一步加大执法检查力度，积极开展综合整治，严肃查处各类违法违规行为，切实保障人民群众生命财产安全，为建设“平安五莲”夯实基础；三是要进一步健全完善安全生产监督管理机构，不断加快全县安全生产管理网络的建设步伐；四是要继续加大投入，切实强化安全生产基础设施建设，不断改善新形势下的安全生产条件。

**检查《药品管理法》贯彻实施情况** 2005年9月21日，县人大常委会组成人员在县政府分管副县长和县食品药品监督管理局负责人的陪同下，对《药品管理法》贯彻实施情况进行了检查。检查人员先后深入到县中医院、县真诚大药房莲花药店、新华鲁抗大药房三处药品经营使用单位，对药品的采购途径、经营和使用情况进行了检查，听取了关于《药品管理法》贯彻实施情况的汇报，并进行了集中审议。

检查认为，县食品药品监督管理局自成立以来，在资金、人员比较困难的情况下，认真履行《药品管理法》所赋予的职责，坚持以监督为中心，监帮促相结合，不断创新透明执法和责任追究制度，切实加强药品监督管理，狠抓市场整治，严惩违法行为，强化依法管药，较好地规范了全县药品市场秩序，有效保障了广大人民群众的用药安全。

对下一步工作，检查组提出了四点建议：一是要继续加大对《药品管理法》的宣传力度，提高全社会对药品管理、使用的安全意识；二是要创新监管手段，加大监管力度，进一步规范药品市场秩序；三是要进一步调整监管理念，强化帮促服务，营造县域医药经济发展的优良环境；四是要健全管理机制，狠抓队伍建设，确保执法规范公正。

**视察《职业病防治法》贯彻实施情况**　2006年5月底，县人大常委会组成人员对全县《职业病防治法》贯彻实施情况进行视察。视察人员在县政府分管副县长、县卫生局、县经贸局、县劳动和社会保障局负责人的陪同下，先后深入到山东世丰机械工具股份有限公司、旭日汽车饰件集团、华龙纺织集团七分厂、五征集团车桥厂、斯比凯可(山东）生物制品有限公司等5个现场,听取了县政府关于《职业病防治法》贯彻实施情况的汇报，最后进行了集中讨论审议。

视察认为，近年来，特别是《职业病防治法》颁布实施以来，全县各级高度重视，加强领导，完善机制，突出重点，狠抓落实，职业病危害因素得到进一步控制，劳动者合法权益得到有效保障，职业病防治工作取得明显成效。

视察在充分肯定职业病防治工作取得成绩的同时，也分析指出了工作中存在的一些薄弱环节，主要是：职业病防治工作的浓厚氛围还没有全面形成，部分用人单位对职业病防治工作重视程度不够，片面追求经济效益，忽视职业病防治的现象仍然存在；乡镇企业职业病防治工作相对薄弱；执法监督力度有待于进一步加强；部分劳动者自我保护意识淡薄等。

视察就进一步改进和加强职业病防治工作，提出四条建议：一要进一步加大宣传力度；二要进一步加大预防措施落实力度；三要进一步加大监督约束力度；四要进一步加大组织领导管理力度。

**视察《环境保护法》贯彻实施情况**　2006年8月24日，县人大常委会组成人员在县政府分管副县长和县环境保护局负责同志的陪同下，对全县《环境保护法》贯彻实施情况进行了视察。在实地察看了街头、洪凝两处乡镇石材污染治理，县城污水处理厂建设、银河酒业集团污水处理设施运转情况等现场后，听取了县政府关于环境保护法贯彻实施情况工作汇报，进行了集中讨论审议。

视察认为，近年来，县政府及其职能部门紧紧围绕建设“山清水秀、县强民富”新五莲目标，以贯彻执行环境保护法等法律法规为总抓手，牢固树立和落实科学发展观，坚持污染防治与生态保护并重的方针，大力实施“生态建县”战略，全面提升生态环境质量，培植发展生态型经济，推动了环境与经济社会的协调发展。

视察在充分肯定县环保工作取得成绩的同时，指出了存在的一些问题和不足，主要是：全社会的生态环境保护意识还有待于进一步提升，重经济轻环保思想依然不同程度地存在；环保执法难度较大，未批先建和超审批范围建设等违法现象仍时有发生；生态环境保护投入相对不足，城市环境基础设施建设滞后，城市污水处理厂建设需要进一步加快；石材污染治理尚未建立长效机制，治理工作仍需进一步加强。

视察针对存在的问题，提出了建议：一是加强宣传教育，进一步增强全民的环保意识和法制观念；二是加大领导力度，进一步落实环境质量领导责任制；三是加快治理老污染，严格控制新污染，进一步强化污染控制工作；四是大力发展循环经济，推进资源节约型和环境友好型社会建设；五是突出重点，积极解决人民群众反映强烈的环保热点；六是切实提高环保执法服务水平。

## 第八节　五莲县第十六届人大常委会期间

(2007.12-　　)

**关于全县“五五”普法与依法治县工作的审议意见**　2008年9月18日，县十六届人大常委会第五次会议，听取审议了县司法局局长孙秀志受县政府委托所作的《关于全县“五五”普法与依法治县工作情况的报告》。会议通过审议意见。

会议认为，自2006年以来，县政府及有关部门认真落实“五五”普法规划和第三个依法治县规划，切实加强组织领导，完善工作机制，强化工作措施，普法依法治理工作取得显著成效，公民的法制观念和法律素质明显增强、社会法治化管理水平有了新的提高。

会议指出，全县“五五”普法和依法治理工作总的情况是好的，但也存在着一些问题和差距，如个别乡镇和部门对普法依法治理工作重要性缺乏足够的认识；外来人口和农民的普法难度比较大；在一些地方少数基层干部学法用法结合不紧，依法办事的意识和能力有待进一步提高。

会议提出五点建议：一是进一步提高认识，加强组织领导；二是加强社会普法资源整合，强化普法保障；三是坚持普治并举，学用结合，进一步提高基层法治化管理水平；四是创新普法形式，增强法制宣传教育渗透力；五是突出普法重点，充分发挥典型示范作用。

**检查全县《矿产资源法》贯彻实施情况**　2008年10月23日，县人大常委会执法检查组对全县贯彻实施矿产资源法情况进行执法检查。县委常委、常务副县长侯佃晓，国土资源局负责人陪同检查。执法检查组先后实地检查了街头镇坊子西街矿，代吉子矿山开采、矿渣利用项目，高泽镇西高泽村土地整理项目，听取了有关情况汇报。

检查认为，近年来，全县国土资源管理工作坚持以科学发展观为指导，认真贯彻实施矿产资源法等法律法规，坚持依法行政、依法开采、依法经营、依法管理，切实做到保护资源更加严格规范、保障发展更加持续有力、维护权益更加切实有效、服务社会更加全面优质。工作中，突出重点，面向基层，深入搞好矿产资源法宣传；坚持

"标本兼治，治本为主"的方针，完善了矿产资源管理工作；采取措施，加大力度，全面整顿和规范矿产资源开发秩序。

关于下步工作，执法检查组要求，全县各级要继续深入贯彻实施矿产资源法及其配套法律法规，坚持国土资源管理特别是矿产资源管理严而又严的方针，进一步增强依法管理与保护矿产资源的责任感和紧迫感；继续完善部门联动监管机制，切实加强执法监察力度；进一步深化矿业体制改革，积极探索矿产资源开发的新路子,实现政府对矿产资源效益的最大化;切实加强矿山生态环境的综合治理工作,实现资源开发与环境保护的良性循环，逐步建立环境资源的有偿使用和补偿机制，把矿山生态环境恢复治理与土地复垦、整理、开发结合起来，努力实现经济效益、生态效益的统一。

**检查《税收征管法》贯彻实施情况**　2008年11月5日，县人大常委会执法检查组对全县贯彻落实税收征管法情况进行了执法检查。

检查组在听取了县财政局、国税局和地税局负责同志有关工作情况汇报后，对全县税收征管法贯彻实施情况给予了充分肯定。认为，自税收征管法实施以来，县政府及财税部门以科学发展观为指导，认真贯彻实施《税收征管法》及其实施细则，坚持依法治税，不断规范税收执法程序和执法行为，税收征管水平不断提高，使税费收入有了较大幅度的增长，为全县经济和社会发展做出了重要贡献。

关于下一步工作，检查组要求，财税部门要紧紧围绕经济社会发展这个中心，以服务五莲经济、服务纳税人为宗旨，全面提高质量和效益；要继续加大税收征管法等各项法律法规宣传力度，堵塞征管漏洞，打击涉税违法行为，有效地保证税费征收；要进一步加强监督，强化管理，建立完善执法岗位职责，不断提高依法治税水平；要进一步加强税收服务管理，注重税收服务质量，创设优质税收服务环境；要认真研究经济发展和税收收入之间的客观规律，充分发挥税收的调控作用，着力转变发展方式，积极培植新的税源，为推动全县经济社会又好又快发展发挥积极作用。

**关于《检察官法》贯彻实施情况的审议意见**　2009年4月14日，县十六届人大常委会第十次会议，听取了县人民检察院检察长申志刚所作的关于《检察官法》贯彻实施情况的报告，并进行了认真审议，通过了审议意见。

会议认为，近年来，在县委和上级人民检察院的正确领导下，县人民检察院认真组织实施《检察官法》，加强检察队伍建设和管理，依法履行法律监督职能，有效促进了各项检察工作开展，为五莲经济、社会发展与社会和谐、稳定提供了司法保障。

会议指出，县人民检察院在贯彻执行《检察官法》过程中还存在检察官管理措施不到位，人才资源不足，基层检察人员缺编断层，教育培训层次低，依法履职受到各种因素制约，检察官队伍的整体素质和形象有待提高等问题。

审议意见要求：一、进一步加大宣传力度，不断提高检察工作的公信力和影响力；二、要不断加大教育培训工作力度，提高队伍的综合素质；三、要采取和落实相应措施，严格按照检察官法确定的原则，尽快建立并完善符合检察特色的人事、工资、晋升、奖惩等制度，增强检察院吸引人才、留住人才的吸引力，从而保证检察队伍的高素质和稳定。

**检查全县贯彻实施《畜牧法》情况** 2009年8月13日，县人大常委会执法检查组对全县贯彻实施《中华人民共和国畜牧法》（以下简称畜牧法）情况进行了执法检查。检查组察看了山东华慧食品有限公司、洪凝镇仲因村第二养牛场、许孟镇院西村五莲三合养禽专业合作社蛋鸡基地、许孟镇花园村海峰种猪繁殖养殖基地、县畜牧兽医局动物疫病实验室等5个现场，听取了县政府工作汇报，并进行了认真审议。

检查认为，自2006年7月1日《畜牧法》颁布实施以来，县政府及有关部门把贯彻实施畜牧法、发展现代畜牧业，作为促进农村经济结构调整、增加农民收入的重要措施来抓，紧紧围绕发展“优质、高效、生态、安全”畜牧业这一目标，大力推进畜牧业结构调整、规模养殖、标准化和产业化经营，加快转变畜牧业发展方式、依法规范畜牧业生产经营行为、努力保障畜禽养殖及产品质量安全，全县畜牧业呈现出发展速度加快、总量增加、规模膨胀、效益提高、蓬勃发展的良好局面。

关于下步工作，执法检查组强调，要进一步强化畜牧法治意识，切实做到依法兴牧、依法治牧、依法护牧；要积极落实各项扶持政策，加快现代畜牧业发展进程；强化动物疫病防治及防疫体系建设，切实做好重大动物疫病防控；加强畜产品质量安全监管；加强机构队伍建设，提升整体素质和服务水平。

**对贯彻实施《中华人民共和国环境保护法》情况进行执法检查** 2009年10月15日，县人大常委会第一副主任李应田带领执法检查组，对全县贯彻实施《中华人民共和国环境保护法》（以下简称环保法）情况进行了检查。

检查组实地查看了阳光热电厂、第二污水处理厂、丹纳赫工具（山东）有限公司、县垃圾处理厂和环保监控中心等5处现场，听取了县政府工作情况汇报，并进行了座谈讨论。

检查认为，近年来，县政府及其职能部门深入贯彻实施环保法等法律法规，环境与发展的综合决策机制不断完善，环境基础设施和环保执法能力建设成效显著：一、加强宣传引导，全社会的环保法制意识不断提升；二、完善责任机制，环境保护齐抓共管的工作格局初步形成；三、严格环评制度，建设项目环境管理更加规范；四、强化执法监管，各类环境违法行为得到有效遏制。

检查指出环境保护执法中存在的问题：一、贯彻实施环保法的社会环境有待进一步改善；二、环保基础投入需进一步加大；三、环保执法能力需要进一步增强。

检查就深入贯彻环保法，做好环境保护工作提出了建议：一、进一步提高思想认识，增强做好环境保护工作的责任感和使命感；二、进一步加大环保投入，为治理污染提供有力保障；三、加快产业结构调整，从源头上减少环境污染；四、进一步加大执法力度，严厉打击环保违法行为；五、加强机构队伍建设，全面提升环保工作的能力和水平。

**对贯彻实施《中华人民共和国电力法》情况进行执法检查** 2009年10月26日，县人大常委会各主任和部分委员组成执法检查组，对全县贯彻实施《中华人民共和国电力法》（以下简称电力法）情况进行了检查。检查组先后查看了高泽110千伏变电站、松柏王家口子电气化村、潮河镇林泉电气化村和叩官镇110千伏变电站等4处现场，听取了有关情况汇报，并进行了座谈讨论。

检查认为，县政府及有关部门坚持科学发展观，认真贯彻实施电力法，取得显著成效：一、法律法规宣传有力，全社会依法治电意识明显增强；二、改革建设同步推进，电力保障能力不断提高；三、坚持依法治电，供用电市场平衡运行；四、开展优质服务活动，维护用电户合法权益。

检查指出了电力事业发展亟待解决的困难和问题：一、电力法宣传还有待于进一步加强；二、部分电力项目推进困难；三、社会用电安全管理仍显薄弱；四、政策性因素导致电力工作压力加大。

检查提出了搞好电力工作的意见和建议：一、切实加大电力法和相关法律法规的宣传力度；二、加强和完善电网改造建设工作；三、要切实做好反窃电和电力设施保护工作；四、进一步提高供电企业的服务质量。

**对全县贯彻实施《中华人民共和国科学技术进步法》情况进行执法检查** 2010年4月26日，县人大常委会第一副主任李应田、副主任毛秀玲带领执法检查组，对全县贯彻实施《中华人民共和国科学技术进步法》（以下简称“科技进步法”）情况进行了检查。检查组先后实地察看了五征研发中心、北业制动公司、万通液压公司等3处现场，听取了县政府有关工作情况汇报，并进行了认真座谈讨论。

检查认为，近年来，特别是新科技进步法颁布实施以来，县政府及科技行政主管部门高度重视科技进步工作，认真贯彻实施科技进步法，大力实施“科教兴县”战略，促进了经济社会全面进行，为加快建设蓝色经济新区、打造鲁南经济强县作出了积极贡献。

检查指出了科技工作中存在的困难和问题：一、《科技进步法》宣传普及还不够广泛；二、科技管理体制有待逐步理顺；三、多元化投入机制渠道不畅；四、高科技人才匮乏。

检查针对存在的问题，提出了建议：一、进一步深化对科技进步工作重要性的认识；二、建立多元化的科技投入体系；三、进一步完善管理机制，增强科技对经济工作的支撑引领作用；四、加强科技人才队伍建设。

**县人民法院贯彻实施《法官法》情况的审议意见** 2010年5月18日，县十六届人大常委会第十八次会议，听取并审议了县人民法院院长胡建所作的《关于贯彻〈法官法〉情况的报告》，提出了审议意见。

会议认为，县人民法院在贯彻落实《法官法》，加强队伍建设等方面取得了显著成绩，但也存在一些困难和不足，主要是《法官法》的宣传力度、广度还不够，法官队伍整体素质与新时期司法工作的要求还有一定差距，法官队伍有待加强等。

会议针对存在的问题，提出了建议：一、加大《法官法》的学习宣传力度，营造良好社会氛围；二、积极开展教育培训，提高法官队伍整体素质；三、完善监督制约机制，促进公正司法；四、优化司法资源配置，进一步推进法官队伍职业化建设；五、完善职业保障机制，保障法官依法履职。

会议要求县人民法院对以上建议研究落实，并在三个月内向县人大常委会书面报告落实情况。

**县人民检察院办理自侦案件情况的审议意见** 2010年5月18日，县十六届人大常委会第十八次会议，听取了县人民检察院检察长申志刚所作的《关于办理自侦案件情况的报告》，经过审议，提出了审议意见。

会议认为，县人民检察院在县委及上级检察院的领导下，不断加大自侦案件办理力度，侦破了一批职务犯罪案件，打击了一些犯罪分子，推动了全县反腐倡廉工作深入开展，为维护社会稳定、促进经济发展做出了贡献。

会议指出，县人民检察院在办理自侦案件工作中还存在一些问题，如人力警备不足，不能很好适应现代执法需要；办理自侦案件工作力度还需要进一步加大等。

会议针对存在问题，提出建议：一、强化宣传教育，增强宣传实效；二、坚持惩防结合，服务经济发展；三、加强组织领导，提高队伍素质。

会议要求，在三个月内将审议意见的落实情况报县人大常委会。

**对全县贯彻实施《产品质量法》情况进行执法检查** 2010年8月12日，县人大常委会副主任姜敏带领执法检查组对全县贯彻实施产品质量法情况进行了执法检查。检查组先后到山东百亮光学眼镜有限公司、山东康阳电源有限公司、山东凯翔生物化工有限公司、日照润博机械有限公司、五莲银河酒业有限公司等现场，实地查看了企业的质量管理情况，听取了县质监局关于《产品质量法》贯彻实施情况的工作汇报，并进行了座谈讨论。

检查认为，近年来，县政府及有关职能部门紧紧围绕全县经济社会发展大局，坚持以科学发展观为指导，深入贯彻“依法行政、严格把关、服务经济、促进发展”的工作方针，忠实履行法律法规赋予的职责，不断强化工作措施，积极推进产品质量体系建设，社会产品质量意识逐步增加，产品质量总体水平得到提高，依法行政工作不断加强，产品质量安全工作富有成效。

关于下步工作，检查组要求：要进一步提高认识，强化宣传引导，大力营造“人人关心质量、人人重视质量”的良好社会氛围；要进一步加强质量基础工作，帮助企业建立健全各项产品质量制度；要进一步加大执法力度；要依法保障对质监部门的经费投入；要创新思路，加强检测资源的统一规划和整合；要进一步加强自身建设；要牢固树立大局意识，强化服务意识，正确处理好执法与服务的关系。

**对全县贯彻实施《农业机械化促进法》情况进行执法检查**　2010年10月13日，县人大常委会组织对全县贯彻实施《中华人民共和国农业机械化促进法》情况进行了执法检查，副县长张文宣和农机中心负责人陪同检查。检查组先后深入到于里镇于里沟村农业机械化作业现场、华玉农机专业合作社、县农机服务大厅、农机推广站等现场进行了实地查看，听取了县政府有关工作情况汇报。

检查认为，《农业机械化促进法》颁布实施以来，县政府及农机部门牢固坚持“立足大农业，发展大农机，服务新农村”发展战略，以农业增效、农民增收为核心，以落实农机购置补贴政策为抓手，强化工作措施，创新工作思路，加大新技术、新机具的推广力度，着力优化农机装备结构，提升农机作业水平，完善农机社会化服务，有力地推动了农机化促进法的贯彻实施，全县农机装备总量、农机总动力和农机总产值都实现大幅度提升，为农业农村经济又好又快发展作出了积极贡献。

检查组建议：要继续加大《农业机械化促进法》的学习宣传力度，进一步提高全县各级对推广农业机械化重要性的认识；要进一步转变政府调控方式，建立多元化农机投入机制；要大力加强农机服务体系建设，不断提高农机运行质效；要加大农机工作监管力度。

**检查《职业病防治法》贯彻实施情况**　2011年4月26日，县人大常委会副主任于曰洪带领执法检查组，对全县贯彻实施《职业病防治法》情况进行执法检查。执法检查组实地查看了县疾控中心、华龙纺织、中港机械和康洋电源四个现场，听取了县政府工作情况汇报，并进行了座谈审议。

检查组认为，全县各有关部门高度重视职业病防治工作，通过加大宣传力度、完善培训机制、开展专项整治等一系列措施，有力地保护了劳动者健康及相关权益，促进了经济发展，维护了社会稳定，为推动全县经济社会健康有序发展起到了积极的作用。检查组在肯定成绩的同时，指出了一些存在的问题，如政府及有关单位认识上存在不足，行政监督的力度不够大，用人单位的主体责任落实不够，工人的自我保护意识不够强等。

检查组建议，要进一步提高认识，加强组织领导，切实推进职业病防治工作的深入发展；要按照国家有关规定进一步明确各部门对职业病防治的监管职责，建立健全部门协作监管机制；要严格落实用人单位主体责任，完善各项管理制度；要进一步加强石材、化工、机械制造等职业病易发行业的监管力度；要加强宣传教育，营造全社会关心、保护劳动者健康的良好氛围。

# 第二章　工作监督

工作监督，是对行政、审判、检察工作机关的工作是否符合宪法和法律，是否正确执行党和国家的路线、方针、政策，是否尽职尽责的情况进行的监督。具体内容和范围包括：全面工作监督，即对“一府两院”执行国家法律、方针、政策的监督；计划监督，即对国民经济和社会发展计划的制定、执行和部分调整的监督；财政监督，即对本行政区域内的财政预算的制定、执行和部分调整的监督；人事监督，即对由本级人大及其常委会选举、任命的工作人员履行公职情况进行监督。

监督的方式主要有：听取和审议工作报告。听取和审议“一府两院”工作报告或专题报告是人大及其常委会对“一府两院”的工作进行全面监督的基本形式。审查和批准本行政区域的国民经济和社会发展计划、财政预决算，是人大及其常委会监督的重要形式。县人民政府每年的国民经济和社会发展计划、财政预算，都需向人民代表大会报告，经大会审查批准后，方可施行。如有变更，需经县人民政府提出建议，提交县人大常委会审议决定。另外，质询和询问，受理申诉、控告，组织特定问题的调查、检查，对各项工作的开展情况进行视察、检查、调查等都是人大及其常委会的有效监督方式。

## 第一节　五莲县第九届人大常委会期间

（1980.12–1984.05）

**对潮河、石场两处公社教育工作的检查**　1981 年 8 月 13 日至 20 日，县人大常委会组织由 3 名正、副主任和 3 名常委以及教育局的负责同志参加的检查组，到潮河、石场两处公社对教育工作进行了检查，共检查了两处中学、3处联中、11处小学。检查中采取了听、看、访、议、帮的方法。每到一个单位，首先听取汇报，实地察看，走访群众，然后进行评议，肯定成绩，指出问题，提出建议，帮助研究改进的措施。除在所到单位听取干部、教师、家长、学生对教育工作意见外，还召开了两次县人大代表座谈会，两次教师座谈会，了解情况。在肯定这两处公社教育工作的成绩，指出问题的同时，提出了四点建议：一、要求政府和公社管委要切实加强对普及小学教育工作的领导，纳入重要议事日程，有专人分工抓，及时讨论研究普及小学教育工作的有关问题；二、抓好校舍建设，改善办学条件；三、努力提高教学质量；四、进一步加强教师队伍建设。

**批准县人民政府《1981年全县国民经济计划执行情况和1982年全县国民经济计划部分调整安排意见的报告》**　1982年3月7日，县九届人大常委会第九次会议审议批准了县人民政府《1981年全县国民经济计划执行情况和1982年全县国民经济计划部分调整安排意见的报告》，并通过决议。

决议认为，1981年全县国民经济计划的执行情况是好的，经济工作取得了很大成绩，但也存在一些问题，主要是：财政收支不够平衡，仍然存在赤字；有的企业经济效益不高；全县能源电力紧张，水源缺乏，给发展工农业生产带来很大困难。

决议要求，要认真贯彻经济上实行进一步调整，政治上实现进一步安定的方针，使全县的经济工作有一个扎扎实实的，没有水分的增长速度；要从实际出发，因地制宜，发展生产，讲究生财、聚财、用财之道，努力增加收入，紧缩支出，力争做到收支平衡，消灭财政赤字；要大力发展农业，在保证粮食生产稳步增长的前提下，大力发展多种经营生产；要抓好企业整顿，进一步完善经济责任制，争取有一个较好的经济效益；财贸部门要进一步加强经营管理，活跃城乡经济，稳定市场物价；财政、计划部门要加强计划指导和财政监督，严肃财经纪律；各经济部门都要加强财务管理，厉行节约，杜绝浪费，努力提高经济效益。

**通过《关于加快山区生产建设的决议》**　1982年8月30日县九届人大常委会第十三次会议，学习了《中共山东省委、山东省人民政府关于加快山区生产建设的决定》，传达在五莲召开的全省山区工作会议精神，通过了《关于加快山区生产建设的决议》。

决议要求政府和各部门要认真组织干部群众学习决定精神，把思想统一到决定上来，提高搞好山区生产建设的自觉性，增强搞好山区生产建设的紧迫感；要联系五莲山区建设的实际，对照决定总结工作，肯定成绩，找出差距，修订规划，落实措施，加快山区建设步伐；各级领导干部要有强烈的革命事业心，要树立喜山、爱山、治山、养山，创家立业为子孙后代造福的思想，树立愚公移山，艰苦奋斗，坚韧不拔的精神，确定主攻方向，制定切实可行的规划，组织群众扎扎实实地大干，尽快改变山区面貌；各行各业都要从人力、物力、财力以及技术指导等方面大力支持山区建设。

**批准县人民政府《关于1982年全县国民经济计划执行情况和1983年全县国民经济计划调整安排意见的报告》** 1983年6月3日，县九届人大常委会第十七次会议审议批准县人民政府《关于1982年全县国民经济计划执行情况和1983年全县国民经济计划调整安排意见的报告》。并通过相关决议。

决议要求，各级政府、各部门，要充分发挥当地优势和有利条件，不失时机地把各项社会主义建设事业搞得更加扎实有力，卓有成效。工业生产要立足改革，围绕提高经济效益这个中心，抓好企业整顿，加强经营管理，保证完成生产计划；农业要狠抓中央一号文件的贯彻落实，实行农林牧副渔全面发展，保证粮食稳步增长；商业要搞好体制改革，提高服务质量，活跃城乡经济；财政要广开财源，增加收入，厉行节约，紧缩支出，严格履行财经纪律，力求做到收支平衡；基本建设要量力而行，严格按计划办事；教育、文化、卫生、科学技术、计划生育等事业都要做出新成绩，开创新局面。

**检查教育工作** 1983年8月中、下旬，县人大常委会副主任高立福，会同一名副县长以及文委、教育局的负责同志组成农村教育工作检查组，对中至、汪湖、户部、松柏、许孟5处公社和洪凝镇的农村教育工作进行了检查。共检查了59处小学、21处联中。在检查中，着重检查了校舍，听取汇报、走访教师和社员群众。在肯定成绩，总结经验，找出问题的基础上，提出了五点建议：一、进一步提高认识，切实加强对农村教育工作的领导；二、重视智力投入，尽快改善办学条件；三、召开专题会议，推动农村双改工作；四、整顿教师队伍，提高师资水平；五、大力开展农民教育工作。

**通过《关于加强教育工作的决议》** 1983年9月15日，县九届人大常委会第十九次会议根据对农村教育工作的检查情况和教育局关于全县教育事业发展情况的汇报，作出了《关于加强教育工作的决议》，决议在充分肯定教育工作取得的成绩，指出存在问题的基础上，提出加强教育工作的四点建议：一、进一步提高认识，增强搞好教育工作的紧迫感；二、重视智力投资，尽快改善办学条件；三、加强教师队伍建设，抓好小学普及，提高教育质量；四、大力开展农民教育，尽快扫除文盲。

## 第二节 五莲县第十届人大常委会期间

(1984.05–1987.04)

**通过《关于进一步搞好城镇规划和建设的决议》** 1985年5月21日召开的县十届

人大常委会第七次会议，听取县建委主任贾维禄所作的《关于城镇规划、建设情况的汇报》，经过讨论审议，通过了《关于进一步搞好城镇规划和建设的决议》。

决议认为五莲县的城镇规划和建设虽然取得了一定成绩，但由于在规划实施、市场管理和财力等方面还存在一些问题，城镇建设还不能适应形势发展的需要。

决议要求，各级政府和城建部门，要切实贯彻执行好国家关于城镇规划、建设管理和土地管理的规定，坚持有利于生产、方便生活、节约土地、美化环境的原则，进一步修订好城镇规划，做到合理布局；各部门、各单位以及广大群众都要服从总体规划，切实按照规划办事；各级政府要切实加强领导，设立相应的管理机构，健全必要的管理制度，确保城建工作顺利进行。

**通过《关于加强民政工作的决议》**　1986 年 2 月 28 日，县第十届人大常委会第十二次会议，听取了县民政局长司正邦受县人民政府委托所作的《关于全县民政工作情况的汇报》，经过审议，通过了《关于加强民政工作的决议》。

决议认为，做好民政工作，对进一步密切党群关系，军政、军民关系，体现社会主义的优越性，促进两个文明建设具有重大意义。

决议要求，县政府和有关部门要进一步加强民政工作，把它摆到应有的位置，纳入议事日程；继续抓好“双扶”工作，全面落实自力更生为主、集体和国家补助为辅的“双扶”工作方针，动员全社会力量扎扎实实做好双扶工作。会议号召全县人民和社会各方面的力量，都要支持民政工作，为搞好这项工作积极创造条件，提供方便，把全县民政工作做得更好。

**通过《关于加强审计工作的决议》**　1986 年 4 月 11 日，县十届人大常委会第十三次会议，听取了县审计局局长于常年受县人民政府委托所作的《关于全县审计工作情况的汇报》后，经过审议，通过了《关于加强审计工作的决议》。

决议指出，宪法规定设立审计机关，实行审计监督制度是依法治国的一项重要决策，审计机关是代表国家执行审计监督的机关，它在加强宏观经济管理和监督中，占有重要位置，尤其在当前新形势下，加强宏观间接控制，加强审计监督，对于保证经济体制改革和社会主义事业的健康发展，具有重要意义。

决议要求，为保障审计机关依法独立行使审计监督权，切实做到不受其他行政机关、社会团体和个人的干涉，县人民政府要加强对审计工作的领导，大力支持审计机关的工作，积极解决工作中的实际问题；各部门、各企事业单位，都要自觉接受审计监督，配合审计部门的工作；审计机关要努力搞好自身建设，不断提高审计队伍的政治、业务素质，审计工作人员要坚持原则，刚正不阿，依法办事，更好的发挥审计监督作用，为社会主义现代化建设服务。

**通过《关于加强物价工作的决议》** 1986 年 7 月 12 日，县十届人大常委会第十五次会议，听取县物价局长孙锦范受县政府委托所作的《全县物价工作情况汇报》后，经过审议，通过了《关于加强物价工作的决议》。

决议指出，物价的升降直接与人民生活有关，它是关系人心安定、团结的大事。正如中央经济体制改革决定指出的，价格体系的改革，是整个经济体制改革成败的关健。尤其在开放、搞活的情况下，各方面都要关心支持物价工作，进一步加强物价监督检查。

决议要求，为使物价部门更有效地发挥作用，县政府要加强对物价工作的领导，大力支持物价部门的工作，积极解决工作中的实际困难和问题；各有关单位要自觉接受物价部门的监督检查，并积极配合好这项工作；物价部门要搞好自身建设，不断提高物价队伍的政治素质和业务素质；物价人员要坚持原则，依法办事，更好地发挥监督监察作用，为振兴五莲经济服务。

## 第三节 五莲县第十一届人大常委会期间

（1987.04–1990.03）

**视察教育工作** 1988 年 7 月 18 日至 19 日，县人大常委会组织县人大常委会委员和部分县人大代，在县人民政府分管副县长和县文教局负责同志的陪同下，分 5 个视察组，对 12 处乡镇的 24 处中小学和县城 6 处学校进行了视察。这次视察采取听、看、访的方法，听取了被视察单位负责人的汇报，查看了学校的校舍、设备及其管理情况，召开了教师座谈会，走访了部分教师，征求教师对教育工作的意见和建议。

视察肯定了全县教育事业发展较快，成绩显著：一是各级领导重视教育工作，增加投入，促进了教育事业的发展。所视察的 12 处乡镇中小学 99%以上实现了“六配套”，12 处乡镇初中实验室全部达到国家规定标准。二是教育事业发展较快。所视察的 12 处乡镇全部达到普及小学教育的标准，学龄儿童入学率年均在 99%以上。三是职业技术教育和成人教育有了新发展。1987 年职业教育招生已占高中阶段招生总数的 43.9%。同时也存在一些问题：一是部分领导对教育的战略地位认识不足，对依靠教育科技发展经济缺乏紧迫感和责任感。二是对实施九年制义务教育缺乏思想准备和物质准备。三是部分乡镇农民文化技术学校办学条件差，办学效益低。

视察针对存在的问题提出了五点建议：一是提高认识，进一步树立“百年大计，教育为本”的战略指导思想，把发展教育事业放在突出的战略地位；二是要进一步加强对群众进行《义务教育法》的宣传教育；三是要切实解决校舍不足，经费短缺，内部设施差等问题；四是进一步提高教师的社会地位，努力改善教师的工作、生活条件；五是建议政府有关部门，对视察中发现问题的解决情况进行回查。

**通过《关于加强环境保护工作的决议》** 1988年7月28日，县第十一届人大常委会第九次会议，听取并审议了五莲县环保局局长史济民受县政府委托所作的《关于全县环境保护工作情况的汇报》。为了切实加强环境保护工作，会议表决通过了《关于加强环境保护工作的决议》。

决议要求：一、提高认识，切实加强对环境保护工作的领导；二、继续抓好对各项环保法规的学习、宣传，保证环保法律、法规的贯彻实施；三、强化治理措施，搞好综合整治；四、加强环保部门建设，强化其监督管理职能。

**检查《山东省计划生育条例》贯彻执行情况** 1988年10月19日至22日，县人大常委会会同县政府，组织了县直有关部门负责人及部分乡镇计划生育助理、站长共36人，划分7个检查组，对全县各乡镇宣传、贯彻执行《山东省计划生育条例》和秋季计划生育集中活动情况进行了全面检查。

检查认为，在宣传、贯彻执行条例的过程中，各乡镇党委、政府及计生工作部门做了大量工作，取得了很好的效果。一、各级党委、政府切实加强了对计划生育工作的领导；二、采用多种形式，广泛深入地宣传《条例》；三、措施得力，效果显著；四，形成了一套比较完善的工作制度和计划生育管理办法。

检查也发现计划生育工作中存在的问题：一、个别乡镇统计数字不实，有掩盖超生和计划外生育现象；二、个别乡镇仍然有超生和计划外生育现象。

检查针对发现的问题，提出三点建议：一、各级政府要切实加强对计划生育工作的领导；二、要把宣传贯彻《条例》作为一项长期任务，常抓不懈；三、严格执行《条例》，实现计生管理科学化、制度化、经常化。

## 第四节 五莲县第十二届人大常委会期间

（1990.03–1993.02）

**通过《关于进一步加强计划生育工作的决议》** 1991年9月26日，县第十二届人大常委会第十二次会议听取审议了人民政府关于计划生育工作的情况汇报后，通过了《关于进一步加强计划生育工作的决议》。

决议认为，全县各级政府、各部门认真贯彻执行党中央、国务院《关于加强计划生育工作严格控制人口增长的决定》、《山东省计划生育条例》，做了大量工作，有效地控制了人口的增长，取得了很大成绩。

为了进一步贯彻落实《决定》和《条例》，深入搞好计划生育工作，决议要求：一、继续广泛深入地学习宣传《决定》和《条例》，不断提高广大干部群众搞好计划生育工作的自觉性；二、强化法律意识，依法管理计划生育；三、齐抓共管，综合治理，共同把计划生育工作做好；四、加强领导，切实把计划生育工作抓紧抓好。

**视察林果生产情况** 1991年4月12日至13日，县人大常委会组织部分委员会同县政府及有关部门的负责人，由正副主任带领，分5个组对洪凝、街头、许孟、高泽、于里、汪湖、潮河、户部、山阳、石场10处乡镇的林果生产和县城绿化工作情况进行视察。

视察认为：全县林果生产过去基础好，现在发展快，标准质量高。其主要特点是：植树绿化规模大，标准质量高；果园、林地配套设施建设好，管理措施严；注重实效，发展林果业的政策不断完善。

视察指出了林果生产中存在的问题：一是林果生产开发的广度还不够；二是营林树种单一；三是苗木的数量少，满足不了今后造林的需要；四是对干果特别是板栗开发的重视程度不够；五是在某些单位重栽轻管的现象仍然存在；六是基层林果技术人员太少，不适应林果生产向广度和深度发展的需要。

视察针对存在的问题，提出了六点建议：一是要重视“五荒”的利用，向开发的广度进军；二是要本着适地适树、经济效益与社会效益兼顾的原则，搞好苗木基地建设；三是要适应国内外市场的需求，搞好以板栗为主的干果开发；四是要根据《森林法》的规定，进一步加强林木管理；五是要充实基层林业技术人员，加强对林果生产的技术指导；六是县城绿化，要统一规划。

**视察计划生育工作** 1991年7月23日至30日，县人大常委会组织部分委员和人大代表以及有关部门的负责人，由主任、副主任和驻会委员带队，分11个组对全县的计划生育工作和贯彻《山东省计划生育条例》的情况进行了视察，共视察22处乡镇的75个行政村、22个县直部门、单位，人口达5万多，占全县人口总数的10%以上。

视察认为，全县各级领导干部对搞好计划生育的重要性和紧迫性的认识进一步加深，其责任感大大增强，自觉摆正位置，加强了领导；强化舆论导向，大造声势；依照计划生育政策和法规，狠抓了婚育秩序的清理整顿；实行综合治理，齐抓共管。全县的计划生育工作在原有的基础上又上了新水平，出现了新局面。

视察认为：全县的计划生育工作也存有不容忽视的问题：有的清理不彻底；有的对查出的问题处理不果断；有的人口数字统计不实；有的执行生育政策不够严肃；有的对独生子女没有按照政策规定给予照顾；有的节育措施不落实。

视察针对存在的问题，提出了四点建议：一是要进一步加强思想教育；二是要坚定不移地把清理整顿活动抓到底；三是要继续加强基层组织建设；四是要全县上下各级各部门各单位，进一步密切配合，通力协作，搞好综合治理，真正形成齐抓共管的强大合力。

**检查全县林果生产** 1992年4月25日至26日，县人大常委会组织部分委员和县政府有关部门的负责同志，分别对叩官、潮河、汪湖、于里、石场、王世疃、高泽等12处乡镇的林果生产情况进行了检查。

检查认为，全县林果生产形势很好，出现了一些新的特点：一、林果开发起点高，标准质量有新的突破；二、抚育管理上了新台阶；三、靠科技发展林果取得新成绩；四、注重整体规划，综合治理、配套建设有了新进步。

检查认为，林果生产虽然出现了前所未有的好形势，但也存在一些问题，主要是发展不平衡；果园管理标准不高；育苗信息不准，计划不周，品种单一；促进林果生产发展的投入机制和激励机制不够健全有力。

检查针对存在的问题，提出了建议：一、坚持战略重点，跟上战略措施，建立林果优质苗木繁育基地，加快低价林改造，尽快建立和完善林果开发激励机制；二、切实抓好当前林果抗旱浇水和病虫害防治工作；三、进一步宣传贯彻《森林法》，坚持以法治林；四、下大气力抓好林科教结合工作。

**视察计划生育工作** 1992年5月底，集中两天时间组织政府及有关部门，由县人大常委会和县政府领导带领，分4个组，每组吸收2名驻乡镇的县人大代表参加，深入到全县12处乡镇和12个村，采取听、看、查、议的方法，对计划生育工作进行了视察。

视察认为，近年来，各级政府和计划生育部门做了卓有成效的工作，有效地按计划控制了人口的增长。一、广泛深入地开展宣传教育，干部群众对实行计划生育的思想认识有了新的提高；二、从基层基础性工作抓起，计划生育工作纳入了制度化、正规化轨道；三、坚持依法和计划管理，管理方式逐步向科学化迈进；四、各级领导重视，坚持两种生产一齐抓。

视察认为，全县计划生育工作虽然总的形势很好，但也程度不同地存在一些问题：如部分基层干部满足于去年清理整顿取得的成绩；有些基层基础管理工作还有漏洞，档簿图表漏项、缺项，“三证”不一的现象仍然存在；个别乡镇晚婚率不高；专业队伍的业务素质还不能适应工作发展的需要。

**视察乡镇企业** 1992年9月中旬，县人大常委会组织部分委员和人大代表，会同县政府、县乡镇企业局的人员对于里、洪凝、院西、山阳、街头、潮河、槎河和许孟8处乡镇的乡镇办企业进行了视察。

视察认为，1992年以来，通过贯彻县委、县政府提出的“超常规、跨越式”发展的思路，全县乡镇企业的经济效益和发展速度进入了有史以来的最好时期，其特点是：一、乡镇领导重视乡镇企业的程度和发展乡镇企业的干劲高；二、乡镇企业发展速度快；三、经济效益好；四、企业投入大。

视察指出了乡镇企业发展中的问题和不足：一、乡镇企业的规模小；二、外向型经济企业少；三、管理人才和技术人才缺乏；四、企业管理和企业素质低。

视察针对存在的问题，提出了四点建议：一、进一步优化乡镇企业外部环境；二、采取切实措施搞好培训，尽快提高乡镇企业干部职工队伍的素质；三、发展乡镇企业集团，扩大乡镇企业规模；四、进一步加强领导，强化监督。

## 第五节　五莲县第十三届人大常委会期间

（1993.03–1998.01）

**检查减轻农民负担情况**　1993年4月下旬，县人大常委会组成人员分别到全县22处乡镇，按照好、中、差三种类型，对198个村、594户、2248口人的农民负担情况，通过听汇报、召开座谈会、查帐目资料、个别走访等方法，进行了比较详细地检查。

检查认为，县委、县政府在贯彻国务院《农民承担费用和劳务管理条例》、《山东省农民负担管理条例》（以下简称两个条例）减轻农民负担方面，做了大量工作：一是领导重视，认真抓好两个《条例》的落实；二是宣传教育广泛深入；三是清理财务，抓好培训；四是建章立制，强化监督管理。

检查分析了农民负担的现状和农民负担过高的原因。据统计，被检查的594个农户，1992年负担概况是：总负担额329919.5元，人均146.76元，占上年人均纯收入的18.78%。其中：乡统筹（5项）51885.7元，人均23.1元，占3%；村提留（3项）107501.2元，人均47.8元，占6.1%；社会集资33474.6元，人均14.9元，占1.9%；“两工”折款137058元（共用工66533个，每个工日值2.06元），人均60.97元，占7.8%。造成农民负担过重的原因：一是集资项目多、范围广；二是村干部及勤杂人员过多，开支大；三是应酬费用过高；四是事业超前发展，搞一些超出农民承受能力的“达标”、“升级”活动；五是监督管理工作不到位。

检查就减轻农民负担问题，提出了应该采取的措施；一是深化宣传教育，进一步动员广大干部特别是各级领导干部深入学习贯彻两个《条例》和有关政策规定，提高减轻农民负担重大意义的认识，不断增强法制观念；二是认真开展“四清理、三整顿”；三是进一步加强领导，加大力度，切实减轻农民负担。

**视察创建省级卫生城工作** 1993年6月7日，县人大常委会部分组成人员，会同县政府及有关部门的负责人，分别对城区内6条主要街道、5个农贸商场和7个企事业单位的创建省级卫生城的情况，进行了重点视察。

视察认为，五莲县自确定创建省级卫生城以来，城区内各级党政部门、企事业单位和广大居民，为此做了大量的工作，并了得了初步成效。

视察中发现，尽管创建省级卫生城工作取得了成效，但存在的问题也十分明显：一是思想认识不到位；二是城区居民卫生观念淡薄；三是资金投入不到位；四是有关方面推诿、扯皮，管理措施跟不上；五是有法不依、执法不严和以权代法的现象时有发生。

视察认为，要搞好创建省级卫生城的工作，县政府必须强化以下几方面的工作：一是要进一步加强对创建省级卫生城工作的宣传教育，逐步解决干部群众的思想认识问题；二是要抓资金落实，突出卫生硬件项目建设；三是要加强综合治理，彻底清理个别部位存在的脏、乱、差现象；四是要严格依法办事；五是要加强对创建工作的检查与督促。

**视察全县初级中等义务教育实施情况** 1994年4月18日至19日，县人大常委会由主任、部分委员带领县教委和其他有关单位的负责人，分3个视察组，采取听取汇报、实际察看、座谈了解、总结评议的形式，分别对按规划争取1994年实现初级中等义务教育的12处乡镇中的洪凝、汪湖、七宝山、许孟、街头、高泽、山阳、魏家、潮河等9处乡镇进行了视察。视察围绕乡镇党委、政府对义务教育的重视程度、教育投入和办学条件的改善、依法治教治校、学校管理水平和教育发展等方面进行。

视察肯定了各级党委、政府为实现九年义务教育所做的工作：一是各级党委、政府普遍重视了对义务教育工作的领导；二是普遍加强了对《义务教育法》的学习宣传；三是教育投入增加，办学条件得到不断改善；四是学校内部管理水平不断提高；五是中小学生流失现象得到有效控制。

视察指出了义务教育中存在的问题：一是部分领导对教育的战略地位缺乏足够认识，在实际工作中没有把教育摆到应有的位置上来抓；二是《义务教育法》的宣传还不够广泛深入；三是教育投入缺口较大，学校内部设施还很短缺；四是师资缺乏。

视察提出了搞好初级中等义务教育的建议：一是进一步提高认识，切实落实教育优先发展的战略地位；二是加大《义务教育法》的宣传力度，努力提高社会的守法意识；三是坚持多渠道筹措教育经费，切实解决好教育投入问题；四是加强教育内部管理，做好义务教育两个学段的衔接协调工作；五是抓好监督反馈，及时解决义务教育实施中出现的问题。

**视察县城饮用水水质情况** 1994年6月15日，县人大常委会根据县直人大代表关于县城饮用水严重污染，需要治理的建议，组织市县人大代表及有关部门负责人，在县人民政府副县长赵世群的陪同下，视察了县城饮用水水质情况，重点察看了目前供水的河西、却坡、大尧、昆山四处水场及严重污染水源的外贸冷藏厂、榨油厂、肉联厂等单位的排污情况，并进行了座谈讨论。

视察认为，多年来，几届县委、县政府都很重视解决县城居民的饮用水问题，职能部门采取了一系列的措施，在县城区域内水资源比较缺乏的情况下，先后建成了四处供水工程，较好地解决了近5万人的生活用水和工业用水。在解决生活用水的水质方面做了很多工作。

视察就饮用水源治理方案和资金投入问题，提出建议。治理方案：一是将重点污染源的水用管道排到水场以下，减少污染；二是较彻底的治理，即完善却坡水场二期工程，投入使用，同时将冯家坪水库的水通过暗渠汇入县城水网。资金投入可通过多种渠道筹集。

**视察农民负担管理法规贯彻实施情况** 1994年7月14日至16日，县人大常委会根据市人大常委会的部署，组织有关人员，对部分乡镇贯彻实施农民负担管理法规情况进行了视察。

视察认为，全县认真贯彻落实国务院《农民负担费用和劳务管理条例》、《山东省农民负担管理条例》（以下简称“两个条例”）及省政府宣布取消涉农负担文件的通知等，清理了涉及医院、广播、学校等部门的部分收费文件，废止了若干收费项目，停建或缓建了部分土建工程，修改了农田水利基本建设的近远期规划。

视察认为，全县减轻农民负担工作取得了很大成绩，受到农民欢迎。但在部分乡镇仍不同程度地存在着一些问题。一是受部门利益的驱动，出现了乱集资、乱收费的现象；二是事业发展，加大投入，加重了农民负担；三是“两工”管理不善。对“两工”管理，虽然采取了一些有效的措施，但部分乡镇、村仍存在为完成一项任务乱用奖罚工的做法，使劳动力之间计工不平衡，加重了部分农民的负担。

**视察乡镇企业** 1994年7月27日至28日，县人大常委会组织各主任、委员，在县委副书记李桂玲、副县长赵世群及乡镇企业局的负责人陪同下视察了洪凝、于里、七宝山、松柏、叩官、许孟、中至、王世疃、街头9处乡镇的乡镇企业。

视察认为，近几年来，在县委、县政府的正确领导和有关部门的大力支持下，经过乡镇党委、政府和乡镇企业广大干部职工的共同努力，乡镇企业在规模、速度、效益等方面都有了长足发展。

视察指出了乡镇企业发展中存在的问题：一、发展不平衡；二、资金严重缺乏；

三、投资用不到刀刃上；四、改革的力度不大，部分改制企业的经营机制还没有从根本上得到转换；五、外向型经济发展不快。

为了进一步促进乡镇企业的发展，视察提出了五点建议：一、进一步提高认识，加强领导，把乡镇企业作为“再建山上五莲”的主战场来抓；二、坚持多渠道筹措资金，加大对企业的投入；三、深化改革，切实转换企业经营机制；四、广泛寻求合作伙伴，大力发展外向型经济；五、加强培训，提高乡镇企业干部职工队伍的整体素质。

**视察食品卫生情况**　1994年8月9日至10日，县人大常委会组织部分委员在县人民政府有关部门负责人和有关执法监督人员的陪同下，对县城和洪凝、管帅、汪湖13处乡镇的食品加工、经营单位及个体商贩贯彻实施《食品卫生法》、《家畜家禽防疫条例》情况进行了视察。三个视察组先后查看了8个食品加工厂、32个饭店、4个食堂、16个食品批零商店、52个生肉品摊点、11个熟肉品摊点、32个其他食品商贩、2个生猪交易市场、11个生猪饲养户。

视察认为，全县有关单位在贯彻实施一法一条例，加强食品卫生和畜禽产品的防疫检疫方面，做了大量工作，取得了一定成绩。

视察指出，在食品卫生方面存在的问题：一是个别单位领导重视不够，从业人员食品卫生意识不强，法制观念淡薄；二是制度不完善，管理不严，三是食品卫生设施达不到要求；四是食品的采购、入库把关不严；五是市场出售生肉有漏检现象。

视察针对存在的问题，提出了搞好食品卫生工作的建议：一是要深入宣传《食品卫生法》和《家畜家禽防疫条例》，教育食品从业人员增强食品卫生意识，自觉依法经营；二是工商、防疫、兽医等部门要密切配合，强化监督管理；三是要进一步搞好畜禽及产品的防疫、检疫工作。

**检查全县安全生产**　1994年8月22日至24日，县人大常委会组织劳动、安全监察、工会、经委、商贸委、建委、公安等有关部门的负责同志，深入到30处工矿企业、乡镇企业和建筑企业，对安全生产法律、法规的贯彻落实情况进行了检查。

检查认为，全县的安全生产工作在县委、县政府的领导下，深入贯彻“安全第一、预防为主”的方针和“管生产必须管安全”的原则，经过劳动安全监察部门和各生产主管部门的共同努力，安全生产的法律法规和各项规章制度得到了较好的落实，促进了经济的发展和社会的稳定。但在安全生产工作方面，也存在着不容忽视的问题：一、个别企业领导和职工安全意识淡薄，有重生产、轻安全的思想；二、安全生产管理不平衡；三、工业企业布局不合理；四、尘毒危害没有引起足够的重视；五、企业级别的评定晋升，没有进行相应的安全生产资格考核。

检查就搞好安全生产工作，提出五点建议：一、要增强安全生产意识，各级领导要象抓生产一样抓安全，把两者放在同等重要的位置上；二、要狠抓安全机构的正常运转和规章制度的贯彻落实；三、要高度重视尘毒危害；四、对城区规划要统筹规划，合理布局；五、企业在评定和晋升级别时，要进行相应的安全资格考核。

**视察全县交通工作** 1994 年 10 月 8 日，县人大常委会组织了部分委员和市、县人大代表，会同县政府及交通部门的负责同志，分两个视察组，采取听取汇报、沿途察看、座谈评议的形式，分别对 10 处乡镇界内的县乡道路管护和规费收缴等情况进行了视察。

视察认为，五莲县历届县乡党委、政府和主管部门重视道路建设，加强组织领导，注重搞好规划，狠抓投入，实行建养结合，整个交通事业取得了很大成绩。主要表现在以下几个方面：一是交通基础建设不断加强，促进了公路硬化进程和山区经济发展；二是行业管理调整步伐加快，交通运输业有了长足的发展；二是自身建设得到进一步加强。

视察认为，全县交通事业虽取得了很大成绩，但也存在一些问题：一是部分领导干部对搞好交通工作，促进经济发展的重要性还缺乏足够的认识；二是交通规费收缴工作不够得力，征收不足，影响到县乡道路建设的投入；三是交通行政管理体制不健全，基础管理比较薄弱；四是交通队伍中文明执法、遵纪守法等方面存在一些问题，交通工作人员的整体素质和交通管理的规范化水平还有待于提高。

视察就搞好交通工作提出了建议：一是切实加强对交通工作的组织领导，加快发展全县交通事业；二是切实抓好公路建养工作；三是切实搞好交通规费征收工作；四是进一步搞好路边、路面文明建设。

**视察计划生育工作** 1994 年 11 月中旬，县人大常委会组织部分委员和代表，在计划生育部门的配合下，深入部分乡镇、村，对计划生育工作进行了视察。

视察认为，全县的计划生育工作在上级党政组织的领导下，认真贯彻落实《山东省计划生育条例》，依法管理计划生育，工作质量不断提高，成绩比较突出，先后被国家和省授予“全国计划生育先进集体”和“计划生育模范单位”称号，1993 年被国家计生委授予“全国计划生育工作先进单位”。

在视察中，发现尽管全县的计划生育工作发展势头很好，但也存在着一些问题，尤为突出的是基层计划生育经费的短缺，以及部分工作人员素质低。这些问题影响了计划生育工作的深入开展。

**调查全县农村卫生保健工作** 1995 年 8 月上旬，县人大常委会组成人员到街头、于里、院西等乡镇卫生院和部分村卫生室，就乡村卫生保健工作情况进行了调查。

调查弄清了农村卫生保健组织的现状，调查认为，全县的乡村卫生保健工作，在各级党委、政府的领导和卫生系统干部职工的积极努力下，各项工作取得了显著成绩。一、初级卫生保健工作顺利达标；二、乡镇卫生院整体水平不断提高；三、乡村卫生管理取得了显著成效；四、预防保健工作效果显著。

调查指出了农村卫生保健工作中存在的问题：一、房屋破旧，不适应卫生工作的要求；二、医疗设备简陋落后，不适应群众看病治疗的需要；三、医院所有制不统一，影响了部分职工的积极性；四、人才缺乏，部分医院难以为继；五、经费来源无保证，预防保健工作受到影响；六、部门工作不理顺，造成浪费和引起群众的不满；七、统管政策不落实，造成村级卫生工作发展不平衡。

为搞好农村卫生保健工作，调查提出了四点建议：一、各级领导必须充分认识乡村卫生保健工作在社会事业中所占的地位和作用，切实加强对乡村卫生保健工作的领导；二、对乡村卫生保健工作中存在的困难和问题，应通过不断深化改革，完善有关政策，切实加以解决，确保乡村卫生行政、预防、保健、医疗工作的正常运行；三、卫生行政主管部门应进一步强化措施，加强乡村卫生工作的管理及卫生队伍的建议；四、对乡镇卫生院的设置应进行长远规划，合理布局，统筹安排。

**调查全县个体私营经济发展情况** 1995年11月，县人大常委会财经委会同县工商局的人员，对全县发展个体私营经济的情况进行了调查。

调查认为，全县个体私营经济在县委、县政府经济发展战略方针的指导下，经过各级党组织的努力和工商等主管部门的引导扶持，有了较快发展，主要特点是：总量发展明显加快，资金投入大幅增加，行业领域不断拓宽，规模经营已见成效。

调查分析了个体私营经济发展中存在的问题及原因。存在的问题是，从总量上看，仍然是总量不足；从规模上看，小本小利的多，个体工商大户少；从产业布局上看，行业结构不合理，区域性不平衡；从人员素质上看，文化层次低，经营思路不开阔。存在这些问题的原因，一是思想观念仍未得到根本转变；二是配套措施不到位；三是外部环境优化不够。

为推动全县个体私营经济的健康发展，调查提出了四点建议：一是提高认识，引导发展，使社会各界对个体私营经济有一个全面正确的认识和客观公正的评价；二是各级政府要象抓国有和集体经济一样抓个体私营经济发展；三是制定政策，鼓励个体私营经济发展；四是改善环境，保障个体私营经济发展。

**视察乡镇企业** 1996年6月26日至27日县人大常委会组织各位主任、委员，在县委副书记周家富、县政府副县长王世平及乡镇企业局负责人的陪同下，对洪凝、于里、七宝山、松柏、街头、王世疃、管帅、石场、许孟、院西10处乡镇29个企业的发展情况进行了视察。

视察认为，近几年来，在县委、县政府的正确领导和有关部门的大力支持下，经过乡镇党委、政府和乡镇企业广大干部职工的共同努力，乡镇企业在规模、速度、效益等方面都有了长足发展，出现了良好的发展势头。

视察认为，全县乡镇企业工作虽然成绩很大，但工作中仍存在一些问题：一、发展不平衡；二、资金严重短缺，新建、技改项目资金到位率低，制约着一些该达产的技改、扩大规模的项目迟迟上不去；三、产品结构不合理。

视察针对存在的问题，提出了建议：一、加强教育，深化认识，促进乡镇企业的大发展；二、采取有效措施，继续加大对骨干企业的投入；三、选用、引进人才，提高产品科技含量；四、加强管理，提高效益；五、适应形势，既要开拓市场，又要稳定市场。

**视察商贸流通工作** 1996年10月7日，县人大常委会的部分主任及有关委室负责人对全县商贸流通工作进行了视察，重点察看了县五金公司、面粉厂、工业品公司、燃料公司、木材公司、金属回收公司6处商贸企业生产经营和院西乡生猪定点屠宰情况。最后，听取了县商贸委关于全县1至9月份商贸流通工作情况的汇报。

视察认为，商贸委自1993年12月份改建以来，很好的履行了管理组织商贸流通的职能，在理顺关系，加强领导，协调布局全县第三产业，加强对流通工作宏观管理和指导方面做了大量的卓有成效的工作，促进了全县流通工作的全面发展。

视察认为，当前，全县商贸流通工作中，仍然存在一些困难和问题。反映在流通环节上，主要是企业经营资金严重短缺，致使规模上不去；第三产业与第二产业比重仍然偏低；商贸系统的历史包袱沉重；各项增支因素不断增加等。在商办工业的发展方面，主要是资源优势仍然没有得到较好的发挥，龙头带动力较弱。

视察针对存在问题，提出了建议：一要进一步增强发展第三产业的紧迫感；二要全力支持商办工业企业的发展；三要大力抓好个体私营经济的发展；四要加强商贸流通企业的内部管理，提高服务水平。

**视察全县畜牧业生产情况** 1996年10月24日至25日，县人大常委会组织部分主任、委员在县政府分管副县长和农委、畜牧中心负责人的陪同下，对许孟、院西、高泽、中至、罗圈、山阳、户部、叩官、潮河、魏家10处乡镇的畜牧业生产进行了视察。

视察认为，在县委、县政府的正确领导下，1996年全县的畜牧业生产有了较大发展，畜禽饲养量、养殖规模、科技水平、经济效益均创历史最高水平。一、畜牧业生产规模进一步扩大；二、养殖小区建设进一步加快；三、科技含量进一步提高；四、激励政策进一步完善。

视察在充分肯定成绩的同时，认真分析了畜牧业生产中存在的问题,并对今后加快全县畜牧业发展提出了建议：一、进一步提高对畜牧业生产的认识，促进全县畜牧业快速平衡发展；二、强化服务，抓好龙头带动；三、认真组织开展好“97 畜牧效益年”活动；四、进一步加大科技兴牧、依法治牧的工作力度。

**检查全县食盐专营工作**　1997 年 4 月 17 日，县人大常委会组织部分副主任、委员，以及县人民政府分管副县长和盐务局、公安局、工商局、卫生局、技术监督局、国税局、地税局等部门的负责人，对全县食盐专营情况进行了重点检查。

检查认为，在各级党委、政府的领导和盐务部门的努力下，全县食盐专营工作开始步入正规化、法制化的轨道，全社会对食盐专营和食用碘盐的认识进一步提高，但也存在着不容忽视的问题：全县有 40%以上的农户家庭食用无碘私盐，有些甚至是含有有害物质的工业盐，不仅造成国家盐税的大量流失，也严重威胁着人民群众的身体健康，干扰了碘缺乏病的防治工作。造成上述问题的原因主要是：第一，由于宣传力度不够，个别单位和领导对食盐专营和碘盐防病治病的道理认识不高，不少群众不了解食用无碘盐造成的危害而图便宜购买私盐；第二，打击力度不够，盐政执法力量薄弱，致使大量无碘私盐进家入户；第三，私盐大量涌入，冲击了盐业市场。

检查针对存在的问题，提出以下建议：一、要提高认识，增强食用碘盐和食盐专营工作的责任感和紧迫感；二、要广泛宣传，提高全社会食用碘盐和抵制私盐的自觉性；三、要加大执法力度，依法规范食盐专营市场。

**检查《山东省农业机械管理条例》贯彻实施情况**　1997 年 6 月 13 日，县人大常委会组织部分主任、委员和委室的负责人，在县农委、县农机中心负责人的陪同下，对全县贯彻实施《山东省农业机械管理条例》的情况进行了检查。先后察看了 4 处乡镇的农机大院、小麦联合收割作业、农机站和县农机公司，听取了县农机中心关于贯彻实施条例情况的汇报，最后进行了集中讨论审议。

检查认为，近年来，县农机管理部门采取有力措施，狠抓农机法规的学习、宣传和贯彻落实，通过依法治机，促进了全县农机管理工作和农机化水平的不断提高。

检查在肯定成绩的同时，也分析了存在的困难和问题：一是全社会对农机管理的法律地位认识不足，对全县农机化工作重视程度不够；二是农机管理执法力度有待于进一步加大；三是对发展农业机械的资金投入不足；四是全县农业机械的利用率不够高。

检查针对以上问题，提出了建议：一是要进一步提高全社会对发展农业机械重要性的认识；二是要不断提高全县农机执法人员的法律意识，努力提高农机执法水平；三是搞好农机规划和分类指导，不断提高全县农机化水平；四是要进一步加大对农机的资金扶持力度，引进和推广更多的优良农机具；五是要强化农机的管理与服务，切实提高农机利用率。

**视察畜牧业生产** 1997年9月，县人大常委会部分主任、委员在分管副县长、县农委和畜牧中心负责同志的陪同下，对户部、松柏、许孟、院西、汪湖、管帅、于里、罗圈、石场、杜家沟10处乡镇的畜牧业生产进行了视察，听取了县畜牧中心负责同志对全县畜牧生产的情况汇报，进行了讨论审议。

视察认为，1997年以来，全县各级把畜牧业生产作为发展农村经济的支柱产业和增加农民收入的主要措施来抓，围绕“二次”创业，广泛深入地开展了“畜牧效益年”活动，抓住了农民增产增收的突破口，使整个畜牧业生产出现了前所未有的好局面。

视察认为，全县的畜牧业生产还存在一些问题：畜牧业产业化进展缓慢，产业优势有待于尽快形成；龙头企业带动乏力，没有真正起到龙头作用，少辐射功能，制约了畜牧业的发展；畜牧业生产资金缺口较大，科技推广经费明显不足，先进技术信息、良种市场信息、产品价格信息、发展态势信息的掌握和运用相对滞后；千家万户的庭院养殖渐失优势、缺乏活力。

视察对今后全县畜牧业生产提出建议：一是大力推进畜牧业产业化进程；二是抓好基础，加快发展；三是抓好畜牧科技推广；四是动员社会力量，齐心协力，共同促进畜牧生产发展；五是坚持以法治牧，确保畜牧业生产健康发展。

## 第六节 五莲县第十四届人大常委会期间

（1998.01–2003.01）

**检查乡镇卫生院改貌建设情况** 1998年5月12日，县人大常委会各主任在县政府分管副县长和县卫生局负责人陪同下，到中至、于里、管帅、许孟、院西5处乡镇，对乡镇卫生院改貌建设情况进行了检查。

检查认为，自1997年以来，全县各级按照省委、省政府提出的2000年前全部完成乡镇卫生院改貌建设任务和县政府制定的《五莲县乡镇卫生院改貌建设三年规划》要求，乡镇卫生院改貌建设已初步展开，并取得了一定成绩。

检查指出，从总体上看，乡镇卫生院改貌建设存在着起点低、进展慢、发展不平衡的问题。

检查针对存在的问题，提出建议：一是要提高认识，加强领导，确保如期完成乡镇卫生院改貌建设任务；二是拓宽筹资渠道，解决资金困难；三是要加大督查力度。

**视察城区道路交通管理情况** 1998年5月18日，县人大常委会各主任、驻会委员在县政府分管副县长和公安局、交警队负责人陪同下，对五莲县城区交通安全设施和管理情况进行了视察。

视察认为，近年来，五莲县城区道路交通工作在县委、县政府的正确领导和广大公安交警的积极努力下，取得了很大成绩，城区道路交通设施建设从无到有，得到了逐步完善和发展；人民群众的交通安全意识明显提高，交通违规现象逐渐减少；城区道路交通管理工作日趋规范，树立了公安交警良好的社会形象，为推动城区道路交通秩序，促进全县“两个文明”建设发挥了重要作用。但是，城区交通安全状况仍存在着不少困难和问题：一是随着改革开放和经济的发展，县城区人流、车流量迅速增加，尤其是机动车增长迅猛（高于全省平均增长幅度），给城区交通安全管理增加了难度；二是城区整体布局不够合理，道路狭窄，人车平面混行，有些路段时有交通拥挤阻塞和事故发生；三是城区道路被商业摊点挤占严重；四是城区交通设施不健全；五是公安执勤交警力量不足，制约了城区道路交通的管理。

视察针对存在的问题，提出了建议：一是进一步强化对城区群众的交通安全教育；二是努力改善城区交通环境；三是进一步强化交通管理；四是进一步强化城区交通秩序的综合治理。

**视察全县再造林果优势情况**　1998年7月9日，县人大常委会组织部分主任、委员在县政府分管副县长和林业局负责人陪同下，对全县再造林果优势情况进行了视察。视察认为，近年来，县委、县政府的正确领导和广大人民群众的共同努力，全县林果生产有了较快发展，取得了初步成效。

视察中也发现了林果生产中存在的问题和不足。主要是有些乡镇没有按照“退二进一”、“先进后退”的方针发展林果生产，退的多，进的少，有些甚至只退不进，发展缓慢；有些果园管理措施粗放，肥水跟不上，新技术得不到及时推广和应用；有些引进品种纯度不够，品牌质量低，规模效益差；林果经营体制落后，流通、储藏、加工能力低。

视察针对存在的问题，提出了建议：一是要加快林果发展步伐，大力发展林果生产；二是要高度重视林果质量问题，实现林果生产由数量型向质量效益型的转变；三是尽快建立集果树良种引进、繁育、鉴定、推广、示范于一体的林果苗木基地和适应于果品生产发展规模的果品专业批发市场；四是要切实加强林果管理，推动林果生产上水平。

**检查城市美化、绿化、净化情况**　1998年7月，县人大常委会组成人员，采取听汇报，看现场，综合评议的方法，对全县贯彻实施《城市规划法》和城市美化、绿化、净化情况进行了全面检查。

检查认为，县委、县政府十分重视《城市规划法》的贯彻实施和县城的美化、绿化、净化工作，通过各方面的积极工作，取得了较大成绩。一是认真贯彻实施《城市规划法》。加强了《城市规划法》的宣传；制订了新一轮县城总体规划；加强了规划的管理；进一步加强了规划工作的领导。二是城市美化、绿化、净化的规划设计水平提高，建设步伐加快、管理工作加强。

检查发现在贯彻实施《城市规划法》和城市美化、绿化、净化工作中存在的困难和问题，分别向县政府及有关部门提出了进一步加强领导，强化措施，认真贯彻实施《城市规划法》和进一步搞好城区美化、绿化、净化工作的建议意见。

**视察全县乡镇企业情况** 1998年8月7日，县人大常委会组成人员在县政府分管副县长和乡镇企业局负责人的陪同下，对全县乡镇企业的生产经营情况进行了视察。

视察认为，1998年以来，在县委、县政府的领导下，全县乡镇企业呈现出良好的发展势头。一是各级领导靠得紧、抓得实；二是不断加大投入，企业发展后劲明显增强；三是坚持扶优扶强，骨干企业不断壮大；四是全面深化改革，激发了企业活力。

视察发现乡镇企业面临的困难和存在的问题：一是资金严重短缺，制约了企业的发展；二是产品降价影响企业效益；三是受东南亚金融危机影响，外向型企业产品出口势头减弱；四是企业管理粗放的问题仍然没有从根本上得到解决；五是乡镇企业发展不够平衡，乡镇与乡镇之间差距拉大。

视察就今后加强乡镇企业的发展提出了建议：一是正确处理加强农业基础地位与大力发展乡镇企业的关系，坚定不移地把乡镇企业摆在全县农村工作的首位；二是正确处理新上项目与管好现有企业的关系，在下大气力管好现有企业的同时，大力兴办新企业；三是正确处理速度与效益的关系，在提高效益的前提下，重视企业的发展速度；四是正确处理资金短缺与盘活现有存量资产的关系，最大限度地减少“两金”占用；五是正确处理改革与发展的关系，以改革促发展。

**关于对1998年上半年国民经济计划等工作情况的审议意见** 1998年8月18日，县十四届人大常委会第五次会议，听取并审议了县人民政府关于上半年国民经济计划、财政预算执行情况和县属工业运行情况的汇报，会议提出了审议意见。

会议认为，1998年上半年全县围绕县委、县政府确定的经济工作四大战略重点，努力推进两个根本性转变，全县经济建设和社会各项事业取得了较大成绩。

会议指出全县经济运行中出现的困难和问题：农副产品价格持续低迷，农民增收难度加大；工业生产增速缓慢；受东南亚金融危机影响，外贸出口和利用外资受到很大制约；结构调整力度不够。

会议针对存在的困难和问题，提出了建议：一、切实抓好秋季农业生产，确保农业增产，农民增收；二、切实加强县属工业的领导和管理，不断提高工业企业运行质量和经济效益；三、强化财政预算约束，确保全年收支任务的完成；四、坚持放开搞活，狠抓第三产业和个体私营经济发展。

**视察全县企事业单位推行政务财务公开工作情况**　1998年11月11日至13日，县人大常委会组成人员利用3天时间，对全县推行政务财务公开工作情况进行了视察。这次视察，首先用2天的时间分别召集县直有关部门和企事业单位负责人、有关方面人员及市、县人大代表参加的座谈会，围绕政务财务公开工作开展情况进行了座谈；在此基础上，专题听取了县监察局的全面情况汇报；又集中1天时间到国税局、民政局、减震器总厂、许孟镇政府等乡镇、部门和单位进行了重点视察；并结合走访代表了解情况，对政务财务公开工作进行了认真的讨论和审议。

视察认为，县委、县政府在全县机关企事业单位推行政务财务公开工作，由于认识到位，措施到位，取得了明显效果。一是政务财务公开工作初步走上了规范化、制度化的轨道；二是密切了党群干群关系，促进了社会稳定和各项事业的发展；三是加强了机关民主法制建设，提高了工作效率和服务水平；四是减少了非生产性开支，遏制了铺张浪费行为。

视察也发现了一些问题，在领导方面，有少数单位主要负责人在认识上不到位，整个公开工作发展不够平衡，有的公开数字与帐务不符等；在干部群众反映方面，主要是怕一阵风，虎头蛇尾。

视察就下步做好政务财务公开工作提出了建议：一是切实提高全社会尤其是单位“一把手”对政务财务公开工作重要性的认识；二是把公开的重点放在自收自支的事业单位；三是公开工作应持之以恒，常抓不懈，从实际出发，注重实效；四是要继续建立健全并落实好各项规章制度。

**视察卫生防疫及食品卫生工作**　1999年7月13日，县人大常委会部分组成人员同县政府分管副县长及卫生防疫、工商、技监等部门负责人和部分执法人员一起，对全县卫生防疫及食品卫生工作情况进行了视察。视察分两个组进行，先后深入到三中食堂、惠舒园宾馆、罗山商场等16处食品生产经营单位，现场查看了卫生防疫情况，听取了卫生防疫主管部门的工作汇报，最后进行了集中评议。

视察认为，近年来，全县各级普遍重视卫生防疫及食品卫生工作，积极贯彻落实传染病防治法、食品卫生法、公共场所卫生管理条例等法律法规，进一步加大执法力度，强化工作措施，有力地促进了全县卫生防疫及食品卫生工作的深入开展。

视察中也发现了一些不容忽视和亟待解决的问题。一、部分食品经营单位的领导和从业人员法制观念和食品卫生意识仍较淡薄，对搞好食品卫生工作重要性认识不足；

二、部分食品生产经营者存在无证非法经营或无证上岗现象；三、职能部门执法的力度有待于进一步加强；四、企业职工食堂卫生管理不规范，脏、乱、差现象严重，直接影响着职工的生产和生活；五、各级对群众性除害防病活动重视不够。

视察针对发现的问题，提出建议：一要切实强化食品卫生法律法规的学习宣传力度；二要进一步加大执法力度，强化监督管理；三要突出工作重点，抓好重点饮食单位和场所的卫生监督；四要善于抓好正反两方面的典型。

**关于对1999年上半年计划、财政工作情况的审议意见** 1999年8月18日，县十四届人大常委会第十二次会议，听取并审议了县政府上半年国民经济及社会发展计划执行情况、财政预算执行情况的汇报，提出了审议意见。

会议认为，1999年上半年，在县委、县政府的领导下，进一步落实启动内需的各项政策措施，不断加大改革开放力度，着力提高经济运行的质量和效益，全县经济保持了稳步发展的态势。

会议在充分肯定成绩的同时，分析了经济运行中存在的矛盾和问题，并就工作中的不足提出了建议。一是各级要正确分析和把握当前的经济形势；二是加大技改投入，增强企业发展后劲；三是加大企业改革力度，增强企业生存和竞争能力；四是正确处理农民增收与减负的关系；五是切实加强财源建设，确保财政收支平衡。

**视察林果生产** 1999年9月29日，县十四届人大常委会第二十四次主任会议，听取了县政府关于林果生产情况的汇报，并深入到潮河、魏家、王世疃、街头4处乡镇，现场察看了部分果园、苗圃、林场。

视察认为，1999年以来，县委、县政府把林果生产作为全县农村经济的支柱产业来抓，认真落实果业发展三年规划，思路清晰，措施得力，已取得了明显成效。一是以建设优质密植果园为主的造林绿化步伐加快；二是果园管理科技水平显著提高；三是苗木等林果生产基地建设得到加强；四是引资项目进展顺利。

视察分析指出在发展林果生产中存在的问题：一是规划落实不够有力；二是果园管理水平有待提高；三是科技投入仍然不足。

视察就搞好林果生产提出了建议：一是统一认识，狠抓落实，确保果业发展三年规划的顺利完成；二是完善政策，加大措施，大力提高果园管理水平；三是开展“双争双引”，加大科技投入，为林果发展增添后劲；四是培育市场，强化流通，加快林果产业化进程；五是组织力量，科学论证，抓好林果“十五”规划的制定。

**视察城区交通管理工作** 2000年3月29日，县人大常委会组成人员在县政府和公安、交警、城建、工商等部门负责人陪同下，对五莲县城区交通管理工作进行了视察。视察人员先后察看了莫家庄子十字路口、金沙商场路口、舜尧街路口和丝绸公司附近路口等几处重点路段，听取了县交警大队工作汇报，最后进行了集中讨论审议。

视察认为，近年来，五莲县城区交通管理工作在县委、县政府的正确领导和社会各界的关心支持下，经过广大公安交警的积极努力，取得了很大的成绩，城区交通管理工作逐步完善和发展，城区居民的交通安全意识普遍提高，交通基础设施不断健全，各种违章现象逐渐减少。

视察指出，五莲县城区交通管理工作也存在差距和问题，具体表现为：一是机动车增长迅猛，给城区交通管理工作增加难度；二是城区整体布局不够合理，道路狭窄，人车平面混行，人行道被商业摊点占用现象严重；三是主要繁华路段没有固定停车场，交通设施不完善；四是职能部门之间协调不够，使城区交通管理力度受限。

视察针对存在的问题，提出建议。一要进一步提高认识，不断强化交通管理宣传教育；二要进一步加强执法队伍建设；三要进一步加大投入，努力改善城区交通环境；四要进一步加强城区交通综合治理。

**对《社会保险费征缴暂行条例》贯彻执行情况的审议意见** 2000年3月，县人大常委会组织有关委室人员深入到主管部门及黄金公司、纺织公司、钢球厂、酒厂等企业，就《社会保险费征缴暂行条例》（以下简称条例）贯彻执行情况进行调查的基础上，3月23日，主任会议专题听取并审议了贯彻执行“条例”情况的汇报，提出审议意见。

会议认为，“条例”贯彻实施以来，全县各级高度重视，切实加强领导，落实措施，取得一定成绩。一是学习宣传的力度进一步加大；二是劳动保障基础工作扎实有效；三是社会保险费的收缴工作全面展开；四是社会保险体系得到加强。

会议指出了在贯彻执行“条例”中存在的一些问题。一是条例的学习宣传不够深入，对社会保险认识不到位；二是保险费拖欠现象严重；三是社会保障能力趋弱。

会议针对存在的问题，提出建议。一是各级领导要重视和支持社会保险费的征缴工作；二是将社会保险费征缴列入目标责任制考核；三是坚持依法行政，进一步加大社会保险费的征缴力度；四是全社会要积极参与社会保险；五是建议县政府在保险机构办公经费上给予支持。

**关于全县房地产管理和住房制度改革情况的审议意见** 2000年4月18日，县十四届人大常委会第十六次会议听取并审议了县政府关于全县房地产管理和住房制度改革情况的汇报，提出审议意见。

会议认为，近年来，全县房管房改工作在县委、县政府的正确领导和职能部门的积极努力下，认真贯彻上级房管房改工作的政策和有关法律法规，全县房地产管理工作逐步走向了规范化、制度化轨道，为促进全县经济及社会公益事业的发展发挥了重要的作用。

会议在充分肯定全县房管房改工作取得成绩的同时，也指出了存在的问题和不足。具体表现为：一是有些单位对房管房改工作还不够重视，认识不够到位，严格执行房改政策、推行房改措施不够得力；二是有的企事业单位的领导法制观念淡薄，不能严格执行房改政策规定；三是没有享受房改优惠政策购房的干部职工反映较大，要求对其住房问题给予关心。

会议针对存在问题提出了建议：一、进一步加大房地产有关法律法规和政策的宣传力度；二、尽快研究停止福利性分房后的相关政策；三、积极做好房改房再交易的政策制定；四、进一步加强执法队伍建设。

**视察全县乡镇企业和个体私营经济发展情况** 2000年5月16日，县人大常委会组成人员在县长崔亮、副县长杜光亮及乡镇企业局、工商局等部门负责人的陪同下，视察了全县乡镇企业和个体私营经济发展情况。视察组先后到街头镇石材工业小区、汽车灯具厂和日照车辆制造总厂等企业察看了这些企业的生产经营情况和分别听取了他们的情况介绍，然后听取了县政府关于全县乡镇企业和个体私营经济发展情况的汇报，最后进行了集中讨论审议。

视察认为，2000年以来，在县委、县政府的正确决策和组织领导下，全县乡镇企业和个体私营经济有了新的发展，出现了好的发展态势。一是加强了对乡镇企业和个体私营经济的组织领导；二是加大了投入和科技开发力度；三是乡镇企业改制基本完成。

视察指出乡镇企业和个体私营经济发展中存在的困难和问题：一是个别乡镇对发展乡镇企业和个体私营经济认识不到位、重视程度不够；二是受资金短缺以及产品档次低、质量差等因素影响，乡镇企业效益普通下滑；三是发展个体私营经济的许多优惠政策没有得到很好的贯彻落实；四是个别企业改制后实现利润、税收普遍下降，存有不同程度地偷、漏税问题。

视察就存在的问题，提出了建议：一是进一步加强宣传，提高各级对发展乡镇企业和个体私营经济重要性的认识；二是进一步加大投入和科技开发力度；三是进一步加快小城镇建设步伐；四是进一步强化服务引导，落实优惠政策，为乡镇企业和个体私营经济创造优越的发展环境。

**视察民营经济** 2001年6月底，县人大常委会组成人员与县人民政府分管副县长和乡镇企业局、工商局等部门负责人一起，对全县民营经济发展情况进行了视察，现场查看了洪凝、街头、高泽等乡镇民营企业运行情况，听取了县政府关于全县民营经济发展情况的汇报，并进行集中审议。

视察认为，2001年以来，县委、县政府把民营经济作为经济发展的重要增长点，加强领导，积极扶持，优化政策，狠抓落实，各职能部门密切配合，全县上下积极参与，民营经济呈现出强劲的发展势头。

视察就加快全县民营经济的发展，提出了建议：一、要进一步提高认识，切实加强对民营经济工作的领导；二、要加快推进民营经济园区建设；三、要不断加大资金投入和科研开发力度，提升民营企业运行质量；四、要进一步完善优惠政策，充分发挥政策的激励和引导作用；五、要重视加强民营企业家队伍建设。

**对2001年上半年计划、财政执行情况的审议意见**　2001年8月22日，县十四届人大常委会第二十五次会议听取并审议了县政府关于上半年国民经济和社会发展计划执行情况、财政预算执行情况的汇报，提出了审议意见。

会议认为，上半年，全县上下在县委、县政府的领导下，紧紧围绕“十五”计划纲要，积极落实各项政策措施，不断加大改革开放力度，着力提高经济运行质量和效益，全县经济保持了良好的发展势头。

会议分析了计划和经济运行中存在的困难和问题：农业基础比较薄弱，农业结构不尽合理；工业生产资金严重短缺；全县财政形势受地方税收进度缓慢，乡镇财政之间差距拉大及政策性增资等各种刚性支出的影响，实现全年收支平衡难度很大；部分经济计划和指标制订过高，落实困难。

会议针对存在的问题，提出建议：一、要继续加大对企业调控监管力度，不断增强企业发展活力；二、要继续加快农业结构调整步伐，确保农民增收；三、要继续加大城市规划管理力度，严格执行城市规划法规；四、要继续加强财源建设，确保财政收支平衡。

**视察林果生产**　2001年9月26日，县人大常委会组成人员在县人民政府分管副县长和林业局负责人陪同下，对全县林果生产情况进行了视察。视察过程中，察看了洪凝、于里和县园艺场的林果生产情况，听取了县政府关于全县林果生情况的汇报，最后进行了集中审议。

视察认为，2001年以来，县委、县政府继续把林果生产作为农村经济的支柱产业来抓，加强领导，落实措施，积极带领全县人民大搞治山整地、植树栽果，使全县林果生产迈出了新的步伐。

视察分析指出了林果生产发展中存在的不足和问题：一是生态林建设亟待加强；二是苹果面积不断减少；三是果园管理水平有待提高；四是科技投入仍然不足。

视察针对存在的问题，提出建议：一是提高认识，明确林果发展的思路和方向；二是认真搞好封山育林和护林防火；三是下大力气抓好果园管理；四是完善林果发展政策，增强林果发展活力和后劲；五是培育市场，强化流通，加快林果产业化进程。

**关于 2002 年上半年计划、财政预算执行情况审议意见** 2002 年 8 月 2 日，县十四届人大常委会第三十一次会议听取并审议了县政府关于上半年国民经济和社会发展计划执行情况、财政预算执行情况和工业经济运行情况的汇报，并认真进行了审议。提出审议意见。

会议认为，上半年，全县上下在县委、县政府的正确领导下，坚持以“学胶南、赶胶南、解放思想促发展”活动为总抓手，突出工业经济、招商引资和民营经济三大重点，开拓创新，真抓实干，全县国民经济和社会事业保持了良好的发展势头。

会议分析指出了经济运行中存在的一些矛盾和问题，主要是：农村经济增长点少，农民增收困难；部分企业运行质量不高，经济效益不够理想，特别是商贸流通企业没有走出困境；招商引资力度需进一步加大，大的项目落实较少，利用外资相对不多；财政状况不容乐观，财政收支矛盾较为突出。

会议提出了建议：一、各级要正确分析和把握当前的经济形势；二、要加快农业结构调整步伐，确保农业增效，农民增收；三、要不断加大对企业调控监管力度，切实增加企业发展活力；四、要进一步加大招商引资力度，增强经济发展后劲；五、要加强财源建设，确保财政收支平衡。

**视察全县烟草生产经营情况** 2002 年 8 月 5 日，县人大常委会各主任在县政府分管副县长及烟草公司负责人的陪同下，对高泽、许孟、汪湖、于里、中至等乡镇的黄烟生产、收购及烟草专卖情况进行了视察，并听取了烟草公司负责同志的汇报。

视察认为，2002 年全县的黄烟生产在县委、县政府的正确领导下，烟草专营部门和有关乡镇不断加大工作力度，大搞科技兴烟，在黄烟的种植、加工、收购、专营等方面取得了显著的成绩。黄烟的生产、经营主要有三个突出特点：一是各级重视，切实加大了黄烟种植结构调整力度；二是坚持科技兴烟，不断加强了黄烟的种植管理和技术服务；三是严格标准质量，黄烟收购有序进行。

视察认为，黄烟生产是富民、富乡、富财政的高效产业，全县各级要进一步提高认识，加大扶持力度，促使 2003 年黄烟生产再上新台阶。一要深入搞好宣传，提高烟农生产的积极性；二要及早落实 2003 年黄烟栽植面积；三要进一步搞好资金扶持和技术服务，大力培植中上等烟；四要继续保持规范高效的收购秩序。

**视察全县招商引资工作** 2002 年 10 月上旬，县人大常委会组成人员在县政府分管副县长、县招商局负责人的陪同下，对全县的招商引资工作情况进行了视察。视察过程中，听取了县政府关于全县招商引资工作情况的汇报，看了锦红工艺品厂、佳展塑胶厂和街头镇的工业企业，最后进行了集中讨论审议。

视察认为：2002 年，全县的招商引资工作出现了较好的发展势头。一是全县各级高度重视，切实加强了对招商引资工作的领导；二是建设工业园区，筑巢引凤，为招商引资工作提供了载体；三是制定实行优惠政策，创造适宜发展的软环境，增强了对外资的吸引力；四是不断拓宽招商引资渠道，积极推进了项目落地。

视察指出了招商引资工作中存在的不足和问题。一是发展不平衡；二是投资的软环境建设需要进一步加强；三是由于种种原因，县里制定的招商引资奖励政策迟迟没有兑现，不利于调动干部群众的积极性；四是引进大项目、外资项目、高科技项目少。

视察针对存在的问题，提出建议：一是进一步提高认识，再接再厉，掀起招商引资工作的新高潮；二是进一步优化投资环境，增加对项目和外资的吸引力；三是进一步拓宽引资渠道，突出重点，全面推进，扎扎实实地抓好项目落实；四是进一步完善工作机制，加大力度，确保全县招商引资持续发展。

## 第七节　五莲县第十五届人大常委会期间

（2003.01–2007.12）

**视察城区综合治理情况**　2003年6月11日，县人大常委会组成人员在县政府分管副县长和县城建局主要负责人的陪同下，对城区综合治理情况进行了视察。视察过程中，先后深入到电影院、汽车站、利民药店、电厂路自由市场，实地察看了城区综合治理情况，听取了城建局工作情况汇报，并进行了集中讨论审议。

视察认为，2003年以来，县委、县政府把城市建设作为全县六项工作重点之一，坚持规划、建设、管理同步，净化、绿化、美化、亮化和秩序化并举，采取有力措施，不断加大工作力度，深入开展了城区环境卫生综合整治活动，取得了显著成效。

视察指出了存在的不足和问题，主要是：部分单位存有“应付”思想，统一管理不到位，“门前三包”治理落实标准不够高；城区居民环境卫生意识不强，随地吐痰、乱扔乱倒等不良现象普遍存在；城区管理长效机制没有得到进一步确立，“反弹”现象极易发生。

视察针对发现的不足和问题，提出建议：一、切实提高思想认识，把城区综合治理活动不断引向深入；二、不断加大综合治理力度，进一步净化、美化城区环境；三、突出山城特色，完善城市功能，不断提升城市品位；四、进一步充实执法力量，构建长效机制。

**对2003年上半年计划、财政预算执行情况的审议意见**　2003年8月19日，县十五届人大常委会第五次会议，听取了五莲县2003年上半年财政预算执行情况的汇报，经过审议，提出审议意见。

会议认为，2003 年上半年，县政府及有关部门以经济建设为中心，大力实施“工业强县、开放兴县、生态建县”三大战略，突出抓好发展工业、招商引资、民营经济、城市建设、旅游开发和农业产业化六大重点，进一步解放思想，加快发展，全县国民经济和社会各项事业继续保持了良好的发展势头。

会议指出了在国民经济和社会各项事业发展中存在的困难和问题，主要是：农业和农村经济发展基础薄弱，生产水平不高，农民增收困难；部分工业企业运行质量不够理想；经济发展软环境还有待进一步优化；民营经济发展相对滞后。

会议就确保完成全年计划和财政预算任务，提出建议：一是加快推进农业产业化、标准化进程，切实增加农民收入；二是深入开展工业“二次”创业，提高工业运行质量和效益；三是进一步加大招商引资力度，实现经济跨越式发展；四是加强财源建设，确保财政收支平衡。

**检查全县封山育林工作情况** 2004 年 5 月 9 日，县人大常委会组成人员对全县封山育林情况进行了检查。先后实地察看了户部、叩官等乡镇的封山育林现场，听取了县林业局负责人的汇报，最后进行了集中讨论审议。

检查认为，2004 以来，县委、县政府把封山育林作为加快“生态建县”步伐的重要举措，坚持一手抓造林，一手抓封护，加强领导，强化措施，明确责任，稳步推进，全县的封山育林工作取得了显著成效。全县上下对封山育林的认识有了明显提高；封山护林网络管理体系得到进一步理顺；封山护林措施实现了创新；林业建设步伐明显加快；林业资源保护扎实有效，推动了全县经济及社会事业的快速协调发展。

围绕更快更好地推进封山育林工作，提出了五点建议：一是继续加大对封山育林的宣传力度，进一步提高全民的造林护林意识；二是认真落实封山护林措施，真正做到有法必依，执法必严；三是相应地设立封山育林基金，从源头上提高封山育林的成效；四是建立领导责任追究制度，保证生态建县战略落到实处；五是加大对西北部荒山绿化的力度，大力实施荒山绿化带帽工程，认真搞好绿化和管理。

检查形成的《关于检查全县封山育林情况的报告》，受到县委的重视。县委书记崔亮批示：封山育林是一项为子孙着想的好事，请各级认真落实各项建议，抓实、抓好，把好事办好。县委办公室转发该报告。

**视察全县民营经济发展情况** 2004 年 5 月 18 日，县人大常委会组成人员对全县民营经济发展情况进行了视察。视察人员先后到汪湖、高泽、洪凝、街头四处乡镇实地察看了民营经济发展情况，并听取了县政府关于全县民营经济发展情况的汇报，最后进行了集中讨论审议。

视察认为，2004 年以来，县委、县政府把发展民营经济作为全县六大工作重点之一，坚持政策激励、基地带动、招引项目一齐上、内资外资一起抓，民营经济呈现出强劲的发展势头。一是全县各级发展民营经济的热情十分高涨；二是工业基地建设步伐加快；三是各级民营经济发展服务的质量和水平进一步提高；四是招商引资成效显著。

视察围绕更快更好地发展民营经济提出了建议：一、把工业基地建设作为民营经济发展的重要载体，不断提升档次规模，鼓励民营企业进基地投资建设，尽快形成产业集约、带动作用强的工业发展基地；二、进一步加大对骨干龙头企业的扶持力度；三、进一步优化发展环境；四、不断创新民营企业激励机制。

**视察全县旅游工作** 2004 年 6 月 1 日，县人大常委会组成人员在县人民政府分管副县长和五莲山风景区管理委员会负责人陪同下，对全县旅游工作进行了视察。

视察认为，近年来，全县旅游工作在县委、县政府的正确领导下，按照“发展大旅游、开发大市场、培植大产业”的工作思路，积极实施“生态建县”战略，加强领导，突出重点，强化措施，狠抓落实，不断加快生态旅游开发建设步伐，全县旅游业呈现出良好的发展态势。旅游管理体制得到理顺，旅游资源得到有效整合；景区规划建设有了新突破，加快了生态旅游开发步伐；宣传推介工作力度逐步加大；旅游环境整治成效显著，实现了旅游“零”投诉。

视察人员在肯定成绩的同时，提出了五项建议：一是突出“两山”龙头位置，加快生态旅游区建设；二是突出生态特色，认真搞好景区规划建设；三是强化旅游宣传促销，大力拓展客源市场；四是加强行业管理，增强服务功能；五是加大措施，规范旅游业的统一归口管理和旅游资源的开发保护。

**检查全县生态环境保护工作** 2004 年 6 月 22 日，县人大常委会组成人员在分管副县长和县环保局负责人的陪同下，对全县生态环境保护工作进行了检查。检查人员实地察看了潮河镇刘家埠流域、松柏乡长城岭流域生态建设情况和五征集团污水处理设施运行情况，听取了县政府关于全县生态环境保护工作情况的汇报，并进行了集中审议。

检查认为，近年来，县委、县政府以建设“山清水秀、县强民富”的新五莲为目标，牢固树立和落实全面、协调、可持续的发展观，认真落实各项环境保护法律法规，大力实施“生态建县”战略，生态环境建设水平得到进一步提高；全面落实县长环境保护责任制，老污染源得到有效治理；不断加大对石材业污染的治理力度，石材业污染得到有效遏制；严格建设项目管理，从源头上控制了污染，有力地推动了全县经济和社会事业协调健康发展。

检查在肯定成绩的同时，提出了五条建议：一是提高全社会的环境保护意识，切实强化制度措施，搞好生态保护和生态建设工作；二是要认真落实县长环保目标责任书各项任务，确保各项目标任务落到实处；三是要抓好石材业环境污染治理工作，积极探索石材业污染治理长效机制，彻底根治石材业污染问题；四是要加大投入，切实加强城区环境污染治理工作；五是要不断加大环境监督管理和监理力度，从源头上控制新污染源的产生，努力实现经济社会和资源环境的协调健康发展。

**视察全县邮政工作** 2004年9月14日，县人大常委会部分组成人员对全县邮政工作进行了视察。在县政府分管副县长和邮政局负责人陪同下，视察人员先后到街头、松柏邮政支局进行了实地查看，听取了县邮政局负责人的汇报，并进行了集中讨论审议。

视察认为，近年来，全县邮政部门认真贯彻邮政法等法律法规，大力加强人性化管理和服务，努力提高服务质量和效益，取得了明显成效。依法开展各项邮政业务，扩大邮政服务范围；不断完善邮政基础设施建设，全力保障人民群众的邮政通信需求；加强邮政市场规范管理，努力创造良好的用邮环境；积极开展文明创建活动，推动企业不断创新发展；加大行风建设力度，树立了邮政服务良好形象。

视察对近年来邮政工作取得的成绩表示满意。同时提出了几点建议：要进一步加强对邮政法等法律法规的宣传贯彻，依法开展邮政业务，切实维护邮政市场秩序和人民群众的切身利益；要进一步强化服务管理，不断提高服务质量，树立邮政服务新形象；要坚持社会效益和经济效益一起抓，促进邮政工作协调发展；要继续加大对邮政基础设施的投入，不断满足人民群众的用邮需要。

**视察工商工作** 2004年10月10日，县人大常委会各主任在县政府分管副县长和工商局主要负责人的陪同下，对工商工作进行了视察。视察人员先后实地察看了中至、街头两个乡镇的改建工商所，听取并观看了县工商局实现跨越发展的汇报和录像，最后进行了集中讨论审议。

视察认为，近年来，县工商局贴紧全县工作重点，以建设“山清水秀、县强民富”的新五莲为目标，牢固树立和落实科学发展观，在行政执法、市场监管、招商引资、发展个体私营经济和促进地方经济发展方面均取得了较好的成绩。基层工商所硬件建设迈出了新的步伐，工作环境得到了切实改善；行政审批程序进一步简化，服务意识明显增强；各项规章制度进一步健全，内部管理趋于规范；工商行政管理队伍素质有了很大提高。

视察在肯定成绩的同时，提出了三条建议：一是要充分发挥改建工商所的基础优势，做好结合文章，更好地服务全县经济发展大局；二是要进一步加大工作力度，抓好市场的培育和监管；三是持之以恒地抓好工商行政管理队伍建设。

**视察计划生育工作** 2004年10月26日，县人大常委会部分组成人员在县政府分管副县长和计生局主要负责人陪同下，对全县计划生育工作进行了视察。视察人员先后深入到叩官镇小峪子村、潮河镇刘官村实地察看了乡村基层计划生育服务管理情况，听取了县计生局主要负责人的汇报，并进行了集中讨论审议。

视察认为，近年来，全县各级把加强计划生育工作作为实现经济跨越发展的关键来抓，强化政策引导，加强服务管理，克服重重矛盾和困难，全县计划生育率和人口自然增长率保持了健康稳定的发展趋势。人口增长控制得力，计生宣传工作深入细致，计生政策落实扎实到位，依法行政效果明显，基层计生工作管理规范，服务优良。

视察对全县计生工作取得的成绩表示满意，同时提出了建议：一要切实加强计生法制宣传教育，提高群众的法律意识，努力营造良好的执法氛围；二要加大对计划生育各项奖励政策的落实力度，切实维护群众的合法利益；三要继续坚持优质高效服务，促进计划生育工作深入开展；四要切实强化队伍建设，努力打造一支技术过硬、作风优良的高素质的计生服务队伍。

**视察阳光热电有限公司** 2004年11月16日，县人大常委会组成人员在县政府分管副县长的陪同下，对五莲县阳光热电有限公司进行了视察。视察人员在听取了阳光热电有限公司负责人的情况介绍后，视察了该公司的生产情况。

视察认为，近年来，阳光热电有限公司在县委、县政府的正确领导以及社会各界的大力支持下，坚持以科学发展观为指导，以市场化为原则，以产业结构调整为中心，以提高城市热化水平为突破口，大力实施了资源综合利用和可持续发展战略，集中精力加快了集中供热建设与开拓，同时不断深化改革，锐意创新，建立和完善管理考核和竞争激励机制，提高用户服务水平，推行服务承诺和超值服务，公司整体素质明显增强。

视察围绕公司更快更好的发展问题，提出了三条建议：一是坚持以人为本，用科学发展观统筹企业发展，加强管理，节能降耗；二是进行大力宣传，同时积极争取政府政策支持，以缓解公司的压力；三是继续持之以恒地搞好服务，保证供暖质量，靠品牌推动公司发展。

**视察全县供电工作** 2004年11月22日，县人大常委会组成人员在县政府分管副县长和县电力公司主要负责人的陪同下，对全县供电工作情况进行了视察。视察人员先后深入到叩官、潮河、街头三处乡镇实地察看了基层供电所工作管理情况，听取了县供电公司主要负责人的工作汇报，最后进行了集中讨论审议。

视察认为，近年来，县供电公司以服务地方经济发展和全县人民群众生活为目标，努力深化企业改革，大力加强专业化管理，电网建设快速推进；认真落实服务承诺，优质服务水平不断提升；积极实施彩虹工程，行风建设成效显著；不断加强规范化建设，基层供电管理水平迅速提高，为全县经济和社会各项事业协调发展做出了积极的贡献。

视察围绕全县供电工作更快更好地发展提出了四点建议：一、进一步加大对电力法律法规的宣传教育力度，杜绝偷窃电和破坏电力设施等违法现象发生；二、切实保护电力设施；三、大力提升企业优质服务水平；四、加强行业队伍建设，努力造就一支作风优良、技术过硬的高素质的专业技术队伍。

**视察全县水资源管理工作** 2005年5月中旬，县人大常委会组成人员在县政府分管副县长和县水利局负责人的陪同下，对全县水资源管理工作进行了视察。视察人员先后实地察看了学庄水库除险加固工程和石亩子水库城区供水工程现场，听取了县政府关于全县水资源管理工作情况的汇报，最后进行了集中审议。

视察认为，近年来，县委、县政府带领全县人民，以生态建县为契机，立足五莲水资源严重缺乏和水系呈放射状分布、地表水易流失的县情，对水资源管理工作不断加强领导，强化措施，落实责任，广泛深入的开展了水资源的开发利用和节约保护，全县水资源管理工作取得了明显成效，使有限的水资源发挥了最大的经济、社会和生态效益。五莲县先后被确定为“全国水土保持先进县”、“十五全国节水增效重点县”和“山东省节水型社会试点县”。

视察指出了全县在水资源管理方面存在的问题和不足：一是水行政执法工作仍存在薄弱环节；二是市场在水资源配置中的作用还没有得到充分发挥；三是在取水许可工作中存在一定的薄弱环节；四是过度开采河沙造成地下水位下降。

视察针对存在的问题和不足，提出了建议：一是要进一步加大对《水法》等水法律法规的宣传力度，切实提高全民对水资源重要性的认识；二是要提高执法队伍的整体素质，不断加大执法力度；三是要加大争引力度，创新水资源开发管理的运行机制；四是要加强饮用水源地的环境保护，进一步提高水质。

**检查全县体育工作** 2005年8月上旬，县人大常委会组织检查组，对全县体育工作进行了检查。

检查认为，近年来，全县上下高度重视体育事业发展，按照“群众体育抓普及、竞技体育抓提高、社区体育抓休闲”的目标，深入宣传贯彻《体育法》，扎实推进全民健身计划，大力实施全民体育健身工程，积极组织承办各项赛事，强化政策措施，加大工作力度，全县体育事业快速发展，国民身体素质不断提高，全民健身运动取得了良好的效果。

检查就搞好体育工作，提出四点建议：一是要进一步加强体育法的宣传贯彻，促进人民群众转变健身观念，不断提高生活质量；二是要积极筹集资金，进一步加大对体育场馆的建设力度，努力为人民群众提供良好的健身环境；三是要认真借鉴外地先进经验，大力推进全民健身工作的深入开展；四是要以开展党员先进性教育为契机，内强素质，外树形象，进一步提高体育队伍的整体水平。

**视察全县社会福利事业及老龄工作** 2005年9月22日，县人大常委会组成人员在县政府分管副县长和民政局负责人的陪同下，对全县社会福利事业及老龄工作进行了视察。视察人员先后深入到街头镇敬老院、县殡管所、高淳镇敬老院、卧龙山公墓、民政局老年公寓等单位进行了了解，听取了县政府关于全县民政工作情况的汇报，并进行了集中审议。

视察认为，全县民政工作坚持以“三个代表”重要思想为指导，紧紧围绕全县经济发展和社会稳定大局，全力践行“上为政府分忧、下为百姓解愁”的民政宗旨，解放思想，锐意进取，强化了社会救助体系建设，保障了城乡困难群众基本生活；落实了优抚安置政策，保障了群众民主政治权利；敬老院建设取得重大突破，老年福利事业快速发展；殡葬服务事业取得新进展，福利慈善事业开创了新局面，全县民政事业得到了快速健康发展。

在充分肯定成绩的基础上，视察提出了四点建议：一是按照建设和谐社会的要求，不断加大投入，彻底解决老有所养的问题；二是要抢抓机遇，进一步加大社会福利资金的争引力度，切实把全县民政事业做好；三是要内强素质，外树形象，不断加强民政队伍自身建设，带着感情全力做好民政工作；四是要认真搞好县烈士陵园搬迁的规划论证。

**检查人口和计划生育工作** 2005年9月28日，县人大常委会组成人员在县政府分管副县长及县人口和计划生育局负责人的陪同下，对全县人口和计划生育工作进行了检查。检查人员先后实地察看了中至、于里、汪湖3个乡镇计生站和中至村等3个村计划生育服务室，听取了县政府有关情况汇报，最后进行了集中审议。

检查认为，近年来，县人口和计划生育局以“三个代表”重要思想为指导，以人的全面发展为中心，坚持“贴近群众需求、贴近部门职能、贴近本地实际”的原则，适应形势发展的需要，不断转变观念，创新工作思路，强化社会宣传，狠抓队伍建设，整个人口和计划生育工作一直保持着健康稳定的发展态势。

检查就进一步搞好人口和计划生育工作提出了四点建议：一是继续加大对“一法三规一条例”的宣传力度，进一步提高全社会的法制观念和维权意识；二是坚持以人为本，进一步深化计划生育优质服务；三是创新工作方法，进一步加强对流动人口等特殊人群的计划生育管理；四是加大政策推动力度，全面落实计划生育奖励费兑现政策。

**检查全县电力工作** 2005年11月7日，县人大常委会主任、副主任在副县长秦杰及经贸局、供电公司负责人陪同下，检查全县电力工作。检查组听取了县供电公司负责人的工作汇报，到阳光热电衣糠酸厂、民丰板纸有限公司、中伟汽车配件有限公司等企业，实地查看了供电公司新的合作开发项目和叩官110千伏输变电工程、风管委35千伏输变电工程进展情况。

检查认为，2005年以来，县供电公司立足本单位实际，狠抓企业内部管理，降低了生产成本，提高了经济效益，主要经济指标保持了持续、快速、健康发展的良好势头。城区亮化工程、城网改造工程和工业园区电力配套工程等都及时落实到位，为全县经济及社会发展起到重要作用。

检查要求，要深入贯彻落实《电力法》和《电力设施保护条例》，加大执法力度，形成全社会齐抓共管的局面，严厉打击破坏电力设施行为。在全社会形成保护电力设施、安全用电的良好氛围，为人民群众的生产、生活带来更多效益。

**检查县工业基地管委工作** 2005年11月14日，县人大常委会主任、副主任在副县长徐公德和县工业基地管委负责人的陪同下，对县工业园区的建设和管理工作进行了检查。检查人员深入到鑫利制衣有限公司、海旭机械制造公司、福森轧钢厂等企业一线进行了实地察看，然后听取了县工业基地管委负责人的工作汇报。

检查认为，2005年以来，县工业基地管委立足本地产业化发展方向，坚持以科学发展观为指导，按照“管理、服务、招商”并重的原则，努力实践“三个代表”重要思想，不断转变观念，创新管理模式，强化基础设施建设力度，园区投资环境明显改善，园区管理进一步规范，园区规模不断膨胀，招商引资工作实现了新的突破。

对下一步工作，检查提出了三点建议：一要强化协调功能，完善服务措施，持之以恒地为企业正常的生产、经营搞好服务；二要充分调动现有企业的积极性，利用企业的品牌，做好“以企招商”这篇大文章；三要在学习借鉴外地园区建设和管理经验的基础上，创出自己的管理模式，树立对外招商的新形象。

**视察全县交通工作** 2005年11月18日，县人大常委会主任、副主任，在副县长牟军善和县交通局负责人的陪同下，对全县交通工作进行了视察。视察人员实地察看了县交通局稽查大队、高泽交通管理所的建设、管理情况和全县“村村通”农村公路改造工作现场，听取了县交通局负责人的工作汇报。

视察认为，近年来，县交通局在县委、县政府的正确领导下，紧紧围绕全县中心工作，立足五莲交通实际，按照“公路建管大力度，行业管理上水平”的总体要求，与时俱进，扎实工作，全县交通基础设施建设步伐明显加快，同时不断强化行业管理，全面实现执法模式、征管方式和征管重点上的“三个转变”，积极落实各项措施，加强“内外”安全管理，有效地促进了全县交通各项事业的健康快速发展。

视察就进一步做好交通工作提出了三点建议：一要进一步发挥主观能动作用，围绕改善全县交通基础设施状况，抢抓机遇，加大道路建设项目资金争引力度，推动全县交通基础设施跨越发展；二要做到建管并重，及时搞好路肩培扶，切实把“村村通”这项惠及百姓的工程办好；三要进一步加强班子建设，务实求实抓落实，不断强化行风建设，塑造一支作风过硬、文明执法的交通队伍。

**视察全县第三产业发展情况**　2006年4月17日，县人大常委会组成人员在县政府分管副县长及县财贸办、工商局负责人的陪同下，对全县第三产业发展情况进行了视察。视察人员先后深入到王世疃社区综合服务中心、高泽粮油批发市场、火车站、五莲宾馆建设工地等9个现场，听取了县政府关于全县第三产业发展情况的汇报，最后进行了集中讨论审议。

视察认为，近年来，县委、县政府把突破三产作为改善经济结构、培育经济新生点的突破口，加强领导，强化措施，狠抓推进落实，产业规模逐步扩大，产业水平不断提升，第三产业实现了又快又好地发展。主要呈现出四个特点：一是各级重视程度普遍提高；二是政策支持力度逐步加大；三是重点项目建设稳步推进；四是发展领域不断扩宽。

视察就更好地促进全县第三产业发展，提出了五点建议：一是要在提升发展理念上实现突破；二是要在扩宽发展领域上实现突破；三是要在整合发展优势上实现突破；四是要在实施大项目带动上实现突破；五是要在优化发展环境上实现突破。

**视察全县林业生态建设情况**　2006年7月19日，县人大常委会第一副主任、副主任及部分委员在县政府副县长牟军善和林业局负责同志的陪同下，对全县林业生态建设情况进行了视察。视察人员先后实地察看了洪许路卧龙山绿化、许孟镇福禄并村荒山绿化、后长城岭村西岭绿化、前长城岭村西流域封山育林和九仙山瞭望塔微波监控森林防火体系现场，听取了县林业局主要负责人汇报，最后进行了集中讨论审议。

视察认为，近年来，县政府及其职能部门在县委的正确领导下，立足山区实际，带领全县人民坚持以科学发展观为指导，以打造半岛城市群“后花园”和建设“山清水秀、县强民富”新五莲为目标，以生态建设为主线，以林业五项重点工作（生态公益林保护、荒山绿化、绿色通道建设、农田防护林网建设、林业产业化建设）为依托，大力实施“生态建县”战略，全县的林业生态建设得到了持续、快速和健康发展。

视察在充分肯定成绩的同时，指出了目前林业生态建设存在的不足和面临的问题，主要是：森林资源总量不足，个别地方对林业生态建设的重要性认识不足，果品生产难度加大，基层林业队伍不稳定，科技推广服务网络不健全等。

适应林业生态建设跨越式发展目标，视察提出了四点建议：一是充分认识林业生态在建设社会主义新农村中的战略地位；二是深化林权制度改革，创新完善政策经营机制；三是依法行政，保护森林资源，严厉打击破坏林业生态建设的违法行为；四是坚持科技兴林，提高林业科技含量。

**视察全县村村通自来水工程进展情况** 2006年9月14日，县人大常委会部分组成人员对全县村村通自来水工程进展情况进行了视察。

视察认为，近年来，特别是2005年省政府作出启动村村通自来水工程重大决策以来，县委、县政府高度重视这项“民心工程”，认真贯彻“二化”发展战略和“五化”运作思路，先后成立组织，出台政策，明确责任，做到了领导、政策、规划、质量、管理“五到位”，使村村通自来水工程实现了又快又好的发展。目前，全县共投入资金2168.4万元，开工自来水工程村243个，完成147个，农村自来水人口普及率达到72.7%，走在全市前列。

关于下步工作，视察提出如下建议：一是要狠抓工程质量不放松，切实把好事办好，同时要注意施工安全；二是县里扶持资金要千方百计尽快到位，确保未完工程顺利推进；三是要加强管理，在选好用好管理人员的基础上，要完善管网设备管理、水费收缴等制度，确保村村通自来水工程长期发挥作用。

**视察城建工作** 2006年9月27日，县人大常委会部分组成人员在县政府分管副县长和城建局负责人陪同下，对城市建设工作进行了视察。视察人员先后察看了解放路路灯现场、污水处理厂施工现场、建设东路、御景园西路、利民路东段现场等，听取了县政府关于城乡建设工作情况的汇报，并进行了集中讨论审议。

视察认为，近年来，县委、县政府及职能部门紧紧围绕“城在山中、楼在林中、人在园中”的生态园林县城的目标，高起点规划、高标准建设、高效能管理，全面加强城乡规划、建设、管理工作，构筑了生态园林山城新框架，完善了城市基础设施功能，探索出了城市精细化管理的路子，规范了建筑业管理，树立起了城建良好的社会形象，为推动整个五莲加快发展做出了积极的贡献。

视察分析指出了城建工作中出现的一些困难和不足。主要是：建设资金不足，制约了城市发展；城区居民城市意识不强，乱扔乱倒、乱搭乱建、乱贴乱画的现象比较普遍，影响了城市环境质量；城市规划、建设、管理、服务水平和执法人员的素质有待于进一步提高。

视察提出了四点建议：一是要进一步提高城建工作重要性的认识，不断加强对城市规划、管理和经营，提升城市发展的档次和水平；二是坚持依法行政，全面加强城建队伍建设，为搞好城建工作提供强大的精神动力；三是把管好城市与方便居民生活结合起来，进一步搞好绿地、停车场、公厕等基础设施建设；四是加大宣传力度，让全县上下都来关心、支持、理解城建工作，为城建工作创造一个良好的发展环境。

**视察全县国土资源管理工作** 2007年8月1日，县人大常委会副主任、各委室负责人组成视察组，在县委常委、县人民政府常委副县长侯佃晓及国土资源局负责人陪同下，视察全县国土资源管理工作。视察组先后实地察看了高泽镇、洪凝镇土地整理项目，街头镇新街花岗石矿现场，听取了县政府关于国土资源管理工作情况汇报，并进行了审议。

视察认为，2007年以来，县政府及国土资源部门坚持以科学发展观统领全局，认真贯彻落实国土资源法律法规，大力推进节约集约用地，深入开展矿产资源开发秩序整顿和规范，依法行政，规范管理，各项工作取得了显著成效，为全县经济社会又好又快发展提供了坚强有力的资源保障。

关于下步工作，视察组提出了四点建议：一要严格土地管理，大力推行集约节约用地，切实做好基本农田保护工作；二要加大对土地整理项目区域内配套设施的管理和保护工作，使其发挥应有的作用；三要进一步规范整顿城区周围、交通沿线附近的矿产开采秩序，切实保护好五莲的生态品牌；四要进一步加强队伍建设，不断提高执法水平和服务水平，为促进全县经济发展、建设生态五莲作出新的更大的贡献。

## 第八节　五莲县第十六届人大常委会期间

（2007.12—　）

**视察大项目建设及334省道五莲东段改建工程** 2008年8月27日，县人大常委会组织对全县大项目建设推进和334省道五莲东段拓宽改建工程进行了视察。县委常委、副县长滕厚军，县经贸局、公路局主要负责人陪同视察。视察组一行先后实地查看了泰山民爆有限公司、五征汽车研发中心、绿色庄园葡萄酒有限公司、亿丰制帘有限公司、334省道五莲东段拓宽改建工程现场，听取了县政府有关工作情况汇报，并进行了座谈审议。

关于全县大项目建设推进情况，视察认为，2008年以来，县政府及其职能部门坚持以科学发展观统领全局，紧紧围绕县委工作中心，以开展“项目建设年”活动为抓手，认真贯彻落实国家宏观调控政策，克服银根紧缩、原材料大幅涨价、劳动力成本提高等诸多不利因素的影响，团结一致，奋力进取，项目建设取得了显著成效，实现了工业经济健康发展。为促进全县大项目建设实现更好更快地发展，视察提出了五点建议：一要优化经济发展环境，积极搭建发展平台；二要研究和探讨筹建以财政参股控股的贷款担保公司，从根本上解决企业贷款担保难的问题；三要逐步调整产业结构，加大对地方财政贡献大的企业的支持力度；四要进一步研究上级有关金融政策，做好与五莲地方经济发展相结合的文章；五要进一步加大在建项目的督查力度，切实加快工程建设进度。

关于334省道五莲东段拓宽改建工程，视察认为334省道五莲东段改建工程是全县境内改线最长、投资最大、标准最高、联接资源要素最多的干线公路工程，工程建成后，将从根本上贯通五莲对接市区、接轨青岛、融入鲁南经济带的"主动脉"，为沿途乡镇和五莲工业园经济的快速发展以及五莲山、九仙山风景区的旅游开发，提供了难得的历史机遇，必将成为五莲的生态大道、观光大道、经济大道和平安大道。关于334省道五莲东段拓宽改建工程下步工作，视察建议：一要狠抓工程质量不放松，真正把334省道五莲东段建设成放心工程和民心工程；二要研究相关政策，兼顾好各方面利益，坚持用超前眼光对334省道五莲东段两侧进行高起点规划和绿化、高标准开发建设，真正使其成为五莲的开放大道、形象大道。

**关于全县农民增收情况的审议意见** 2008年11月27日，县十六届人大常委会第六次会议，听取审议了县农业局局长李胜军受县政府委托所作的《关于全县农民增收情况报告》。通过了审议意见。

会议认为，县政府及农业主管部门在县委的正确领导下，紧紧围绕促进农民增收这个中心，立足五莲县实际，突出工作重点，推动了全县农业农村经济工作的持续健康发展。

会议指出，全县农民增收情况尽管取得了一定的成绩，但也存在一些问题。主要表现在：一是部分农民整体素质不适应市场经济的要求，仍然习惯于自然经济和传统农业时代的方式；二是生产资料价格上涨，而农产品价格下降，影响了农民的增收；三是在土地流转过程中，有的非农人员租赁土地、山场、河滩，与农民"争饭吃"；四是由于受金融危机的影响，企业不景气，部分农民工陆续回乡，影响了创收。

会议针对存在的问题，提出建议：一是进一步解放思想，增强市场观念；二是建设农产品价格调控机制，保护农民利益；三是进一步加强劳务输出工作；四是加强土地经营承包管理；五是进一步加大农业结构调整力度，促进精品农业的发展。

**视察农村疾病预防控制网络建设情况** 2009年5月12日，县人大常委会组织视察组，在副县长张文宣和县卫生局负责人陪同下，视察农村疾病预防控制网络建设情况。视察组先后察看了县疾病预防与控制中心、户部乡王家大村卫生室、潮河镇卫生院、潮河镇潮河村卫生室、叩官镇中心卫生院和叩官镇莲峰村卫生室等六处现场，听取了县政府的工作汇报，并进行了集中审议。

视察认为，近年来，县政府及卫生职能部门，认真落实科学发展观，切实加强组织领导，突出工作重点，狠抓措施落实，全县各级卫生机构的总体面貌和医疗服务水平得到了较快提升，新型农村合作医疗制度建设取得了长足发展，人民群众就医难、看病贵等问题在一定程度上得到了缓解，为推动社会主义新农村建设与和谐社会建设发挥了积极作用。

视察就进一步搞好农村疾病预防控制网络建设，提出四点建议：一要进一步加大对《传染病防治法》等相关法律法规的宣传力度，进一步提高全民的疾病防控意识；二要加大卫生项目资金的争引力度，不断推进三级卫生服务网络建设；三要结合新医改的有关规定，制定和完善吸引人才和稳定乡村卫生机构从业人员的政策措施；四要针对目前的防控形势，进一步健全和完善疾病防控体系建设，切实做好系统监测、动态监管和疫情处置等各个环节的工作。

**关于《全县林业生态建设情况的报告》的审议意见** 2009年7月23日，县十六届人大常委会第十二次会议，听取审议了县林业局局长于同春受县政府委托所作的《关于全县林业生态建设情况的报告》，提出审议意见。

会议认为，近年来，县委、县政府牢固树立保住绿水青山是发展也是政绩的理念，进一步突出林业在生态建县战略中的地位，坚持打绿色牌，走生态路，以“大绿化、大生态、大产业、大和谐”为发展方向，以“三年造林绿化活动”为载体，立足基础优势，坚持造林绿化和保护管理并举，全县林业实现了又好又快发展，林业基础地位和生态建设水平得到了全面提升。

会议指出，全县林业工作虽然取得了一定的成绩，但与“生态建县”的预期目标相比还有一定差距，主要是部分基层干部和群众对森林保护的重要性认识不够到位，乱占林地现象还没有得到根本解决；山区立地条件差，山高坡陡地段多，绿化难度大，防火工作任重道远等。

会议提出审议意见：一、继续强化林业法律法规的宣传，不断加大林业执法力度；二、抓好应急扑火队伍建设，进一步搞好森林防火工作；三、加快林业产业结构调整步伐，积极推进林业产业化进程；四、突出工作重点，全面提升绿化水平；五、积极稳妥地推进集体林权制度改革。

**视察全县工业经济运行情况** 2009年9月1日，县人大常委会组成人员在县人民政府副县长薛向民陪同下，视察全县工业经济运行情况。视察组实地查看了泰山民爆有限公司、万通液压公司、康洋电源公司、华龙纺织公司七分厂、鑫利针织有限公司、六合工贸公司和五征车辆厂等七处现场，然后听取了县政府工作汇报，最后进行了集中审议。

视察认为，2009年以来，县委、县政府坚持以科学发展观为指导，采取了一系列强有力的政策措施，各项主要经济指标增幅明显，经济效益显著提高，工业结构更加优化，运行质量进一步改善，工业经济企稳回升的态势更加明显。

视察组指出，在以后的工作中，要继续深入实施工业强县战略，不断优化企业发展的外部环境；要认真贯彻执行县委、县政府制定的支持中小企业发展的政策措施；进一步完善考核政策，把经济发展增幅作为考核部门工作的主要依据；要认真总结五莲工业发展经验，破解企业发展过程中的难题；要高度重视企业家队伍建设。

**视察全县交通基础设施建设情况** 2009年11月6日，县人大常委会组织视察组对全县交通基础设施建设情况进行视察。县委常委、县人民政府副县长王一群和县交通局负责人陪同视察。视察人员实地察看了洪凝镇岭东“村村通”工程、马鞍前“联村通”工程、潮河大桥工程、叩官交管所、户部交管所和市北经济开发区汽车城建设项目等现场，听取了县政府工作情况汇报，并进行了集中审议。

视察认为，近年来，县政府及交通部门高度重视道路基础设施建设，千方百计筹措资金，聚力突破交通瓶颈制约，不断增创五莲长远发展和可持续发展优势，实施了一大批道路交通设施项目，全县的道路交通状况得到较大改善，已基本形成了以国道、省道为骨架，县乡公路、农村公路为支撑的公路网络，有力地推动了全县经济社会持续健康发展，极大地改善了人民群众的出行条件，优化了县域经济发展环境。

视察就今后的工作，提出了建议：要进一步强化全县对交通基础设施建设重大意义的认识；积极探索多元化的投融资体制；以对人民和子孙后代高度负责的态度严把交通基础设施建设质量关。

**视察全县社会救助体系建设和社会福利工作** 2010年4月15日，县人大常委会组成人员在副县长薛向民和民政局负责人的陪同下，对全县社会救助体系建设和社会福利工作进行了视察。视察组先后深入到潮河镇卫生院、叩官镇敬老院、户部乡敬老院和县老年福利服务中心等现场，实地查看了医疗救助服务、软硬件设施建设、城乡低保信息化建设和管理等情况，听取了县政府工作汇报，并进行了认真审议。

视察组认为，近年来，县政府及民政部门坚持以“三个代表”重要思想为指导，全面落实科学发展观，认真实践“以民为本、为民解困、为民服务”的民政工作理念，积极探索和创新全县新型城乡社会救助体系，不断提高救助水平，基本形成了以城乡低保、救灾救济、五保供养三大救助为主体，临时救助、医疗救助、慈善救助为辅助，城乡一体化、全覆盖、高效能的新型社会救助体系，有力地保障了困难群众基本生活，促进了经济社会更好更快发展。

关于下步工作，视察组建议：要进一步加大宣传力度，强化宣传措施，不断提高全民的社会救助意识；要牢固树立“社会化、大民政”的理念，加大对社会救助工作的投入；要牢固树立“为民解困、为民服务”的理念，让困难群众切实得到救助；进一步加强队伍建设，不断提高基层救助工作人员的政治素质、政策水平和业务能力。

**视察全县公共文化服务体系建设工作** 2010年6月9日，县人大常委会第一副主任李应田带领人大常委会组成人员，在副县长胡靖的陪同下，对全县公共文化服务体系建设工作进行视察。视察人员先后到县图书馆、博物馆、日照昌泰印务有限公司、洪凝镇综合文化站、蓝精灵网吧、街头镇代吉子村文化大院和丁公石祠等7处现场进行了实地察看，听取了县政府工作情况汇报，并进行了认真座谈审议。

视察认为，近年来，县政府及文化行政主管部门从繁荣发展社会主义先进文化、建设和谐文化、构建社会主义和谐社会的要求出发，做了扎实有效的工作，一个多层次、广覆盖的公共文化服务体系正在逐步形成，全县文化工作呈现出健康协调发展的良好态势。连续12年保持“全省社会文化先进县”荣誉称号，2009年被评为“全省文化信息资源共享工作建设示范县”。

视察就下步全县公共文化服务体系建设工作提出要求：要切实提高对公共文化服务体系建设重要性和紧迫性的认识；要制定体现五莲特色的公共文化建设发展规划；要统筹协调，整合全县相关部门的力量，形成推动公共文化服务体系建设的合力，努力营造公共文化服务体系建设良好的发展环境；要切实加强文化人才队伍建设，大力推进文化建设的创新；要进一步统筹城乡文化设施建设，最大限度地满足群众就近、便捷享受公共文化服务的需要，让广大群众共享文化发展成果。

**关于全县工业经济运行情况的审议意见** 2010年9月21日，县十六届人大常委会第20次会议听取审议了县经信局局长解植国受县政府委托所作的《关于全县工业经济运行情况的报告》。提出审议意见。

会议认为，县政府及经济主管部门坚持以科学发展观为指导，深入实施“工业强县”战略，大力推进工业调整振兴，面对国际金融危机负面影响继续延伸、原材料价格大幅上涨、政策性增支减利因素增多的不利局面，加强政策引导、强化运行调度、服务企业发展，取得了项目建设、经济效益、结构调整、节能减排等重点领域的较大突破，工业经济保持了良好的发展态势。会议同意这个报告。

会议指出，当前全县工业经济发展所面临的形势还比较复杂，存在的困难仍然不少，主要是资金短缺的“卡脖子”问题没有得到根本解决，企业发展与人力资源紧缺的矛盾已经显现并逐步加深，节能减排、人民币升值等政策性因素随时可能对企业发展带来影响。

会议建议：一是进一步优化经济发展环境；二是大力实施“企业振兴”计划；三是加快企业上市步伐；四是完善用工机制。

**视察全县大项目建设工作** 2010年10月28日，县人大常委会组成人员在县委常委、县人民政府常务副县长张桂伟和县发改局负责人陪同下，对全县大项目建设工作进行了视察。视察人员先后查看了县人民医院病房楼改扩建工程项目、县实验学校建设现场、天王星全钢子午轮胎项目、林街路改建工程现场、亿鑫电子材料有限公司和五征中卡汽车制造项目现场，听取了县政府工作汇报。

视察认为，近年来，县政府及有关部门以科学发展观为指导，紧紧围绕建设“山海一体、蓝绿结合”的蓝色经济新区、鲁南经济强县这个目标，不断加大招商引资力度，完善项目建设推进机制，有力推动了项目建设的快速发展。

关于下步工作，视察组要求，要进一步提高认识，牢固树立“抓项目就是抓发展，抓大项目就是抓大发展”的理念，切实增强加快项目建设的压力感和紧迫感；要抓住国家实施扩内需政策最后一年的机遇，充分发挥到上级部门挂靠干部的桥梁作用，争政策，要资金，拿项目；要下大决心、花大力气改善软硬环境建设，坚持服务决定效益，服务决定成败的理念，解放思想，转变职能，创新举措，为项目商谈、立项、审批、建设到建成投产，全程优化服务，创建高效、诚信、务实的环境；要强化项目载体建设，提升项目承载能力，深入开展银政、银企合作，发展壮大项目担保体系，利用现代融资方式，不断完善多元化的投融资机制；要进一步加强大项目建设组织领导，牢固树立项目建设“一盘棋”的思想。

**关于对全县农业产业结构调整情况报告的审议意见** 2010年11月29日，县十六届人大常委会第21次会议，听取并审议了副县长张文宣代表县政府所作的《关于全县农业产业结构调整情况的报告》。提出审议意见。

会议认为，2010年以来，县政府坚持以科学发展观为统领，以农业增效农民增收为目标，以产业化为主攻方向，把农业产业结构调整作为农业农村工作的主线和推动五莲农业可持续发展的战略举措，立足本地实际，发挥传统优势，突出特色规模，加大工作力度，创新工作措施，农业产业结构调整工作取得了突破性进展，林果、瓜菜、黄烟、茶叶等作物种植面积显著扩大，特色规模效益开始显现，农业产业布局进一步优化。

会议指出，全县农业产业结构前景广阔，目标明确，领导重视，措施得力，效果明显。但也存在一些问题和不足，主要表现为部分农民群众对农业产业结构调整认识不足，积极性不高，担心顾虑多，土地流转有难度等等。

会议建议，一要立足龙头企业求发展，进一步增强对农业生产的带动力；二要立足科技求发展，着力提高科技对农业结构调整的支撑力；三要立足市场求发展，畅通农产品流通渠道；四要立足服务求发展，确保农业结构调整工作顺利推进。

**视察全县招商引资工作** 2011年6月24日，县人大常委会组成人员对全县招商引资工作进行了视察。县委常委、副县长王一群，县委常委、宣传部长、县招商委常务副主任马妮分别陪同视察。视察组先后实地查看了日百（新玛特）购物中心项目、云凯光伏、日能超硬、帅发工贸、盛彩包装等建筑现场，听取了有关情况汇报，对全县的招商引资工作给予了充分肯定。

视察认为，2011年以来，县委、县政府继续把招商引资工作做为促进经济发展的重要抓手，强力实施项目带动战略，不断创新招商引资方式方法，完善项目建设推进机制，招商引资工作实现了快速健康发展，新上项目之多、规模之大、科技含量之高、成效之显著，前所未有，一大批项目的相继签约和开工建设，为五莲经济社会更好更快发展奠定了坚实的基础。

关于下步招商引资工作，视察组建议，要进一步深化对招商引资工作的认识，切实增强加快项目建设的压力感和紧迫感；要进一步加强组织领导，确保项目建设有力推进；要强化沟通协调机制，形成项目建设工作合力；要进一步加大和强化宣传引导，在全县形成"谋发展一条心，抓项目一股劲"的浓厚氛围，力促全县招商引资工作再上新台阶。

# 第三章　调查研究

调查研究，是县人大常委会对"一府两院"工作进行监督的重要形式。通过对某一项工作、某一项活动、某一项法律的贯彻实施情况进行调查研究，可以在肯定成绩的基础上，发现问题，提出改进的意见和建议，促使该项工作更好地开展。

县人大常委会的调查研究工作，一般按年度工作计划中确定的人大常委会将要审议的重点议题，由人大常委会有关副主任带队，吸收部分常委会委员、人大代表和有关部门负责人参加，深入基层，调查了解，形成调查报告，为县人大常委会审议该项工作提供佐证。同时，还针对群众反映的热点问题，进行调查研究，对政府的决策提出建议，以使问题得到更好的解决。

## 第一节　五莲县第九届人大常委会期间

（1980.12–1984.05）

**对中至、户部两公社实行各种形式联产计酬生产责任制的调查** 1981年8月14日至 21 日，县第九届人大常委会 4 名正、副主任和 3 名常委，到中至、户部两处公社，对实行各种形式联产计酬生产责任制的情况进行了调查。调查中，听取了两社负责人的汇报，召集了两社 6 次大、小队干部座谈会，实际察看了两处公社 8 个有代表性的大队，并和干部、群众座谈，召集了两社的县人大代表座谈会，听取和征求了他们的意见。

在肯定两社在推行联产计酬生产责任制取得的成绩和存在问题的同时，提出了五点建议：一、对已实行的行之有效的各种形式联产计酬责任制要保持相对稳定，要向干部群众宣布一定几年不变；二、要抓好相对平衡发展；三、有计划的搞好基层干部的培训，提高干部的政策水平、业务能力；四、大力推广农业科学技术；五、切实加强党的领导，加强调查研究，不断总结经验，发现问题，及时解决，使各种形式的责任制不断发展和臻于完善。

**对松柏公社深山造林情况的调查** 1982 年 3 月 20 日，县人大常委会组织调查组，就松柏公社在深山造林活动中，保护和管好现有马尾松的做法，进行了调查，就保护和管好现有马尾松的问题，提出五点建议：一、提高认识，恰当评估、宣传马尾松在绿化荒山、蓄水保土、调节气候等方面的作用和它的经济价值；二、切忌乱砍滥伐，尤其要防止大面积砍伐；三、要加强管理，搞好修枝和防治松毛虫；四、根据《森林法》的规定，制定护林公约；五、协助枯树较多的山区社队，解决好道路和运输问题，以便于松树的管理和松柴外运。

**对潮河公社“两户”发展情况的调查** 1983 年 7 月，县第九届人大常委会组织调查组，对潮河公社“两户”（专业户、重点户）的发展情况进行了调查，在肯定“两户”生产优越性的基础上，对发展“两户”生产提出五点建议：一、要进一步解放思想，放宽政策，清除左的影响，解除干部、群众的疑虑；二、要立足本地资源，发挥自己的优势；三、充分挖掘农村现有人才，发挥能工巧匠的传、帮、带作用；四、搞好产前产后服务；五、有计划的因势利导，组织各种形式的联合。

## 第二节　五莲县第十届人大常委会期间

（1984.05–1987.04）

**对农村发展商品生产情况的调查** 1984 年 10 月，县人大常委会负责人带领办公室工作人员，对潮河镇丹土村组织“两户”发展商品生产的情况进行了调查。

这个村认真贯彻中央 [1984] 1 号文件，组织养殖、木工、建筑、商品菜、编织等各种专业户 136 户，占总户数的 57.1%，当年人均收入可达 517.78 元，为 1978 年的

6.64倍。主要经验是：一、在思想上提高认识，不断清除左的影响，充分认识只有大力发展商品生产，搞活农村经济，增加经济收入，才能实现经济翻番，加快四化建设步伐；二、在领导上带头，支部7名成员，5名有项目，争做发展商品生产劳动致富的带头人；三、在项目、资金、设备等方面给予支持；四、在政治上鼓励；五、在技术上引进，请进来教技术，走出去学技术。

**对柞茧生产情况的调查** 1986年3月，县人大常委会为摸清全县柞茧产量下降较大的原因，把五莲县的这一传统项目发展起来，增加贫困山区群众的收入，由县人大常委会主任贺炳忠带领人大常委会办公室主任宫振国和丝绸公司的技术人员，深入到五莲县柞茧生产重点单位槎河乡、杜家沟乡的8个村进行了调查。

调查分析了柞茧产量下降的原因：一、政策不够完善，影响了柞岚资源的利用和发展。林业"三定"以后，大部分柞岚分包到户管理，多数村人均分柞岚只有一亩左右，形不成放蚕规模；二、柞茧价格偏低，比价不合理；三、经营管理差，柞岚面积减少。

调查提出了发展柞茧生产的建议：一、要解决好对柞蚕生产的认识问题；二、加强统一管理，加强保护柞岚；三、业务部门应当从保护和利用好五莲的传统资源、支持生产发展的角度，积极从各方面促进柞蚕生产的发展。

**土地管理情况的调查** 1986年10月，县人大常委会调研科的人员会同县土地管理部门的人员，分别在县城、管帅、七宝山、许孟、洪凝等乡镇对土地管理情况进行调查。

调查认为，自1985年5月贯彻国务院关于《国家建设征用土地条例》和《村镇建房用地管理条例》以来，在土地管理工作中，加强了对土地管理工作的领导，建立健全了土地管理机构，抓了对土地使用情况的监督检查，取得了较好成绩。但在土地使用中也存在着一些问题，多征不用、早征迟用或征而不用的情况时有发生，甚至有的未办理征地手续就开工建设项目。

调查针对存在的问题，提出了建议：要加强土地管理法的宣传教育，提高广大干部群众依法管地、依法用地的思想认识；要建立健全一个有权威的统一管理土地的机构，建设一支朝气蓬勃、符合"四化"要求的土地管理专业队伍；要认真清查近几年的建设用地，对违规用地要严肃处理。

## 第三节　五莲县第十一届人大常委会期间

(1987.04–1990.03)

**对宣传贯彻《土地管理法》情况的调查** 1987年6月，县第十一届人大常委会副主任王明、刘华祥带领4名常委会委员、人大常委会办事机构和土地管理部门的工作人员，分两组对许孟、高泽、管帅、七宝山4处乡镇的6个村的土地使用和贯彻执行《土地管理法》的情况进行了调查。

通过调查，肯定了各级政府在贯彻执行《土地管理法》的工作中取得的成绩：一、广泛进行宣传教育，提高了干部群众依法管理土地的思想认识；二、认真清查了非农业用地；三、制定措施，认真进行非农业用地整顿；四、组建了土地管理机构，层层加强了土地管理。

存在的一些问题是：一、有的干部群众对节约用地、珍惜土地的重要性认识不足；二、执法尚不够严格，致使乱占滥用土地的现象时有发生；三、土地管理机构尚不够健全。

调查针对存在的问题，向县政府提出了四条建议：一、要大张旗鼓地开展《土地管理法》的宣传教育，切实解决好干部群众的认识问题；二、继续搞好非法用地的清查工作，分别类型依法处理；三、抓紧修改完善村镇规划；四、健全土地管理机构，切实加强土地管理工作的领导。

**关于廉政建设情况的调查** 1989年8月30日至9月2日，县第十一届人大常委会有关人员深入到机关和乡镇，对廉政建设情况进行了调查。调查肯定了全县各单位认真贯彻执行中央有关廉政建设的规定，开展廉政建设重要性的大讨论，结合本单位的实际，进行议、摆、查、改，形成廉洁光荣、腐败可耻的浓厚氛围，廉政建设取得了明显的成效，但也存在着一些问题：部分干部对反腐倡廉的重要意义认识不足，廉政与勤政的关系摆的不正，肃贪时治惰不够，工作上缺乏艰苦奋斗、锐意进取的精神。

为了将廉政建设工作扎扎实实地进行下去，调查提出了三点建议：一、进一步加强廉政建设的教育，正确处理廉政与勤政的关系。要教育党员、干部增强保持廉洁、反对腐败的紧迫感和责任感，自觉摆正廉政与勤政的关系，做到既要廉洁又要创业；既要为政清廉又要勤政为民。二、要加强廉政制度建设。三、各级领导干部在廉政建设中要严于律己，率先垂范。

## 第四节 五莲县第十二届人大常委会期间

（1990.03–1993.02）

**关于贯彻实施《城市规划法》情况的调查** 1990年11月，县人大常委会组织有关人员，先后到县计委、建委、城建局、土地管理局等9个单位，就贯彻实施《城市规划法》的情况进行了调查。

调查认为，《城市规划法》自颁布实施以来，县政府及主管部门认真组织学习宣传和贯彻执行，已取得明显成效。一是领导重视，机构健全，加强了对城市规划管理工作的领导；二是采用多种形式，广泛进行了宣传；三是为适应城市建设和经济建设发展的需要，修订了县城总体规划和专业规划；四是制定了规划管理的具体办法；五是依法拆除了部分单位和个人乱搭乱建的违法建筑。

调查指出了存在的问题：一是对《城市规划法》的学习宣传还缺乏一定的广度和深度；二是在县城规划的制定上，缺少总体规划与分区规划、详细规划、专业规划的有机结合；三是在城市建设中，对“统一规划、合理布局、因地制宜、综合开发、配套建设”的原则执行不力；四是对县城某些单位和个人违法占地和违法建筑现象制止不力，存有执法不严和违法不究的问题；五是对县城绿化和市容环境卫生抓得不力。

调查针对存在的问题提出建议：一要采取多种形式进一步加强对《城市规划法》的学习宣传；二要依照《城市规划法》和县城发展的实际需要，在县城总体规划、分区规划、详细规划、专业规划中，进行研究、讨论，做到统筹安排，合理布局；三要依照《城市规划法》，加强规划区内各项建设统一规划管理；四要加强绿化和市容环境卫生建设。

**关于《行政诉讼法》贯彻实施情况的调查** 1991年5月，县人大常委会分管的副主任带领县人大常委会法制工作委员会的人员，就全县贯彻实施《行政诉讼法》的情况进行了调查。

调查认为，《行政诉讼法》公布实施后，县人民政府和各有关部门十分重视，采取措施，实施《行政诉讼法》的工作有了良好的开端。

调查分析了贯彻实施《行政诉讼法》以来，行政处罚行为多，复议案件少，没有诉讼案件产生的原因。一是行政执法部门的执法水平普遍提高，坚持了依法行政；二是《行政诉讼法》的宣传教育面窄，基层群众了解甚少；三是个别行政机关将一些本应属于自己依法做出行政处罚的行为，转交给隶属的单位或组织去处理，用以回避行政诉讼；四是在诉讼和复议过程中，存在问题。

调查针对存在的问题，提出建议：一是继续加强对《行政诉讼法》的宣传，努力提高全民的法律意识；二是端正思想认识，搞好业务培训，努力提高依法行政水平；三是搞好调查研究，充分发挥复议、审判机关的作用；四是尽快制作统一的复议文书，使复议工作逐步走上正常化、规范化。

**关于对《标准化法》贯彻实施情况的调查** 1991年5月，县人大常委会财经工作委员会人员就贯彻实施《标准化法》的情况进行了调查。

调查认为，县政府及其有关部门贯彻实施《标准化法》的措施是积极可行的，绝大多数企业建立了组织，加强了领导，健全标准，严格实施，产品质量逐步提高，成绩显著。

调查发现，《标准化法》贯彻实施的过程中还存在着一些问题。一是部分干部职工法律意识淡薄；二是实施《标准化法》的工作不够平衡；三是技术监督手段落后，技术监督不够有力。

调查针对存在的问题，提出建议。一是增强法律意识，切实加强对《标准化法》的学习和宣传；二是强化监督机制，切实发挥技术监督部门的职能作用；三是要全面实施《标准化法》；四是加强领导，确保《标准化法》的顺利实施。

**社会治安综合治理情况的调查** 1991 年 8 月下旬，县人大常委会法制工作委员会的人员先后到工业、商业、司法机关的 8 个单位和王世疃、槎河两个乡的部分村庄，对社会治安综合治理情况进行了调查。

调查认为，全县社会治安综合治理情况总的是好的，主要特点是：一、县委、县政府坚持实事求是、一切从实际出发的方针，促进了经济发展和社会秩序的稳定；二、各级党委、政府把社会治安综合治理工作列入重要议事日程，当作大事来抓；三、加强基层基础建设，社会治安工作形成网络；四、狠抓普法教育，促进了社会治安形势的好转。

调查指出，全县的社会治安综合治理工作虽然取得了很大成绩，但当前的形势依然比较严峻。杀人放火、外流人员结伙作案、抢劫盗窃等重大刑事犯罪呈上升趋势；拐卖人口、流氓赌博等违法犯罪活动屡禁不止；宗教迷信开始抬头。

调查针对存在的问题，提出了四点建议：一、加强法制宣传和社会主义思想教育，增强防腐蚀、反腐败能力，进一步促进社会治安的好转；二、加强内部管理，堵塞犯罪漏洞；三、加强农村流动人员的管理；四、加强司法队伍建设，搞好经常性的遵法、守法和职业道德教育。

**对全县工业生产情况的调查** 1991 年 11 月，县人大常委会财经工作委员会的人员先后到经委、轻工、机械电子、纺织、石材、黄金等工业主管部门和所属 6 处工业企业，就 1991 年 1–10 月份工业生产情况进行了调查。

调查肯定了全县工业生产取得的成绩：工业产值持续上升，销售收入明显提高，结构调整渐趋合理，速度效益同步增长。工业生产虽然发展较快，但也存在着不可忽视的困难和问题：一、资金投放与使用效益呈逆向运转，企业资金占用结构不合理；二、工业基础薄弱，行业发展不够平衡，少数企业经济效益不佳；三、企业用工混乱，收益分配过多的向个人消费倾斜；四、部分企业单纯依靠减税让利发展生产。

调查针对工业生产中存在的困难和问题，提出了五点建议：一、深入贯彻实施

《企业法》，确保依法管理企业；二、大力推进技术进步；三、坚持从严治厂，强化企业管理；四、推进企业组织结构调整，充分发挥骨干企业的作用；五、切实把工业生产转到提高经济效益的轨道上来。

**关于全县“二五”普法工作情况的调查** 1992年5月，县人大常委会法制工作委员会人员就全县“二五”普法工作情况进行了调查。

调查认为，自1991年以来，全县“二五”普法宣传教育工作已经有了好的开端，取得了一定成绩。一是领导重视抓得紧；二是学用结合服务中心抓得好；三是依法治理抓得实。

调查针对个别单位对“二五”普法认识尚不到位，整个工作发展不平衡的问题，提出了三点建议：一是进一步提高认识，切实加强领导；二是克服不平衡性，抓好全面发展；三是坚持高标准，创出新水平。

**关于卫生工作情况的调查** 1992年5月，县人大常委会教科文卫工作委员会人员到部分基层医疗单位和村卫生室采取听汇报、看现场、座谈讨论、走访群众等方法，对卫生工作进行了调查。

调查认为，在县委、县政府的领导下，医疗卫生部门的努力，全县卫生工作取得显著成绩。一是加强领导，增加投入，基础设施和医疗设备有了较大改善；二是加强医疗队伍建设，内部管理、服务态度有所改善，服务质量有所提高；三是深化卫生体制改革，促进了农村卫生事业的全面发展。

调查发现，医疗卫生工作中还存在一些问题。一是在领导和技术力量的配备上，重视了县级医院及卫生部门的建设，对乡镇、村卫生工作的指导和管理相对不足；二是部分医院内部管理较差；三是统管工作在部分乡镇没有展开，影响了基层卫生工作的全面发展；四是乡村卫生组织的建设有待加强。

调查针对存在的问题，提出了搞好卫生工作的建议：一是进一步提高认识，加强领导；二是以提高服务质量、改善服务态度为重点，搞好医疗卫生单位的自身建设；三是进一步加强农村卫生工作；四是坚持预防为主的方针，进一步抓好预防保健工作；五是坚持依法行医，以法治医，加强医药市场监督管理。

**对全县发展外向型经济的调查** 1992年5月，县人大常委会财经工作委员会的人员，到经贸委和有关出口创汇单位就全县发展外向型经济的情况进行了调查。

调查分析了五莲县发展外向型经济的有利条件。一是五莲县所处的地理位置比较有利；二是各种资源比较丰富；三是外贸工作上了新台阶；四是合资项目成功率高，并不断地扩大和发展。

调查分析了五莲县发展外向型经济的困难和不利因素。一是部分出口产品受国际市场的影响，降价幅度较大，不利于高产高效农业的发展；二是资金严重紧缺，很不适应投资规模；三是技术力量严重不足，缺乏大量的对口适用的专业技术人才；四是基础设施差，不能适应外向型经济的发展。

调查提出了发展外向型经济的建议，一是抓好思想意识的落实；二是抓好各项政策的落实；三是抓好宣传工作的落实；四是抓好组织领导的落实。

**对《经济合同法》贯彻实施情况的调查** 1992年10月，县人大常委会财经工作委员会的人员，先后到工商、司法、农业等几个部门和7处县属工商企业就贯彻实施《经济合同法》的情况进行了调查。

调查认为，各级政府、各经济主管部门对《经济合同法》的贯彻执行越来越重视，采取各种有力措施，坚持不懈地抓学习，抓宣传，抓实施，抓管理。对于依法保护企业的经济利益，搞活流通，大力发展商品经济，起到了积极作用。

调查指出了实施《经济合同法》中存在的问题。一是部分企业对购货法人的资格、履约能力未详细考察，轻易签约履约，被“皮包公司”和不法个体户坑骗；二是企业仍然使用口头合同，部分回收货款没着落；三是部分单位签订的合同手续不严，责任不明，内容不全，致使合同的履行产生纠纷；四是执行合同不严肃，某些合同执行难；五是以言代法，随意中断和变更合同。

调查针对存在的问题，提出四点建议：一是要突出抓好各级领导的法制教育，增强依法经营的法律意识，严肃认真地执行好《经济合同法》；二是要坚持不懈地抓好企业领导干部和供销人员的合同法规知识培训，进一步提高全员的经济合同业务素质；三是要切实加强经济合同的管理，确保经济合同的严肃性和实效性；四是有关部门要积极配合，为贯彻实施好《经济合同法》更加有力地发挥职能作用。

## 第五节　五莲县第十三届人大常委会期间

(1993.02– 1998.01)

**关于贯彻实施《城市规划法》情况的调查** 1993年5月，县人大常委会教科文卫工作委员会人员到建委、计委、土地管理局、环保局等7个单位就贯彻实施《城市规划法》的情况进行了调查。

调查认为，县政府及其职能部门在宣传贯彻《城市规划法》的同时，在城市规划、建设、管理等方面做了大量工作，取得显著成效。

调查发现，贯彻实施《城市规划法》的过程中，存在着违法建设、占地现象和执法不严及城市维护管理不善等方面的问题。

调查就深入贯彻实施《城市规划法》提出了建议。一是加强城市规划意识；二是进一步解放思想，拓宽思路；三是进一步强化措施，真抓实干，全面贯彻实施《城市规划法》；四是进一步加强规划队伍建设，不断提高执法水平；五是抓好综合治理，进一步改善城区容貌。

**对全县贯彻实施《税收征收管理法》情况的调查** 1993年5月，县人大常委会财经工作委员会人员，对全县贯彻实施《税收征收管理法》的情况进行了调查。

调查认为，自1992年9月《税收征收管理法》颁布实施以来，县政府及税务机关高度重视，采取有效措施，认真组织实施。一是采取多种形式，全方位开展《税收征收管理法》的学习宣传教育活动；二是健全完善各类规章制度，狠抓征管规程推行工作；三是严征管，促发展，充分发挥职能作用；四是注重抓好自身建设，不断提高业务素质和执法水平。

调查指出了在贯彻实施《税收征收管理法》过程中，存在的困难和问题。一是部分企业和个体工商业者，依法纳税的意识比较淡薄；二是行政干预多，减免税政策过滥；三是对经济体制改革中出现税收方面的问题尚未得到及时解决；四是部分企业拖欠税款较多；五是征收力量不足。

调查就贯彻实施好《税收征收管理法》，提出了建议。一是继续采取得力措施，抓好《税收征收管理法》的宣传教育；二是各级党政领导和社会各界要进一步支持税收工作；三是教育纳税人和企业法人增强全局观念，依法缴纳税款；四是税务部门要切实发挥调控经济的枢纽作用。

**对县法院民事审判工作的调查** 1993年5月，县人大常委会分管副主任带领县人大常委会法制工作委员会人员先后到许孟、汪湖、于里法庭和法院民事庭就1992年以来民事审判工作进行了调查。

调查认为，县人民法院较好地贯彻了民事审判原则，正确审结了各类民事案件，依法制裁了民事违法行为，有效地保护了公民、法人的合法权益，对维护全县社会秩序的稳定，加快经济发展起了积极地促进作用。

调查指出，全县民事审判工作虽然取得了较好的成绩，但随着市场经济的发展，也还存在着亟待加强和不断完善的地方，为使民事审判适应新形势的要求，调查建议：一要进一步强化依法办事意识，增强干警执法办案的自觉性；二要重视民事案件的处理，进一步强化民事审判工作；三要抓好民事审判队伍的自身建设，提高干警素质。

**贯彻实施《土地管理法》情况的调查** 1993年9月，县人大常委会农村经济委员会的人员就全县贯彻实施《土地管理法》的情况进行了调查。

调查认为，由于各级党委、政府的重视，土地管理部门的努力工作，全县土地管理工作逐步走上了法制化管理的轨道。一是设立县乡两级土地管理机构，依法强化了土地管理工作；二是加强了《土地管理法》的宣传教育；三是全县开展了土地资源调查；四是依法实行了土地管理和开发复垦；五是进行了土地使用制度改革。

调查指出了贯彻实施《土地管理法》工作中存在的问题：一是违法占地的情况依然存在；二是欠税欠款问题严重。

调查针对存在的问题，提出了建议：一是尽快结束土地资源调查的土地申报和登记工作，争取 1994 年结束全县地籍调查；二是要尽快将个体经营户的用地管起来；三是要加强洪凝、集后等城区内用地的管理工作；四是要抓紧解决用地单位欠群众款的问题。

**贯彻实施《义务教育法》情况的调查** 1993 年 9 月，县人大常委会科教文卫工作委员会人员，先后到汪湖、户部、罗圈等乡镇和县直有关部门就贯彻实施《义务教育法》的情况进行了调查。

调查认为，《义务教育法》颁布实施以来，全县广大干部群众在各级党委、政府的领导下，采取有力措施，认真贯彻落实，有力地推动了全县教育事业的健康发展。

调查指出了贯彻实施《义务教育法》工作中存在的问题：一是乡镇初中有辍学现象，而且个别学校比较严重；二是初中学制改为四年后，校舍、教学设施、师资等方面离实现义务教育的标准要求有一定差距；三是办学经费不足。

调查针对存在的问题，提出了建议：一是继续深入开展宣传教育，进一步增强全民的义务教育法制观念；二是切实加强义务教育的领导和管理，尽快解决辍学问题；三是采取有力措施，增加投入，配齐校内设施，为实施义务教育创造良好的条件，保证全县九年制义务教育顺利实现。

**关于《义务教育法》贯彻实施情况的调查** 1995 年 6 月，由县人大常委会分管副主任带领部分委员、县人大教科文卫委和县教委的负责人，对全县 12 处乡镇贯彻实施《义务教育法》及“两基”工作情况，进行了调查。

调查认为，各党委、政府高度重视《义务教育法》的贯彻实施，为完成县委确定的今年实现“两基”任务，做了大量卓有成效的工作：一、领导重视，措施有力；二、宣传力度大，认识普遍提高；三、多渠道筹措办学资金，积极改善办学条件；四、教师待遇不断提高；五、学校管理和教育质量不断提高。

调查针对存在的问题提出了建议意见：一、对《义务教育法》要再学习、再宣传，进一步加深全民对《义务教育法》的认识；二、抓薄弱环节，促平衡发展；三、进一步加强学校内部管理，提高教育质量；四、建议政府及时研究协调解决各乡镇义务教育工作中出现的困难和问题。

**关于《工业企业法》贯彻实施情况的调查** 1995年6月，由县人大常委会的3位副主任带领部分委员和县人大常委会财经委的负责人，就贯彻实施《工业企业法》的情况进行了调查。

调查认为，各有关部门和企业在贯彻实施《工业企业法》中做了大量工作，取得一定成效：一、各级领导比较重视，采用多种形式抓学习、抓宣传；二、善于做好结合文章，以实施《工业企业法》为契机，推动企业内部改革；三、企业的法律意识有所增强，企业管理逐步纳入依法管理的轨道；四、依法民主管理，较好发挥了职工主人翁作用；五、依法正确处理了“两心”关系，企业党组织的作用得到了较好的发挥。

调查指出了贯彻实施《工业企业法》存在的不足：一、部分企业依法治厂，依法管理企业，用法律维护权益的观念不强；二、由于多种原因，企业的劳动用工权和拒绝摊派权仍未能全部到位；三、从经济运行大环境看，全县的工业经济形势不容乐观。

调查针对存在的问题，提出了建议：一、要采取有效措施，继续深入贯彻《工业企业法》；二、企业要进一步解放思想，依法加快经营机制的转换；三、要进一步落实好企业自主权，为企业创造一个宽松的外部环境。

**关于《工会法》贯彻实施情况的调查** 1995年8月上旬，县人大常委会法制工作委员会与县总工会负责人，就全县贯彻实施《工会法》的情况进行了调查。

调查认为，由于各级领导重视，全县贯彻实施《工会法》取得了明显成效：一、各级重视，加强了对《工会法》的学习宣传；二、抓落实，依法加强企业民主管理；三、注意依法维护职工的合法权益。

调查指出贯彻实施《工会法》存在的问题：一、学习宣传《工会法》还不够深透。二、工会独立自主开展工作还不够经常。三、基层工会还不够健全。

调查就贯彻落实好《工会法》提出了建议：一、采取有效措施，继续深入学习贯彻《工会法》；二、明确执法主体，发挥主体地位的职责；三、进一步加强工会组织建设。

**关于《劳动法》贯彻实施情况的调查** 1995年11月，县人大常委会法工委对全县贯彻实施《劳动法》的情况进行了调查。

调查认为，由于全县各级领导的重视，劳动部门的积极努力，全县基本形成认真贯彻实施《劳动法》的氛围，并取得了明显成效。

调查认为，贯彻实施《劳动法》虽然取得了一定成绩，但也存在一些不容忽视的问题：一、对贯彻实施《劳动法》重要意义的认识还不足；二、贯彻实施《劳动法》的措施和制度还不过硬；三、法与现实还有一些矛盾。

为深入贯彻实施《劳动法》，调查提出如下建议：一、进一步提高认识，加强《劳动法》的学习宣传；二、依法界定劳动标准，深化劳动制度改革；三、抓好先进企业的贯彻推动，促进全县城乡企业的贯彻落实；四、加强《劳动法》监察，依法开展劳动争议处理工作。

**全县乡镇企业发展情况的调查** 1995 年 11 月，县人大常委会农经委会同县乡镇企业局的人员，对洪凝、于里、松柏、七宝山、街头、石场 7 处乡镇发展乡镇企业的情况进行了调查。

调查认为，近几年来全县乡镇企业快速而健康发展，成效显著，其共同特点是：一、认识明确，领导到位；二、加大投入，膨胀规模；三、重视人才，科技兴企；四、强化管理，提高效益。

调查还就促进乡镇企业的发展，提出了建议：一、要制定有利于乡镇企业发展的优惠政策，使乡镇企业与县属工业在同一起跑线上发展；二、在资金投放上适当向乡镇企业倾斜；三、进一步解决人才与科技问题；四、强化乡镇企业局的管理职能。

**关于《审计法》贯彻实施情况的调查** 1996 年 4 月，县人大常委会财政经济委员会对贯彻实施《审计法》的情况进行了调查。

调查认为，由于各级领导的重视，《审计法》的贯彻实施取得了一定的成效：一、各级领导重视，狠抓了《审计法》的学习宣传和制度建设；二、抓了业务培训，提高了审计队伍的业务素质；三、依法对国有资产保值、增值进行了审计。

调查指出了贯彻实施《审计法》工作中存在的问题：一、学习宣传不够深入广泛；二、审计力量与审计任务不相适应；三、部分企业法人由于受社会上不良风气影响，凭个人意志办事，以假利润、假报表欺上瞒下，虚增虚减利润，严重干扰了经济秩序；四、部分企业会计人员素质低，加大了依法审计和内部审计的难度。

调查针对存在的问题，提出了建议：一、进一步提高认识，加强对《审计法》的学习宣传；二、加强审计队伍建设；三、加大执法力度，强化审计监督；四、加强企业会计队伍管理。

**关于《水法》贯彻实施情况的调查** 1996 年 5 月，县人大常委会农经委会同县水利局的有关人员，对贯彻实施《水法》的情况进行了调查。

调查认为，由于各级领导的重视，贯彻实施《水法》取得明显成效：一、重视《水法》的学习宣传；二、职能部门为落实《水法》做了大量的工作；三、水资源开发利用成效显著；四、加强水资源及水利设施的管护工作。

调查指出，虽然贯彻实施《水法》取得显著成效，但也存在一些问题：一、对贯彻实施《水法》的意义认识不足，学习宣传力度不大；二、水利工程重建轻管的现象普遍存在；三、财政投入减少；四，水利建设发展不平衡。

针对存在的问题，调查提出了建议：一、提高《水法》宣传力度；二、建议各级政府认真抓好水利设施的管护工作；三、注意多年失修工程的维护工作；四、争取上级资金，增加水利投入；五、注意加强水利队伍建设。

**关于《产品质量法》贯彻实施情况的调查** 1996年8月，县人大常委会财经委就全县贯彻实施《产品质量法》的情况进行了调查。

调查认为，由于各级领导的重视，贯彻实施《产品质量法》取得明显成效：一、采取多种形式学习和宣传《产品质量法》；二、强化措施，把落实《产品质量法》同加强执法队伍建设结合，把县级监督力量与企业监督力量结合；三、企业的产品质量意识增强，逐步纳入依法管理轨道。

调查指出，虽然贯彻实施《产品质量法》取得显著成效，但也存在一些问题：一、从企业内部执法情况看，个别企业特别是个体经营者质量意识较差，法律知识和守法意识淡薄；二、执法难的现象仍然存在；三、质检设备滞后，技术力量不足。

针对存在的问题，调查提出了建议：一、各级领导要督促各主管部门、企业全面贯彻实施《产品质量法》，重视产品质量监督检验工作；二、提高监督检验人员的业务素质；三、完善检测设备；四、加大执法力度。

**全县"两高一优"农业发展情况的调查** 1996年10月，县人大常委会农经委对全县"两高一优"农业发展情况进行了调查。

调查认为，全县各级以双富工程为总抓手，以保证粮、棉、油稳定增长和提高经济效益为目标，优化种植结构，改革种植制度，推广先进科学技术，有力地促进了高产高效优质农业的发展。吨粮田和万元田开发取得初步成效；积极推广脱毒新技术，有效地提高了单位面积产量；进一步扩大了大沟麦种植技术；实行了配方施肥和秸杆还田技术；改革种植制度，提高土地产出率；引进优良品种，建立种子基地。

调查认为，"两高一优"农业呈现出以下特点：一、种植结构优化，经济作物迅速增长；二、区域化、集约化经营程度提高；三、强化服务，提高科技对农业的贡献率；四、加强龙头企业建设，带动高效农业发展。

调查对下一步发展"两高一优"农业提出了建议：一、要进一步加强龙头企业建设，发挥龙头企业的带动作用；二、加强基地建设，形成规模优势；三、加大投入，提高科技含量；四、搞好典型示范，带动全面发展。

**《科技进步法》贯彻实施情况的调查** 1996年10月，县人大常委会教科文卫委对全县贯彻实施《科技进步法》的情况进行调查。

调查认为，近几年，全县各级各部门在县委、县政府的领导下，认真贯彻实施《科技进步法》，促进了科技兴莲战略任务、措施的落实，推动了经济建设和社会各项事业的健康发展，获得了全国科技先进县称号。

调查发现，全县科技进步工作虽然取得了很大成绩，但仍存在一些影响科技发展的问题：一、部分干部群众的科技意识、科技法制观念比较淡薄；二、新科技成果的开发、推广应用还有较大差距；三、科技投入不足；四、科技队伍建设有待进一步完善。

调查就搞好科技进步工作提出了建议：一、继续搞好《科技进步法》的学习、宣传；二、认真抓好科技普及和培训工作；三、加强科技管理，搞好科技开发和推广应用；四、进一步完善保障激励机制，抓好科技投入；五、切实搞好科技队伍建设。

**对《土地管理法》贯彻实施情况的调查** 1997年4月，县人大常委会农村经济工作委员会会同有关部门，对《土地管理法》的贯彻实施情况进行了调查。

调查认为，由于全县各级领导的重视，土地管理部门的扎实工作，使《土地管理法》在全县得到了有效的贯彻落实。主要特点是：全县耕地面积保持了增长的势头，实现了耕地总量的动态平衡；土地管理秩序进一步好转；土地基础业务工作全面达标，创造了一流的成绩；土地使用制度改革有了新的突破。

调查认为，取得以上成绩的原因是：一、各级领导重视，狠抓基本国策的落实；二、加大法制宣传力度，增强全民法律意识；三、深化改革，开拓创新，土地管理部门充分发挥了职能作用。

调查就今后加强土地管理工作提出了建议：一、继续广泛深入、持久地搞好土地法律、法规的宣传教育；二、严格执法，强化管理，实现全县土地管理秩序的根本好转；三、进一步搞好土地执法管理队伍的建设。

**对全县社会治安情况的调查** 1997年8月上旬，县人大常委会法制工作委员会人员到部分乡镇和县直有关部门，对全县的社会治安情况进行了调查，调查通过座谈、专访和问卷的形式进行。调查中，经对121名社会各界人士进行无记名测评，认为全县社会治安情况好的63名，占52%；认为社会治安情况一般的49名，占40.5%；认为社会治安情况差的9名，占7.5%。

调查认为，全县社会秩序比较稳定，人民群众有安全感，重大恶性案件、治安灾害事故和社会丑恶现象得到有效控制，为全县的改革开放和经济建设提供了良好的社会环境。

调查就进一步加强社会治安工作提出了建议：一、进一步提高对搞好社会治安工作的认识；二、加强企业青工、下岗人员的教育管理；三、强化基层基础工作；四、强化职能部门作用。

**关于对《教师法》贯彻实施情况的调查** 1997年12月上旬，县人大常委会教科文卫委员会组织有关人员，就贯彻实施《教师法》的情况进行了调查。

调查认为，全县各级党委、政府和广大教育工作者，不断强化措施，深入学习宣传贯彻实施《教师法》，取得明显成效。一、学习宣传贯彻实施《教师法》更加广泛深入；二、各级重视，不断增加教育投入；三、教师的生活条件不断改善；四、教学管理上了新水平；五、教育水平有了较大提高。

调查指出了存在的问题：一、教学条件需要进一步改善；二、教师待遇有待进一步提高。

调查就深入贯彻实施《教师法》提出了建议：一、要继续深入学习宣传《教师法》，进一步加深教师和全社会对《教师法》的认识；二、不断增加投入，努力改善教师的工作条件；三、采取积极措施，改善教师的生活条件；四、进一步加强教学管理，依法规范教育行为。

## 第六节　五莲县第十四届人大常委会期间

（1998.01–2003.01）

**贯彻实施《矿产资源法》的调查**　1998 年 4 月，县人大常委会农村经济委员会就《矿产资源法》的贯彻实施情况进行了调查。

调查认为，由于全县各级领导的重视，政府职能部门依法行政，有力地促进了《矿产资源法》的贯彻实施。一、各级领导重视，狠抓了地矿法律法规的学习宣传；二、以规范化、法制化为目标，狠抓了矿业秩序的整顿；三、管理与服务结合，全县矿业经济有了较快发展；四、地矿管理队伍建设得到了加强。

调查指出了存在的问题：对矿业法律法规学习宣传的力度不够；矿业秩序的规范化、法制化水平较低；矿业设备差、技术落后；执法力量不足，执法乏力。

调查针对存在的问题，提出了搞好矿业管理的建议：一、继续加大矿业法律法规的宣传力度；二、加大执法力度，加快矿业秩序规范化、法制化进程；三、加大先进技术的推广力度，尽快提高矿产业的综合经济效益；四、加大安全保护工作的力度，切实保护人民群众的生命安全；五、加大矿管队伍建设力度。

**贯彻实施《税收征收管理法》的调查**　1998 年 4 月，县人大常委会财政经济委员会就《税收征收管理法》的贯彻实施情况进行了调查。

调查认为，《税收征收管理法》颁布实施以来，在县委、县政府的领导下，税务部门努力工作，全县税收征管工作逐步走上了规范化、制度化、法制化的轨道。一、税收征管队伍素质明显提高；二、宣传活动广泛深入，基层培训扎实有力；三、健全制度，加强征管建设。

调查中也发现了存在的问题：一、社会的纳税意识相对薄弱，影响了应缴税款足额入库；二、依法治税力度相对薄弱；三、总体税源不足。

调查针对存在的问题，提出了建议：一、进一步加大税法宣传力度，提高全民依法纳税意识；二、依法行政，广开税源，照章纳税，足额入库，按章返还；三、加大执法力度，增强税收队伍合力，增强依法行政措施。

**全县农业产业化经营情况的调查** 1998 年 7 月，县人大常委会组成人员就全县农业产业化经营情况进行了调查。

调查认为，近年来，全县各级坚持以市场为导向，以效益为中心，立足基础和优势，大力实施农业产业化，发展和培植林果、畜禽、瓜果、桑烟及粮油、石材、工艺品等主导产业，形成了集市场、龙头企业、基地和农户于一体的农业产业化雏形，为今后全县发展农业产业化，实现农村经济新飞跃奠定了基础。

调查分析了主导产业的现状与前景：一、林果业。五莲县是林果大县，林果业已成为全县农村经济的支柱产业，但苹果仍以老品种为主，优质苹果园发展缓慢。板栗、柿子、大枣等其他果品，近年来虽有较大发展，但规模和数量很小，没有形成山区特有市场。二、畜牧业。养猪虽有较大发展，但品种改良慢，规模养殖小。肉鸡养殖出现了一些小龙头，形成了一个小市场，带动了一个小产业。三、瓜菜产业。瓜菜生产、加工、出口是全县近几年兴起的一项重要产业，也是全县实施农业产业化经营中最成形、最有带动作用的一个产业。四、蚕茧、烟草、粮油、石材等其他产业都有了较好发展。

调查就搞好农业产业化经营提出了建议：一、突出重点，抓好林果、畜禽、瓜菜、桑烟这四大产业；二、集中力量，发展壮大龙头企业；三、加快建设高质量、大规模的生产基地；四、正确处理好企业（公司）与农户的关系，使之形成紧密型的利益共同体；五、切实加强对农业产业化的领导。

**对全县“三五”普法和依法治理工作情况的调查** 1998 年 10 月，县人大常委会法制工作委员会组织有关人员，先后到洪凝、王世疃、院西 3 处乡镇和县普法办、化工厂、华龙集团等有关部门和单位，对全县“三五”普法和依法治理工作进行了调查。

调查认为，全县“三五”普法和依法治理工作在经过发动、起步等基础工作后，已进入深入、巩固、提高阶段，各项工作运行协调，扎实有力，社会效果明显。一是领导重视，把普法和依法治理工作当作大事抓；二是采取措施，广泛宣传；三是全民法制观念显著增强；四是基层基础工作扎实。

调查也发现一些问题和不足：一是对普法和依法治理的重要性认识不足；二是工

作发展不平衡；三是基础工作存在薄弱环节；四是依法治理工作存在差距。

调查针对普法工作中的问题和当前普法工作任务提出建议：一是进一步提高思想认识；二是健全制度，狠抓落实；三是进一步加大普法宣传力度；四是进一步加强基层基础工作。

**对《城市规划法》贯彻实施情况的调查** 1999年4月，县人大常委会分管副主任带领县人大常委会教科文卫工作委员会人员，先后到城建局、商贸委、外经委、工商局、消防队等单位，就《城市规划法》贯彻实施情况进行了调查。

调查认为，近年来，全县认真贯彻实施《城市规划法》，不断完善城市规划体系，强化规划执法，提高规划工作水平，取得了显著成效。

调查发现了一些亟待解决的问题。一是少数干部群众的法律意识、城市意识淡薄；二是对城市规划的管理缺乏力度；三是行业作风有待进一步改善。

调查针对存在的问题提出了建议。一是进一步加大对《城市规划法》的宣传力度，切实提高全民的城市意识和规划意识；二是进一步强化执法力度；三是进一步提高规划设计水平；四是切实加强城市规划管理；五是在财力允许的情况下进一步建设和完善一些基础文化娱乐设施，以丰富城区群众业余文化生活。

**关于养老保险费征缴和下岗职工生活保障情况的调查** 2001年6月上旬，县人大常委会法制工作委员会人员，就全县养老保险费的征缴和下岗职工生活保障情况进行了调查。

调查认为，全县养老保险费的征缴和下岗职工生活保障工作，在县委、县政府的统一领导下，各级各部门比较重视，能够根据实际情况，采取切实措施，认真贯彻各项法律、条例，抓好落实，取得了一定成绩。但由于受种种因素影响，全县养老保险费的征缴和下岗职工生活保障工作形势非常严峻，这有其外部环境条件因素的影响，也存在一些具体问题：一、思想认识不到位，不少企业在缴纳养老保险费方面存在模糊认识；二、制度不健全，没有一个全面的有权威的规范性规定，保障这项工作的落实；三、制约措施不力。

调查针对存在的问题，提出了建议：一、进一步提高对缴纳养老保险费和做好下岗职工生活保障工作重要性的认识；二、要建立健全各项制度；三、各有关部门密切配合，充分发挥职能作用，为保障职工权益，解决职工生活困难，做出应有的贡献；四、继续加快经济发展步伐。

## 第七节 五莲县第十五届人大常委会期间

（2003.01–2007.12）

**全县林果生产的调查** 2003年9月下旬，县人大常委会组成人员对全县林果生产情况进行了调查。

调查认为，经过全县人民的长期不懈努力，全县的林业建设取得了显著成绩。一是植树造林成效显著；二是林果管理和育苗水平不断提高；三是林业资源保护扎实有效；四是科技兴林迈出新步伐；五是林业招商引资保持良好势头。

调查指出了林业发展中存在的不足和面临的问题：一是实现“生态建县”的战略目标，处于生态建设主体地位的林业所面临的任务还相当艰巨，全民的生态意识有待于进一步提高；二是多元化的投入机制还没有真正形成，林业建设的经营机制有待于进一步完善；三是林业建设产业弱化，标准化生产能力低，林牧矛盾没有得到很好的解决；四是全县绿化整体水平标准低、质量差等问题依然存在；五是果园管理有待于进一步加强。

调查针对存在的不足和面临的问题，提出建议：一是充分认识林业在全面建设小康社会中的战略地位；二是制定林业跨越式发展的统一规划；三是深化林业经营体制改革；四是加快科技兴林和招商引资的步伐；五是大力推动依法治林进程；六是切实加强对林业的领导。

**全县交通工作情况的调查** 2004年10月20日，县人大常委会组成人员在县政府分管副县长和县交通局主要负责人陪同下，对全县交通工作进行了调查。

调查认为，县交通局在全县县乡公路1995年前硬化率为零，交通情况已经严重影响经济发展的情况下，认真贯彻落实县委、县政府的指示精神，积极争引市交通部门无偿援助资金2600万元，总投资3600万元，使近几年投资最多、规模最大、全市档次最高的县乡公路——山海大通道——潮石公路成功改造，打通了东南大门，承接了半岛城市群的辐射带动。在此基础上，争取上级支持，增建了潮石公路与潮河加工贸易区的连接副路。打通街头至吕标的南北大通道，北起松柏乡、南接街头镇，途径九仙山风景区的公路硬化改造，完成了五莲山、九仙山的环山路和旅游路道路硬化工程。加大宣传力度，引导社会各界关心支持农村公路改造。由于宣传到位，群众由不认识到认识，由不主动到主动。到目前全县共投入资金2850万元，完成公路改造190余公里，人均占有公路硬化里程名列全市前列。建设平安交通，着力服务经济，严格执行“三把关一监督”，从源头上消除了安全隐患。还积极配合上级对超载超限运输等违规行为进行了集中专项整治，严厉打击超载超限行为，维护了全县交通安全秩序。

调查在肯定成绩的同时，提出了三条建议，一是在个别服务领域，存在不到位的问题；二是个别执法人员服务态度差，服务质量低的问题有待解决；三是有些路段养护质量差的问题应引起重视。

**全县蚕茧生产的调查** 2004年10月13日，县人大常委会组成人员在县政府分管副县长和丝绸公司主要负责人陪同下，对全县蚕茧生产进行了调查。调查人员实地察看了于里镇桑蚕养殖生产情况，听取了丝绸公司主要负责人的汇报，并进行了集中讨论审议。

调查认为，多年来，全县各级把桑蚕生产作为一项重要主导产业，强化政策措施，加强服务管理，加大培育力度，努力克服各种矛盾和困难，促进了全县桑蚕产业的加速发展。桑园管理及时到位，服务网络日趋完善，生产养殖水平不断提高，市场品牌意识进一步强化，丝绸生产经济效益成效显著。

调查对全县蚕茧生产取得的成绩给予充分肯定，同时提出了建议：一、要进一步提高对桑蚕生产重要性的认识，充分调动各级参与蚕茧生产管理的积极性；二、要进一步加强市场管理，切实维护蚕茧市场稳定；三、要进一步加大技术服务和扶持力度，不断提高桑蚕生产水平；四、要努力探索新形势下桑蚕生产管理的新形式，推动桑蚕产业的快速健康发展。

**全县国土资源管理工作的调查** 2005年11月22日，县人大常委会组成人员，在副县长李应田和县国土资源管理局负责人的陪同下，调查了全县土地管理工作。调查人员实地察看了高泽、汪湖、洪凝三处乡镇的土地整理项目现场，听取了县国土资源管理局负责人的工作汇报，最后进行了集中审议。

调查认为，2005年以来，县政府及国土资源管理部门，以服务于全县经济建设为出发点和落脚点，勇于创新，开拓进取，各项工作都取得了显著成效。招商引资工作实现了历史性突破，2005年争引土地开发整理立项项目20个，争引资金达2.5亿元；在保护好耕地的同时，灵活运用政策，积极争取招商引资用地指标，保障了全县经济发展的需求；大力推行国有土地使用权招拍挂，把土地市场纳入了规范化轨道，为全县的基础设施建设集聚了宝贵的资金；国土资源执法监察力度不断加大，矿业秩序明显好转，业务基础工作扎实推进。

调查在肯定成绩的同时，提出了四点建议：一要加大对《土地管理法》和《矿产资源法》宣传力度，努力营造依法用地、依法采矿的良好氛围；二要抓住五莲县被列为山东黄淮平原及胶东丘陵区土地整理重点区域的优势，继续加大对土地整理项目资金争引力度，推动全县生态建设再上新台阶；三要严格资金的使用和管理，切实把土地整理这项造福百姓的工程实施好；四要坚决杜绝乱挖滥采河砂，同时，借土地项目整理之机，加大对全县河道的治理力度，切实解决水土流失问题，为五莲经济和社会各项事业的快速发展提供一个优美的生态环境。

**全县新型农村合作医疗工作的调查** 2007年4月27日，县人大常委会组成人员在县委常委、县人民政府副县长滕厚军及县卫生局、财政局负责人陪同下调查全县新型农村合作医疗工作。

调查认为，五莲县自2003年3月被省政府确定为省级首批新型农村合作医疗试点县以来，县政府和卫生主管部门加强组织领导，全力开展参合工作，建立健全工作制度，认真落实各项政策，不断完善筹资、运行和监督管理等三项机制，紧紧围绕基础设施、网络化、服务体系和服务项目建设方面切实提高服务基层农民群众水平，有效地提高了农民群众参合积极性，推动了全县新型农村合作医疗工作的顺利开展。

调查指出了新型农村合作医疗工作中存在的不足和问题，一是宣传力度还不够大；二是服务措施还不够到位，参合农民受益面相对较窄；三是基层卫生机构基础设施和医疗服务水平有待于进一步提高。

调查针对存在的问题，提出建议：一是加大宣传力度，进一步提高基层干部和农民群众对参合工作的认识，增强互助共济意识及保健意识，确保把好事办好；二是不断提高农民群众的参合率，根据形势发展提高门诊报销比例，最大限度地让更多农民群众得到实惠，调动农民群众参与新型农村合作医疗的积极性；三是切实提高为农民群众服务的质量和水平。

## 第八节 五莲县第十六届人大常委会期间

(2007.12- )

**调研全县烟草工作情况** 2008年8月21日，县人大常委会副主任于曰洪带领调研组，对全县烟草工作情况进行了调研。调研组先后深入到高泽镇程戈庄村、西高泽村，汪湖镇后坡子村、小湖村和烟站，现场查看了大口井、大田烟叶管理、密集烤房群及烟叶收购工作现场，听取了县烟草部门有关工作情况汇报，与相关植烟乡镇负责同志进行了座谈，与部分烟农进行了交流。

调研认为，近年来，县政府及烟草部门在县委的正确领导下，深入贯彻落实科学发展观，紧紧围绕“财政增长、农民增收、企业增效”目标，以服务全县经济为中心，不断拓宽发展思路，创新组织模式，强化技术管理，狠抓基础设施建设，全县烟叶生产实现了经济效益和社会效益的和谐发展，无论规模还是总产量都跃居全省第七位，烟叶生产呈现出了健康、良好的发展态势。

调研指出了烟叶生产中存在的薄弱环节和问题：一是个别乡镇、村庄对烟叶生产在促进农民增收和农业农村经济发展方面的认识不足；二是农业产业结构调整与土地均田到户之间的矛盾没有得到很好解决；三是生产管理水平不平衡。

调研针对存在的问题，提出了建议：一是进一步加大宣传力度，努力营造加快烟叶发展的社会环境；二是开拓创新，不断探索烟叶生产组织模式；三是依靠政府，积极探索土地流转机制；四是政策扶持，稳定规模生产队伍；五是立足本职，进一步加强队伍建设，提高为农服务水平。

**对全县中小学校园安全工作进行专题调研** 2008年9月25日至27日，县人大常委会组织驻五莲县的省、市人大代表对全县中小学校园安全工作情况进行了专题调研。整个调研活动分视察现场、听取汇报、提出改进工作的建议三个阶段进行。调研过程中，先后实地查看了五莲一中、职工子弟小学、高泽镇初中、高泽镇西楼小学等学校的校舍改造、安全教育管理、制度建设、学校周边环境治理等情况，听取了县政府关于中小学校园安全工作情况汇报，最后进行了集中审议。

调研认为，近年来，全县各级牢固树立“安全压倒一切，责任重于泰山”的意识，全面落实“质量立校、安全为要、和谐发展”理念，始终把学校安全作为教育工作的头等大事来抓，按照“安全第一，预防为主，综合治理”的方针，全面启动平安和谐校园创建工程，营造了教师安心教书，学生舒心上课，校园安定团结的和谐氛围，为平安五莲建设做出了积极贡献，有力地维护了全县的社会稳定。

调研指出学校安全工作中存在的问题与不足：一是校舍改造压力较大；二是学生交通安全存在隐患；三是学校周边环境治理还不够彻底；四是城区义务教育学校学生人均占地面积较少，达不到省教育厅规定的一半，存在较大安全隐患。

调研针对存在的问题，提出了建议：一是进一步加大对校园安全工作的宣传力度；二是进一步做好教育经费保障工作；三是切实加强校舍维修改造质量监管；四是严把食品安全关；五是进一步加大校园安全工作的综合整治力度。

**调研《道路交通安全法》贯彻实施情况** 2009年5月26日，县人大常委会组成人员对全县贯彻实施《道路交通安全法》情况进行了调研，调研组先后查看了交警五莲大队车辆管理所、驾驶人考试中心、桃园村道路交通安全建设情况和新落成的交通指挥监控中心四个现场，听取了交警五莲大队工作汇报，然后进行了集中审议。

调研认为，《道路交通安全法》颁布实施以来，交警五莲大队坚持以科学发展观统领全局，紧紧围绕“降事故、保安全、保畅通”的工作目标，以基础建设和队伍正规化建设为重点，加强领导，强化措施，落实责任，群众交通安全意识不断增强，道路交通设施逐步完善，道路交通执法、管理和服务水平进一步提高，道路交通事故四项指标逐年下降，为建设“平安五莲”、“和谐五莲”发挥了重要作用。

调研指出在贯彻《道路交通安全法》方面存在的困难和问题，主要是部分群众的交通安全意识和法制观念还比较淡薄；部分学校门口还存在交通拥堵、车速过快等交通安全隐患；个别路面、路段存在漏管现象；违章停车、酒后开车、闯红灯、驾乘摩托车不戴头盔等交通违法行为还一定程度存在。

调研强调，要进一步加大宣传教育力度，使道路交通安全观念深入人心；要进一步加强源头管理，坚持“安全第一，预防为主”的方针，筑牢事故预防第一道防线；要进一步加强执法队伍建设，努力提高执法水平；要进一步加强组织协调，逐步健全完善道路交通安全管理综合机制，形成强大的执法合力。

**调研《防洪法》实施情况** 2009 年 7 月 14 日，县人大常委会第一副主任李应田带领调研组，对全县贯彻实施防洪法情况进行了调研。调研组一行在县水利局负责人陪同下，先后察看了许孟镇山王庄水库、松柏乡长城岭水库和潮河镇崔家沟水库等 4 处工程现场，然后召开了座谈会，听取了有关工作情况汇报。

调研组认为，近年来县政府及水利主管部门认真贯彻落实《防洪法》和《防洪条例》等相关法律法规，以构筑防洪安全保障体系为目标，积极开展多种形式的防洪知识宣传活动，提高全社会的防洪意识；全面落实防汛工作行政首长负责制，层层落实责任，建立完善防洪预案；积极向上争取资金，采取多种措施加大防洪工程建设力度；努力减轻水患灾害，防汛减灾工作取得了显著的社会效益和经济效益，为全县经济社会又好又快发展发挥了重要保障作用。

对于下步工作，调研组要求，要进一步加大防洪法的宣传力度，克服个别乡镇和部门存在的麻痹松懈思想，依法做好防洪工作；紧抓当前国家扩大内需的有利机遇，积极向上争引项目资金，加强防洪工程建设，提升全县防洪设施的总体水平；突出工作重点，加大对水库塘坝防洪病险排查和河道清淤的防洪整治力度；健全完善防洪预案，不断提高防洪应急能力；加大执法监察力度，严厉打击涉洪违法犯罪行为，保证全县防洪工作依法有序推进。

**调研全县广电事业** 2009 年 8 月 6 日，由县人大常委会各主任、各委室负责人和有关人员组成的调研组对全县广电事业进行了专题调研。调研组实地查看了工商银行宿舍楼电视网络改造现场、广电中心电视电话会议室和乡镇站建设规划图、有线电视客户服务中心、电视节目制作中心和播出部等现场，听取了县广电中心工作汇报，并进行了座谈。

调研认为，近年来，县广电中心坚持以科学发展观为指导，紧紧围绕县委、县政府中心工作，立足本职，抓住重点，把握导向，强化新闻宣传，深化内部改革，优化技术装备，提高队伍素质，全县广电事业有了长足发展。

调研指出广电事业发展中的问题和不足：随着形势的发展，人员整体素质有待提高的问题逐步凸现；资金投入的不足制约了广电事业的发展；乡镇广电事业发展差距大，有线电视发展不平衡的现象依然存在。

调研组要求，要进一步提高认识，切实增强加快发展广电事业的责任感和紧迫感，努力提高精品制作和创新能力，增强核心竞争力；要加快有线电视数字化整体平移转换，构建“数字五莲”，推进城市现代化建设和信息化发展步伐；要进一步提高舆论引导能力，继续发挥广播电视宣传的主体作用；要切实加强自身建设，不断提高服务能力和服务水平。

**调研全县职业教育工作** 2009年11月17日，县人大常委会第一副主任李应田带领调研组，在县委常委、副县长王一群及县教育局、职教中心负责人陪同下，对全县职业教育工作进行了调研。调研组一行实地察看了职教中心学生宿舍、食堂、多功能厅、新教学楼施工现场，听取了有关工作情况汇报。

调研组认为，全县的职业教育工作紧紧围绕“政府统筹、企业参与、校企合作、工学结合、顶岗实习”的教育方针，坚持“不求完美，但求卓越，发展创新，形成特色”的办学理念，积极探索“与市场接轨、与高职接轨，校校联合、校企联合，长短结合、灵活多样”的办学模式，在发展中不断创新，构建起了“升学有保障、就业有优势、创业有能力”的办学平台，有力促进了职业教育工作的健康快速发展。

关于下步工作，调研组要求，要大力宣传职业教育的特殊作用，在全社会形成重视、关心、支持职业教育的浓厚氛围，为促进职业教育的发展创造条件；要大力推动体制机制创新，推动职业教育工作更好地面向市场、面向企业办学；要高层次推动职业教育改革，不断更新教学内容，改进教学方法，创新办学模式；要完善政策保障机制。

**调研公安工作** 2009年12月16日，县人大常委会组织调研组，对全县公安工作进行了调研。调研组在县政府副县长胡靖及公安局负责人陪同下，先后到城北派出所、监管大队、消防大队、经侦大队、指挥中心进行了实地调研，观看了公安工作专题片，听取了有关工作情况汇报。

调研组认为，2009年以来，县公安部门深入开展学习实践科学发展观活动，加强公安队伍建设，强化各项维稳安保措施，有力地打击了违法犯罪行为，稳控了社会治安局势，全县呈现出发案少、秩序好、社会稳定、群众满意、警民关系和谐的良好局面，为保障全县经济社会又好又快发展做出了重要贡献。

关于下步工作，调研组要求，要加大对公安工作的宣传力度，让广大人民群众进一步了解公安工作、支持公安工作，同时更好地接受群众监督；要切实改善公安装备，努力推动公安工作再上新台阶，为全县经济社会又好又快发展做出新的更大贡献。

**调研全县大项目建设** 2010年8月19日，县人大常委会组织驻五莲县的省、市人大代表对大项目建设情况进行了专题调研。

代表们先后实地察看了日能超硬材料公司、五征集团汽车车架制造项目、尧王中外企业园、玉成机械有限公司等项目建设现场，听取了县政府关于全县大项目建设情况的汇报，并进行了集中审议。一致认为，2010年以来，五莲县全面贯彻落实国家、省、市“保增长、扩内需、调结构”政策措施，深入开展“项目争引建设年”活动，紧紧抓住金融危机给工业结构调整带来的机遇，以招商引资项目为主体，以扩大内需项目为龙头，以产业升级项目为重点，积极借助外力求发展，加速推进传统企业技术改造，全县经济社会实现了平稳较快发展。

调研中，代表们就进一步推进项目建设、加大基础设施建设投入、制定落实扶持政策、严格目标量化考核等提出了建议意见。

**调研全县电力工作** 2010年12月6日，县人大常委会组织调研组在县委常委、副县长王一群陪同下，对全县电力工作进行了调研。调研组先后深入到街头镇35KV向阳变电站、于家丰台电气化村和潮河镇35KV陈家沟变电站3处现场进行了实地调研，听取了全县电力工作情况汇报。

调研组认为，2010年以来，县供电公司坚持以科学发展观为指导，以创先争优为主线，解放思想，创新突破，全县电力事业实现了快速健康和谐发展。

调研组强调，电力工业是十分重要的基础产业和公用事业，事关国民经济发展大局和群众生产生活。各级要进一步提高对供电工作重要性的认识，把供电工作摆在突出位置，更加理解、关心和支持供电工作，为供电部门创造更加良好的发展环境。要进一步加大宣传力度，从不同侧面，全方位、多角度宣传供电公司的工作举措、工作成效、政策法规、服务发展等内容，使社会各界进一步认清供电企业的权利、义务和职责。要认真总结工作中取得的成绩，对于工作中涌现的特点、亮点，探索出的好经验、好做法，要积极归纳、总结、发扬、推广，促进自身工作再上台阶。

**调研公安机关执法规范化建设工作** 2011年4月27日，县人大常委会调研组对全县公安机关执法规范化建设工作进行调研。调研组先后察看了高泽派出所、洪凝派出所和拘留所办案中心等现场，听取了有关工作情况汇报，并进行了审议。

调研组认为，县政府及公安部门把执法规范化建设作为事关公安事业长远发展的基础性工作来抓，通过深入开展执法主体、标准体系、安全保障、信息化管理和监督体系“五项建设”，实现了执法标准化、信息化、流程化、精细化的工作目标，公安机关维护国家安全和社会稳定的能力进一步增强，执法公信力进一步提升，警民关系更加和谐，各项工作得到了上级公安机关的充分肯定，赢得了广大人民群众的普遍认可，为保障全县经济社会超常规跨越发展做出了积极贡献。

调研组要求，当前全县进入了推进大发展、大变化、大创新的关键时期，公安机关要进一步认清形势，发挥职能，努力维护和谐稳定的大好局面，为保障经济社会发展做出更大贡献；要牢固树立大局意识和服务意识，紧紧围绕全县重点工作和容易引发矛盾的薄弱环节，健全完善工作预案，主动跟进，提前介入，全面掌控，为县委、县政府各项决策部署的推进落实提供可靠保障；要进一步强化思想政治教育，提升干警思想境界，树立和维护人民警察的良好形象；要把广大干警特别是优秀干警视为公安机关的宝贵财富，搞好执法安全工作；要大力弘扬“忠诚为民、团结高效、廉洁奉献、实干争先”的五莲公安精神，引领公安工作再上新台阶。

**对全县贯彻实施《环境保护法》情况进行执法调研** 2011年6月17日，县人大常委会组织调研组对全县贯彻实施《环境保护法》情况进行执法调研。县委常委、县纪委书记滕厚军和县环保局负责人陪同调研。调研组先后实地察看了五莲易通新型建材科技有限公司、国家级农村空气质量自动监测站、清源污水处理厂3处现场，听取了县政府有关工作情况汇报，并进行了座谈审议。

调研组指出，近年来，县政府及相关职能部门坚持以科学发展观为指导，紧紧围绕“工业强县、开放兴县、生态建县”三大战略，以“改善环境质量、确保环境安全、服务科学发展”为目标，深入贯彻环境保护法及相关法律法规，环境与发展的综合决策机制不断完善；环境违法排污行为得到有效遏制，主要污染物排放总量得到有效削减；环境基础设施和环保执法能力建设成效显著，全社会环保法制意识和公众参与能力不断提高；全县生态环境质量持续改善，资源节约型环境友好型社会建设不断推进。

调研组要求，要进一步加强环保宣传教育，着力提升全社会环境保护和生态文明意识，形成全县上下共同关注环境保护，参与治污减排的良好社会氛围；要坚持做到严格执法，依法行政；要坚持统筹城乡发展，进一步加大投入；要强化环境基础能力、环保机构和队伍三大建设，确保全县环境安全。

## 第四章 评议工作

评议是县人大常委会履行监督职权，强化监督职能的有效途径。评议包括对部门工作的评议和人大常委会对被任命人员进行述职评议。

对部门工作的评议，主要是对行政、审判、监察部门的工作进行评议，以促使其转变作风，改进工作。五莲县人大常委会自1991年始，开展人大代表评议乡镇直部门工作，主要是组织人大代表对县直各部门驻乡镇的基层单位和乡镇政府所属部门，在贯彻执行党的路线、方针、政策和国家法律、法规以及职业道德和行业作风建设、服务中心工作等方面进行评议，以促进行业作风的转变，推动部门工作开展。

人大常委会对被任命人员进行述职评议，是依法履行监督职权，加强对国家机关工作人员制约监督的重要形式，是监督工作的深化。这种监督形式可以把对事的监督和对人的监督结合起来，增强监督效果，深化监督层次，实现任免权与监督权的统一。述职评议的目的是提高国家机关工作人员的法律意识、公仆意识和廉洁勤政意识。

## 第一节 人大代表评议乡镇直部门工作

1991年9月，叩官乡人大主席团在乡党委的领导下组织县、乡人大代表对县直各部门驻乡镇的基层单位和乡政府所属部门的工作进行评议，促使了这些部门工作作风的转变。县人大常委会于11月13日召开了人大代表评议乡镇直部门工作现场会。会上，叩官乡人大主席团介绍了开展代表评议乡镇直部门工作的做法和体会，被评议的食品站、供销社、医院等单位介绍了他们对评议工作的认识、整改措施和发生的变化，参评代表介绍了评议工作中认真履行职责的情况。县人大常委会主任韩清存在会上讲了话，指出组织人大代表评议乡镇直部门工作是建设有中国特色的社会主义民主政治，防止和抵御西方资本主义国家对我国进行侵蚀的需要；是加强基层民主政治建设，促进基层决策民主化和科学化的需要；是强化部门服务意识，推动工作作风进一步转变的需要；是加强党同人民群众的联系，密切党群、干部关系的需要。他在讲话中还提出了评议的方法和评议中应注意的问题。

现场会议后至12月底，全县各乡镇人大主席团借鉴叩官乡的经验，组织驻本乡镇的省、市、县、乡人大代表1249人，对县直驻乡镇的职能部门和乡镇直属部门共872个单位的工作进行了评议，评出好的单位384个，占44%；较好的单位252个，占29%；一般的单位182个，占21%；差的单位54个，占6%；代表们在评议中共提出建议意见1256条。评议结束后，各部门针对代表提出的建议意见，采取了相应的整改措施，促进了行业作风的转变，推动了部门工作的开展。

为了使人大代表评议乡镇直部门工作经常化、制度化，1992年5月16日县十二届人大常委会第十七次会议通过了《五莲县人大代表评议乡镇部门工作试行办法》。规定评议的范围为县直部门驻乡镇的基层单位和乡镇政府所属部门。评议时间，每年至少评议一次，评议工作应安排在7月或12月进行。评议的内容为：贯彻执行党的路线、方针、政策和国家法律、法规；职业道德，服务态度；行业作风，廉政建设；服务中心工作；业务工作。评议的程序，召开参评代表和被评议单位主要负责人会议，由被评议单位负责人向人大代表汇报工作；代表分组审议；以无记名投票的方式分别给被评议单位打分，对个别单位和个人的突出问题，可书面提出；汇报评议结果；向代表公布评议结果；乡镇党委或人大主席团负责同志向参评人员和被评议单位通报代表对被评议单位的建议和意见；部分被评议单位表态发言。《办法》还规定了评议后的整改及奖罚办法。

1994年12月3日，在乡镇人大主席团专职主席和县直有关部门负责人参加的全县乡镇人大工作会议上，把组织代表评议作为一项主要内容，进行了全面部署，县委副书记黄金华到会讲话，对搞好评议工作提出了意见和要求；县人大常委会主任韩清存对评议工作做了具体安排。各乡镇根据会议的要求，加强了领导，组成了由党委和人大主席团成员参加的评议工作领导小组，党委书记任组长，具体研究评议实施方案，抓好评议工作并主持召开动员会、评议会和整改会；分工专人按照评议活动方案抓好落实。1994年底至1995年初，全县各乡镇均开展了人大代表评议乡镇直部门的活动。参加评议活动的各级人大代表共1102人，被评议的县、乡“双管”部门和乡镇直部门共688个单位。其中，群众信任单位537个，占78.05%；基本信任单位141个，占20.5%；不信任单位10个，占1.45%。评议结束后，各乡镇有关部门根据代表们提出的建议、批评和意见，针对工作中存在的问题进行了认真整改，促进了部门工作与作风的转变，促进了各项事业的健康发展。

## 第二节 述职评议

1993年9月22日，在县十三届人大常委会第四次会议上，对县计划委员会主任李悦明、县林业局长刘君印、县卫生局长徐衍秀进行了述职评议。

县计划委员会主任李悦明在述职报告中，介绍了任职以来的主要工作：一、抓计委自身建设，促作风转变和业务水平提高；二、抓综合计划，当好宏观参谋；三、抓资金筹集，保证生产和建设的需要；四、抓计委职能强化，服务于全县经济；五、抓好固定资产的投资管理，促进全县经济的健康发展。工作中存在的主要差距是：一、在改革开放的新形势下，对社会主义市场经济理论学习还不够深刻；二、在新旧计划体制转换过程中，缺乏有效的宏观调控手段。

县林业局长刘君印在述职报告中，介绍了任职以来的主要工作：一、认真学习、加强思想作风建设；二、抓科技、科教兴林，促项目开发；三、坚持经济效益第一原则，建设高效生态林业；四、强化宣传措施，提高了五莲的知名度；五、兴办了经济实体；六、各项工作都取得较大成绩。同时认为以上成绩的取得是县委、县人大、县政府的支持，是林业局党组一班人团结奋斗的结果。

县卫生局长徐衍秀在述职报告中，介绍了任职以来的主要工作：一、注重政治学习，努力加强自身建设；二、抓好组织制度建设，充分发挥领导班子整体效能；三、加强同各级领导联系，争取对卫生工作的支持；四、把软件建设摆上日程，大胆改革管理制度；五、大力提倡“以卫助医、以副补主”，增加资金来源。工作中存在的不足是：一、对马列主义、毛泽东思想学习不够经常，对现代医学管理学习不够深入；二、用于各种会议和事务性工作的精力太多，深入基层调查研究不够细致。

会议对以上三人的述职进行了评议，肯定了工作中取得的成绩，指出了不足之处，提出了今后的希望，形成审议意见，经主任会议通过后，反馈给本人。

1994 年 11 月 22 日，县十三届人大常委会第十二次会议对县公安局长王万起、县工商物价行政管理局长厉爱宣、县土地矿产管理局长刘茂仁进行述职评议。

县公安局长王万起在述职报告中，介绍了任职以来的主要工作：一、适应形势发展需要，不断加强公安队伍自身建设；二、坚持从重从快方针，严厉打击了各类刑事犯罪活动；三、强化治安行政管理，积极为全县的经济建设保驾护航；四、夯实基础，不断加强基层基础工作。工作中存在的不足之处，主要是思想观念还不够解放，领导艺术需要提高，整体公安保卫工作和公安队伍建设也需要进一步改进和加强。

县工商物价局长厉爱宣在述职报告中，介绍了任职以来的主要工作：一、个体工商业户和从业人员有了较大幅度增长，投资 18 万元用于市场建设，鉴证各类经济合同 2051 份；二、工商物价合并后迅速适应了工作和形势的要求；三、加强队伍建设，努力提高工作水平；四、努力使工商物价管理工作为五莲经济的发展发挥促进作用。工作中的不足之处是：个体私营经济发展中存在区域上的不平衡，外向型、科技型的少，户均规模小，产品档次低；与兄弟地区比，城乡市场在其规模效益和辐射力等方面存在一定差距。

县土地矿产管理局长刘茂仁在述职报告中，介绍了任职以来的主要工作：一、加强学习，努力搞好自身建设；二、认真抓好队伍建设，充分发挥“一班人”的整体效能；三、切实搞好“两法”宣传，提高全民土地矿产法律意识；四、强化业务基础，依法管好用好土地矿产资源；五、融执法于服务中，强化四项服务。

会议对以上三人的述职进行了评议，肯定了工作中取得的成绩，指出了不足之处，提出了今后的希望，形成审议意见，经主任会议通过后，反馈给本人。

1995年10月16日，县十三届人大常委会第十八次会议，对县商贸委主任管恩松、县劳动局局长阎波、县水利局局长聂兰兴、县民政局局长孙维江进行了述职评议。

县商贸委主任管恩松在述职报告中，介绍了自任职以来的主要工作：一、转换思想观念，加强作风建设，打开工作局面。更新观念、解放思想、尽快适应商贸流通工作需要；带头搞好调查研究，摸清问题实质；牢固树立为基层服务的思想；加强作风建设，与干部群众打成一片。二、强化措施，加大力度，促进全县流通工作快速发展。全方位开拓市场，构筑了新的购销体系；大抓商办工业，成为商贸流通的新优势；深化企业改革，促进了企业经营机制转换；商业网点、市场建设有了较大发展；个体私营经济有了较大较快发展；抓好农资专营，增强了为农服务功能。工作中的不足：一是思想的解放程度跟不上新形势发展的需要；二是作风上存在急躁情绪，工作欠细致；三是工作发展不平衡。

县劳动局局长阎波在述职报告中，介绍了自任职以来的主要工作：一、加强自身和队伍建设，为开创劳动工作新局面提供保证。加强学习，搞好自身建设；带好班子，发挥一班人的整体效能；管好队伍，提高整体服务水平。二、强化法律意识，落实执法责任，积极维护劳动双方合法权益。抓好《劳动法》的宣传学习，提高全社会的劳动法规意识；强化执法监察，确保劳动法规的贯彻落实；正确处理执法与服务的关系，融执法于服务之中。三、突出重点，整体推动，努力使劳动工作为全县经济发展发挥作用。下大力气培育和发展劳动力市场，做好劳动就业工作；加强工资分配的宏观管理；不断深化社会保险制度改革；积极推进职业技能开发；抓好劳动安全卫生工作。工作中不足之处，主要是思想解放不够，开拓精神不强，劳动制度改革的力度不够。

水利局局长聂兰兴在述职报告中，介绍了自任职以来的主要工作：一、从抓学习入手，加强党的建设和精神文明建设。加强政治思想教育；搞好廉政建设；坚持党的民主集中制原则；重视青年干部的培养；完成了上级交办的其他任务。二、集中主要精力，抓好农田水利基本建设。搞好技术服务，注重发挥科技的带动和辐射作用；大力推广应用水利科技；积极投入抗旱防汛救灾。三、一手抓法制，一手抓经济。从水法规的宣传入手，进一步增强水法规的透明度；健全了执法网络；加大了执法力度。工作中的不足：一是对邓小平关于建设有中国特色社会主义理论及市场经济理论学习不够；二是深入基层调查研究不够及时，不够深入。

民政局局长孙维江在述职报告中，介绍了自任职以来的主要工作：一、农村社会保障制度进一步完善，救灾救济工作深入扎实，卓有成效；二、民政经济从无到有，不断发展壮大，为民政事业注入了新的活力；三、优抚安置工作继续向深度和广深发展，整体水平进一步提高；四、基层政权建设和群众性自治组织建设进一步巩固、加强；五、转变职能，扩大服务，社会行政管理工作迈出了新步伐；六、办公设施和职工住房条件有明显改善。

会议对4人的述职进行了评议，肯定了工作中取得的成绩，指出了不足之处，提出了今后的希望，形成审议意见，经主任会议通过后，反馈给本人。

1996年10月17日，县十三届人大常委会第二十次会议，对城乡建设环境保护委员会主任厉彦仓、计生委主任张隆武、交通局局长李应安、乡镇企业局局长解直礼进行了述职评议。

县城乡建设环境保护委员会主任厉彦仓在述职报告中，介绍了自任职以来的主要工作：一、加强学习，不断提高自身的理论水平和业务能力；二、调查研究，加强和完善个人的思想作风建设；三、真抓实干，加快城乡建设步伐。城市规划向深层次迈进；城市基础设施建设加快；强化建工管理，规范建筑市场秩序；小城镇建设步伐加快；加强城市管理，强化依法治城；房管、房改工作健康发展。工作中的不足：一、基层建设项目压缩，建筑市场疲软；二、城建资金严重缺乏；三、对城市建设的法律、法规宣传力度不够。

县计生委主任张隆武在述职报告中，介绍了自任职以来的主要工作：一、人口增长得到有效控制，计划生育整体工作水平有了一定提高；二、基层基础工作进一步巩固提高，人们的婚育观念有了明显转变；三、计划生育法制建设不断完善，依法行政的水平进一步提高；四、计划生育科技服务体系不断完善，技术服务水平有了一定提高；五、流动人口计划生育管理工作逐步得到改善；六、队伍建设得到了加强，行业作风进一步好转；七、领导班子思想作风建设逐步强化，凝聚力、战斗力进一步加强。工作中的不足之处：一、计划生育法规的宣传力度不够；二、村级基础工作发展不平衡；三、流动人口的计划生育管理还不够完善；四、计划生育的规范化管理和系列化服务水平不高；五、经费短缺，制约着工作向高层次发展。

县交通局局长李应安在述职报告中，介绍了自任职以来的主要工作：一、坚持以邓小平同志建设有中国特色的社会主义理论指导工作；二、坚持事业第一，扎扎实实地抓了公路交通基础设施建设；三、坚持民主集中制原则，充分发展一班人的作用，依靠集体力量，推动各项工作进展；四、抓好法制教育，内强素质，外树形象；五、加强同各级领导联系和内外关系的协调工作；六、坚持“两手抓，两手都要硬”的方针，加强了交通行业两个文明建设。工作中的不足：对马列主义、毛泽东思想和邓小平理论学习不够；对交通工作如何适应市场经济发展的需要，缺乏足够的理论认识和科学指导；交通工作还有亟待解决的问题，没有得到彻底的解决。

县乡镇企业局局长解直礼在述职报告中，介绍了自任职以来的主要工作：一、强化自身和队伍建设，为开创局机关和乡镇企业工作新局面提供保证；二、强化法律意识，认真贯彻落实有关法律法规；三、充分发挥主管部门的职能作用，努力推动乡镇企业大发展。

会议对以上4人的述职进行了评议，肯定了工作中取得的成绩，指出了不足之处，提出了今后的希望，形成审议意见，经主任会议通过后，反馈给本人。

1997年10月29日，县十三届人大常委会第三十五次会议，对县司法局长李宗亮，县长助理、县经委主任刘兆亮，县环保局长彭培玉，县农业局长葛恩锋进行了述职评议。

县司法局长李宗亮在述职报告中，介绍了自任职以来的主要工作：一、抓队伍建设，提高执法水平。二、发挥职能作用，各项工作成绩突出。三、抓廉政教育，坚持从严治警。四、严格要求，发挥表率作用。工作中的不足是：改革观念不强，跟不上形势的发展；工作无大的突破。

县长助理、县经委主任刘兆亮在述职报告中，介绍了自任职以来的主要工作：一、加强自身建设，不断提高组织协调能力和工作水平。二、积极协调，真抓实干，努力完成各项工作任务。抓了企业管理、产品销售、企业改革、企业技术进步、对电力和技术监督工作的协调。三、围绕树立良好的服务形象，加强和改进机关自身建设。工作中的不足：一是思想的解放程度不够，工作作风还不能完全适应市场经济发展的形势；二是企业管理中仍存在薄弱环节。

县环保局长彭培玉在述职报告中，介绍了自任职以来的主要工作：一、抓政治思想教育，加强党的建设，全面提高环保队伍的整体素质。二、以严格依法行政为突破口，加大执法力度，促进环保与经济健康、协调发展。抓环境宣传教育，主动参与环境保护与经济发展综合决策，连年圆满完成县长环境目标责任制项目，加大环保执法力度。工作中的不足：在环境保护认识问题上，说起来重要、干起来不要的思想依然存在；在环保队伍和行风建设上，为基层、为群众服务的意识还有待进一步加强。

县农业局长葛恩锋在述职报告中，介绍了自任职以来的主要工作：一、注意思想政治工作，充分发挥人的主观能动性。二、加大工作措施，开创农技工作新局面。突出“三高”农业开发，提高农业综合效益；生态农业、农村能源建设取得突破性发展。三、狠抓农村经营管理工作，促进农村工作全面提高。工作中的不足：政治和业务素质低；协调能力较差。

会议对以上4人的述职进行了评议，肯定了工作中取得的成绩，指出了不足之处，提出了今后的希望，形成审议意见，经主任会议通过后，反馈给本人。

1999年4月21日，县十四届人大常委会第十二次会议表决通过了《关于1999年度对县政府各部门主要负责人进行述职评议的决定》和《关于对部分县政府组成人员进行述职评议的意见》。决定对县经委、教委、建委、财政局、民政局、劳动和社会保障局、公安局、水利局8个部门的主要负责人进行述职评议。县人大常委会于1999年10月9日制订了《关于对部分县政府组成人员进行述职评议的实施意见》。

1999年10月13日，召开了全县述职评议工作动员会议。县人大常委会主任李桂玲在会上讲话，就述职评议的法律依据、指导思想、主要内容和述职的要求讲了意见。县委副书记崔亮在会上讲话，要求政府部门负责人要正确认识述职评议工作的重要意义；认真对待评议工作，把述职评议工作提高到一个新水平。

2000年1月7日，县十四届人大常委会第十四次会议听取并审议县经委、县教委、县建委、财政局、民政局、劳动局、公安局、水利局等8个部门主要负责人的述职报告。

县经委主任房录祥在述职报告中，介绍了自任职以来的主要工作：积极协调，真抓实干，努力完成各项工作任务；坚持依法行政，保证各项工作的顺利实施。工作中的不足是：一、思想解放程度不够，有些工作缺乏大胆改革精神；二、在学习上坚持的还不是很好。

县教委主任孙著文在述职报告中，介绍了自任职以来的主要工作：一、坚持依法治教，进一步规范了教育行为；二、认真履行职责，较好地完成了所肩负的工作任务；三、强化自身建设，进一步提高了自身思想政治素质。工作中的不足：一是对政治理论和业务知识学习还不够；二是深入学习调查研究需要进一步加强；三是对新形势下教育工作研究尚有待加强。

县建委主任王建国在述职报告中，介绍了自任职以来的主要工作：一、抓主要矛盾，下大力气狠抓干部职工队伍建设和行业作风建设；二、突出工作重点，扎扎实实地搞好城市规划、建设和管理工作；三、严格要求自己，不断提高自身素质。

县长助理、县财政局长李应田在述职报告中，介绍了自任职以来的主要工作：一、坚持学法用法，自觉做到依法行政；二、集中精力抓要事，总揽全局促发展；三、加强自身建设，建设高素质的干部队伍；四、坚持廉洁自律，树立良好的工作作风。工作中的不足：个人学习的积极性有待进一步提高；对全县经济发展的支持力度有待进一步加强；在工作思路上应树立大财政观念。

县民政局局长桑友亭在述职报告中，介绍了自任职以来的主要工作：进一步加强了基层民主政治建设；健全农村保障体系；做好双拥优抚安置工作；依法做好社会行政管理工作；加强了自身建设。工作中的不足：对自身及干部职工的学习抓得不够紧；依法规范服务抓得不够，执法力度不大；在抓好班子建设和职工队伍建设力度有差距。

劳动和社会保障局局长朱连周在述职报告中，介绍了自任职以来的主要工作：一、带班子、管队伍、促党风、树形象，为开创劳动工作新局面提供保证；二、强化执法措施，坚持依法行政，维护劳动双方合法权益；三、突出工作重点，全面做好新形势下的劳动保障工作。工作中的不足：一是受社会大环境的影响，在落实《劳动法》及配套法律中，存在执法力度不强的现象；二是在新的经济发展形势下，随着社会保障制度改革的全面推进，对出现的新情况、新问题，缺乏足够的解决办法。

县公安局长张永善在述职报告中，介绍了自任职以来的主要工作：坚持依法行政，狠抓了严格执法；坚持抓班子，带队伍，狠抓了正规化建设；充分发挥职能作用，全力维护社会稳定；注重加强自身建设。工作中的不足：一是基层基础工作发展不平衡；二是对执法深层次的问题探讨不够；三是在公安队伍管理教育方面也存在薄弱环节。

县水利局局长聂兰兴在述职报告中，介绍了自任职以来的主要工作：一、加强思想政治工作，为开创水利工作新局面奠定基础。二、认真履行职责，大搞水利建设。科学规划，突出重点，搞好农田水利基本建设；坚持防汛抗旱两手抓，为经济发展和人民生命财产安全提供保障；防止水土流失，改善生态环境。三、加强水利法制建设，不断提高执法水平。四、廉政勤政，求实务实，时刻保持清醒的头脑和良好的工作作风。工作中的不足：一是学习抓得不够；二是思想解放程度不够；三是与领导之间的交流不够及时，服务水平有待进一步提高。

县人大常委会在述职前进行调查了解的基础上，审议述职报告，通过审议意见，反馈给述职人，并要求其将整改措施于10日内书面报告县大大常委会。

2001年9月25日，县人大常委会召开述职评议工作动员会议，县政府各部门主要负责人、各乡镇人大主席参加会议。

县人大常委会副主任胡兆功在会上讲话，就县政府部门主要负责人向县人大常委会述职评议的指导思想、主要内容和方法步骤讲了意见，并要求参加述职的人员要提高认识，端正态度，切实增强述职评议的自觉性，齐心协力把述职评议工作搞好。

县委副书记李建法在会上讲话，要求与会人员要正确认识述职评议工作的重要意义，认真对待述职评议，把述职评议工作提高到一个新的水平。

2001年11月8日，县十四届人大常委会第二十六次会议召开。县人大常委会组成人员、县政府各部门主要负责人、各乡镇人大主席、部分县人大代表出席会议。县委书记黄金华、县委副书记李建法、县纪委书记王连友、县委组织部长汲广成、县政协副主席马学明应邀出席会议。

会上有县林业局长梁启玉、县卫生局长潘振福、县统计局长王平、县计生委主任张隆武作了述职报告。

县林业局长梁启玉在述职报告中，介绍了任职以来的主要工作：一、加强林业法制建设，坚持依法治林兴林；二、认真履行工作职责，大力进行林业建设；三、自觉接受群众监督，认真办理代表建议；四、加强自身与队伍建设，努力转变工作作风。工作中的不足：在政治与业务学习上，有时坚持的不够经常；在执法方面，尤其在封山育林上，有些地方存在着封不严、管不死的问题，致使毁林现象时有发生；在苹果产业发展上，由于受市场持续低迷的影响，在发展与管理上没有达到既定目标。

县卫生局长潘振福在述职报告中，介绍了任职以来的主要工作：一、狠抓医院改貌建设，不断改善群众的医疗条件；二、加强医德医风建设，提高卫生队伍的整体素质；三、加大执法力度，促进卫生工作的法制化；四、深化卫生改革，增强卫生事业发展活力；五、加强自身作风建设，以良好的形象影响人。工作中的不足：在卫生改革方面与先进地区相比步子迈得不大，思想观念仍然不够解放；卫生执法力度需要进一步加大，依法行政水平有待进一步提高；少数医护人员以病人为中心的思想树立不牢，服务态度和服务质量不能令人满意。

县统计局长王平在述职报告中，介绍了任职以来的主要工作：一、在依法行政方面：认真学习法律法规，提高依法行政水平；加大《统计法》的宣传力度；规范统计执法力度。二、在履行职责方面：各项统计业务按时完成；统计数据质量不断提高；统计改革取得新进展；统计服务成效显著；统计网络日趋完善。三、搞好自身廉政建设。四、抓班子带队伍。工作中的不足：在统计改革方面，存在等靠思想，缺乏锐意进取，大胆探索的精神；在统计执法方面存有畏难发愁情绪；统计手段落后，设施不配套。

县计生委主任张隆武在述职报告中，介绍了任职以来的主要工作：一、坚持依法行政，公正司法，文明执法；二、坚持“既要抓紧又要抓好”的方针，狠抓了人口目标责任制各项指标的落实；三、坚持全心全意为人民服务的宗旨，自觉接受人大代表和人民群众监督；四、坚持廉洁勤政，加强了队伍建设和行业作风建设。工作中的不足：学习抓得不够，坚持不经常；思想解放程度不大，改革创新意识不强；忙于事务工作多，深入基层调查研究的时间相对较少。

县人大常委会在述职前进行调查了解的基础上，审议述职报告，通过审议意见，反馈给述职人，并要求其将整改措施于10日内书面报告县人大常委会。

2002年11月13日，在县十四届人大常委会第三十二次会议上，听取并审议了县公安局长孙世和、县交通局长姜敏、县环保局长朱伟的述职报告。

县公安局长孙世和在述职报告中，介绍了任职以来的主要工作：坚持依法行政，狠抓了严格执法；严格履行法定职责，全力维护社会稳定；充分发挥职能作用，全力服务经济建设；坚持抓好班子带队伍，队伍建设不断上台阶；加强自身建设，坚持学习，坚持廉洁自律。工作中的不足：破案攻坚能力不强；基层基础工作发展不平衡；在公安队伍的管理教育方面存在薄弱环节。

县交通局长姜敏在述职报告中，介绍了任职以来的主要工作：一、坚持依法行政，努力提高交通执法水平；二、认真履行职责，为全县经济发展创造良好的交通环境；三、切实转变作风，自觉接受人大代表和人民群众的监督；四、切实加强自身与队伍建设，改善交通形象。工作中的不足：对政治业务学习坚持的不够经常；在处理个别问题上方式方法尚欠妥当；个别执法人员在执法过程中文明执法不到位。

县环保局长朱伟在述职报告中，介绍了任职以来的主要工作：依法行政，严格执法，环境目标责任制取得显著成效；生态建设与保护工作扎实推进；环境法制建设进一步强化；认真学习宣传各项环保法律法规，全民环保意识和法制观念不断增强；增强服务意识，为全县经济发展奉献力量；加强自身与队伍建设，以好的形象影响人，带动人。工作中的不足：在政治与业务的学习上，有时坚持的不够经常；在执法方面还存在照顾面子、执法不严的问题；还需要增强开拓创新精神，创造性地开展工作。

县人大常委会在述职前进行调查了解的基础上，审议述职报告，通过审议意见，反馈给述职人，并要求其将整改措施于10内书面报县人大常委会。

2005年10月12日，县十五届人大常委会根据往届人大常委会对政府部门组成人员进行述职评议的经验，制定了《关于对县政府部门组成人员进行述职评议的实施意见》，明确了述职评议的指导思想、评议的主要内容和评议的方法步骤，并决定对县民政局、县劳动和社会保障局、县城乡建设局、县公安局主要负责人进行述职评议。

2005年11月16日，在县十五届人大常委会第十七次会议上。对县民政局局长孙克胜、县劳动和社会保障局局长王建华、县城乡建设局局长姜敏、县公安局局长姜少利进行述职评议。

县民政局局长孙克胜在述职报告中，介绍了任职以来的主要工作：一、全面践行民政工作宗旨，着力为群众办实事、办好事。以弱势群众救助为重点，全面构筑新型城乡社会救助体系；以落实优抚安置政策为重点，推动双拥工作上水平；以深化村务公开民主管理为重点，不断扩大基层民主。二、牢牢抓住发展第一要务，努力开创民政事业新局面。大力发展老年福利事业；加快推进殡葬服务改革；着力优化服务环境。三、建设干事创业队伍，全力打造民政品牌形象。抓基础，坚持依法行政；抓队伍，夯实工作基础；抓制度，规范工作运行；抓为民，倾心服务群众。工作中的差距和不足，主要是政治理论学习抓得还不够紧，思想解放程度还有待于进一步提高，工作作风还有待于进一步转变。

县劳动和社会保障局局长王建华在述职报告中，介绍了任职以来的主要工作：一、抓好班子，带好队伍，营造干事创业的浓厚氛围。加强班子建设，打造学习型、务实型、团结型、廉洁型领导班子；加强队伍建设，构建学习型、创新型、文明型、服务型、廉洁型的机关。二、学法守法，依法行政，促进劳动关系和谐稳定。坚持学习与宣传结合，普及政策法规；坚持检查与调解并举，促进依法行政；坚持执法与服务统一，提高行政效能；坚持执行人大决议与办理代表建议并举，自觉接受监督。三、突出重点，扎实推进，开创劳动保障工作新局面。就业再就业工作取得新成效，就业局势保持稳定；社会保险扩面征缴实现新进展，保障功能明显增强；农村劳动力转移迈出新步伐，农民增收进程加快。工作中的差距和不足；一是思想解放程度不够；二是对新形势下劳动保障工作出现的深层次矛盾，过于求稳怕乱，改革创新力度不够；三是在执法手段、处罚措施上不够到位。

县城乡建设局局长姜敏在述职报告中，介绍了任职以来的主要工作：一、依法履行职责，努力营造良好的城市环境。突出规划“龙头”地位，科学完成城市规划；以精品意识建设城市理念，加快基础设施建设；狠抓环境综合治理，全面提升城市档次；坚持“百年大计，质量第一”的原则，强化建筑业管理。二、坚持依法行政，打造良好的服务平台。打造法规宣传教育平台，努力提高依法行政水平；打造优质服务平台，进一步提高城建服务质量。三、加大招商引资力度。四、带头廉洁自律，塑造良好的社会形象。工作中的不足，一是系统学习理论和业务知识还不够；二是思想观念需进一步更新；三是深入基层调查研究做得还不够。

县公安局局长姜少利在述职报告中，介绍了任职以来的主要工作：一、认真履行职责，努力为全县经济和社会发展创造了良好治安环境。强化措施，在维护社会稳定方面实现新突破；加大投入，在基层基础建设方面实现新突破；强化服务，在服务经济建设方面实现新突破；突出重点，在依法行政方面实现新突破；从严治警，在推进公安队伍正规化建设方面实现新突破。二、严格执行县人大及其常委会决议、决定，认真办理代表建议，自觉接受人大监督。三、加强自身建设，积极发挥模范带头作用。工作中的不足：一是由于受资金、警力等方面的制约，社会治安防控体系还不很健全，有待进一步加强；二是个别干警的执法水平有待进一步提高；三是从优待警的措施还需要进一步加强。

县人大常委会在述职前进行调查了解的基础上，审议述职报告，投票进行表决，通过审议意见，反馈给述职人，并要求其将整改措施于10日内书面报县人大常委会。

# 第六篇　人事任免

五莲县人大常委会任免的国家机关工作人员有：县人大常委会办事机构主任、副主任或科长、副科长（统称负责人），街道办事处工作委员会主任、副主任（统称负责人）；在县人民代表大会闭会期间，决定副县长的个别任免，在县长因故不能担任职务的时候，决定代理人的人选；决定县政府组成单位的主任、局长（对主任、局长统称县政府组成人员）；县人民法院代理院长、副院长、庭长、副庭长、审判委员会委员、审判员以及人民陪审员（统称工作人员）；县人民检察院代理检察长、副检察长、检察委员会委员、检察员（统称工作人员）。

五莲县第九至第十六届人大常委会，共任命国家机关工作人员 1027 人次。其中，县人大常委会办事机构负责人 54 人次（统称人大常委会工作人员）；县政府组成人员 494 人次；县人民法院工作人员 350 人次；县人民检察院工作人员 129 人次。

| | 9 届 | 10 届 | 11 届 | 12 届 | 13 届 | 14 届 | 15 届 | 16 届 | |
|---|---|---|---|---|---|---|---|---|---|
| 共任命 | 116 | 98 | 98 | 128 | 243 | 105 | 159 | 80 | 1027 |
| 人大 | | 8 | 5 | 7 | 8 | 8 | 10 | 8 | 54 |
| 政府 | 44 | 43 | 58 | 73 | 101 | 67 | 80 | 28 | 494 |
| 法院 | 34 | 39 | 19 | 39 | 104 | 20 | 52 | 43 | 350 |
| 检察院 | 38 | 8 | 16 | 9 | 30 | 10 | 17 | 1 | 129 |

## 第一章　五莲县第九届人大常委会期间

（1980.12~1984.05）

五莲县第九届人大常委会任命国家机关工作人员共 116 人次。其中，县人民政府组成人员 44 人次，县人民法院工作人员 34 人次，县人民检察院工作人员 38 人次。

## 五莲县第九届人大常委会任命的县政府组成人员

（1980.12~1984.05）

| 姓名 | 性别 | 任命时间 | 职务 |
| --- | --- | --- | --- |
| 周立顺 | 男 | 1981.01.19 | 五莲县人民政府办公室主任 |
| 田玉智 | 男 | 1981.01.19 | 五莲县计划委员会主任 |
| 李学信 | 男 | 1981.01.19 | 五莲县科学技术委员会主任 |
| 杨茂祥 | 男 | 1981.01.19 | 五莲县人民政府农林水利办公室主任 |
| 王贵云 | 男 | 1981.01.19 | 五莲县人民政府工业交通办公室主任 |
| 李欣岗 | 男 | 1981.01.19 | 五莲县人民政府财政贸易办公室主任 |
| 田嵩年 | 男 | 1981.01.19 | 五莲县人民政府文教卫生办公室主任 |
| 周元坤 | 男 | 1981.01.19 | 五莲县公安局局长 |
| 杨　崑 | 男 | 1981.01.19 | 五莲县供销合作社主任 |
| 张春坤 | 男 | 1981.01.19 | 五莲县计划生育局局长 |
| 王佩莲 | 男 | 1981.01.19 | 五莲县民政局局长 |
| 徐永福 | 男 | 1981.01.19 | 五莲县人事局局长 |
| 王锦华 | 男 | 1981.01.19 | 五莲县劳动局局长 |
| 王兴恩 | 男 | 1981.01.19 | 五莲县农业局局长 |
| 刘华祥 | 男 | 1981.01.19 | 五莲县林业局局长 |
| 李传伍 | 男 | 1981.01.19 | 五莲县水利局局长 |
| 董连云 | 男 | 1981.01.19 | 五莲县物资局局长 |
| 贾维明 | 男 | 1981.01.19 | 五莲县多种经营办公室主任 |
| 王谦安 | 男 | 1981.01.19 | 五莲县工业局局长 |
| 王锡林 | 男 | 1981.01.19 | 五莲县轻工业局局长 |
| 徐云明 | 男 | 1981.01.19 | 五莲县电力局局长 |
| 于常年 | 男 | 1981.01.19 | 五莲县公社工业管理局局长 |
| 王凤鸣 | 男 | 1981.01.19 | 五莲县农业机械管理局局长 |
| 姜世安 | 男 | 1981.01.19 | 五莲县商业局局长 |
| 魏延利 | 男 | 1981.01.19 | 五莲县粮食局局长 |
| 赵纪斋 | 男 | 1981.01.19 | 五莲县对外贸易局局长 |
| 陈祥福 | 男 | 1981.01.19 | 五莲县财税局局长 |
| 高连成 | 男 | 1981.01.19 | 五莲县工商行政管理局局长 |

伊光彩 男 1981.01.19 五莲县教育局局长
王怀智 男 1981.01.19 五莲县文化局局长
马成田 男 1981.01.19 五莲县广播事业管理局局长
田嵩年 男 1981.01.19 五莲县卫生局局长
刘增义 男 1981.01.19 五莲县邮电管理局局长
贾维录 男 1981.03.12 五莲县基本建设委员会主任
李群良 男 1982.01.03 五莲县环境保护局局长
寇吉增 男 1982.01.03 五莲县建设银行行长
姜永浩 男 1982.01.03 五莲县统计局局长
孙锦范 男 1982.05.01 五莲县物价管理局局长
尹世荣 男 1982.05.01 五莲县司法局局长
赵传圣 男 1982.05.01 五莲县卫生局局长
解尔修 男 1982.05.01 五莲县电力局局长
王聚先 男 1982.05.14 五莲县人民政府副县长、代理县长
徐经华 男 1983.03.19 五莲县供销合作社主任
徐善来 男 1984.03.15 五莲县人民政府副县长、代理县长

## 五莲县第九届人大常委会任命的县人民法院工作人员

（1980.12~1984.05）

| 姓名 | 性别 | 任命时间 | 职　务 |
|---|---|---|---|
| 薛善庭 | 男 | 1981.01.19 | 五莲县人民法院副院长 |
| 盛永田 | 男 | 1981.01.19 | 五莲县人民法院民事审判庭副庭长 |
| 刘善玉 | 女 | 1981.01.19 | 五莲县人民法院民事审判庭副庭长 |
| 辛致文 | 男 | 1981.01.19 | 五莲县人民法院刑事审判庭副庭长 |
| 厉树新 | 男 | 1981.01.19 | 五莲县叩官人民法庭庭长 |
| 范乐芝 | 男 | 1981.01.19 | 五莲县管帅人民法庭庭长 |
| 厉保福 | 男 | 1981.01.19 | 五莲县许孟人民法庭副庭长 |
| 迟明鹤 | 男 | 1981.01.19 | 五莲县街头人民法庭副庭长 |
| 李志民 | 男 | 1981.01.19 | 五莲县人民法院审判委员会委员 |
| 薛善庭 | 男 | 1981.01.19 | 五莲县人民法院审判委员会委员 |
| 辛致文 | 男 | 1981.01.19 | 五莲县人民法院审判委员会委员 |
| 盛永田 | 男 | 1981.01.19 | 五莲县人民法院审判委员会委员 |

刘贤玉　女　1981.01.19　五莲县人民法院审判委员会委员
王洪国　男　1981.01.19　五莲县人民法院审判员
王桂法　男　1981.01.19　五莲县人民法院审判员
耿发义　男　1981.01.19　五莲县人民法院审判员
辛致文　男　1981.03.12　五莲县人民法院刑事审判庭庭长
盛永田　男　1981.03.12　五莲县人民法院民事审判庭庭长
王洪国　男　1981.03.12　五莲县人民法院刑事审判庭副庭长
王桂法　男　1981.03.12　五莲县人民法院经济审判庭副庭长
葛长法　男　1981.03.12　五莲县人民法院审判员
李彦军　男　1981.03.12　五莲县人民法院审判员
韩复礼　男　1981.03.12　五莲县人民法院审判员
丁桂芝　男　1981.03.12　五莲县人民法院审判员
李培遂　男　1982.05.01　五莲县人民法院副院长
安郁启　男　1982.05.01　五莲县人民法院民事审判庭副庭长
冯希星　男　1982.05.01　五莲县叩官人民法庭副庭长
李培遂　男　1982.10.25　五莲县人民法院审判委员会委员
李慎武　男　1982.10.25　五莲县人民法院刑事审判庭副庭长
李春池　男　1982.10.25　五莲县人民法院接待室审判员
古立根　男　1982.10.25　五莲县人民法院刑事审判庭审判员
焦建运　男　1982.10.25　五莲县人民法院审判员
张善楼　男　1982.10.25　五莲县街头人民法庭审判员
厉树新　男　1983.06.03　五莲县人民法院执行庭庭长

## 五莲县第九届人大常委会任命的县人民检察院工作人员

（1980.12~1984.05）

**姓名　性别　任命时间　　职　务**

寇相主　男　1981.03.12　五莲县人民检察院检察员
董克太　男　1981.03.12　五莲县人民检察院检察员
王太和　男　1981.03.12　五莲县人民检察院检察员
王玉相　男　1981.03.12　五莲县人民检察院检察员
郑世海　男　1981.03.12　五莲县人民检察院检察员
陈维信　男　1981.03.12　五莲县人民检察院检察员

牟乃绍　男　1981.03.12　五莲县人民检察院检察员
许传云　男　1981.03.12　五莲县人民检察院检察员
迟玉瑞　男　1981.03.12　五莲县人民检察院检察员
李　勤　男　1981.03.12　五莲县人民检察院检察员
刘玉泉　男　1981.03.12　五莲县人民检察院检察员
郑德全　男　1981.03.12　五莲县人民检察院检察员
宋来正　男　1981.03.12　五莲县人民检察院检察员
陈维祥　男　1981.03.12　五莲县人民检察院检察员
刘加清　男　1981.03.12　五莲县人民检察院检察员
李曰敏　男　1981.03.12　五莲县人民检察院副检察长
阎德法　男　1981.03.12　五莲县人民检察院副检察长
吕长芳　男　1981.03.12　五莲县人民检察院检察委员会委员
李曰敏　男　1981.03.12　五莲县人民检察院检察委员会委员
阎德法　男　1981.03.12　五莲县人民检察院检察委员会委员
寇相主　男　1981.03.12　五莲县人民检察院检察委员会委员
董克太　男　1981.03.12　五莲县人民检察院检察委员会委员
王太和　男　1981.03.12　五莲县人民检察院检察委员会委员
王玉相　男　1981.03.12　五莲县人民检察院检察委员会委员
郑培所　女　1982.01.03　五莲县人民检察院检察员
崔永喜　男　1982.01.03　五莲县人民检察院检察员
秦绪胜　男　1982.01.03　五莲县人民检察院检察员
王士俊　男　1982.05.01　五莲县人民检察院副检察长、检察委员会委员
谢培金　男　1982.05.15　五莲县人民检察院检察员
于兆法　男　1982.05.15　五莲县人民检察院检察员
王金田　男　1982.05.15　五莲县人民检察院检察员
袁开三　男　1982.05.15　五莲县人民检察院检察员
李风亮　男　1982.05.15　五莲县人民检察院检察员
秦洪本　男　1983.06.03　五莲县人民检察院检察员
刘祥运　男　1983.09.15　五莲县人民检察院检察员
张继森　男　1983.09.15　五莲县人民检察院检察员
刘加贵　男　1983.12.25　五莲县人民检察院检察员
郭德春　男　1983.12.25　五莲县人民检察院检察员

# 第二章 五莲县第十届人大常委会期间

(1984.05~1987.04)

五莲县第十届人大常委会任命国家机关工作人员共98人次。其中,县人大常委会办事机构负责人8人次,县人民政府组成人员43人次,县人民法院工作人员39人次,县人民检察院工作人员8人次。

## 五莲县第十届人大常委会任命的县人大常委会机关工作人员

(1984.05~1987.04)

| 姓名 | 性别 | 任命时间 | 职　务 |
|---|---|---|---|
| 费锡田 | 男 | 1984.11.13 | 五莲县人大常委会办公室副主任 |
| 李文修 | 男 | 1984.11.13 | 五莲县人大常委会办公室副主任 |
| 李继荣 | 男 | 1984.11.13 | 五莲县人大常委会代表联络科副科长 |
| 刘学贤 | 男 | 1984.11.13 | 五莲县人大常委会调查研究科副科长 |
| 宫振国 | 男 | 1985.12.27 | 五莲县人大常委会办公室主任 |
| 李宗亮 | 男 | 1985.12.27 | 五莲县人大常委会法制科副科长 |
| 朱臻田 | 男 | 1986.04.11 | 五莲县人大常委会代表联络科副科长 |
| 李文修 | 男 | 1987.03.27 | 五莲县人大常委会办公室副主任 |

## 五莲县第十届人大常委会任命的县政府组成人员

(1984.05~1987.04)

| 姓名 | 性别 | 任命时间 | 职　务 |
|---|---|---|---|
| 周立顺 | 男 | 1984.07.12 | 五莲县人民政府办公室主任 |
| 戈洪寿 | 男 | 1984.07.12 | 五莲县科学技术委员会主任 |
| 贾维禄 | 男 | 1984.07.12 | 五莲县城乡建设环境保护委员会主任 |
| 张春坤 | 男 | 1984.07.12 | 五莲县计划生育委员会主任 |
| 张　全 | 男 | 1984.07.12 | 五莲县人事局局长 |
| 王锦华 | 男 | 1984.07.12 | 五莲县劳动局局长 |
| 台进华 | 男 | 1984.07.12 | 五莲县文化教育局局长 |
| 夏清忱 | 女 | 1984.07.12 | 五莲县卫生局局长 |
| 郑昭曦 | 男 | 1984.07.12 | 五莲县公安局局长 |

任守基　男　1984.07.12　五莲县司法局局长
王本著　男　1984.07.12　五莲县财政局局长
张茂盛　男　1984.07.12　五莲县工商管理局局长
姜永浩　男　1984.07.12　五莲县统计局局长
孙锦范　男　1984.07.12　五莲县物价局局长
刘世金　男　1984.07.12　五莲县商业局局长
齐方田　男　1984.07.12　五莲县审计局局长
牛俊来　男　1984.07.12　五莲县粮食局局长
杨继柳　男　1984.07.12　五莲县交通局局长
李增涌　男　1984.07.12　五莲县农业局局长
刘华祥　男　1984.07.12　五莲县林业局局长
李传伍　男　1984.07.12　五莲县水利局局长
于常年　男　1984.07.12　五莲县多种经营乡镇企业局局长
王谦安　男　1984.09.23　五莲县经济委员会主任
赵继斋　男　1984.09.23　五莲县工商行政管理局局长
齐忠礼　男　1985.06.27　五莲县人民政府副县长
王京津　男　1985.08.22　五莲县计划委员会主任
司正邦　男　1985.08.22　五莲县民政局局长
李维新　男　1985.08.22　五莲县劳动局局长
齐方田　男　1985.08.22　五莲县税务局局长
王锦华　男　1985.08.22　五莲县统计局局长
臧运和　男　1985.12.27　五莲县乡镇企业管理局局长
李学义　男　1985.12.27　五莲县城乡建设委员会主任
于常年　男　1985.12.27　五莲县审计局局长
王凤启　男　1985.12.27　五莲县工商行政管理局局长
李曰川　男　1985.12.27　五莲县水利局局长
王京津　男　1986.04.11　五莲县人民政府办公室主任
王谦安　男　1986.04.11　五莲县计划委员会主任
王泽晓　男　1986.04.11　五莲县经济委员会主任
李维花　女　1986.07.12　五莲县司法局局长
厉保洛　男　1987.03.26　五莲县计划生育委员会主任
林西安　男　1987.03.26　五莲县统计局局长

史济民　男　1987.03.26　五莲县环境保护局局长
杜若台　男　1987.03.26　五莲县人民政府副县长(挂职)

## 五莲县第十届人大常委会任命的县人民法院工作人员

(1984.05~1987.04)

| 姓名 | 性别 | 任命时间 | 职　　务 |
|---|---|---|---|
| 王万起 | 男 | 1984.07.12 | 五莲县人民法院副院长、审判委员会委员 |
| 岳奎文 | 男 | 1984.07.12 | 五莲县人民法院审判委员会委员 |
| 王桂法 | 男 | 1984.11.13 | 五莲县人民法院审判委员会委员、经济审判庭庭长 |
| 李慎武 | 男 | 1984.11.13 | 五莲县人民法院审判委员会委员、第二刑事审判庭庭长 |
| 厉保福 | 男 | 1984.11.13 | 五莲县洪凝人民法庭庭长 |
| 迟明鹤 | 男 | 1984.11.13 | 五莲县街头人民法庭庭长 |
| 冯希星 | 男 | 1984.11.13 | 五莲县叩官人民法庭庭长 |
| 古立根 | 男 | 1984.11.13 | 五莲县人民法院第一刑事审判庭副庭长 |
| 于兆珣 | 男 | 1984.11.13 | 五莲县人民法院第二刑事审判庭副庭长 |
| 郑兆俭 | 男 | 1984.11.13 | 五莲县人民法院经济审判庭副庭长 |
| 李彦军 | 男 | 1984.11.13 | 五莲县人民法院民事审判庭副庭长 |
| 韩福礼 | 男 | 1984.11.13 | 五莲县人民法院民事审判庭副庭长 |
| 董　远 | 男 | 1984.11.13 | 五莲县管帅人民法庭副庭长 |
| 安郁启 | 男 | 1984.11.13 | 五莲县人民法院审判员 |
| 王克礼 | 男 | 1984.11.13 | 五莲县人民法院审判员 |
| 张善法 | 男 | 1984.11.13 | 五莲县人民法院审判员 |
| 郑兆花 | 女 | 1984.11.13 | 五莲县人民法院审判员 |
| 王玉星 | 男 | 1984.11.13 | 五莲县人民法院审判员 |
| 王绪林 | 男 | 1984.11.13 | 五莲县人民法院审判员 |
| 于同森 | 男 | 1984.11.13 | 五莲县人民法院审判员 |
| 李家弟 | 男 | 1984.11.13 | 五莲县人民法院审判员 |
| 孔祥友 | 男 | 1984.11.13 | 五莲县人民法院审判员 |
| 岳在欣 | 男 | 1984.11.13 | 五莲县人民法院审判员 |
| 盛怀智 | 男 | 1984.11.13 | 五莲县人民法院审判员 |
| 王洪国 | 男 | 1986.07.12 | 五莲县人民法院副院长、审判委员会委员 |
| 盛永田 | 男 | 1986.07.12 | 五莲县人民法院副院长 |

古立根　男　1986.07.12　五莲县人民法院审判委员会委员、刑事审判一庭庭长
韩福礼　男　1986.07.12　五莲县人民法院审判委员会委员、民事审判庭庭长
李春池　男　1986.07.12　五莲县人民法院经济审判庭副庭长
孔祥友　男　1986.07.12　五莲县街头人民法庭副庭长
丁桂芝　男　1986.07.12　五莲县潮河人民法庭庭长
岳在欣　男　1986.07.12　五莲县院西人民法庭副庭长
李家弟　男　1986.07.12　五莲县中至人民法庭副庭长
焦建运　男　1986.07.12　五莲县石场人民法庭副庭长
赵明俊　男　1986.07.12　五莲县人民法院审判员
张善楼　男　1987.04.18　五莲县洪凝人民法庭副庭长
王作贵　男　1987.04.18　五莲县院西人民法庭副庭长
于善会　男　1987.04.18　五莲县叩官人民法庭副庭长
岳在欣　男　1987.04.18　五莲县管帅人民法庭副庭长

### 五莲县第十届人大常委会任命的县人民检察院工作人员

（1984.05~1987.04）

**姓名　性别　任命时间　　　职　　务**

王太和　男　1984.07.12　五莲县人民检察院副检察长
尹世荣　男　1984.07.12　五莲县人民检察院检察委员会委员
李　勤　男　1984.07.12　五莲县人民检察院检查委员会委员
姚常国　男　1984.07.12　五莲县人民检察院检察员
古立云　男　1984.11.13　五莲县人民检察院检察员
王万录　男　1984.11.13　五莲县人民检察院检察员
丁维凯　男　1984.11.13　五莲县人民检察院检察员
李玉亮　男　1986.09.16　五莲县人民检察院检察员

## 第三章　五莲县第十一届人大常委会期间

（1987.04~1990.03）

五莲县第十一届人大常委会任命国家机关工作人员共 98 人次。其中，县人大常委会办事机构负责人 5 人次，县人民政府组成人员 58 人次，县人民法院工作人员 19 人次，县人民检察院工作人员 16 人次。

## 五莲县第十一届人大常委会任命的县人大常委会机关工作人员

（1987.04~1990.03）

| 姓名 | 性别 | 任命时间 | 职　务 |
|---|---|---|---|
| 梁爱华 | 男 | 1987.07.14 | 五莲县人大常委会调查研究科科长 |
| 董书任 | 男 | 1988.07.28 | 五莲县人大常委会法制科副科长 |
| 朱臻田 | 男 | 1988.11.26 | 五莲县人大常委会财经科科长 |
| 许家仓 | 男 | 1989.03.10 | 五莲县人大常委会代表联络科科长 |
| 李祝九 | 男 | 1989.03.10 | 五莲县人大常委会法制科科长 |

## 五莲县第十一届人大常委会任命的县政府组成人员

（1987.04~1990.03）

| 姓名 | 性别 | 任命时间 | 职　务 |
|---|---|---|---|
| 王京津 | 男 | 1987.05.22 | 五莲县人民政府办公室主任 |
| 王谦安 | 男 | 1987.05.22 | 五莲县计划委员会主任 |
| 王泽晓 | 男 | 1987.05.22 | 五莲县经济委员会主任 |
| 于世民 | 男 | 1987.05.22 | 五莲县农业委员会主任 |
| 李宗本 | 男 | 1987.05.22 | 五莲县财贸委员会主任 |
| 戈洪寿 | 男 | 1987.05.22 | 五莲县科学技术委员会主任 |
| 李学义 | 男 | 1987.05.22 | 五莲县城乡建设委员会主任 |
| 厉保洛 | 男 | 1987.05.22 | 五莲县计划生育委员会主任 |
| 张　全 | 男 | 1987.05.22 | 五莲县人事局局长 |
| 李维新 | 男 | 1987.05.22 | 五莲县劳动局局长 |
| 郑昭曦 | 男 | 1987.05.12 | 五莲县公安局局长 |
| 王本著 | 男 | 1987.05.22 | 五莲县财政局局长 |
| 司正邦 | 男 | 1987.05.22 | 五莲县民政局局长 |
| 李维花 | 女 | 1987.05.22 | 五莲县司法局局长 |
| 台进华 | 男 | 1987.05.22 | 五莲县文教局局长 |
| 夏清忱 | 女 | 1987.05.22 | 五莲县卫生局局长 |
| 齐方田 | 男 | 1987.05.22 | 五莲县税务局局长 |
| 于常年 | 男 | 1987.05.22 | 五莲县审计局局长 |
| 孙锦范 | 男 | 1987.05.22 | 五莲县物价局局长 |

王凤启　男　1987.05.22　五莲县工商行政管理局局长
林西安　男　1987.05.22　五莲县统计局局长
杨继柳　男　1987.05.22　五莲县交通局局长
史济民　男　1987.05.22　五莲县环境保护局局长
钊安洲　男　1987.05.22　五莲县粮食局局长
刘世金　男　1987.05.22　五莲县商业局局长
臧运和　男　1987.05.22　五莲县乡镇企业局局长
李增涌　男　1987.05.22　五莲县农牧局局长
李曰川　男　1987.05.22　五莲县水利水产局局长
张则俊　男　1987.07.14　五莲县人事局局长
徐衍秀　男　1987.07.14　五莲县卫生局局长
赵克友　男　1987.07.14　五莲县林业局局长
蓝学臻　男　1987.07.14　五莲县水利水产局局长
张成禄　男　1987.09.14　五莲县人民政府副县长
王宝玉　男　1988.01.28　五莲县工业委员会主任
苑广祥　男　1988.01.28　五莲县监察局局长
王玉春　男　1988.03.22　五莲县人民政府副县长
陶遵利　男　1988.05.28　五莲县人民政府副县长
胡德新　男　1988.05.28　五莲县文教局局长
王泽晓　男　1988.07.28　五莲县对外经济贸易委员会主任
胡德新　男　1988.11.26　五莲县教育局局长
徐金东　男　1988.11.26　五莲县土地管理局局长
王洪健　男　1989.03.10　五莲县科学技术委员会主任
荣芬义　男　1989.03.10　五莲县人民政府侨务办公室主任
厉保廷　男　1989.03.10　五莲县民政局局长
赵　斌　男　1989.03.10　五莲县文化局局长
汤向民　男　1989.03.10　五莲县税务局局长
孙志约　男　1989.03.10　五莲县粮食局局长
李曰川　男　1989.03.10　五莲县城市建设局局长
李传伍　男　1989.05.17　五莲县农业机械局局长
门奎禄　男　1989.05.17　五莲县物资局局长
马成田　男　1989.05.17　五莲县广播电视局局长

| | | | |
|---|---|---|---|
| 张庆吉 | 男 | 1989.10.28 | 五莲县人民政府副县长、代理县长 |
| 王均龙 | 男 | 1989.10.28 | 五莲县体育运动委员会主任 |
| 杨连群 | 男 | 1989.10.28 | 五莲县乡镇企业局局长 |
| 林希来 | 男 | 1989.10.28 | 五莲县交通局局长 |
| 肖明仁 | 男 | 1990.03.08 | 五莲县人民政府副县长 |
| 王泽晓 | 男 | 1990.03.08 | 五莲县经济委员会主任 |
| 厉彦云 | 男 | 1990.03.08 | 五莲县矿产资源管理局局长 |

## 五莲县第十一届人大常委会任命的县人民法院工作人员

（1987.04~1990.03）

| 姓名 | 性别 | 任命时间 | 职　务 |
|---|---|---|---|
| 葛长法 | 男 | 1988.11.26 | 五莲县人民法院经济审判庭副庭长 |
| 于同森 | 男 | 1988.11.26 | 五莲县人民法院刑事审判第一庭副庭长 |
| 王增家 | 男 | 1989.03.10 | 五莲县洪凝人民法庭副庭长 |
| 贾世武 | 男 | 1989.03.10 | 五莲县人民法院审判员 |
| 迟明鹤 | 男 | 1989.07.17 | 五莲县人民法院告诉申诉庭庭长 |
| 丁桂芝 | 男 | 1989.07.17 | 五莲县高泽人民法庭庭长 |
| 冯建玲 | 女 | 1989.07.17 | 五莲县人民法院告诉申诉庭副庭长 |
| 李彦军 | 男 | 1989.07.17 | 五莲县城关人民法庭副庭长 |
| 岳在欣 | 男 | 1989.07.17 | 五莲县七宝山人民法庭副庭长 |
| 王志昌 | 男 | 1989.07.17 | 五莲县人民法院审判员 |
| 许　勇 | 男 | 1989.07.17 | 五莲县人民法院审判员 |
| 辛致文 | 男 | 1989.09.28 | 五莲县人民法院审判员 |
| 李慎武 | 男 | 1989.11.23 | 五莲县人民法院行政审判庭庭长 |
| 李春池 | 男 | 1989.11.23 | 五莲县人民法院行政审判庭副庭长 |
| 薛向民 | 男 | 1989.11.23 | 五莲县人民法院审判员 |
| 苑克瑶 | 男 | 1989.11.23 | 五莲县人民法院审判员 |
| 孙著国 | 男 | 1989.11.23 | 五莲县人民法院审判员 |
| 刘　祥 | 男 | 1989.11.23 | 五莲县人民法院审判员 |
| 张守国 | 男 | 1989.11.23 | 五莲县人民法院审判员 |

### 五莲县第十一届人大常委会任命的县人民检察院工作人员

（1987.04~1990.03）

| 姓名 | 性别 | 任命时间 | 职　　务 |
|---|---|---|---|
| 孙　令 | 男 | 1987.05.22 | 五莲县人民检察院检察员 |
| 徐衍国 | 男 | 1987.05.22 | 五莲县人民检察院检察委员会委员 |
| 秦泗顺 | 男 | 1987.07.15 | 五莲县人民检察院副检察长 |
| 秦泗顺 | 男 | 1988.01.28 | 五莲县人民检察院检察委员会委员 |
| 王克贤 | 男 | 1988.01.28 | 五莲县人民检察院检察员 |
| 崔　平 | 男 | 1988.01.28 | 五莲县人民检察院检察员 |
| 王德明 | 男 | 1988.07.28 | 五莲县人民检察院检察员 |
| 郭忆惠 |  | 1989.03.10 | 五莲县人民检察院检察员 |
| 尹世利 | 男 | 1989.03.10 | 五莲县人民检察院检察员 |
| 崔兰英 | 女 | 1989.03.10 | 五莲县人民检察院检察员 |
| 王秀春 | 男 | 1989.09.28 | 五莲县人民检察院检察员 |
| 刘书荣 | 男 | 1989.11.23 | 五莲县人民检察院检察员 |
| 韩义芳 | 男 | 1989.11.23 | 五莲县人民检察院检察员 |
| 郑德英 | 女 | 1989.11.23 | 五莲县人民检察院检察员 |
| 管锡露 | 男 | 1989.11.23 | 五莲县人民检察院检察员 |
| 李建波 | 男 | 1989.11.23 | 五莲县人民检察院检察员 |

## 第四章　五莲县第十二届人大常委会期间

（1990.03~1993.02）

五莲县第十二届人大常委会任命国家机关工作人员128人次。其中，县人大常委会办事机构负责人7人次，县人民政府组成人员73人次，县人民法院工作人员39人次，县人民检察院工作人员9人次。

### 五莲县第十二届人大常委会任命的县人大常委会机关工作人员

（1990.03~1993.02）

| 姓名 | 性别 | 任命时间 | 职　　务 |
|---|---|---|---|
| 潘振福 | 男 | 1990.05.31 | 五莲县人大常委会办公室副主任 |
| 丁金胜 | 男 | 1990.05.31 | 五莲县人大常委会办公室副主任 |

王承进　男　1992.01.08　五莲县人大常委会农村经济工作委员会主任
徐建平　男　1992.01.08　五莲县人大常委会人事代表工作室副主任
孙永波　男　1992.01.08　五莲县人大常委会教育科学文化卫生工作委员会副主任
潘振福　男　1992.12.22　五莲县人大常委会办公室主任
郑泽友　男　1992.12.22　五莲县人大常委会人事代表工作室主任

## 五莲县第十二届人大常委会任命的县政府组成人员

（1990.03~1993.02）

| 姓名 | 性别 | 任命时间 | 职　务 |
|---|---|---|---|
| 臧运鑫 | 男 | 1990.04.04 | 五莲县人民政府办公室主任 |
| 王谦安 | 男 | 1990.04.04 | 五莲县计划委员会主任 |
| 厉保洛 | 男 | 1990.04.04 | 五莲县计划生育委员会主任 |
| 于世民 | 男 | 1990.04.04 | 五莲县农业委员会主任 |
| 王洪健 | 男 | 1990.04.04 | 五莲县科学技术委员会主任 |
| 李学义 | 男 | 1990.04.04 | 五莲县城乡建设委员会主任 |
| 李宗本 | 男 | 1990.04.04 | 五莲县财政贸易委员会主任 |
| 王均龙 | 男 | 1990.04.04 | 五莲县体育运动委员会主任 |
| 胡洪渠 | 男 | 1990.04.04 | 五莲县对外经济贸易委员会主任 |
| 王泽晓 | 男 | 1990.04.04 | 五莲县经济委员会主任 |
| 苑广祥 | 男 | 1990.04.04 | 五莲县人事局局长 |
| 李维新 | 男 | 1990.04.04 | 五莲县劳动局局长 |
| 李应田 | 男 | 1990.04.04 | 五莲县财政局局长 |
| 汤向民 | 男 | 1990.04.04 | 五莲县税务局局长 |
| 王凤启 | 男 | 1990.04.04 | 五莲县工商行政管理局局长 |
| 林西安 | 男 | 1990.04.04 | 五莲县统计局局长 |
| 孙锦范 | 男 | 1990.04.04 | 五莲县物价局局长 |
| 于常年 | 男 | 1990.04.04 | 五莲县审计局局长 |
| 林希来 | 男 | 1990.04.04 | 五莲县监察局局长 |
| 徐衍秀 | 男 | 1990.04.04 | 五莲县卫生局局长 |
| 王龙学 | 男 | 1990.04.04 | 五莲县教育局局长 |
| 赵　斌 | 男 | 1990.04.04 | 五莲县文化局局长 |

郑昭曦　男　1990.04.04　五莲县公安局局长
李维花　女　1990.04.04　五莲县司法局局长
袁锡平　男　1990.04.04　五莲县交通局局长
刘世金　男　1990.04.04　五莲县商业局局长
孙志约　男　1990.04.04　五莲县粮食局局长
厉保廷　男　1990.04.04　五莲县民政局局长
杨连群　男　1990.04.04　五莲县乡镇企业局局长
史济民　男　1990.04.04　五莲县环境保护局局长
戈洪寿　男　1990.04.04　五莲县技术监督局局长
李曰川　男　1990.04.04　五莲县城市建设管理局局长
娄善清　男　1990.04.04　五莲县农业局局长
马学明　男　1990.04.04　五莲县畜牧局局长
岳德江　男　1990.04.04　五莲县林业局局长
汤兆海　男　1990.04.04　五莲县水利水产局局长
李传伍　男　1990.04.04　五莲县农业机械化管理局局长
门奎禄　男　1990.04.04　五莲县物资局局长
马成田　男　1990.04.04　五莲县广播电视局局长
徐金东　男　1990.04.04　五莲县土地管理局局长
厉彦云　男　1990.04.04　五莲县矿产资源管理局局长
王志明　男　1990.04.04　五莲县档案局局长
王培乐　男　1990.05.31　五莲县经济体制改革委员会主任
李山泉　男　1990.11.22　五莲县人民政府副县长
王万起　男　1991.04.17　五莲县公安局局长
聂兰兴　男　1991.04.17　五莲县水利局局长
刘明珂　男　1991.05.25　五莲县人民政府副县长(挂职)
邵长仁　男　1991.07.31　五莲县人民政府副县长(挂职)
赵　斌　男　1991.07.30　五莲县人民政府办公室主任
惠日芳　男　1991.07.30　五莲县经济委员会主任
张作锦　男　1991.07.30　五莲县文化局局长
魏茂恕　男　1991.09.26　五莲县粮食局局长
刘君印　男　1991.09.26　五莲县林业局局长
李慎芹　男　1992.01.08　五莲县人民政府副县长

| | | | |
|---|---|---|---|
| 廉亚兴 | 男 | 1992.01.08 | 五莲县人民政府副县长(聘任) |
| 王永功 | 男 | 1992.01.08 | 五莲县人民政府办公室主任 |
| 李永安 | 男 | 1992.01.08 | 五莲县农业委员会主任 |
| 张善田 | 男 | 1992.01.08 | 五莲县对外经济贸易委员会主任 |
| 徐敏宗 | 男 | 1992.01.08 | 五莲县文化局局长 |
| 王发廷 | 男 | 1992.01.08 | 五莲县商业局局长 |
| 管恩松 | 男 | 1992.01.08 | 五莲县技术监督局局长 |
| 赵世群 | 男 | 1992.03.14 | 五莲县人民政府副县长 |
| 张　虎 | 男 | 1992.03.14 | 五莲县人民政府副县长(挂职) |
| 李悦明 | 男 | 1992.05.16 | 五莲县计划委员会主任 |
| 秦树新 | 男 | 1992.05.16 | 五莲县侨务办公室主任 |
| 范奉香 | 男 | 1992.05.16 | 五莲县地震局局长 |
| 张隆武 | 男 | 1992.12.22 | 五莲县计划生育委员会主任 |
| 厉爱宣 | 男 | 1992.12.22 | 五莲县物价局局长 |
| 彭培玉 | 男 | 1992.12.22 | 五莲县环境保护局局长 |
| 王玉兰 | 女 | 1992.12.22 | 五莲县统计局局长 |
| 刘茂仁 | 男 | 1992.12.22 | 五莲县土地管理局局长 |
| 田洪春 | 男 | 1992.12.22 | 五莲县农业机械管理局局长 |
| 李炳诚 | 男 | 1992.12.22 | 五莲县矿产资源管理局局长 |

## 五莲县第十二届人大常委会任命的县人民法院工作人员

(1990.03~1993.02)

| 姓名 | 性别 | 任命时间 | 职　务 |
|---|---|---|---|
| 李宗亮 | 男 | 1990.05.31 | 五莲县人民法院副院长、审判委员会委员 |
| 李春池 | 男 | 1990.05.31 | 五莲县人民法院执行庭庭长 |
| 李彦军 | 男 | 1990.05.31 | 五莲县城关人民法庭庭长 |
| 盛怀智 | 男 | 1990.05.31 | 五莲县城关人民法庭副庭长 |
| 王增家 | 男 | 1990.05.31 | 五莲县洪凝人民法庭庭长 |
| 许　勇 | 男 | 1990.05.31 | 五莲县潮河人民法庭副庭长 |
| 王志昌 | 男 | 1990.05.31 | 五莲县管帅人民法庭副庭长 |
| 贾世武 | 男 | 1990.05.31 | 五莲县叩官人民法庭副庭长 |
| 王冠志 | 男 | 1990.05.31 | 五莲县户部人民法庭副庭长 |

于同森　男　1990.05.31　五莲县人民法院审判委员会委员
单素贞　女　1990.05.31　五莲县人民法院审判员
王振环　男　1990.05.31　五莲县人民法院审判员
孔祥友　男　1990.11.22　五莲县人民法院审判委员会委员、经济审判庭庭长
冯希星　男　1990.11.22　五莲县人民法院审判员
赵明俊　男　1990.11.22　五莲县人民法院经济审判庭副庭长
薛向民　男　1990.11.22　五莲县街头人民法庭副庭长
于善会　男　1991.04.17　五莲县人民法院行政审判庭副庭长
王冠志　男　1991.04.17　五莲县许孟人民法庭副庭长
董　远　男　1991.04.17　五莲县洪凝人民法庭副庭长
王志昌　男　1991.04.17　五莲县中至人民法庭副庭长
张善楼　男　1991.04.17　五莲县山阳人民法庭庭长
李家第　男　1991.04.17　五莲县山阳人民法庭副庭长
张守密　男　1991.04.17　五莲县人民法院审判员
岳希全　男　1991.04.17　五莲县人民法院审判员
高显武　男　1991.04.17　五莲县人民法院审判员
解晨波　男　1991.04.17　五莲县人民法院审判员
安郁启　男　1992.04.02　五莲县人民法院审判委员会委员
孔祥友　男　1992.04.02　五莲县人民法院告诉审诉审判庭庭长
王增家　男　1992.04.02　五莲县人民法院经济审判庭庭长
盛怀智　男　1992.04.02　五莲县洪凝人民法庭庭长
焦建运　男　1992.04.02　五莲县洪凝人民法庭副庭长
刘　祥　男　1992.04.02　五莲县石场人民法庭副庭长
岳在欣　男　1992.04.02　五莲县人民法院经济审判庭副庭长
王均亮　男　1992.04.02　五莲县人民法院审判员
匡文远　男　1992.04.02　五莲县人民法院审判员
苗存刚　男　1992.04.02　五莲县人民法院审判员
王克臣　男　1992.04.02　五莲县人民法院审判员
于同森　男　1992.07.28　五莲县人民法院刑事审判庭庭长
鲁　志　男　1993.01.31　五莲县人民法院副院长、审判委员会委员

### 五莲县第十二届人大常委会任命的县人民检察院工作人员

（1990.03~1993.02）

| 姓名 | 性别 | 任命时间 | 职　务 |
|---|---|---|---|
| 刘玉泉 | 男 | 1990.05.31 | 五莲县人民检察院检察委员会委员 |
| 刘祥海 | 男 | 1990.11.22 | 五莲县人民检察院检察员 |
| 郑昭曦 | 男 | 1991.04.17 | 五莲县人民检察院检察院检察员、副检察长、代理检察长 |
| 秦　霞 | 女 | 1992.07.28 | 五莲县人民检察院检察员 |
| 厉　红 | 女 | 1992.07.28 | 五莲县人民检察院检察员 |
| 王新礼 | 男 | 1992.07.28 | 五莲县人民检察院检察员 |
| 崔发勋 | 男 | 1992.07.28 | 五莲县人民检察院检察员 |
| 李　勤 | 男 | 1992.12.22 | 五莲县人民检察院副检察长 |
| 孟凡魁 | 男 | 1992.12.22 | 五莲县人民检察院检察员 |

## 第五章　五莲县第十三届人大常委会期间

（1993.02~1998.01）

五莲县第十三届人大常委会任命国家机关工作人员共 243 人次。其中，县人大常委会办事机构负责人 8 人次，县人民政府组成人员 101 人次，县人民法院工作人员 104 人次，县人民检察院工作人员 30 人次。

### 五莲县第十三届人大常委会任命的县人大常委会机关工作人员

（1993.02~1998.01）

| 姓名 | 性别 | 任命时间 | 职　务 |
|---|---|---|---|
| 徐宣明 | 男 | 1996.01.23 | 五莲县人大常委会财政经济工作委员会主任 |
| 丁金胜 | 男 | 1996.01.23 | 五莲县人大常委会教育科学文化卫生工作委员会主任 |
| 高华清 | 男 | 1996.01.23 | 五莲县人大常委会农村经济工作委员会主任 |
| 王文国 | 男 | 1996.01.23 | 五莲县人大常委会办公室副主任 |
| 郭　凯 | 女 | 1996.01.23 | 五莲县人大常委会人事代表工作室副主任 |
| 王世群 | 男 | 1997.03.14 | 五莲县人大常委会办公室主任 |
| 董书任 | 男 | 1997.03.14 | 五莲县人大常委会法治工作委员会主任 |
| 李继荣 | 男 | 1997.03.14 | 五莲县人大常委会人事代表室主任 |

## 五莲县第十三届人大常委会任命的县政府组成人员

(1993.02~1998.01)

| 姓名 | 性别 | 任命时间 | 职　务 |
|---|---|---|---|
| 王永功 | 男 | 1993.03.14 | 五莲县人民政府办公室主任 |
| 秦树新 | 男 | 1993.03.14 | 五莲县人民政府侨务办公室主任 |
| 李悦明 | 男 | 1993.03.14 | 五莲县计划委员会主任 |
| 惠日芳 | 男 | 1993.03.14 | 五莲县经济委员会主任 |
| 张善田 | 男 | 1993.03.14 | 五莲县对外经济贸易委员会主任 |
| 李宗本 | 男 | 1993.03.14 | 五莲县财政贸易委员会主任 |
| 陈修全 | 男 | 1993.03.14 | 五莲县城乡建设委员会主任 |
| 王洪健 | 男 | 1993.03.14 | 五莲县科学技术委员会主任 |
| 李应安 | 男 | 1993.03.14 | 五莲县农业委员会主任 |
| 张龙武 | 男 | 1993.03.14 | 五莲县计划生育委员会主任 |
| 王龙学 | 男 | 1993.03.14 | 五莲县教育委员会主任 |
| 王均龙 | 男 | 1993.03.14 | 五莲县体育运动委员会主任 |
| 王培乐 | 男 | 1993.03.14 | 五莲县经济体制改革委员会主任 |
| 苑广祥 | 男 | 1993.03.14 | 五莲县人事局局长 |
| 李维新 | 男 | 1993.03.14 | 五莲县劳动局局长 |
| 孙维江 | 男 | 1993.03.14 | 五莲县民政局局长 |
| 徐敏宗 | 男 | 1993.03.14 | 五莲县文化局局长 |
| 徐衍秀 | 男 | 1993.03.14 | 五莲县卫生局局长 |
| 王万起 | 男 | 1993.03.14 | 五莲县公安局局长 |
| 杨继柳 | 男 | 1993.03.14 | 五莲县司法局局长 |
| 李应田 | 男 | 1993.03.14 | 五莲县财政局局长 |
| 汤向民 | 男 | 1993.03.14 | 五莲县税务局局长 |
| 王凤启 | 男 | 1993.03.14 | 五莲县工商行政管理局局长 |
| 于常年 | 男 | 1993.03.14 | 五莲县审计局局长 |
| 厉爱宣 | 男 | 1993.03.14 | 五莲县物价局局长 |
| 林希来 | 男 | 1993.03.14 | 五莲县监察局局长 |
| 王玉兰 | 女 | 1993.03.14 | 五莲县统计局局长 |
| 王发廷 | 男 | 1993.03.14 | 五莲县商业局局长 |

魏茂恕　男　1993.03.14　五莲县粮食局局长
杨连群　男　1993.03.14　五莲县乡镇企业局局长
李曰川　男　1993.03.14　五莲县交通局局长
王志明　男　1993.03.14　五莲县档案局局长
彭培玉　男　1993.03.14　五莲县环保局局长
娄善清　男　1993.03.14　五莲县农业局局长
刘君印　男　1993.03.14　五莲县林业局局长
聂兰兴　男　1993.03.14　五莲县水利水产局局长
王树勋　男　1993.03.14　五莲县果业局局长
马学明　男　1993.03.14　五莲县畜牧局局长
刘茂仁　男　1993.03.14　五莲县土地管理局局长
门奎禄　男　1993.03.14　五莲县物资局局长
田洪春　男　1993.03.14　五莲县农业机械管理局局长
荆学明　男　1993.03.14　五莲县广播电视局局长
管恩松　男　1993.03.14　五莲县技术监督局局长
李炳诚　男　1993.03.14　五莲县矿产资源管理局局长
范奉香　男　1993.03.14　五莲县地震局局长
周　涛　男　1993.07.20　五莲县人民政府副县长(挂职)
陈学成　男　1993.11.23　五莲县人民政府副县长(挂职)
安榕平　男　1994.01.17　五莲县人民政府办公室主任
袁兆亮　男　1994.01.17　五莲县经济委员会主任
李悦明　男　1994.01.17　五莲县计划委员会主任
马学明　男　1994.01.17　五莲县农业委员会主任
赵凤国　男　1994.01.17　五莲县城乡建设环境保护委员会主任
娄善清　男　1994.01.17　五莲县科学技术委员会主任
孙著文　男　1994.01.17　五莲县教育委员会主任
王均龙　男　1994.01.17　五莲县文化体育委员会主任
张隆武　男　1994.01.17　五莲县计划生育委员会主任
管恩松　男　1994.01.17　五莲县商业贸易委员会主任
王万起　男　1994.01.17　五莲县公安局局长
李宗亮　男　1994.01.17　五莲县司法局局长
孙维江　男　1994.01.17　五莲县民政局局长

汪德胜　男　1994.01.17　五莲县人事局局长
阎　波　男　1994.01.17　五莲县劳动局局长
李应田　男　1994.01.17　五莲县财政局局长
孔凡元　男　1994.01.17　五莲县税务局局长
范奉香　男　1994.01.17　五莲县统计局局长
李应安　男　1994.01.17　五莲县交通局局长
聂兰兴　男　1994.01.17　五莲县水利局局长
徐衍秀　男　1994.01.17　五莲县卫生局局长
杨连群　男　1994.01.17　五莲县审计局局长
厉爱宣　男　1994.01.17　五莲县工商物价行政管理局局长
刘茂仁　男　1994.01.17　五莲县土地矿产管理局局长
解直礼　男　1994.01.17　五莲县乡镇企业管理局局长
刘君印　男　1994.01.17　五莲县林业局局长
惠日芳　男　1994.02.04　五莲县人民政府副县长
周荣兰　女　1994.02.04　五莲县监察局局长
厉彦仓　男　1994.05.25　五莲县城乡建设环境保护委员会主任
滕会友　男　1994.07.22　五莲县地方税务局局长
张善田　男　1994.09.22　五莲县对外贸易委员会主任
张则智　男　1995.02.27　五莲县文化体育委员会主任
梁启玉　男　1995.02.27　五莲县林业局局长
王全新　男　1995.04.13　五莲县对外经济贸易委员会主任
张永善　男　1995.06.14　五莲县公安局局长
李桂玲　男　1995.11.01　五莲县人民政府副县长、代理县长
何子孔　男　1995.11.01　五莲县人民政府副县长
王　辉　男　1995.12.26　五莲县人民政府副县长(聘任)
厉爱宣　男　1996.01.23　五莲县工商物价行政管理局局长
葛恩锋　男　1996.01.23　五莲县农业局局长
桑友亭　男　1996.01.23　五莲县民政局局长
董福增　男　1996.04.16　五莲县人民政府办公室主任
赵树智　男　1996.04.16　五莲县计划委员会主任
刘兆亮　男　1996.04.16　五莲县经济委员会主任
孙锡栋　男　1996.04.16　五莲县农业委员会主任

厉彦仓　男　1997.03.　五莲县城乡建设委员会主任
张则智　男　1997.03.　五莲县文化局局长
郑　健　男　1997.03.　五莲县体育运动委员会主任
王全新　男　1997.03.　五莲县对外经济贸易委员会主任
刘茂仁　男　1997.03.　五莲县土地管理局局长
岳思文　男　1997.03.　五莲县地质矿产局局长
彭培玉　男　1997.03.　五莲县环境保护局局长
潘振福　男　1997.03.　五莲县县卫生局局长
张永海　男　1997.03.　五莲县粮食局局长

## 五莲县第十三届人大常委会任命的县人民法院工作人员

（1993.02~1998.01）

**姓名　性别　任命时间　　　职　务**

岳奎文　男　1993.07.20　五莲县人民法院院长级审判员
寇相主　男　1994.01.17　五莲县人民法院副院长、审判委员会委员
薛向民　男　1994.01.17　五莲县人民法院副院长、审判委员会委员
王志昌　男　1994.03.22　五莲县中至人民法庭庭长
王作贵　男　1994.03.22　五莲县院西人民法庭庭长
许　勇　男　1994.03.22　五莲县潮河人民法庭庭长
苗存刚　男　1994.03.22　五莲县街头人民法庭副庭长
王均亮　男　1994.03.22　五莲县管帅人民法庭副庭长
张守国　男　1994.03.22　五莲县于里人民法庭副庭长
解晨波　男　1994.03.22　五莲县城关人民法庭副庭长
张守密　男　1994.03.22　五莲县七宝山人民法庭副庭长
王克臣　男　1994.03.22　五莲县王世疃人民法庭副庭长
单素贞　女　1994.03.22　五莲县人民法院刑事审判庭副庭长
岳希全　男　1994.03.22　五莲县人民法院经济审判庭副庭长
王冠志　男　1994.03.22　五莲县叩官人民法庭副庭长
贾世武　男　1994.03.22　五莲县许孟人民法庭副庭长
李家弟　男　1994.03.22　五莲县人民法院行政审判庭副庭长
郑承志　男　1994.03.22　五莲县人民法院审判员
陈祥高　男　1994.03.22　五莲县人民法院审判员

胡焕玉　男　1994.03.22　五莲县人民法院审判员

李　杰　男　1994.03.22　五莲县人民法院审判员

王善军　男　1994.03.22　五莲县人民法院审判员

刘玉太　男　1994.03.22　五莲县人民法院审判员

刘顺斌　男　1994.03.22　五莲县人民法院审判员

王连云　男　1994.03.22　五莲县人民法院审判员

王增家　男　1994.07.22　五莲县人民法院经济审判第一庭庭长

孔祥友　男　1994.07.22　五莲县人民法院经济审判第二庭庭长

冯建玲　女　1994.07.22　五莲县人民法院告诉申诉审判庭庭长

郑昭俭　男　1994.07.22　五莲县人民法院经济审判第一庭副庭长

岳在欣　男　1994.07.22　五莲县人民法院经济审判第一庭副庭长

张守密　男　1994.07.22　五莲县人民法院经济审判第二庭副庭长

苑克瑶　男　1994.07.22　五莲县人民法院告诉申诉审判庭副庭长

郑承志　男　1994.07.22　五莲县石场人民法庭副庭长

刘玉太　男　1994.07.22　五莲县松柏人民法庭副庭长

赵中国　男　1994.07.22　五莲县人民法院审判员、七宝山人民法庭副庭长

何茂田　男　1994.07.22　五莲县人民法院审判员、潮河人民法庭副庭长

岳希全　男　1994.07.22　五莲县人民法院执行庭副庭长

王绪文　男　1994.07.22　五莲县人民法院审判员

孔凡柱　男　1994.07.22　五莲县人民法院审判员

孔祥斌　男　1994.07.22　五莲县人民法院审判员

张善国　男　1994.07.22　五莲县人民法院审判员

何乃玉　男　1994.07.22　五莲县人民法院审判员

徐彦东　男　1994.07.22　五莲县人民法院审判员

孟庆军　男　1994.07.22　五莲县人民法院审判员

李　伟　男　1994.07.22　五莲县人民法院审判员

于　红　女　1994.07.22　五莲县人民法院审判员

王佃凯　男　1994.07.22　五莲县人民法院审判员

李业芳　男　1994.07.22　五莲县人民法院审判员

李富年　男　1994.07.22　五莲县人民法院审判员

王铭波　男　1994.07.22　五莲县人民法院审判员

苗存德　男　1994.07.22　五莲县人民法院审判员

穆乃学　男　1994.07.22　五莲县人民法院审判员
冯爱伦　男　1994.07.22　五莲县人民法院审判员
聂秀雪　女　1994.07.22　五莲县人民法院审判员
臧立明　男　1994.07.22　五莲县人民法院审判员
范术平　男　1994.07.22　五莲县人民法院审判员
李　意　男　1994.07.22　五莲县人民法院审判员
丁彩芹　女　1995.02.27　五莲县人民法院副院长、审判委员会委员
王冠志　男　1995.04.13　五莲县叩官人民法庭副庭长
贾世武　男　1995.04.13　五莲县许孟人民法庭庭长
岳希全　男　1995.04.13　五莲县人民法院执行庭庭长
许　勇　男　1995.04.13　五莲县山阳人民法庭庭长
李春池　男　1995.04.13　五莲县人民法院行政审判庭庭长
王志昌　男　1995.04.13　五莲县人民法院民事审判庭副庭长
张守国　男　1995.04.13　五莲县管帅人民法庭庭长
徐彦东　男　1995.04.13　五莲县街头人民法庭副庭长
张守密　男　1995.04.13　五莲县人民法院执行庭副庭长
李家弟　男　1995.04.13　五莲县人民法院告诉申诉审判庭副庭长
郑成志　男　1995.04.13　五莲县魏家人民法庭副庭长
张瑞欣　男　1995.04.13　五莲县松柏人民法庭副庭长
匡文远　男　1995.04.13　五莲县人民法院经济审判第二庭副庭长
苗存刚　男　1995.04.13　五莲县人民法院经济审判第二庭副庭长
李业芳　男　1995.04.13　五莲县石场人民法庭副庭长
孔祥斌　男　1995.04.13　五莲县王世疃人民法庭副庭长
王绪文　男　1995.04.13　五莲县户部人民法庭副庭长
何乃玉　男　1995.04.13　五莲县院西人民法庭副庭长
李　伟　男　1995.04.13　五莲县汪湖人民法庭副庭长
孔凡柱　男　1995.04.13　五莲县高泽人民法庭副庭长
王连云　男　1995.04.13　五莲县中至人民法庭副庭长
胡焕玉　男　1995.04.13　五莲县于里人民法庭副庭长
王增家　男　1995.04.13　五莲县人民法院审判委员会委员
王作贵　男　1995.04.13　五莲县人民法院审判员
单素贞　女　1996.01.23　五莲县王世疃人民法庭庭长

王善军 男 1996.01.23 五莲县人民法院刑事审判庭副庭长
马学富 男 1996.01.23 五莲县人民法院审判员
王增家 男 1997.10. 五莲县人民法院经济审判庭庭长
王均亮 男 1997.10. 五莲县人民法院经济审判庭副庭长
于善会 男 1997.10. 五莲县人民法院行政审判庭副庭长
李彦军 男 1997.10. 五莲县人民法院民事审判庭副庭长
苗存刚 男 1997.10. 五莲县人民法院审判监督庭庭长
冯建玲 女 1997.10. 五莲县人民法院立案庭庭长
李家弟 男 1997.10. 五莲县人民法院立案庭副庭长
许　勇 男 1997.10. 五莲县洪凝人民法庭庭长
何茂田 男 1997.10. 五莲县街头人民法庭庭长
贾世武 男 1997.10. 五莲县叩官人民法庭庭长
张守国 男 1997.10. 五莲县院西人民法庭庭长
何乃玉 男 1997.10. 五莲县汪湖人民法庭庭长
孙著国 男 1997.10. 五莲县石场人民法庭庭长
王克臣 男 1997.10. 五莲县管帅人民法庭庭长
王文华 男 1997.10. 五莲县人民法院审判员
刘　娟 女 1997.10. 五莲县人民法院审判员
范　军 男 1997.10. 五莲县人民法院审判员
钊守明 男 1997.10. 五莲县人民法院审判员
李云峰 男 1997.10. 五莲县人民法院审判员

## 五莲县第十三届人大常委会任命的县人民检察院工作人员

（1993.02~1998.01）

**姓名 性别 任命时间 职　务**

张作锦 男 1994.01.17 五莲县人民检察院副检察长、检察委员会委员
刘祥运 男 1994.01.17 五莲县人民检察院副检察长、检察委员会委员
徐衍国 男 1994.01.17 五莲县人民检察院检察委员会委员
何乃笑 男 1994.03.22 五莲县人民检察院检察员
王治京 男 1994.03.22 五莲县人民检察院检察员
马祥德 男 1994.03.22 五莲县人民检察院检察员
于召烈 男 1994.03.22 五莲县人民检察院检察员

武善强　男　1994.03.22　五莲县人民检察院检察员
张孟和　男　1994.03.22　五莲县人民检察院检察员
赵书全　男　1994.03.22　五莲县人民检察院检察员
李进元　男　1994.03.22　五莲县人民检察院检察员
孙光山　男　1994.03.22　五莲县人民检察院检察员
郑培所　女　1995.02.27　五莲县人民检察院副检察长、检察委员会委员
王宗丰　男　1995.12.26　五莲县人民检察院检察员
乔常栋　男　1995.12.26　五莲县人民检察院检察员
丁兆满　男　1996.04.16　五莲县人民检察院检察员
韩福平　男　1996.04.16　五莲县人民检察院检察员
陈常健　男　1997.03.18　五莲县人民检察院副检察长、检察委员会委员
王秀春　男　1997.03.18　五莲县人民检察院副检察长、检察委员会委员
蓝学勤　男　1997.04.18　五莲县人民检察院检察员
刘加全　男　1997.04.18　五莲县人民检察院检察员
刘　华　男　1997.04.18　五莲县人民检察院检察员
郑耀杰　男　1997.04.18　五莲县人民检察院检察员
张雪梅　女　1997.04.18　五莲县人民检察院检察员
吴秘昌　男　1997.04.18　五莲县人民检察院检察员
刘兆运　男　1997.04.18　五莲县人民检察院检察员
王友举　男　1997.04.18　五莲县人民检察院检察员
徐衍波　男　1997.04.18　五莲县人民检察院检察员
王新礼　男　1997.10.29　五莲县人民检察院检察委员会委员
李建波　男　1997.10.29　五莲县人民检察院检察委员会委员

# 第六章　五莲县第十四届人大常委会期间

（1998.01~2003..01）

五莲县第十四届人大常委会任命国家机关工作人员共105人次。其中，县人大常委会办事机构负责人8人次，县人民政府组成人员67人次，县人民法院工作人员20人次，县人民检察院工作人员10人次。

## 五莲县第十四届人大常委会任命的县人大常委会机关工作人员

（1998.01~2003.01）

| 姓名 | 性别 | 任命时间 | 职务 |
|---|---|---|---|
| 孙永波 | 男 | 1999.01 | 五莲县人大常委会人事代表室主任 |
| 林世刚 | 男 | 1999.01 | 五莲县人大常委会办公室副主任 |
| 陈常东 | 男 | 1999.01 | 五莲县人大常委会法治工作委员会副主任 |
| 张永善 | 男 | 2000.10 | 五莲县人大常委会法治工作委员会主任 |
| 张隆武 | 男 | 2002.06 | 五莲县人大常委会法治工作委员会主任 |
| 张则智 | 男 | 2002.06 | 五莲县人大常委会财政经济工作委员会主任 |
| 林世刚 | 男 | 2002.08 | 五莲县人大常委会办公室主任 |
| 聂兰波 | 男 | 2002.08 | 五莲县人大常委会办公室副主任 |

## 五莲县第十四届人大常委会任命的县政府组成人员

（1998.01~2003.01）

| 姓名 | 性别 | 任命时间 | 职务 |
|---|---|---|---|
| 朱连周 | 男 | 1998.02 | 五莲县劳动局局长 |
| 房录祥 | 男 | 1998.02 | 五莲县经济委员会主任 |
| 董福增 | 男 | 1998.04 | 五莲县政府办公室主任 |
| 赵树智 | 男 | 1998.04 | 五莲县计划委员会主任 |
| 王全新 | 男 | 1998.04 | 五莲县对外经济贸易委员会主任 |
| 娄善清 | 男 | 1998.04 | 五莲县科学技术委员会主任 |
| 孙锡栋 | 男 | 1998.04 | 五莲县农业委员会主任 |
| 张隆武 | 男 | 1998.04 | 五莲县计划生育委员会主任 |
| 孙著文 | 男 | 1998.04 | 五莲县教育委员会主任 |
| 郑　健 | 男 | 1998.04 | 五莲县体育委员会主任 |
| 汪德胜 | 男 | 1998.04 | 五莲县人事局局长 |
| 桑友亭 | 男 | 1998.04 | 五莲县民政局局长 |
| 张则智 | 男 | 1998.04 | 五莲县文化局局长 |
| 潘振福 | 男 | 1998.04 | 五莲县卫生局局长 |
| 张永善 | 男 | 1998.04 | 五莲县公安局局长 |

李宗亮　男　1998.04　五莲县司法局局长
李应田　男　1998.04　五莲县财政局局长
滕惠友　男　1998.04　五莲县地税局局长
厉爱宣　男　1998.04　五莲县工商局局长
杨连群　男　1998.04　五莲县审计局局长
厉复芹　男　1998.04　五莲县物价局局长
周荣兰　女　1998.04　五莲县监察局局长
范奉香　男　1998.04　五莲县统计局局长
解直礼　男　1998.04　五莲县乡镇企业局局长
李应安　男　1998.04　五莲县交通局局长
彭培玉　男　1998.04　五莲县环境保护局局长
葛恩锋　男　1998.04　五莲县农业局局长
梁启玉　男　1998.04　五莲县林业局局长
聂兰兴　男　1998.04　五莲县水利局局长
刘茂仁　男　1998.04　五莲县土地管理局局长
岳思文　男　1998.04　五莲县地质矿产局局长
秦树新　男　1998.04　五莲县技术监督局局长
张永海　男　1998.04　五莲县粮食局局长
王建国　男　1998.08　五莲县城乡建设委员会主任
张善礼　男　1998.08　五莲县地质矿产局局长
丁玉忠　男　1999.01　五莲县商业贸易委员会主任
王明果　男　1999.01　五莲县科学技术委员会主任
白友顺　男　1999.01　五莲县文化局局长
王　平　男　1999.01　五莲县统计局局长
张则智　男　1999.01　五莲县乡镇企业局局长
朱连周　男　1999.06　五莲县劳动和社会保障局局长
崔　亮　男　2000.01　五莲县人民政府副县长、代理县长
孙世和　男　2000.10　五莲县公安局局长
马学生　男　2001.01　五莲县政府办公室主任
范淑明　男　2001.01　五莲县农业委员会主任
王荣臻　男　2001.01　五莲县计划委员会主任
孙锡栋　男　2001.01　五莲县城乡建设委员会主任

王建国　男　2001.01　五莲县审计局局长
姜　敏　男　2001.01　五莲县交通局局长
王均田　男　2001.01　五莲县土地管理局局长
赵子峰　男　2001.03　五莲县财政局局长
朱　伟　男　2001.03　五莲县环保局局长
王荣臻　男　2002.06　五莲县发展计划局局长
房录祥　男　2002.06　五莲县经济贸易局局长
孙著文　男　2002.06　五莲县教育局局长
王明果　男　2002.06　五莲县科学技术局局长
傅锡春　男　2002.06　五莲县监察局局长
王文雨　男　2002.06　五莲县民政局局长
朱连周　男　2002.06　五莲县人事局局长
王建华　男　2002.06　五莲县劳动和社会保障局局长
孙锡栋　男　2002.06　五莲县城乡建设局局长
陈修学　男　2002.06　五莲县水利局局长
丁玉忠　男　2002.06　五莲县农业局局长
王　平　男　2002.06　五莲县计划生育局局长
王均田　男　2002.06　五莲县国土资源局局长
叶德臣　男　2002.06　五莲县统计局局长
单忠元　男　2002.06　五莲县文化体育局局长

## 五莲县第十四届人大常委会任命的县人民法院工作人员

（1998.01~2003.01）

**姓名　性别　任命时间　　　职　　务**

徐彦东　男　1998.08.18　五莲县洪凝人民法庭副庭长
冯爱伦　男　1998.08.18　五莲县街头人民法庭副庭长
岳思卫　男　1999.01.13　五莲县人民法院副院长
岳思卫　男　1999.04.21　五莲县人民法院审判委员会委员
王增家　男　1999.04.21　五莲县执行庭庭长
苗存刚　男　1999.04.21　五莲县经济审判庭庭长
岳希全　男　1999.04.21　五莲县立案庭庭长
冯建玲　女　1999.04.21　五莲县民事审判庭庭长

于同森 男 1999.04.21 五莲县审判监督庭庭长
王善军 男 1999.04.21 五莲县刑事审判庭庭长
单素贞 女 1999.04.21 五莲县刑事审判庭副庭长
刘玉太 男 1999.04.21 五莲县院西人民法庭庭长
高显武 男 1999.04.21 五莲县人民法院执行庭副庭长
王 勇 男 1999.04.21 五莲县人民法院审判员
薛向民 男 1999.08.18 五莲县人民法院副院长、审判委员会委员。
丁 明 男 1999.10.19 五莲县人民法院审判委员会委员
卜宪博 男 2000.06.13 五莲县人民法院副院长、代理院长、审判委员会委员。
王善军 男 2001.03.16 五莲县人民法院副院长、审判委员会委员
何茂田 男 2001.03.16 五莲县人民法院副院长、审判委员会委员
钱守吉 男 2001.08. 五莲县人民法院副院长、审判委员会委员(挂职)

### 五莲县第十四届人大常委会任命的县人民检察院工作人员

(1998.01~2003.01)

| 姓名 | 性别 | 任命时间 | 职务 |
|---|---|---|---|
| 荆光祥 | 男 | 1998.04.21 | 五莲县人民检察院检察员 |
| 滕曙光 | 男 | 1998.04.21 | 五莲县人民检察院检察员 |
| 郑德启 | 男 | 1998.04.21 | 五莲县人民检察院检察员 |
| 秦泗顺 | 男 | 1999.01.13 | 五莲县人民检察院副检察长、代理检察长 |
| 韩福平 | 男 | 1999.01. | 五莲县人民检察院检察委员会委员 |
| 董书任 | 男 | 1999.10.19 | 五莲县人民检察院检察委员会委员、检察员 |
| 钟树芳 | 男 | 2001.03 | 五莲县人民检察院副检察长、检察委员会委员 |
| 韩福平 | 男 | 2001.03.16 | 五莲县人民检察院副检察长 |
| 郑 娟 | 女 | 2001.03.16 | 五莲县人民检察院检察员 |
| 韩秀中 | 男 | 2001.03.16 | 五莲县人民检察院检察员 |

## 第七章 五莲县第十五届人大常委会期间

(2003.01~2007.12)

五莲县第十五届人大常委会任命国家机关工作人员共159人次。其中，县人大常委会办事机构负责人10人次，县人民政府组成人员80人次，县人民法院工作人员52人次，县人民检察院工作人员17人次。

## 五莲县第十五届人大常委会任命的县人大常委会机关工作人员

(2003.01~2007.12)

| 姓名 | 性别 | 任命时间 | 职　务 |
|---|---|---|---|
| 刘光玉 | 男 | 2003.03.18 | 五莲县人大常委会财政经济工作委员会主任 |
| 潘维义 | 男 | 2003.03.18 | 五莲县人大常委会法治工作委员会主任 |
| 李乃金 | 男 | 2003.03.18 | 五莲县人大常委会办公室副主任 |
| 韩宝军 | 男 | 2005.04.08 | 五莲县人大常委会办公室主任 |
| 胡德兰 | 女 | 2005.04.08 | 五莲县人大常委会财政经济工作委员会主任 |
| 韩义芳 | 男 | 2007.08.21 | 五莲县人大常委会法治工作委员会主任 |
| 李明升 | 男 | 2007.08.21 | 五莲县人大常委会科学教育文化卫生工作委员会主任 |
| 李乃金 | 男 | 2007.08.21 | 五莲县人大常委会人事代表室主任 |
| 纪元成 | 男 | 2007.08.21 | 五莲县人大常委会办公室副主任 |
| 周华民 | 男 | 2007.08.21 | 五莲县人大常委会人事代表室副主任 |

## 五莲县第十五届人大常委会任命的县人民政府组成人员

(2003.01~2007.12)

| 姓名 | 性别 | 任命时间 | 职　务 |
|---|---|---|---|
| 王　勇 | 男 | 2003.01.02 | 五莲县人民政府副县长、代理县长 |
| 牟军善 | 男 | 2003.01.02 | 五莲县人民政府副县长 |
| 郑卫东 | 男 | 2003.02.12 | 五莲县人民政府办公室主任 |
| 王荣臻 | 男 | 2003.03.18 | 五莲县发展计划局局长 |
| 陈修学 | 男 | 2003.03.18 | 五莲县经济贸易局局长 |
| 孙著文 | 男 | 2003.03.18 | 五莲县教育局局长 |
| 王明果 | 男 | 2003.03.18 | 五莲县科学技术局局长 |
| 傅锡春 | 男 | 2003.03.18 | 五莲县监察局局长 |
| 孙克胜 | 男 | 2003.03.18 | 五莲县民政局局长 |
| 孙世和 | 男 | 2003.03.18 | 五莲县公安局局长 |
| 李宗贵 | 男 | 2003.03.18 | 五莲县司法局局长 |
| 赵子峰 | 男 | 2003.03.18 | 五莲县财政局局长 |
| 朱连周 | 男 | 2003.03.18 | 五莲县人事局局长 |
| 王建华 | 男 | 2003.03.18 | 五莲县劳动和社会保障局局长 |

姜　敏　男　2003.03.18　五莲县城乡建设局局长
王立宣　男　2003.03.18　五莲县交通局局长
郭公坊　男　2003.03.18　五莲县水利局局长
丁玉忠　男　2003.03.18　五莲县农业局局长
李树湘　男　2003.03.18　五莲县林业局局长
潘振福　男　2003.03.18　五莲县卫生局局长
王　平　男　2003.03.18　五莲县计划生育局局长
王建国　男　2003.03.18　五莲县审计局局长
郑斗坤　男　2003.03.18　五莲县国土资源局局长
叶德臣　男　2003.03.18　五莲县统计局局长
单忠元　男　2003.03.18　五莲县文化体育局局长
朱　伟　男　2003.03.18　五莲县环境保护局局长
姜少利　男　2003.10.16　五莲县公安局局长
惠　鑫　男　2003.10.16　五莲县财政局局长
何茂伦　男　2004.03.18　五莲县科学技术局局长
赵百顺　男　2004.03.18　五莲县农业局局长
孙秀志　男　2005.04.08　五莲县司法局局长
张明勇　男　2005.04.08　五莲县水利局局长
李兆明　男　2005.04.08　五莲县农业局局长
王世群　男　2005.04.08　五莲县卫生局局长
李百东　男　2005.04.08　五莲县统计局局长
丁　辉　男　2006.04.26　五莲县监察局局长
费守平　男　2006.04.26　五莲县发展和改革局局长
王俊存　男　2006.04.26　五莲县科学技术局局长
谢光明　男　2006.04.26　五莲县人事局局长
杨茂波　男　2006.04.26　五莲县城乡建设局局长
杨海波　男　2006.04.26　五莲县交通局局长
何茂伦　男　2006.04.26　五莲县人口和计划生育局局长
王　平　男　2006.04.26　五莲县审计局局长
岳兆玉　男　2006.04.26　五莲县环境保护局局长
王治环　男　2006.04.26　五莲县安全生产监督管理局局长
滕厚军　男　2006.10.17　五莲县人民政府副县长

侯佃晓　男　2006.12.31　五莲县人民政府副县长
薛向民　男　2006.12.31　五莲县人民政府副县长
朱文德　男　2006.12.31　五莲县民政局局长
李树湘　男　2006.12.31　五莲县交通局局长
于同春　男　2006.12.31　五莲县林业局局长
丁彩芹　女　2007.06.22　五莲县人事局局长
闫继斌　男　2007.06.22　五莲县教育局局长
陈加宏　男　2007.06.22　五莲县水利局局长
解直国　男　2007.08.21　五莲县经济贸易局局长
张文宣　男　2007.11.02　五莲县人民政府副县长
费守平　男　2007.12.29　五莲县人民政府办公室主任
孙福全　男　2007.12.29　五莲县发展和改革局局长
解直国　男　2007.12.29　五莲县经济贸易局局长
闫继斌　男　2007.12.29　五莲县教育局局长
王俊存　男　2007.12.29　五莲县科学技术局局长
丁　辉　男　2007.12.29　五莲县监察局局长
朱文德　男　2007.12.29　五莲县民政局局长
姜少利　男　2007.12.29　五莲县公安局局长
孙秀志　男　2007.12.29　五莲县司法局局长
李兆明　男　2007.12.29　五莲县财政局局长
丁彩芹　男　2007.12.29　五莲县人事局局长
赵百顺　男　2007.12.29　五莲县劳动和社会保障局局长
王建华　男　2007.12.29　五莲县城乡建设局局长
李树湘　男　2007.12.29　五莲县交通局局长
陈加宏　男　2007.12.29　五莲县水利局局长
李胜军　男　2007.12.29　五莲县农业局局长
于同春　男　2007.12.29　五莲县林业局局长
郑培军　男　2007.12.29　五莲县卫生局局长
何茂伦　男　2007.12.29　五莲县人口和计划生育局局长
王　平　男　2007.12.29　五莲县审计局局长
李百东　男　2007.12.29　五莲县统计局局长
单忠元　男　2007.12.29　五莲县文化局局长

岳兆玉　男　2007.12.29　五莲县环境保护局局长
王治环　男　2007.12.29　五莲县安全生产监督管理局局长

## 五莲县第十五届人大常委会任命的县人民法院工作人员

（2003.01~2007.12）

| 姓名 | 性别 | 任命时间 | 职　务 |
|---|---|---|---|
| 尚　华 | 男 | 2003.03.18 | 五莲县人民法院副院长、审判委员会委员 |
| 冯爱伦 | 男 | 2003.03.18 | 五莲县人民法院洪凝法庭庭长 |
| 徐彦东 | 男 | 2003.03.18 | 五莲县人民法院街头法庭庭长 |
| 孙著国 | 男 | 2003.03.18 | 五莲县人民法院于里法庭庭长 |
| 王　勇 | 男 | 2003.03.18 | 五莲县人民法院叩官法庭庭长 |
| 李富年 | 男 | 2003.03.18 | 五莲县人民法院高泽法庭庭长 |
| 贾世武 | 男 | 2003.03.18 | 五莲县人民法院立案庭庭长 |
| 王克臣 | 男 | 2003.03.18 | 五莲县人民法院审判监督庭庭长 |
| 苗存刚 | 男 | 2003.03.18 | 五莲县人民法院民事审判第一庭庭长 |
| 刘玉太 | 男 | 2003.03.18 | 五莲县人民法院民事审判第二庭庭长 |
| 于　红 | 女 | 2003.03.18 | 五莲县人民法院刑事审判庭庭长 |
| 刘　娟 | 女 | 2003.03.18 | 五莲县人民法院行政审判庭庭长 |
| 李　杰 | 女 | 2003.03.18 | 五莲县人民法院洪凝法庭副庭长 |
| 刘顺斌 | 男 | 2003.03.18 | 五莲县人民法院执行局第一庭副庭长 |
| 赵中国 | 男 | 2003.03.18 | 五莲县人民法院立案庭副庭长 |
| 王　健 | 男 | 2003.03.18 | 五莲县人民法院审判员 |
| 厉建锋 | 男 | 2003.03.18 | 五莲县人民法院审判员 |
| 许　勇 | 男 | 2004.08.12 | 五莲县人民法院审判委员会委员 |
| 苗存刚 | 男 | 2004.08.12 | 五莲县人民法院审判委员会委员 |
| 王克臣 | 男 | 2004.08.12 | 五莲县人民法院审判委员会委员 |
| 陈祥高 | 男 | 2004.08.12 | 五莲县人民法院审判委员会委员 |
| 冯爱伦 | 男 | 2005.08.12 | 五莲县人民法院审判委员会委员 |
| 于　红 | 女 | 2005.08.12 | 五莲县人民法院审判委员会委员 |
| 刘　娟 | 女 | 2005.08.12 | 五莲县人民法院洪凝法庭庭长 |
| 张　琳 | 男 | 2005.08.12 | 五莲县人民法院刑事审判庭副庭长、审判员 |
| 钊守明 | 男 | 2005.08.12 | 五莲县人民法院行政审判庭副庭长 |

范术平 男 2005.08.12 五莲县人民法院洪凝法庭副庭长
李 伟 男 2005.08.12 五莲县人民法院街头法庭副庭长
王佃凯 男 2005.08.12 五莲县人民法院高泽法庭副庭长
郑成军 男 2005.08.12 五莲县人民法院审判员
杨 杰 男 2007.09.21 五莲县人民法院审判员
刘发京 男 2007.09.21 五莲县人民法院审判员

## 五莲县第十五届人大常委会任命的县人民陪审员

(2003.01~2007.12)

2005.04.08 任命的人民陪审员：秦绪文、王伟、马德美、李树来、韩永江、于洋、崔鹏、周佳琴、徐连宝、王瑞高、寇卫华、王法强、许家宝、王桂春、陈刚、于兆龙、卢玉平、王文华、曹正伟、苑克瑶共 20 名。

## 五莲县第十五届人大常委会任命的县人民检察院工作人员

(2003.01~2007.12)

| 姓名 | 性别 | 任命时间 | 职　务 |
|---|---|---|---|
| 申志刚 | 男 | 2003.01.02 | 五莲县人民检察院副检查长、代理检察长、检察委员会委员 |
| 姚常国 | 男 | 2003.04.23 | 五莲县人民检察院检察委员会委员 |
| 郑耀杰 | 男 | 2003.04.23 | 五莲县人民检察院检察委员会委员 |
| 武善强 | 男 | 2003.04.23 | 五莲县人民检察院检察委员会委员 |
| 孙光山 | 男 | 2003.04.23 | 五莲县人民检察院检察委员会委员 |
| 赵风垒 | 男 | 2003.04.23 | 五莲县人民检察院检察员 |
| 袁宗强 | 男 | 2003.04.23 | 五莲县人民检察院检察员 |
| 井海波 | 男 | 2003.04.23 | 五莲县人民检察院检察员 |
| 荆光祥 | 男 | 2003.04.23 | 五莲县人民检察院检察员 |
| 李建波 | 男 | 2005.04.08 | 五莲县人民检察院副检察长 |
| 张孟和 | 男 | 2005.04.08 | 五莲县人民检察院副检察长、检察委员会委员 |
| 赵风垒 | 男 | 2005.08.12 | 五莲县人民检察院检察委员会委员 |
| 管仁哲 | 男 | 2005.08.12 | 五莲县人民检察院检察员 |
| 夏志萍 | 女 | 2005.08.12 | 五莲县人民检察院检察员 |
| 王治京 | 男 | 2006.04.26 | 五莲县人民检察院检察委员会委员 |
| 马祥德 | 男 | 2006.04.26 | 五莲县人民检察院检察委员会委员 |

韩秀忠　男　2006.04.26　五莲县人民检察院检察委员会委员

# 第八章　五莲县第十六届人大常委会期间

（2007.12~2011.12）

五莲县第十六届人大常委会任命国家机关工作人员共 90 人次。其中，县人大常委会办事机构负责人8 人次，县人民政府组成人员 28 人次，县人民法院工作人员 43 人次，县人民检察院工作人员 1 人次。

## 五莲县第十六届人大常委会任命的县人大常委会机关工作人员

（2007.12~2011.12）

| 姓名 | 性别 | 任命时间 | 职　务 |
|---|---|---|---|
| 厉承迪 | 男 | 2008.05.22 | 五莲县人大常委会财政经济工作委员会主任 |
| 王克芳 | 男 | 2008.08.06 | 五莲县人大常委会农村经济工作委员会主任 |
| 厉金亮 | 男 | 2008.08.06 | 五莲县人大常委会办公室副主任 |
| 徐敏锐 | 男 | 2009.07.23 | 五莲县人大常委会人事代表室副主任 |
| 石京磊 | 男 | 2010.09.21 | 五莲县人大常委会洪凝街道人大工作委员会主任 |
| 杨兆娟 | 女 | 2011.07.27 | 五莲县人大常委会办公室主任 |
| 李永乐 | 男 | 2011.07.27 | 五莲县人大常委会财政经济工作委员会主任 |
| 林　春 | 男 | 2011.07.27 | 五莲县人大常委会教育科学文化卫生工作委员会主任 |

## 五莲县第十六届人大常委会任命的县人民政府组成人员

（2007.12~2011.12）

| 姓名 | 性别 | 任命时间 | 职　务 |
|---|---|---|---|
| 潘松约 | 男 | 2008.03.13 | 五莲县国土资源局局长 |
| 林　杰 | 男 | 2008.09.18 | 五莲县人民政府副县长(挂职) |
| 杜江涛 | 男 | 2009.12.24 | 五莲县人民政府副县长 |
| 张桂伟 | 男 | 2009.02.11 | 五莲县人民政府副县长 |
| 张仲武 | 男 | 2009.02.11 | 五莲县公安局局长 |
| 谭宝山 | 男 | 2009.09.30 | 五莲县监察局局长 |
| 李胜军 | 男 | 2009.12.24 | 五莲县农业局局长 |
| 解植国 | 男 | 2010.07.21 | 五莲县经济和信息化局局长 |

聂兰周　男　2010.07.21　五莲县监察局局长
丁彩芹　女　2010.07.21　五莲县民政局局长
赵百顺　男　2010.07.21　五莲县人力资源和社会保障局局长
王华鹏　男　2010.07.21　五莲县住房和城乡规划建设局局长；
李树湘　男　2010.07.21　五莲县交通运输局局长
卢法绪　男　2010.07.21　五莲县农业局局长
单忠元　男　2010.07.21　五莲县文化体育广播电视局局长
丁传明　男　2010.07.21　五莲县审计局局长
谢广峰　男　2010.07.21　五莲县国土资源局局长
李世华　男　2010.07.21　五莲县安全生产监督管理局局长
李建云　男　2010.07.21　五莲县食品药品监督管理局局长
郑培军　男　2010.11.29　五莲县经济和信息化局局长；
董良全　男　2010.11.29　五莲县卫生局局长；
管仁涛　男　2010.11.29　五莲县人口和计划生育局局长。
韩宝军　男　2011.05.20　五莲县民政局局长
薄怀国　男　2011.05.20　五莲县司法局局长；
王曾平　男　2011.05.20　五莲县交通运输局局长
王浩然　男　2011.07.27　五莲县林业局局长
单忠元　男　2011.07.27　五莲县旅游和文化体育广播电视局局长
杨　勇　男　2011.07.27　五莲县人口和计划生育局局长

## 五莲县第十六届人大常委会任命的县人民法院工作人员

（2007.12~2011.12）

**姓名　性别　任命时间　　　职　　务**

冯爱伦　男　2008.05.22　五莲县人民法院副院长
刘　娟　女　2008.05.22　五莲县人民法院副院长、审判委员会委员
徐彦东　男　2008.05.22　五莲县人民法院审判委员会委员
王连云　男　2008.08.06　五莲县人民法院审判委员会委员
贾世武　男　2008.08.06　五莲县人民法院审判委员会委员
王佃凯　男　2008.08.06　五莲县人民法院立案庭副庭长
范　军　男　2008.08.06　五莲县人民法院立案庭副庭长；
厉建锋　男　2008.08.06　五莲县人民法院刑事审判庭副庭长；

陈祥高　男　2008.08.06　五莲县人民法院行政审判庭庭长；
李　杰　女　2008.08.06　五莲县人民法院行政审判庭副庭长
王绪文　男　2008.08.06　五莲县人民法院审判监督庭副庭长；
赵中国　男　2008.08.06　五莲县人民法院民事审判第一庭副庭长
钊守明　男　2008.08.06　五莲县人民法院民事审判第二庭庭长
王冠志　男　2008.08.06　五莲县人民法院民事审判第二庭副庭长
孙著国　男　2008.08.06　五莲县人民法院执行局执行一庭庭长
张守国　男　2008.08.06　五莲县人民法院执行局执行二庭庭长；
王明波　男　2008.08.06　五莲县人民法院执行局执行三庭庭长；
李富年　男　2008.08.06　五莲县人民法院洪凝法庭庭长
孔凡柱　男　2008.08.06　五莲县人民法院洪凝法庭副庭长
李　伟　男　2008.08.06　五莲县人民法院街头法庭庭长
王　剑　男　2008.08.06　五莲县人民法院街头法庭副庭长；
张　琳　男　2008.08.06　五莲县人民法院于里法庭庭长
刘发京　男　2008.08.06　五莲县人民法院于里法庭副庭长；
郑成军　男　2008.08.06　五莲县人民法院叩官法庭庭长
杨　杰　男　2008.08.06　五莲县人民法院叩官法庭副庭长
范术平　男　2008.08.06　五莲县人民法院高泽法庭庭长
胡　建　男　2009.09.30　五莲县人民法院副院长、代理院长、审判委员会委员
李富年　男　2010.05.20　五莲县人民法院审判委员会委员
王佃凯　男　2010.05.20　五莲县人民法院审判监督庭庭长
赵中国　男　2010.05.20　五莲县人民法院执行局执行一庭庭长
刘发京　男　2010.05.20　五莲县人民法院道路交通事故法庭庭长
王　剑　男　2010.05.20　五莲县人民法院民事审判第三庭庭长
杨　杰　男　2010.05.20　五莲县人民法院于里法庭庭长
王明波　男　2010.05.20　五莲县人民法院行政审判庭庭长
高显武　男　2010.05.20　五莲县人民法院执行局执行二庭庭长；
孙著国　男　2010.05.20　五莲县人民法院执行局执行三庭庭长；
刘玉太　男　2010.05.20　五莲县人民法院立案二庭庭长；
李云峰　男　2010.05.20　五莲县人民法院民事审判第一庭副庭长；
李志伟　男　2010.05.20　五莲县人民法院道路交通事故法庭副庭长；
徐国安　男　2010.05.20　五莲县人民法院审判员

张锦秀　女　2010.05.20　五莲县人民法院审判员

郑　雷　男　2010.05.20　五莲县人民法院审判员

汤继科　男　2011.07.27　五莲县人民法院副院长

## 五莲县第十六届人大常委会任命的县人民陪审员

（2007.12~2011.12）

2010.7.21 日任命的五莲县人民法院陪审员：王连洁、陈永义、许家宝、石增山、王守松、刘呈芝、李永政、卢玉平、王伟、周佳琴、于涛、孙贵明、张平、梁启财、王文华、白忠杰、林召森、王桂春、徐连宝、吴翠军共 20 名，任期 5 年。

## 五莲县第十六届人大常委会任命的县人民检察院工作人员

（2007.12~2011.12）

| 姓名 | 性别 | 任命时间 | 职　务 |
|---|---|---|---|
| 郑德启 | 男 | 2009.02.11 | 五莲县人民检察院检察委员会委员 |
| 安　宁 | 女 | 2009.02.11 | 五莲县人民检察院检察员 |
| 于　丽 | 女 | 2009.02.11 | 五莲县人民检察院检察员 |
| 王荣周 | 男 | 2009.12.12 | 五莲县人民检察院检察员 |
| 杨军兵 | 男 | 2009.12.12 | 五莲县人民检察院检察员 |
| 武传忠 | 男 | 2010.07.21 | 五莲县人民检察院副检察长、检察委员会委员、代理检察长 |
| 徐衍波 | 男 | 2011.05.20 | 五莲县人民检察院检察委员会委员 |
| 赵书全 | 男 | 2011.05.20 | 五莲县人民检察院检察委员会委员 |
| 安　宁 | 女 | 2011.05.20 | 五莲县人民检察院检察委员会委员 |
| 陈　思 | 女 | 2011.05.20 | 五莲县人民检察院检察员 |
| 王洪录 | 男 | 2011.05.20 | 五莲县人民检察院检察员 |

# 第七篇　人大代表工作

## 第一章　代表议案和建议、批评意见办理

历届人民代表大会代表提出的议案，经议案审查委员会审查，均作为代表建议处理。

县人民代表大会期间的建议、批评和意见，由大会秘书处受理。会后，县人大常委会召开代表建议、批评和意见交办会，将代表建议、批评和意见交付“一府两院”各承办单位办理。

各承办单位对代表建议、批评和意见的办理情况，逐一给予答复。代表对答复不满意的，由承办单位重新办理，并再度答复，直至代表满意。

在县人民代表大会闭会期间征集的代表建议、批评和意见，由县人大常委会相关机构随时交办。

第一届 1368 件；第二届 574 件；第三届 260 件；第四届 162 件；第五届 131 件；第六届、第八届，无。以上各届次会议代表所提建议、批评意见，均由县人民委员会处理。

兹将县九至十六届人大期间代表建议、批评和意见办理情况按届次分述如下。

### 第一节　五莲县第九届人大期间

(1980.12~1984.05)

**1981 年 12 月县九届人大二次会议上，**代表们共提提案 69 件。到 6 月中旬，已全部处理完毕。其处理结果是：

一、解决了一些工农业生产中急需解决的问题。有些代表提出，近几年持续干旱，水源不足，县城工业生产和吃水紧张。要求尽快解决。县建委接到提案后，作了专门研究。集中了人财，物力，新开辟了山阳河水源，建起日供水量 2500 立方的水井，改进了 2000 多米供水管道，增加了供水量，改善了供不应求的状况。随着工农业发展的需要，代表们提了一些要求通电的提案。县电力局对此作了认真的研究，采取了措施，集中了人财，物力，上半年架设线路 28 条，126.9 公里。给街头、叩官、王世疃、户部、汪湖 5 处公社和 78 个大队通了电，扩大水浇面积 10500 亩，支援和促进了工农业

生产。

二、解决了一些群众迫切要求解决的问题。管帅公社代表在提案中反映，在管帅集附近，发现有赌徒赌棍聚众赌博、行窃扰乱社会秩序，破坏社会治安，要求严惩赌徒。县公安局迅速侦破，查实材料，将赌博头子依法逮捕法办。打击了歪风，维护了社会秩序，群众极为高兴。有些提案要求解决人畜吃水困难问题，在县财政比较紧的情况下，上半年政府从财政拨款6万元解决了部份大队吃水问题。

三、解决了一些长期未解决的问题。有的提案提出，在城镇建设规划中，有10余处房屋，付搬迁费已两三年了，迟迟不搬迁影响了规划和建设，要求尽快解决。县政府及时作了研究，召开了有关部门会议，研究了措施，做好了工作，现已全部迁出。蔬菜市场供不应求的情况一直没有得到很好的解决，群众对此反映比较强烈，县政府对此提案很重视。召集计委、财委有关部门作了研究。在落实政策，落实原有面积的基础上适当增加了种植面积，加强了计划和经营管理。蔬菜供不应求的状况得到了较好解决。

四、解决了一些政治思想方面的问题。有些提案提出，要加强青少年教育和反对买卖婚姻等问题。在开展文明礼貌月活动中，县委、县政府在有关会议上作了部署。团县委会同公安局在高泽公社西楼大队搞了试点。提出了“十提倡”、“十反对”的青少年守则，印发到基层团支部和学校等单位，组织青年学习，收到了很好的效果。

五、解决了一些按政策规定和本县职权范围不能解决的问题。有的提案提出，修社、队道路占用的土地要求国家付占地赔偿费，根据社队道路国家不负担占地费用的规定向代表讲明政策，说明理由，作了实事求是的答复。有的提案提出，蚕茧价格过低要求提高收购价格；深山区看不到电视，要求建电视转播台等问题。有关职能部门都及时向上级反映了情况，写了报告要求上级帮助解决。有的已得到了较好的解决。如街头公社代表提出，全社收看不到电视，县广播局向省局写了报告后，省台派一位副台长和一位工程师来帮助测选了地点，建一50瓦小功率电视差转台，现正在筹建中，建成后全社43个大队都能清晰的收看好电视。

**1982年12月在县九届人大三次会议上，**代表们共提提案七十四件。这些提案涉及到工业，农业，山区建设，多种经营，基建、交通、财贸，文教、卫生、计划生育等方面的问题。认真处理好这些提案对于县人大常委会尽职尽责，体现我国人民当家作主的社会主义制度，尊重代表的权利，发挥代表作用，密切党群关系，激发代表与群众的主人翁责任感，监督支持政府推行工作，不断开创社会主义建设新局面都有着十分重大的意义。大会闭幕以后，由一名县人大常委会副主任具体靠上，作了分类整理。县政府非常重视，随即召开了有关部、委、办、局会议，讲明了处理好代表提案的意义，提出了明确的要求。对各有关职能部门报来的处理意见，县人大常委会先后在四次主任办公会议上逐件进行了研究、审议，分期分批的答复了代表。到五月中旬，代表提案已经全部处理完毕。做到了件件有答复，事事有着落，办理有结果。其处理情况是：

一、能够马上解决的，抓紧进行了解决。这类提案38件，占整个提案的51.3%。汪湖公社的代表提出：随着农村经济政策的开放，为活跃农村集市贸易，搞好城乡物资交流，要求把文化大革命期间取消的前张仙集市重新恢复起来。该提案县工商局领导同志及时作了认真研究，在做好广泛宣传的基础上，很快恢复了该集市。县直代表和县人民银行、商业局、农业银行的同志提出：县城高音喇叭噪音太大的提案。县广播局立即进行了研究，采取了措施，一是把原来30伏高音喇叭改为15伏广播喇叭，适当降低了音量；二是把县城每日三次播音改为早晚两次播音。山阳公社代表提出：山阳公社驻地处在县城东面五华里，虽离县城较近，但因没有停车点群众乘车极不方便，往东走也得步行到县城汽车站乘车，建议县里在前铨子设个停车点。该提案县交通局的领导非常重视，立即作了研究，马上和县汽车站的负责同志到山阳公社作了安排，设立了前铨子停车点，代表与群众极为满意。

二、经过创造条件能够解决的，都积极创造了条件进行解决。这类提案有20件，占整个提案的27.8%。很多代表提出：为适应农业改革的需要和全县林果生产面积大，化肥需求量已经越来越多，要求化肥厂改产碳铵。县政府对此提案很重视，专门召开了有关部门会议作了认真研究，决定把县化肥厂生产氨水改为生产碳铵。已经于上半年开始筹建，下半年投产。这将为全县山区林果生产的发展发挥重大作用。管帅、汪湖公社的代表提出：解决金、硫两矿废水污染造成附近村庄用水困难的问题。县环保局及时派有关技术人员到金、硫两矿周围的邓家沟、长老庄、金线头、尧头、赞子崖、前张仙、黄龙汪等村庄进行了调查，对上述单位所属十眼水井进行了采样化验，没有发现水质有异常变化，尚未受到污染，并向群众作了说明，消除了疑虑。为防止今后造成污染，硫矿在今年的扩建中投资90多万元，修建一座尾矿坝。金矿也计划采取加高尾矿坝等措施，搞好废水处理和利用。

三、需要报请上级帮助解决的，都及时写了报告要求上级帮助解决。这类提案有10件，占整个提案的13.9%。如于里公社代表提出：山后大队处在莒县仕阳水库的东面，过去通往公社没有路只能乘船。1974年曾因沉船淹死29人。当时省水利厅曾拨款修库中坝路一条，因修建质量不符合标准，加上近几年被洪水冲击，坍塌严重，已不能通行。要求上级尽快拨款维修坝路。县水利局认为，该提案属实际情况，应当给予解决，及时编造了具体维修计划上报水利厅。许孟公社的代表提出：“要求修建大茅庄北河大桥”。石场公社的代表提出，“解决全社通电，需要解决35千伏变电站”等问题。有关职能部门都及时编报了计划报告，要求上级帮助解决。

四、按照政策不能解决的，向代表们作了实事求是的解释和说明。这类提案有6件，占整个提案的8%。中至公社代表提出，要求县里把曹家庄子到金矿这段公路管好的提案。因该路属社队道路，根据上级有关规定，国家不能负责维修养护，应由沿途大队自修自管。汪湖公社的王洪佐代表提出：把硫矿少数闲散的土地退交给生产队耕种的提案。经调查了解，建矿时所用土地均经地区行署批准，办理了征用手续，土地所有权归硫矿所有。即使是有少量未用土地，系在采石、放炮危险区之内，不能退交给生产队耕种。这些都按政策实事求是的与代表作了明确说明。

县九届人大四次会议代表建议一览

（1983年12月）

| 代表姓名 | 标　　题 |
|---|---|
| 林玉章 宋玉正 郑斗臻 | 关于提留问题 |
| 林玉章 宋玉正 等 | 关于完善农机生产责任制 |
| 王次勋 王洪佐 管相忠 | 要求解决东云门大队人畜吃水问题 |
| 管相忠 林玉美 于钦博 | 要求落实汪湖大队被占用土地政策 |
| 王成贵 郝树德 刘茂彩 | 要求解决高戈庄大队第六生产队人畜吃水问题 |
| 袁敦启 张淑先 郑明康 | 要求治理洪凝河污染和解决沿河大队人畜用水 |
| 王继新 史济民 王希奎 | 要求补助打大口井和配套用款 |
| 黄建平 | 对市人大代表候选人张立华同志的意见 |
| 林玉美 管相忠 魏顺花 | 要求及时送电 |
| 潮河代表团 | 要求解决全社农村用电 |
| 娄道兰 李桂芳 刘加香 | 要求安排解决全社农村用电 |
| 娄道竹 王景南 王志明 | 建议统一安排合理供电 |
| 赵继伟 郭为菊 赵继昌 | 要求解决几个大队用电 |
| 王洪佐 王次勋 管相忠 | 要求及早安装大仲崮等七个大队高压电线 |
| 王建长 王绍宗 等 | 要求尽快架设从中至上山片到姚家沟的高压电 |
| 林玉美 管相忠 魏顺花 | 要求解决供电方面不正之风 |

| | |
|---|---|
| 魏顺花 林玉美 姚富梅 | 要求管电人员转变作风 |
| 梁家悦 秦玉尧 刘祥宗 | 要求保证供电 |
| 寇吉增 | 要求成立基建设计室 |
| 郑淑敏 胡兆年 胡宗春 | 要求修通石场至房家沟的公路 |
| 孙宪敏 胡宗春 董立荣 | 要求修通石场至山庄公路 |
| 赵从发 黄德英 胡兆年 | 要求修通石场至街头公路 |
| 王次勋 王洪佐 林玉美 | 要求修建汪湖至高泽汪崖公路 |
| 郑召志 王守亮 董立荣 | 要求供电 |
| 工作智 郑斗臻 宋玉正 | 解决时常停电 |
| 寇吉增 | 基建问题 |
| 王兴恩 李传伍 等 | 行政人员的工资不应占用事业费 |
| 赵子德 王绍宗 聂清英 | 恢复前学庄集市贸易 |
| 郑明时 韩永明 娄道竹 | 要求给农村退休老干部发证 |
| 蓝学臻 刘加友 等 | 要求上级补助在公社驻地建一处会议室 |
| 陈　贵 李仕贵 等 | 要求在中至设立一处高中学校 |
| 田玉智 王贵云 于长年 | 解决电大学校的编制及人员配备 |
| 史素芬 赵传胜 徐衍秀 | 解决县医院医疗用电 |
| 董立荣 王守亮 郑淑敏 | 建议为减轻人民负担,逐步减少一孩补助 |
| 刁兴治 | 要求解决科技人员的科技报刊费 |
| 于钦博 管相忠 林玉美 | 要求汪湖驻地的县乡直部门集资支持学校建设 |
| 刁兴治 | 要求建立科技人员活动场所 |
| 马学明 崔瑞芹 王承举 | 要求察看管帅地裂情况 |
| 王成宝 李炳智 等 | 要求县政府对亦工亦农轮换工向队交义务款标准作规定 |
| 于常年 田玉智 姜永浩 | 建议推广烟台市搞好赡养老人的办法 |
| 蓝学臻 安玉敬 孙炳仁 | 建议改善退休离休老干部医疗条件 |

## 第二节 五莲县第十届人大期间

(1984.05~1987.04)

**1984年5月县十届人大一次会议上，**代表们提出的57件提案，经政府有关部门办理，截止9月上旬已经全部作出了处理意见，整个提案处理质量不错，基本上达到了规定的要求。现已经有55件经主任会议研究后答复了代表，还有两件退回县政府重新办理。分别是要求北岭设工人医院和要求解决中至乡崖头片吃水问题。

县十届人大一次会议代表建议一览

(1984年5月)

| 代表姓名 | 标　　题 |
|---|---|
| 解尔修 厉彦云 陈太平 | 要求政府尽快解决工业、生活用水问题 |
| 解尔修 陈太平 等 | 多设熟食网点，以解决职工上下班吃饭难问题 |
| 刘公斋 孟庆友 等 | 洪凝镇医院因就医人员多，要求给予经费照顾 |
| 胡延增 王孝增 等 | 要求给罗圈乡从各方面建设给予从优支援扶持 |
| 葛常加 王平祥 等 | 要求给山庄乡解决机构设置配备干部和技术人员 |
| 胡延增 王孝增 等 | 要求尽快设置各部门，支援新乡建设 |
| 袁西平 王西德 等 | 建设好七宝山镇 |
| 牟善爱 牟敦伦 孟庆友 | 要求县有关部门帮助陆家庄子的聚丙烯袋打开销路 |
| 古祥春 张　丽 潘维义 | 要求给洪凝解决食油、煤炭供应问题 |
| 院西代表团 | 为搞好乡镇企业，要求组织有关人员到外地参观 |
| 郑明海 | 要求政府拨款给前苇场大队建扬水池，解决吃水问题 |
| 迟令智 李世明等 | 解决山区用水问题 |
| 七宝山代表团 | 解决库区大队吃水问题 |
| 杜家沟代表团 | 解决人畜吃水问题 |
| 于里代表团 | 解决于里乡42个大队严重缺水问题 |
| 石场乡代表团 | 维修石亩子水库灌渠 |

| | |
|---|---|
| 赵子德 王庆相 张继琛 | 修复学庄水库“二龙吐须”工程,延伸溢洪道 |
| 安汝敬 | 要求政府解决大尧河西滩,因打井致使150亩林场干旱 |
| 郑明康 范存金 孙宝培 | 建议将墙夼水库水引入牛家官庄西岭,以解决院西缺水 |
| 山庄代表团 | 要求修建崖前至山庄公路 |
| 石场代表团 | 要求修建缫丝厂至岳疃村后公路 |
| 七宝山代表团 | 解决库区交通问题 |
| 七宝山代表团 | 解决七宝山镇交通问题 |
| 胡延增 王孝增 庄广民 | 要求修建学庄水库上游宅科店桥 |
| 李克敬 刁明花 孙欣玉 | 要求修通汽车站往西至沿河路段 |
| 杜家沟代表团 | 修建杜家沟下河大桥 |
| 杜家沟代表团 | 要求把公共汽车通往杜家沟 |
| 罗圈代表团 | 要求修通刁屋至东大路和到莒县大石库公路 |
| 厉爱宣 陆逢庆 高灼坤 | 加宽和铺设县城至李家坡柏油路面 |
| 迟令坤 吴进月 韩玉昌 | 修建王世疃至潮河路段,大队补款太多,要求上级支持 |
| 杜家沟代表团 | 修通石场至日照公路 |
| 张泽民 安汝敬 | 从县城通往山阳的公路,为安全起见,改到经岭北至山阳 |
| 刘玉新 王玉旭 郑明康 | 建议加宽从牛家官庄至许孟的公路并铺设成柏油路面 |
| 刘耀升 刘家平 何子富 | 维修满堂峪电灌站高压线路 |
| 张继福 葛常加 等 | 架设从石场至山庄高压线路 |
| 于里代表团 | 要求给全乡每一个大队都架上电 |
| 葛坦功 潘美花 孙九双 | 要求电力部门维修好中至线路,保证正常供电 |
| 王龙学 桑友亭 等 | 尽快把高压电架到杜家沟乡驻地 |
| 张博华 周绪深 等 | 给石场乡所有大队都架上电 |
| 花崖代表团 | 尽快给花崖乡架上电 |
| 潮河代表团 | 要求架电和解决供电不正常 |
| 曹连玉 胡士德 魏春和 | 建议抓好中小学校舍改造 |

| | |
|---|---|
| 张博华 周绪深 等 | 解决石场师资不足和教育水平低的问题 |
| 石场代表团 | 解决石场学校校舍问题 |
| 于里代表团 | 北营中学缺乏资金,影响招生办学 |
| 山庄代表团 | 要求解决山庄教师队伍不足,质量差的问题 |
| 王玉旭 宋希正 孙保培 | 建议以政府名义,下达农村中小学民办教师待遇实施细则 |
| 迟令智 李世明 等 | 要求培养农村林果生产技术人才 |
| 杜家沟代表团 | 解决山区林果生产技术人才 |
| 张善祥 张继庆 刘金星 | 关于化肥厂、造纸厂、磷肥厂污染问题 |
| 古祥春 潘维义 郑世业 | 要求治理由政府家属南院和副食品公司排出的污水问题 |
| 崔玉莲 魏春合 等 | 提倡办好敬老院 |
| 崔玉莲 魏春合 等 | 对农村老干部给予照顾 |
| 林西安 郑明海 等 | 关于毛家河村搬迁问题 |
| 叩官代表团 | 关于修复五莲山 |
| 孙欣玉 李克敬 高静聪 | 建议在北岭设工人医院 |
| 厉家宣 赵子德 张继琛 | 关于中至乡崖头片吃水困难问题 |

## 县十届人大二次会议代表建议一览

（1985 年 3 月）

| 代表姓名 | 标　　题 |
|---|---|
| 刘金星 张继庆 张善祥 | 要求解决社员吃水问题 |
| 刘金星 张继庆 张善祥 | 要求解决同俗、郭村一带的污染问题 |
| 孟庆友 郑世业 林兆荣 | 解决集后、洪凝镇中心小学环境污染问题 |
| 古祥春 张　立 潘维义 | 解决洪凝村村民烧煤难问题 |
| 古祥春 张　立 潘维义 | 解决闲散劳力问题 |
| 迟令智 李世明 冯展运 | 帮助养殖大户找销路 |
| 山阳代表团 | 关于要求修建五莲至山阳的公路 |

| | |
|---|---|
| 张泽民 | 关于给五莲县精神病院选定院址 |
| 安汝敬 | 关于农村退下领导岗位的干部待遇 |
| 张加庆 | 解决已有副食品加工厂粮油的问题 |
| 厉复汉 | 要求解决冯家坪水库溢洪道对冯家坪村的威胁问题 |
| 许孟代表团 | 卫生部门不能搞经济承包 |
| 许孟代表团 | 关于搬迁许孟中学的提案 |
| 马庆勋 杜祖华 | 乡镇职工烧煤球难 |
| 刘玉新 王玉旭 郑明康 | 关于增补院西中学吃水资金 |
| 王玉旭 张崇昭 宋希正 | 要求解决高中、初中、小学的照明电 |
| 刘玉新 王玉旭等 | 关于搞好交通,要求维修公路 |
| 院西代表团 | 关于院西乡卫生院房屋待修的问题 |
| 院西代表团 | 要求减轻村民负担的问题 |
| 周绪申 林希安等 | 社员负担太重 |
| 周绪申 林希安等 | 石亩子水库主渠道年久失修、漏水严重 |
| 周绪申 林希安等 | 县办农中占地未付款,不合理 |
| 周绪申 林希安等 | 重视落后山区的教育 |
| 张继福 王平祥 董立荣 | 为解决群众电力照明和搞好加工业 |
| 王平祥 董立荣 胡明妹 | 为解决乡村办事人员的方便,迫切要求通车 |
| 葛长加 王平祥 胡明妹 | 我乡至县城的公路有六处需要建桥 |
| 葛长加 王平祥 胡明妹 | 要求放宽山庄乡集市的工商管理和税收政策 |
| 董立荣 葛长加 王平祥 | 要求恢复山庄乡卫生所 |
| 张继福 董立荣 葛长加 | 要求扶贫时重点解决山庄乡的落后 |
| 王龙学 许加仓等 | 要求解决泥峪子、石亩子、杜家沟的吃水问题 |
| 王龙学 许加仓等 | 要求杜家沟乡各村架电 |
| 王龙学 许加仓等 | 要求杜家沟乡下河架桥 |
| 王龙学 许加仓等 | 要求尽快把公共汽车通往杜家沟乡 |

| | |
|---|---|
| 王龙学 许加仓等 | 要求杜家沟乡建卫生所 |
| 庄广民 王洪香 王孝增 | 关于尽快修通县乡路的提案 |
| 李宜安 庄广民 王孝增 | 关于恢复新建乡镇医院的提案 |
| 李宜安 庄广民 王孝增 | 关于新乡直业务部门的管理议案 |
| 于里代表团 | 要求解决人、畜及农业用水 |
| 于里代表团 | 要求解决能源的问题 |
| 于里代表团 | 农民负担过重 |
| 周述荣 | 加强交通管理和公共秩序的管理 |
| 王玉峰 | 关于加强食品卫生管理的提案 |
| 戈洪涛 | 科委1985年分配的科学事业费较1984年少,应增多 |
| 牟善悦 杨振涛 王杰海 | 建议解决群众负担过重的问题 |
| 牟善悦 王建平 杨振涛 | 建议县设立信息站,为乡镇企业提供信息 |
| 冯焕彩 甘世英 王杰海 | 要求解决卖蛋难、卖猪难的问题 |
| 松柏代表团 | 关于电的输送问题 |
| 松柏代表团 | 关于解决修公路中损失房屋、土地、庄稼、树木的问题 |
| 松柏代表团 | 松柏乡前家庄村村内公路的改道问题 |
| 李维良 刘祥连 张则顺 | 交通问题 |
| 李维良 刘祥连 张则顺 | 建桥 |
| 崔玉莲 魏春和 王　静 | 要求五莲至汪湖增加一趟班车 |
| 王　静 石增梅 魏春和 | 交通闭塞,要求汪湖至诸城孟疃路段通车 |
| 崔玉莲 曹连玉 毛光花 | 墙夼水库大干渠,桥小危险大,影响生产、交通 |
| 韩玉昌 迟令坤 王安甲 | 督促王世疃至街头公路抓紧修好 |
| 王曰桂 于加来 等 | 教育事业 |
| 臧运和 王文贞 王建敏 | 建议市政公司加强对街道文明整洁的管理 |
| 高静聪 厉彦云 李克敬 | 建议县城增设城内交通车,解决职工上班不方便的问题 |
| 县直代表团 | 上电话自动转接,否则或退钱,或改正话务员工作态度 |

| | |
|---|---|
| 臧运和 王文贞 高静聪 | 建议尽快使用电视转播台,解决信号弱的问题 |
| 孙欣玉 李克敬 高静聪 | 建议县城北岭至造纸厂安装路灯 |
| 霰忠庆 李华月 荆翠珍 | 建议幸福路北段路灯早亮起来 |
| 高静聪 李克敬 李龙芝 | 建议有关部门修好工人子弟小学校院及道路 |
| 高静聪 李克敬 高立华 | 建议北岭职工区设医院 |
| 高静聪 李克敬 李龙芝 | 建议在北岭工业区建立文化娱乐中心 |
| 厉彦云 杨继柳 等 | 建议在北岭工业区设一个小邮电所 |
| 县直代表团 | 要加强市场物价管理 |
| 县直代表团 | 建议教育部门要安排好学生夏季在校喝水问题 |
| 厉彦云 李克敬 杨继柳 | 建议食品单位增加品种花样 |
| 张立华 孙欣玉 王建敏 | 建议对食品单位加强管理 |

**1986 年 5 月在县十届人大三次会议上，**代表共提建议 60 件，内容比较广泛，数量也比较大，充分体现了人民代表为党和人民利益高度负责的精神，也充分说明了人民群众对人民政府是无比信赖和积极支持的。这些建议里，属于工业、交通、电业、乡镇企业方面的 16 件，属于农林水方面的 11 件，属于商业、财贸和人民生活方面的 7 件，属于文化、教育、科学、卫生、计划生育方面的 10 件，属于健全民主生活，加强法制建设方面的 3 件，属于城镇建设方面的 7 件，其他方面的 6 件。这些提案，涉及政治、经济、文教等各个领域，牵扯到 19 个有关部门，从各个方面反映了人民群众迫切要求解决的一些问题，对政府部门的工作无疑是一个极大的促进。经过一个时期的紧张工作，目前已经全部处理完毕，并向代表作出了明确答复，达到了事事有着落，件件有答复。

县十届人大三次会议代表建议一览

（1986 年 5 月）

| 代表姓名 | 标　　题 |
|---|---|
| 厉爱宣 赵子德 | 学庄水库配套问题 |
| 赵子德 张继琛 张　西 | 解决中至乡人畜吃水问题 |
| 魏春和 胡德法 崔玉连 | 河西水库灌区收费问题 |

| | |
|---|---|
| 管仁秋 王承业 刘加秀 | 要求解决于里乡人畜吃水问题 |
| 宿献伟 周续深 仲伟开 | 进一步重视农业水利建设,增加水利投资 |
| 葛常加 王平祥 胡明妹 | 给山区水利建设资金扶持的问题 |
| 许家仑 杜守义 孔宪敏 | 解决部分村吃水问题 |
| 王介存 张善祥 张继庆 | 却坡至大郭村渠道需要修理 |
| 牟善爱 牟墩伦 冯展运 | 解决农作物优良种子的问题 |
| 王华田 安玉军 刘加宝 | 实行分散制种的建议 |
| 伊光彩 林西安 郑明海 | 松柏乡李子店村请求承认库区的问题 |
| 张为平 李本庆 韩方池 | 要求查处84年叩官乡高家官庄纵火案 |
| 高敬宗 王文贞 孙欣玉 | 建议有关部门在北岭工业区设立公安派出所 |
| 孙欣玉 王建敏 高敬宗 | 县城自行车看管收费价格 |
| 崔照美 王玉旭 张崇明 | 建立儿童乐园的问题 |
| 刘玉新 王风京 王希学 | 小城镇建设问题 |
| 刘加宝 安玉军 赵为侃 | 解决新建乡办学经费问题的建议 |
| 崔照美 宋希正 王玉旭 | 院西中心小学与初级中学的校舍急需修建 |
| 崔照美 王玉旭 张崇昭 | 要加强对托幼工作的领导 |
| 刘玉新 王风京 王西德 | 解决七宝山镇医疗卫生问题 |
| 刘耀升 辛有山 何子富 | 建议改变医务人员工资发放办法 |
| 刘玉新 王风京 王世学 | 要求解决交通问题 |
| 赵维侃 厉建新 许传姣 | 通往魏家乡的班车问题 |
| 张立华 王文贞 刁明花 | 禁止乱设摊、尽快筹建农贸市场 |
| 王玉峰 周绪美 韩正香 | 加强县城马路管理,杜绝交通事故 |
| 赵为侃 刘加宝 安玉军 | 要求解决魏家乡通往日照的公路问题 |
| 孙欣玉 王建敏 高敬宗 | 在十字路口设指示灯的建议 |
| 安玉军 王华田 等 | 开办乡村工副业的建议 |
| 宋希正 郑明康 郑光清 | 要求电力部门合理调度用电、合理收费 |

| 刘玉新 王增席 王锡德 | 解决电话中继杆问题 |
|---|---|
| 毛光花 王赍秀 崔玉莲 | 汪湖两个小库区村民的用电问题 |
| 王文春 刘茂仁 张孟方 | 要求解决库区搬迁庄小挪庄的用电问题 |
| 杨连群 李贵华 邢科仁 | 大绿汪等水库提水机改电问题 |
| 张继福 葛常加 王平祥 | 急需解决邮电通讯落后面貌问题 |
| 韩玉冒 迟令坤 卢平秋 | 要求增加王世疃往返客车 |
| 李宜安 张孝增 庄广民 | 要求架设电话线路的建议 |
| 胡士德 魏春和 曹玉莲 | 方城河修桥问题 |
| 许家仓 杜守义 等 | 建议增加公办教师 |
| 宿献伟 周绪深 工作忠 | 增加对落后地区的教育投资 |
| 高灼坤 李修莲 潘美花 | 农村医疗问题 |
| 刘耀升 张志迪 蔡新功 | 合理解决民办教师的待遇 |
| 刘茂仁 王文春 张孟方 | 帮助解决分乡时新乡计划生育款的问题 |
| 厉彦云 陈太平 等 | 建设五莲县人民公园的建议 |
| 刘耀升 刘加平 张淑先 | 解决西楼河污染问题 |
| 张善祥 刘金星 张继庆 | 要求解决造纸厂的污染问题 |
| 刘金星 于同祥 林兆荣 | 解决环境污染问题 |
| 张加庆 安汝敬 孙金祥 | 应彻底解决肉联厂污水污染问题 |
| 傅守美 李乃松 崔荣斌 | 建议化建公司在县水泥厂设收款人员 |
| 李维良 张则顺 刘祥连 | 要求归还山楂苗款 |
| 刘耀升 何子富 刘家平 | 李宗本之儿媳农转非问题 |
| 潘维义 迟令智 刘金星 | 化肥厂向各村借款应按期归还 |
| 潘美花 赵子德 张继琛 | 化肥厂的借款兑现问题 |
| 张明勇 | 要求县政府拨款解决审判服装 |
| 胡延宗 曹连玉 王 静 | 解决库区群众生活问题 |
| 厉爱宣 孙九双 王庆相 | 扶贫方面的问题 |

| | |
|---|---|
| 刘耀升 刘加平 何子富 | 要求解决库区单位生活困难问题 |
| 韩方池 陈为本 王文礼 | 要求村民出售花生米要返回质量好的花生饼的问题 |
| 周元坤 林西安 郑明海 | 松柏乡李子店村请求给予库区扶贫援助 |
| 李龙芝 王文贞 刁明花 | 组织好个体缝纫摊问题 |
| 张立华 王玉兰 王文贞 | 加强散装糕点生产的建议 |

## 第三节 五莲县第十一届人大期间

（1987.04~1990.03）

**1987 年 4 月在县十一届人大一次会议上**，代表共提出各种建议和意见 62 件，另有市政府交办的市十届人大第四次会议代表建议和意见 3 件，共 65 件。其中属于工业、交通、建设方面的 9 件，电力方面的 6 件，农林水方面的 20 件，财贸方面的 6 件，城建、环保方面的 8 件，科教文卫和计划生育方面的 8 件，其他方面的 6 件。目前已经全部处理完毕，并向代表作出了明确答复，达到了事事有着落，件件有答复。

县十一届人大一次会议代表建议一览

（1987 年 4 月）

| 代表姓名 | 标　　题 |
|---|---|
| 刘则秦 | 发展工业、商业，解决农村剩余劳力 |
| 李宜安 | 解决罗圈玻璃厂下马后遗留问题 |
| 王凡月 | 给企业留点后劲 |
| 马世收 | 加强五莲经济建设的几点建议 |
| 街头代表团 | 许孟至街头公路展宽、扩修 |
| 王学范 | 修建高泽大桥追加拨款的建议 |
| 厉彦云 张则智 | 修整县城解放路、新华路等建议 |
| 王世疃 松柏 代表团 | 修筑王世疃至日照南湖公路的建议 |
| 于同利等 12 名代表 | 潮石路通客车的建议 |
| 中至代表团 | 解决供电严重不足的问题 |

| 于里乡 山庄乡代表团 | 解决购买电力债券和电贴费问题 |
|---|---|
| 王世疃 松柏 代表团 | 将王世疃乡下河水库电站与电网并网的建议 |
| 王希学等 11 位代表 | 解决墙夼水库水费和发电使用的建议 |
| 马世收等 11 位代表 | 增加金矿电负荷的建议 |
| 石西春 王泽富 | 解决库区小挪庄的用电问题 |
| 刘发贤 | 解决冯家坪水库干渠防渗工程经费 |
| 刁明花 张立华 | 解决县城东岭居民区的自来水问题 |
| 夏青忱 | 解决柳树沟麻疯病人吃水问题 |
| 吴兰杰 | 加强土地管理的建议 |
| 梁加月等 12 位代表 | 增加农业投资比例的建议 |
| 张泽民等 9 位代表 | 重新核实乡镇土地面积的建议 |
| 张加顺 | 降低城市建房价格的建议 |
| 吴兰杰 | 加强林木管理的建议 |
| 吴兰杰 | 设立林果科研所的建议 |
| 李祝九等 10 位代表 | 减免库区征购任务和农业税的建议 |
| 李祝九等 9 位代表 | 根据实有耕地面积下达种植计划的建议 |
| 于里山庄高泽罗圈 | 解决库区吃水、浇水问题 |
| 汪湖乡代表团 | 申请投资修砌河西水库干渠 |
| 王介存等 12 位代表 | 关于整修却坡水库干渠穿越县城太长，不好管理问题 |
| 汪湖乡代表团 | 扩建扬水站的建议 |
| 中至乡代表团 | 解决学庄水库工程配套问题 |
| 李祝九等 12 位代表 | 对城镇建设维护税的使用意见 |
| 牟善悦等 11 位代表 | 收购长毛兔毛的建议 |
| 王希学 | 花生米返回饼及时兑现的建议 |
| 王介存 潘维义等 11 人 | 解决洪凝村车队用油的建议 |
| 赵子德 | 恢复前学庄集的建议 |

| | |
|---|---|
| 李宜安等11位代表 | 扩大罗圈乡行政区域范围的建议 |
| 于里乡山庄乡代表团 | 建立健全新乡镇办事机构的建议 |
| 李宜安 王成海 李竹香 | 尽快解决罗圈、新兴两村分家问题 |
| 郑昭曦 | 解决派出所住房 |
| 管恩松等11位代表 | 设立七宝山镇医院的建议 |
| 于里山庄魏家等12位 | 健全新乡镇办事机构和服务体系的建议 |
| 王学范等10位 | 解决高泽河污染问题的建议 |
| 张泽民等10位代表 | 解决肉联厂废水污染山阳河问题 |
| 张作录等11位代表 | 扩建校舍,增加高中招生人数的建议 |
| 县直代表团 | 设立老干部保健病房的建议 |
| 街头镇代表团 | 增加卫生事业经费,加强县乡卫生事业建设 |
| 张淑德等11位代表 | 县医院应加强对计划生育工作支持的建议 |
| 万希照 | 抓好青工业务学习的建议 |
| 王介存等13位代表 | 洪凝镇全部高中生到一中就学的建议 |
| 桑友亭等12位代表 | 增拨计划生育经费的建议 |
| 于同利等12位代表 | 增加卫生医疗建设经费的建议 |
| 万希照 | 提高政府大礼堂利用率的建议 |
| 槎河乡代表团 | 解决户部、槎河、山阳3乡之间的果苗欠款问题 |
| 李孟秋 | 加强民兵建设、国防工程管理、提高工业效益的建议 |
| 张淑德 牟善悦等7位 | 提高合同工工资的建议 |
| 万希照 | 集体企业实行浮动工资制的建议 |
| 杨振涛 | 解决五莲山职工工资和住房问题 |
| | 共65件,其中包括不同代表提的相同内容 |

**1988年3月在县十一届人大三次会议上**，代表共提出建议、意见13件分为5个方面。对这些建议和意见，县政府及时办理并答复了代表。

一、关于建议在新乡镇健全职能机构问题

代表桑友亭提出新乡镇职能部门不健全，影响了经济发展。针对这个问题，召开了人事局、县社、农行、粮食局、工商局、卫生局、邮电局、商业局、税务局九个部门的负责人会议，分别就新乡镇有关经济职能部门的设置现状，未健全的原因及今后的打算等问题进行了研究。

（一）六处新乡镇职能部门目前设置状况：供销、粮食、卫生部门目前在6处新乡镇派驻了由老乡镇相应部门领导的服务机构（设立了分社、粮站、卫生所），农行在七宝山镇成立了分行，其余五乡均为信用社。工商部门未设机构，只在七宝山镇由管帅工商所派驻两人，邮电部门在七宝山镇设立了支局。魏家、槎河设了邮电所，山庄乡、杜家沟乡、罗圈乡分别设了小总机，商业部门在魏家、七宝山、杜家沟已设食品站，槎河设食品经营组，罗圈、山庄乡未设食品网点，税务部门在魏家乡、七宝山镇已设税务所，槎河乡、山庄乡分别派驻了1–2名税务员。杜家沟、罗圈尚未配备工作人员。

（二）新乡镇有关职能部门未健全的原因。

1、供销、税务两部门根据上级业务部门规定，部门的设置不以行政区域而以经济区域划分确定。加之目前新乡镇的供销、税务经营业务量小，效益低，设立机构又增加编制和开支，另外还需大量资金。因此，在乡镇配齐上述机构条件还不成熟。

2、新乡镇没建食品站的3个乡，建立了3至4人的经营组，完全可以搞好食品业务，没有必要设立独立核算站。在粮食方面，新划6处乡镇粮油收购量较少，老乡镇粮所目前完全可以承担这项业务。

3、卫生部门未健全的主要原因是资金不足。实行财政包干后，上级不对新建卫生院投资，由地方自筹资金建院，县财政还一时难以解决。

4、农行、工商两部门没健全的原因是上级部门不批，农行系统只批准在七宝山镇成立农行。工商系统一个没批。今年，已向上级部门写了报告，但至今未批。

5、邮电部门没健全的原因是鉴于新乡镇营业额太少，市局不批。

（三）今后打算：县社、商业局、税务局下一步准备在新乡镇建立相应的独立核算社、站、所，商业局准备今明两年在山庄乡、罗圈乡设立一至二人的食品经营组，农行、工商两部门再积极向上级争取，一经批准马上组织力量健全机构。卫生局与七宝山积极配合，争取年内建起七宝山卫生院，其他乡镇争取逐步解决。邮电部门准备今年先为山庄、杜家沟配备会议扩大机，明年再争取在杜家沟设立邮电所。粮食部门认为，若有必要可在七宝山镇建粮管所，其它几处暂时保留原来形式。

二、关于农副产品收购问题

（一）代表迟玉东、历复汉提出：“关于油料返还饼不能兑现和因土地减少要求减少粮油生猪收购任务等问题。”处理意见是：

1、农民交售给国家花生米定购任务。按政策规定，每交售给国家一百斤花生米，国家应返还给生饼48斤，每斤生饼按每斤0.115元售给交生米农户，但全县榨油厂经过浸出加工榨油，所产生饼已成饼粕（颗粒状）。在返还给农民时，他们很不愿意要，只想要小油房加工的大生饼作饲料。为了满足群众的要求，本着双方自愿的情况下，经县粮食局研究，可以兑换。愿要返还饼的给饼，愿兑换面粉、大米或大豆都可以。王世疃代表迟玉东反映王世疃粮管所用返还饼兑换面粉一事。经查，不是硬性强求群众非兑换面粉不可。该所自去年秋天至今春有时无生饼库存，就用面粉兑换，其兑换比例：标准粉与生饼1：1，作价办法是兑换面粉按每市斤销售0.2元，返还饼每市斤0.115元，群众拿差价0.085元，购1斤面粉，按现行价计算，群众根本不吃亏。为了做到使群众满意，粮食局专门召开了各粮所主任会议，今后在返还饼问题上一定要及时兑现，群众愿意要饼的一定给饼，不愿要的可以兑换别的品种。

2、对于山阳乡种蔬菜，减少粮田面积，要求减免粮油定购任务。经核实认为，种蔬菜的经济收入高于种粮，且生产的蔬菜全部到市场上出售了，按实际计算，农民种菜比种粮增加了收入。按国务院规定，交售粮油合同定购任务，可以以钱顶抵。在经济收入高的情况下，群众乐意种蔬菜。鉴于有的村庄确有困难，前几年，也给予了调整和减免。另外国家对地方粮油购销数量实行包干制度，一定3年（1988~1990），少购和超销都有地方财政拿钱买上。对于公路加宽等占用耕地，在合同定购期内，县里不能减少山阳乡的粮油定购任务。

（二）代表王万仁提出："要求以乡镇为单位成立果品生产、收购、出售联合服务公司"和要求上级解决果品生产专用肥。

近几年来，从县委、县府到收购部门对果品管理是比较重视的，县里专门增设了果品办公室负责全县果品生产的综合管理。果品公司增设了生产股，配备了20多名技术员，配合林业部门一方面协助抓好生产，一方面负责果品收购。去年，王世疃乡果品总产1000万斤，供销社只收购182万斤，占18.2%，其余全部由乡镇、果农和其他部门经营。因此，不存在收购部门"只管收购不管生产"和乡镇无权经营的问题。关于果品生产用肥，虽然全县果园面积大，但果品不象粮油一样，没有挂钩化肥，县政府对此同收购部门多次向上级反映，近几年也争取了部分化肥，分配给部分苹果基地乡、村，其他基本上用于了换购果品。

三、关于库区移民和水利建设方面的问题

（一）代表王学范提出：要求有关部门尽快解决高泽河水污染和库区村群众吃水问题。

该代表所提出问题属实，库区困难和河水污染问题，各级政府和有关部门非常重视。1986年以来先后安排了西高泽、程戈庄吃水工程两处，共2.2万元，1987年安排高泽灌溉工程 1 处，2 万元。今年将计划安排潘村蓄水工程 1 处，2 万元；西高泽、安子村、南官庄吃水工程 3 处，明年的工程计划亦已上报。鉴于财力，只能逐步一个村一个村的解决。河水污染问题，近几年也进行了治理，肉联厂、外贸、造纸、酒厂、链条、织布二厂、剪刀厂等 1988 年都安排了治理项目，预计项目完成后，洪凝河水质量能够有所好转。为了切实解决高泽乡库区吃水及河水污染问题，县里决定，尽量争取资金，给予扶持，并在治理污染的同时，杜绝新污染源的产生。

（二）代表王介存提出，清理却坡水库至大郭村的引水渠问题。县府组织水利部门勘察后认为，却坡水库干渠管理混乱，蓄积堵塞问题由来已久，而且越来越严重，妨碍了北区的农业生产。为了维护水利工程，使其发挥应有效益，拟采取如下措施：一是由洪凝镇水利站对该渠进行一次认真的测量，结合城镇规划，对原设计进行一次认真校核，需改线的改线，需维修治理的就维修治理，提出一份完整的设计。二是水渠经过地段，在谁的单位谁出钱，单位与单位之间空间地带从城市维护费中出资。三是所集资金交水利局管理，由洪凝镇按设计施工，验收合格后水利局拔款。然后划定区域交由沿线单位承包管理。

四、关于文教、卫生、计划生育方面的问题

（一）叩官乡代表团提出："要求建五莲山电视差转台"。经广播电视局派员到五莲山测试论证，在五莲山建起差转台，全县东部山区可看到县转播台转播或播出节目，建台约需资金 10 万元。由于县财力困难，县里一时拿不出那么多钱，可由受益乡镇集资解决，广播电视局负责技术指导。

（二）代表梁加月、桑友亭提出：建议增拨计划生育经费，解决计生人员待遇，并为新乡镇增拨医疗经费。

对于在乡镇从事计生工作的人员，根据有关规定，基本上都招聘为合同制干部，在任职期间享受同级国家正式干部待遇。为调动他们的积极性，根据省有关部门文件规定，对乡镇计生干部的劳保用品和临时工生活补助，全县已安排实施。乡镇计划生育事业费，1987 年初安排 19.4 万元，年末实际支出 17.8 万元，结余 1.6 万元，基本上能满足工作需要。另外，按有关规定，放环员、计生站长及手术后遗症鉴定治疗，应从历年收取的超生费中列支，手术费只是个别乡镇与医院搞承包，可能要比原手术费高，但并不是手术费上涨，鉴于上述情况，县财政不能再增拨计生事业费。

（三）关于改善新乡镇医疗条件的问题，根据上级有关规定，乡镇医院除业务管理外，已从 1987 年下半年分期分批下划给各乡镇管理，走以业养业，乡镇自我完善的路子。为了解决新乡镇一般病症和急病号打针吃药难的问题，前几年已在新乡镇设立了卫生所，根据目前全县财政困难的实际，暂时还没有能力帮助六处新乡镇普遍建起条件较好的卫生院，只能待财政状况好转时再予考虑。

五、关于乡镇企业方面的问题

高泽、罗圈乡代表团及代表李宜安提出：解决罗圈乡玻璃厂替付款及贷款停息。

罗圈乡玻璃厂属乡镇集体企业，企业破产后遗留下的经济欠款，去年县里组织有关部门到该乡现场办公，并组织了由罗圈乡党委、政府、县农行、乡镇企业局联合组成的清查小组，对破产的玻璃厂财产物资进行了清查。处理财产收入收回贷款和借款收入结余约 7 万元。归还银行贷款 4.96 万元，乡政府存 2.13 万元，备以付还其他债务。清查处理结束后，罗圈乡玻璃厂实有全部资金总额 45876 元，实有债务总额 783748 元（其中银行贷款 530400 元）。业、债相抵资金短缺 73782 元。玻璃厂破产损失惨重，给罗圈乡人民造成了沉重的经济负担，现全乡人均负债达 140 多元。但由于企业属乡办，破产后的一切损失应由罗圈乡负担。10 几万元替付款也应有罗圈乡党委、政府自己想法解决。至于贷款停息问题，须经上级银行审批，县里无权批复。现已向上级写了申请，待批准后处理。

## 县十一届人大三次会议代表建议一览

（1988 年 3 月）

| 代表姓名 | 标　　题 |
|---|---|
| 梁家月等 | 增拨计生事业费与解决计生人员待遇的要求 |
| 高泽代表团 | 高泽河被污染问题 |
| 迟玉东等 | 关于油料不能和农民兑现问题 |
| 厉复汉 | 因土地大量减少要求减少粮油生猪等定购任务 |
| 高泽代表团 | 关于库区水利设施问题 |
| 桑友亭等 | 建议健全新乡职能部门 |
| 王万仁等 | 如何解决果品生产收购出售问题 |
| 王万仁等 | 如何解决果品生产专用肥问题 |
| 桑友亭等 | 建议为新乡增拨医疗经费 |
| 叩官代表团 | 要求建五莲山电视差转台 |
| 王明海等 | 罗圈玻璃厂贷款停息的建议 |
| 王明海等 | 解决罗圈乡 10 几万元的替付款的建议 |
| 王介存等 | 治理却坡水库至大郭村的引水渠道问题 |

**1989年3月在县十一届人大四次会议上，**代表共向县人民政府提出6个方面92件建议和意见。县政府组织力量进行了调查处理。前段调查处理的情况已及时答复了代表。这次会议代表提出的建议和意见较多，涉及面也比较广，大部分建议和意见切中实际，显示了人民代表的素质和对人民负责的精神。代表们工作在第一线，掌握第一手资料，反映了最基本的问题。为指导和促进县政府的工作，将起到积极的作用。

县政府对代表所提建议和意见极为重视，责成县政府办公室主任牵头组织专门人员进行处理落实。首先，召开了县政府有关部门负责人会议，传达贯彻了市人大、市政府、市政协办公室召开的关于人大代表、政协委员议案处理的会议精神，通报了人大代表的建议和意见，部署了对代表建议和意见的具体处理措施。要求各部门对涉及本部门工作范畴的问题，要以对党、对代表、对人民高度负责的精神，深入细致地调查处理，保证不拖、不积、不留尾巴，切实解决问题。对代表提出的建议要积极论证采纳，对代表提出的意见，要认真分析，并在工作中加以改进。其次，组织具体办理人员进行了认真的调查研究和督促查办，力求实事求是地解决问题，向代表做出满意的答复。三是在具体办理过程中，采取了部门领导负责，分管县长把关的办法。把建议和意见采纳到工作实践中去，并对个别一时不能办理的建议和意见做出了解释。整个代表建议和意见的办理过程既解决了问题，又改进了政府的工作。

一、关于人事、劳动等方面的问题

涉及人事、劳动等方面的建议和意见11件7个问题。主要有建议建立健全新乡镇经济部门，建议增加乡镇派出所人员及解决招聘人员的工资待遇，改善乡镇老科技人员生活条件，解决老职工农转非，以及招工招生工作中男女比例分配和加强有关方面的社会治安的建议等。针对上述建议和意见，人事局、劳动局会同有关部门做了调查研究，查阅了有关致策规定，定出了解决办法。对一时解决不了或没有政策规定不能解决的做出了解释。如建立健全新乡镇经济部门问题。自1984年以来，新划乡镇就积极反映和争取，县政府对此也做了大量的工作。但根据全县的实际情况，以及上级业务部门的具体要求，还是应以经济区域的划分为依据，暂不宜按行政区域的划分来确定。对个别确需调整的按有关规定给予了调整，其中罗圈乡的信贷、农资供应等业务已从中至乡划归洪凝镇负责，方便了罗圈乡的工作。对于老职工农转非，解决乡镇老科技人员生活条件，近几年县里一直做这方面的工作，解决了一些，但受条件限制不能一下子全部解决。下一步打算尽最大努力，加快妥善解决的步伐。对于有关方面的社会治安问题，公安部门已采取有效措施，进行了整顿，加强了管理，并配合专项斗争进行社会治安综合治理，取得了明显效果。目前车站等主要公共场所的社会治安稳定正常。其他如招工招生及有关工资待遇等都按有关政策规定向代表们做出了解释和答复。

二、关于农业、林业、水利建设等方面的问题

这方面建议和意见共16件。提出的主要问题是增加投资，强化农业基础地位，重视农田基本建设和水利配套设施的建设，扶持解决库区村庄的吃水困难以及加强林果育苗等。实事求是地讲，尽管这几年全县各级党委和政府一直比较重视农业的基础地位，常年不懈地开展了农业基本建设，但主要是依靠“五莲精神”搞了一些劳务投入，而国家的投资却相应减少，过去的一些农业设施和水利配套设施因年久老化，管理不善也受到了不同程度的毁环。为了切实解决这种状况，多渠道多形式努力增加投入，县政府研究采取了一系列措施。1988年发布了《五莲县农业发展基金征集使用管理暂行办法》，每年征集200多万元用于农业发展。同时狠抓了县、乡、村三级农业服务体系的建设，为农民提供了较好的服务，促进了全县农业生产的稳步发展。至于发展农业生产的具体形式和措施，县里做过一些具体的规定，但在实施中可能出现一些新的问题，有待于今后随着改革的深入进一步完善。

水利建设提出问题的焦点，是资金投入问题。一是水库工程设施配套，二是水利设施的维修养护，三是村庄吃水设施等，都需要资金，都要求扶持。由于上级拨款较少,全县财力团难，虽经各方努力争取点资金，基本上用于了重点水库重点水利工程的维修养护，以及解决部分库区村庄群众生活和吃水困难，如高戈庄村，1980年扶持吃水困难经费0.3万元，1981年又补给0.1万元。1981年为扶持发展林果生产拨款1万元。1984年为扬水站配套扶持0.2万元。近几年国家投资方向重点转移向大型库区，全县争取的资金更少了。对于面上的水利工程设施的维修、养护等，目前看靠上级扶持是不大可能的，靠县财政拨款也不太现实。因此县政府的意见是充分调动受益单位群众的积极性，对各单位所属的水利工程设施进行必要的维修、养护，使其发挥应有的效益。县政府及县水利部门仍将积极向上级争取资金，尽量给予必要的扶持。

对于林果育苗工作，前几年确实存在一些问题。全县已有两处苗圃，共占地380余亩。根据省林业厅“现阶段不再增建国营苗圃”的指示，县政府决定在加强对两处苗圃管理的基础上，继续调动广大群众育苗的积极性，扩大和发展社会育苗。努力使林果育苗跟上全县山区建设的需要。

三、关于乡镇企业、工业、电力等方面的问题

乡镇企业、工业、电力等方面共提出18条，主要包括乡镇办企业难、农村用电难及花岗石生产与销售管理不配套等问题。

大力发展乡镇企业是全县经济发展战略重点之一。近几年各级党委和政府在这方面都下了很大气力，投入了大量的人力、物力、财力，并制定了一系列的措施和政策

规定，有力地促进了全县乡镇企业的发展，取得了较好的效益。但由于自去年以来，国家出现通货膨胀，原材料物价上涨，加之国家抽紧银根，紧缩信贷，货币回收，导致了乡镇企业发展的极度困难。对此县委、县政府提出了从强化管理，提高产品质量，提高效益上找出路，动员干部职工千方百计增产节约，渡过难关的方针，并多次召开现场办公会，就地帮助企业解决了一些困难，努力从水、电、财、人、物等各方面给予了协调扶持，使大部分企业趋于稳定。但由于主客观上的各方面原因，有些问题目前还不能一一都予解决，这包括增加贷款和电力供应等。因此，对于乡镇企业，目前看，各乡镇应当根据各自的情况，加强管理，采取内部挖潜，外部搞活的方法，以保证乡镇企业稳步发展。

农村用电难是一个长期存在的问题。经各方努力，全县于1985年就已实现了村村通电。但国家电力紧张，分配全县的电力指标远远不能满足城乡用电需要，虽经多次争取和以煤换电、改建扩建全县3000千瓦发电机组等，所供电力仍不能满足目前的需要。为了较好地解决农村用电，县里采取了一些措施，制定了《三电工作意见》，在灯峰期间实行了定量供电，在农忙期间保证了农村用电。但从整个供需来看，供需缺口较大，还需进一步努力，

关于花岗石生产与销售配套。县里已组织有关部门制定了措施和规划，待进一步征求各方意见，报市里审批后将全面组织实施。最近，五莲县花岗石厂和香港中意石材有限公司在深圳又草签了合营花岗石产品的合同章程，双方合营的“潍坊莲意石材有限公司”也将依法成立。该公司的成立，将标志着全县花岗石开发逐步走上利用外资，引进国外先进技术，加快开发利用的有效途径。

四、关于交通公路、城市建设以及环境保护方面的问题

反映在交通公路建设方面的主要是修路资金拖欠问题，近几年在改革开放的推动下，全县的交通公路建设上了一个新的台阶，先后拓宽、整修了县内东西、南北两条主要干线公路，同时开辟了县城环城公路及主要乡村公路，目前基本上达到了乡乡有公路，村村能通车。目前还尚欠部分村庄修路工程款，主要是上级扶持资金未拨来。为了尽快与农民兑现，县政府及县公路、交通部门已多次向上级反映，但也因资金短缺，划拨很不及时。因此，县府的意见是暂先做好村民的工作，继续积极向上级反映，争取尽快解决，

加强环境保护，防治环境污染是反映比较强烈和迫切的问题。治理环境污染一直是悬而未决的议案，是广大群众极为关心的问题，也是县政府极为重视的工作之一。近几年县委、县政府下了很大的气力，进行投资治理，自去冬今春就投资几十万元对自来水源上游的有关工厂进行治理，取得了明显的效果，但还未能达到国家规定的标

准，目前治理工作仍在进行。至于其它几个污染比较严重的单位，如七宝山镇受金、硫两矿污染的村庄等，现已责成有关部门和单位采取打地下水井等系列措施进行治理，预计污染状况会有所好转，为了保证人民群众的身心健康，对于污染源的治理工作，县政府将坚持不懈，积极努力，采取多方法，多渠道，力争彻底消除污染源，建设文明城市，文明乡村，使环境保护跨入先进行列。

五、关于财贸工作方面的问题

这方面建议和意见共计16件，主要涉及粮油收购、生猪、家兔等农副产品收购，柴油、化肥等生资供应，以及城镇居民蔬菜供应等问题。

为了解决好这些问题，分管县长专门召开财贸系统专题会议，按照有关文件规定，定出详细的解决办法和措施，并对有关问题做出了明确的解释。

粮油收购是国家指令性计划，有些乡镇提出任务过重要求调整，目前看是不允许的，要求乡镇明确这个问题并向群众做解释工作。

生猪、家兔等农副产品收购，县政府及业务部门制定了一些扶持发展的措施和优惠政策，这是根据全县山区的特点，发挥优势，加快山区致富的步伐而决定的，目的在于增加群众的收入，繁荣全县的经济。但个别乡镇和单位在工作中存在一些不恰当的做法，所制定的扶持措施和政策在执行中也有不妥的地方，县府态度比较明确，一定要在工作中加强督促检查，逐步解决，不断完善。

对于柴油、化肥等生资的兑现供应问题。根据国务院指示，粮油兑现柴油、化肥全部按各乡镇粮油交售指标予以兑现。绝大多数单位都做到了严格执行政策，取信于民及时兑现。如叩官乡1988年粮食奖售化肥62.7吨，柴油14.5吨，花生奖售化肥229.5吨都已发放到群众手中，特别是上述生产资料实行专营以来，目前没有发现经营不合理和供应不及时的现象。为了完善这方面的管理，今年在生资经营上实行了“十不准”，在进货上坚持了“三不进”，在供应上实行了“四公开”，严格执行国家定价，严格实行向工商报检等一系列制度和措施，保护了人民群众的利益。

为了切实改善城镇居民蔬菜供应问题，今年已专设了县蔬菜公司，专门组织全县蔬菜生产购销经营工作，这将促进全县蔬菜市场价格和蔬菜供应工作的明显好转。

六、关于文教、卫生、计划生育方面的问题

代表对文教、卫生、计划生育等方面的问题共提出建议和意见20件，主要包括在五莲山建电视差转台，国办校舍改造，民办教师工资待遇，学校集资，公费医疗，改善乡镇医院医疗条件，全面执行计划生育条例和抓好流动人口的计划生育等。

关于在五莲山建电视差转台，经派员考察并根据全县的现有财力，县府意见暂不宜修建，待条件成熟，再予考虑。

国办学校的校舍改造。根据改造的规划和安排。从去年开始已通过国家、集体、个人多渠道筹集资金，现正分期分批进行改造。第一期改造工程已基本完成。关于学校的集资收费问题，经调查，当前主要是征收教育费附加，这是国务院《中华人民共和国义务教育法》中所规定的，全县在征收过程中，完全按照规定执行的。至于学校收费问题，主要是近几年滥印、滥发有关学习资料，个别学校不得不向学生滥收费用或硬性摊派去完成任务。对此，国家教委及各级教育行政部门专门发了通知，目前这种现象已被坚决制止。关于民办教师工资待遇问题，县委、县府极为重视，在 1989 年县政府转发的文件中明确规定，民办教师工资应在 1988 年的基础上增长 10%，初中月工资不低于 90 元，小学不低于 80 元，基本达到了上级要求。在调查中只是发现有个别乡镇发放不及时，有拖欠现象，县府已在有关会议上重申了规定，对个别乡镇提出了批评，要求各乡镇在保证规定工资发放的同时，不断提高他们的待遇。

公费医疗，目前已定出新管理办法，并已经开始实行。这是经过吸取外地好的经验，采纳各方意见而修定的。对乡镇医院医疗条件的改善，近几年也做了一些工作，鉴于县财政困难，乡镇医院已放到各乡镇管理。要求各乡镇，各医院要积极开展工作，搞好医疗服务，调动各方积极性，筹集资金，努力改善医疗条件。县里也积极争取，待有条件再予资助。

关于贯彻计划生育条例。经调查，有个别单位对条例中个别条款没有按照执行。对此，在 5 月 18 日召开的各乡镇县直各部门分管计划生育工作的领导同志会议上专门做了贯彻，对符合规定增加产假的，未执行的予以追补。如因工作需要或因本人要求追补的，按加班补发工资；如工作难以安排，征得本人同意，不休增加产假的，按加班增发两个月的工资。对流动人口的计划生育，现已制定出了《关于加强流动人口计划生育管理的意见和措施》，以堵塞流动人口在计划生育问题上的漏洞。对于这次查出有问题的人员，已与有关部门和户口所在地联系，目前正在处理中。

总之，对代表所提建议和意见，县政府将全力落实，切实办好。一时还不能解决或解决不了的，县政府将做好解释工作并积极创造条件，争取早日解决。

## 县十一届人大四次会议代表建议一览

（1989 年 3 月）

| 代表姓名 | 标　　题 |
|---|---|
| 王培扬 | 农村集资方面存在的问题 |
| 郑明俊 | 群众负担过重的问题 |

| 郑明俊 | 学校给学生加上各种收费问题 |
|---|---|
| 胡善德 | 在完成粮油定购任务中存在的问题 |
| 邢相兰 | 交售花生米合同定购任务中存在的问题 |
| 石场代表团 | 花生定购任务过重等问题 |
| 王承业等 | 对教育集资农民负担过重的意见 |
| 省、市代表组 | 有关花生返还饼的问题 |
| 省、市代表组 | 关于存猪方面的问题 |
| 李仕亭 | 关于山王庄水库维修衬砌渠道问题 |
| 王永祥等 | 院西乡宅科中学师生吃水问题 |
| 许孟代表团 | 增加许孟镇水利建设投资的建议 |
| 石场代表团 | 石亩子水库主渠道急需维修 |
| 王泽富代表 | 尧沟村吃水难的问题 |
| 刘茂仁 | 要求对库区村给予扶持 |
| 七宝山代表团 | 解决尧头村人畜用水问题 |
| 王进芳 | 修复却坡干渠 |
| 洪凝代表团 | 要求对却坡干渠进行综合治理 |
| 韩立贵 | 采取相应措施,调动农民的生产积极性 |
| 傅守美 | 完任务与支农的化肥、农药,有的质次价高 |
| 柏代吉 | 专营农药的单位,供应农药要真,要及时 |
| 李业宾 | 强化农业基础地位 |
| 赵作收 | 完善和稳定土地承包制 |
| 秦玉彦 | 增加水利投资 |
| 王少勇 | 对农田水利补助经费的使用问题 |
| 王少勇 | 农业基本建设应村自为战 |
| 省、市代表组 | 建立五莲县苗圃的建议 |
| 张传花 | 钱家庄子村公路取直问题 |

| | |
|---|---|
| 陈维照 于同春 | 尽快兑现李郝路等公路修建所欠款项 |
| 胡善德 | 吕街公路拓宽要长远规划,提前安排 |
| 院西乡代表团 | 洪许路修路问题 |
| 高泽、罗圈代表团 | 宅科店村架桥的建议 |
| 刘茂仁 | 西去五台片六村修乡村路要求财力帮助 |
| 潘兆振等 | 院西高中操场整修和解决师生宿舍问题 |
| 王均度代表 | 宣传《义务教育法》的建议 |
| 陈维照 | 全县集资办学,请教育部门关心县职业中专的教学情况 |
| 李新亮 | 扩大高中招生计划的建议 |
| 李新亮 | 成立乡镇教委的建议 |
| 李学升 | 有关教育问题的建议 |
| 王桂荣 王均度 | 解决民办教师工资待遇问题 |
| 周荣兰 | 进一步重视幼儿教育 |
| 王进芳 | 全县副食和蔬菜价格偏高 |
| 鞠主义 | 蔬菜基础建设的建议 |
| 安汝敬 | 坤山水场造成该地段干旱 |
| 刘发贤 | 解决肉联厂对坤山水场的污染问题 |
| 周升兰 | 七宝山镇张老庄村污染严重急待解决 |
| 省、市代表组 | 加强县城水污染综合治理的建议 |
| 张作禄 崔永花 贾世清 | 在五莲山建电视差转台 |
| 石西春 | 帮助扶持节石子村架电的建议 |
| 王富俊 | 对因停电造成村企业经济损失的意见 |
| 崔永花 厉希圣 | 关于农村用电问题的建议 |
| 杨振涛 王培珍 王秀英 | 乡镇非农业人口生活煤供应要求发放煤票 |
| 杨振涛 | 改善乡镇老科技人员生活条件的建议 |
| 张作禄 | 叩官乡花生任务过重等问题 |

| | |
|---|---|
| 罗圈、高泽代表团 | 将张家沟、王家泉两村列为贫困村的建议 |
| 魏家乡代表团 | 建立健全新乡镇经济部门的建议 |
| 张泽民 | 山阳精神病院办院难的问题 |
| 王云华等 | 对公费医疗实际状况的意见 |
| 王庆任 | 村卫生室财务工作要统一管理及工作人员报酬统一管理 |
| 七宝山代表团 | 七宝山医院急待解决的几个问题 |
| 七宝山代表团 | 七宝山镇要独立设供销社的建议 |
| 七宝山代表团 | 七宝山粮站改建粮所的建议 |
| 张泽民 郑培温 王吉君 | 要求县政府解决卫生系统存在的几个问题 |
| 省、市代表组 | 要抓好流动人口的计划生育 |
| 省、市代表组 | 要求全面执行计划生育条例的意见 |
| 许孟代表团 | 增加乡镇派出所人员及解决招聘人员的工资待遇问题 |
| 鞠主义 | 在招工招生等重要方面有重男轻女现象的意见 |
| 赵纪围 | 给予开发乡镇以人力、物力的支持的建议 |
| 辛有山 | 老职工农转非问题 |
| 洪凝镇代表团 | 关于知识分子浮动工资的问题 |
| 许孟代表团 | 关于对边远乡镇实行部分优惠政策问题 |
| 许崇华 | 关于花岗石生产与销售问题 |
| 苑芳桐 | 棉花价格不合理,农民种棉亏本 |
| 苑芳桐 | 新办村企业实在难 |
| 张作禄 | 对乡镇企业要加强领导和支持 |
| 省、市代表组 | 全县村及村以下企业产值利润应进一步核实 |
| 王均度 | 抓一抓汽车站治安 |
| 韩召花 | 关于切实加强社会治安工作的建议 |
| 院西、七宝山 | 分家款应尽快结清的建议 |
| 省、市代表组 | 关于存款自由提款也要自由的建议 |

## 第四节　五莲县第十二届人大期间

（1990.03~1993.02）

**1990 年 3 月在县十二届人大一次会议上，**代表们共提出建议、意见 53 件，其中，关于农田水利建设和物资、电力等方面的问题 10 件；关于财贸工作方面的 9 件；关于公路、交通、城建和环保方面的问题 14 件；关于文教、卫生、计划生育工作方面共 17 件；关于民政、劳动及其他问题 3 件。县政府都组织力量进行了调查处理。

县十二届人大一次会议代表建议一览

（1990 年 3 月）

| 代表姓名 | 标　　题 |
|---|---|
| 王少勇 | 农业用电价格太高 |
| 户部代表团 | 要求对林果生产从生产资料上予以照顾 |
| 高泽罗圈代表团 | 生产资料发放权的问题 |
| 汪湖乡代表团 | 要求粮、棉、油奖售化肥、柴油要及时兑现 |
| 七宝山代表团 | 要求七宝山粮店独立核算问题 |
| 七宝山代表团 | 要求七宝山供销社独立核算问题 |
| 七宝山代表团 | 要求政府协调分乡时账目遗留问题 |
| 潘维义 杨茂先 | 要求解决镇棉纺厂移交县后所欠债款问题 |
| 院西代表团 | 要求兑现修平日公路工程欠款问题 |
| 高泽、罗圈代表团 | 交水费的问题 |
| 王秋菊代表 | 将张家沟、王家泉两村列为库区困难单位予以照顾 |
| 杜家沟、石场 | 要求解决石亩子水库下芦沟村人畜吃水问题 |
| 石场、杜家沟 | 要求增拨经费修复石亩子水库水渠的建议 |
| 吉传庆 | 要求上级投资建扬水站 |
| 朱连淑 | 要求拨款修复许孟镇的水利设施 |
| 赵子超 | 要求帮助宅科店村修筑交通桥的建议 |

| | |
|---|---|
| 高泽、罗圈 | 交售花生米合同定购任务中存在的问题 |
| 户部 | 花生定购任务过重等问题 |
| 王西郁、姚永信 | 对教育集资农民负担过重的意见 |
| 陈维照 | 有关花生返还饼的问题 |
| 郑召曦 | 关于存猪方面的问题 |
| 王学花 王瑞夫 | 关于山王庄水库维修衬砌渠道问题 |
| 潘维义 | 院西乡宅科中学师生吃水问题 |
| 孟庆友 | 增加许孟镇水利建设投资的建议 |
| 院西乡 | 石亩子水库主渠道急需维修 |
| 郭明令 | 尧沟村吃水难的问题 |
| 孟庆友 | 要求对库区村给予扶持 |
| 王瑞夫 | 解决尧头村人畜用水问题 |
| 李秉廉 | 修复却坡干渠 |
| 周荣兰 | 要求对却坡干渠进行综合治理 |
| 县直代表团 | 采取相应措施,调动农民的生产积极性 |
| 县直代表团 | 完任务与支农的化肥、农药,有的质次价高 |
| 杜家沟、石场代表团 | 专营农药的单位,供应农药要真,要及时 |
| 中至、罗圈代表团 | 强化农业基础地位 |
| 七宝山代表团 | 完善和稳定土地承包制 |
| 王吉军代表 | 增加水利投资 |
| 洪凝代表团 | 对农田水利补助经费的使用问题 |
| 刘家鸿代表 | 农业基本建设应村自为战 |
| 高泽代表团、傅守美 | 建立五莲县苗圃的建议 |
| 七宝山代表 | 钱家庄子村公路取直问题 |
| 解加伟代表 | 尽快兑现李郝路等公路修建所欠款项 |
| 潘维义代表 | 吕街公路拓宽要长远规划,提前安排 |

| | |
|---|---|
| 郭明令 李秉廉 | 改善县电视差转台的设备 |
| 汪湖 院西 | 解决乡镇非农业户口生活用煤问题 |
| 汪湖乡代表团 | 要求给供电不足的农户供应煤油解决照明问题 |
| 七宝山代表团 | 解决七宝山镇房屋修缮费用问题 |
| 何义民 | 尽快解决洪凝镇中心初中千余名师生吃水难的问题 |
| | 共53件(包含不同代表提相同内容) |

**1991年3月在县十二届人大二次会议上，**代表们共提出建议意见57件，其中关于农田水利建设和电力方面的10件；关于工商、财贸方面的13件；关于公路、交通、城建和环保方面的15件；关于文教、卫生方面的14件；关于人事、民政及其它方面的5件。县政府按照县人大常委会的安排和要求，对这些建议都一一进行了查处和落实。

县十二届人大二次会议代表建议一览

(1991年3月)

| 代表姓名 | 标　　题 |
|---|---|
| 张甲宾等 | 要求帮助解决山楂销售难问题 |
| 李春田等 | 关于解决民办教师独生子女费问题 |
| 于里乡代表团 | 库区人民生活水平提高问题 |
| 于里乡代表团 | 生猪化肥兑现问题 |
| 于里乡代表团 | 要求解决乡镇果业站问题 |
| 刘公斋等 | 使全社会形成养老风尚 |
| 院西代表团 | 关于乡镇医院技术问题 |
| 潮河代表团 | 关于救活麻袋厂问题 |
| 院西代表团 | 关于院西中学修缮房屋问题 |
| 何义民等 | 关于解决好公费医疗问题 |
| 刘加密等 | 关于治理废水污染问题 |
| 叩官代表团 | 关于合理使用教育统筹费的问题 |

| 梁家月等 | 关于拓宽县城至石场路面 |
|---|---|
| 魏家、山庄 | 关于教育集资分配问题 |
| 魏家、山庄 | 关于崔家沟水库问题 |
| 魏家、山庄 | 关于乡镇机构设置问题 |
| 魏家、山庄 | 关于开辟魏家至日照的客运线问题 |
| 高泽、罗圈 | 关于治理西楼河道污染问题 |
| 中至代表团 | 关于核减花生米任务的建议 |
| 中至代表团 | 关于五莲林校归属问题 |
| 王康烈 | 关于参加五莲山一带暴动牺牲者的身份问题 |
| 李业旗 | 关于干部不宜换的太勤的建议 |
| 高元合 | 关于建设儿童乐园和加强市场管理 |
| 郑全雨 | 关于帮助架电的建议 |
| 李秉廉 | 关于发展乡镇图书馆的建议 |
| 郭明令等 | 关于维修电视台的问题 |
| 山阳代表团 | 关于柴油供应何题 |
| 王学贤 | 关于将利民路西端南侧污水沟封闭的建议 |
| 七宝山代表团 | 关于解决部分矿区村吃水问题 |
| 高泽代表团 | 关于环境保护问题 |
| 县直代表团 | 关于联合建设锅炉取暖问题 |
| 石场、杜家沟 | 关于帮助修复石亩子水库干支渠 |
| 徐茂兰 | 关于办好职工子弟小学问题 |
| 山阳代表团 | 关于环城路占用土地费兑现问题 |
| 七宝山镇 | 关于分家款偿还问题 |
| 王学贤 | 关于公费医疗管理问题 |
| 刘蔚 | 关于加强乡镇医院问题 |
| 王西郁 | 关于要求乡镇医院增加医务人员 |

| | |
|---|---|
| 许家锡 | 关于增加公共汽车班次的建议 |
| 七宝山镇 | 关于尽快修通宝山至中至路段 |
| 石场、杜家沟 | 建议拓宽洪莒路洪凝路段 |
| 王西郁 | 关于帮助宅科店村建交通桥的建议 |
| 王康烈 | 表述全县总面积的数字应统一 |
| 刘蔚 | 关于退还给卫生局征用土地费 |
| 李秉廉 | 关于加强县汽车站管理问题 |
| 卢金福等 | 关于将果园、土地、山林承包长期不变的建议 |
| 王翠民 | 关于要求安置女退伍军人的建议 |
| 卞春祥 | 关于供电、化肥、农民负担问题 |
| 于里代表团 | 关于种植花生问题的建议 |
| 石场代表团 | 建议减少花生收购任务 |
| 七宝山镇 | 关于减免七宝山镇库区村的粮棉油国家订购任务 |
| 户部乡代表团 | 关于解决乡镇医院职工公费医疗费 |
| 高泽乡代表团 | 要求解决高泽医院职工公费医疗费 |

**1992年4月在县十二届人大三次会议上**，代表们共提出建议意见36件，截止1992年7月27日，所提问题已经解决或正在解决的11件，占建议总数的30%；所提问题已经列入规划逐步解决的10件，占建议总数的28%；所提问题因目前条件所限或其他原因需要以后解决的14件，占建议总数的39%；所提问题作参考的1件，占建议总数的3%。

县十二届人大三次会议代表建议一览

（1992年4月）

| 代表姓名 | 标　　题 |
|---|---|
| 洪凝代表团 | 关于将大中专毕业生分配到乡镇企业 |
| 刘蔚 | 协调安排好个别离休老干部住房问题的建议 |
| 朱连淑 | 要求落实农村老干部退休政策 |
| 许孟代表团 | 关于精减农村干部的建议 |

| | |
|---|---|
| 洪凝代表团 | 关于安置洪凝镇富余劳力的建议 |
| 王翠民 | 要求落实二次会议安置女退伍军人的议案 |
| 刘仲贤 | 应将企业用电每度二分管理费视作费用支出 |
| 王西郁 | 关于开通新古连乡三级公路的建议 |
| 王西郁 赵子超等 | 要求罗圈乡通客车 |
| 王学贤 | 要求利民路西端南侧污水沟覆盖问题 |
| 李秉廉 | 关于尽快铺修文化馆前道路的建议 |
| 吉传庆 刘加密 卜兆环 | 关于要求治理废水污染的建议 |
| 许延松 李文修 | 将县政府招待所南楼和场地划售给服装厂的建议 |
| 刘 蔚 | 关于解决工业主管部门办公条件的建议 |
| 李伯华 傅守美 杨茂先 | 请示县政府尽快将纺纱、花岗石的折款拨给洪凝镇 |
| 洪凝代表团 | 关于建设开发区 |
| 刘 蔚 | 关于成立五莲县技改资金攻关组的建议 |
| 院西代表团 | 解决乡镇企业流动资金 |
| 李伯华 潘维义等 | 解决民办教师退休问题 |
| 杜树彦 | 七宝山初级中学校址搬迁 |
| 王西郁 赵子超等 | 关于建立罗圈医院的建议 |
| 袁安香 | 关于解决乡镇医院技术力量薄弱的问题 |
| 王学贤 | 医院病房楼亟待维修 |
| 许孟代表团 | 关于清理农村财务问题 |
| 李伯华 潘维义等 | 减免棉花任务 |
| 于里代表团 | 关于对林果生产贡献大的人员进行照顾 |
| 王少勇 | 开展节水灌溉 |
| 郭玉祥 | 赔偿墙夼水库溢洪池淹地造成的经济损失 |
| 王西郁 赵子超等 | 查处假冒伪劣产品 |
| 于里代表团 | 要求县政府解决粮与果在收入上的差别 |
| 吉传庆 迟明叶 卜凡新 | 关于放开生猪任务 |
| 刘蔚 | 认识防疫工作社会价值,实施预防为主卫生工作方针 |
| 李秉廉 | 请示帮助图书馆保护好报刊资料的建议 |

| 卞春祥 | 关于县政府制定农村老年人住房政策 |
|---|---|
| 杜树彦 王希学等 | 关于解决高泽等四乡镇乡改分家所欠七宝山款 |
| 刘加鸿 | 工业企业上项目,进行技术改造,增加固定资产,扩大生产能力,要掌握适度 |
| 朱佃俊 | 企业要严格控制非生产性开支 |
| 许延松 刘加鸿 | 全县缺乏科技人才 |
| 叩官 魏家 王世疃等 | 关于到外地火化的问题 |

**1992 年 4 月在县十二届人大四次会议上，**代表们对县政府的工作提出了一些很好的建议和意见。对此，县政府非常重视，张庆吉县长专门作了批示。县政府由一名副县长负责，召集有关部门的负责同志开会，进行了认真研究，并注意抓了有关措施的落实。

一、关于实施《行政诉讼法》的问题

为了保证《行政诉讼法》的顺利实施，前段县政府做了大量的宣传准备工作。大大提高了各级依法行政的自觉性。但从全县面上的情况看，宣传的深度还很不够，实施中可能会遇到不少新情况、新问题，需要认真研究，及时加以解决。对此，县政府下一步采取的措施是：（一）各部门组织好本部门的法律、法规学习，使全体人员明确依法行政的依据、权限和程序（二）按照“谁主管、谁负责”的原则，各主管部门要具体抓好本部门法律、法规的宣传教育,让广大干部群众所掌握和了解（三）县政府成立了经济法律法规培训领导小组，由一名副县长任组长，吸收有关部门的负责同志参加。加强了对经济法律法规培训的组织领导。目前，全县有 37 个部门的 524 名干部，正在参加省举办的法律法规培训班的学习（四）继续抓好面上的宣传和学习。首先，在今冬明春进行农村社会主义思想教育的同时，要借全县农村两委改选后集中培训的机会，做好《行政诉讼法》的集中学习。其次要利用《行政诉讼法》实施后法院办理的行政诉讼案例，进行以案学法。第三要利用广播、电视、宣传车、黑板报、宣传栏等多种舆论宣传工具广泛宣传教育，不断提高各级行政机关依法行政的自觉性，减少行政诉讼案件的发生。

二、关于《环境保护法》实施中的问题

1、县城公共厕所设置少的问题。全县城区总面积为 4 平方公里。按照建设部《关于城市公厕建筑面积指标》的要求，城区应建公共厕所 8 处以上。近几年，有关部门先后在解放路商场、电影院、汽车站、利民路、人民路商场、洪凝桥头、中心居民小区等处建了公共厕所。这些公共厕所存在的主要问题：一是总体布局不够合理；二是数量不足；三是标准质量比较低。针对这种情况，今年结合创建卫生城工作，改建了电影院公共厕所，新建了金沙路商场、县城绿荫集贸市场、光明路 3 处公共厕所。现在全县城区公共厕所已有 10 处，基本上满足了城区人民群众生活的需要。对沿河路、人民路、幸福路、东环路公共厕所较少的问题，今后有关部门将根据城区建设的总体规划和实际需要，逐步增建一些公共厕所，并采取措施加强对公共厕所的管理。

2、彻底解决县城内的垃圾死角问题。最近，市检查组来检查卫生城建设情况，在肯定全县创建卫生城工作成绩的同时，对解决县城垃圾死角问题也提出了建议和要求。下步，县政府决定，把彻底治理县城的垃圾死角与创建卫生城工作有机地结合起来，下大力气抓好县城的垃圾死角问题。主要措施是统一指挥，部门负责，齐抓共管，综合治理。一是要建立健全市容监察队伍，逐步完善县城卫生基础设施；二是积极开展好行业、单位、街道、家庭卫生达标和门前“三包”活动，把县城卫生管理逐步纳入规范化、制度化的轨道；三是对重点脏乱差地段和场所，实行领导包干责任制，组织力量，限期治理。

3、加强对县城排污设施的统一管理问题。近几年有关部门在排污设施建设方面做了大量工作，但由于全县城市建设经费不足，某些地方排污设施不够配套，少数单位污水排放混乱。有的单位排放污水只管院内，不管院外，污水四处流，污染了环境，影响了卫生。对此，县政府已责成有关部门切实加强这项工作。排污单位要本着“谁排污，谁拿钱”的原则，搞好自己辖区的排污工程，自觉接受县城统一排污的管理。今后，城建部门要继续按照“量力而行，先急后缓”的原则，加强县城污水排放设施的统一管理，争取尽快解决县城某些地方排污混乱的问题。

4、加强对噪音的控制问题。为了解决县城脏乱差的问题，从根本上加强对噪音的控制，给城镇居民创造良好的生活环境。今年县政府专门下发了文件，要求有关部门认真抓好这项工作。县有关部门积极行动，采取“治本”与“治标”相结合的办法，对县城商场和集贸市场进行了合理规划，科学布局，先后建成了解放路、金沙路、人民路、电影院四大商场，搬迁了县城大集，加强了对车辆和影视放映点的管理。通过这些措施，噪音危害有了明显减轻，但也还存在一些问题。今后，县政府将组织公安、环保、城建、工商、交通等部门，继续加强这项工作，严禁在城区公共场所内安装高音喇叭，汽车进城严格禁止使用高音喇叭，对屡教不改者，除了进行批评教育外，还要给予必要的经济处罚。

5、加快县城绿化、美化步伐的问题。现在，全县城区公共绿地人均占有 0.79 平方米。国家要求，在本世纪末，城区人均公共绿地要达到五平方米。要在本世纪末达到这个标准，必须从现在起加快县城绿化、美化的步伐。一是制定规划、分段实施。现在城建部门已经制定了明年的城区绿化、美化规划，下一步的关键是抓好落实。二是动员社会力量齐抓共建。首先，要从各级领导做起，增强广大干部群众的绿化、美化意识，逐步形成搞绿化、美化光荣的良好社会风气。其次，要人人动手，尽到各自的职责和义务。要提倡多搞一些庭院绿化和阳台绿化；单位要把城区绿化、美化同争创“花园式单位”和“文明单位”结合起来，搞好本区域内的建设和管理；城建、公路部门每年要拿出部分资金用于公共绿地和公路绿化。县城绿化、美化要坚持“以多取胜”的原则，见缝植树栽草栽花，逐步做到“黄土不露天”。同时要注重质量，多搞一些造型树木和绿篱，建设绿茵地带，美化县城环境。对已经建好的绿化、美化区域，要加强管理，不断提高县城绿化、美化的水平，加快县城绿化、美化的步伐。

三、关于县城蔬菜供应问题

全县蔬菜商品生产起步较晚。县城居民的蔬菜主要靠农民群众自产自销和个体贩运供应，所以蔬菜的价格不够稳定，有时明显高于邻近县市。同时，全县蔬菜公司成立时间较短。没有足够质优价廉的蔬菜供应市场，主渠道平抑市场的作用发挥得不够充分。个别菜霸唯利是图，欺行霸市，哄抬物价，也不同程度地影响了县城蔬菜的公平交易。为了解决这些问题，县政府主要采取了三条措施。一是抓主渠道建设，平抑市场价格。为了解决城镇居民越冬菜的问题，今年县政府与有关乡镇签定了100万公斤大白菜的供需合同，现在已经开始供应。县政府准备建立常年固定蔬菜生产基地1000亩，年产商品菜2000万公斤。这样，县城每人每天可供毛菜1公斤以上。今冬，蔬菜公司要在供应好大白菜的同时，积极扩大购销业务。多采购部分细菜供应市场。二是抓市场建设。今年，结合创建卫生城，城区从北到南建成了4个平日市场，方便了人民群众的日常生活。今后，县政府还准备进一步抓好这些市场的建设，为城镇居民的蔬菜供应提供良好的交易场所。三是抓市场管理。对外地来县城贩运蔬菜的菜商，工商部门要优先安排场地，在税收和收费上按政策给予照顾。财委、工商、物价、公安、县社等部门要经常对蔬菜市场进行监督检查，坚决打击不法菜霸，促进合法经营，搞活县城的蔬菜市场。

四、关于文化市场管理工作中的问题

前段，个别放像点为了多赚钱，以刺激性的色情广告招徕观众。问题发现后，县文化市场稽查队对其进行了批评教育和罚款处理。今后，在文化市场管理和教育工作中，仍然要继续坚持“两手抓”的方针，既繁荣全县的文化市场，丰富群众的文化生活，又严格把关，杜绝各种淫秽和不健康的音像流行。采取的措施主要有3条：一是要坚持经常性的社会主义思想教育，提高各经营部门守法经营的自觉性，抵制各种不健康文化的流行；二是要坚持经常性的音像稽查工作，坚决取缔各种“地下”淫秽录像放像点。经营部门禁止用各种刺激性的色情广告诱惑观众；三是要加强文化市场行业管理，严格把关，防止淫秽录像流行，广播电视部门对电视台、闭路电视播放单位和所管辖的放像点的录像带要严格把关，严禁乱传、乱进带。对文化市场上一些一证多摊或无证摆摊者，要予以整顿和取缔。

## 第五节 五莲县第十三届人大期间

（1993.02~1998.01）

**1993 年2 月县十三届人大一次会议期间**，提交县政府办理的代表建议意见共 47 件，截止到 6 月底，已经办理 46 件，尚有一件因情况比较复杂，正在积极办理之中。总的办理情况分为 4 种情况：

一是问题已经解决或正在解决的 19 件，占已办理总数的 41%。例如关于减轻农民负担的建议。针对农民负担过重这一群众普遍关心的“热点”问题，今年，县委、县政府办公室下发了“关于认真落实鲁办发〔1993〕2 号、日办发〔1993〕3 号文件精神的通知”，并成立了“减轻农民负担四清理三整顿”工作领导小组，从 4 月 10 日至 5 月 5 日集中近一个月的时间，清理涉及农民负担的各种文件，裁减非生产性建设和承包合同外收费提留项目，整顿村提留和乡镇筹集“两工”使用管理秩序，切实把农民负担减下来。5 月 5 日至 10 日，县委、县政府组织检查验收组对各乡镇、县直各部门进行抽查，把农民负担严格控制在 5%内。关于落实代表提出的农用资金贷款、物资应向农民倾斜建议中，县里主要采取了四项措施。一是降低零售价格。据统计，全县化肥、农药、农膜等主要生产资料的价格下调 8–12%；二是严把进货关，杜绝假冒伪劣商品进入全县市场；三是开展了粮肥兑换业务，针对农民手中有农副产品，缺少生产资料的实际，实行了生产资料与农副产品之间的兑换业务；四是赊销。

二是所提问题已经列入规划逐步解决的 14 件，占已办理建议总数的 31%。例如，关于硬化幸福路南端路面问题，已列入今年城市建设工作的重点，目前正筹措资金，待资金解决后，即投入施工。至于影院前规划问题，已经将此处的整治任务列入了 1993 年城市建设工作要点，待罗山商场建成后全部迁移进去，并对腾出后的影院广场进行合理的规划。关于筹建五莲县工人文化宫和建设综合性青少年活动中心的问题，县里已列入了县城建设总体规划，其位置分别座落于城北开发区内和县城综合公园南。这些项目待解决了资金后再实施建设。关于龙溪路排水沟治理问题，已列入了城市建设规划，并争取年内完成其排水系统治理和路面修整任务。关于吕街路街头段石门交叉路口的处理问题，吕街路是县道，属地方投资道路，对该路的拓宽改造已列入全县“八五”公路建设规划，对于该路与央赣路的衔接，可在拓宽改造吕街路的同时一并解决。

（三）因目前条件所限或其它原因需要以后解决的 12 件，占已办理总数的 26%。关于新乡有关部门的独立问题，从目前全县六处新乡粮站的情况看，完全能完成其所承担的业务。如升为粮管所建制（全民股级小（一）型企业），按全县规模小的粮管所预算：需在现粮站的基础上再投资六百万元以上方能建成。供销部门的情况也大致相同。鉴于全县财政困难的实际，县里决定继续维持目前的现状。银行、邮电局因属国家管理的条条部门，能否单设，由其业务上级决定。因此，县里只能帮着做工作，让新乡的银行、邮电部门独立。关于206国道汪湖段拓宽问题，因该路是国道，何时拓宽改造及修建标准需由国家交通部决定。因此，县里将积极向上争取，力争使该路尽快拓宽改造，为全县西北部乡镇经济发展搞活流通，提供好的交通环境。关于为实现义务教育，县里应多投资问题。根据“分级办学，分工管理”的教育体制，乡镇学校实施义务教育所需经费应由乡镇政府和办学单位筹集。关于对教育费附加实行乡征县管、统筹统支的问题，县按照鲁教财字〔1991〕32号和潍教办〔1992〕53号文件精神办理的。农村教育费附加统支范围包括五项：（1）民办教师工资和补贴。（2）民办中小学公用经费。（3）职业教育、成人教育办学经费。（4）用于乡镇农村办学经费。（5）用于公办学校校改。教育费附加返回乡镇部分只包括民师工资和中小学公用经费。因此，乡镇中小学建设经费和修缮经费仍需按“分级办学、分工管理”的体制，由办学单位自筹解决。今后，教育费附加是否由县里统筹，待省、市有文件规定后再作研究。

（四）所提建议作参考的一件，占已经办理总数的2%。即关于农村电价问题的建议。在全县实行综合电价是全县电价改革的一次有益尝试。1989年，根据当时电价管理存在的问题，县政府责成经委、电力、物价三部门对综合电价进行了测算，决定在全县实行综合电价，以莲政发〔1989〕13号文件公布执行。几年来的实践证明，实行综合电价，不但增加了电费管理的透明度，而且便于核算，便于群众了解，从整体上减轻了农民负担。因此，不宜将综合电价改为工农业用电分开。

县十三届人大一次会议代表建议一览

（1993年2月）

| 代表姓名 | 标　　题 |
| --- | --- |
| 魏家代表团 | 加大农业投资，搞好山区水利建设 |
| 街头代表团 | 农林特产税分配数额不合理 |
| 松柏代表团 | 农用资金贷款、物资应向农民倾斜 |
| 罗圈代表团 | 加强山区库区建设的问题 |
| 汪湖代表团 | 请示将墙夼水库管理权移交五莲，重建西库干渠 |
| 于里代表团 | 建议对库区给予照顾 |
| 孟庆西 | 要求帮助缺粮农民度过春荒 |

| | |
|---|---|
| 山阳代表团 | 减轻农民负担的建议 |
| 洪凝代表团 | 要求退减修路占地征购任务 |
| 洪凝代表团 | 关于郝李路路基占地问题的意见 |
| 街头代表团 | 关于央赣路街头段董家庄西转弯处险段处理的意见 |
| 街头代表团 | 关于吕街路街头段石门交叉路口要道处理的意见 |
| 汪湖代表团 | 要求206国道汪湖段拓宽 |
| 潮河、王世疃 | 要求王世疃通东港公路本县一段收归县公路局管理 |
| 潮河、王世疃 | 关于潮河、王世疃通日照公路问题 |
| 于里代表团 | 建议对郝李路压沙情况酌情处理 |
| 刘世俊 | 帮助解决社办教师的实际困难 |
| 洪凝代表团 | 关于解决我镇中小学教师浮动工资的议案 |
| 叩官代表团 | 为实现义务教育,县里应多投资 |
| 中至代表团 | 关于教育集资的使用问题 |
| 魏家代表团 | 关于教育集资按比例返还乡镇的问题 |
| 山阳、街头 | 分别提出:民办教师待遇问题 |
| 刘蔚 | 建议尽快落实“关于退还卫生局征用土地费答复” |
| 洪凝代表团 | 关于石材公司、纺织公司履行还款协议的要求 |
| 董福增 | 关于解决县工会建宿舍楼所欠款的建议 |
| 孟庆西 | 要求解决修缮费(乡政府办公室/宿舍) |
| 县直代表团 | 关于筹建五莲县工人文化宫的建议 |
| 县直代表团 | 关于建设综合性青少年活动中心的建议 |
| 洪凝代表团 | 关于解决大郭村人畜吃水问题 |
| 魏家代表团 | 关于加强乡镇医护人员的问题 |
| 王培珍 | 关于改善乡镇医疗条件及有关县卫校学生安排的建议 |
| 胡靖 | 关于要求切实解决纺织企业职工住房负担过重问题 |
| 刘蔚 | 关于给部分工业部门解决办公住宿条件的建议 |
| 叩官代表团 | 邮电部门要抓好管理搞好服务 |
| 潮河、王世疃 | 关于电价问题 |

| | |
|---|---|
| 王萍 | 对第二轮企业承包者要恢复第一轮承包兑现政策 |
| 洪凝代表团 | 关于放开建筑市场的建议 |
| 李秉廉 | 关于搞好影院前规划的建议 |
| 李秉廉 | 尽快给县城街道下水道口加盖 |
| 洪凝代表团 | 关于龙溪路排水沟治理 |
| 县直代表团 | 关于把幸福路南端铺成柏油路的建议 |
| 魏家代表团 | 关于新乡有关部门的独立 |
| 叩官代表团 | 全县要大力发展银杏的建议 |
| 街头代表团 | 妥善处理计划生育结扎后遗症的建议 |
| 叩官代表团 | 建议交通车站再加一趟五莲至尹家坪的客车 |
| 秦玉彦 | 要求妥善解决乡镇老干部生活困难的建议 |

**1994 年 2 月县十三届人大二次会议期间，**代表共提出建议、意见 32 条。为加强办理工作，提高办理质量，常委会与县政府共同研究措施，一起召开会议，提出办理要求。常委会第十次会议听取了县政府关于代表建议意见办理情况的汇报，对办理情况进行了审议把关。在办理过程中，采取部门承办与分管县长把关，实地察看与走访代表征求意见，开展视察活动与专题调查相结合的形式，使代表提出的建议意见件件有着落，并全部答复了代表。对今年政府办理建议意见情况，代表普遍感到满意。如调整农林特产税问题，县政府下大决心，抽调骨干力量，对全县 22 处乡镇的农、林、果情况进行了认真细致的调查，进行科学分析研究后，作出了调整农林特产税的决定，使代表提出的建议意见得到了落实。

县十三届人大二次会议代表建议一览

（1994 年 2 月）

| 代表姓名 | 标　　题 |
|---|---|
| 朱　伟 王均度 | 在魏家乡设立银行所和粮管所 |
| 于里代表团 | 建议县政府帮助乡镇搞好小城镇和工业小区规划 |
| 吉传庆等 | 要求解决大郭村村民吃水问题 |
| 吉传庆 刘加密等 | 要求解决大郭村污染严重问题 |

| | |
|---|---|
| 高泽代表团 | 西楼村东河水污染严重 |
| 胡　靖 卢春娟 王学花 | 建议自来水公司提高自来水质量 |
| 石景海 | 要求解决建设单位拖欠县建筑公司工程款 |
| 郭光梅 许家荣 陈维思 | 关于合并五金、剪刀二厂,建设链条厂的建议 |
| 汪湖代表团 | 关于提高民办教师工资待遇的建议 |
| 高泽代表团 | 关于要求乡镇财政包干合理化建议 |
| 槎河代表团 | 要求对新上程控电话的新乡镇资金上给予特殊扶持 |
| 街头代表团 | 要求调整农林特产税的建议 |
| 叩官代表团 | 建议农村卫生员管理权放到村里 |
| 叩官代表团 | 应尽快让三关以东乡镇收看到“五莲新闻” |
| 石场、杜家沟代表团 | 要求帮助架设桥梁 |
| 王世疃代表团 | 关于王世疃通日照市公路交付使用的建议 |
| 魏家、罗圈代表团 | 关于请示罗圈通客车的建议 |
| 魏家、罗圈代表团 | 关于解决库区人民群众交通难问题的建议 |
| 街头代表团 | 关于排除央赣路街头董家庄西段转弯处险情的建议 |
| 汪湖代表团 | 关于修通牛家官庄至汪湖公路的建议 |
| 街头代表团 | 关于疏通吕街路石门口路段的建议 |
| 汪湖代表团 | 关于修建方城岭扬水站的建议 |
| 高泽代表团 | 要求解决高泽乡几个库区单位困难的建议 |
| 冯希云 翟玉海 | 调整工艺品生产和生猪交售政策的意见 |
| 高泽代表团 | 关于计划经济和市场经济方面的建议 |
| 许孟代表团 | 关于生猪交售随行就市的建议 |
| 许孟、洪凝代表团 | 关于花生米任务收购价应随行就市和花生定购任务 |
| 管帅代表团 | 关于乡镇老干部进县城安置居住 |
| 于里代表团 | 关于乡镇老干部进县城安置居住 |
| 许孟代表团 | 关于乡镇老干部进县城安置居住 |
| 魏家、罗圈代表团 | 关于乡镇老干部进县城安置居住 |
| 七宝山代表团 | 关于乡镇老干部进县城安置居住 |

**1995年3月县第十三届人大三次会议后，**县人大常委会转交县政府办理的代表建议和意见共48件。截止到五月底，48件代表建议和意见已全部答复完毕，办理的速度和质量均好于往年，办理的结果可分为四种情况：

（一）所提问题已经解决或基本解决约30件，占总数的62.5%。例如：1、关于恢复班车在户部通行的建议，县里已安排日照汽车运输公司五莲分公司投放聊城大客车一部，个体小金杯客车两部跑这个路线，解决了户部群众坐车难的问题。2、关于严禁养狗的建议，县政府决定把县城和城区周围十一处村（居）定为“禁养区”。在区内严禁养犬。对确需饲养的，要经公安部门批准，实行注册、挂牌、免疫、拴养、圈养和收取保证金制度，对“禁养区”内撒养的犬，一律视为野犬捕杀。3、关于对学庄库区给予扶持的建议，县政府决定，从农发基金中拨出一定数量的专款扶持学庄库区张家沟和王家泉等村修建扬水站，以改善群众生产和生活条件。4、关于方城岭综合治理规划工程的建议，经县政府努力争取，市政府同意建设并表示在资金上给予支持，为此县政府决定，除市里支持的以外，县里再拿一点资金，由汪湖乡群众出力的办法，从今年起开发方城岭。5、关于解决粮种假冒的建议，政府决定县里成立全县统一的粮种专营体系，以县种子站为中心，各乡农技站为基础，健全粮种生产、供给体系，加大宣传力度，提高农民向县乡粮种供应站购买粮种的自觉性。同时，严格种子市场管理，取缔非法生产经营假、冒、伪、劣种子的单位和个人，确保粮种的纯净。

（二）所提问题已列入计划，逐步解决的九件，占总数的19%。例如：1、关于搬迁化工厂厂址的建议，因目前县化工厂正与英国ZCI爆炸集团洽谈合资事宜，如合资成功，将其厂按安全要求进行搬迁。如合资不成功，需搬迁费二百万元，要逐年解决。需征地变卖现有厂址，也要逐年解决。2、关于烈士陵园应整修或搬迁的建议，县政府已责成民政局拿出合理的整修方案，经研究后实施，至于搬迁，需资金400万元，因全县财力所限，目前无力实施。

（三）所提问题因目前条件所限或其他原因，不能满足代表要求，需要解释说明约八件，占总数的16.5%。例如，1、关于要求减免大尧等五村粮油任务的建议，根据上级规定粮油定购任务的减免，通常是在受到严重自然灾害的情况下，经上级批准才予考虑。种植结构的调整，不在减免之列。2、关于要重视县卫生事业发展的建议，代表提出要把卫生事业单位的财政体制管理办法参照教育事业单位办法执行。因为国家规定卫生事业单位属服务收费单位，有直接的经济收入。教育系统属服务不收费单位，无直接经济收入，主要体现社会效益。另外，卫生事业与教育事业的财政体制上级有明确规定，且历年就不一样，所以卫生事业单位不能参照教育事业单位的财政体制管理办法执行。3、关于洪凝镇北片学生到县三中就读的建议，根据国家现行的“分级办学，分级管理”的办学体制，三中只能招收城区学生，洪凝北片学生属洪凝镇学生，只能到洪凝镇属学校就读。4、关于放宽县城周围村庄的土地使用政策的建议，根据国家现行的城建和土地方面的法律、政策，所有非农业建设用地都先立项，再根据项目的需要，按序批地，不得先划地等项目，因而县城周围村庄的土地使用政策不能放宽。

（四）所提问题作为参考的一件，占总数的2%。关于将却坡水库纳入城区供水统一管理的建议。此事涉及管理权属问题，不宜变动。

**1996年2月县十三届人大四次会议期间，**县人大常委会转交县政府承办的代表建议、意见共33件。截止到五月底，33件代表建议和意见已全部办理完毕，办理速度与质量均好于往年。办理结果可分为3种情况。

（一）所提问题已经解决或基本得到解决的24件，占总数的73%。其中：1、属于农业农村方面的6件，分别是：汪湖代表团提出的“减少棉花种植面积，给予棉农一定优惠政策”的建议。（2）松柏代表团提出的“关于重视生猪生产”的建议。（3）李春光代表提出的“关于1995年玉米制种收购价与结算价不符的意见”。（4）汪湖代表团提出的“建方城岭扬水站工程”的建议。（5）山阳代表团提出的“给予菜篮子工程优惠政策”的建议。（6）松柏代表团提出“加强松柏水利设施投资”的建议。2、属于工交财贸方面的6件，分别是：（1）管帅代表团提出“206国道拓宽占地应给予补偿”的建议。（2）崔荣顺代表提出“解决偏远山区乘车难”问题。（3）管帅代表团提出“因占地减免农业税”的建议。（4）叩官代表团提出“做好生产资料调控”的意见。（5）吉传庆代表提出“设立黄海大桥交通岗”的建议。3、属于城建环保方面的8件，分别是：（1）李公民代表提出“解决罗山商场水电问题”的建议。（2）街头代表团提出的“落实小城镇优惠政策”的建议。（3）郭明令代表提出“尽快整修育才路东段路面”的建议和“幸福路南段安装路灯”的建议。（4）高泽提出2件“关于解决西楼村饮用水问题”的建议。（5）高元和代表提出“县城城区限制燃放烟花爆竹”的建议。（6）松柏代表团提出“撤乡设镇”的建议。4、属于内务司法方面的1件。叩官代表团提出“要求有关部门文明查车”的意见。5、属于其他方面的3件：（1）洪凝代表团提出“县莲意石材公司、纺织公司尽快还清欠款”的意见。（2）李公民代表提出“解决居民电话计费不准，收费过高”的建议。（3）王萍代表提出“为已故老干部设公墓”的建议。

（二）所提问题已列入计划逐步加以解决的6件，占总数的18%。其中，1、属于城建环保方面的1件，广播电视旅游方面的4件，交通方面的1件。分别是：（1）丁华、王学花代表提出“河西道路维修和安装路灯”的建议。（2）王世疃、杜家沟、魏家等代表团提出3件关于“解决收看五莲新闻难”的问题。（3）叩官提出“五莲山旅游项目应多建在山下，收入按比例分成”的建议。（4）单忠元代表等提出“解决乘车难”问题。

（三）所提问题因目前条件所限或其他原因，不能解决的3件，占总数的9%。分别是（1）董福增代表提出的“要求县政府筹资建工人文化宫”的建议。（2）单忠元代表提出“要求改善山庄乡通讯条件”的建议。（3）管帅代表团提出“减免粮油征收任务”的建议。

**1997年2月在县十三届人大五次会议上，**代表们共提交建议31件。截止五月中旬，已经全部办理完毕。所提问题已经解决或正在逐步解决的30件，占总数的97%；因条件所限，暂时不能解决的1件。办理建议的质量均好于往年。办理结果分3种情况：已经解决或基本解决的25件，占总数的81%；已经列入计划将逐步加以解决的5件，占总数的16%；因目前条件所限，暂时不能解决的1件，占总数的3%，是马先春代表提出的“硬化佛光桥至小榆林路段”的建议。

## 第六节 五莲县第十四届人大期间

（1998.01~2003.01）

县十四届人大一次会议代表建议一览

（1998年1月）

| 代表姓名 | 标　　题 |
|---|---|
| 张永善 | 社会治安综合治理应受到重视 |
| 洪凝代表团 | 关于户口人数与统筹费不符的问题 |
| 徐立春等 | 关于地方城镇户口与城镇户口的的待遇不一样的问题 |
| 叩官代表团 | 关于集贸市场管理费等问题 |
| 孙启湘 | 山区工商收费应照顾 |
| 张加殿 | 郭村集改五、十赶集 |
| 松柏代表团 | 进一步加快九仙山风景区开发步伐 |
| 叩官代表团 | 关于旅游资源开发费问题 |
| 松柏代表团 | 关于县果汁厂收购残果货款问题 |
| 李春光 | 关于叫县种子站按玉米良种及时偿还种子款 |
| 高泽、山阳代表团 | 关于给予山阳乡民营经济园发展优惠政策的建议 |
| 叩官代表团 | 关于实行造林贷款以物顶款使用时间短、利息驴打滚 |
| 许孟、松柏代表团 | 关于拓宽硬化吕街路五莲段的建议 |

| 刘雪玉 | 关于硬化诸王路槎河至户部段 |
|---|---|
| 高泽、山阳代表团 | 关于山阳乡舜尧街路面硬化 |
| 徐建平 | 关于修通杜家沟、石场至街头等公路 |
| 臧著星 | 解决偏远山区通讯困难 |
| 洪凝代表团 | 关于城区综合治理应常抓不懈 |
| 丁淑芸 | 加强城区摊点管理 |
| 马玉英 | 关于解决解放路交通秩序 |
| 高泽代表团 | 尽快解决洪凝河污水治理 |
| 山阳高泽代表团 | 环卫处垃圾场搬迁 |
| 街头、管帅、七宝山 | 落实小城镇建设试点配套费 |
| 潘维义等 | 要求返回城市建设维护税 |
| 厉明彦 | 建一中学生餐厅 |
| 院西、许孟代表团 | 解决初中毕业生就学难 |
| 李福 | 成立县文工团 |
| 叩官代表团 | 育龄妇女结扎手术由乡镇办理 |
| 张善礼 | 关于资金多投向生产性项目 |
| 丁淑云 | 加强对企业收费管理 |
| 王增瑞、魏家、罗圈 | 学庄水库被县城调水后,库区节水工程应予补偿 |
| 徐建平等 | 修复石亩子水库渠道 |
| 赵龙治 葛平友 | 因石亩子水库被调水后造成的损失应予补偿 |
| 叩官代表团 | 维修户部岭水库工程 |
| 高泽、山阳代表团 | 关于兴建库区汪崖扬水站的建议 |
| 高泽、山阳代表团 | 因冯家坪水库被调水后造成的损失应予补偿 |
| 管帅、七宝山、于里 | 减免206国道占地农业税及粮食任务 |
| 潮河、王世疃代表团 | 关于解决农业税和农业特产税重复收取 |
| 潮河、王世疃代表团 | 果树面积大减农业特产税应相应调整 |
| 许孟 于里 管帅 汪湖 | 关于全额征收烟税及改进此税分成办法 |
| 松柏代表团 | 关于建立林果发展样板基地的建议 |

**1999年3月在县十四届人大二次会议上**，县人大常委会转交县政府承办的代表建议、意见共33件。在办理过程中，县政府本着人民政府为人民的宗旨，把办理人大代表建议作为坚持和完善人民代表大会制度、自觉接受人民监督、支持人民代表行使管理国家事务职责的一项重要任务来抓，进一步健全办理工作规则，加强组织领导，注重办理实效。

（一）所提问题正在逐步加以解决或基本得到了解决的29件，占总数的88%。

涉及城建旅游方面的5件。1、郭明令代表提出的“关于将地下破裂自来水管尽快修好的建议”。县建委承办建议后，迅速组织有关人员进行实地勘察，对该路段每个自来水管节进行了详细调查，经查证是地下排污设施老化而使污水溢出路面所致。为此，决定在育才路北侧修建一条排污沟，彻底解决地下排污设施老化问题。该项目共投资12万元，已于5月底动工建设。2、李继荣、董书任等代表提出的“关于加强城南小区配套设施的建议”。该建议由县建委、县事务局共同承办。在具体工作中，一是投资近10万元，更换了居民区变压器，满足了居民用电；二是投资近20万元，对居民楼前楼后进行了美化绿化；三是对路面进行了硬化，方便了居民行走。下一步将进一步对城南小区进行绿化美化，在县人事局楼后修建一个小广场，完善配套设施，为居民提供一个休闲、娱乐和日常生活购物的场所。3、叩官代表团提出的“关于拨付补偿费的建议”。该建议上届人代会上已提出过，经县旅游局多次研究，并和叩官镇协商，将五莲山下2处停车场划给叩官镇管理，其年收入3–4万元作为拨付的补偿费。4、叩官代表团提出的“股份制开发五莲山旅游区的建议”。该建议很好，县政府有关部门在考察论证的基础上，提出了“国家、地方、集体、个人一起上”的投资招商政策，现在正进一步落实措施，完善股份制开发五莲山旅游区的政策。5、安茂伟代表提出的“硬化舜尧街的建议”。根据舜尧街开发管理办法，按照谁投资、谁管理、谁受益的原则，舜尧街硬化主要由大尧村负责。县政府有关部门将支持硬化该路面，并在政策上予以帮助。

涉及广播教育方面的8件。1、县直代表团提出的“重视有线电视发展的建议”。县委、县政府重视有线电视发展，全县的有线电视事业从零开始，发展到现在的入户终端近万个。1997年县政府又把电视大楼与建网工程合二为一列入了县长工程。目前，光纤数字化多功能有线电视专用传输网框架已基本构成。今年，为进一步促进广播电视事业健康发展，全县将出台《五莲县有线广播电视管理暂行规定》，使广播电视事业步入制度化、规范化轨道。2、松柏代表团提出的“关于尽快让有线电视进村入户”的建议。为搞好有线电视进村入户工作，县政府起草了《五莲县有线广播电视管理暂行规定》，按照“以乡镇驻地为中心，先近后远，先电缆后光缆，先驻地后村庄”的原则，在全县辅设有线电视网，力争在明年有线电视入户率达到80%以上。3、胡靖代表提出的“关于统一学校收费标准的建议”。县教委把统一学校收费标准，增加收费透明度，做为一项重要工作来抓，并利用电视、广播、公开栏、公开信等形式，公开收费项目和标准，坚持“一证、一卡、四统一、五不准、两公开”的收费管理办法，有效地遏制了乱收费现象。全县的中小学生每学期全部收费在140–170元之间，符合市政府办公室〔1998〕22号文件规定。4、5、即陈修学、王平等代表提出的“乡镇教师工资由县教委统筹”的2件建议。全县农村中小学教师工资由各乡镇财政发放，是按照上级“分级办学、分级管理”的体制确定的。县政府按照“乡事乡办、县事县管、分灶吃饭、分级负担”的原则，符合上级精神。6、董书任代表提出的“在中小学开设法制课的建议”。在中小学开设课程，要由省级以上教育行政部门规定。目前，还没有开设法制课的规定，待上级设定后再行开设。7、8、王平、徐建平等代表提出的“关于尽快开通有线电视”的建议。全县已有十八个乡镇驻地开通了光纤数字化多功能有线电视专用传输网。由于条件所限，杜家沟、山庄、罗圈、槎河四乡还没有开通。对此，县政府高度重视，责成有关部门考察论证，起草了《关于四乡镇架设有线电视专用传输网有关问题的报告》，待有关部门商定意见后，即可开通有线电视。

涉及到农业农村方面的4件。1、孙秀志等代表提出的“关于搞好茶叶生产服务的建议”。县委、县政府把茶叶生产作为发展农村经济的重要内容，要求有条件的乡镇，根据实际情况，大力发展茶叶生产，年内发展茶园一万亩，二、三年内发展茶园5万亩。对此，县政府及有关部门强化了茶叶生产技术的指导和推广工作，大力搞好技术培训与服务，并于4月份以县编委办〔1999〕4号文件，成立了五莲县果茶站，以搞好全县的茶叶生产服务工作。2、王荣臻等代表提出的“关于对全县石材行业进行规范和调控，以确保全县石材行业健康有序发展的建议”。县政府重视石材业的发展，今年成立了由有关部门参加的资源管理办公室，并出台了《开采矿石管理办法》，加大执法力度，取缔无证开采，严厉打击乱挖滥采等不法行为。对石材业在以下5个方面进行规范：一是由无序开采向有计划、有步骤开采转变；二是由粗加工向精深加工转变；三是由单一生产向科工贸一体化转变；四是由内贸为主向内外贸并重为主转变；五是由分散型经营初步向集约化经营转变。3、王荣臻等代表提出的“加大对重点乡镇企业的扶持力度的建议”。县有关部门采取了以下3条措施：一是在资金上给予倾斜，为乡镇企业解决资金。如五月份在信贷规模比较紧张的情况下，农信社发放给王世疃灯具厂流动资金贷款50万元。二是积极为企业考察论证项目，引进技术、引进人才。三是大力搞好宣传，利用各种渠道增加乡镇企业知名度。4、石场、杜家沟代表团提出的“石亩子水库南北干渠修复配套的建议”。石亩子水库属中型水库，按规定渠道修复由市县两级适当补助，受益单位和群众投资投劳进行配套维修。去年，上级已投入资金20万元进行了修复。今后，县政府责成水利部门继续争取上级业务部门支持，采取上级投一点、县里补一点、乡村投资投劳的办法，搞好石亩子水库的渠道维修。

涉及财贸方面的4件。1、石京国等代表提出的“关于加大农业的投入及农口部门经费的建议”。近几年，县财政在资金困难的情况下，建立了农业发展基金会。98年，支农支出及农林水事业费共计1989万元，比97年同期增长14.2%，99年县政府将保持对农业财政支出的增长，以加快全县农业发展。2、山阳、高泽代表团提出的“冯家坪水库被调用应给予补偿的建议”。冯家坪水库的水被用于县城生产和生活用水后，对库区下游造成了一定损失，县政府也非常重视，曾给予一定的物质补偿。今年针对这一问题，责成有关部门进行了研究论证，因库区下游大部分村庄纳入县城总体规划，将在城市建设配套费等方面给予优惠政策，带动其它产业快速发展，以弥补因调用水而造成的损失。3、丁淑云代表提出的“对商贸流通企业给予支持的建议”。县政府有关部门将采取3条措施给予支持：一是加大商贸企业改制力度，争取银行部门支持，在重组企业、银行贷款等方面给予支持；二是政府各职能部门树立企业发展我发展的思想，放水养鱼，在税费等方面给予支持；三是新闻宣传部门加大宣传力度，调动全社会积极性，促进流通企业发展。4、松柏代表团提出的“关于财政管理办法应保持连续性的建议”。自1997年县政府确定的县乡财政体制执行以来，对保证各乡镇经济发展和社会稳定起到了积极作用，但由于上级财政体制及税种变化，全县也相应作了适当调整。今后，县政府将建立以奖代补及转移支付制度，保持财政体制的连续性，促进全县经济及社会各项事业健康快速发展。

涉及交通通讯方面的7件。1、孙秀志等代表提出的“关于硬化叩官至魏家道路的建议”。因硬化乡与乡道路的决定权在市政府及市交通主管部门，县政府及县交通主管部门将积极向上级做工作，争取他们的理解和支持，使叩官至魏家的道路尽早立项，尽早硬化。2、3、松柏代表团及冯志法等代表提出的“硬化吕街路许孟至松柏段的建议”。吕街路作为贯通全县的南北交通第二大动脉，县政府及交通部门十分重视硬化工作，交通主管部门已于1996年完成了勘测规划，今年路面土基也已基本完工。县政府及交通部门也积极向市里做工作，争取早日硬化。4、陈修学等代表提出的“硬化诸王路槎河段的建议”。该路段早在1996年已纳入全县公路建设规划，并对路基进行了勘测，为硬化做好了准备。但由于涉及农民负担等问题，各方筹集资金不足，到现在没能硬化。对此，县政府及交通主管部门尽最大努力争取各方支持，早日硬化该路段。5、王平等代表提出的“尽快解决罗圈乡程控电话的建议”。该建议1998年人代会已提出过，县政府及有关部门非常重视，已无偿投资架设了10对电缆，解决了乡直部门到县城的通信问题。今年在资金紧张的情况下，电信部门计划投资106万元，架设罗圈乡至县城光缆，全部解决该乡通信问题。6、徐建平等代表提出的“解决通讯电缆线路的建议”，该建议去年在人代会上已提出过。县政府及有关部门非常重视，投资70万元架设了15公里光缆，安装了容量为256门的接入网及配套设备，县城到乡的通信问题已全部解决。进行乡到村电缆架设还需要资金近30万元，对此，电信部门已进行了规划，由电信局无偿施工，各方面筹集资金，解决乡到村通信问题。7、厉保高代表提出的“关于修路占地退耕，赔偿损失的建议”。222省道五莲段改建工程是省交通厅1998-2000年3年计划完成的建设项目，经过市、县两级政府和公路主管部门的积极努力，已于1998年竣工通车。按照省、市政府关于加快公路建设的规定，对修路占地退耕问题，应本着谁修路谁受益的原则，修路占地应是无偿占用。

涉及其它方面的1件。即董书任代表提出的“关于加强城南小区社会治安的建议”。该建议县公安局承办后，局党委高度重视，本着认真负责，积极主动的态度和实事求是的原则，局长负责，一名副局长具体靠上抓落实，组织城关派出所、治安科等单位共同进行调查论证，并商请县事务局同意后，制定了实施方案和措施。一是责成巡警大队加大日常治安巡逻力度。二是建立治保组织，开展联户联防。

（二）所提问题列入计划，逐步解决的4件，占总数的12%

1、刘善林等代表提出的“关于东环路拓宽占地还款的建议”。拓宽东环路，符合全县总体规划要求，对占地款问题，县政府非常重视，已召开专题会议，进行了研究，并责成有关部门进行深入细致的调查，近期提出解决方案。2、洪凝代表团提出的“归还治理洪凝河占地欠款的建议”。治理洪凝河净化了城区环境，突出了山城特色。对治理洪凝河占地欠款问题，县政府召开专题会议进行了协调，县财政等部门已制定了还款计划。今年，将拿出专项资金进行还款。3、松柏代表团提出的“归还残次果货款的建议”。1997年8月19日，全县遭受强暴风雨袭击，大量苹果落地。为减少果农损失，县政府协调资金290万元，以保护价收购残次果800万公斤，以减轻自然灾害对果农造成的损失。由于种种原因，果汁厂销售成本倒挂，亏损严重，到目前尚欠松柏乡近10万元货款。对此，县政府召开了专题会议，对这个问题进行认真研究。并责成有关部门从果汁厂租赁费中拿出专款逐步还清欠款。4、李春光等代表提出的“解决制种合同纠纷的建议”。该建议去年已经提出过，有关领导多次批示或直接过问此事。今年，县政府召开专题会议，列入重点建议来办理，并要求有关部门本着对人民高度负责的态度，采取换位思考等方式，进一步加大工作措施，近日内拿出解决这一建议切实可行的方案，给代表一个满意的答复。

**2000年3月在县十四届人大三次会议上，**代表共提出建议、意见59件。截止到目前，59件建议中，所提问题已经解决或正在加以解决的50件，占总数的85%；所提问题列入计划逐步解决的9件，占总数的15%。办理的结果分为二种情况：

（一）所提问题已经解决和正在逐步加以解决的50件，占总数的85%。

涉及工业方面的1件。

王荣臻等代表提出的“应切实加强对重点企业的扶持”的建议。县委、县政府高度重视企业的发展，把发展企业作为中心工作来抓，列入重要议事日程。一是专门成立了县委主要领导任组长，县纪委、县人大、县政府、县政协主要领导任副组长，有关部门主要领导任成员的工业经济领导小组，及时研究解决工业发展中的重大问题；二是设立了工业发展基金，专门扶持县属工业的重点技改项目和重点企业急需的流动资金；三是建立了县级领导联系企业制度，每位县级领导和两个以上县直部门联系一个企业，经常深入企业研究解决实际问题；四是建立了为企业服务部门督查制度，定期对每个部门为企业服务情况进行督查，促进了工作的开展；五是在激励政策上加大了力度，继1998年的8号文件、1999年的13号文件后，县里今年拟定了一系列推动企业改革发展的意见，利用政策优势加快企业发展；六是在技改投入上，县里每年都确定1~2个重点扶持项目列为重点工程，进行重点扶持。对确定的重点技改项目成立了县级领导挂帅的工作小组先后扶持了通用机械厂涂装及钣金综合工艺改造项目、电力公司的农网改造、莲宝矿业与银河酒业集团的黄原胶项目、华龙纺织集团的引进120台喷汽织机等重点技改项目，有力地保证了项目建设进度；七是在企业改革上，成立了县级领导挂帅的工作小组，今年已有阳光热电厂、山东五征农用车、山东泰山民爆三家骨干企业改制为公司，山东银河酒业、山东华龙纺织、山东莲宝矿业3家骨干企业的改制工作也已陆续开展，目前县属企业的改制面已达90%以上。下步对重点企业的扶持，将进一步抓好各项工作措施的落实，特别是在高新技术项目的提报、贴息贷款、封闭贷款等方面加大争取力度，确保每年都有高新项目。

涉及农业农村方面的10件。

1、马志强代表提出“加强植物检疫的建议”。近期县政府将出台《五莲县农业植物检疫办法》，以防止危害植物生长的危险性病、虫、杂草传播，保护农业生产安全。2、管帅、七宝山、汪湖代表团提出“解决墙夼水库水面管理，确保人民生命财产安全”的建议。墙夼水库建于1958年，总库容3.08亿立方米。水库建成后，灌溉工作主要由诸城市管理，渔业生产由全县管理。由于其特殊的地理位置，库区秩序混乱，偷鱼、炸鱼、电鱼及其它危害渔业生产的现象时有发生。特别是东库，由于水质污染，一度放任自流。依据《中华人民共和国渔业法》、水利产业政策等有关法律法规，立足自身优势，本着综合利用库面，全面发展水产养殖业的目的，公开、公平、公正地对水库库面经营、开发权向社会进行了发包。承包后，库区渔业生产秩序，社会治安状况明显好转。库区渔业资源和生态环境得到有效保护。下一步，县政府将协调有关单位，进一步采取有效措施，建立健全规章制度，确保水库水面管理有序，人民生命财产安全。3至10共8件由管帅、七宝山等代表团提出“解决农民拖欠三提五统问题”的建议。县委、县政府高度重视农民拖欠三提五统问题，并对此进行了调查研究。截止到1999年底，全县农户历年欠款总额9078万元，人均213.2元，分别比1995年增加了129%和139%。造成统筹、提留收缴难的原因：一是个别村级班子软弱，凝聚力、号召力差，个别农村干部责任心不强；二是近几年农民现金收入明显减少。三是农民的隐性负担和额外负担增加，使部分农民产生了一定的逆反心理；四是邻里的负面效应；五是教育宣传工作力度不大。针对上述问题，下步主要抓好以下工作：一是大力发展生产，使村民有款可交；兴办公益事业，使村民有款愿交；干部带头交款，使村民有款想交；加强财务管理，使村民交款放心。二是进一步加强农村基层组织建设。三是对农民进行爱国家、爱集体、爱社会主义教育，使农民提高履行义务的自觉性。四是进一步落实党在农村的各项政策，特别是对困难户、病灾户的减免、照顾政策，同时，对一些有交款能力而不交的钉子户采取得力措施组织收缴。五是适当时机在全县进行一次集中清欠活动。

涉及旅游文体广播方面7件。

1、刘光玉代表提出的“重视农业科技，提高科技对农业贡献率”的建议。县政府大力实施“科技兴农”战略，围绕特色农业开发，着力加大科技投入，切实把农业农村经济的增长点转移到依靠科技进步和提高劳动者素质的轨道上来。一是突出解决良种问题。以提高农产品质量为突破口，加快引进推广优良品种，逐步实现农产品的优质化。二是突出抓好科技推广体系建设。充分发挥农业科技示范园的龙头带动作用，引进新技术、新品种，引导技术人员延伸服务触角，以多种方式建立示范基地，解决农技推广“线断、网破、人散”的问题。三是搞好科技培训。注重发挥典型带动作用，利用群众乐于接受的形式，加强培训，培养更多的科技能人，提高农民的科技素质。2、户部代表团提出“开发建设五莲山旅游区投资收入应分成”的建议。五莲山风景区开发牵扯户部、叩官、松柏等乡镇，在几年来的风景区的开发建设中，都做出了较大的贡献，付出了巨大的努力，对风景区的快速发展起到了极大的推进和带动作用，有效地实施了旅游资源的科学、合理开发。针对在开发中相关乡镇投入较大，负担较重的实际，县委、县政府对按比例分成的要求，也有所考虑。现正在吸取各方面的成功经验，结合实际，积极寻求一条全方位开发风景区的途径，以解决各种利益问题的矛盾，走“大环境、大市场、大产业、大旅游”的路子。3、叩官代表团提出“五莲山风景区综合开发建设”的建议。在五莲山风景区的开发建设中，多年来一直本着“谁投资、谁受益”的原则，建立多元化的投资渠道，全面确立“大产业、大旅游”的概念，激励、调动社会各界对旅游业的投入积极性。在五莲山风景区整体开发中，五莲山中路作为主景区的大轴线，对两山连接和共同发展起到至关重要的作用，经专家编制、省建委审批，县人大通过的《五莲山风景名胜区总体规划》，以可持续发展的战略眼光，把大风景区的办公场所、生活场所、服务、娱乐场所及其它基础设施全部确立在五莲山中路，把中路的开发建设作为整体规划的主导部分，五莲山中路将作为大风景区的主要通道，而五莲山东路则会逐渐成为一个出口和建设用路。关于五莲山西路的建设，计划在年底完成游览步道，山底建停车场。4、刘蔚代表所提“帮助解决老年体育锻炼活动场地”的建议。经有关部门的努力，5月上旬已将老年体育活动场地移到县体育场上院，办公楼西侧，并整修了地面，接上了电源，配备了其他必要设施，基本解决了老年活动场所。5、山庄、松柏代表团所提“解决有线电视的建议”。为了使罗圈、杜家沟、山庄、槎河等乡镇的偏僻村庄看好电视，县广播局积极向上级争取项目，以扶贫的形式，最近在这几个乡镇的部分村庄安装了卫星地面接收站，使他们看上了清晰的6个频道的电视。6、赵洪新代表所提“保护栽植百年树”的建议。县委、县政府非常重视古树名木的保护工作。一是颁布了《关于保护古树名木的布告》；二是对百年以上的古树名木进行了普查，登记造册，建立了档案，下一步准备对古树名木进行设置标志，挂牌，重点保护；三是对古树名木落实管护责任制，重点由所在村进行管护；四是林业局积极开展对古树名木管理的宣传，提高对民族历史文化的认识，激发民族自豪感和爱国热情，使人民群众自觉地爱护古树名木。7、叩官代表团所提“加大盘龙河生态经济园建设投入的建议”。叩官镇盘龙河和向阳河的治理，给叩官人民带来了巨大的好处。县里将积极争取上级支持，上下各级共同努力，增加投入，确保发挥更大的效益。

涉及财贸流通方面的9件。

1、七宝山代表团所提“将金矿地方税种留给乡镇”的建议。根据税法和财政体制规定，我国税收收入按行政隶属关系实行分级管理，即县属企业实现的税收作为县直财政收入，乡镇缴纳的税收属于乡镇财政收入。县黄金公司交纳的城镇土地使用税、资源税、房产税等税种无法留给乡镇使用。至于黄金公司采挖矿山对地方资源造成的影响，黄金公司应依法缴纳矿产资源补偿费，黄金公司占用土地，应依法交纳征地费，在确定土地价格时，建议可将造成的影响适当考虑在内。2、李明升等代表所提“建立全县农副产品批发市场”的建议。建立农产品批发市场涉及方方面面的问题，需做进一步的考察、论证，县里已责成工商管理部门积极参与农贸市场的考察论证工作。各乡镇可根据实际确定筹建，按照“谁投资、谁受益”的原则，筹集资金，因地制宜，搞好规划，确保市场建一处，活一处，使其对农村经济的发展真正起到促进作用。3、胡宗利等代表所提“建立山阳乡农副产品综合批发市场”的建议。建立农副产品批发市场，对于发展第一产业，带动第三产业具有重大意义，县政府将做进一步的考察论证，按照“谁投资、谁受益”的原则，动员社会各方面的力量，筹集资金，因地制宜，搞好规划，确保市场建一处，活一处，带动农村经济的发展。4、胡宗利等代表所提“冯家坪水库水被调用应给予补偿”的建议。冯家坪水库的水被用于县城生产和生活用水后，对库区下游造成了一定损失，县政府也非常重视，曾给予一定的物质补偿。针对这一问题，责成有关部门也进行了论证，因库区下游大部分村庄纳入县城总体规划，县政府将在城市建设配套费等方面给予优惠政策，带动其它产业快速发展，以弥补因调水而造成的损失。5、洪凝代表团所提“教育费附加应专款专用”的建议。根据国家有关规定，农村教育费附加纳入财政基金预算管理，实行“乡征县管乡用”的管理办法。全县明文规定11%用于职业教育和特殊教育，其他89%返还乡镇。1997年教育费下划乡镇，县乡财政作了相应调整，留归乡镇用的农村教育费附加已全部打了体制基数，全额返还，用于1995年以来的民师工资、教师工资调整、乡镇教育增人增资等，不足部分便由县财政弥补。1997年以来的农村教育费附加增收部分，也已通过年终体制算帐，按规定将应返还给乡镇的部分进行了返还，不存在返还不足的问题。6、松柏、山庄代表所提“果汁厂拖欠群众苹果款问题”的建议。县果汁厂1996年欠苹果钱100多万元，其中欠基层供销社30万元，欠果农70万元，1999年按5%的比例付给果农5万元，1999年县果汁厂租给乳山果汁厂使用，年租金100多万元。县果汁厂负债3000多万元，仅农行贷款1400万元，县农行已起诉中级人民法院对果汁厂查封，乳山果汁厂租金必须交中级法院，只给县果汁厂20%的租金。目前，县政府正在做市中院工作，给果汁厂提高租金比例，尽快把苹果款返还给果农。7、洪凝代表团、刘善林代表所得“东环路、西环路、洪凝河治理占地还款”的建议。这个问题是一个历史遗留问题，确实需要妥善解决。县里将筹集资金，尽快还清各类欠款。8至9等二个建议由石场、杜家沟等代表团所提“迅速解决拖欠S222省道工程款问题”的建议。1998年竣工的S222省道五莲段拓宽改造工程，是一项利国利民的工程，其资金来源主要是农民和干部职工集资，工程竣工后县财政已将集资款全部拨付到位，并在财力十分紧张的情况下多垫付资金640万元。由于今年财政特别困难，已无力再垫付。县政府将想方设法，多渠道筹集资金，争取尽快解决拖欠工程款问题。

涉及交通通讯方面的7件。

1、丁孝平等10位代表所提“县城至罗圈道路畅通”的建议。关于县城至罗圈乡道路畅通的建议，要做的工作还很多。一是要求乡党委政府搞好公路建设资金的筹措工作，确实做到随立项随开工；二是积极向上级做工作，争取他们立项投资，同时，将积极做好该路段的规划、测量和设计工作，争取早日完成该工程。2、丁孝平等代表所提“解决手机盲区”的建议。接到建议后，县移动通讯公司迅速向市有关部门做了汇报。以前县里也曾多次向市有关部门提建议，在罗圈、槎河等乡镇建基站。但因罗圈地形复杂，传输线路等客观条件制约暂时无法建设基站。今后，将继续努力，争取省公司早立项，解决罗圈等乡镇的盲区问题。3、于家军代表所提“郝李路一村路段桥眼堵塞需清理”的建议。水峪大桥工程经过县公路局的紧张施工，桥眼堵塞等问题已彻底清理，现已竣工通车。4、王晋民等代表所提“在222省道街头段增设红绿灯交通标志”的建议。在公路上设置红绿灯交通标志，应履行以下法律程序：一是由街头镇政府写出申请，经市公路局报省公路局批准；二是由当地公路管理部门与街头镇政府签订协议，在公路需拓宽时，所增设的红绿灯应无偿拆除。5、孙秀志、赵玉顺等10位代表所提“拓宽硬化叩官至魏家道路”的建议。县政府早在1997年就向市交通委打过报告，将魏家乡通往县城的路线确定为林泉–魏家–王世疃–街头路段，并于1997年硬化完毕。对于魏家乡代表提出的硬化叩官至魏家道路的建议，需要做好两个方面的工作：一是全方位地调动起广大人民的筑路积极性，搞好叩魏路的路基拓宽改造工作，为下一步的硬化做好准备。二是积极向上级做好工作，争取他们的理解与支持，早日立项，早日拨款，早日动工。6、7二件建议由许孟等代表团所提“硬化许街路”的建议。许街路作为贯通全县南北交通第二大动脉，县交通局于1999年年初就做了勘测规划，组织实施路基拓宽改造工程，现已基本竣工，为今后的路面硬化做好了准备。现在正在争取市交通委早日立项，早日实现该路段的硬化。

涉及城建方面的15件。1、李继荣、董书任代表所提“加强城区供暖规划管理和建设”的建议。为节约能源，提高城市建设水平，改变污染严重的局面，加强城区供暖规划和建设很有必要。为此，县政府专门成立了领导小组，研究城区集中供热问题，该工程正在规划实施中。2、张善礼代表所提“治理舜尧集市问题”的建议。经县政府批准，舜尧街集贸市场将东迁扩建，建成后占地面积增大，远离城建区，市场摊位拥挤，沿路摆摊等问题都会得到解决。3、洪凝代表团所提“城南绿地建设应进一步搞好科学论证”的建议。城南绿地建设是在充分酝酿、讨论，广泛征求有关专家的基础上规划设计的，在今后的建设过程中，还将广泛听取有关方面的意见，使绿地建设搞得更好。4、石京国、王平等代表所提“搞好城市卫生”的建议。接到建议后，县职能部门高度重视，对城区卫生情况进行了专题研究，决定加大工作力度，使城区卫生状况有较大改善，进一步提高环卫人员的责任心，加大基础设施投入，在资金非常紧张的情况下，再购进一台垃圾车，逐步解决节假日垃圾清运不出的问题。5至15共11件建议由许孟等代表团所提“解决乡镇干部住房”的建议。县委、县政府非常重视解决乡镇工作人员的住房问题，在深入调查论证的基础上，召开多次会议研究方案。根据房改有关规定，于5月1日以五莲县住房制度改革领导小组文件第2号发布了《关于解决乡镇工作人员住房问题的暂行办法》，主要内容：一是住房人员的范围。凡是1999年底前到乡镇工作的人员按规定都可享受本办法的优惠政策，住房的先后顺序由乡镇自定。二是住房人员补贴的标准及补贴办法。补贴标准按房改政策执行，条件允许的可上浮10–15%，资金从乡镇财政列支。三是住房建设的办法及建房优惠政策。建房采用统一规划，统一设计，统一标准，集中连片开发的办法。开发过程中给予最大限度的政策照顾。四是要全面贯彻执行房改政策，确保住房公积金和补贴等政策落实到位。通过该办法，逐步解决了乡镇工作人员的住房政策等问题，解除了他们的后顾之忧。

涉及其它方面的1件。于里镇代表团所提“反映乱收费问题”的建议。该建议县物价局、监察局承接后，立即组成专门工作班子，走访人大代表，经调查，有关部门多头收费、交叉收费情况属实。为此，有关部门改正了工作方法，与收费单位达成协议，严格依法收费。使这一问题得到了圆满解决。

（二）列入计划逐步解决的9件，占总数的15%。

涉及工业方面的1件。

李明升代表提出的“成立中小企业及私营企业担保基金问题”的建议。近几年来，中小企业贷款难、担保难问题，一直比较突出，在全县成立中小企业及私营企业担保基金也非常有必要，但法律法规及上级有关部门在这个问题上要求地方各级政府慎重对待，不得违反政策，否则将严肃处理。对此，将根据上级部署，借鉴外地经验，待条件成熟后，再予办理。

涉及财贸方面的8件。

1、王洪香代表提出“请政府加大对农村学校特别是偏远农村学校资金投入”的建议。近年来，县委、县政府为便于各乡镇发挥自身优势，制定切实可行的财源建设规划，在全县实施了乡镇财政自给工程，实行“乡财乡理、乡事乡办、分级管理、分灶吃饭”的管理体制。关于加大对农村学校特别是偏远农村学校的投入，在近日召开的全县科技教育暨学校思想政治工作会议上，下发了莲发〔2000〕22号、莲政发〔2000〕9号两个文件，明确规定：当地政府要将学校投入作为大事来抓，要根据当地经济、教育发展状况和群众承受能力，坚持依法、自愿、量力、专款专用的原则，通过资金、实物和劳务等方式，加大对农村学校的投入，解决因资金短缺影响教育发展的矛盾，努力改善学校校舍、设施落后局面。2、3、4、5共四件建议由洪凝等代表团所提“全县教师工资应由教委统一发放”的建议。根据上级关于县乡财政管理体制有关方面的规定，即“乡财乡理、乡事乡办”，乡镇教师工资的发放渠道，目前的财政体制符合这一精神。另外，据了解，目前全省各区县还没有把乡镇教师工资纳入县统一发放的。6、7、8 等三件建议由院西等代表团所提“归还县造纸厂集资问题”的建议。1997 年 4 月份，全县组织动员了全县行政、事业单位的在职干部职工筹集了部分资金，重点支持了造纸厂新上 1880/350 特种薄纸技改项目投资。当时规定使用期为两年，年利率为 129.5%。集资到期后，由于种种原因，本息难以兑付。为了取信于全县广大干部职工，去年县委、县政府决定，先将集资利息分期兑付下去，本金再延期两年，延期后的利率略高于银行存款利率。自去年以来，经过造纸厂千方百计筹集资金，加之财政垫付一部分，分别于 1999 年 8 月份兑付了乡镇教育两年集资利息 110.3 万元，于今年 4 月中旬兑付了乡镇其他部门集资利息 74.4 万元。至此，乡镇干部职工利息已兑付完毕。当前，县直部门的集资利息仍在积极筹集。

## 县十四届人大三次会议代表建议一览

（2000 年 3 月）

| 代表姓名 | 标　　题 |
|---|---|
| 王荣臻 | 应切实加强对重点企业的扶持 |
| 李明升 | 成立中小企业及私营企业担保基金问题 |
| 石京国 | 加强植物检疫的建议 |
| 管帅、七宝山、汪湖 | 解决墙夼东库水面管理，确保人民生命财产安全的建议 |
| 管帅、七宝山 | 解决农民拖欠三提五统的建议 |
| 孙秀志 赵玉顺 | 解决农民拖欠三提五统的建议 |
| 王荣臻等 | 解决农民拖欠三提五统的建议 |
| 松柏、山庄 | 解决农民拖欠三提五统的建议 |
| 李福等 | 解决农民拖欠三提五统的建议 |
| 刘光玉 | 重视农业科技，提高科技对农业贡献率 |
| 王洪香 | 请政府加大对农村学校特别是偏远农村学校资金投入 |
| 户部代表团 | 开发建设五莲山旅游区投资收入应分成 |
| 叩官代表团 | 关于五莲山风景区综合开发建设的议案 |
| 刘蔚 | 帮助解决老年体育锻炼活动场地的建议 |
| 山庄、松柏代表团 | 解决有线电视的建议 |
| 罗圈乡代表团 | 设立罗圈乡医院门诊部的建议 |
| 赵洪新 | 关于保护栽植百年树的建议 |

| 胡宗利等 | 冯家坪水库被调用应给予补偿 |
|---|---|
| 叩官代表团 | 关于加大盘龙河生态经济园建设投入的议案 |
| 七宝山代表团 | 将金矿地方税种留给乡镇的建议 |
| 李明升等 | 建立全县农副产品批发市场 |
| 胡宗利等 | 建立山阳乡农副产品综合批发市场 |
| 洪凝代表团 | 全县教师工资应由教委统一发放 |
| 洪凝代表团 | 教育费附加专款专用的建议 |
| 马英兰 | 关于要求把乡镇教师工资上划、集中管理的提案 |
| 马英兰 | 妥善解决中小学教师工资的问题 |
| 中至代表团 | 教师工资由县统管 |
| 松柏、山庄 | 果汁厂拖欠群众苹果款问题 |
| 洪凝代表团、刘善林 | 东环路、西环路拓宽、洪凝河治理占地还款的建议 |
| 中至代表团 | 归还县造纸厂集资问题 |
| 院西代表团 | 归还县造纸厂集资问题 |
| 松柏、山庄 | 归还县造纸厂集资问题 |
| 石场、杜家沟 | 迅速解决拖欠 S222 省道拖欠工程款问题 |
| 周家平、王晋民 | 迅速解决拖欠 S222 省道拖欠工程款问题 |
| 丁孝平 王德玉等 | 县城至罗圈乡道路畅通的提案 |
| 丁孝平等 | 解决手机盲区问题 |
| 于家军 | 郝李路一村路段桥眼堵塞需要清理 |
| 周家平等 | 关于在 222 省道街头段增设红绿灯交通标志的建议 |
| 孙秀志 赵玉顺等 | 拓宽硬化叩官至魏家道路的建议 |
| 松柏、山庄 | 硬化许街路的建议 |
| 徐金年 张善礼 | 治理舜尧街集市问题 |
| 洪凝代表团 | 关于城南绿地建设应进一步搞好科学论证的建议 |
| 徐金年 石京国等 | 关于城市卫生的建议 |
| 松柏、潮河 | 解决乡镇干部住房的建议 |
| 管仁评 | 县技术监督局乱收费问题 |
| 孙秀志 赵玉顺 | 关于农村干部退休政策的修订问题 |
| 赵玉顺等 | 建议将农村基层干部社会养老保险制改为退休制 |

**2001年2月在县十四届人大第四次会议上**，代表共提出建议、意见55件。截止2001年6月，所提问题已经解决的32件，占总数的58%，正在加以解决的17件，占总数的31%；所提问题列入计划逐步解决的6件，占总数的11%，办理的结果分为三种情况：

（一）所提问题已经解决的32件，占总数的58%。

涉及工业方面的3件。

1、张永善代表提出的“关于工业发展问题”的建议。县委、县政府高度重视工业发展，始终把工业经济的发展作为经济工作的重中之重来抓，认真实施“工业带动”战略，成立了县属工业工作领导小组，定期召开会议，研究解决县属工业发展中遇到的困难和问题。实施了县级领导包企业责任制。对企业的技改项目、新产品开发、改革、改制实行一项一组，从组织领导上保证了工业经济的持续健康发展。对列入2001年的技改项目计划的有13项，截止目前，限额企业共实施技改项目11项，落实到位资金8933万元，完成工作量5885万元。为加快项目的进度，确保项目按期投产达产，拟成立由县五大班子有关领导亲自挂帅的13个项目领导小组。今年县里参加了上海、西安等地的产品交易洽谈会，考察市场、筛选项目，积极探索高新技术领域。在上下的共同努力下，经过9个月的日夜奋战，黄原胶项目于今年2月份顺利投产，效益显著，这是全县在生物工程领域的一个突破。在企业改革上，围绕全年企业改革目标、强化对企业改革的组织领导，调整充实了企业改革指导工作组，成立了9个企业改革工作组。各改革工作组目前正靠在企业一线组织指导企业各项改革改制工作紧张有序地进行，推进现代企业制度的建立。2、于里、洪凝代表团提出的“关于兑现乡镇奖励政策”的建议。按照县委、县政府出台的《暂行规定》，由县财政出资奖励对象是发展较好的乡镇党委、政府和党委书记、乡镇长或有功人员，而各乡镇企业的奖励由各乡镇财政出资。由于2000年底，乡镇区划和各党委书记、乡镇长等众多人事变动，奖励资金不好兑现，最后经县委、县政府研究决定，对乡镇党委、政府的奖励取消，但各乡镇对企业、村居的奖励由各乡镇自行解决。

涉及农业方面的5件。

1、户部代表团提出的“关于建立果品生产信息、销售中心”的建议。县委、县政府对果品销售高度重视，针对果品销售困难的问题，今后全县采取以下措施抓果品销售：一是县委、县政府成立以县果品公司、外贸公司为龙头的果品销售机构，县政府有一名副县长专抓果品产前、产中、产后服务工作。二是抓流通服务组织建设。在充分发挥国营商业销售单位龙头作用的同时，积极培育代理商、批发商等中介，大力发展农民经纪人队伍和民间流通组织，形成万户生产、千人销售的销售大军。三是建立果品销售信息中心，县里要在各大中城市设果品销售信息联络员，舍得花钱买信息。四是讲信誉，抓果品质量促销售，充分发挥全县“飘香牌”、“莲冠牌”、“金栗牌”等绿色食品的品牌优势，靠品牌打市场。五是加强龙头建设，县里要重点培植和膨胀县板栗粉厂、县果汁厂等现有龙头加工企业，搞深加工、多次增值。六是搞好果品的贮藏，延长市场供应期。2、潮河镇李明升等代表提出的“在潮河镇建立苗木基地”的建议。2000年经过有关部门的共同努力，争取国家林业局在五莲县建立苗木繁育基地，根据其技术性很强的特点，必须建在国营场圃。县政府最后决定建在县园艺场，潮河镇可以建立镇林木良种苗木繁育基地，县政府将责成林业局全力给予技术指导。3、户部、于里代表团提出的“关于收缴农户欠集体陈欠款”的建议和“关于加强农村清欠及基金会贷款清缴工作”的建议。县委县政府今后将采取以下措施：一是各级党委、政府要大力发展生产，使村民有款可交；二是进一步加强农村基层组织建设；三是要采取积极措施教育欠款农民提高履行应尽义务的自觉性；四是进一步落实党在农村的各项政策；五是适当时机在全县进行一次集中清欠活动。另外，基金会清收问题，按照属地化负责的原则，应由各乡镇党委、政府采取得力措施，加大清收力度。4、叩官代表团提出的“关于抓好农业、林果业科技示范园”的建议。近年来，全县科技示范园年实现经济效益都在1000万元以上，有效地发挥了农业科技带动作用。今后，全县将突出抓好五点：一是抓点带面，点面开花，促进全县的农业科技示范园区建设上水平；二是加快高新技术引进示范推广；三是加强与大专院校、科研院所的联系，引进人才和高新技术；四是采取多种形式搞好技术培训，努力提高广大农民的科技文化素质；五是把农业科技示范园区建设纳入项目化管理，列入全县农业农村工作考核奖励的重要内容。

涉及旅游文教卫生方面的4件。

1、户部代表团提出的“关于进一步规范乡村医生管理工作”的建议。为加强乡村医生管理，保障人民群众身体健康，县政府责成卫生局就乡村医生和卫生室管理重点做了三个方面的工作：一是治理药品购销渠道，从源头上杜绝假冒伪劣。二是加大了药品市场管理力度。三是卫生局正在研究制定全县村卫生室管理办法，以加强对村卫生室的管理。2、郑保国代表提出的“关于发展卫生事业”的建议。为推动卫生事业持续发展，保障全县人民身体健康，县政府将继续执行“三包一定”的财政拨款政策不变。3、户部、松柏代表团提出的“关于对五莲山、九仙山周边乡镇给予一定提成”的建议。针对上述问题，县政府制定下发了莲政发〔2001〕6号文件《关于加快五莲山旅游风景区建设的决定》，即对松柏乡投资投工和叩官、户部等乡镇修路投工的补偿，由县政府组织有关部门进行严格的审计、评估，确认后以股份形式入股。鉴于近几年是大投入、大开发、大建设阶段，可由风景区管委会从每年门票中拿出 10 万元，按松柏 5 万元、叩官 3 万元、户部 2 万元给予返还，专项用于农业建设。将来随着旅游效益的增加，再按各自的股权递增返还比例。

涉及财贸流通劳动方面的 13 件。

1、于里代表团提出的“关于避免资金外流”的建议。县委、县政府已引起高度重视。目前已采取了部分措施：一是建立五莲县工业园，对入园项目实行最低收费。二是预备成立五莲县工业园管理委员会办公室，对入园项目实行“一站式”管理，“一条龙”服务，“封闭式”收费，从而达到保护和支持本地企业、避免资金外流的目的。2、洪凝代表团提出的“关于改善投资环境，防止税源外流”的建议。今后，全县将采取如下措施。一是严格依法治税，为企业发展创造良好的公平竞争环境。二是优化服务，落实税收优惠政策，防止税源外流。三是加强税收宣传，营造良好的税收法制环境。3、汪湖代表团提出的“关于国税县乡分成”的建议。根据上级政策精神，1997 年全县改进和完善县乡财政体制过程中，一方面充分考虑了乡镇财政的既得利益，在增值税乡镇固定分成 25%的基础上，将增值税返还收入打入了乡镇财政补助（或上解）基数；另一方面，为充分调动乡镇征收增值税收入的积极性，县确定增值税超基数部分乡镇再分成 15%。分税制改革后，随着增值税收入的不断增长，地方税收返还比例不断下降，据此对乡镇增值税超收分成比例也作了相应地调整。4、洪凝、许孟镇代表团提出的“关于撤并乡镇后固定资产移交的建议”和“乡镇合并后县政府无偿调用车辆问题的建议”。乡镇撤并后为了减少乡镇非生产性开支，县政府对撤销乡镇的小汽车进行了调配，这是考虑实际工作的需要而进行的无偿调拨，其资金不应由财政负担。至于过户问题，将责成有关用车单位按有关规定办理。5、李孟秋代表提出的“关于西北部综合开发项目申请资金扶持”的建议。县委、县政府在财政困难的情况下，已经按照 2000 年 8 月 31 日第 28 次县长办公会议的精神，连续三年每年从县财政拿出 50~100 万元扶持西北部开发。6、陈修学代表提出的“关于税收返还支持酒厂发展”的建议。自 1993 年税制改革后，国务院三令五申，凡是地方制定的先征后返政策一律停止执行。因此，县政府不能违背国家政策，只能尽最大努力，通过正常的财政支出渠道安排资金，适当给予支持。7、洪凝代表团提出的“关于县造纸厂集资应尽快还清”的建议。县委、县政府多次研究，在目前造纸厂效益不好、县财政十分困难的情况下，尽最大努力筹措资金于今年 4 月份兑付了 50%的本金。其余集资县政府将敦促并协助造纸厂明后两年逐步解决。8、洪凝、叩官、许孟代表团、李明升等代表提出的“关于以全县统一的工资发放标准发放教师工资”和“卫生部门工资统一问题”的建议。县政府非常重视教师工资发放问题，农村中小学教师工资由各乡镇财政发放，是根据

“分级办学、分级管理”的体制确定的，适合全县实际，也相同于周边区县的做法。至于乡镇之间工资发放标准不尽相同，主要是由于乡镇与乡镇、乡镇与城区之间经济发展不平衡造成的，但从发放情况来看，其数额都没有低于国家规定的“六保标准”。下一步对教师工资的发放问题，完善乡镇财政体制时一并考虑。另外，卫生系统是差额单位，财政只能负担一部分。9、杨秀丽代表提出的“关于下岗职工生活保障”的建议。为保障失业下岗职工基本生活，近几年来，全县做了许多积极工作，取得了明显成效。自2000年元月起，对5处企业1177名困难职工按每人每月120元的标准给予救济，目前正积极筹集资金，争取尽快足额及时发放救济金。今后，将重点抓好以下5个方面。一是积极引导失业职工要进一步解放思想，主动创业就业，从根本上解决自身生活问题。二是要充分发挥企业、行业的作用，千方百计挖掘潜力，发展经济，自觉消化吸纳富余职工。大力发展新兴第三产业和劳服企业，创造新的就业岗位，解决下岗职工生计问题。三是劳动保障部门将加快全县劳动力市场建设步伐，大力培育劳动力主市场，多方面搜集信息，为下岗职工再就业牵线搭桥。四是企业要认真落实有关企业用人制度，优先录用失业职工，确保失业职工尽快上岗。五是积极落实失业职工优惠扶持措施，促进失业职工和企业富余职工尽快实现再就业。

涉及交通通讯方面的2件。

1、洪凝代表团提出的“关于舜尧街和金龙花园小区进一步完备通讯设施”的建议。在电信局干部职工的共同努力下，目前，该地区工程建设全部竣工，可满足该地区用户的装机需求。2、洪凝代表团所提“关于公交车应设站管理”的建议。县城的公交车是去年新上的，由于运行初期，乘客量小，所以采用了随叫随停的运行方式，待运行一定时间并达到一定规模后，再按照城市公交车站点规划要求，进一步加强公交车的规范管理，以确保公交车更好地服务于人民群众，防止和避免因随叫随停而发生交通事故。

涉及城建方面的4件。

1、洪凝代表团提出的“关于舜尧街集贸市场管理”的建议。今年以来，工商局会同大尧村委设立了五莲县舜尧街集贸市场管理办公室，利用近一个月的时间统一对市场进行治理，使其归行划市基本到位，道路已经畅通，摊位摆放整齐，管理进一步规范。2、张永善代表所提“关于城市建设问题”的建议。全县1998年就成立了基建项目领导小组，对于符合要求的基建项目严格执行“规划一张图、审批一支笔”制度，从而杜绝了基建项目的滥批乱建现象。3、厉明彦代表提出的“关于优化学校周边环境的建议”。县政府已责成县建委组织力量尽快净化五莲一中周边环境，依法拆除临时乱搭乱建建筑物，以确保学校的正常教学秩序和交通安全。4、汪湖代表团提出的“关于乡镇未建成住房问题”的建议。县委、县政府非常重视上述建议，并分别于5月5日、5月8日召开了书记办公会议和县房改领导小组会议进行了专题研究。会后，专门下发了文件解决上述问题。（1）乡镇工作人员凡符合1999年12月31日前房改优惠政策、且于2000年3月31日前到县房管部门办结有关房改手续的，承认其房改有效。（2）乡镇工作人员享受一次性住房补贴要严格按照房改发〔2000〕第2号文件执行。（3）对撤并乡镇前未参与优惠政策分房且未享受一次性住房补贴的人员，合并乡镇后由现工作单位给予一次性住房补贴，最高可上浮15%。（4）县直有关部门要加快经济适用住房的开发建设，尽快解决缺房问题。（5）鼓励乡镇自行开发建设经济适用房，解决乡镇工作人员住房。（6）鼓励、支持乡镇一般工作人员回村建房或购买住房。

涉及治安方面的1件。

李兆明代表提出的“关于保持社会稳定的建议”。今年以来，全县公安机关充分发挥职能作用，以维护稳定为己任，坚持严打、严防、严管、严治多措并举，确保了全县人民群众安居乐业，确保了改革开放和经济发展的顺利进行。

（二）正在加以解决的17件，占总数的31%。

1、潮河镇李明升等代表提出的“关于在潮河镇建立茶叶营销基地”的建议。目前全县茶园80%的茶园面积分布在潮河镇30多个村庄，根据这一实际，可考虑将茶叶基地建在潮河镇。同时，借鉴外地经验，组织村里的能人成立营销队伍，将产品打入华北等地区大中城市。2、许孟代表团提出的“关于支持扩大许孟瓜菜批发市场”的建议。扩大瓜菜批发市场涉及方方面面的问题，县政府将责成有关部门积极参与论证和搞好协调工作，乡镇可根据实际研究扩建方案。按照“人民市场人民建设，谁投资谁受益”的原则，动员社会力量，筹集资金，因地制宜，搞好多方支持与协作，以更好地搞活市场，提高效益。3、松柏代表团提出的“关于果汁厂欠果农水果款问题”的建议。县果汁厂截止到1999年还欠果农70多万元，1999、2000年每年支付给果农9万余元，小额500元以下的基本付清。99年、2000年果汁厂租给乳山果汁厂使用，年租金100多万元。因县果汁厂欠农行贷款1400万元，所以乳山的租金80%被法院扣押，为尽快归还果农欠款，县政府将尽力协调农行多给果汁厂留点租金，在三年内按比例归还果农欠款。4、石场代表团提出的“关于222省道红泥崖段工程款兑付”的建议。石场负责的工程段，已分别于1997年拨付31万元，1998年拨付123万元，1999年拨付15万元，2000年拨付20万元，累计拨付189万元，已占工程总造价的67%。下一步将积极筹集资金，逐步兑付工程款。5、于里镇代表团提出的“关于加大乡镇农业税分成比例”的建议。全县乡镇机构建制撤并工作已全部结束，但考虑到乡镇财政体制政策连续性和农村税费改革等因素，初步确定目前只对镇财政补助（或上解）基数作简单的合并调整，暂不作大的变动，待乡镇机构改革和精减人员结束后，再作调整和完善。6、许孟镇代表团提出的“关于农村税费改革后县政府应高度重视并帮助乡镇克服财政困难”的建议。县委、县政府高度重视农村税费改革，但税费改革的条件尚未完全成熟，上级要求暂停，继续征收“三提五统”，各乡镇可加强农业税收征管，增加镇级财力，克服财政困难。7、厉明彦代表提出的“关于保证教育经费”的建议。今年，对县直其他事业单位的人员经费进行了大幅度压减，而对教育系统的人员经费没有压减，这充分体现了县委、县政府对教育工作的重视。上述建议可待根据省、市有关精神，将教育布局重新调整后再予统盘考虑。8、李世清代表提出的“关于解决拖欠职工工资”的建议。县政府将责成其主管部门结合企业实际，积极采取各种有效措施，力争使企业尽早运转起来，让职工有活干，有饭吃，逐步解决企业拖欠职工工资问题。9、街头代表团提出的“关于在222省道街头段设立收费站”的建议。在省道上设立收费站应由市政府向上级申请。县政府将积极做好有关部门的工作，争取早立项，早日设立收费站。10、高泽代表团提出的“关于高泽、宝山道路接管”的建议。县政府多次责成县交通局向市交通局汇报请示，但一直没有结果。今后，县政府将加大工作力度，争取使市交通局将该路段尽快纳入正常养护与管理。11、许孟、松柏代表团提出的“关于硬化许街路”的建议。县交通局早在1999年年初就做好了勘测规划，并进行了路基改造，去年又向市交通局打过立项硬化报告，但由于资金原因，市交通局没有批准。今年年初县交通局向市交通局以莲交发〔2001〕13号文件的形式再次申请立项开工，保证随立项随开工，早日实现该路段的硬化。12、洪凝代表团提出的“关于南环路西段硬化问题”的建议。县政府已经将该硬化工程列入2001年城建计划，待财政资金到位后，便组织施工。13、洪凝代表团提出的“关于解放路、罗山路乱摆摊点”的建议。经过治理，目前解放路中段已基本无乱摆摊点现象。今后，县政府将责成有关部门进一步加大管理力度，将解放路的乱摆摊点、占道经营等坚决予以取缔，保证道路畅通，使城区环境大有改善。14、于里、街头代表团所提出的“关于加快小城镇建设”的建议。近年来，对乡镇范围内征收的城建税，已实行了县乡五五分成的办法，对城市增容费收入的40%已返还乡镇，另外，县政府无权减免城建税。今后，将视财力状况，重点加大对中心镇的建设支持力度。15、李惠敏、丁金胜代表所提的“关于对群众普遍关注的重大建设项目建立专项审计、报告、公示制度”的建议。几年来，全县所有城市建设项目都是严格按照县城总体规划的要求，进行反复论证后，编制出《城市维护建设工程项目及资金使用实施计划》，对专项资金的使用情况，是待工程竣工后，由建委组织编制工程结算书报县审计局全面审计后报县委、县政府、县人大等领导及有关单位，并进行公示。

（三）列入计划逐步解决的6件，占总数的11%。

1、叩官镇代表团提出的“关于加大盘龙河、向阳河流域开发”的建议。县委、县政府把加快盘龙河、向阳河小流域综合开发列入重要议事日程，不断加大争引力度。去年将其列入了全县重点小流域规划治理项目，而且将该项目上报省水利厅，以争取上级资金扶持，尽快使向阳河、盘龙河小流域治理开发工程上规模、上水平。2、李孟秋等代表、石场代表团提出的“关于学庄水库和石亩子水库建设配套”的建议。近几年，由于水利建设资金投入不足，干渠老化、失修、损坏、渗漏严重，虽然国家也投入部分资金进行修复，但仍不能保证灌区充分发挥作用。今后，将尽最大努力积极向上级争取资金扶持，搞好工程配套建设。3、高泽代表团提出的“关于汪崖等村的扬水站工程配套”的建议。1999年，经过协调上级业务主管部门，争取了库区扶贫开发资金30余万元，对该扬水站进行了改造、扩建，但仍有几百亩的土地长期受旱。下一步，县政府将把该工程列入库区扶贫重点基建工程，以争取上级下拨资金进行扶持。4、李兆明代表所提的“关于申请资金扶持”的建议。县委、县政府高度重视，县主要领导多次召开资金筹集协调会，帮助筹集资金80余万元用于该工程建设，其中县财政扶持50余万元，县水利局扶持10万元。现该工程的提水主体工程已于去年底完成，并已进行了试车运行。但从目前情况看，由于建设后续资金投入不足，致使渠道配套和土地整平等灌区工程被迫搁浅。目前，国家对一般中小型工程实行市县乡分级负责制。对此，县里将尽最大努力积极向上级争取资金扶持。5、汪湖代表团提出的“关于增加财政拨款”的建议。现行财政体制是分税制的包干体制，该体制明确规定，乡镇的各项增人增资等因素全部由乡镇自行消化。下一步将在进一步调查研究的基础上，充分考虑乡镇财政状况，再对现行乡镇财政体制作进一步调整和完善。

**2002年2月在县十四届人大五次会议上，**县人大代表共提出建议、意见42件。截止到2002年6月，所提问题已经解决的14件，占总数的34%，正在解决的15件，占总数的35%；所提问题列入计划逐步解决的13件，占总数的31%，办理的结果分为3种情况：

（一）所提问题已经解决的14件，占总数的34%。

涉及工业方面的3件。

1、于里代表团提出的“建议县政府真正落实以奖代补的积极财政政策”的建议。县政府早于2000年即下发了《关于乡镇财政自给工程实施意见的通知》，对乡镇财政自给奖励政策已作了明确规定。对企业税收奖励政策，县政府也作了布置和安排。2、李明升代表提出的“制定规范性文件，加大招商引资力度”的建议。对此问题，县委、县政府高度重视，为进一步加大招商引资力度，县委、县政府于2000年8月6日以莲发 35 号文件发布了《五莲县招商引资优惠政策》。该《政策》第二条明确规定适用于全县范围内的外来投资并详细规定了土地使用、税费收取等方面的内容。3、洪凝镇代表团提出的“关于兑现年初制定的各项奖励政策的建议”。县政府年初制定的加快民营经济发展奖励政策在全县经贸工作会议上已作了全面落实，应该说不存在临时修改和不兑现的问题。

涉及农业方面的 2 件。

1、洪凝代表团提出的“关于封山育林问题”的建议和陈修学代表提出的“坚持植树造林，遏制环境恶化”的建议。县委、县政府高度重视，针对保护古树名木工作，县政府已发过两次保护古树名木的通告，并对重点林区设立了“封山令”碑。去年以来，责成林业部门对树龄较大的古树进行了登记造册，并于 1999 年下发了《封山育林管理办法》，加强了对林木砍伐的管理，以保护环境，美化五莲。关于建议所提苗木问题，近几年来，全县育苗面积都在 3000 亩以上，各乡镇大部分村庄都有自己的育苗基地，县里还有 3 处国营苗圃，已基本上满足了本县造林所需。

涉及财税方面的 3 件。

1、洪凝代表团提出的“关于实行收费听证制度”的建议。根据《山东省行政性事业性收费管理条例实施办法》第 8 条之规定，省级以下政府无权设定收费项目，也无权制定和调整收费标准，因此无须进行收费听证。2、高泽代表团提出的“关于要求拨付专项资金对高泽镇中心小学的危房和校舍进行改建”的建议。县委、县政府高度重视这一问题。去年，县政府已责成有关部门对农村中小学的危房情况进行了统计，并安排专项资金对 D 级危房进行了修缮、改造。现在，D 级危房改造工程已基本完成，应该不存在严重影响教学工作的危房了。今年，县政府将统筹考虑，继续对其他类危房改造安排专项资金进行支持。3、李世清代表提出的“降低工商管理费征收”的建议。县工商部门这次调整收费标准，是在多年没有调整、当前物价稳定的情况下依照有关规定实施的，从调整后的情况看，民营经济发展势头良好。至于在实际征收中发生的偏差，县政府将责成工商部门加大稽查力度，严肃处理有关人员，以促进全县经济健康发展。

涉及交通方面的 3 件。

1、石场代表团提出的“关于集日停止检车繁荣乡村市场”的建议。根据法律规定，各交通主管部门检车是在履行法律赋予的职责，县政府充分考虑到农村的实际，已责成主管农机部门在乡镇逢集时，对有牌照的拖拉机不进行检查，只对无牌拖拉机进行适当检查。2、李孟秋等代表提出的“关于向中至镇通公交车”的建议和李春光等代表提出的“关于县城公交车延伸到高泽镇驻地”的建议。公交车是在城区建成区运行的车辆，全县公交车公司在成立时已与县建委签订了合同，详细规定了运行路线，县政府也已明确确定公交车必须在既定的线路内运行，同时，如公交车扩大经营范围，势必侵占其他营运客车的线路和权益，从而引发不安定因素，因此，公交车不能向乡镇延伸。

涉及文化科技教育方面的2件。

厉明彦代表提出的“关于加大人才资源培植和挖掘力度”的建议。县委、县政府高度重视人才资源问题。自1990年代以来，全县相继出台了一系列关于人才引进的优惠政策，并陆续引进了一批社会上的人才和高校毕业生。现在，这些人才已在各行各业大显身手。近几年，随着经济的快速发展，人才的增加与实际需求相比明显滞后，下一步，县政府将继续制定和完善全县人才指导性政策，充实壮大全县人才队伍，为全县经济建设服务。2、曹春霞代表提出的“加强城区网吧管理”的建议。县政府责成文化主管部门立即行动，对业主进行了一次集中教育整顿和法律法规培训，并同业主签定了责任书，平日里采取明查与暗访相结合的措施，有力地规范了营业场所的经营行为。

涉及其它方面的1件。

洪凝代表团提出的“关于加大对修改制订、废除各项收费制度的督查力度”的建议，经过前一段时间的努力，乱收费现象已基本上得到了控制，但个别单位仍时有发生。今后，县政府将加大督查力度，对乱收费现象进行严肃处理，尽力创造一个有利于个体私营经济发展的宽松环境。

（二）正在加以解决的15件，占总数的35%。

1、石场乡代表团提出的“关于石亩子水库渠道急修”的建议、中至镇代表团提出的“关于万牛湖万亩旱播地水利配套”的建议和“关于申请学庄水库东干渠水利配套工程”的建议。水利对农业经济和社会发展有着重要的意义。县委、县政府高度重视水利建设，其中在万牛湖主体工程建设中，县主要领导多次召开资金筹集协调会，帮助筹集资金80余万元用于该工程建设，其中县财政扶持50余万元，县水利局扶持10万元，有力地保障了提水主体工程的顺利完工。但从目前情况看，国家对水利的投资主要集中于大江、大河和对国民经济及社会发展关系重大的水利工程，对一般中小型工程实行市县乡分级负责制，而全县目前财政十分困难。因此，暂无力拨付建设资金。下一步，县政府将一方面致力于发展经济，一方面积极向上级争取资金扶持，以尽快解决水利资金缺乏问题。2、李明升代表提出的“成立办理项目手续办公室”的建议。为进一步加大招商引资力度，县政府在出台有关优惠政策的同时，已经成立了行政审批制度改革领导小组。目前，行政审批制度改革正在进行，拟对审批项目压减50%，至于合署办公的问题，县里将结合实际在机构改革时一并考虑。3、许孟代表团、于里代表团、高泽代表团提出的“关于取消并退回乡镇企业管理费”的建议。经县政府研究，对2001年代扣的乡镇管理费不再退回，在机构改革时将取消乡镇企业管理费收费项目。4、石场乡代表团提出的“改变财政体制缩小乡镇工资差别”的建议。工资发放事关干部职工的切身利益，县委、县政府历来十分重视。去年，根据国家出台的两资增资政策，经过反复测算研究，充分考虑全县财政状况，县政府确定了全县工资发放调整方案，保证了干部职工工资适当增长的同时，逐步缩小了县乡工资发放标准的差距。目前，县乡工资仍存在较大差距，是客观存在的实际问题，解决这一问题，需县乡两级共同努力，加快经济发展，力争在最短时间内实现工资的全额发放。5、许孟代表团提出的“关于吕街路许孟段硬化”的建议。自去年以来，县委、县政府已责成交通部门多方争取，使吕街路南段列入了市交通局今年的道路硬化计划，现已完成了前期规划工作，该路段总投资800万元，其中市交通局投资400万元，地方投资400万元，因路线较长，硬化负担太重，所以在今年完成南段硬化后；再继续争取市局立项，将北段列入下步硬化计划。6、于里代表团提出的“关于延伸郝李路西段”的建议。郝李路属省道，省道改线、扩建、延伸工程必须经省交通厅审批并列入全省公路建设规划。县政府已责成县公路局向上级积极争取。7、洪凝代表团提出的“关于综合治理城区、广场卫生”的建议和陈修学代表提出的“强化县城综合治理、突出解决解放路脏乱差现象”的建议。五莲广场自建成以来，县政府责成建委严格管理，目前，广场已配备了32名管理人员。保洁人员实行全日保洁制度，但因资金制约，部分配套工程如厕所等无力建设。下一步，县政府将充分考虑上述现状，尽快拨付资金进行建设。至于解放路等城区的环境卫生问题，因改造投资需374.97万元，目前县财政十分困难，因此，进一步拓展改造已无力进行。今后，县政府将责成有关部门加大管理力度，严格执行《五莲县解放路管理规定》，有效盘活存量资产，严格落实“门前三包”责任制，维护环境卫生。8、洪凝代表团提出的“关于县城公交车设停车点”的建议。全县公交事业起步较晚，现仍处于发展阶段，县政府已责成主管部门尽快制作设立停车点及路牌。9、厉明彦代表提出的“关于加快中等教育结构调整，优化教育资源配置，以适应教育事业的发展”的建议。近几年来，全县中等教育结构取得了许多成绩，全县结合县情，制定了初步的中等教育结构调整计划，确定了“适度扩大普通高中教育，加快发展职业技术教育，培养全面发展适应社会发展需要的人才”的调整原则，但受县财政困难等客观因素的制约，县政府决定分步组织实施调整计划。10、王和禄等代表提出的“关于加大对乡镇民营经济资金投入”的建议。县政府责成县人民银行进行了认真研究，下一步，人民银行将采取增加有效信贷投入，优化信贷投向，完善信贷投入方式等6条措施逐步解决这一问题。11、王学花代表提出的“关于供销系统资产应酌情处理”的建议。近年来，供销社的问题已影响到全县经济和社会稳定，县委、县政府高度重视。为解决这一问题，县政府责成商贸委、县联社等有关部门于今年4月份到平邑、曲阜等地进行了考察学习，并于今年5月21日由县政府主要领导召集法院、财政局等17个单位召开了关于供销系统脱困的专题会议，决定采取8条扶持措施，帮助供销系统早日摆脱困难局面，解决历史遗留问题。

（三）列入计划逐步解决的13件，占总数的31%。

1、韩义芳代表提出的“关于增加乡镇桑烟特产税分成”的建议和街头代表团提出的“关于发展中心镇城市建设”的建议及于里代表团提出的“城建税全部留给乡镇使用”的建议。其中涉及的增加乡镇特产税分成比例和将城建税全部留归乡镇使用问题，一方面，涉及县乡财政体制的改革，政策性强；另一方面，今年还面临着税制改革、增加工资、农村税费改革等各项改革，从目前情况看也不宜重新调整县乡财政体制。县政府决定待各项改革结束后，在统一调整完善乡镇财政体制时一并考虑。2、洪凝代表团提出的“关于1997年洪凝河综合治理征地附着物还款”的建议和刘善林代表提出的“关于1994年东环路拓宽占用土地还款”的建议。近几年，全县财政十分困难，暂无力拨付上述款项，县政府将尽最大可能研究还款意见，逐步加以解决欠款问题。3、王和禄等12位代表提出的“关于加大对墙夼水库观光旅游项目资金投入”的建议。大力发展生态旅游业是县里确定的工作重点之一，对前景看好的墙夼水库观光旅游项目，考虑到县财政的实际困难，待财政状况好转后再予以重点考虑。4、许孟代表团提出的“关于洪贺路硬化”的建议和户部代表团提出的“诸王路户部段硬化”的建议及街头代表团提出的“关于将街石路纳入县管理”的建议，高泽、于里代表团提出的“关于将高管路纳入县管理”的建议。上述建议中提及的道路硬化和管理，均需县财政进行投资，而目前全县财政十分困难，暂无力筹集资金加以解决。县政府已责成交通部门积极向上级争取资金，目前，吕街路南段已被市交通局列入硬化计划，拟投资800万元，在该段硬化完毕后，再争取将上述路段列入硬化计划。5、洪凝代表团提出的“西环路应抓紧硬化”的建议。由于近几年全县财政比较紧张，致使城建资金缺口很大，待财政状况好转后，再尽快硬化该路以方便城区居民。6、李世清代表提出的“关于职工最低生活保障发放”的建议。全县企业下岗职工基本生活保障，已经与失业保险并轨，建议中所提职工可以依据《失业保险条例》和即将实施的《五莲县城市居民最低生活保障暂行办法》等规定办理失业手续，按有关规定申请失业保险待遇和城市居民最低生活保障待遇。7、郝善双等代表提出的“关于在许孟镇设置有关职能部门”的建议。许孟镇是全县中心镇之一，设置有关职能部门有利于当地经济发展，经与法院等单位联系，得知上述部门在设置派出机构时已充分考虑了便民原则，是根据辖区的地理位置选择中心地带而设立的。下步，县里将在调查研究的基础上，在机构改革时充分考虑代表意见，以促进许孟镇各项事业的发展。

## 第七节　五莲县第十五届人大期间

（2003.01~2007.12）

**2003 年 1 月在县十五届人大一次会议上，**县人大常委会转交县政府办理的代表建议和意见（以下简称建议）共 68 件。截止 2003 年 6 月，68 件建议已全部在规定期限内办理完毕，其中有 14 件已解决或基本解决，占总数的 20.6%；有 38 件正在解决或列入规划逐步解决，占总数的 55.9%；有 13 件因目前条件限制或其它原因需待以后解决，占总数的 19.1%；有 3 件留作参考，占总数的 4.4%。

（一）代表建议中提出的问题，得到解决或基本解决的有 14 件，占总数的 20.6%。这部分建议充分反映了人民群众的迫切要求，符合实际，切实可行，办理进度也比较快。洪凝镇代表团提出的“关于进一步整治城区交通、市容的建议”、侯佃晓等代表提出的“关于加强五莲县城城市规划、建设、绿化、管理的建议”得到了较好的落实。今年以来，全县把城市建设作为全县的六项重点工作之一，坚持规划、建设、管理同步，净化、绿化、美化、亮化和秩序化并举，从整治环境卫生入手，开展了城区管理年活动和环境卫生综合整治活动。目前，城区已基本达到了坐商归店、摊点归区、农贸归市、广告归栏、停车归点、建筑归线、绿化统一、卫生整洁的目标。城区秩序明显理顺，市容市貌明显改观，城区环境卫生综合整治工作取得了阶段性成果。姜敏代表提出的“关于解决县乡公路养护用砂、养护经费工资的建议”，县政府高度重视，及时召开县长办公会议进行研究，议定对养路工工资、养护工具等费用，从县财政列支三分之一，交通局自筹其余部分。目前，县财政已拨付 25 万元，养路工已全部返回工作岗位；乡镇备砂工作也已全面展开，进展顺利。汪湖镇代表团提出的“关于加大招商引资力度的建议”，代表着全县上下的共同心声，县委、县政府今年把招商引资工作列为“六大重点工作”之一，于 3 月 31 日召开了全县招商引资外贸出口奖惩兑现大会，对 2002 年度的招商引资工作进行了大张旗鼓的总结表彰奖励，对今年的招商引资工作进行了全面动员部署，印发了《五莲县招商引资考核奖惩办法》，对 2003 年度各乡镇、县直各部门的招商引资任务进行了量化分配。明确提出全年引进县外资金 6.56 亿元，比上年增长 20%，其中利用境外资金 800 万美元，比上年增长 55.3%。全县招商引资工作呈现良好发展势头。截止 5 月底，全县共办理招商引资项目 94 个，投资总额 3.75 亿元，同比增长 65.93%，实际到位资金 1.21 亿元；在谈项目 75 个，拟引进资金

4.2 亿元。汪湖镇代表团提出的“关于农村合作医疗制度能否执行的建议”，代表了全县广大农民的利益。自 90 年代全县就全面恢复了合作医疗制度，到 2002 年度，全县平均筹资比例 3.10 元/人不等，覆盖面达 86.3%。农村税费改革后，个别乡镇认为推行合作医疗制度增加农民负担，暂时进行了停办。从 2003 年起，全省建立新型农村合作医疗制度，经积极争取，全县已列入全省七处首批试点县，目前全县新型合作医疗制度已进入资金筹集阶段，试点工作结束后，将在全县迅速推开。于里镇代表团提出的“关于 206 国道镇驻地段安装减速设施的建议”，县政府责成公路局负责落实，并多次进行调度，目前，公路局已分别在于里镇、原管帅镇、汪湖镇驻地分别设置了限速警示牌。县直代表一团提出的“关于对早餐小吃摊点进行卫生检疫的建议”，县政府责成卫生部门进行了落实。卫生部门成立了 3 个检查组，按照《食品卫生法》进行整顿治理，每天早上 5 点 30 分开始，按各自的监督区域，对无卫生许可证的、卫生状况差的早餐摊点进行整顿治理，对卫生差的业主下达限期整改通知书，对无卫生许可证经营者给予处罚，收到较好的效果。其它关于合同制职工归口缴费、关心人民生活健康、加大农业税收征管力度、简化用地审批手续等建议也已解决或基本解决。

（二）代表建议提出的问题，正在解决或列入规划逐步解决的有 38 件，占总数的 55.9%。这部分建议涉及的问题比较复杂，需要一定的时间才能解决，或者由于目前条件有限，需要逐步办理。

涉及农业农村方面的 8 件：于里镇代表团提出的“关于加强对‘农字号’龙头企业的扶持，确保农民增收的建议”，县委、县政府极为重视，在今年的全县经济工作会议上，把“积极推进农业产业化，提高农业综合经济效益”列为全年 6 大重点工作之一，要求各级围绕优势产业扶持、创办农产品龙头企业。目前，已围绕蔬菜、黄烟、桑茧、淀粉、食用菌等农产品形成一批农产品龙头企业，有宏大贸易公司、烟草公司、丝绸公司、永吉蔬菜加工公司、裕利蔬菜公司等企业。中至、叩官、街头、汪湖、洪凝五处乡镇代表团提出的“关于清理农村陈欠的建议”，组织农口部门进行了广泛深入地调查研究，截止到 2003 年底，全县农户历年欠款总额 9078 万元，人均 213.2 元，分别比九五年增加了 129.7%、139%。从调查中看到，要清理农户历年的欠款，没有上级政策做依据，难度比较大，为确保农村的稳定，只能通过发展经济增加农民收入，使农民有款可还后逐步解决。汪湖镇代表团提出的“关于规范农村‘一事一议’的建议”，目前省市尚未正式出台相关配套文件，全县没有依据制定相应的配套措施，可暂参照《山东省村级兴办集体公益事业筹资筹劳管理办法（试行）》（鲁办发 [2002] 3 号）操作。

涉及工业方面的 4 件：中至镇代表团提出的“关于发展民营经济协调资金问题的

建议”，县金融部门进行调研后制定了具体的落实意见和措施。今年一季度末，全县金融机构对民营企业贷款余额为2.04亿元，比年初增加3302万元，占金融机构全部新增贷款的40.28%。县直代表二团提出的“关于扶持困难企业的建议”，已引起县委、县政府的重视，目前，已责成经贸局组织人员对困难企业进行排查摸底，以便在抓好龙头骨干企业的同时，采取多种措施搞好困难企业的解困工作。其它关于出台对企业改造激励政策管理办法的建议、有效制止企业逃废金融债务行为的建议同样正在落实中。

涉及劳动保障方面的4件：县直代表二团提出的“关于推行经济性住房政策的建议”，反映了广大职工的需求。为尽快建设经济适用住房，县政府设立了专为中低收入家庭和无房职工解决住房的惠馨园小区，小区占地面积400亩，规划总建筑面积24万平方米，建成后可居住2600户，目前，已批复房管局成立了经济适用住房发展中心，该中心拟待取得开发资质后加快开发步伐。另外拖欠职工养老保险费、拖欠职工工资问题、促进下岗职工再就业问题也正在落实中。

涉及治安、发展环境方面的7件：中至镇代表团、县直代表二团提出的“关于社会治安、稳定发展环境问题的建议”，公安局组织刑警、治安、派出所，围绕危害社会稳定和影响经济发展的7个方面进行了排查摸底，超前预测，掌握治安动态，上为各级领导分忧，下为群众解难，妥善处置群体性突发事件和集访事件，把问题解决在萌芽状态。同时，适时组织专项行动，严厉打击各类霸痞分子，努力维护社会稳定。交通局积极配合，严厉打击车匪路霸，维护道路运输市场秩序，工商局配合查处各类市场上的集霸、市霸、行霸，严厉打击违法违章和欺行霸市行为。洪凝镇代表团提出的“关于进一步规范执法部门收费问题的建议”，县纪委、县监察局制定下发了《关于对行政执法部门进行监督检查的意见》，从纪检、监察、财政、物价、审计等部门抽调8名精干人员组成2个检查组，从4月中旬开始，利用20天时间对工商、公安、交通、卫生、教育、城建、供电等12个部门和单位的下属12个站所进行了重点检查，主要从四个方面进行了检查，一是执收执罚单位是否违反规定标准擅立收费项目、提高收费标准或搭车收费；二是收费卡制度的执行情况；三是执法部门的各种收费、罚款是否实行收支两条线；四是执法人员有无吃、拿、卡、要行为。“关于开展‘文明在山城、诚信在五莲’活动的建议”、“关于改善企业发展环境，提高政府工作效率的建议”、“关于加大对县内保护、打击不正当竞争的建议”等也正在落实中。

涉及城建、交通方面的4件：中至镇代表团提出的“关于城市和小城镇建设的建议”，在城市建设方面，计划投资1300多万元，对县城南出口进行改造；对人民路、幸福路、金沙路、利民路等10条道路进行罩面；新修建火车站站前路；对芙蓉园进行建设；配套完善工业园区设施建设；搞好火车站广场、供水等基础设施建设；完成石亩子调水二期工程建设。在小城镇建设方面，城建部门已拟定计划，将聘请规划专家，对全县12处乡镇进行新一轮总体规划编制；重点抓好街头、于里、许孟等中心镇建设，增强其辐射功能，加快推进农村城市化进程。街头镇代表团提出的“关于申请小城镇建设优惠政策的建议”，小城镇建设对于促进城乡经济和农村经济发展具有重要的意义。近几年来，县委、县政府十分重视这一工作，为了不断加大小城镇基础设施建设的投入，1999年在乡镇财政体制微调中，将原属于县级统一管理使用的乡镇范围内征收的城建税收入实行了县乡6：4分成，后来又改为县乡5：5分成。今后，将继续在污染源治理资金的安排上重点向中心城镇倾斜，优先扶持中心城镇的发展。

涉及清偿债务方面的8件：松柏乡、石场乡、洪凝镇代表团、周荣兰等代表提出的“关于归还造纸厂集资款的建议”。造纸厂集资是一个遗留问题，今年，尽管全县财政状况十分紧张，县财政仍千方百计筹措资金垫付455万元，兑付了干部职工剩余集资款本金的一半，其它部分将在以后年度逐步解决。刘善林、古荣光等代表提出的“关于县政府征地欠款问题的建议”、“关于洪凝河、东环路、西环路综合治理征地还款的建议”、“关于东环路拓宽改造拆迁民房补偿款落实的建议”。这些土地欠款，县政府同样会逐步偿还，但鉴于目前的财力有限，近期内不可能一次性解决，只能逐步解决。松柏乡代表团提出“关于归还果农苹果款的建议”，由于果汁厂自己无能力开产，已经租赁经营，因此，今年将根据租赁费收入情况，于12月份按5%~10%的比例兑付。

其它方面3件：户部乡代表团提出的“关于报刊征订太多太滥的问题的建议”。对整顿报刊发行秩序问题，县委、县政府历来非常重视，每年都专门下发文件，要求除党报党刊外，坚决不允许强行摊派行业和内部报刊。2002年，县委办公室、县政府办公室联合下发了《关于清理整顿报刊发行秩序确保党报党刊征订发行的通知》，但由于一些部门、单位在发行本行业报刊的过程中，实行暗箱操作，难以发现，致使报刊发行秩序仍然存在一些问题。今年，县委、县政府将继续加大报刊发行秩序的清理整顿力度，切实减轻农民负担。街头镇代表团、洪凝镇代表团提出的“关于农村交纳粮油任务给予保护价的建议”和“关于降低粮油定购价与市场差价的建议”，根据鲁政办发〔2003〕34号文件精神，全县继续实行国家粮食定购和保护价收购制度，已于6月中旬下达了2003年粮油定购任务和做好粮油收购工作的通知。

（三）代表建议中提出的问题，因目前条件限制或其它原因需待以后解决的13件，占总数的14.7%。这部分建议反映了人民群众的愿望，但限于财力物力等条件，目前无法解决，需待以后解决。洪凝镇代表团提出“要求全县中小学教师工资统一标准发放的建议”。初步匡算，如果将乡镇教师与县直标准一致发放，每年需增支1500万元。

由于全县目前财政紧张，没有财力将乡镇教师工资按照县直的标准发放，只能待财力允许后统一标准。类似的还有户部乡代表团提出的“关于城乡机关事业单位人员待遇差距大问题的建议”，目前县财政没有能力调整城乡之间的待遇差距。叩官镇代表团提出的“关于农村退休干部的工资待遇应重新规范的建议”，目前上级没有对农村老干部的离职安置问题出台有关政策。农村税费改革以前，鉴于全县农村老干部为农村稳定和经济发展付出了大量的劳动，做出了积极的贡献，县委、县政府曾于1991年和1995年对农村老干部的安置问题做出规定。但因为五莲是个山区县，受区位、资源等因素影响，各个村的经济发展水平很不平衡，导致了各村在安置老干部问题上的不统一，全县各村的退休老干部有离职安置的，有享受养老保险的，其中享受离职安置补贴的有按支部书记工资计算的，有按农民人均纯收入计算的。为此，县里曾先后两次组织进行专题调查，从调查的情况看，目前尚不具备对农村老干部的安置进行规范统一的条件，但鉴于农村税费改革后农村集体收入减少的实际，县委、县政府决定在安排乡镇转移支付资金时，拿出一部分资金对农村离退休老干部进行补贴，去年已安排部分资金进行了补贴。

（四）代表建议中提出的问题，留作参考用的有3件，占4.4%。许孟镇代表团提出的“许孟镇职能部门的配置建议”，县国税部门和地税部门均属省垂直管理部门，无权在许孟镇设置新的征收机构。街头镇代表团提出的“关于申请排污费返还乡镇用于粉尘治理的建议”，因目前尚无排污费返还的政策，无法给予返还。叩官代表团提出的“关于五莲山电视差转台应重新安装的建议”，2001年国家广电总局下发通知要求县级撤销所有自办电视节目频道，自去年底全县广电局自办的电视节目已全部纳入省公共频道播出。因此，重新安装差转台不符合政策规定。

**2004年2月在县十五届人大二次会议上，**县人大常委会转交县政府办理的代表建议和意见（以下简称建议）共45件。截止2004年6月，已全部在规定期限内办理完毕，其中有5件已解决或基本解决，占总数的11.2%；有28件正在解决或列入规划逐步解决，占总数的62.2%；有6件因目前条件限制或其它原因需待以后解决，占总数的13.3%；有6件留作参考，占总数的13.3%。

（一）代表建议中提出的问题，得到解决或基本解决的有5件，占总数的11.2%。这部分建议符合实际，有政策依据，办理进度比较快。洪凝镇代表团提出的关于垃圾场应远离居住区的建议落到了实处。根据县城新一轮城市总体规划，经过周密筹备，全县建筑生活垃圾处理场已搬迁到距离县城12公里以外的中至镇西北沟，现已投入使用。李世平代表提出的关于加强城市规划立法，提高基础建设水平的建议，引起了高度重视，进一步增强了全县城市建设过程中的规划意识。去年，聘请省规划设计院的专家对全县的城市总体规划进行了大的调整，确立了“北扩、南控、东拓、西绿”的建设新思路和“一个中心、三个片区”的规划新布局，将城市规划区扩大为80平方公里，为今后的城市发展拓展了空间。为保证规划项目的合理化、超前化、科学化，建立了科学民主的城市规划决策机制，推行重大规划项目公示制度。首先是成立了由专家、学者、公务员和群众代表20余人组成的城市规划委员会，负责全县的城乡规划审议。在今年的城市总体规划调整和火车站广场、站前路等部位的详细规划过程中，组织城市规划委员会成员、县级领导成员、部分人大代表、政协委员，以及离退休干部代表等召开了10余次调研论证会议。通过现场查看、座谈讨论等多种形式，凝聚智慧，集思广益，论证完善了各项规划项目。其次是设立了重大规划项目公开栏，实施“阳光规划”，让广大人民群众了解各项城市重大规划，并广泛听取他们的意见和建议，使规划公开透明，科学合理。洪凝镇代表团提出了关于整治社会治安规范社会秩序的建议。今年以来，县公安局针对街面“双抢一盗”和入室盗窃犯罪活动突出的问题，从改革警务模式入手，在整合警力配置、提高快速反应能力、加强治安防控上下功夫，有力地打击和遏制了“两抢一盗”和入室盗窃案犯罪的多发势头。先后抓获街面“双抢一盗”和入室盗窃犯罪嫌疑人57名，打掉犯罪团伙11个，破获案件93起，“双抢一盗”和入室盗窃案件同比下降了47.3%。同时，持续开展了“打黑除恶”、“打霸治痞”专项斗争，3年来共打掉各类霸痞势力团伙4个，破获案件287起，抓获违法犯罪嫌疑人91名，实现了全县无黑恶势力、无黑恶犯罪的工作目标，人民群众的安全感明显增强，为创建“平安五莲”打下了良好的基础。于里代表团提出了关于原乡镇企业骨干保险关系接续的建议。近年来，许多参加社会保险的原乡镇企业职工，由于受诸多因素影响，中断了养老保险关系。为了使他们老有所养，开展了档案托管业务，为不具备档案管理条件的乡镇企业成建制代理档案托管，代缴社会保险费，代办退休手续。同时，针对全县原乡镇企业的实际，采取了两条措施方便原乡镇企业职工缴纳社会保险费。一是乡镇企业职工可以直接到县劳保处办理缴费业务；二是对自愿缴费的乡镇职工，县劳保处可以为其单独办理续保手续。中至镇代表团提出了关于农村村村通公路改造工程问题的建议，省政府明确规定：农村公路改造工程宽度超过5米以上的可申请使用每公里10万元的国债项目资金。如不使用此政策，可申请使用省市县政府每公里7.7万元的资金补助，不足部分由各乡镇自筹解决。

（二）代表建议提出的问题，正在解决或列入规划逐步解决的有28件，占总数的62.2%。这部分建议涉及的问题比较复杂，需要一定的时间才能解决，或者由于目前条件有限，需要逐步办理。

涉及农业农村方面的3件：洪凝镇代表团提出了关于采取切实措施迅速清理农户

长期欠款问题的建议。组织农口部门进行了广泛深入地调查研究，截止到2003年底，全县农户历年欠款总额9078万元，人均213.2元，分别比1995年增加了129.7%、139%。其中拖欠两年以上的有2~3万户，拖欠金额3086万元，拖欠5年以上的有13878户，拖欠金额2666.8万元。从调查中看到，要清理农户历年的欠款，目前还没有上级政策做依据，难度比较大，为确保农村的稳定，只能通过发展经济增加农民收入，使农民有款可还后逐步解决。张明勇等代表提出了关于加强重大水利设施维修保护的建议。由于水利建设资金不足，造成部分水利设施老化、失修、损坏。已责成水利部门对现有水利设施状况进行普查登记，尽最大努力筹集资金进行维护。

涉及工业方面的1件：张健代表提出了关于保护地方工业加大外地产品监管力度的建议。近年来全县非常重视整顿和规范市场经济秩序工作，加大了《反不正当竞争法》的宣传力度，市场经济秩序有了明显好转。下步，将进一步强化措施，整顿市场经济秩序，为企业发展创造良好的市场环境。一是加强组织领导，落实市场整顿规范工作责任制和责任追究制。二是继续健全完善市场管理法规，完善行政执法体制和机制，加大查处不正当竞争行为的力度。三是积极发动群众进行检举、举报，增强群众自我保护意识，曝光大案要案，强化舆论监督。

涉及财政资金方面的6件：张明勇等代表提出了关于乡镇教师工资由县财政统一发放的建议。洪凝镇代表团提出了关于全县教师工资应统一发放标准的建议。对乡镇教师工资的发放问题，县里一直非常重视，在考虑转移支付时也给予了充分考虑。在2002年将全县的教师工资按照中央、省、市有关文件精神，按照中央出台的工资项目纳入财政统一发放范围，统一了乡镇教师工资发放标准，但由于全县目前财政十分困难，没有财力将乡镇教师工资按照县直的标准发放；如统一全县教师工资标准，需要下调县直教师工资，引发新的矛盾。初步匡算，如果将乡镇教师工资与县直标准一致，每年需增支1500万元；从目前全县财政经济状况看，还无法解决教师工资不一致问题，将随着县财政状况的好转，认真研究分析，逐步加以解决。洪凝镇代表团提出了关于尽快改善乡镇基层干部工资待遇的建议。对城乡机关事业单位人员工资待遇差距大的问题，县政府高度重视，每年都加大对各乡镇的转移支付力度，特别是在2001年兑现中央出台的工资项目时，加大了对各乡镇的转移支付力度，缩小了城乡机关事业单位人员待遇的差距。由于全县的财政比较困难，目前没有财力调整城乡之间的差距，将以此为动力，全力推进财政建设，尽快解决城乡人员待遇差别。韩崇专等代表提出了关于增加许孟镇2004年财政转移支付的建议，王连友等代表提出了关于对乡镇财政倾斜加大支持力度的建议，李瑛等代表提出了关于增加转移支付的建议。根据国务院规定，今年全国吉林、黑龙江两省免征农业税，山东等11个省农业税税率降低3个百分点，其他省市降低 1 个百分点，除黄烟类特产税以外的其它农业特产税全部取消或改征农业税。考虑到地方财政困难的实际，对地方特别是粮食主产区和中西部地区财政因此而造成的减收，中央财政将适当给予补助。中央对山东的具体补助标准是 50%，省对下如何补助目前没有具体确定。对于上级给予的转移支付，将全部安排到乡镇。县级财政由于今年减收增支的因素较多，收支矛盾比较突出，无法再安排转移支付资金。对农业税率下调、特产税取消造成的乡镇财政困难，各乡镇应进一步强化增收节支措施，大力发展民营经济，不断培植新的财源，壮大乡镇财政实力。

涉及住房保障方面的 1 件：王伟代表提出了关于为企业职工建造经济适用住房的建议。县政府已将经济适用住房的开发建设问题列入 2004 年计划，并已责成县房管局做好项目论证、前期考察和制定实施方案。方案出台后，即组织有关部门加快经济适用住房的开发建设和管理，尽快解决全县无房职工的住房问题。

涉及治安、发展环境方面的 2 件：洪凝镇代表团提出了关于加强学校周围网吧管理的建议，周荣兰等代表提出了关于尽快整治网吧等营业场所的建议。县文化部门采取了四项措施，强化全县的网吧管理。一是加大宣传力度。充分利用广播、电视、明白纸等形式加大对《互联网上网服务营业场所管理条例》等法律法规宣传力度，加强对网吧经营业户的培训，实行持证上网制度，增强他们遵纪守法的自觉性；同时，督促学校和学生家长密切配合，教育学生远离网吧。二是年内对所有达到标准要求的网吧安装由北京喜安科公司研制的“净网先锋”管理软件，并建好监管平台，实现网上在线管理。三是自今年 2 月至 8 月开展了专项整治活动，组织文化、公安、工商等部门协同作战，坚决取缔无证经营或证不全的网吧，坚决查处网吧等互联网上网服务营业场所违法接纳未成年人进入和超时经营行为，严厉打击利用网吧等传播有害文化信息等违法犯罪活动。同时，坚决执行中、小学校周围 200 米范围内不得设立网吧的规定，原有的责令其搬迁，新上的一律不予审批。四是从人大代表、政协委员和社会各界人士中聘请部分责任心强的同志担任义务监督员，建立良好的社会监督机制。

涉及城建、交通方面的 12 件：洪凝镇代表团提出了关于西环路整平、硬化刻不容缓的建议。今年，县政府把硬化西环路列入了城建计划，并多次召开有关专题会议进行研究，制定了相关的政策，确定该路由洪凝镇按照扶持政策负责硬化，城建部门负责规划指导和质量监督。目前，城建局已进行测量放线，洪凝镇计划年内完成该工程建设。李世平代表提出了关于路口红绿灯建设的建议。近年来，全县在城区道路交通设施建设方面做了大量工作，在主要路口更换、增设数字式信号灯 11 处，去年新安装高标准反光交通标志牌 200 余面。为确保交通秩序，将城区中队由原来的一个增加至现在的两个，加大了管理力度，较好地提高了人们的交通安全意识。李世平代表提出了关于城镇绿化工作的建议。全县在城区详细规划中，确定楼房之间、宅间绿地和旧区改造中绿地率不低于30%，新旧规划绿地率达35%以上。目前确实存在个别建设单位不按规划和绿化要求进行建设的问题，下步将实行“绿化”管制和“绿化图章”制度，做到城市绿化与建设项目同时规划、同时建设、同时验收，未加盖城市绿化行政主管部门的绿化审批专用章，不办理规划许可手续，以切实提高城区绿化工作水平。洪凝镇代表团提出了关于进一步清理不法摊点，彻底清除安全隐患的建议。自去年以来，全县城区环境综合治理工作一直纳入经常化管理轨道常抓不懈，城区面貌也有了较大改观。今年4月份又召开了全县整治城区环境共建文明山城活动动员会议，对今年的城区环境综合治理工作进行了全面部署。下步，在城区管理方面，将继续实行全天候无空档管理模式，严厉查处各类违法违规行为，切实做到交易归市，摊点归区，为城区居民创造良好的工作生活环境。王洪英等代表提出了关于加快县工业基地北区基础设施建设的建议。因为财力问题，今年县政府没有将工业基地北区的基础建设纳入全县城建计划之内，拟于明年将工业基地北区的基础设施建设纳入城建计划。于里代表团提出了关于206国道镇驻地段设安全中心隔离带的建议，县公路局已对该路段进行了调查，拟在于里镇驻地段设置中心隔离带。目前，该局已报业务上级审批，批复后实施。侯佃晓等代表提出了关于硬化诸王路的建议。根据上级有关规定，农村道路改造省市县每公里补助7.7万元，其余部分由各乡镇自筹解决。如不使用此政策，硬化宽度达到5米以上的可申请使用每公里10万元的国债项目资金，诸王路宽度近10米，完全符合上述政策，只要户部乡配套资金到位，可申请使用国债项目资金，搞好诸王路的硬化。

涉及清偿债务方面的2件：松柏乡代表团提出了“关于归还果农苹果款的建议”，由于果汁厂自己无能力开产，已经租赁经营，且收取的租赁费中有80%将被县农行查封。因此，今年将根据租赁费收入情况，于12月份按10%的比例兑付。洪凝镇代表团提出了关于加大力度进一步清理建筑市场工程欠款问题的建议。去年以来，县委、县政府对清欠工作高度重视，多次召开专门会议研究部署清欠工作，调度清欠工作。县政府办公室制发了《关于解决建设领域拖欠工程款和农民工工资问题的通知》，出台了清理拖欠的十项具体措施。县政府成立了清欠办，全面负责清欠工作的组织协调、指挥调度、检查督察等工作。在去年年底调查摸底、建立清欠台帐的基础上，今年四月份，又在全县范围内进行了第二次调查摸底，全县22家建筑企业全部参加了调查统计工作，并分别制定了解决方案。各级、各部门坚持“清理和预防并重、标本兼治和综合治理”的原则，充分利用行政、法律和市场3个手段，通过严格落实劳动用工制度、总包分包责任制度、工资支付监控制度、劳务分包资质管理制度，使清欠工作顺利开展，取得了阶段性成果。全县建设领域拖欠工程款总额11653.2万元，拖欠农民工工资总额1220万元。截止目前，已清理拖欠工程款1018万元，占拖欠总额的9%；兑付农民工工资384万元，占拖欠总额的31%。目前全县没有发生因拖欠工程款和农民工工资而引发的集体上访、越级上访以及其他突发事件。6月9日，又召开了全县清理建设领域拖欠工程款和农民工工资工作会议，会上与有关部门签订了目标责任书，落实了责任。

其它方面的1件。丁玉娟代表提出了关于尽快扩建五莲三中校区的建议。五莲三中的办学方式和教学质量吸引了很多学生就学，针对五莲三中面临入学高峰的实际，县政府决定对五莲三中校区进行扩建，近期将组织教育、国土资源、环保等部门进行安排部署。

（三）代表建议中提出的问题，因目前条件限制或其它原因需待以后解决的6件，占总数的13.3%。这部分建议反映了人民群众的愿望，但限于财力物力等条件，目前无法解决，需待以后解决。张明勇等代表提出了关于许孟镇卫生院改貌立项的建议。鉴于目前许孟镇财力困难，卫生局无专项经费的实际，只有待条件成熟后对许孟镇中心卫生院进行改貌建设。洪凝镇代表团提出了关于农村独生子女奖励费应由县财政统一支付的建议。根据《关于落实农村独生子女父母奖励费的通知》（莲政办发〔2002〕42号文件规定："农村税费改革后，原由村集体提留和乡村集体经费中开支的独生子女父母奖励费，改由各乡镇从农业税附加、农业特产税附加和农村转移支付中统一筹集，缺额部分从乡镇中统筹解决"。"各乡镇要设立农村独生子女父母奖励费储存专户，专款专用，每年8月底前一次性足额发放"。由于目前对农村独生子女奖励费没有新的规定，待出台新的政策后再统一进行调整。洪凝镇代表团提出了关于公交车应定线、定点停靠的建议。县城建局在2002年曾对设立公交车停车站点问题做出了详细规划，但由于公交车公司法人代表及有关人员被公安机关批捕，没有实施。鉴于该公司与城建局签订的运营合同今年到期，拟待理顺关系后再实施。洪凝镇代表团提出了关于罗山商场至原山阳间路段应安装路灯的建议，由于城建资金紧张，今年县政府未将该项目列入城建计划，待条件成熟时再列入城建计划进行安装。

（四）代表建议中提出的问题，留作参考用的有6件，占13.3%。于里镇代表团提出了关于在于里镇设立地税分局的建议。地税部门在1998年垂直管理后，各地税务部门的设置需由省地方税务局统一规划，县级地方税务机关无权在乡镇设立分局。2003年，在于里镇设立了"五莲县地税局中至分局于里征收办公室"。洪凝镇代表团提出了关于公路压砂问题应由公路部门负责的建议。《中华人民共和国公路法》明确规定：乡镇人民政府负责本行政区域内的乡道的建设和养护工作。各相关村庄应按规定做好公路建设和养护工作。因此，公路压沙工作应由乡镇人民政府负责。潮河镇代表团提出了关于加大五莲县贸易加工区基础设施投入硬化6公里园区道路的建议。莲发〔2003〕35号文件规定五莲县贸易加工区一期规划以现有的潮河镇和五征农用车有限公司共同合作的园区为依托，进行膨胀开发。目前贸易加工基地的基础设施建设应由潮河镇和五征工业基地共同投入解决。于里镇代表团提出的关于于里工业园区享受县三大园区同等优惠政策的建议。全县为加快全县经济的聚集发展，兼顾资源、区位优势，整合现有园区，更好地发挥招商引资的载体作用，制定了乡镇将所招引的项目安排到县工业基地内建设，享受“谁引进，谁受益”的优惠政策。于里镇自行规划的工业园区，在招商引资方面已经享受了莲委〔2003〕50号文件的有关优惠政策，不能再享受县工业基地的其它优惠政策。石场乡代表团提出了关于要求适当补偿石亩子水库调水之后损失的建议。根据《中华人民共和国水法》、《占用农业灌溉水源、灌排工程设施补偿办法》、《山东省占用农业灌溉水源、灌排工程设施补偿实施细则》等法律法规精神，占用农业灌溉水源、灌排工程设施不负责对乡镇进行补偿，且目前为城区供水的却坡、冯家坪水库也无任何补偿政策。也希望代表们做好相关群众的思想工作，积极支持全县供水工程建设。

**2005年2月在县十五届人大三次会议上，**代表共提出建议意见17件。截止2005年8月，已经办理完毕，已解决和正在解决的10件，占总数的58.8%，其中有3件已解决或基本解决，占总数的17.6%；有7件正在解决或列入规划逐步解决，占总数的41.2%；有5件因目前条件限制或其它原因需待以后解决，占总数的29.4%；有2件留作参考，占总数的11.8%。

（一）代表建议中提出的问题，得到解决或基本解决的有3件，占总数的17.6%。这部分建议符合实际，有政策依据，办理进度比较快。主要有：1.姜卫东代表提出的全民动员保护野生杜鹃花资源的建议（第1号）。县政府多次发布公告，发动社会各界共同保护野生杜鹃花资源，并组织风管委、林业、公安等部门，多次对偷挖、盗挖、滥采野生杜鹃花违法行为进行严肃处理，杜鹃花资源得到了有效保护。2.洪凝镇代表团提出的关于加强城建管理，提高全民城建意识的建议（第3号）。全县连续几年进行城区环境综合治理，城区面貌有了较大改观。今年，全县进一步加大了城建执法力度，坚持取缔一切店外经营，严厉查处各类违反城市建设与管理的违法违规行为，同时，充分利用广播、电视、报刊等新闻媒体，加大城建宣传力度，从正反两个方面教育广大市民共同维护家园，共同监督违反城市管理的行为，居民城市意识有了较大提升。3.洪凝镇代表团提出的关于改变农村新型合作医疗报销途径的建议（第7号）。县政府去年八月份印发的《五莲县新型农村合作医疗暂行管理办法》（莲政发〔2004〕28号）中对参保农民转诊作了明确规定：到县外哪个医院就诊完全由患者自主选择。为最大限度方便参保农民报销，采取了灵活多样的补偿形式。参保农民就诊后，持合作医疗证、医药费原始单据和有关转诊及诊断证明，到乡镇合作医疗办公室初审，门诊医药费经审核合格后直接由医院垫付给参保农民，随到随报；住院医药费由乡镇合作医疗办公室收集初审，统一报县合作医疗办公室复核合格后，由县合作医疗办公室将合作医疗补偿金划拨到乡镇合作医疗办公室，乡镇合作医疗办公室负责及时兑付，目前全县的新型农村合作医疗报销途径不只是镇级以上医院，包括乡镇医院及其下设的社区卫生服务站，参保农民都享受同样的报销待遇，确保参保农民真正得到实惠。

（二）代表建议提出的问题，正在解决或列入规划逐步解决的有 7 件，占总数的 41.2%。这部分建议涉及的问题比较复杂，需要一定的时间才能解决，或由于目前条件有限，需要逐步办理。1.洪凝镇代表团提出的关于加强县工业园基础设施的建议（第 2 号）。全县工业园已做出详细规划，并且主干道及主干道两侧的基础配套设施已基本完善。但由于近年来全县城建资金非常紧张，暂未对该园的次干道和次干道两侧的基础设施进行配套完善。下一步，将统筹安排资金逐步加以解决。2.洪凝镇代表团提出的关于取消农业税附加和农业特产税附加等税收后，农村独生子女奖励费支付的建议（第 4 号）。今年是省计划生育届中考核年，独生子女父母奖励费落实情况直接纳入省计划生育届中考核的内容。对此，多次进行了调查研究，及时进行了调度和检查，并下发了《关于认真落实 2004 年度农村独生子女父母奖励费的通知》，进一步明确了农村独生子女父母奖励费的标准。同时明确规定，农村税费改革后，原由村集体提留和乡村集体经费中列支的独生子女父母奖励费，改由乡镇、村从农村转移支付和村其他集体经济收入中解决。目前，该项工作正在落实中。3.街头、潮河、洪凝、于里代表团提出的关于行政收费应由行政执法部门依法收取的建议（第 5 号）。对此高度重视，责成物价等部门组成专门工作组，结合全县《收费许可证》的换发和收费年度审验工作，对全县所有的行政收费重新进行了审核清理，对符合法律、法规规定的行政收费重新核发了由国家发改委统一样式、山东省物价局统一制作的新式《收费许可证》，对财政部、国家发改委公布取消的 103 项行政审批收费项目，山东省人民政府公布取消的 57 项行政审批收费项目依法注销了《收费许可证》。目前，正对照上述取消的收费项目，逐一核对，逐项落实。对应该征收的收费项目正在调查摸底，待摸透情况后，制订出切实可行的方案，加快推进实施。4.洪凝代表团提出的关于解决全县中小学优秀教师外流问题的建议（第 6 号）和丁玉娟代表提出的关于进一步提高教师待遇，稳定骨干教育队伍的建议（第 17 号）。本着“事业留人，待遇留人，情感留人”的原则，一方面，努力改善办学条件和住房条件，进一步提高教师的待遇，并出台了 4 项规定：一是从今年

10月份起，将农村中小学教师工资上划县级管理，并根据财力增长情况逐步恢复发放暂停的地方出台工资项目；二是从8月1日起，对县乡教师实行统一的养老保险统筹办法；三是对乡镇中小学教师医疗保险统筹个人负担4%部分改为负担2%，其余2%部分从10月份起由县财政负担；四是从10月份起恢复发放教师工资误餐补贴，由县财政直接负担。另一方面，进一步加强了思想政治教育，把今年定为“思想道德建设年”，通过开展扎实有效的教育活动，增强广大教师扎根五莲、无私奉献的积极性。同时，出台有关规定，重用优秀教师，稳定教师队伍，防止教师进一步外流。5.叩官代表团代表提出的关于对五莲山风景区有关部门的工作应理顺的建议（第14号）。风景区管委会是改革的产物，既担负乡镇管理的任务，又不具备管理机构、条件和职能，需要一个过程来逐步理顺。关于小学“五改六”的投入，已经做了部署，并抓好了落实。关于风景区内教育、计生投入问题，县财政局已下发了《关于进一步明确五莲山旅游风景区管委会辖区内农村优抚等有关问题的通知》，作了明确界定。今后，随着风景区建设和社会发展需要，将逐步进行规范完善。6.叩官代表团提出的规范个体幼儿园的建议（第16号）。根据《幼儿园管理条例》、《中华人民共和国民办教育促进法》以及莲政办发〔2004〕66号文件规定要求，对不符合条件的非法幼儿园责令停止办园；对符合条件的个人办园按程序申报，目前正在清理中。

（三）代表建议中提出的问题，因目前条件限制或其它原因需待以后解决的5件，占总数的29.4%。这部分建议反映了人民群众的愿望，但限于一些客观条件，目前无法解决，需待以后解决。1.洪凝镇代表团提出的关于协调解决计划生育与婚姻登记问题的建议（第8号）。县政府召集了县计生局、县民政局主要负责人进行座谈，共同研究了计划生育同婚姻登记问题，但因《婚姻登记条例》规定，只要达到法定结婚年龄，就可以登记，若按照当前晚婚工作要求，强行不予登记，则属违法行政，待上级出台相关政策后再研究执行。2.洪凝镇代表团提出的关于尽快解决在城建过程中欠各村土地款和青苗补偿款的建议（第9号）。对于历年来的土地欠款和青苗补偿款问题，每年都积极从有限的城建资金中兑付一部分。但由于近几年县财政资金非常紧张，且每年的城建工程建设投入又相当大，故对兑付欠款问题不能在短时间内解决。下一步，将积极创造条件，在允许的情况下尽量予以解决。3.李瑛等代表提出的关于五莲山中路投入补偿问题的建议（第11号）、松柏代表团代表提出的关于风管委应加大对乡镇返还两山收入金额的建议（第13号）和叩官代表团代表提出的关于五莲山风景区对叩官镇补偿费过低应增加的建议（第15号）。2001年为加快五莲山、九仙山的开发，促进旅游业快速发展，县委、县政府给予了风管委五项优惠政策，并对乡镇投入补偿问题做出了规定。2004年针对景区建设投入较大的实际，又决定将原有的各项政策延长五年，执行到2010年，主要是为了促进生态旅游业快速、健康发展，应尽量保持政策的相对稳定性，待适当时机再研究相关办法。

（四）代表建议中提出的问题，留作参考用的有2件，占11.8%。1.县直一团、县直二团、各乡镇代表团提出的关于本县车辆免交222省道芙蓉庄收费处通行费的建议（第10号）。222省道芙蓉庄收费处是于2001年6月27日经省政府以鲁政字〔2001〕181号文件批准设立，车辆通行费收费标准及征收范围依照鲁价费发〔2001〕229号文件执行。所收资金属预算外资金，实行收支两条线管理，专项用于偿还修路贷款。本县车辆全部免收通行费不符合上级通行费征收政策，经积极争取，省市主管部门不同意。目前，属于照顾范围的车辆，可以按照上级的有关政策，给予办理季度统缴证。2.松柏代表团提出的关于加快马耳山开发的建议（第12号）。对于马耳山的旅游开发问题，先后邀请中国生态旅游专业委员会、山农大及省市旅游局专家进行了考察论证。论证的初步意见是：尽管马耳山为鲁东南最高峰，作为一个景点尚有价值，但因该山旅游资源比较单薄，而且周边植被条件较差，作为旅游景区开发尚不具备条件，现阶段只能由周边乡镇搞好马耳山的保护和植被建设，待时机成熟后再研究。

**2006年2月在县十五届人大四次上，**县人大代表共提出建议和意见（以下简称建议）共17件,经过各承办部门、单位的积极努力，截止6月底，所有建议均已办理完毕。从今年的建议办理情况看，主要呈现出以下4个特点：一是建议质量较高。代表们围绕全县经济和社会发展大局，围绕群众关注的热点、难点问题，积极建言献策，所提建议有相当一批进入政府决策，推动了政府工作深入开展。二是办理质量明显提高。今年重点推行了面办，动员各承办单位尽量采用邀请视察、集中座谈、主动上门等面办方式，加强同代表的联系沟通，虚心听取代表的意见建议，认真回顾整改，必要的进行补充答复，增强了办理效果。今年17件代表建议中，通过面办方式办理的12件，面办率70.6%，已解决的12件，占总数的70.6%，正在解决和需待以后解决的各2件，占总数的11.8%，只有1件留作参考，占总数的5.8%。三是办理程序更加规范科学。在进一步规范完善原有办理程序的基础上，为提高办理成效，经县政府研究，在办理工作中增加了政府审核程序，对重要的答复件都报经县政府分管领导审核，研究同意后再行答复。同时，办公室积极发挥牵头作用，对所有承办单位的答复都进行认真研究，提出建议意见，对敷衍推诿的一律退回重办，并给予警告，对仍能继续推进的一律退回再办，直至所提问题全部解决。四是跟踪督办有力。在今年的建议办理过程中，县政府办公室（督查科）与县人大人事代表工作室的配合更加密切，在县人大有关领导的关心和支持下，及时搞好协调调度，并到有关部门、单位进行跟踪督办，协调解决承办单位遇到的问题，促进了建议办理工作，收到了明显效果。具体办理情况如下：

（一）所提问题已经解决或基本解决的12件，占总数的70.6%。这部分建议符合实际情况，有政策依据，办理进度比较快。主要有：1.叩官镇代表团提出的应加大乡镇财源建设的培植的建议（第1号）、对农村的转移支付应加大的建议（第3号）。县政府一直将培植乡镇财源、增加对农村的投入作为财政工作支持新农村建设的重中之重，强化资金调度，增加转移支付，并落实了飞地经济政策，加大了对乡镇财源建设的激励考核。去年拨付乡镇调度款1.17亿元，平均每乡镇978万元，乡镇各类转移支付占到了乡镇总财力的63%，并按照大村3万、中村2万、小村1.5万元标准拨付了村级转移支付，大大超出了上级规定标准，有效解决了村级经费缺口大的矛盾。2.洪凝镇代表团提出的加大城区交通秩序的整治力度的建议（第7号）、徐海燕代表提出的关于县城交通秩序的问题的建议（第8号）、孙有敏代表提出的尽快在新222省道与334省道交叉处安装红绿灯的建议（第9号）。全县先后开展了无证无牌机动车专项整治活动、预防特大道路交通事故专项整治行动、城区交通秩序综合治理等一系列专项行动，查处各类交通违法行为2340余起，城区的道路交通秩序明显好转。在危险路段整改方面，共排查出222省道、九仙山十八盘路段等事故隐患路段6处，及时对隐患路段进行了整改，整改率达90%以上，有效预防和减少了交通事故的发生。3.洪凝镇代表团提出的村村通自来水工程应因地制宜的建议（第10号）、石场乡代表团提出的关于从石亩子水库调水供人畜饮用的建议（第11号）。全县已开工建设自来水工程村132个，村村通率达50%，解决了7万人的吃水困难。在建设中，尽量采用集中联片供水模式，走城乡供水一体化的路子，对不具备联片条件的，因村制宜，实施单独供水。对石亩子水库向石场供水问题，于6月23日专门召开了供水协调会，议定可以利用石亩子水库向石场乡驻地及周边村庄供水。4.洪凝镇代表团提出的在实施新型合作医疗中应由患者自主选择就医医院的建议（第12号）。全县已对管理办法进行了修订，参合农民在县内不需转诊，可自主选择就医医院，直接报销。5.洪凝镇代表团提出的进一步规范执法部门的收费标准的建议（第14号）。全县在近年废止200余项收费项目、降低100余条收费标准的基础上，自去年底，组织五部门成立了收费项目清理领导小组，又废止了18项收费项目，对浮动项目一律按下限执行，减轻企业和群众负担近500万元，对清理的230项细分为1106项，汇编成册，并在《五莲动态》和《中国五莲》网站上公开发布。6.王建华、石京国等代表提出的关于增播天气预报提案的建议（第15号）。全县研究确定从9月1日起，在每天中午12：10左右，加播一次天气预报，农忙、汛期可随时增播，以进一步满足农村群众对天气预报的需求。7.孙海青代表提出的消除噪音还村民一片明净的天的建议（第16号）。对提出的问题，已责成环保局进行了处理，解决了村民的噪音污染问题。8.孙海青代表提出的关于城区冬季扫雪除冰的建议（第17号）。全县已将此问题纳入了城区“门前三包”范围，落实了考核监督制度，对清扫不及时的，将督促落实并给予扣分。

（二）所提问题正在解决的2件，占总数的11.8%。1.叩官镇代表团提出的应加大乡镇转移支付的力度的建议（第2号）。为缓解乡镇财政困难，全县不断加大了对乡镇的转移支付力度，截至去年底，各类转移支付共增加乡镇财力7281万元，占乡镇总财力的63.4%，乡镇区域内实现的税收地方留成部分全部留在乡镇，使乡镇财政在政策减收的情况下，总体上保持了平稳运行。下步，将加快发展县域经济，壮大财政实力，进一步加大对乡镇财政支持力度。2.洪凝镇代表团提出的尽快理顺县城建设中拖欠城区周边村居的补偿款的建议（第4号）。近年来，全县城市建设取得了明显成效，但由于全县经济基础薄弱，城建项目多，致使拖欠了部分土地补偿款。对此，高度重视，严格按照“不减、不免、不缓”的原则，收取城建配套费，积极搞好城市经营，积聚更多城建资金，尽量拨付专用资金偿还往年陈欠款项，目前已偿还城建工程土地款624万元。下步，将进一步加大工作力度，研究制定切实可行的筹款措施，逐年偿还拖欠周边村居的土地款。

（三）所提问题因目前条件限制或其它原因需待以后解决的2件，占总数的11.8%。1.洪凝镇代表团提出的关于县果汁厂、县造纸厂拖欠村集体款项的建议（第5号）。由于这两个企业生产经营困难，一度停产，职工下岗，无力偿还拖欠村集体款项，全县加大了对这些企业的扶持力度，引导他们积极走出去，开展招商引资，借助外力启动生产，目前，已取得了初步进展，随着企业经营状况的逐步好转，将对拖欠款项逐步偿还。2.县直二团提出的关于开通五莲县火车站货运业务的建议（第6号）。全县自建成火车站以来，先后十几次到国家交通部、省交通厅积极争取开通货运业务，上级领导也对全县的想法给予了充分肯定，但开通货运业务必须通过国家有关部门的计划列项和货源考察论证、车皮紧张与否等考察事项，暂时无法开通。下步，将进一步加大争取列项力度，力争早日开通货运业务。

（四）提出的问题留作参考的1件，占5.8%。洪凝镇代表团提出的中小学退休民办教师的工资应由县劳动保障部门统一发放的建议（第13号）。全县中小学退休民办教师是界于合同制工人和固定工之外的特殊群体，在1996年建立机关事业单位养老保险社会统筹制度时，不在全县机关事业单位养老保险的覆盖范围，其工资等相关待遇由所在乡镇负担。去年按照上级有关文件改革完善这项制度时，覆盖范围仍然维持原状。因此，目前全县退休民办教师退休工资仍需乡镇负担。

**2007年3月在县十五届人大五次会议上，**代表共提出建议和意见（以下简称建议）9件。经过各承办部门、单位的积极努力，截止6月底，所有建议均已办理完毕。9件建议中，已解决的6件，占总数的66.7%，正在解决的3件，占总数的33.3%，无留作参考和需待以后解决的建议。办公室积极发挥牵头作用，对所有承办单位的答复都进行认真研究，提出建议意见，对敷衍推诿的一律退回重办，并给予警告，对能继续推进的一律退回再办，直至所提问题全部解决。具体办理情况如下：

（一）所提问题已经解决的6件，占总数的66.7%。这部分建议符合实际情况，有政策依据，办理进度比较快。主要有：1.李世平代表提出的关于保护陆家庄子水库安全的议案（第2号）和关于保护县城沿河防洪安全的议案（第3号）。县政府责成水利部门根据《水法》、《防洪法》的有关规定，于4月份对陆家庄子水库坝体和洪凝河下游城区段主河道内植树影响防洪安全问题进行了查处，对拒不执行的当事人由水利部门依法申请法院强制执行，对树木进行了清理，确保了防汛安全。2.丁金胜等代表提出的县城入口处设置交通标志的建议（第4号）。县城建、公路部门迅速查明情况，在原222省道沿河路出入口、新222省道与黄海路交接处、小古家沟南入口等3处制作安装了交通标志牌，为来往车辆、客商提供了便利。3.李世平等代表提出的关于整治城区乱摆摊设点问题的建议（第5号）。县城建部门按照“严格管理，坚决打击，控制蔓延，逐步取缔”的原则，实行了错时管理与日常巡查管理相结合的管理模式，加大了对影响城区环境违章行为的监督管理力度。为有效规范流动摊点，近年来共设立规范便民市场13处，使城区面貌有了很大改观。同时，考虑到部分弱势群体的生存保障问题，又考虑到居民需求，还要兼顾到市容整洁，在不影响周边居民生活的前提下，划定了一定数量的定点摊位，解决了很多弱势群体基本的谋生需要，城区也基本实现了退路进店，退路进市，还路于民。4.叩官镇代表团提出的关于对石材业加大依法治污力度的建议（第7号）。为加大包括叩官镇在内的石材业污染治理力度，县政府制定出台了《五莲县石材加工业污染治理暂行办法》，成立了综合治理领导小组，设立了办公室，加强了污染治理。目前，叩官镇所有石材业户已配套建设了“三池”，加工废水实现了循环利用零排放。5.丁宏利、李江等代表提出的关于优化五莲经济发展环境的建议（第9号）。县政府召集县外经贸、交通、交警等部门进行了研究落实。交通部门对全县重点骨干企业运输原材料配件的超限车辆一律免于处罚，绿灯放行。交警部门对这些车辆一般交通违法的，坚持教育放行。属严重交通违法的，先予运送货物，后接受交通违法处理。对此，各相关企业非常满意。

（二）所提问题正在解决的3件，占总数的33.3%。1.石场乡代表团提出的关于农水改造给予政策倾斜的建议（第1号）。针对石场乡部分村庄生产生活用水困难的实际，水利等部门利用当前的扶持政策，尽最大努力向上争取资金扶持。准备今年投资

30万元，解决石场乡6个村庄、2500人的饮水困难问题。并计划利用民办公助项目中的部分资金，帮助石场乡兴建扬水站等小水源工程，发展农田水利基本设施及现代节水农业，解决用水问题。2.高泽镇代表团提出的关于加大对高泽驼宝工业园的基础设施投入力度的建议（第6号）。考虑到全县战略方向调整和基础设施建设投入向山东五莲工业园区倾斜的实际，已责成工业基地管委制定工业基地的整体规划，并多方争取建设资金，按照规划设计全力搞好园区基础设施建设。3.高泽镇代表团提出的建议开通经火车站至高泽镇驻地的公交车的建议（第8号）。按照上级相关规定：城市公交车只能在城区范围内运营，并免交各种税费。鉴于目前经高泽镇驻地的公路线路客车已达13辆、基本满足沿途群众出行需求的实际，县交通、城建等部门对开通县城至火车站的公交线路进行了考察论证，计划开通至火车站（在城区范围内）的公交线路，以方便群众出行。

## 第八节　五莲县第十六届人大期间

（2007年12月始）

**2007年12月在县十六届人大一次会议上**，代表共提出建议13件，截止2008年4月底，所有建议均已办理完毕。其中已解决或基本解决的6件，占总数的46.2%，正在解决的4件，占总数的30.8%，因目前条件限制需逐步解决的3件，占总数的23%，无留作参考的建议。具体办理情况如下：

（一）所提问题已解决或基本解决的6件，占总数的46.2%。这部分建议符合实际情况，有政策依据，办理进度比较快。主要有：1.赵百顺等代表提出的关于加大许孟镇瓜菜市场扶持力度的建议（第1号）。县农业局组织成立了许孟镇瓜菜生产合作社，设立了蔬菜质量监督检查处，建立完善了蔬菜质量分级和农药残留检测制度，随机对田间和上市蔬菜检测，确保将许孟打造成无公害蔬菜生产基地。同时，投资390万元建设了许孟镇生态蔬菜物流园，加快市场信息化建设，推进蔬菜交易市场的企业化经营，促进了许孟镇瓜菜市场的健康快速发展。2.潮河代表团提出的关于整治县城部分道路的建议（第6号）。针对整治文化路交通秩序的建议，县交警部门开展了城区交通秩序整治行动，严查交通违法行为，并在各路口设立了“货车禁止通行”标志。同时，从3月份开始，每天在学生上下学期间设岗执勤，多次深入二中、实小等学校单位开展安全宣传教育，与接送学生的校车签订交通安全责任书，切实加强道路交通管理。针对整治解放路秩序的建议，县城建部门一方面引导企业退城进园，增加主干道，并联合交警部门设立了单行道，大大减少了解放路上下班人流、车流。另一方面，加强对道路两侧商户的管理，整治门前乱停乱放、乱摆摊点和流动摊点等问题，特别是对商户广告促销活动进行合理控制，有效解决了解放路交通拥挤状况。3.王连涛等代表提出的关于对电力设施保护的建议（第9号）。县公安部门坚持巡查、打击相结合，对发生的重大案件、系列案件，组织优势警力，综合运用各种侦查手段，快侦快破，有力地震慑了犯罪。去年以来，全县共立盗窃破坏电力设施案件16起，破获案件9起，抓获犯罪嫌疑人7名，打掉团伙2个，盗窃破坏电力设施发案数明显下降，今年仅接立涉电案件2起。4.洪凝代表团提出的关于尽快解决居委会居民合作医疗问题的议案（第10号）和刘平刚等代表提出的关于解决农转非家属医疗保险的建议（第11号）。目前，国家已着手实施覆盖城乡居民的医疗保障制度，今年我省已成为试点省份之一，全县下半年将开始组织实施，从明年1月1日起正式实行。5.县直代表一团提出的关于加大县城至红泥崖村路段两侧石材污染治理力度的建议（第13号）。县环保部门会同洪凝镇对该区域石材业户进行了集中整治。目前，县城至红泥崖村路段两侧石材业户都建设了废水沉淀池、循环池，实现了废水循环使用零排放，建设了标准围墙，进行了粉刷，实行门前三包，确保厂容厂貌整洁。成立了清运中心，及时清运固体废弃物，定点处置，并进行覆土、压沙，防止了二次污染。

（二）所提问题正在解决的4件，占总数的30.8%。1.石场代表团提出的关于给予石场乡小型水利项目扶持的建议（第4号）。针对给予小型水利项目扶持的建议，县水利部门积极跑省进京，争取更多的项目挤进国家和省投资盘子，进一步加大对石场乡的扶持力度。今年计划扶持资金70万元，帮助该乡除险加固2座小型水库，建设1处水源工程。2.刘平刚等代表提出的关于解决大渌汪水库为受旱农田供水的建议（第5号）。由于大绿汪水库扬水站灌溉工程属提水灌溉，成本较高，当地群众难以承受，不愿使用大绿汪水库水源灌溉农田，造成灌溉渠道常年闲置而废弃。为充分利用该渠道，2004年扬水站移交给于里镇政府管理、经营，县水利部门正积极向上争取立项改造，尽快运行发挥作用。3.高泽代表团提出的在高泽镇府前大街与222省道十字路口设红绿灯、减速带、警示标志牌的建议（第8号）。县公路部门计划今年对222省道进行挖补和罩面，明年在该路口设置减速带，安装警示标志牌，按照相关规定和交通实际，此路口不宜设置红绿灯，计划由交通部门安装黄闪灯代替红绿灯。4.街头代表团提出的关于给予街头石材污染政策资金扶持的建议（第12号）。近年来，全县相继出台了一系列石材治污扶持政策规定，下一步，针对县财政较为困难的实际，将积极争取省市资金扶持，对街头石材治污给予最大支持。

（三）因目前条件限制需逐步解决的3件，占总数的23%。1.林世刚等代表提出的关于要求风管委提高旅游开发补贴标准的议案（第2号）和朱炳信等代表提出的关于要求风管委提高旅游开发补贴标准的议案（第3号）。由于近年来风管委对两山投入较大，负债高达2000多万元，为保障旅游业健康快速发展，下步，随着旅游收入的进一步增长和风景区管委经济形势的进一步好转，将逐步考虑增加对周边乡镇的开发补贴。2.县直代表二团提出的关于外贸路两边铺设热力管道的建议（第7号）。由于外贸路两侧单位少，用热规模总量小，集中供热建设一次性投资巨大，在阳光热电公司近期亏损严重的情况下，热电公司和居民均难以承受巨额投资，下步，根据实际情况，将适时将外贸路两边铺设热力管道提上议事日程，尽早改造，为周围居民创造良好生活环境。

（四）无留作参考的建议。

**2009年1月，在县十六届人大二次会议上，**代表提出的建议和意见（以下简称建议）共13件。截止5月底，所有建议均已办理完毕，13件建议中，已解决或基本解决的9件，占总数的69%，比去年提高了23个百分点；正在解决的3件，占总数的23%；留作参考的1件，占总数的8%；无目前无法办理、需以后解决的建议。具体办理情况如下：

（一）所提问题已解决或基本解决的9件，占总数的69%。这部分建议符合实际情况，有政策依据，办理进度比较快。主要有：1.秦培云等代表提出的关于加大对高新技术企业政策扶持力度的议案（第1号）。近年来，全县把发展高新技术产业作为提升工业经济核心竞争力的关键措施来抓，出台了一系列扶持措施，对高新技术企业两年内免征所得税，两年后减按15%征收，当年技术开发费用按150%抵扣应税所得额，等等。同时，加大了服务支持力度，实行县级领导包联和现场办公制度，强化资金扶持，促进了高新技术产业迅速发展。目前，全县已有省级高新技术企业5家，纳入市高新技术产业产值统计的16家，年产值已达27亿元。2.于同凯等代表提出的复修林街路的议案（第2号）。今年县政府已将其作为重点项目，写入政府工作报告。经过积极争取，市交通局已列入2009年全市县乡公路改造计划。目前，正逐步展开各项前期准备工作。3.刘海武等代表提出的关于加大对现代化农业合作组织扶持力度的议案（第5号）。县政府高度重视农业合作组织建设，参照代表提出的建议，制定出台了多项扶持措施：一是优先安排承担农业科技应用项目；二是优先安排与科研院所、高校及农技部门产学研合作；三是支持进行有机食品认证；四是鼓励实施产品直销或建立直销店；五是支持注册国家和省市级名牌商标；六是扶持建设管理开发应用系统，实行信息化、电算化管理。到目前，全县已有注册农业专业合作社41家，涵盖了种植、养殖、林果、苗木及农产品加工等各个行业。4.高庆来等代表提出的规范管理车辆保证120急诊通道的建议（第6号）。组织交警、公安、城建、环卫等部门开展联合行动，加大了对人民医院周边路段的巡逻整治力度。交警部门坚持定员、定岗、定责、包路段的“三定一包”责任制，实行24小时巡逻管控，开展交通秩序治理专项行动5次，查处交通违法行为2000余起，形成了严管态势。同时，组织各有关部门对乱停乱放、占道经营、治安案件、卫生环境进行了综合治理，切实解决拥堵问题。5.朱宗英等代表提出的关于企业融资过程中房产评估抵押难的问题（第9号）。房管部门开展了“提高行政效率、优化发展环境”活动，严格实行限时承诺和质量保证制度，确保评估报告完成的及时性、结果的真实性和准确性。对房产评估中介收费由物价部门严格核定，对重点企业、重点项目按照先服务后收费、少收费的原则，开辟“绿色通道”，缩短办事时限。6.林世刚等代表提出的关于新型农村合作医疗政策实施过程中存在的问题和改进问题的建议（第10号）。今年以来，全县按照市政府要求，进一步完善了新型农村合作医疗政策，门诊报销比例由20%提高到25%，封顶线由100元提高到150元；住院报销比例也平均上调了10个百分点，封顶线由2万元提高到4万元。同时，今年又将20个村级卫生室纳入新型农村合作医疗服务体系。7.王雪燕等代表提出的关于加强334省道沿途交通安全管理的建议（第11号）。334省道五莲东段改建完成后，保障交通安全成为首要工作，一方面，加大宣传教育力度，发布了《维护334省道五莲东段交通安全畅通的通告》，在国省道、城区主要路口悬挂宣传横幅120余条，在企事业单位和沿途村镇发放交通安全宣传材料5万余份，并组织交警等部门上路宣传，营造了强大的严管声势和舆论氛围。另一方面，组织交警、公路、安监等部门全面开展了安全隐患排查整改，全线共设置减速带28处，黄闪警示灯4个，标志牌75面。同时，科学调度警力，向334省道五莲东段倾斜，加大巡逻管控力度，严查超员、超速、超载、无牌无证、违法载人、逆向行驶等违章行为，确保路面安全畅通。8.聂秀任等代表提出的关于对农村建房提供建筑设计的建议（第12号）。城建部门借助当前农村危房改造建设和新一轮村镇规划的机遇，根据五莲山区特点和群众需求，聘请高水平专家对农村住房进行了调研和规划论证，开展了农村住房设计方案编制工作。目前已编制完成部分适用农村住房和小康楼设计方案，全部方案将在今秋完成。9.晋津泉等代表提出的关于在县城建设农机综合服务市场的建议（第13号）。在城南建设农机综合服务市场项目已列入全县“双百”项目名单和招商引资项目库。目前，县农机中心已与五征集团对项目选址进行了实地勘查，完成了项目可行性报告，已上报市发改委和市农机局，正在争取上级资金扶持。

（二）所提问题正在解决的3件，占总数的23%。1.李兆合等代表提出的关于申请上级给予政策和资金倾斜加强石场乡小城镇建设的议案（第4号）。关于要求给予修路占地60亩用地指标的问题，因该规划路段需占用基本农田，国土资源部门无法上报审批，将在新一轮土地利用总体规划修编中，对石场乡小城镇建设从建设用地指标预留等方面给予政策倾斜。关于给予小城镇建设资金扶持问题，因全县目前财政资金较为紧张，财政、发改等部门正协助该乡积极争取上级专项资金扶持。关于修路占用初中操场、需改造立项的问题，因该规划路段将学校与操场分割两侧，影响学生上操和进行体育活动时人身安全，而且破坏了校园的完整性。鉴于上述原因，国土、教育等部门已与乡镇协商，该乡同意另行选址，目前各项工作正在推进中。2.王克芳等代表提出的关于加强社区管理的建议（第7号）。加强社区管理是当前社会较为关注的一项工作，县政府高度重视，于2007年在城建部门设立了房地产管理科，加强了对《物权法》和《新物业法》的宣传力度，积极倡导居民组织召开业主大会，成立业主委员会，实现自治管理。下步，将重点对配套设施不齐全、环境质量较差的旧住宅区，采取措施有计划地进行改造整治，依法对物业公司的业务活动加强管理和监督，促进物业公司诚信经营，提高服务水平，维护广大业主的合法权益。3.解植国等代表提出的加大《关于支持中小企业十一条》的支持力度（第8号）。县政府已责成监察、经贸、劳动等部门定期召开碰头会议，建立现场办公制度，随时发现和解决影响企业发展的问题。同时，责成财政局、人民银行牵头成立担保公司和小额贷款公司，县财政拿出100万元设立扶持企业发展专项资金，发改、经贸部门积极推动企业上市融资，积极推进银企合作，实行多渠道融资，加大对中小企业的资金扶持。下步将继续加大对“十一条意见”的落实力度，努力避免或减轻金融危机对企业发展的影响，力促工业经济振兴。

（三）留作参考的建议1件，占总数的8%。郑培廷等代表提出的把街石路列为县乡路的议案（第3号）。街石路列为县乡路需市交通部门编制规划，省交通部门审批。目前，受税费改革政策的影响，省交通部门已不允许村道（乡道）升级为县乡道。下步将责成县交通部门进一步加强养护管理，确保道路畅通，保证群众正常、安全出行。

**2010年1月在县十六届人大三次会议上，**代表共提出建议22件，截止到5月底，所有建议均已办理完毕。其中已解决或基本解决的13件，占总数的59%；正在解决的5件，占总数的23%。两项合计占总数的82%。具体办理情况如下：

（一）所提问题已解决或基本解决的13件，占总数的59%。这部分建议有政策依据，办理进度比较快。主要有：1.胡宗瑞等代表提出的关于成立中小企业信用担保公司的建议（第4号、第8号）。年初，县委、县政府将组建中小企业信用担保公司事宜列入了重要议事日程，决定由县人民银行牵头组建五莲县国营担保公司。目前，公司已确定了高级管理人员，董事长由县委常委、副县长王一群担任。目前已完成相关审批材料的上报，6月底正式成立。2.朱宗英代表提出的培植壮大农业产业化龙头企业的建议（第6号）。县委、县政府高度重视农业龙头企业培育工作，目前，县农业局牵头拟定了《关于加快农业产业化发展的意见》，明确了扶持农业龙头企业的相关配套政策，研究通过后将以县政府文件印发实施。3.冯志法等代表提出的关于全县拉动内需项目全力向市北经济开发区倾斜的建议（第7号）。国家扩大内需政策实施以来，全县加大了项目争引力度，并围绕提升开发区基础设施建设水平，成功争引实施了农村饮水安全、园区医院病房楼建设等项目，进一步提升了开发区载体功能。目前，县发改部门又将开发区污水处理厂和垃圾处理场项目上报了省发改委，争取尽快批复立项。4.丁玉娟等代表提出的关于疏通道路、加强管理的建议（第10号、第13号）。今年以来，公安、交警部门采取了高峰岗制度，严查城区乱停乱放交通违法行为，城建、交通部门也全力加强道路交通建设和管理，并加强群众交通安全宣传教育工作，目前全县交通秩序明显改善。针对县工会十字路口拥挤的问题，已增设了交通标志，公安部门在学生上学、放学高峰时段，增加警力，引导人流、车流通行，缓解交通压力。关于改造文化路与幸福路交叉路口环岛的建议。该交叉路口人流、车流多，加之三面斜坡，环岛对缓冲车辆速度，减少交通事故作用明显。目前，县城建部门已对岛内的绿化植物进行了修剪，增设了交通标志，确保交通顺畅。5.李芹等代表提出的关于建立五莲县地下管线档案的建议（第12号）。今年县城建部门已把建立县地下管线档案纳入城建计划，并将着手建立动态管理机制，把新建地下管线纳入动态管理，加强数据更新，保证地下管线使用和维护。6.张仲武等代表提出的关于加强城区治安监控系统建设的建议（第14号）。县公安部门准备在城区17个路口、4个治安卡点安装探头，在交警大队设立指挥大厅。预计年底建成投入使用。7.冯志法等代表提出的关于在市北经济开发区设立集交警、消防、治安于一体的警务工作站的提案（第15号）。县公安部门专门成立了筹建工作领导小组，会同经济开发区管委、消防、交警部门制定了建设方案，目前正在进行建设，年底前建成。8.王兴云等代表提出的留守儿童教育问题（第16号）。县教育部门将留守儿童教育纳入未成年人思想道德建设的重要内容，各学校建立了留守儿童档案，开展了“结对帮扶”活动，并在各类活动中，注重给留守儿童表现的机会，让他们始终保持向上的动力。在此基础上，加强“三结合”教育，注重与留守儿童监护人沟通，及时了解留守儿童的学习生活状况，及时采取有针对性的教育管理。9.陈兆华等代表提出的关于抓住206国道改造机遇，加强沿途乡镇基础设施的绿化美化和商业设施开发的建议（第20号）。全县把206国道作为县域村镇聚合发展的一条主要轴线，进行了高标准规划，将参照334省道绿化管理模式，划定206国道两侧控制红线，杜绝乱建小项目，高标准推进基础设施建设和绿化美化，努力营造功能完善、生态良好、环境优美、富有活力的创业环境和人居环境。10.于同凯等代表提出的林街路大修的建议（第21号）。目前，已完成了改造方案，争取到市交通运输局配套资金1200万元。目前改建工程已开工建设，预计主体工程年底完工。11.周召波等代表提出的关于将大青山、七连山纳入县政府统一规划、统一推介的建议（第 22 号）。县政府已聘请省旅游规划设计研究院编制《五莲县旅游业发展总体规划》，包括大青山、七连山在内的全县旅游资源都纳入该规划中。目前，专家组已经来全县对全县旅游资源进行了详细的考察，并召开了座谈会广泛征求了意见，正在进行规范文本的撰写工作。

（二）所提问题正在解决的 5 件，占总数的 23%。1.吉新现等代表提出的关于加大扶持力度，扩大烤烟规模，提高农民收入的建议（第 1 号）。今年，国家对烟叶生产进行严格控制，对 2009 年烟叶超收部分，一律递减今年收购计划，超计划的一律不予收购。去年，全县超收 1.48 万担。因此，今年全县烟叶生产在控制种植规模的前提下，靠提高烟叶质量增加农民收入，确保全县黄烟生产持续健康发展。烟草部门将严格执行生产补贴政策、烟草基础设施建设补贴政策、新发展农场和种植合作社政策、烟叶种植保险政策，加大扶持力度，提高农民收入。2.杜祥进等代表提出的关于继续提高石场乡小农水建设的建议（第 2 号）。县水利部门计划今年帮助石场乡新建小农水项目 2 个，安排库区移民扶持项目 1 个。下步，将积极争取上级支持，逐步完善石场乡的农田水利基本措施，解决灌溉用水问题。3.郑杜亮等代表提出的河道整修问题（第 3 号）。去年，县水利部门抓住国家加大水利基础建设的有力时机，及时申报了潮白河综合治理工程，项目已列入全省中小河流综合治理计划。目前已完成初步设计工作，年底前报省水利厅批复，争取年内开工建设。但龙潭沟河段和老支河河段均属于潮白河支流，不在扶持之内。因此，目前只能靠乡村筹资解决。下步，县水利局将努力争取上级部门支持，进一步加大对小型河道治理的扶持力度。4.秦培云等代表提出的关于加强五莲县工业基地高泽工业小区基础设施建设的建议（第 5 号）。县工业基地管委已将基础设施建设列入了今年的重点工作计划。下步，将加大对县工业基地的倾斜力度，争取资金，改善基地基础设施建设。5.孙宝君等代表提出的关于城乡教师工资差别应该消除的建议（第 17 号）。全县乡镇教师工资自 2005 年 10 月起上划县级管理，目前乡镇教师与县直教师工资水平已经持平，但由于全县中小学教师严重超编、全县财政困难等原因，乡镇教师补贴项目比县直教师少住房补贴和住房公积金两项。下步，将根据上级有关文件要求及全县财力状况，对乡镇教师两项补贴项目逐步予以解决。

（三）所提问题因目前条件限制或其它原因需待以后解决的有 3 件，占总数的 14%。1.许传武等代表提出的关于舜尧街路面修复的问题（第 9 号）。今年，全县引进的百大商贸城项目位于文化路以北、富强路以东、舜尧街以南，该项目将于年内开工建设，建设过程中会对舜尧街路面造成影响，因此暂不进行修复。在项目竣工后，再实施修复。3.张仲武等代表提出的关于城区供热管道西延的建议（第 11 号）。全县已将城区集中供热规划列入城建计划，并积极督促阳光热电公司报市热力办审批。目前，阳光热电公司投入大量资金用于扩展经营规模，暂无能力进行热网扩展。下步，将积极协调阳光热电公司加快实施供热管道西延工程，为该区域居民营造舒心和谐的宜居环境。4.徐衍标等代表提出的关于改造“山南路”叩官段的建议（第18号）。今年是全县历年来交通基础建设最多的一年，上级公路改造计划也已全部上报完成，目前已无法再上报“山南路”改造计划。“山南路”作为两山旅游的主要道路之一，县交通部门将争取上级列入“十二五”计划中实施。

（四）留作参考的建议1件，占总数的4%。孙宝君等代表提出的“334”省道（洪凝-李家坡）拓宽的建议（第19号）。334省道（洪凝-李家坡）已于2004年进行了大修，目前附属设施完善，公路状况良好，可以满足车辆的安全、正常运行。下步，县交通部门将加大路政养护巡查密度、依法查处超载、完善标志标牌设置等措施，为群众安全出行提供有效保障。同时，积极跑市进省沟通协调，加大项目争引力度，适时将该路段列入省交通厅改造计划。

**2011年1月在县十六届人大四次会议上，**代表共提出建议29件，截止7月底，所有建议均已办理完毕。其中，已解决或基本解决的13件，占总数的44.8%；正在解决的9件，占总数的31%。两项合计占总数的75.8%。具体办理情况如下：

（一）所提问题已解决或基本解决的13件，占总数的44.8%。这部分建议有政策依据，办理进度比较快。主要有：1.贾昌友等代表提出的关于加快潮白河治理工程的建议（第1号）。去年，县水利局向上申报了潮白河综合治理工程。目前，一期工程已经省水利厅立项批复，总投资2975万元，总工程量62.3万立方米，预计年底前完工。二期工程已列入全国中小型河流治理重点规划和全县十二五规划，计划投资2986万元，总工程量29.22万立方米。2.王培来代表提出的支持老企业发展、为老企业营造宽松环境的建议（第6号）。今年以来，县经信局共为18家企业争取省财政间歇资金1亿元，为企业信贷提供过桥资金5000万元，国信担保公司为中小企业提供融资担保2亿元，积极开拓了外地股份制银行等多种融资渠道。县经信局年初组织40多家企业到清华大学进行了学习培训，5月份又组织9家企业到北京大学参加了“日照优秀中青年企业家工商管理高级研修班”，促进了企业发展。3.胡宗瑞代表提出的关于出台银行对企业放贷及政府激励企业引进高新技术等政策的建议（第7号）。近年来，县委、县政府高度重视高新技术发展，把其作为提升工业经济核心竞争力的关键来抓，全县高新技术产值由2006年的7.03亿元提高到40.75亿元，专利申请量由2006年的82件提高到284件。今年，全县制定出台了《关于实施“双轮驱动”促进工业振兴的意见》和《五莲县金融行业支持地方经济发展奖励办法》，对县内挂靠世界500强和国内500强企业共建研发中心、实验基地、有合资合作项目的分别给予20万元、10万元奖励，对加大贷款投放力度、支持地方经济发展的金融机构给予奖金、荣誉称号等形式奖励，促进了企业发展。4.李凤楼代表提出的关于加快推进县内企业上市的建议（第8号）。今年3月，县金融办邀请国信证券公司、国浩律师集团事务所、山东天恒信会计师事务所的专家顾问对全县30家重点骨干企业和有关部门负责人进行了企业上市政策培训。5月9日，县政府下发了《五莲县企业上市的扶持政策》，从行政手续审批、资金奖励、土地出让等方面对上市企业给予扶持。目前，万通液压公司已与会计事务所签订合作协议，正积极联系券商、投资商到企业考察投资；凯翔生物公司已完成上市前的尽职调查。5.刘平刚等代表提出的关于在舜尧街西路口设置红绿灯的建议（第11号）。县交警大队制定出台了《五莲县城区道路交叉路口信号指挥系统、交通指示牌设置总体规划》，并将舜尧街西路口设置红绿灯列入该规划。待富强路建设完工后，交警大队将联合住建局组织实施。此外，交警大队将舜尧街西路口纳入了道路交通监测监控系统，在该路口安装视频监控装置，预计年底建成并投入使用。6.张仲武等代表提出的关于供暖管网向西延伸的建议（第13号）。今年，全县结合长青路改造建设工程，同步实施西线循环水供暖管道建设。投资1900万元，沿长青路东侧，北至三中，南至五莲山路，建设双线供暖管道4500米，武警、消防大队、看守所均在此区域。目前正在进行过路管道预埋，主管道铺设结合长青路建设进行，预计8月底竣工。待与供暖用户协商达成协议后，进行支管道铺设。7.王义武等代表提出的关于加快市北经济开发区教育事业发展的建议（第15号）。全县计划在市北经济开发区新建九年一贯制义务教育学校和普通高级中学各一处，并已纳入《五莲县教育事业十二五发展规划》。九年一贯制义务教育学校，招生规模36个教学班，招生能力1680人。目前正在进行规划修订，资金到位后开工建设，力争明年投入使用。8.张华等代表提出的加强基层医疗卫生系统建设关键在制度落实的建议（第16号）。去年12月30日，全县印发了《五莲县实施国家基本药物制度工作方案（试行）》，自今年1月1日起在全县所有政府办基层医疗卫生机构及一体化管理村卫生室启动实施，全部配备使用基本药物，全省集中网上公开招标采购并由省公开招标确定的配送企业统一配送，按购进价格实行零差率销售。同时，建立了监督检查机制和考核评价体系，加强对国家基本药物制度执行情况、药品采购配送情况、政府补助和相关配套政策落实情况的检查。9.徐衍标等代表提出的关于改造山南路叩官段的建议（第20号）。全县今年计划投资4000万元对山南路叩官至王世疃段进行路面改造。改造路段长18公里，改造后宽8米，沥青混凝土路面。目前已完成施工图设计，正在进行开工前的准备工作，计划年底完成。10.徐衍标等代表提出的关于对生态旅游型乡镇实行项目资金扶持倾斜政策的建议（第24号、第25号）。全县下发了《关于调整县乡财政体制的意见（试行）》，规定各乡镇以核定的收入基数，每年按一定比例递增，超出部分80%返还乡镇。今年，旅游生态型乡镇增幅比例为15%，工业型乡镇增幅比例为20%。去年，全县共安排松柏镇扶持项目6个、县级以上扶持资金69万元，叩官镇扶持项目13个、县级以上扶持资金89万元，户部乡扶持项目4个、县级以上扶持资金160万元。下步，全县将继续加大扶持力度，促进旅游生态型乡镇快速发展。11.王建国等代表提出的关于将于里镇纳入全县旅游一盘棋的建议（第28号）。为加快管帅温泉度假区建设，县政府成立了温泉办，在政策和资金上予以扶持，委托中山大学高标准编制了温泉度假区总体规划。下步在建设温泉度假区的同时，统筹规划莒北革命纪念碑等红色遗迹，挖掘红色文化内涵，发展红色旅游产品。12.王万法等代表提出的提高纳税人政治地位的建议（第29号）。为提高纳税人政治地位、加强企业家队伍建设，全县制定出台了《关于加强三支队伍建设的意见》，邀请企业代表参加县委、县政府召开重要会议；县委在组织召开民主推荐副处级以上干部会议时，随机抽取部分优秀企业家参加；县委提拔任用涉企部门负责人时，注重听取优秀企业家的意见；县委、县政府组织企业家对金融、涉企民生部门领导班子进行年度考核评议，其中纳税前10名的骨干企业权重占30%，评议结果运用到县直部门年度考核中。优先推荐企业家担任各级党代表、人大代表和政协委员候选人，优先推荐加入各级党工商联领导班子；聘请部分优秀企业家担任县委、县政府年度经济顾问；每年召开一次企业家座谈会。以2010年为基起年，上缴财政税收地方留成达到1001万元以上的工业企业，次年按照上缴县财政税收地方留成比上年增长部分的10%奖励企业法定代表人。引导企业完善分配制度改革，推行经营者收入与企业经营业绩挂钩；鼓励实行企业家年薪制，试行期权、股权制，着力激发企业家队伍的创业活力。全县每年安排100万元专项资金，用于企业家队伍培训。在《日照日报》、五莲电视台、《今日五莲》开设企业家风采专栏，定期宣传企业家先进典型，在全社会营造尊重、支持的舆论氛围。

（二）所提问题正在解决的9件，占总数的31%。1.王建国等代表提出的关于取消于里镇大渌汪水库养殖的建议（第2号）。县水利局于2005年对供水水源进行了抽样化验，于2010年8月联合水质化验部门对取水口进行了抽样化验，水质均达标。大渌汪扬水站向渔业养殖户下达了禁止向水库投放粪便类饵料的通知。县水利局将进一步加强巡查和水质监管检验，搞好健康养殖，确保安全供水。2.王建国等代表提出的关于成立于里汽车零部件产业园的建议（第5号）。《五莲县国民经济和社会发展第十二个五年规划纲要》和《工业十二五发展规划》提出，将于里镇作为汽车改装及零部件生产中心重点培植。目前，于里镇北工业园一期建设规划已完成，正在进行道路建设，下步积极吸引项目、资金，尽快形成集群优势。3.王水焕代表提出的关于加强企业人才引进和使用工作的建议（第9号）。县委、县政府制定出台了《关于加强人才资源开发工作的意见》和《关于加强三支队伍建设的若干规定》，对健全人才培养、奖励、引进机制作出了具体规定。县政府每年安排100万元作为人才资源开发基金，专项用于人才队伍建设。下步将继续通过提高引进人才的待遇荣誉等方式提升现有人才的质量和数量。4.李世平等代表提出的关于沿河路（黄海路–振兴路）段安放路灯的建议（第10号）。今年，全县投资35.31亿元用于城市基础设施建设，其中1430万元用于道路亮化工程，但该路段未列入2011年城市建设规划，住建局计划列入2012年城建规划，确保该路段通行安全。5.李芹等代表提出的关于规范全县公交站点等问题的建议（第12号）。全县计划在两年内将2004年前购置的14台公交车更新，其它车辆也逐年更新，确保使用年限不高于10年。县公交公司计划安装站牌300个、站棚100个，待全县道路建设基本完成后，结合旧街改造进行。下步还将通过对驾驶员、售票员进行职业培训，保持车体整洁靓丽等措施提高全县公交服务质量。6.秦培云等代表提出的关于加强高泽工业基地供气供热等基础设施建设的建议（第14号）。目前，全县已开工敷设工业园燃气管道。其中，富强路（黄海路–迎宾路段）燃气管道敷设已动工，迎宾路(富强路–解放路段)、解放路（黄海路–昆山路段）燃气管道敷设与道路建设同步进行，解放路（昆山路–滨河南路段）、人民路（黄海路–迎宾路段）燃气管道已列入明年敷设计划。由于供热式发电厂蒸汽管网的经济合理输送距离在4公里以内，工业基地至阳光热电厂距离超出这一范围，目前暂无法向工业基地供汽。7.周扬胜等代表提出的整合初中教育资源、改善提升办学条件的建议（第17号）。洪凝街道现有初级中学三所（中心校、山阳分校、河西分校），为整合教育资源，提高学校管理水平，县教育局计划将洪凝初中搬迁至河西分校，并将山阳分校并入，在河西分校基础上进行扩建。目前山阳分校撤并工作正按计划实施，8月份完成。洪凝初中撤并工作已纳入《五莲县教育事业十二五发展规划》，计划2013年完成。8.赵纪普等代表提出的加大农村基础设施投入、建设交通顺畅的新农村的建议（第18号）。目前，全县农村公路路面铺装里程达1068.7公里，所有行政村通水泥（沥青）路。为全面实现行政村与自然村之间通硬化路，县交通运输局争取到上级10公里改造计划，年内组织实施。下步将进一步加大争取政策、项目扶持，扩展农村公路投融资渠道，加快全县农村公路建设步伐。9.吉新现等代表提出的关于硬化七马路汪湖与贾悦交界处断头路的建议（第19号）。2004年，汪湖镇政府决定对汪湖路至诸城界段路面进行改造，由于当时全县财力紧张、地方配套资金筹集难等原因，未对该路段进行改造。交通运输局正在争取列入明年农村公路改造计划，加快组织实施。

（三）所提问题因目前条件限制或其它原因需待以后解决的有6件，占总数的

20.7%。1.高月喜等代表提出的关于对山阳河整治的建议（第3号）。待全县城市总体规划编制完成后，适时编制山阳河景观设计，进行综合改造。2.李祝宜等代表提出的关于特批农村老年房宅基地的建议（第4号）。2010年，县政府办公室下发了《关于规范农村住房建设管理的通知》，要求严格控制村镇建设用地规模，城市规划区、乡镇驻地范围内村庄不再新划宅基地，城镇规划区范围外的村庄不再审批单独选址的宅基地。下步可按照城镇化和集约用地要求，以社区服务中心为依托，配套建设老年公寓，解决老年人住房问题。3.李加义等代表提出的关于对洪贺路升级改造并北延诸城南环路的建议（第21号）。2005年，全县对洪贺路进行了路面维修改造，但随着建材、矿产业发展带来运输车辆的大幅增加，路面大面积破损。下步，县交通运输局将积极争取上级项目资金扶持，争取列入县乡道路升级改造计划。4.郑培延等代表提出的关于加强街杜路管理的建议（第22号）。街杜路是纳入全县农村公路管理并按照国家和省技术标准修建的乡道，根据《山东省农村公路条例》规定，乡道的日常养护由乡镇政府负责。街杜路目前配备了9名养路员，下步将加强管理，加大养护力度，确保该路段正常通行。5.徐衍标等代表提出的关于提高风景区管委对利益相关乡镇补贴资金返还标准的建议（第26号、第27号）。全县出台的《关于加快五莲山旅游风景区建设的决定》中规定：对松柏、叩官、户部等乡镇的投资投工，由相关部门进行严格的审计、评估、确认后，以股份形式入股；可由县风景区管理委员会每年从门票收入中拿出10万元（松柏镇5万元、叩官镇3万元、户部乡2万元）予以返还。近年来，风管委筹资8000万元对两山进行了深度开发，今年又计划投入1000万元，风管委债务高达3500多万元。虽然全县旅游收入有较大幅度增长，2010年两山门票收入为750万元，但与旅游投入相比仍捉襟见肘。待全县旅游收入进一步增长，风管委将提请县政府逐步增加对周边乡镇的开发补贴。

（四）留作参考的建议1件，占总数的3.4%。王建国等代表提出的关于国道206线于里镇驻地段改道的建议（第23号）。去年，经省交通厅批准，206国道一级路改建工程按照“充分利用老路、新增占用土地最少”的原则，采取经营性公路模式依法公开招标项目投资人的方式建设，目前项目已签约。公路线形在一个乡镇范围内出现两个直角弯道，不符合一级公路线形设计要求。国道改线会占用大量土地，新增占地指标很难争取，也不符合该BOT项目的招商原则。

# 第二章 代表活动

县人大常委会本着“积极搞活动，着力强素质”的工作思路，除邀请人大代表列席县人大常委会会议、参加县人大常委会组织的执法检查、视察调查、评议等活动外，还根据形势任务的需要，开展全县性的集中活动，进一步调动全县人大代表的履职积极性，充分发挥人大代表在经济社会发展中的模范带头作用。

**交流人大工作经验**　为了使人大代表明确代表职责，更好地发挥代表作用，县人大常委会经常召开人大工作经验交流会议。在会上，既介绍党委重视人大工作，代表小组经常开展活动的经验；也介绍代表履行职责，积极参政议政，以及做好本职工作、发挥带头作用的经验，使代表受到教益和启发，提高履行人大代表职责的自觉性。

1985年8月20日至21日，县人大常委会召开人大代表工作经验交流会。会上县委副书记李宗步作了重要讲话。会上交流了做好人大代表工作经验，松柏乡党委就如何重视代表工作，发挥代表作用问题发言；院西、中至乡代表联系组介绍了经常组织活动，开展代表工作的经验；户部乡长李炳成同志介绍了怎样当好联系组长的一些体会，郑明海、李乃松、杨振涛3位代表介绍了他们履行代表职责，协助政府推行工作的经验；张崇交、刘瑞民、王秀英等代表介绍了他们在各自的岗位上，全心全意为人民服务、一心一意做好本职工作、充分发挥模范带头作用的经验。县人大常委会主任贺炳忠作了总结发言。

1987年12月6日至7日，县人大常委会召开了由县人大代表、县直部门负责人参加的代表工作经验交流会议。会上有11位代表发了言，分别介绍了履行代表职责，积极参政议政，协助政府推行工作，发挥桥梁纽带作用和模范带头作用的经验和体会。县委书记李明启、县长孙长华分别在会上讲话，县人大常委会主任贺炳忠作了总结讲话，提出了今后开展代表工作的措施和要求。

1989年3月22日至23日，召开全县人大工作经验交流会，出席县十一届人大四次会议的代表出席会议，会上有7名县人大代表和1名乡镇人大代表工作室主任分别就履行代表职责，发挥代表作用，带领群众致富，作好本职工作，以及做好人大代表工作发了言。

**评选先进人大代表小组和优秀人大代表活动**　1988年，为在广大代表中，鼓励先进，激励后进，进一步促进代表工作。县人大常委会根据外地经验，结合五莲实际，就评选的指导思想、方法步骤和评比条件拟定了具体意见，印发到各代表联系组和乡镇代表工作办公室付诸实施。与此同时，先后召开了两次乡镇代表工作办公室主任会议，采取先部署，后酝酿，再评选和多方征求的办法，共评出乡镇人大工作先进单位7个，先进代表小组11个，优秀代表41名。这些典型的树立，对代表工作起到很好的促进作用。

**乡镇人大代表工作先进单位：**

于里乡 叩官乡 罗圈乡 院西乡 街头镇 槎河乡 魏家乡

**县人大代表先进组：**

七宝山镇代表组　　山庄乡代表组
王世疃乡代表组　　中至乡代表组
户部乡代表组　　石场乡代表组
许孟镇代表组　　汪湖乡代表组
洪凝镇代表组　　高泽乡代表组
潮河镇代表组

**优秀代表：**

洪凝镇：王介存 王进芳（女） 何义民 栾岐诚 杨茂先 潘维义
许孟镇：刘仲贤 冯启友 张月霞（女）
街头镇：厉希圣 李新亮 张善德
潮河镇：王杰海 杨振涛
管帅镇：李祝九 赵纪围
七宝山镇：王希学
于里乡：李桂华
山庄乡：胡乃兰
山阳乡：张泽民
王世疃乡：王吉君（女）
中至乡：王培珍（女） 张继琛
户部乡：陈淑令
石场乡：王录新
叩官乡：王连玉 王效勇
汪湖乡：张加宾 崔松武
杜家沟乡：葛平合
松柏乡：陈维照
罗圈乡：王明海
高泽乡：何子富
院西乡：王永祥 李仕廷
槎河乡：石西春（女）
魏家乡：徐茂英（女） 韩立贵
县直：刁明花（女） 于仁花（女） 辛兆铎

**县人大常委会组织代表评议本届人大工作** 1989年11月，县人大常委会的领导分别召集了23个县人大代表联系组组长座谈会，让代表评议本届人大常委会的工作，提出存在的问题和今后设想，以便提供下届人大常委会参考。代表们抱着认真负责的态度，畅谈了本届人大常委会的工作成绩，实事求是的提出了存在的问题，对今后如何做好人大工作提了一些很有价值的建议。代表们纷纷谈到，本届人大常委会无论在法律监督和工作监督方面，都有突破性进展；任免干部的程序更加合法、严谨；代表工作迈上了新台阶；视察、调查进入了新领域。但有些工作尚需改进。代表们针对存在的问题，提出：1、人大常委会要真正履行法律赋予的职权，监督不要走过场，防止流于形式，特别对政府部门的干部要从爱护的角度出发进行监督，使其少犯错误或不犯错误。2、人大常委会任命的干部要相对稳定。代表反映，基层对人大常委会任命的干部，到任时间不长就调动有看法，认为这样很不严肃。应尽量使人大常委会的任命时间和县委的调整时间协调一致。3、对人大常委会形象的宣传要从正面进行，尽量不要从反面宣传，今后应当从人大常委会的性质、地位、职权、作用来教育干部群众，扭转对人大常委会的片面认识。4、要用实际工作树立人大常委会的形象。说一千道一万，不如实事干一件。要想真正树立人大的形象，就要象在十一届人大第四次会议上质询县政府那样，理直气壮的行使法律赋予的职权，干一些具体实在、有影响的事情，进一步得到社会的承认。5、代表工作的开展，诚然用《人大工作情况》这个刊物联系是一种很好的方式，但毕竟显得单调，渠道太窄。今后形式要多样化，路子进一步拓宽。如县里的重大决策在出台之前，县人大常委会可给代表发征询意见纸，让代表集中群众的意见、建议，以丰富和完善决策方案。

**代表培训** 1993年，针对换届后代表新成份多的实际，首先在代表较多的街头镇搞培训代表试点，然后召开专门会议，推广代表培训经验。全县22处乡镇都采取不同的培训形式，对各级人大代表进行了系统培训。

1994年7月，对全县各级人大代表集中进行了一次学习培训活动。在培训形式上。采取集中脱产学习与专题辅导、个人自学与代表小组讨论、学习理论与实践演练相结合的形式。在培训内容上，重点学习了党的路线、方针、政策，代表法和人大工作知识，市场经济理论，县委重要决策和涉及农村的有关法律法规。

**开展人大代表带头致富活动** 县人大常委会在广泛调查研究，总结农村人大代表致富经验的基础上，于1995年3月6日召开了人大代表致富经验交流会，有6名代表作了典型发言，县委书记李永健、县人大常委会主任韩清存分别就人大代表带头致富的意义和要求讲了话。为了充分发挥人大代表在经济建设中的模范带头作用，加快全县经济发展步伐，4月13日县十三届人大常委会第十五次会议通过了《关于开展人大代表带头致富活动的决定》，指出开展人大代表带头致富活动，对充分发挥代表作用，全面贯彻党的各项政策，增强广大人民群众参与改革和建设的积极性，保障和促进社会生产力的发展，具有十分重要的意义。决议要求，全县农村各级人大代表每人都要有一个致富项目，做到“六个带头”，争取用两年左右的时间率先富起来，达到“小康村”或“小康户”的标准。一个致富项目，就是要根据自身的技术、技能和资金条件，采取自办或联办等形式，围绕再建“山上五莲”和“九七”小康工程，在种植业、养殖业、流通加工业等方面选上一个骨干致富项目，年收入过万元，成为全县农村“小康户”。干部代表要带领群众选准路子，共同致富，带动一个村或一个企业率先成为“小康村”或明星企业。六个带头：带头解放思想；带头深化改革；带头学科技、用科技；带头依法生产和经营；带头树立全局观念；带头开展“帮联富”活动，联系选民，共同致富。8 月 21 日，县人大常委会在汪湖镇召开了全县乡镇人大代表致富经验交流现场会，交流了人大代表带头致富的经验，研究了深入开展人大代表带头致富活动的措施，使这一活动在全县蓬勃开展。

**人大代表述职评议活动** 为进一步增强代表工作，强化选民对人大代表的监督，促进人大代表充分发挥职能作用，县人大常委会决定在全县开展县乡两级人大代表述职、选民评议代表活动，并于 2001 年 10 月 22 日制定下发了《关于开展人大代表向选民述职活动的意见》，规定全县的县人大代表和乡镇人大代表，均应进行述职评议。首次开展述职活动时，述职的范围可选担任一定领导职务或负责某项具体工作的部分代表，以后逐步推开。参加述职评议的选民由原选区推选的选民代表组成。一般按原选区选民总数百分之二左右的比例或原选区内每选举单位 5 至 10 人的数额推选选民代表。农村的选民代表一般从村两委成员、群团组织负责人、选民小组长、村民议事会成员、离退休老干部中推选。述职的主要内容是：（1）出席本级人民代表大会会议，依法行使代表职权情况；（2）学习、宣传和执行宪法、法律法规和各级人大及常委会决议、决定情况；（3）联系选民，听取选民意见和向有关机关组织提出建议、批评和意见情况；（4）参加县人大常委会、乡镇人大、代表小组组织的调查、视察、评议等各项活动情况；（5）在本职工作岗位上发挥模范带头作用，开展县人大常委会提出的“四带头”（带头维护大局、带头遵纪守法、带头科技致富、带头帮贫扶困）活动，为群众办实事，协助政府推行工作情况等。整个述职活动分为准备、述职、整改三个阶段进行。

2001 年 10 月 24 日，县人大常委会在街头镇开展人大代表向选民述职活动试点工作，并召开了现场会。县人大常委会副主任胡兆功在会上讲话。指出了开展人大代表向选民述职活动的意义，并对开展好这一活动提出了要求。街头镇人大主席王晋民介绍了开展代表向选民述职活动的情况，并现场观摩了街头镇直选区代表述职情况。街头镇直选区代表述职评议结果：丁西彬优秀 136 票、称职 13 票；张传领优秀 128 票、称职 16 票、基本称职 4 票；陈为来优秀 132 票、称职 13 票；邵建军优秀 130 票、称职 16 票。现场会议后，各乡镇人大均组织开展了人大代表向选民述职的活动。

2005 年 6 月，五莲县人大常委会作出了《关于开展县乡人大代表向选民述职工作的意见》，就进一步作好人大代表向选民述职工作进行了部署。

**开展“三带头一满意”活动** 2009 年，根据市人大常委会的部署，县人大常委会决定在全县各级人大代表中开展“三带头一满意”（带头干事创业、带头维护大局、带头关注民生，让人民群众满意）活动，并于 10 月 27 日下发了《五莲县人大常委会关于在全县各级人大代表中深入开展“三带头一满意”活动的意见》。要求要坚持立足实际，务求实效的原则，针对人大代表的不同行业特点，确定活动重点，制定具体措施，抓活动落实，确保整个活动取得实实在在的效果。为确保“三带头一满意”活动内容与形式相统一，开展“三带头一满意”活动要与代表日常履行职责、执行职务有机结合，要求各级人大代表要做到“六个一”，即：每季度参加小组组织的一次学习、一次视察或调查活动；每年至少提交一份视察或调查报告、在代表大会上领衔或单独提出一件建议、批评和意见；每年至少参与化解一起矛盾纠纷、为基层群众办一件实事。在这一活动中，县人大常委会加强组织协调，定期调度了解活动开展情况，总结推广活动中涌现的好典型、好经验、好做法；通过填写代表履职情况登记表、履职档案等形式，全面了解代表参与活动及履职情况，深化对代表的履职评价，并作为评选优秀代表的重要依据，从而推动了活动的深入开展。

**开展评选优秀县十六届人大代表活动** 2011 年 8 月，县第十六届人大常委会为了激励全体县人大代表更好地履行职责，发挥作用，开展了评选优秀县十六届人大代表的活动，制定了实施意见，明确了评选的标准和评选的方法步骤。优秀县十六届人大代表的标准主要是：忠于宪法和法律，充分行使代表职权，认真履行代表义务；带头贯彻党的路线、方针和政策，不折不扣地落实县人民代表大会及其常委会做出的各项决议、决定，在实际工作中切实发挥人大代表的带头示范作用；积极参加各级人大及其常委会组织的视察、检查和调研活动；充分发挥桥梁纽带作用，密切联系选民，及时反映他们的愿望和要求，坚持为群众办好事办实事，帮助群众排忧解难；认真学习法律法规，努力提高履职能力；关心支持人大工作，主动提供便利条件。经过各代表团（小组）推荐，县人大常委会主任会议审查，于 2011 年 10 月 10 日县第十六届人大常委会第二十七次会议通过《关于表彰优秀县十六届人大代表的决定》，对丁传湘等 23 名优秀县十六届人大代表予以表彰。优秀县十六届人大代表名单如下：

高泽代表团：丁传湘、王万法

松柏代表团：王善平

许孟代表团：闫永强、李加义

潮河代表团：王全忠

洪凝代表团：周召波、姚夫军

街头代表团：李祝宜、董衍平

户部代表团：生佩金

汪湖代表团：吉新现

叩官代表团：靳伟然

石场代表团：王范增

于里代表团：刘光瑞、韩瑞乐

中至代表团：赵纪谱

县直代表一团：刘加友、刘平刚、陈华毅

县直代表二团：厉 彪、李凤楼、胡宗瑞

# 第三章 代表联系

五莲县人大常委会把密切联系人大代表作为发挥代表作用的基础性工作来抓。除利用召开会议，个别走访，开展执法检查、视察调查、评议等活动与代表联系外，还在每年秋季对全体人大代表进行一次或两次普遍联系，从未间断。

联系方式，一般由主任、副主任带领县人大常委会委员及机关工作人员，分赴县直、各乡镇，召开代表座谈会。向代表通报全县经济社会发展情况及人大工作情况，听取代表工作情况汇报，征求代表对县人大常委会及“一府两院”的建议、批评和意见。近几年，还要座谈会后组织代表对群众关心的一至两个大项目进行视察，代表反响很好。普遍联系结束后，县人大常委会办事机构对联系情况汇总整理，转交“一府两院”有关部门办理并负责答复代表。

兹将1985至2010年普遍联系人大代表的基本情况，列表记述如下。

## 五莲县人大常委会历年普遍联系人大代表基本情况
## （1985~2010）

| 时　间 | 基本内容 |
|---|---|
| 1985 | 普遍召开代表座谈会，共收集建议 72 条。如松柏代表反应，该乡有一段公路转弯太急，经常发生交通事故。县政府收到常委会转交的建议后，立即责成交通部门限期进行了改道整修。 |
| 1988 | 共召开代表座谈会 36 场次，走访代表 155 人次，接待代表来访 27 人次。共受理代表批评、建议和要求 135 件。吸收代表参加视察 25 人次，组织 17 名代表参加了县政府政务对话会。在大力组织发展外向型经济，学习贯彻十三届三中全会文件，开展执法大检查重大活动中，向代表寄发了 630 多封信。同时先后 6 次共向代表寄发了学习文件和人大工作情况 1230 份。为主动开展代表工作，提供了学习材料。 |
| 1991 | 年中走访代表面达 98%以上。建议：1、应加强对良种的管理和试验。2、在平价柴油销售中存有以平代高，以热代冷的问题。3、应进一步加强对县城交通秩序的管理。4、金沙路菜市场卫生问题。5、对县直部门报残生二胎的应严格把关。6、山楂销售难的问题急待解决。7、小学生负担过重的问题。8、拖拉机管理单位多、手续多、收费多的问题。9、应加强对县城环城路的管理。10、东南乡镇要求解决看不到“五莲新闻”的问题。11、农村养老问题要抓到底。 |
| 1992 | 上半年走访提出建议：一是平价柴油供应不及时、数量不足；二是棉花任务过重；三是集体收回自留山的苗头不容忽视；四是对农民的富裕程度不能估计过高；五是发展乡镇企业要反复论证，统盘考虑；六是评选先进乡镇要进行考核，不能依据自报数据；七是教师代表反映民办教师的后顾之忧没有解决。<br>下半年走访提出建议：一是要求减少今年提留；二是关于交通部门上路查车罚款问题；三是建议进一步加大农业基本建设的投资；四是尽快解决洪凝镇大郭村人畜吃水；五是关于粮棉油挂钩柴油、化肥兑现的问题；六是部分工商所收费高（于里、汪湖、七宝山）；七是县直代表反映，目前建设单位拖欠建筑部门资金高达 4000 多万元，仅拖欠县建筑公司就 360 万元，建议县里适当控制基本建设项目。 |
| 1993 | 先后两次集中走访代表，征求建议意见 40 余条，并转交有关部门及时进行了处理。一是农民负担问题；二是工农业产品剪刀差大；三是家用生产资料假冒伪劣多；四是有些干部花钱多、帐目乱、财务不公开；五是农副产品购销不畅，路卡多、检查多、收费多；六是个别集贸市场秩序混乱；七是农林特产税、教育统筹费筹集使用不合理；八是农村学生和企业职工负担过重；九是城区养狗风有回潮，对人造成威胁。 |
| 1994 | 上半年和年终两次集中走访了代表，走访率达 96%以上，征求建议、意见 60 多条。上半年走访代表情况被县委转发全县各级引起注意，并予以落实。一是关于农村土地承包政策问题；二是关于农产品收购问题；三是计划种植问题；四是关于农民负担问题；五是关于社会治安问题；六是关于工程拖欠款问题；七是关于农田基本建设工程问题；八是关于山楂问题；九是关于供销体制问题；十是关于城市卫生管理问题。 |

| | |
|---|---|
| 1995 | 走访代表所提建议:一是对农业的重视和支持,形式、口号多,实际投入少;二是农业生产资料供应渠道统一后缺乏管理;三是生猪收购方面,有的食品站收猪分级定价过细过繁,150斤以下的不够仔猪钱;四是粮食收购卡称现象比较普遍;五是农田水利设施破坏严重;六是农业科技发展缓慢;七是不切实际的达标升级活动太多。 |
| 1996 | 上半年走访代表95%以上。提出化肥价格上涨、达标活动过多、生猪存栏量下滑等建议。下半年走访代表90%以上。提出生猪经营价格不合理、农资价格不稳、农村养老保险有的搞摊派、计划生育收费很乱、农村看电视难、农民负担等。 |
| 1999 | 1、正确估价农民的实际收入和富裕程度。2、切实减轻农民负担。3、据实征收农林特产税。4、切实抓好林果产业化经营。5、狠抓县乡工业措施的落实。6、切实转变执法部门的工作作风。7、重视解决乡镇干部的住房及有关政策的落实。8、进一步加大办理代表建议意见落实的力度。 |
| 2000 | 一是农民收入增长幅度不大。二是县乡工业运行质量不够理想。三是对外开放步伐不快,出口市场、出口产品结构不尽合理,人才、资金、项目的引进没有迈出大的步伐,特别是引进利用外资数额较小。 |
| 2001 | 1、要切实抓好农业产业结构调整。2、要继续做好农村减负工作。3、要继续加快县乡工业发展步伐。4、要大力强化社会治安综合治理工作。5、要不断加大对城区的规划管理和建设力度。6、要切实转变执法部门的工作作风。7、要继续加强对企业法人的监督管理。8、要进一步加大办理代表建议意见落实的力度。 |
| 2002 | 1、要正确估价农民的实际收入,切实做好农民增收工作。2、要重视企业职工的社会保障问题。3、要继续加大城区的规划管理和建设力度。4、要切实强化社会治安综合治理工作。5、要加强对城区网吧的管理。6、要切实改善和提高城区生活用水质量。 |
| 2003 | 一、大部分民营企业人才奇缺;二、企业职工养老保险金欠交现象十分严重;三、高中教育收费过高;四、当前部分乡镇农业基础设施特别是水利设施常年闲置,利用率很低;五、县里涉农部门要继续强化为农服务意识;六、全县城区群众娱乐活动场所太少,限制了城区群众业余文化活动的开展。 |
| 2004 | 一是国家严控土地、紧缩银根等一系列宏观调控政策的实施,给招商引资项目用地、企业膨胀规模等造成了较大制约,一定程度上影响了经济的快速发展;二是工业经济发展不平衡,产业产品结构不合理的矛盾还没有从根本上得到解决;三是招商引资质量不高,大项目少、高科技项目少,实际利用境外资金少;四是财政收支矛盾比较突出,保平衡压力增大;五是"三农"问题仍然比较突出,特别是随着农村税费改革的深入推进,乡村两级组织正常运转面临较大困难。 |
| 2005 | 1、要切实重视解决"三农"问题,不断开创农业农村工作新局面。2、要高度重视对老企业的挖潜和改造问题。3、要进一步加强软环境建设,营造良好的发展环境。4、要继续加强城区美化绿化和规划管理,加快城市建设步伐。5、要切实强化社会治安综合治理工作。6、要大力加强社会保障体系建设。 |
| 2006 | 1、要重视解决"三农"问题,不断开创农业农村工作新局面。2、要加大治污力度,强化环境保护。3、要量力而行,提高工资收入。4、要强化综治工作,保一方平安。5、要加强社会保障体系建设,切实保障职工合法权益。6、要进一步规范市场经济秩序,加强软环境建设。 |

| | |
|---|---|
| 2007 | 1、要高度重视农村基层政权运转问题。2、要进一步优化经济发展环境。3、要探索加强计划生育工作的新路子。4、要全面加强社会保障体系建设。5、要切实加大城市和园区建设管理力度。 |
| 2008 | 1、要加强对山东五莲工业园区服务设施的配套建设。2、要高度重视企业节能挖潜工作。3、要进一步优化经济发展环境。4、要高度重视农村因土地政策分配不合理而引发新的矛盾。5、要加强社会保障体系建设，切实保障人民群众合法权益。6、要强化社会治安综合治理工作，确保一方平安。7、要切实加大城市建设管理力度。 |
| 2009.7 | 1、要切实加大对《关于支持中小企业发展的意见》的落实力度。2、要进一步优化经济发展环境。3、要进一步加大对城市道路的修护力度。4、要高度重视城市建设的规划和管理工作。5、要高度重视代表建议意见的办理工作。6、要切实加快《政府工作报告》的推进落实速度。 |
| 2010.7 | 一是在税收政策上倾斜农业大镇。二是协调解决在农业结构调整中遇到的问题。①调地阻力的问题②银行贷款审查严、批准慢的问题③产品市场销售问题。三是要加大新医改的宣传力度，让农民认识到新型农村合作医疗防止因病致贫方面的巨大作用，接受预防重于治疗的思想观念。 |

# 第八篇 乡镇人民代表大会

## 第一章　乡镇人大会议

1954 年 4 月，根据《中华人民共和国全国人民代表大会及地方各级人民代表大会选举法》规定，各乡分别召开了第一届第一次人民代表大会。时全县辖 11 个区，131 个乡，621 个行政村。

1955 年 1 月，莒县石场区划入，是年，全县辖松柏、仁里、高泽、洪凝、街头、五莲、户部、常山、中至、淮河、管帅、石场 12 个区，138 个乡，657 个行政村。

1956 年 2 月，撤销松柏区，同年，常山区划归诸城县，时全县辖 10 个区、128 个乡，590 个行政村。

1958 年 1 月，撤区并乡，将全县 128 个乡合并为 24 个乡。9 月，24 个乡合并为洪凝、高泽、许孟、汪湖、管帅、中至、石场、于里、街头、潮河、叩官、户部、松柏 13 处人民公社，193 个生产大队。公社为政社合一组织。

1967 年成立公社革命委员会，人民代表大会中断。

1878 年 2 月，贯彻上级关于召开人民代表大会的通知精神，县委决定召开县、社人民代表大会，选举产生县、社代表。

1984 年 5 月，人民公社建制撤销，建立乡、镇。全县划为 6 个镇：洪凝镇、街头镇、潮河镇、许孟镇、管帅镇、七宝山镇，16 个乡：松柏乡、山阳乡、王世疃乡、魏家乡、叩官乡、户部乡、槎河乡、院西乡、高泽乡、汪湖乡、中至乡、罗圈乡、石场乡、山庄乡、杜家沟乡、于里乡，629 个行政村。

1994 年 12 月，于里、汪湖、叩官、中至撤乡设镇，全县辖 10 个镇，12 个乡。

2001 年 1 月，将洪凝镇、山阳乡、罗圈乡合并为洪凝镇，街头镇、王世疃乡、杜家沟乡合并为街头镇，潮河镇、魏家乡合并为潮河镇，许孟镇、院西乡合并为许孟镇，高泽乡、七宝山镇合并为高泽镇，于里镇、管帅镇合并为于里镇，石场乡、山庄乡合并为石场乡，户部乡、槎河乡合并为户部乡。时全县共 9 个镇，3 个乡，632 个行政村(居)。

2010 年 8 月，洪凝镇撤镇设立街道办事处，松柏乡撤乡设镇，时全县辖 1 个街道办事处、9 个镇、2 个乡。

## 洪凝镇人民代表大会

1987年以来，洪凝镇先后召开了第十一、十二、十三、十四、十五、十六、十七届人民代表大会。2001年1月1日，山阳乡、罗圈乡撤并洪凝镇，2010年8月，洪凝镇撤镇设立街道办事处。

第十一届人民代表大会共召开4次全体会议。第一次会议于1987年5月3日在镇驻地召开，应出席代表88名，实到83名，大会选举镇长1人，副镇长2人。

第十二届人民代表大会共召开3次全体会议。第一次会议于1990年3月26日在镇驻地召开，应出席代表90名，实到86名，大会选举镇长1人，副镇长4人。

第十三届人民代表大会共召开5次全体会议。第一次会议于1993年2月20日在镇驻地召开，应出席代表100名，实到95名，大会选举镇人大主席团专职常务主席1人，副主席1人，镇长1人，副镇长4人。

第十四届人民代表大会共召开3次全体会议。第一次会议于1996年1月23日在镇驻地召开，应出席代表73名，实到72名，大会选举镇人大主席1人，副主席2人，镇长1人，副镇长5人。

第十五届人民代表大会共召开3次全体会议。第一次会议于1999年1月28日在镇驻地召开，应出席代表72名，实到69名，大会选举镇人大主席1人，副主席1人，镇长1人，副镇长5人。

第十六届人民代表大会共召开6次全体会议。第一次会议于2002年3月13日在镇驻地召开，应出席代表92名，实到85名，大会选举镇人大主席1人，副主席1人，镇长1人，副镇长3人。

第十七届人民代表大会第一次会议于2008年1月14日在镇驻地召开，应出席代表93名，实到88名，大会选举镇人大主席1人，副主席1人，镇长1人，副镇长3人。

## 街头镇人民代表大会

1987年以来，街头镇先后召开了第十一、十二、十三、十四、十五、十六、十七届人民代表大会。2001年1月1日，王世疃乡、杜家沟乡撤并街头镇。

第十一届人民代表大会共召开三次全体会议。第一次会议于1987年5月2日在镇驻地召开,应出席代表 90 名,实到代表 90 名。大会选出了街头镇镇长 1 人，副镇长 2 人。

第十二届人民代表大会共召开三次全体会议。第一次会议于 1990 年 3 月 28 日在镇驻地召开,应出席代表 90 名,实到代表 81 名。大会选出了街头镇人大专职副主席 1 人，镇长 1 人，副镇长 3 人。

第十三届人民代表大会共召开四次全体会议。第一次会议于 1993 年 2 月 21 日在镇驻地召开,应出席代表 90 名,实到代表 88 名。大会选出了街头镇人大主席团专职常务主席 1 人，镇长 1 人，副镇长 4 人。

第十四届人民代表大会共召开四次全体会议。第一次会议于 1996 年 1 月 29 日在镇驻地召开,应出席代表 62 名,实到代表 61 名,大会选出了街头镇人大主席 1 人，副主席 1 人，镇长 1 人，副镇长 4 人。

第十五届人民代表大会共召开三次全体会议。第一次会议于 1999 年 1 月 25 日在镇驻地召开,应出席代表 63 名,实到代表 62 名。大会选出了街头镇人大主席 1 人，副主席 1 人，镇长 1 人，副镇长 4 人。

第十六届人民代表大会共召开六次全体会议。第一次会议于 2002 年 3 月 16 日在镇驻地召开,应出席代表 77 名,实到代表 76 名。大会选出了街头镇人大主席 1 人，副主席 1 人,镇长 1 人，副镇长 3 人。

第十七届人民代表大会第一次会议于 2008 年 1 月 15 日在镇驻地召开,应出席代表 78 名,实到代表 76 名,大会选出了街头镇人大主席 1 人，副主席 1 人,镇长 1 人，副镇长 3 人。

## 潮河镇人民代表大会

1987 年以来，潮河镇先后召开了第十一、十二、十三、十四、十五、十六、十七届人民代表大会。2001 年 1 月 1 日，魏家乡撤并潮河镇。

第十一届人民代表大会共召开三次全体会议。第一次会议于 1987 年 5 月 2 日在镇驻地召开,应出席代表 50 名,实到 50 名,大会选出镇长 1 人，副镇长 1 人。

第十二届人民代表大会共召开三次全体会议。第一次会议于 1990 年 3 月 1 日在镇驻地召开,应出席代表 50 名，实到 46 名。大会选出镇长 1 人，副镇长 3 人。

第十三届人民代表大会共召开三次全体会议。第一次会议于 1993 年 2 月 16 日在镇驻地召开,应出席代表 50 名,实到 50 名。大会选出人大主席团专职常务主席 1 人，镇长 1 人,副镇长 3 人。

第十四届人民代表大会共召开三次全体会议。第一次会议于1996年1月18日在镇驻地召开,应出席代表50名，实到代表50名。大会选出了潮河镇人大主席1人，副主席1人，镇长1人,副镇长4人。

第十五届人民代表大会共召开四次全体会议。第一次会议于1999年1月27日在镇驻地召开,应出席代表50名，实到代表50名。大会选出了潮河镇人大主席1人，镇长1人,副镇长3人。

第十六届人民代表大会共召开七次全体会议。第一次会议于2002年3月14日在镇驻地召开,应出席代表63名，实到代表61名。大会选出了潮河镇人大主席1人，副主席1人，镇长1人,副镇长2人。

第十七届人民代表大会第一次会议于2008年1月27日在镇驻地召开,应出席代表63名，实到代表60名。大会选出了潮河镇人大主席1人，副主席1人，镇长1人,副镇长2人。

## 许孟镇人民代表大会

1987年以来,许孟镇先后召开了第十一、十二、十三、十四、十五、十六、十七届人民代表大会。2001年1月1日，院西乡撤并许孟镇。

第十一届人民代表大会共召开3次全体会议。第一次会议于1987年5月1日在镇驻地召开,应出席代表90名，实到89名。大会选出镇长1人，副镇长2人。

第十二届人民代表大会共召开3次全体会议。第一次会议于1990年3月28日在镇驻地召开，应出席代表88名，实到85名，大会选出镇长1人，副镇长3人。

第十三届人民代表大会共召开3次全体会议。第一次会议于1993年2月22日在镇驻地召开，应出席代表90名，实到89名。大会选出了镇人大主席团专职常务主席1人,副主席1人，镇长1人，副镇长4人。

第十四届人民代表大会共召开3次全体会议。第一次会议于1996年1月24日在镇驻地召开，应出席代表65名,实到65名。大会选出镇人大主席1人，副主席1人，镇长1人，副镇长4人。

第十五届人民代表大会共召开3次全体会议。第一次会议于1999年1月27日在镇驻地召开，应出席代表65名，实到代表63名。大会选出了镇人大主席1人，副主席1人，镇长1人，副镇长4人。

第十六届人民代表大会共召开6次全体会议。第一次会议于2002年3月13日在镇驻地召开,应出席代表80名,实到代表80名。大会选出了镇人大主席1人,副主席1

人,镇长 1 人，副镇长 2 人。

第十七届人民代表大会第一次会议于 2008 年 1 月 11 日在镇驻地召开,应出席代表 81 名,实到代表 76 名。大会选出了镇人大主席 1 人，副主席 1 人，镇长 1 人，副镇长 3 人。

## 管帅镇人民代表大会

1987 年以来，管帅镇先后召开了第七、八、九、十、十一届人民代表大会。2001 年 1 月 1 日，管帅镇撤镇并入于里镇。

第七届人民代表大会共召开 3 次全体会议。第一次会议于 1987 年 5 月 2 日在镇驻地召开，应出席代表 50 名，实到 49 名。大会选出镇长 1，副镇长 1 人。

第八届人民代表大会共召开 3 次全体会议。第一次会议于 1990 年 3 月 27 日在镇驻地召开，应出席代表 50 名，实到 49 名。大会选出镇长 1 人，副镇长 3 人。

第九届人民代表大会共召开 3 次全体会议。第一次会议于 1993 年 2 月 19 日在镇驻地召开，应出席代表 50 名，实到 48 名。大会选出镇人大主席团专职常务主席 1 人，镇长 1 人，副镇长 3 人。

第十届人民代表大会共召开 3 次全体会议。第一次会议于 1996 年 1 月 22 日在镇驻地召开，应出席代表 53 名，实到代表 52 名。大会选出了镇人大主席 1 人，副主席 1 人，镇长 1 人，副镇长 4 人。

第十一届人民代表大会共召开 2 次全体会议。第一次会议于 1999 年 1 月 26 日在镇驻地召开，应出席代表 53 名，实到代表 51 名。大会选出了镇人大主席 1 人，镇长 1 人，副镇长 4 人。

## 七宝山镇人民代表大会

1987 年以来，七宝山镇先后召开了第十一、十二、十三、十四、十五届人民代表大会。2001 年 1 月 1 日，七宝山撤镇并入高泽镇

第十一届人民代表大会共召开 4 次全体会议。第一次会议于 1987 年 5 月 3 日在镇驻地召开，应出席代表 46 名，实到 42 名。大会选出镇长 1 人，副镇长 2 人。

第十二届人民代表大会共召开 3 次全体会议。第一次会议于 1990 年 3 月 25 日在镇驻地召开，应出席代表 46 名，实到 44 名。大会选出镇长 1 人，副镇长 3 人。

第十三届人民代表大会共召开 3 次全体会议。第一次会议于 1993 年 2 月 15 日在

镇驻地召开，应出席代表 51 名，实到 50 名。大会选出镇人大主席团专职常务主席 1 人，镇长 1 人，副镇长 3 人。

第十四届人民代表大会共召开 3 次全体会议。第一次会议于 1996 年 1 月 21 日在镇驻地召开，应出席代表 53 名，实到代表 50 名。大会选出了七宝山镇人大主席 1 人，副主席 1 人，镇长 1 人，副镇长 5 人。

第十五届人民代表大会共召开 3 次全体会议。第一次会议于 1999 年 1 月 20 日在镇驻地召开，应出席代表 52 名，实到代表 50 名。大会选出了七宝山镇人大主席 1 人，镇长 1 人，副镇长 5 人。

## 于里镇（乡）人民代表大会

1987 年以来，于里镇（乡）先后召开了第七、八、九、十、十一、十二、十三届人民代表大会。1994 年 12 月，于里乡撤乡设镇。2001 年 1 月 1 日，管帅镇撤并于里镇。

第七届人民代表大会共召开 3 次全体会议。第一次会议于 1987 年 5 月 2 日在乡驻地召开，应出席代表 71 名，实到 70 名。大会选出乡长 1 人，副乡长 1 人。

第八届人民代表大会共召开 3 次全体会议。第一次会议于 1990 年 3 月 27 日在乡驻地召开，应出席代表 70 名，实到 62 名。大会选出乡长 1 人，副乡长 3 人。

第九届人民代表大会共召开 3 次全体会议。第一次会议于 1993 年 2 月 19 日在乡驻地召开，应出席代表 70 名，实到 66 名。大会选出镇人大主席团专职常务主席 1 人，副主席 2 人，乡长 1 人，副乡长 4 人。

第十届人民代表大会共召开 4 次全体会议。第一次会议于 1996 年 1 月 22 日在镇驻地召开，应出席代表 57 名，实到代表 55 名。大会选出了镇人大主席 1 人，副主席 1 人，镇长 1 人，副镇长 9 人。

第十一届人民代表大会共召开 2 次全体会议。第一次会议于 1999 年 1 月 28 日在镇驻地召开，应出席代表 57 名，实到代表 55 名。大会选出了镇人大主席 1 人 1 人：张甲宾，镇长 1 人，副镇长 7 人。

第十二届人民代表大会共召开 6 次全体会议。第一次会议于 2002 年 3 月 13 日在镇驻地召开，应出席代表 69 名，实到代表 63 名。大会选出了镇人大主席 1 人，副主席 1 人，镇长 1 人，副镇长 9 人。

第十三届人民代表大会第一次会议于 2008 年 1 月 14 日在镇驻地召开，应出席代表 70 名，实到代表 65 名。大会选出了镇人大主席 1 人，副主席 1 人，镇长 1 人，副镇长 3 人。

## 汪湖镇（乡）人民代表大会

1987 年以来，汪湖乡（镇）先后召开了第十一、十二、十三、十四、十五、十六、十七届代表大会。1994 年 12 月，汪湖乡撤乡设镇，其区划、隶属等均不变。

第十一届人民代表大会共召开 4 次全体会议。第一次会议于 1987 年 5 月 2 日在乡驻地召开，应出席代表 71 名，实到 70 名。大会选出乡长 1 人，副乡长 2 人。

第十二届人民代表大会共召开 3 次全体会议。第一次会议于 1990 年 3 月 28 日在乡驻地召开，应出席代表 69 名，实到 67 名。大会选出乡长 1 人，副乡长 2 人。

第十三届人民代表大会共召开 3 次全体会议。第一次会议于 1993 年 2 月 20 日在乡驻地召开，应出席代表 70 名，实到 68 名。大会选出乡人大主席团专职常务主席 1 人，副主席 1 人，乡长 1 人，副乡长 3 人。

第十四届人民代表大会共召开 3 次全体会议。第一次会议于 1996 年 1 月 19 日在镇驻地召开，应出席代表 58 名，实到代表 58 名。大会选出了汪湖镇人大主席 1 人，镇长 1 人，副镇长 4 人。

第十五届人民代表大会共召开 3 次会议。第一次会议于 1999 年 1 月 27 日在镇驻地召开，应出席代表 58 人，实到 53 人。大会选出主席 1 人，副主席 1 人，镇长 1 人，副镇长 5 人。

第十六届人民代表大会共召开 6 次会议。第一次会议于 2002 年 3 月 15 日在镇驻地召开，应出席代表 58 人，实到 56 人。大会选出人大主席 1 人，人大副主席 1 人。镇长 1 人，副镇长 2 人。

第十七届人民代表大会第一次会议于 2008 年 1 月 11 日在镇驻地召开，应出席代表 58 名，实到 53 名。大会选出人大主席 1 人，副主席 1 人，镇长 1 人，副镇长 2 人。

## 叩官镇（乡）人民代表大会

1987 年以来，叩官镇先后召开了第十一、十二、十三、十四、十五、十六、十七届人民代表大会。1994 年 12 月，叩官乡撤乡设镇，其区划、隶属等均不变。

第十一届人民代表大会共召开三次全体会议。第一次会议于 1987 年 5 月 2 日在乡驻地召开，应出席代表 71 名，实到 71 名。大会选出乡长 1 人，副乡长 2 人。

第十二届人民代表大会共召开三次全体会议。第一次会议于 1990 年 3 月 26 日在乡驻地召开，应出席代表77名，实到75名。大会选出乡长1人，副乡长3人。

第十三届人民代表大会共召开五次全体会议。第一次会议于1993年2月19日在乡驻地召开，应出席代表80名，实到77名。大会选出乡人大主席团专职常务主席1人，乡长1人，副乡长4人。

第十四届人民代表大会共召开四次全体会议。第一次会议于1996年1月22日在镇驻地召开，应出席代表60名，实到58名。大会选出镇人大主席1人，副主席2人，镇长1人，副镇长4人。

第十五届人民代表大会共召开三次全体会议。第一次会议于1999年1月27日在镇驻地召开，应出席代表60名，实到59名。大会选出镇人大主席1人，副主席1人，镇长1人，副镇长5人。

第十六届人民代表大会共召开六次全体会议。第一次会议于2002年3月20日在镇驻地召开，应出席代表60名，实到58名。大会选出镇人大主席1人，副主席1人，镇长1人，副镇长2人。

第十七届人民代表大会第一次会议于2008年1月12日在镇驻地召开，应出席代表60名，实到58名。大会选出镇人大主席1人，副主席1人，镇长1人，副镇长2人。

## 中至镇（乡）人民代表大会

1987年以来，中至镇先后召开了第十一、十二、十三、十四、十五、十六、十七届人民代表大会。1994年12月，中至乡撤乡设镇，其区划、隶属等均不变。

第十一届人民代表大会共召开三次全体会议。第一次会议于1987年5月2日在乡驻地召开，应出席代表80名，实到76名。大会选出乡长1人，副乡长2人。

第十二届人民代表大会共召开三次全体会议。第一次会议于1990年3月28日在乡驻地召开，应出席代表80名，实到73名。大会选出乡长1人，副乡长4人。

第十三届人民代表大会共召开三次全体会议。第一次会议于1993年2月20日在乡驻地召开，应出席代表80名，实到75名。大会选出乡人大主席团专职常务主席1人，乡长1人，副乡长4人。

第十四届人民代表大会共召开三次全体会议。第一次会议于1996年1月23日在镇驻地召开，应出席代表60名，实到60名。大会选出镇人大主席1人，副主席2人，镇长1人，副镇长4人。

第十五届人民代表大会共召开三次全体会议。第一次会议于1999年1月26日在镇驻地召开，应出席代表60名，实到59名。大会选出镇人大主席1人，副主席1人，镇长1人，副镇长4人。

第十六届人民代表大会共召开六次全体会议。第一次会议于2002年3月16日在镇驻地召开，应出席代表59名，实到57名。大会选出镇人大主席1人，副主席1人，镇长1人，副镇长2人。

第十七届人民代表大会第一次会议于2008年1月12日在镇驻地召开，应出席代表59名，实到51名。大会选出镇人大主席1人，副主席1人，镇长1人，副镇长2人。

## 山阳乡人民代表大会

1987年以来，山阳乡先后召开了第六、七、八、九、十届人民代表大会。2001年1月1日，山阳乡撤并洪凝镇，其区划隶属洪凝镇。

第六届人民代表大会共召开3次全体会议。第一次会议于1987年5月2日在乡驻地召开，应出席代表68名，实到65名。大会选出乡长1人，副乡长2人。

第七届人民代表大会共召开3次全体会议。第一次会议于1990年3月28日在乡驻地召开，应出席代表70名，实到68名。大会选出乡长1人，副乡长3人。

第八届人民代表大会共召开4次全体会议。第一次会议于1993年2月20日在乡驻地召开，应出席代表67名，实到66名。大会选举乡人大主席团专职常务主席1人，副主席1人，乡长1人，副乡长4人。

第九届人民代表大会共召开3次全体会议。第一次会议于1996年1月22日在乡驻地召开，应出席代表54名，实到52名。大会推选出乡人大主席1人，副主席2人，乡长1人，副乡长4人。

第十届人民代表大会共召开3次全体会议。第一次会议于1999年1月27日在乡驻地召开，应出席代表53名，实到49名。大会选出乡人大主席1人，副主席2人，乡长1人，副乡长4人。

## 院西乡人民代表大会

1987年以来，院西乡先后召开了第六、七、八、九、十届人民代表大会。2001年1月1日，院西乡撤并许孟镇，其区划隶属许孟镇。

第六届人民代表大会共召开3次全体会议。第一次会议于1987年5月2日在乡驻地召开，应出席代表69名，实到65名。大会选出乡长1人，副乡长2人。

第七届人民代表大会共召开3次全体会议。第一次会议于1990年3月26日在乡驻地召开，应出席代表69名，实到68名。大会选出乡长1人，副乡长2人。

第八届人民代表大会共召开3次全体会议。第一次会议于1993年2月19日在乡驻地召开，应出席代表72名，实到67名。大会选举乡人大主席团专职常务主席1人，乡长1人，副乡长4人。

第九届人民代表大会共召开3次全体会议。第一次会议于1996年1月24日在乡驻地召开，应出席代表56名，实到55名。大会推选出乡人大主席1人，乡长1人，副乡长4人。

第十届人民代表大会共召开2次全体会议。第一次会议于1999年1月27日在乡驻地召开，应出席代表56名，实到54名。大会选举乡人大主席1人，副主席1人，乡长1人，副乡长4人。

## 高泽镇（乡）人民代表大会

1987年以来，高泽镇（乡）先后召开了第十一、十二、十三、十四、十五、十六、十七届人民代表大会。2001年1月2日，高泽乡撤乡设镇，七宝山镇撤并高泽镇，其区划隶属等均不变。

第十一届人民代表大会共召开4次全体会议。第一次会议于1987年4月27日在乡驻地召开，应出席代表64名，实到60名。大会选出乡长1人，副乡长2人。

第十二届人民代表大会共召开3次全体会议。第一次会议于1990年3月4日在乡驻地召开，应出席代表65名，实到63名。大会选出乡长1人，副乡长3人。

第十三届人民代表大会共召开4次全体会议。第一次会议于1993年2月19日在乡驻地召开，应出席代表70名，实到69名。大会选出乡人大主席团专职常务主席1人，副主席2人，乡长1人，副乡长4人。

第十四届人民代表大会共召开3次全体会议。第一次会议1996年1月22日在乡驻地召开，应出席代表56名，实到代表55名，大会选出了高泽乡人大主席1人，副主席2人，乡长1人，副乡长4人。

第十五届人民代表大会共召3次全体会议。第一次会议于1999年1月27日在乡驻地召开，应出席代表54名，实到代表54名。大会选出了高泽乡人大主席1人，副主席1人，乡长1人，副乡长4人。

第十六届人民代表大会共召开6次全体会议。第一次会议于2002年3月15日在镇驻地召开，应出席代表 66 名，实到代表 65 名。大会选出了高泽镇人大主席 1 人，副主席 1 人，镇长 1 人，副镇长 2 人。

第十七届人民代表大会第一次会议于 2008 年 1 月 14 日在镇驻地召开，应出席代表 64 名，实到代表 62 名。大会选出了高泽镇人大主席 1 人，副主席 1 人，镇长 1 人，副镇长 3 人。

## 罗圈乡人民代表大会

1987 年以来，罗圈乡先后召开了第十一、十二、十三、十四、十五届人民代表大会。2001 年 1 月 1 日，罗圈乡撤并入洪凝镇，其区划隶属洪凝镇。

第十一届人民代表大会共召开 3 次全体会议。第一次会议于 1987 年 5 月 2 日在乡驻地召开，应出席代表 35 名，实到 35 名。大会选出乡长 1 人，副乡长 1 人。

第十二届人民代表大会共召开 3 次全体会议。第一次会议于 1990 年 3 月 25 日在乡驻地召开，应出席代表 35 名，实到 34 名。大会选出乡长 1 人，副乡长 1 人。

第十三届人民代表大会共召开 4 次全体会议。第一次会议于 1993 年 2 月 20 日在乡驻地召开，应出席代表 35 名，实到 35 名。大会选出乡人大主席 1 人，副主席 1 人，乡长 1 人，副乡长 3 人。

第十四届人民代表大会共召开 4 次全体会议。第一次会议于 1996 年 1 月 24 日在乡驻地召开，应出席代表 43 名，实到 43 名。大会选出乡人大主席团专职常务主席 1 人，乡长 1 人，副乡长 3 人。

第十五届人民代表大会共召开 3 次全体会议。第一次会议于 1999 年 1 月 26 日在乡驻地召开，应出席代表 43 名，实到 43 名。大会选出乡人大主席 1 人，乡长 1 人，副乡长 3 人。

## 石场乡人民代表大会

1987 年以来，石场乡先后召开了第十一、十二、十三、十四、十五、十六、十七届人民代表大会。2001 年 1 月 1 日，山庄乡撤并石场乡。

第十一届人民代表大会共召开 3 次全体会议。第一次会议于 1987 年 5 月 2 日在乡驻地召开，应出席代表 50 名，实到 50 名。大会选出乡长 1 人，副乡长 1 人。

第十二届人民代表大会共召开 3 次全体会议。第一次会议于 1990 年 3 月 28 日在乡驻地召开，应出席代表 50 名，实到 49 名。乡长 1 人，副乡长 2 人。

第十三届人民代表大会共召开3次全体会议。第一次会议于1993年2月21日在乡驻地召开，应出席代表50名，实到50名。大会选出乡人大专职常务主席1人，乡长1人，副乡长5人。

第十四届人民代表大会共召开3次全体会议。第一次会议于1996年1月19日在乡驻地召开，应出席代表50名，实到代表49名。大会选出了石场乡人大主席1人，乡长1人，副乡长4人。

第十五届人民代表大会共召开3次全体会议。第一次会议于1999年1月25日在乡驻地召开，应出席代表50名，实到代表47名。大会选出了石场乡人大主席1人，乡长1人，副乡长4人。

第十六届人民代表大会共召开5次全体会议。第一次会议于2002年2月16日在乡驻地召开，应出席代表51名，实到代表49名。大会选出了石场乡人大主席1人，副主席2人，乡长1人，副乡长1人。

第十七届人民代表大会第一次会议于2008年1月4日在乡驻地召开，应出席代表54名，实到代表51名。大会选出了石场乡人大主席1人，副主席1人，乡长1人，副乡长2人。

## 杜家沟乡人民代表大会

1987年以来，杜家沟乡先后召开了第十一、十二、十三、十四、十五届人民代表大会。2001年1月1日杜家沟乡撤并街头镇。

第十一届人民代表大会共召开三次全体会议。第一次会议于1987年5月3日在乡驻地召开，应出席代表40名，实到40名。大会选出了乡长1人，副乡长2人。

第十二届人民代表大会共召开三次全体会议。第一次会议于1990年3月28日在乡驻地召开，应出席代表39名，实到38名。大会选出了乡长1人，副乡长2人。

第十三届人民代表大会共召开三次全体会议。第一次会议于1993年2月19日在乡驻地召开，应出席代表39名，实到39名。大会选出了杜家沟乡人大专职常务主席1人，乡长1人，副乡长2人。

第十四届人民代表大会共召开三次全体会议。第一次会议于1996年1月23日在乡驻地召开，应出席代表46名，实到46名，大会选出了杜家沟乡人大主席1人，乡长1人，副乡长4人。

第十五届人民代表大会共召开二次全体会议。第一次会议于1999年1月26日在乡驻地召开，应出席代表45名，实到45名。大会选出了杜家沟乡人大主席1人，乡长 1 人，副乡长 3 人。

## 山庄乡人民代表大会

1987 年以来，山庄乡先后召开了第十一、十二、十三、十四、十五届人民代表大会。2001 年 1 月 1 日山庄乡撤并石场乡。

第十一届人民代表大会共召开三次全体会议。第一次会议于 1987 年 5 月 1 日至 2 日在乡驻地召开，应出席代表 31 名，实到 31 名。大会选出乡长 1 人，副乡长 1 人。

第十二届人民代表大会共召开三次全体会议。第一次会议于 1990 年 3 月 27 日至 28 日在乡驻地召开，应出席代表 35 名，实到 35 名，大会选出乡长 1 人，副乡长 1 人。

第十三届人民代表大会共召开三次全体会议。第一次会议于 1993 年 3 月 19 日在乡驻地召开，应出席代表 35 名，实到 35 名。大会选出乡人大主席团专职常务主席 1 人，副主席 1 人，乡长 1 人，副乡长 3 人。

第十四届人民代表大会共召开三次全体会议。第一次会议于 1996 年 1 月 22 日至 23 日在乡驻地召开，应出席代表 44 名，实到代表 42 名，大会选出了山庄乡人大主席 1 人，副主席 1 人，乡长 1 人，副乡长 3 人。

第十五届人民代表大会共召开两次全体会议。第一次会议于 1999 年 1 月 28 日在乡驻地召开，应出席代表 44 名，实到代表 42 名，大会选出了山庄乡人大主席 1 人，副主席 1 人，乡长 1 人，副乡长 3 人。

## 王世疃乡人民代表大会

1987 年以来，山庄乡先后召开了第六、七、八、九、十届人民代表大会。2001 年 1 月 1 日王世疃乡撤并街头镇。

第六届人民代表大会共召开四次全体会议。第一次会议于 1987 年 5 月 2 日在乡驻地召开，应出席代表 40 名，实到 39 名。大会选出了王世疃乡乡长 1 人，副乡长 2 人。

第七届人民代表大会共召开三次全体会议。第一次会议于 1990 年 3 月 25 日在乡驻地召开，应出席代表 45 名，实到 45 名。大会选出了王世疃乡长 1 人，副乡长 2 人。

第八届人民代表大会共召开四次全体会议。第一次会议于 1993 年 2 月 21 日在乡驻地召开，应出席代表 50 名，实到 49 名。大会选出了王世疃乡人大主席团专职常务主席 1 人，副主席 1 人，乡长 1 人；副乡长 4 人。

第九届人民代表大会共召开三次全体会议。第一次会议于 1996 年 1 月 25 日在乡驻地召开，应出席代表 50 名，实到 48 名，大会选出了王世疃乡人大主席 1 人，副主席 2 人，乡长 1 人，副乡长 4 人。

第十届人民代表大会共召开二次全体会议。第一次会议于 1999 年 1 月 28 日在乡驻地召开，应出席代表 50 名，实到 48 名，大会选出了王世疃乡人大主席 1 人，副主席 1 人，乡长 1 人，副乡长 4 人。

## 魏家乡人民代表大会

1987 年以来，魏家乡先后召开了第十一、十二、十三、十四、十五届人民代表大会。2001 年 1 月 1 日，魏家乡撤并潮河镇。

第十一届人民代表大会共召开三次全体会议。第一次会议于 1987 年 5 月 2 日在乡驻地召开，应出席代表 48 名，实到 46 名。大会选出乡长 1 人，副乡长 1 人。

第十二届人民代表大会共召开三次全体会议。第一会议于 1990 年 3 月 24 日在乡驻地召开，应出席代表 48 名，实到 47 名。大会选出乡长 1 人，副乡长 2 人。

第十三届人民代表大会共召开三次全体会议。第一次会议于 1993 年 2 月 19 日在乡驻地召开，应出席代表 49 名，实到 48 名。大会选出乡人大主席团常务主席 1 人，副主席 1 人，乡长 1 人，副乡长 4 人。

第十四届人民代表大会共召开三次全体会议。第一次会议于 1996 年 1 月 23 日在乡驻地召开，应出席代表 51 名，实到代表 51 名。大会选出了魏家乡人大主席团常务主席 1 人，乡长 1 人，副乡长 5 人。

第十五届人民代表大会共召开三次全体会议。第一次会议于 1999 年 1 月 27 日在镇驻地召开，应出席代表 50 名，实到代表 47 名。大会选出了魏家乡人大主席 1 人，乡长 1 人，副乡长 4 人。

## 户部乡人民代表大会

1987 年以来，户部乡先后召开了第十一、十二、十三、十四、十五、十六、十七届人民代表大会。2001 年 1 月 1 日，槎河乡撤并户部乡。

第十一届人民代表大会共召开 3 次全体会议。第一次会议于 1987 年 5 月 1 日在乡驻地召开，应出席代表 50 名，实到 47 名。大会选出乡长 1 人，副乡长 2 人。

第十二届人民代表大会共召开 3 次全体会议。第一次会议于 1990 年 3 月 27 日在乡驻地召开，应出席代表 50 名，实到 47 名。大会选出乡长 1 人，副乡长 3 人。

第十三届人民代表大会共召开3次全体会议。第一次会议于1993年2月19日在乡驻地召开，应出席代表44名，实到40名，大会选出乡人大主席团主席1人，副主席1人，乡长1人，副乡长4人。

第十四届人民代表大会共召开3次全体会议。第一次会议于1996年1月23日在乡驻地召开，应出席代表49名，实到代表49名。大会选出了乡人大主席团主席1人，副主席1人，乡长1人，副乡长5人。

第十五届人民代表大会共召开3次全体会议。第一次会议于1999年1月24日在乡驻地召开，应出席代表49名，实到代表47名。大会选出了乡人大主席1人，副主席1人，乡长1人，副乡长4人。

第十六届人民代表大会共召开6次全体会议。第一次会议于2002年3月15日在乡驻地召开，应出席代表52名，实到代表51名。大会选出了乡人大主席1人，副主席1人，乡长1人，副乡长2人。

第十七届人民代表大会第一次会议于2008年1月11日在乡驻地召开，应出席代表53名，实到代表50名。大会选出了乡人大主席1人，副主席1人，乡长1人，副乡长2人。

## 槎河乡人民代表大会

1987年以来，槎河乡先后召开了第十一、十二、十三、十四、十五届人民代表大会。2001年1月1日，槎河乡撤并户部乡。

第十一届人民代表大会共召开3次全体会议。第一次会议于1987年5月1日在乡驻地召开，应出席代表40名，实到40名。大会选出乡长1人，副乡长1人。

第十二届人民代表大会共召开3次全体会议。第一会议于1990年3月25日在乡驻地召开，应出席代表40名，实到39名。大会选出乡长1人，副乡长2人。

第十三届人民代表大会共召开3次全体会议。第一次会议于1993年2月19日在乡驻地召开，应出席代表40名，实到40名。大会选出乡人大主席团常务主席1人，副主席1人，乡长1人，副乡长3人。

第十四届人民代表大会共召开3次全体会议。第一次会议于1996年1月22日在乡驻地召开，应出席代表49名，实到代表49名。大会选出了乡人大主席1人，副主席1人，乡长1人，副乡长4人。

第十五届人民代表大会共召开3次全体会议。第一次会议于1999年1月27日在乡驻地召开，应出席代表45名，实到代表45名，大会选出了乡人大主席1人，乡长1

人，副乡长3 人。

### 松柏镇（乡）人民代表大会

1987 年以来，松柏镇先后召开了第十一、十二、十三、十四、十五、十六、十七届人民代表大会。2010 年 5 月 17 日，松柏乡撤乡设镇，其区划、隶属等均不变。

第十一届人民代表大会共召开 3 次全体会议。第一次会议于 1987 年 5 月 2 日在乡驻地召开，应出席代表 50 名，实到 48 名，大会选出乡长 1 人，副乡长 2 人。

第十二届人民代表大会共召开 3 次全体会议。第一次会议于 1990 年 3 月 25 日在乡驻地召开，应出席代表 50 名，实到 49 名，大会选出乡长 1 人，副乡长 3 人。

第十三届人民代表大会共召开 3 次全体会议。第一次会议于 1993 年 2 月 19 日在乡驻地召开，应出席代表 50 名，实到 50 名。大会选出人大主席团常务主席 1 人，乡长 1 人，副乡长 4 人。

第十四届人民代表大会共召开 5 次全体会议。第一次会议于 1996 年 1 月 19 日在乡驻地召开，应出席代表 52 名，实到 51 名，大会选出人大主席团常务主席 1 人，副主席 1 人，乡长 1 人，副乡长 5 人。

第十五届人民代表大会共召开 3 次全体会议。第一次会议于 1999 年 1 月 22 日在乡驻地召开，应出席代表 52 名，实到 52 名，大会选出人大主席 1 人，副主席 1 人，乡长 1 人，副乡长 4 人。

第十六届人民代表大会共召开 6 次全体会议。第一次会议于 2002 年 3 月 19 日在乡驻地召开，应出席代表 52 名，实到 51 名.大会选出人大主席 1 人，副主席 1 人，乡长 1 人，副乡长 2 人。

第十七届人民代表大会第一次会议于 2008 年 1 月 10 日在乡驻地召开，应出席代表 52 名，实到 51 名。大会选出人大主席 1 人，副主席 1 人，乡长 1 人，副乡长 2 人。

## 第二章　乡镇人大工作机构

1981 年前，全县各公社、乡镇人民代表大会，无工作机构、专职人员。

1981 年 5 月–1987 年 5 月，各乡镇党委有一名党委成员分管乡镇人大工作。期间，乡镇人民代表大会主席团作为乡镇人民代表大会的常设机构，负责闭会期间的乡镇人大工作。

1987 年 5 月后全县各乡镇相继设立人大代表工作办公室，为副科级单位，设主任一名，负责闭会期间的乡镇人大工作。

1991 年 3 月后，撤销乡镇人大代表工作办公室，由乡镇人民代表大会选举成立乡镇人大主席团，设立专职常务主席、副主席，负责承办主席团的日常工作。

1996 年 1 月后，乡镇人大专职常务主席、副主席改称人大主席、副主席，负责闭会期间的乡镇人大工作。

## 洪凝镇人大

**第十一届**（1987 年 5 月至 1990 年 3 月）

主　任　丁寿玉（1987 年 5 月至 1989 年 4 月）

刘家利（1989 年 4 月任职）

**第十二届**（1990 年 3 月至 1993 年 2 月）

主　任　刘家利（1991 年 4 月离职）

主　席　李连富（1991 年 4 月至 1992 年 12 月）

王　斌（1992 年 12 月任职）

副主席　刘家利（1991 年 4 月任职）

**第十三届**（1993 年 2 月至 1996 年 1 月）

主　席　王立新（1995 年 2 月离职）

赵继苓（1995 年 12 月任职）

副主席　丁寿玉

王金语（1993 年 3 月任职）

**第十四届**（1996 年 1 月至 1999 年 1 月）

主　席　于家来

副主席　王金雨

冯志斗

**第十五届**（1999 年 1 月至 2002 年 3 月）

主　席　于家来

副主席　冯志斗

**第十六届**（2002 年 3 月至 2008 年 1 月）

主　席　徐公德（2003 年 3 月离任）

薛向民（2003 年 3 月任职）

副主席　崔增山（2005 年 3 月离职）

周召波（2005 年 3 月任职）

**第十七届**（2008 年 1 月~　　）

主　席　杜树厚（2008 年 1 月至 2010 年 6 月）

石京磊（2010 年 6 月至 2010 年 8 月）

副主席　周召波（2008 年 1 月至 2010 年 8 月）

## 街头镇人大

**第十一届**（1987 年 5 月至 1990 年 3 月）

主　任　王树勋

**第十二届**（1990 年 3 月至 1993 年 2 月）

主　任　张守松（1991 年 3 月离职）

主　席　张则俊（1991 年 3 月至 1992 年 1 月）

潘维乐（1992 年 1 月任职）

**第十三届**（1993 年 2 月至 1996 年 1 月）

主　席　潘维乐

副主席　王提海（1994 年 5 月任职）

**第十四届**（1996 年 1 月至 1999 年 1 月）

主　席　于曰洪（1997 年 2 月离职）

王晋民（1997 年 4 月任职）

副主席　王提海

**第十五届**（1999 年 1 月至 2002 年 3 月）

主　席　王晋民

副主席　孙　令（2001 年 3 月任职）

李宜荣（2001 年 3 月任职）

**第十六届**（2002 年 3 月至 2008 年 1 月）

主　席　于曰洪（2003 年 3 月离职）

隋红臣（2003 年 3 月至 2006 年 4 月）

李　瑛（2006 年 4 月至 2008 年 1 月）

副主席　夏召洪（2008 年 3 月离职）

**第十七届**（2008 年 1 月至　）

主　席　朱洪斌

副主席　王会智　(2010 年 3 月离职)

　　　　王贤林　(2010 年 3 月任职)

## 潮河镇人大

**第十一届**（1987 年 5 月至 1990 年 2 月）

主　任　李茂通（1988 年 11 月任职）

**第十二届**（1990 年 3 月至 1993 年 1 月）

主　任　李茂通（1991 年 3 月离职）

主　席　李茂通（1991 年 3 月至 1992 年 12 月）

　　　　赵风国（1992 年 12 月任职）

**第十三届**（1993 年 2 月至 1996 年 1 月）

主　席　赵风国（1993 年 12 月离职）

　　　　臧克锋（1993 年 12 月任职）

副主席　郑德亮（1994 年 9 月离职）

**第十四届**（1996 年 1 月至 1999 年 1 月）

主　席　孙秀志（1997 年 2 月离职）

　　　　范淑明（1997 年 2 月任职）

副主席　徐立春（1998 年 12 月离职）

**第十五届**（1999 年 1 月至 2002 年 2 月）

主　席　陈加宏

副主席　王全忠（2000 年 3 月任职）

**第十六届**（2002 年 3 月至 2008 年 1 月）

主　席　郭公坊（2003 年 2 月离职）

　　　　冯志法（2003 年 3 月任职）

副主席　王全忠

**第十七届**（2008 年 1 月至　）

主　席　冯志法（2010 年 8 月离职）

　　　　葛忠军（2011 年 3 月任职）

副主席　王全忠

## 许孟镇人大

**第十一届**（1987 年 5 月至 1990 年 3 月）

主　任　曾宪君

**第十二届**（1990 年 3 月至 1993 年 2 月）

主　任　曾宪君（1991 年 3 月离职）

主　席　李宜安（1991 年 3 月任职）

副主席　曾宪君（1991 年 3 月任职）

**第十三届**（1993 年 2 月至 1996 年 1 月）

主　席　李宜安

副主席　曾宪君（1993 年 5 月离职）

李乃松（1994 年 5 月任职）

**第十四届**（1996 年 1 月至 1999 年 1 月）

主　席　李宜安（1997 年 4 月离职）

王均田（1997 年 4 月任职）

副主席　李乃松

**第十五届**（1999 年 1 月至 2002 年 3 月）

主　席　韩宝军（2001 年 1 月离职）

郝善双（2001 年 1 月任职）

副主席　卞永光（2001 年 1 月离任）

韩崇专

**第十六届**（2002 年 3 月至 2008 年 1 月）

主　席　郝善双（2003 年 3 月离职）

张明勇（2003 年 3 月至 2005 年 3 月）

赵百顺（2005 年 3 月任职）

副主席　韩崇专（2005 年 3 月离职）

刘海武（2005 年 3 月任职）

**第十七届**（2008 年 1 月至　）

主　席　王浩然（2008 年 1 月至 2011 年 7 月）

副主席　刘海武（2009 年 2 月离职）

## 管帅镇人大

**第七届**（1987 年 5 月至 1990 年 3 月）

主　任　刘加福

**第八届**（1990 年 3 月至 1993 年 2 月）

主　任　刘加福（1990 年 4 月离职）

胡兆宗（1990 年 4 月至 1991 年 3 月）

主　席　陈淑斗（1991 年 3 月任职）

**第九届**（1993 年 2 月至 1996 年 1 月）

主　席　陈淑斗（1994 年 9 月离职）

林桂俊（1995 年 3 月任职）

副主席　王春昶（1994 年 5 月任职）

**第十届**（1996 年 1 月至 1999 年 1 月）

主　席　林桂俊

副主席　王春昶

**第十一届**（1999 年 1 月至 2000 年 3 月）

主　席　林桂俊

## 七宝山镇人大

**第十一届**（1987 年 5 月至 1990 年 3 月）

主　任　赵春贵（1988 年 3 月任职）

**第十二届**（1990 年 3 月至 1993 年 2 月）

主　任　王新焕（1991 年 3 月离职）

主　席　王龙玉（1991 年 3 月至 1992 年 1 月）

王明果（1992 年 1 月任职）

副主席　王新焕（1991 年 3 月至 1992 年 1 月）

胡乃余（1992 年 1 月任职）

**第十三届**（1993 年 3 月至 1996 年 1 月）

主　席　王明果（1995 年 12 月离职）

李宝荣（1995 年 12 月任职）

**第十四届**（1996 年 1 月至 1999 年 1 月）

主　席　李宝荣（1997 年 2 月离职）

徐珊云（1997 年 2 月任职）

副主席　胡乃余

**第十五届**（1999 年 1 月至 2000 年 1 月）

主　席　徐珊云

## 于里镇（乡）人大

**第七届**（1987 年 5 月至 1990 年 3 月）

主　任　周绪明

**第八届**（1990 年 3 月至 1993 年 2 月）

主　任　周绪明（1991 年 3 月离职）

主　席　厉金生（1991 年 3 月至 1992 年 1 月）

王洪国（1992 年 1 月至 1992 年 12 月）

娄道全（1992 年 12 月任职）

**第九届**（1993 年 2 月至 1996 年 1 月）

主　席　娄道全

副主席　周绪明（1994 年 9 月离职）

王立治

**第十届**（1996 年 1 月至 1999 年 1 月）

主　席　毛德堂（1997 年 2 月离职）

姜　敏（1997 年 2 月任职）

副主席　王立治（1997 年 2 月离职）

张甲宾（1997 年 2 月任职）

**第十一届**（1999 年 1 月至 2002 年 3 月）

主　席　姜　敏

副主席　张甲宾

**第十二届**（2002 年 3 月至 2008 年 1 月）

主　席　杨海波（2006 年 2 月离职）

李业兵（2006 年 2 月任职）

**第十三届**（2008年1月至　）

　　主　席　李业兵（2011年3月离职）

　　　　　　李伟华（2011年3月任职）

## 汪湖镇（乡）人大

**第十一届**（1987年5月至1990年3月）

　　主　任　邢立金（1989年2月离职）

　　　　　　王成亮（1989年2月至5月）

**第十二届**（1990年3月至1993年2月）

　　主　任　王新焕（1990年4月离职）

　　　　　　刘光禄（1990年4月至1991年3月）

　　主　席　彭培玉（1991年3月至1992年12月）

　　　　　　潘兆河（1992年12月任职）

　　副主席　刘光禄（1991年3月任职）

**第十三届**（1993年2月至1996年1月）

　　主　席　潘兆河（1994年9月离职）

　　　　　　刘锋慧（1994年9月任职）

　　副主席　刘光禄（1994年9月离职）

**第十四届**（1996年1月至1999年1月）

　　主　席　娄善明（1996年1月任职）

**第十五届**（1999年1月至2002年3月）

　　主　席　娄善明（2001年3月离任）

　　　　　　郑斗坤（2001年3月任职）

　　副主席　崔安军（2001年3月离职）

　　　　　　于同彬（2001年3月任职）

**第十六届**（2002年3月至2008年1月）

　　主　席　郑斗坤（2003年3月离职）

　　　　　　费守平（2003年3月至2006年4月）

　　　　　　丁传明（2006年4月任职）

　　副主席　于曰华

**第十七届**（2008年1月至　）

主　席　丁传明（2011 年 3 月离任）

　　　　迟令席（2011 年 3 月任职）

副主席　吉新现（2008 年 1 月任职）

## 叩官镇（乡）人大

**第十一届**（1987 年 5 月至 1990 年 3 月）

主　任　胡兆宗（1989 年 2 月离职）

　　　　丁石海（1989 年 2 月任职）

**第十二届**（1990 年 3 月至 1993 年 2 月）

主　任　邱立亭（1991 年 4 月离职）

主　席　邱立亭（1991 年 4 月任职）

**第十三届**（1993 年 2 月至 1996 年 1 月）

主　席　邱立亭

副主席　王世玺（1995 年 10 月任职）

　　　　孙福余（1994 年 5 月任职）

**第十四届**（1996 年 1 月至 1999 年 1 月）

主　席　于来华

副主席　王世玺

　　　　孙福余（1997 年 4 月离职）

**第十五届**（1999 年 1 月至 2002 年 3 月）

主　席　刘兆明（2001 年 3 月离职）

　　　　陈加宏（2001 年 3 月任职）

副主席　王世玺

　　　　滕会勤（2001 年 3 月任职）

**第十六届**（2002 年 3 月至 2008 年 1 月）

主　席　郑卫东（2003 年 3 月离职）

　　　　孙秀志（2003 年 3 月至 2005 年 3 月）

　　　　杜树厚（2005 年 3 月至 2007 年 4 月）

　　　　陈乐增（2007 年 4 月任职）

副主席　厉宝全

　　　　朱炳信（2006 年 3 月任职）

**第十七届**（2008 年 1 月至　）

主　席　王雪燕

副主席　朱炳信

徐衍标(2009 年 5 月任职)

## 中至镇（乡）人大

**第十一届**（1987 年 5 月至 1989 年 4 月）

主　任　张万军

**第十二届**（1990 年 3 月至 1992 年 3 月）

主　任　张万军（1991 年 3 月离职）

主　席　张万军（1991 年 3 月任职）

**第十三届**（1993 年 2 月至 1995 年 3 月）

主　席　解学全（1994 年 9 月离职）

岳思卫（1994 年 9 月任职）

副主席　丁茂全（1995 年 5 月任职）

**第十四届**（1996 年 1 月至 1999 年 1 月）

主　席　岳思卫（1997 年 4 月离职）

贾世清（1997 年 4 月任职）

副主席　丁茂全

张加友（1997 年 2 月离职）

**第十五届**（1999 年 1 月至 2002 年 3 月）

主　席　岳兆玉

**第十六届**（2002 年 3 月至 2008 年 1 月）

主　席　岳兆玉（2006 年 4 月离职）

冯启强（2006 年 4 月任职）

副主席　孙良明（2006 年 4 月离职）

张云学（2006 年 4 月任职）

**第十七届**（2008 年 1 月至　）

主　席　冯启强（2006 年 4 月至 2010 年 6 月）

副主席　张云学（2006 年 4 月至 2008 年 8 月）

## 山阳乡人大

**第六届**（1987 年 5 月至 1990 年 3 月）

主　任　于惟亮（1988 年 5 月离职）

　　　　胡兆宗（1989 年 2 月任职）

**第七届**（1990 年 3 月至 1993 年 2 月）

主　席　刘广顺（1991 年 3 月离职）

　　　　刘祥林（1991 年 3 月任职）

**第八届**（1993 年 2 月至 1996 年 1 月）

主　席　刘祥林（1994 年 10 月离职）

　　　　尚秋建（1994 年 10 月任职）

副主席　田洪业

　　　　杨章全（1995 年 2 月任职）

**第九届**（1996 年 1 月至 1999 年 1 月）

主　席　尚秋建

副主席　田洪叶

　　　　杨章全

**第十届**（1999 年 1 月至 2001 年 1 月）

主　席　厉　华

副主席　田洪叶

　　　　杨章全

## 院西乡人大

**第六届**（1987 年 5 月至 1990 年 3 月）

主　任　李永祥（1989 年 2 月离职）

　　　　窦金光（1989 年 2 月任职）

**第七届**（1990 年 3 月至 1993 年 2 月）

主　任　窦金光（1991 年 4 月离职）

主　席　何子孔（1991 年 4 月至 1992 年 1 月）

　　　　窦金光（1992 年 1 月任职）

副主席　窦金光（1991 年 4 月至 1992 年 1 月）

**第八届**（1993 年 2 月至 1996 年 1 月）

主　席　窦金光（1995 年 3 月离职）

张永海（1995 年 3 月至 1996 年 1 月）

**第九届**（1996 年 1 月至 1999 年 1 月）

主　席　杨守吉

副主席　厉德春（1997 年 4 月任职）

**第十届**（1999 年 1 月至 2001 年 1 月）

主　席　张　华

副主席　厉德春

## 高泽镇（乡）人大

**第十一届**（1987 年 4 月至 1990 年 3 月）

主　任　王西德(1990 年 3 月任职)

**第十二届**（1990 年 3 月~1993 年 2 月）

主　任　王西德（1991 年 3 月离职）

主　席　马成栋（1991 年 3 月任职）

副主席　郭茂义（1992 年 1 月任职）

**第十三届**（1993 年 2 月至 1996 年 1 月）

主　席　马成栋

副主席　郭茂义（1994 年 9 月离职）

李永祥（1995 年 12 月离职）

马先文（1995 年 12 月任职）

刘茂彩（1995 年 12 月任职）

**第十四届**（1996 年 1 月至 1999 年 1 月）

主　席　马成栋（1997 年 2 月离职）

郭公坊（1997 年 2 月任职）

副主席　何茂林

马先文

**第十五届**（1999 年 1 月~2002 年 3 月）

主　席　郭公坊（2001 年 2 月离职）

隋红臣

副主席 刘茂彩

何茂林

卞永光（2001 年 2 月任职）

**第十六届**（2002 年 3 月至 2008 年 1 月）

主　席 隋红臣（2003 年 3 月离职）

王洪英（女，2003 年 3 月至 2006 年 12 月）

孙志国（2006 年 12 月任职）

副主席 王和禄（2005 年 3 月离职）

秦培云（2005 年 3 月任职）

**第十七届**（2008 年 1 月至　　）

主　席 孙志国（2009 年 3 月离职）

郑　娟（2009 年 3 月任职）

副主席 郑杜亮（2009 年 5 月离职）

丁传湘（2009 年 5 月任职）

## 罗圈乡人大

**第十一届**（1987 年 5 月至 1990 年 3 月）

主　任（缺）

**第十二届**（1990 年 3 月至 1992 年 3 月）

主　任 娄道双（1991 年 4 月离职）

主　席 王平志（1991 年 4 月任职）

**第十三届**（1993 年 2 月至 1996 年 1 月），

主　席 张善卓

副主席 张茂清（1994 年 9 月离职）

**第十四届**（1996 年 1 月至 1999 年 1 月）

主　席 张善雪

副主席 郑召耐（1997 年 4 月任职）

**第十五届**（1999 年 1 月至 2001 年 1 月），

主　席 张善雪

## 石场乡人大

**第十一届**（1987 年 5 月至 1990 年 3 月）

主　任　马德怀

**第十二届**（1990 年 3 月至 1993 年 2 月）

主　任　马德怀（1991 年 3 月离职）

主　席　王树解（1991 年 3 月任职）

**第十三届**（1993 年 2 月至 1996 年 1 月）

主　席　王树解（1994 年 9 月离职）

王世群（1994 年 9 月任职）

**第十四届**（1996 年 1 月至 1999 年 1 月）

主　席　高华友

**第十五届**（1999 年 1 月至 2002 年 3 月）

主　席　高华友（2001 年 1 月离职）

朱文德（2001 年 3 月任职）

副主席　何茂林（2001 年 3 月任职）

陈为文（2001 年 3 月任职）

**第十六届**（2002 年 3 月至 2008 年 1 月）

主　席　朱文德（2003 年 3 月离职）

丁孝平（2003 年 4 月至 2005 年 3 月）

孙志国（2005 年 3 月至 2006 年 12 月）

郑　娟（2006 年 12 月任职）

副主席　何茂林（2001 年 3 月至 2005 年 3 月）

李兆合（2005 年 3 月任职）

**第十七届**（2008 年 1 月至 2011 年 12 月）

主　席　郑　娟（2009 年 3 月离职）

李世彬（2009 年 3 月至 2011 年 5 月）

陈兆华（2011 年 5 月任职）

副主席　李兆合（2009 年 3 月离职）

王范增（2009 年 4 月任职）

## 杜家沟乡人大

**第十一届**（1987 年 5 月至 1990 年 3 月）
主　任　李树湘（1990 年 3 月任职）
**第十二届**（1990 年 3 月至 1993 年 2 月）
主　任　李树湘（1991 年 4 月离职）
主　席　王明果（1991 年 4 月至 1992 年 1 月）
丁玉忠（1992 年 1 月任职）
**第十三届**（1993 年 2 月至 1996 年 1 月）
主　席　丁玉忠（1994 年 7 月离职）
崔荣顺（1994 年 7 月任职）
**第十四届**（1996 年 1 月至 1999 年 1 月）
主　席　臧著星（1997 年 4 月离职）
王　平（1997 年 4 月至 1998 年 4 月）
**第十五届**（1999 年 1 月至 2001 年 1 月）
主　席　宋永诚

## 山庄乡人大

**第十一届**（1987 年 5 月至 1990 年 3 月）
主　任　赵龙功
**第十二届**（1990 年 3 月至 1993 年 3 月）
主　任　赵龙功（1991 年 3 月离职）
主　席　孙锡栋（1991 年 3 月任职）
副主席　赵龙功（1991 年 3 月至 1991 年 6 月）
**第十三届**（1993 年 3 月至 1996 年 1 月）
主　席　于仕福
副主席　葛恩连
**第十四届**（1996 年 1 月至 1999 年 1 月）
主　席　单忠元
副主席　陈维文

**第十五届**（1999年1月至2001年1月）

主　席　朱文德

副主席　陈维文

## 王世疃乡人大

**第六届**（1987年5月至1990年3月）

主　任　邢立金（1989年4月任职）

**第七届**（1990年3月至1993年2月）

主　任　邢立金（1991年5月离职）

主　席　张继福（1991年5月任职）

副主席　邢立金

**第八届**（1993年2月至1996年1月）

主　席　张继福

副主席　邢立金（1993年12月离职）

**第九届**（1996年1月至1999年1月）

主　席　张继福

副主席　赵克明（1997年4月离职）

　　　　刘治本

**第十届**（1999年1月至2001年1月）

主　席　张继福

副主席　刘治本

## 魏家乡人大

**第十一届**（1987年5月至1990年3月）

主　任　朱文民

**第十二届**（1990年3月至1993年2月）

主　任　朱文民（1991年3月离职）

主　席　王宗丰（1991年3月任职）

副主席　朱文民（1991年3月任职）

**第十三届**（1993年2月至1996年1月）

主　席　王宗丰（1994年9月离职）

朱　伟（1994年9月任职）

副主席　迟令山（1995年2月任职）

**第十四届**（1996年1月至1999年1月）

主　席　王宗高

**第十五届**（1999年1月至2001年1月）

主　席　丁孝平

副主席　王全忠（2000年3月任职）

## 户部乡人大

**第十一届**（1987年5月至1990年3月）

主　任　王承年（1987年7月任职）

**第十二届**（1990年3月至1993年2月）

主　任　王承年（1991年3月离职）

主　席　王世平（1991年3月至1992年12月）

王承年（1992年12月任职）

副主席　陈乐礼（1991年3月至1992年2月）

**第十三届**（1993年2月至1996年1月）

主　席　王成年（1994年9月离职）

厉建华（1995年2月任职）

副主席　夏培泉

**第十四届**（1996年1月至1999年1月）

主　席　厉建华（1997年2月离职）

钟树芳（1997年2月任职）

副主席　夏培泉

**第十五届**（1999年1月至2002年3月）

主　席　钊守功（2001年3月离职）

张明勇（2001年3月任职）

副主席　夏培泉

**第十六届**（2002年3月至2008年1月）

主　席　张明勇（2003年3月离职）

李　瑛（2003 年 3 月至 2006 年 2 月）

郑昭伟（2006 年 2 月任职）

副主席　荣玉山

**第十七届**（2008 年 1 月至　　）

主　席　郑昭伟（2009 年 2 月离职）

孙志刚（2009 年 2 月任职）

副主席　丁传湘（2010 年 3 月离职）

郑杜亮（2010 年 3 月任职）

## 槎河乡人大

**第十一届**（1987 年 5 月至 1990 年 3 月）

主　任　王经民（1990 年 2 月任职）

**第十二届**（1990 年 3 月至 1993 年 2 月）

主　任　王经民（1991 年 3 月离职）

主　席　刘茂仁（1991 年 4 月至 1992 年 12 月）

**第十三届**（1993 年 2 月至 1996 年 1 月）

主　席　厉复芹

副主席　王世玺

**第十四届**（1996 年 1 月至 1999 年 1 月）

主　席　赵新华

副主席　杨慎利

**第十五届**（1999 年 1 月至 2002 年 3 月）

主　席　赵新华（2001 年 1 月离职）

## 松柏镇（乡）人大

**第十一届**（1987 年 5 月至 1988 年 4 月）

主　任　汤兆智

**第十二届**（1990 年 3 月至 1993 年 2 月）

主　任　滕义勇（1991 年 3 月离职）

主　席　许崇遵（1991 年 3 月任职）

副主席　滕义勇（1991 年 3 月任职）

**第十三届**（1993 年 2 月至 1996 年 1 月）

主　席　迟令芳

副主席　孙世昌（1994 年 5 月任职）

**第十四届**（1996 年 1 月至 1999 年 1 月）

主　席　迟令芳（1997 年 2 月离职）

安榕平（1997 年2 月任职）

副主席　孙世昌

**第十五届**（1999 年 1 月至 2002 年 3 月）

主　席　安榕平（2001 年 3 月离职）

李树湘（2001 年 3 月任职）

副主席　冯启珍

**第十六届**（2002 年 3 月至 2008 年 1 月）

主　席　李树湘（2003 年 3 月离职）

王治环（2003 年 3 月至 2006 年 4 月）

林世刚（2006 年 4 月任职）

副主席　卢玉平（2006 年 4 月离职）

张仲玉（2006 年 4 月任职）

**第十七届**（2008 年 1 月至　）

主　席　林世刚

副主席　张仲玉

## 第三章　乡镇人大代表构成

1953 年 4 月，县选举工作委员会在仁里、常山两个区的 26 个乡进行了为期两个月的普选试点。县、乡普遍建立选举工作委员会，县成立了普选巡回法庭和普选检查小组，乡人民代表由选民直接选举产生，代表中，工人、农民、干部、民兵、手工业者、知识分子、民主人士以及社会各界各占有一定比例。以自然村为单位设为选区和选民登记站，酝酿推选代表候选人、进行无记名投票等额选举了第一届人民代表大会。直到第六届人民代表大会的选举，每届普选类同。

1968 年 2 月，五莲县成立有干部、群众、解放军代表参加，老、中、青“三结合”的革命委员会，为文革中“夺权”产物，后被列为第七届人民代表大会。

1978 年 5 月第八届县人民代表大会的代表选举类同第一至六届。

1980 年 12 月第九届县人民代表大会以后的代表选举，是按照 1979 年 7 月 1 日第五届全国人民代表大会第二次会议通过、经历届人大常委会修改实施的《选举法》和《地方组织法》及《山东省县、乡两级人民代表大会选举暂行实施细则》的规定进行的。人民代表大会的选举采取了无记名投票的方式实行了差额选举。

1984 年 3 月第十届县人民代表大会，县乡同时换届选举，统一部署，全面展开，压茬进行。

# 洪凝镇人大代表构成情况统计表

（1987 年–2011 年）

| 项目／乡镇 | 召开年月 | 代表总数 | 代表结构 | | | | | | | | | | | | 备注 |
|---|---|---|---|---|---|---|---|---|---|---|---|---|---|---|---|
| | | | 性别 | | 民族 | | 党派 | | | 职业或身份 | | | | | |
| | | | 男 | 女 | 汉族 | 少数民族 | 中共党员 | 民主党派 | 无党派 | 工人 | 农民 | 干部 | 知识分子 | 其他 | |
| 第十一届 | 1987 年 3 月 | 88 | 69 | 19 | 88 | 无 | 51 | 无 | 37 | 3 | 60 | 19 | 6 | 无 | |
| 第十二届 | 1990 年 3 月 | 90 | 69 | 21 | 90 | 无 | 53 | 无 | 37 | 7 | 58 | 20 | 5 | 无 | |
| 第十三届 | 1993 年 2 月 | 100 | 74 | 26 | 100 | 无 | 68 | 无 | 32 | 3 | 60 | 32 | 5 | 无 | |
| 第十四届 | 1996 年 1 月 | 73 | 55 | 18 | 73 | 无 | 45 | 无 | 28 | 1 | 55 | 16 | 1 | 无 | |
| 第十五届 | 1999 年 1 月 | 72 | 53 | 19 | 72 | 无 | 45 | 无 | 27 | 2 | 54 | 16 | 无 | 无 | |
| 第十五届四次 | 2001 年 3 月 | 157 | 118 | 39 | 157 | 无 | 91 | 无 | 66 | 12 | 124 | 18 | 3 | 无 | |
| 第十六届 | 2002 年 3 月 | 92 | 69 | 23 | 92 | 无 | 56 | 无 | 36 | 7 | 64 | 16 | 5 | 无 | |
| 第十七届 | 2007 年 11 月 | 93 | 72 | 21 | 93 | 无 | 60 | 无 | 33 | 9 | 65 | 16 | 3 | 无 | |

## 街头镇人大代表构成情况统计表

（1987 年–2011 年）

| 项目／乡镇 | 召开年月 | 代表总数 | 代表结构 | | | | | | | | | | | | 备注 |
|---|---|---|---|---|---|---|---|---|---|---|---|---|---|---|---|
| | | | 性别 | | 民族 | | 党派 | | | 职业或身份 | | | | | |
| | | | 男 | 女 | 汉族 | 少数民族 | 中共党员 | 民主党派 | 无党派 | 工人 | 农民 | 干部 | 知识分子 | 其他 | |
| 第十一届 | 1987 年 5 月 | 90 | 74 | 16 | 90 | | 55 | | 35 | 4 | 66 | 13 | 7 | | |
| 第十二届 | 1990 年 3 月 | 90 | 72 | 18 | 90 | | 56 | | 34 | 5 | 65 | 14 | 6 | | |
| 第十三届 | 1993 年 3 月 | 90 | 74 | 16 | 90 | | 55 | | 35 | 5 | 51 | 22 | 12 | | |
| 第十四届 | 1996 年 3 月 | 62 | 48 | 14 | 62 | | 37 | | 25 | 3 | 46 | 10 | 3 | | |
| 第十五届 | 1999 年 1 月 | 63 | 47 | 16 | 63 | | 36 | | 27 | 2 | 49 | 9 | 3 | | |
| 第十六届 | 2002 年 3 月 | 77 | 56 | 21 | 77 | | 46 | | 31 | 2 | 61 | 9 | 5 | | |
| 第十七 届 | 2008 年 1 月 | 78 | 58 | 20 | 78 | | 55 | | 23 | 2 | 64 | 7 | 5 | | |

## 潮河镇人大代表构成情况统计表

（1987 年–2011 年）

| 项目<br>乡镇 | 召开年月 | 代表总数 | 代表结构 | | | | | | | | | | | | 备注 |
|---|---|---|---|---|---|---|---|---|---|---|---|---|---|---|---|
| | | | 性别 | | 民族 | | 党派 | | | 职业或身份 | | | | | |
| | | | 男 | 女 | 汉族 | 少数民族 | 中共党员 | 民主党派 | 无党派 | 工人 | 农民 | 干部 | 知识分子 | 其他 | |
| 第十一届 | 1987.5 | 50 | 40 | 10 | 50 | | 35 | | 15 | 3 | 15 | 30 | 2 | | |
| 第十二届 | 1990.3 | 50 | 40 | 10 | 50 | | 35 | | 15 | 3 | 15 | 30 | 2 | | |
| 第十三届 | 1993.2 | 50 | 38 | 12 | 50 | | 30 | | 20 | 3 | 34 | 10 | 3 | | |
| 第十四届 | 1996.1 | 50 | 38 | 12 | 50 | | 30 | | 20 | 3 | 34 | 10 | 3 | | |
| 第十五届 | 1999.1 | 50 | 38 | 12 | 50 | | 30 | | 20 | 3 | 34 | 10 | 3 | | |
| 第十六届 | 2002.3 | 63 | 46 | 17 | 63 | | 49 | | 14 | 3 | 49 | 3 | | 8 | |
| 第十七 届 | 2008.1 | 63 | 47 | 16 | 63 | | 46 | | 17 | 3 | 43 | 5 | 10 | 2 | |

# 许孟镇人大代表构成情况统计表

（1987 年–2011 年）

| 项目<br>乡镇 | 召开年月 | 代表总数 | 代表结构 | | | | | | | | | | | | 备注 |
|---|---|---|---|---|---|---|---|---|---|---|---|---|---|---|---|
| | | | 性别 | | 民族 | | 党派 | | | 职业或身份 | | | | | |
| | | | 男 | 女 | 汉族 | 少数民族 | 中共党员 | 民主党派 | 无党派 | 工人 | 农民 | 干部 | 知识分子 | 其他 | |
| 第十一届 | 1987.5 | 90 | 79 | 11 | 90 | | 60 | | 30 | 2 | 75 | 11 | 2 | | |
| 第十二届 | 1990.3 | 88 | 71 | 17 | 88 | | 50 | | 38 | 2 | 63 | 20 | 3 | | |
| 第十三届 | 1993.2 | 90 | 71 | 19 | 80 | | 56 | | 34 | | 68 | 15 | 7 | | |
| 第十四届 | 1996.1 | 65 | 50 | 15 | 65 | | 39 | | 26 | 2 | 50 | 10 | 3 | | |
| 第十五届 | 1999.1 | 65 | 48 | 17 | 65 | | 41 | | 24 | 2 | 50 | 10 | 3 | | |
| 第十六届 | 2002.3 | 80 | 60 | 20 | 80 | | 48 | | 32 | 2 | 58 | 17 | 3 | | |
| 第十七 届 | 2008.1 | 81 | 63 | 18 | 81 | | 68 | | 13 | 1 | 70 | 6 | 4 | | |

# 管帅镇人大代表构成情况统计表

（1987 年–2011 年）

| 项目 / 乡镇 | 召开年月 | 代表总数 | 代表结构 | | | | | | | | | | | | 备注 |
|---|---|---|---|---|---|---|---|---|---|---|---|---|---|---|---|
| | | | 性别 | | 民族 | | 党派 | | | 职业或身份 | | | | | |
| | | | 男 | 女 | 汉族 | 少数民族 | 中共党员 | 民主党派 | 无党派 | 工人 | 农民 | 干部 | 知识分子 | 其他 | |
| 第七届 | 1987.5.2 | 50 | 43 | 7 | 50 | | 36 | | 14 | 2 | 28 | 16 | 4 | | |
| 第八届 | 1990.3.27 | 50 | 40 | 10 | 50 | | 30 | | 20 | 1 | 37 | 10 | 2 | | |
| 第九届 | 1993.2.19 | 50 | 40 | 10 | 50 | | 33 | | 17 | 37 | 37 | 10 | 3 | | |
| 第十届 | 1996.1.22 | 53 | 39 | 14 | 53 | | 31 | | 22 | 3 | 38 | 12 | | | |
| 第十一届 | 1999.2.26 | 53 | 39 | 14 | 53 | | 32 | | 21 | | 40 | 10 | | 3 | |

## 七宝山镇人大代表构成情况统计表

（1987 年–2011 年）

| 项目／乡镇 | 召开年月 | 代表总数 | 代表结构 | | | | | | | | | | | | 备注 |
|---|---|---|---|---|---|---|---|---|---|---|---|---|---|---|---|
| | | | 性别 | | 民族 | | 党派 | | | 职业或身份 | | | | | |
| | | | 男 | 女 | 汉族 | 少数民族 | 中共党员 | 民主党派 | 无党派 | 工人 | 农民 | 干部 | 知识分子 | 其他 | |
| 第十一届 | 1987 年 5 月 | 46 | 40 | 6 | 46 | | 24 | | 22 | 2 | 31 | 11 | 2 | | |
| 第十二届 | 1990 年 3 月 | 46 | 37 | 9 | 46 | | 29 | | 17 | 1 | 33 | 9 | 3 | | |
| 第十三届 | 1993 年 2 月 | 51 | 40 | 11 | 51 | | 38 | | 13 | 3 | 33 | 12 | 3 | | |
| 第十四届 | 1996 年 1 月 | 53 | 39 | 14 | 53 | | 38 | | 15 | 9 | 34 | 8 | 2 | | |
| 第十五届 | 1999 年 1 月 | 52 | 38 | 14 | 52 | | 31 | | 21 | 39 | | 13 | | | |

# 于里镇(乡)人大代表构成情况统计表

(1987年-2011年)

| 项目/乡镇 | 召开年月 | 代表总数 | 代表结构 | | | | | | | | | | | | 备注 |
|---|---|---|---|---|---|---|---|---|---|---|---|---|---|---|---|
| | | | 性别 | | 民族 | | 党派 | | | 职业或身份 | | | | | |
| | | | 男 | 女 | 汉族 | 少数民族 | 中共党员 | 民主党派 | 无党派 | 工人 | 农民 | 干部 | 知识分子 | 其他 | |
| 第七届 | 1987.5.2 | 71 | 59 | 12 | | | 41 | | 30 | 2 | 48 | 17 | 4 | | |
| 第八届 | 1990.3.27 | 70 | 54 | 16 | | | 46 | | 24 | 3 | 46 | 16 | 4 | | |
| 第九届 | 1993.2.19 | 70 | 52 | 18 | | | 43 | | 27 | 48 | | 20 | 2 | | |
| 第十届 | 1996.1.22 | 57 | 41 | 16 | | | 44 | | 13 | 46 | | 8 | 3 | | |
| 第十一届 | 1999.1.27 | 57 | 42 | 15 | | | 34 | | 23 | 44 | | 13 | | | |
| 第十二届 | 2001.2.3 | 69 | 53 | 16 | | | 57 | | 12 | 49 | | 13 | 7 | | |
| 第十三届 | 2008.1.14 | 72 | 55 | 17 | | | 49 | | 23 | 51 | | 13 | 8 | | |

## 汪湖镇(乡)人大代表构成情况统计表

(1987年-2011年)

| 项目/乡镇 | 召开年月 | 代表总数 | 代表结构 | | | | | | | | | | | | 备注 |
|---|---|---|---|---|---|---|---|---|---|---|---|---|---|---|---|
| | | | 性别 | | 民族 | | 党派 | | | 职业或身份 | | | | | |
| | | | 男 | 女 | 汉族 | 少数民族 | 中共党员 | 民主党派 | 无党派 | 工人 | 农民 | 干部 | 知识分子 | 其他 | |
| 第十一届 | 1987.5 | 71 | 56 | 15 | 71 | | 43 | | 28 | 3 | 44 | 15 | 9 | | |
| 第十二届 | 1990.3 | 69 | 56 | 13 | 69 | | 36 | | 33 | 3 | 46 | 15 | 5 | | |
| 第十三届 | 1993.2 | 70 | 54 | 16 | 70 | | 46 | | 24 | 2 | 47 | 15 | 6 | | |
| 第十四届 | 1996.1 | 58 | 43 | 15 | 58 | | 37 | | 21 | 3 | 38 | 12 | 5 | | |
| 第十五届 | 1999.1 | 58 | 45 | 13 | 58 | | 36 | | 22 | 3 | 37 | 12 | 6 | | |
| 第十六届 | 2002.3 | 58 | 46 | 12 | 58 | | 43 | | 15 | 1 | 48 | 6 | 3 | | |
| 第十七届 | 2008.1 | 58 | 41 | 17 | 58 | | 42 | | 16 | 3 | 43 | 9 | 3 | | |

# 叩官镇(乡)人大代表构成情况统计表

(1987年–2011年)

| 项目<br>乡镇 | 召开年月 | 代表总数 | 代表结构 | | | | | | | | | | | | 备注 |
|---|---|---|---|---|---|---|---|---|---|---|---|---|---|---|---|
| | | | 性别 | | 民族 | | 党派 | | | 职业或身份 | | | | | |
| | | | 男 | 女 | 汉族 | 少数民族 | 中共党员 | 民主党派 | 无党派 | 工人 | 农民 | 干部 | 知识分子 | 其他 | |
| 第十一届 | 1987年5月 | 71 | 66 | 5 | 71 | | 43 | | 28 | | 54 | 13 | 3 | 1 | |
| 第十二届 | 1990年3月 | 77 | 59 | 18 | 77 | | 49 | | 28 | 2 | 57 | 13 | 5 | | |
| 第十三届 | 1993年2月 | 80 | 62 | 18 | 80 | | 51 | | 29 | | 59 | 15 | 6 | | |
| 第十四届 | 1996年1月 | 60 | 45 | 15 | 60 | | 39 | | 21 | 4 | 43 | 14 | 9 | | |
| 第十五届 | 1999年1月 | 60 | 46 | 14 | 60 | | 36 | | 24 | 4 | 41 | 6 | 7 | 2 | |
| 第十六届 | 2002年3月 | 60 | 46 | 14 | 60 | | 46 | | 14 | 3 | 42 | 7 | 8 | | |
| 第十七届 | 2008年1月 | 60 | 40 | 20 | 60 | | 43 | | 17 | 2 | 42 | 7 | 7 | 2 | |

## 中至镇(乡)人大代表构成情况统计表

(1987年-2010年)

| 项目<br>乡镇 | 召开年月 | 代表总数 | 代表结构 | | | | | | | | | | | | 备注 |
|---|---|---|---|---|---|---|---|---|---|---|---|---|---|---|---|
| | | | 性别 | | 民族 | | 党派 | | | 职业或身份 | | | | | |
| | | | 男 | 女 | 汉族 | 少数民族 | 中共党员 | 民主党派 | 无党派 | 工人 | 农民 | 干部 | 知识分子 | 其他 | |
| 第十一届 | 1987.5 | 80 | 63 | 17 | 80 | | 38 | | 42 | 2 | 57 | 16 | 5 | | |
| 第十二届 | 1990.3 | 80 | 69 | 11 | 80 | | 47 | | 33 | 2 | 61 | 15 | 2 | | |
| 第十三届 | 1993.2 | 80 | 67 | 13 | 80 | | 45 | | 35 | 2 | 61 | 15 | 2 | | |
| 第十四届 | 1996.1 | 60 | 49 | 11 | 60 | | 38 | | 22 | 2 | 43 | 13 | 2 | | |
| 第十五届 | 1999.1 | 60 | 46 | 14 | 60 | | 39 | | 21 | 2 | 43 | 13 | 2 | | |
| 第十六届 | 2002.3 | 59 | 45 | 14 | 59 | | 41 | | 18 | 2 | 41 | 14 | 2 | | |
| 第十七 届 | 2008.1 | 59 | 44 | 15 | 59 | | 40 | | 19 | 2 | 42 | 13 | 2 | | |

## 山阳乡人大代表构成情况统计表

（1987 年–2011 年）

| 项目<br>乡镇 | 召开年月 | 代表总数 | 代表结构 | | | | | | | | | | | | 备注 |
|---|---|---|---|---|---|---|---|---|---|---|---|---|---|---|---|
| | | | 性别 | | 民族 | | 党派 | | | 职业或身份 | | | | | |
| | | | 男 | 女 | 汉族 | 少数民族 | 中共党员 | 民主党派 | 无党派 | 工人 | 农民 | 干部 | 知识分子 | 其他 | |
| 第六届 | 1987 年 4 月 | 68 | 59 | 9 | 68 | | 40 | | 28 | 3 | 43 | 19 | 3 | 3 | |
| 第七届 | 1990 年 3 月 | 70 | 57 | 13 | 70 | | 41 | | 29 | 3 | 44 | 19 | 4 | | |
| 第八届 | 1992 年 12 月 | 67 | 51 | 16 | 67 | | 43 | | 24 | 3 | 46 | 15 | 3 | | |
| 第九届 | 1996 年 1 月 | 54 | 41 | 13 | 54 | | 33 | | 21 | 4 | 37 | 10 | 3 | | |
| 第十届 | 1999 年 11 月 | 53 | 38 | 15 | 53 | | 32 | | 21 | 5 | 32 | 10 | 2 | 4 | |

## 院西乡人大代表构成情况统计表

（1987年–2011年）

| 项目<br>乡镇 | 召开年月 | 代表总数 | 代表结构 | | | | | | | | | | | | 备注 |
|---|---|---|---|---|---|---|---|---|---|---|---|---|---|---|---|
| | | | 性别 | | 民族 | | 党派 | | | 职业或身份 | | | | | |
| | | | 男 | 女 | 汉族 | 少数民族 | 中共党员 | 民主党派 | 无党派 | 工人 | 农民 | 干部 | 知识分子 | 其他 | |
| 第六届 | 1987.5 | 69 | 53 | 16 | 69 | | 45 | | 24 | 1 | 51 | 13 | 4 | | |
| 第七届 | 1990.3 | 69 | 54 | 15 | 69 | | 43 | | 26 | 1 | 50 | 14 | 4 | | |
| 第八届 | 1993.2 | 72 | 54 | 18 | 72 | | 44 | | 28 | 1 | 53 | 15 | 3 | | |
| 第九届 | 1996.1 | 56 | 42 | 14 | 56 | | 34 | | 22 | 2 | 43 | 8 | 3 | | |
| 第十届 | 1999.1 | 56 | 42 | 14 | 56 | | 34 | | 22 | 1 | 45 | 7 | 3 | | |

# 高泽镇(乡)人大代表构成情况统计表

(1987年–2010年)

| 项目<br>乡镇 | 召开年月 | 代表总数 | 代表结构 | | | | | | | | | | | | 备注 |
|---|---|---|---|---|---|---|---|---|---|---|---|---|---|---|---|
| | | | 性别 | | 民族 | | 党派 | | | 职业或身份 | | | | | |
| | | | 男 | 女 | 汉族 | 少数民族 | 中共党员 | 民主党派 | 无党派 | 工人 | 农民 | 干部 | 知识分子 | 其他 | |
| 第十一届 | 1987年4月 | 64 | 52 | 12 | 64 | | 33 | | 31 | 1 | 46 | 13 | 4 | | |
| 第十二届 | 1990年3月 | 65 | 52 | 13 | 65 | | 39 | | 26 | 1 | 42 | 13 | 9 | | |
| 第十三届 | 1993年2月 | 70 | 52 | 18 | 70 | | 42 | | 28 | 1 | 47 | 14 | 8 | | |
| 第十四届 | 1996年1月 | 55 | 41 | 14 | 55 | | 33 | | 22 | | 44 | 11 | | | |
| 第十五届 | 1999年1月 | 54 | 40 | 14 | 54 | | 33 | | 21 | | 43 | 11 | | | |
| 第十六届 | 2002年3月 | 66 | 54 | 12 | 66 | | 38 | | 28 | 1 | 51 | 14 | | | |
| 第十七届 | 2008年1月 | 64 | 52 | 12 | 64 | | 37 | | 27 | | 51 | 13 | | | |

## 罗圈乡人大代表构成情况统计表

（1987 年–2011 年）

| 项目<br>乡镇 | 召开年月 | 代表总数 | 代表结构 | | | | | | | | | | | | 备注 |
|---|---|---|---|---|---|---|---|---|---|---|---|---|---|---|---|
| | | | 性别 | | 民族 | | 党派 | | | 职业或身份 | | | | | |
| | | | 男 | 女 | 汉族 | 少数民族 | 中共党员 | 民主党派 | 无党派 | 工人 | 农民 | 干部 | 知识分子 | 其他 | |
| 第十一届 | 1987 年 4 月 | 35 | 30 | 5 | 35 | | 23 | | 12 | | 17 | 15 | 3 | | |
| 第十二届 | 1990 年 3 月 | 35 | 28 | 7 | 35 | | 22 | | 13 | | 23 | 10 | 2 | | |
| 第十三届 | 1992 年 12 月 | 35 | 26 | 9 | 35<br>43 | | 22 | | 13 | | 22 | 9 | 1 | 3 | |
| 第十四届 | 1996 年 1 月 | 43 | 32 | 11 | 43 | | 27 | | 16 | | 35 | 7 | 1 | | |
| 第十五届 | 1999 年 1 月 | 43 | 32 | 11 | | | 26 | | 17 | | 35 | 7 | 1 | | |

# 石场乡人大代表构成情况统计表

（1987 年–2011 年）

| 项目 / 乡镇 | 召开年月 | 代表总数 | 代表结构 | | | | | | | | | | | | 备注 |
|---|---|---|---|---|---|---|---|---|---|---|---|---|---|---|---|
| | | | 性别 | | 民族 | | 党派 | | | 职业或身份 | | | | | |
| | | | 男 | 女 | 汉族 | 少数民族 | 中共党员 | 民主党派 | 无党派 | 工人 | 农民 | 干部 | 知识分子 | 其他 | |
| 第十一届 | 1987 年 5 月 | 50 | 41 | 9 | 50 | | 25 | | 25 | | 35 | 11 | 3 | | |
| 第十二届 | 1990 年 3 月 | 50 | 40 | 10 | 50 | | 30 | | 20 | | 36 | 8 | 6 | | |
| 第十三届 | 1993 年 2 月 | 50 | 37 | 13 | 50 | | 30 | | 20 | | 36 | 10 | 4 | | |
| 第十四届 | 1996 年 1 月 | 50 | 38 | 12 | 50 | | 30 | | 20 | | 41 | 9 | | | |
| 第十五届 | 1999 年 1 月 | 50 | 37 | 13 | 50 | | 25 | | 25 | | 40 | 10 | | | |
| 第十六届 | 2002 年 2 月 | 51 | 39 | 12 | 51 | | 29 | | 22 | | 40 | 11 | | | |
| 第十七届 | 2008 年 1 月 | 54 | 41 | 13 | 54 | | 38 | | 16 | 5 | 40 | 9 | | | |

## 杜家沟乡人大代表构成情况统计表

（1987年-2000年）

| 项目<br>乡镇 | 召开年月 | 代表总数 | 代表结构 | | | | | | | | | | | | 备注 |
|---|---|---|---|---|---|---|---|---|---|---|---|---|---|---|---|
| | | | 性别 | | 民族 | | 党派 | | | 职业或身份 | | | | | |
| | | | 男 | 女 | 汉族 | 少数民族 | 中共党员 | 民主党派 | 无党派 | 工人 | 农民 | 干部 | 知识分子 | 其他 | |
| 第十一届 | 1987年5月 | 40 | 31 | 9 | 40 | | 21 | | 19 | | 26 | 12 | 2 | | |
| 第十二届 | 1990年3月 | 39 | 31 | 8 | 39 | | 23 | | 16 | | 32 | 5 | 2 | | |
| 第十三届 | 1993年2月 | 39 | 31 | 8 | 39 | | 24 | | 15 | | 29 | 9 | 1 | | |
| 第十四届 | 1996年1月 | 46 | 37 | 9 | 46 | | 26 | | 20 | | 34 | 10 | 2 | | |
| 第十五届 | 1999年1月 | 45 | 35 | 10 | 45 | | 27 | | 18 | | 37 | 6 | 2 | | |

## 山庄乡人大代表构成情况统计表

（1987 年–2011 年）

| 项目<br>乡镇 | 召开年月 | 代表总数 | 代表结构 | | | | | | | | | | | | 备注 |
|---|---|---|---|---|---|---|---|---|---|---|---|---|---|---|---|
| | | | 性别 | | 民族 | | 党派 | | | 职业或身份 | | | | | |
| | | | 男 | 女 | 汉族 | 少数民族 | 中共党员 | 民主党派 | 无党派 | 工人 | 农民 | 干部 | 知识分子 | 其他 | |
| 第十一届 | 1987 年 5 月 | 31 | 25 | 6 | 31 | | 20 | | 11 | | 19 | 10 | 2 | | |
| 第十二届 | 1990 年 3 月 | 35 | 28 | 7 | 35 | | 20 | | 15 | | 21 | 9 | 5 | | |
| 第十三届 | 1993 年 2 月 | 35 | 26 | 9 | 35 | | 23 | | 12 | | 25 | 7 | 3 | | |
| 第十四届 | 1996 年 1 月 | 44 | 33 | 11 | 44 | | 27 | | 17 | 1 | 34 | 9 | 0 | | |
| 第十五届 | 1999 年 1 月 | 44 | 32 | 12 | 44 | | 28 | | 16 | | 34 | 10 | 0 | | |

## 王世疃乡人大代表构成情况统计表

（1987 年–2000 年）

| 项目 乡镇 | 召开年月 | 代表总数 | 代表结构 | | | | | | | | | | | | 备注 |
|---|---|---|---|---|---|---|---|---|---|---|---|---|---|---|---|
| | | | 性别 | | 民族 | | 党派 | | | 职业或身份 | | | | | |
| | | | 男 | 女 | 汉族 | 少数民族 | 中共党员 | 民主党派 | 无党派 | 工人 | 农民 | 干部 | 知识分子 | 其他 | |
| 第六届 | 1987 年 5 月 | 40 | 31 | 9 | 40 | | 20 | | 20 | | 29 | 9 | 2 | | |
| 第七届 | 1990 年 3 月 | 45 | 36 | 9 | 45 | | 26 | | 19 | 1 | 28 | 13 | 3 | | |
| 第八届 | 1993 年 2 月 | 50 | 37 | 13 | 50 | | 35 | | 15 | | 36 | 12 | 2 | | |
| 第九届 | 1996 年 1 月 | 50 | 37 | 13 | 50 | | 31 | | 19 | | 39 | 8 | 3 | | |
| 第十届 | 1999 年 1 月 | 50 | 38 | 12 | 50 | | 30 | | 20 | | 40 | 8 | 2 | | |

## 魏家乡人大代表构成情况统计表

（1987 年–2011 年）

| 项目／乡镇 | 召开年月 | 代表总数 | 代表结构 | | | | | | | | | | | | 备注 |
|---|---|---|---|---|---|---|---|---|---|---|---|---|---|---|---|
| | | | 性别 | | 民族 | | 党派 | | | 职业或身份 | | | | | |
| | | | 男 | 女 | 汉族 | 少数民族 | 中共党员 | 民主党派 | 无党派 | 工人 | 农民 | 干部 | 知识分子 | 其他 | |
| 第十一届 | 1987.5 | 48 | 39 | 9 | 48 | | 26 | | 22 | | 38 | 6 | 4 | | |
| 第十二届 | 1990.3 | 48 | 39 | 9 | 48 | | 26 | | 22 | | 38 | 6 | 4 | | |
| 第十三届 | 1993.2 | 49 | 36 | 13 | 49 | | 31 | | 18 | | 36 | 13 | | | |
| 第十四届 | 1996.1 | 51 | 38 | 13 | 51 | | 32 | | 19 | | 38 | 5 | 8 | | |
| 第十五届 | 1999.1 | 50 | 36 | 14 | 50 | | 33 | | 17 | | 36 | 4 | 10 | | |

## 户部乡人大代表构成情况统计表

（1987 年–2011 年）

| 项目／乡镇 | 召开年月 | 代表总数 | 代表结构 | | | | | | | | | | | | 备注 |
|---|---|---|---|---|---|---|---|---|---|---|---|---|---|---|---|
| | | | 性别 | | 民族 | | 党派 | | | 职业或身份 | | | | | |
| | | | 男 | 女 | 汉族 | 少数民族 | 中共党员 | 民主党派 | 无党派 | 工人 | 农民 | 干部 | 知识分子 | 其他 | |
| 第十一届 | 1987.5 | 50 | 40 | 10 | 50 | | 35 | | 15 | 0 | 32 | 14 | 4 | | |
| 第十二届 | 1990.3 | 50 | 39 | 11 | 50 | | 34 | | 16 | 0 | 33 | 14 | 3 | | |
| 第十三届 | 1993.2 | 45 | 35 | 10 | 45 | | 30 | | 15 | 1 | 24 | 19 | 1 | | |
| 第十四届 | 1996.1 | 49 | 38 | 11 | 49 | | 32 | | 17 | 3 | 36 | 10 | 0 | | |
| 第十五届 | 1999.1 | 49 | 37 | 12 | 49 | | 32 | | 17 | 3 | 36 | 10 | 0 | | |
| 第十六届 | 2002.3 | 52 | 39 | 13 | 52 | | 34 | | 18 | 2 | 40 | 7 | 3 | | |
| 第十七 届 | 2008.1 | 54 | 41 | 13 | 54 | | 32 | | 22 | 3 | 40 | 7 | 4 | | |

## 槎河乡人大代表构成情况统计表

（1987 年–2011 年）

| 项目<br>乡镇 | 召开年月 | 代表总数 | 代表结构 | | | | | | | | | | | | 备注 |
|---|---|---|---|---|---|---|---|---|---|---|---|---|---|---|---|
| | | | 性别 | | 民族 | | 党派 | | | 职业或身份 | | | | | |
| | | | 男 | 女 | 汉族 | 少数民族 | 中共党员 | 民主党派 | 无党派 | 工人 | 农民 | 干部 | 知识分子 | 其他 | |
| 第十一届 | 1987.5 | 40 | 32 | 8 | 40 | | 20 | | 20 | 1 | 26 | 12 | 1 | | |
| 第十二届 | 1990.3 | 40 | 32 | 8 | 40 | | 20 | | 20 | 9 | 22 | 8 | 1 | | |
| 第十三届 | 1993.2 | 40 | 29 | 11 | 40 | | 22 | | 18 | 1 | 28 | 11 | | | |
| 第十四届 | 1996.1 | 45 | 33 | 12 | 45 | | 27 | | 18 | 0 | 35 | 10 | | | |
| 第十五届 | 1999.1 | 45 | 34 | 11 | 45 | | 29 | | 16 | 0 | 35 | 10 | | | |

## 松柏镇(乡)人大代表构成情况统计表

(1987年-2011年)

| 项目/乡镇 | 召开年月 | 代表总数 | 代表结构 | | | | | | | | | | | | 备注 |
|---|---|---|---|---|---|---|---|---|---|---|---|---|---|---|---|
| | | | 性别 | | 民族 | | 党派 | | | 职业或身份 | | | | | |
| | | | 男 | 女 | 汉族 | 少数民族 | 中共党员 | 民主党派 | 无党派 | 工人 | 农民 | 干部 | 知识分子 | 其他 | |
| 第十一届 | 1987.4 | 50 | 41 | 9 | 50 | | 29 | | 21 | 1 | 33 | 13 | 3 | | |
| 第十二届 | 1990.3 | 50 | 36 | 14 | 50 | | 30 | | 20 | | 34 | 8 | 8 | | |
| 第十三届 | 1993.2 | 50 | 37 | 13 | 50 | | 32 | | 18 | | 32 | 9 | 9 | | |
| 第十四届 | 1996.1 | 52 | 40 | 12 | 52 | | 35 | | 17 | | 33 | 10 | 9 | | |
| 第十五届 | 1999.1 | 52 | 37 | 15 | 52 | | 34 | | 18 | | 35 | 8 | 9 | | |
| 第十六届 | 2002.3 | 52 | 38 | 14 | 52 | | 36 | | 16 | | 35 | 8 | 9 | | |
| 第十七 届 | 2008.1 | 52 | 38 | 13 | 52 | | 40 | | 12 | | 33 | 9 | 10 | | |

# 第九篇 人物

## 第一章 历届五莲县人大常委会主任、第一副主任简介

### 王聚先

王聚先，男，1934 年 6 月出生，胶南市琅琊镇前沟村人，中共党员，1980 年 12 月至 1984 年 5 月任县第九届人大常委会党组书记、主任。

自 1952 年 3 月参加工作起，历任胶南县琅琊区马栏乡文书、中共琅琊公社党委秘书、副社长，灵山卫公社党委副书记、书记，王戈庄公社党委书记。1977 年 2 月后历任中共五莲县委副书记，县委副书记兼县人大常委会主任，县政府代县长、县长，潍坊市粮食局党委书记、局长，五莲县政协主席，日照市人大常委会常委等职。

曾获“山东省先进统计工作者”。

### 贺炳忠

贺炳忠，男，1929 年 10 月出生，许孟镇西楼子村人，中共党员，1984 年 5 月至 1990 年 3 月任县第十、十一届人大常委会党组书记、主任。

1946 年 3 月参加工作，历任村支部书记，楼子乡政府文书，中共五莲县委党校干事，县委组织部干事、副部长、部长，中共贵州省铜仁地委组织部干部科科长、组织部负责人，五莲县革委政治部副主任，中共五莲县委副书记，县人大常委会党组书记、主任等职。2010 年 10 月 15 日病逝。

曾于 1963 年 8 月被选为山东省第三届人民代表大会代表。1990 年被县委县政府授予“为地方人大工作和经济建设做出突出贡献”称号。1989 年离休后，被县委县政府授予“在社会主义两个文明建设中积极发挥政治经济优势成绩显著老干部先进个人”。

## 韩清存

韩清存，男，1936年12月出生，河北省故城县西辛庄乡牛卧庄村人，中共党员，中专文化程度，1990年3月至1998年1月，任五莲县第十二届、十三届人大常委会党组书记、主任。

1956年9月参加工作，任掖县种子站技术员。1959年调五莲县后历任县林业局技术员，县多种经营办公室副主任，县林业局副局长，中共石场公社党委副书记、管委会主任、党委书记，洪凝公社党委书记，县委常委、县纪委书记、县政府常务副县长，县委副书记，县人大常委会党组书记、主任等职。

曾获潍坊市委、市人大、市政府授予的“全市普法先进个人”，多次被省市委组织部、老干部局授予“优秀离退休干部党员荣誉证书”，被省老龄委员会授予“山东模范老人”。

## 李桂玲

李桂玲，男，1947年5月出生，中共党员，大专文化程度，于里镇后莲池寺村人，1998年1月至2006年2月任五莲县第十四届、十五届人大常委会党组书记、主任。

1964年10月参加工作，历任于里公社粮所会计，公社会计辅导员，中共于里公社党委组织委员、副书记，潮河公社党委副书记、管委会主任、书记，街头镇党委书记，县委常委、县纪委书记，县委副书记，县政府县长，县人大常委会党组书记、主任等职。

先后获省委、省政府授予的“计划生育先进工作者”、社会治安综合治理记一等功等。

## 崔　亮

崔亮，男，1962年12月出生，莒县人，中共党员，2006年2月至2009年12月任五莲县第十五届、十六届人大常委会党组书记、主任。

1978年12月参加工作，历任临沂地委办公室秘书，机要科副科长、科长，共青团日照市委副书记、书记，中共五莲县委副书记，县政府党组书记、代理县长、县长，县委书记、县人大常委会党组书记、主任等职。

## 马　强

马强，男，1958年5月出生，沂水县人，大学文化程度，中共党员，2009年12月任五莲县第十六届人大常委会党组书记、主任。

1975年5月参加工作，历任沂水县马站公社党委办公室公务员，临沂医专政治辅导员、办公室负责人、团委书记，日照市政府法制办公室法规科科长，市委宣传部理论科科长，市委研究室副主任、主任，市委副秘书长，市委副秘书长、日照大学科技园工委办公室主任、工委书记、管委会主任，中共五莲县委书记、县人大常委会党组书记、主任等职。

## 戴召田

戴召田，男，1955年3月出生，松柏镇陆家沟村人，大学文化程度，中共党员，2006年2月至2007年12月任五莲县第十五届人大常委会党组副书记、第一副主任（正处级）。

1976年3月参加工作，历任松柏公社后苇场联中民办教师，公社党委通讯员，县委报道组报道员，潍坊日报社记者，潍坊市委宣传部干事、巡视员（副科级），五莲县精神文明建设委员会办公室主任，县委政策研究室副主任、县委办公室副主任兼政策研究室主任，县委常委、办公室主任，县委常委、常务副县长，县人大常委会党组副书记、第一副主任（正处级），县政协党组书记、主席等职。

## 李应田

李应田，男，1954年6月出生，街头镇人，大学文化程度，中共党员，2007年12月任五莲县第十六届人大常委会党组副书记、第一副主任（正处级）。

1977年8月参加工作，历任洪凝税务所征管员，县税务所办事员，县财政局副股长、副局长、局长、县政府县长助理，县政府党组成员、副县长，县委常委、县政府党组副书记、副县长，县人大常委会党组副书记、第一副主任（正处级）等职。

先后被日照市委记三等功1次，被日照市委、市政府嘉奖1次，被县委、县政府记三等功1次。

# 第二章 历届五莲县人大常委会副主任简介

## 秦绪佳

秦绪佳，男，1921年10月出生，胶南市六旺乡赵家庄人，中共党员，1980年12月至1984年5月任县第九届人大常委会党组副书记、副主任。

1944年2月参加工作，历任本村教师，胶河县人民银行营业员，诸城县人民银行秘书。1953年8月调五莲后历任县人民银行行长，五莲大众报社总编辑，县委办公室副主任，县委农工部副部长，县供销合作社主任，县革命委员会副主任，县人大常委会党组副书记、副主任等职。

著有《五莲县多种经营》一书，1959年由山东人民出版社出版。

## 王立周

王立周，男，1925年11月出生，于里镇于里沟村人，中共党员，1980年12月至1984年5月任县第九届人大常委会党组成员、副主任。

1946年参军，历任莒北县大队战士、滨北独立团和32军96师287团排长、副连长，铁七师连长、营长、团参谋长，中共四川省巴中县委书记（支左）、铁七师副团长。1976年3月转业回五莲后，先后任县革委副主任、县人大常委会党组成员、副主任等职。1996年3月10日病逝。

先后荣立部队二等功1次，三等功3次，1950年在福建剿匪战斗中被32军授予

“爱民模范”。1969年被当选为中共第九次全国代表大会代表。

## 高立福

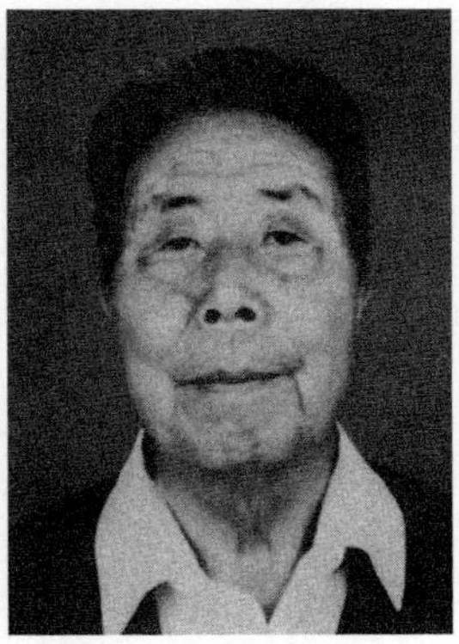

高立福，男，1927年8月出生，许孟镇王家新庄人，中共党员，1980年12月至1984年5月任县第九届人大常委会党组成员、副主任。

1946年参军，历任战士、排长、连长、营长、团参谋长、副团长。1978年转业回五莲，先后任县革命委员会副主任，县人大常委会党组成员、副主任等职。

荣立部队一等功1次、三等功3次、四等功6次。

## 赵文泉

赵文泉，男，1915年3月出生，平度县蟠桃乡朱家井村人，中共党员，速成中学文化程度，1980年12月至1984年5月任县第九届人大常委会党组成员、副主任。

1940年1月参加工作后，历任村党支部书记，区联防党总支部书记、区委组织干事、委员、副书记、代理书记，平西县委民运部长，县合作总社主任，县委副书记、代理县长、蓼兰县委副书记。1956年3月调五莲，先后任县委副书记、县长，县革委常委兼生产部副主任、党组成员，县革委会顾问、县人大常委会党组成员、副主任等职。2007年1月3日病逝。

先后被省军区通令嘉奖，被授予一等功、二等功、三等功勋章各1次。

## 寇维清

寇维清，男，1921年11月出生，诸城市皇华镇杨村人，中共党员，初中文化程度，1980年12月至1984年5月，任五莲县第九届人大常委会党组成员、副主任。

1947年10月参加工作，历任诸城县常山区公所文书，五莲县人民法院审判员，县委党校主任、管帅公社党委书记，县粮食局局长，县商业局局长，县委委员、县委组织部副部长、部长，县人大常委会党组成员、副主任等职。1986年6月17日病逝。

## 王 彬

王彬，男，1930年12月出生，青岛市城阳区上马镇上马村人，1981年12月至1987年4月任县第九届、第十届人大常委会副主任(不驻会)。

自1949年7月参加工作后，历任即西县财政科工作员、胶州地委文艺工作队队员，胶州中心文化馆工作员。1956年调任五莲县文化馆工作，历任工作员、县茂腔剧团团长、县文艺宣传队副队长、剧团团长，县人大常委会副主任，文化局正科级调研员等职。

先后被县委、县政府授予“先进工作者”、记三等功等。

## 朱佃俊

朱佃俊，男，1928年12月出生，安丘市许营乡人，中共党员，1984年5月至1990年3月任县第十届、十一届人大常委会党组副书记、副主任。

1948年3月参加工作，历任安丘县许营粮库会计、县粮库副主任，中共潍坊市效区工委秘书、潍坊市委办公室秘书，五莲县委办公室秘书、副主任，县计划委员会主任，县革委副主任，县人大常委会党组副书记、副主任等职。2004年1月25日病逝。

## 杨茂祥

杨茂祥，男，1928年12月出生，诸城市皇华镇杨家庄人，中共党员，1984年5月至1987年4月，任五莲县第十届人大常委会党组成员、副主任。

1946年2月参加工作，历任诸城县常山区公所工作员，中共常山区委文书，五莲县委秘书处文书、宣传部副部长，潮河公社党委书记，县委常委、县革委生产部副主任，县政府副县长，县人大常委会副主任等职。2011年8月29日病逝。

曾分别获潍坊市人大、县人大工作荣誉证书。

## 王　明

王明，男，1931年5月出生，高泽镇宝山前村人，中共党员，1984年5月至1990年3月，任五莲县第十届、十一届人大常委会党组成员、副主任。

1948年参加工作，历任中共中至区委文书，县招待所负责人，县人事科科员，县委党校干事，县纪律监察委员会监察员，山阳公社党委书记，街头公社党委书记，县委农村工作部部长，县人大常委会党组成员、副主任等职。

曾获解放军第七纵队司令部、政治部授予的二等功臣，省绿化先进模范。

## 臧凤兰

臧凤兰，女，1936年5月出生，汪湖镇西云门村人，中共党员，1987年4月至1993年2月任五莲县第十一届、十二届人大常委会党组成员、副主任。

1955年参加工作，历任北杏乡团总支书记，汪湖公社团委副书记，山阳公社团委副书记、副社长，洪凝公社党委常委，县妇联副主任，县人民政府副县长、县人大常委会党组成员、副主任等职。

1985年分别被国家计划生育委员会和中共潍坊市委、市政府授予“计划生育工作先进个人”。

## 刘华祥

刘华祥，男，1934年6月出生，青州市朱良镇河头村人，中共党员，中专文化程度，1987年4月至1993年2月任五莲县第十一届、十二届人大常委会党组成员、副主任。

1952年参加工作，历任县林业技术员、县林业局副局长、局长，县人大常委会党组成员、副主任等职。2010年1月6日病逝。

曾被省人民委员会授予“社会主义建设积极分子”，被国家林业部授予“林业科技先进工作者”，多次被省政府授予“全省绿化先进工作者”。

## 郭明令

郭明令，男，1934年11月出生，莱州市平里店镇石柱栏村人，大专文化程度，中专高级讲师，1987年4月至1998年1月任五莲县第十一届、十二届、十三届人大常委会副主任（不驻会）。

自1959年9月起，历任五莲一中、五莲师范教师，县政协副主席，县人大常委会副主任等职。

曾两次获县级优秀教师称号。

## 马先吉

马先吉，男，1935年11月出生，高泽镇秦家庄人，中共党员，中专文化程度，1990年3月至1996年4月，任五莲县第十二届、十三届人大常委会党组副书记、副主任。

1956年9月参加工作后，历任户部区农技站技术员，县农业局技术员，县人民委员会办公室秘书，县广播站编辑，中共五莲县委报道组组长，县委宣传部副部长兼县委报道组组长，潍坊市纪律检查委员会常委兼研究室主任，中共五莲县委常委、县纪委书记，县人大常委会党组副书记、副主任（正处级）等职。

先后获大众日报社、省广播电台“模范通讯员”、潍坊地委宣传部、潍坊日报社工作奖多次，被潍坊市人事局、市直属机关工委记大功1次，授予“模范党员”1次，被省政府授予“山东省模范老人”，被省民政厅等授予“老有所为奉献奖”3次，分别被省、市委组织部、老干部局授予“优秀离退休干部党员”，被县委授予“优秀共产党员”。

著有《庄户采写谈》、《庄户诗选》，与人合作编著《以粮为纲　全面发展》、《党的纪律检查工作基础知识》等书。

## 王本著

王本著，男，1934年出生，垦利县人，中共党员，1990年3月至1993年2月，

任五莲县第十二届人大常委会党组成员、副主任。

1951年12月参加工作，历任利津、高密、诸城、五莲县县花纱布公司会计、统计、物价员，县社计统科统计员，县商业局物价科物价员、副科长，县财政局秘书、副局长、局长，县人大常委会党组成员、副主任等职。2005年1月19日病逝。

曾获财政部“从事财会工作满30年作出突出贡献”荣誉证书、市老龄委员会“老有所为荣誉证书”、“全省财税系统先进工作者”、“全市尊师重教先进个人”，被县委县政府记大功1次。

## 孙恒德

孙恒德，男，1932年7月出生，青岛市棘洪滩镇人，中共党员，1990年3月至1993年2月，任五莲县第十二届、十三届人大常委会党组成员、副主任。

1951年1月参加工作，历任五莲县人民银行会计员、股长，五莲大众报社编辑，县委政策研究室办事员，县委宣传部干事，县委组织部副部长，县纪委副书记，县人大常委会党组成员、副主任等职。2009年1月22日病逝。

## 王谦安

王谦安，男，1938年9月出生，汪湖镇汉王村人，中共党员，中专文化程度，机械技师，1992年4月至1998年1月，任五莲县第十二届、十三届人大常委会党组成员、副主任。

1953年参加工作，历任五莲县供销社生资公司办事员，县农机局技术员、县拖拉机站机务负责人，于里公社党委副书记，县拖拉机修理厂党支部书记，县工业局副局长、经委副主任兼局长、经委主任，县计划委员会主任，县人大常委会党组成员、副主任等职。

## 于世民

于世民，男，1938年10月出生，淄博市淄川区齐都镇东门村人，中共党员，中专文化程度，1992年4月至1998年1月，任五莲县第十二届、十三届人大常委会党组成员、副主任。

1958年6月参加工作，历任于里中心完小教师、教导主任，县教研室政治教研员，潮河公社党委秘书、委员、常委，街头中学党支部书记、街头公社党委常委，石场公社党委常委、秘书、副书记，县人民医院党支部书记，县农业局副局长，街头公社党委副书记、管委会主任，松柏乡党委书记，县委农工部部长、县农委主任、县政府县长助理，县人大常委会党组成员、副主任等职。

先后被县人民委员会授予“扫盲工作优秀教师”、被县委县政府记大功3次，晋升一级工资1次。

## 伊光彩

伊光彩，男，1937年2月出生，高密市姜庄镇伊家长村人，中共党员，大专文化程度，1993年2月至1994年2月，任五莲县第十三届人大常委会党组副书记、副主任。

1960年7月参加工作，历任五莲一中教师、教导主任，县委宣传部理论教员，县教育局副局长、局长，县委常委、宣传部部长，县委副书记，县人大常委会党组副书记、副主任（正处级），县政协主席等职。

曾被省委宣传部授予“全省优秀宣传干部”。

## 崔照美

崔照美，女，1944年3月出生，潮河镇崔家沟村人。中共党员，1993年2月至2001年2月，任五莲县第十三届、十四届人大常委会党组成员、副主任。

1959年参加工作，历任花崖完小教师，潮河公社广播站广播员、供销社售货员、代理公社妇联主任，王世疃公社副社长，县委常委、县革委群工处副处长，县委常委、共青团五莲县委书记，县委常委、县妇联主任，县人大常委会党组成员、副主任等职。

## 门奎禄

门奎禄，男，1940 年 8 月出生，莒县招贤镇人，中共党员，1994 年 2 月至 2001 年 2 月，任五莲县第十三届、十四届人大常委会党组成员、副主任。

1958 年 2 月参军，历任部队战士、武汉青山造船厂业务员，五莲县物资局业务员、副局长，物资综合公司副经理、经理，物资局局长，县人大常委会党组成员、副主任等职。2008 年 10 月 6 日病逝。

## 张善田

张善田，男，1944 年 10 月出生，洪凝镇郭村店子村人，中共党员，初中文化程度，1995 年 3 月至 2003 年 1 月，任五莲县第十三届、十四届人大常委会党组成员、副主任。

1966 年参加工作，历任松柏公社团委干事，洪凝公社团委干事、书记，中至公社党委副书记、管委会主任、书记，汪湖乡党委书记，洪凝镇党委书记，县外贸公司党委书记、经理，县对外经济贸易委员会主任，县人大常委会党组成员、副主任等职。

曾被评为“山东省校舍改造先进个人”，被记为潍坊市外经工作一等功、二等功各 1 次，被县委县政府记大功 1 次、晋升一级工资 1 次。

## 胡兆功

胡兆功，男，1945 年 10 月出生，街头镇船舫村人，中共党员，中专文化程度，1996 年 5 月至 2003 年 1 月，任五莲县第十三届、十四届人大常委会党组副书记、副主任。

1964 年 12 月参军后，历任战士、排长、营部书记，团政治处干事、股长、副主任，师政治部科长，县委常委、县人武部政委，县人大常委会党组副书记、副主任(正处级) 等职。

曾被省军区记三等功 2 次。

## 王龙玉

王龙玉，男，1946 年出生，汪湖镇小雹泉村人，中共党员，大学文化程度，1996 年 2 月至 2003 年 1 月，任五莲县第十三届、十四届人大常委会党组成员、副主任。

1968 年参加工作，历任汪湖镇教师，许孟公社党委秘书，七宝山镇党委副书记、镇长、党委书记，洪凝镇党委书记，县人大常委会党组成员、副主任等职。

曾被县委授予“优秀党委书记”。

## 管恩松

管恩松，男，1944 年 2 月出生，于里镇夏庄村人，中共党员，1997 年 2 月至 2003 年 1 月，任五莲县第十三届、十四届人大常委会党组成员、副主任。

1971 年参加工作后，历任街头公社党委委员、副书记，管帅镇党委副书记，许孟镇党委副书记，七宝山镇党委副书记、镇长，县工业委员会副主任（正科级），县经济委员会副主任（正科级）、县技术监督局局长，县商业贸易委员会主任，县人大常委会党组成员、副主任等职。

曾被县委县政府记三等功。

## 葛明学

葛明学，男，1944 年出生，汪湖镇前坡子村人，中共党员。1999 年 2 月至 2001 年 2 月，任五莲县第十四届人大常委会党组副书记、副主任。

1964 年参加工作，历任院西公社完小教师、汪湖中学副校长、院西中学副校长，县委党校教务科长，县委宣传部副部长，高泽乡党委书记，县人民政府副县长，日照市计划生育委员会主任，县人大常委会党组副书记、副主任（正处级）等职。

## 李孟秋

李孟秋，男，1951年9月出生，潮河镇人，大专文化程度，中共党员。2000年3至2007年12月，任五莲县第十四届、十五届人大常委会党组副书记、副主任。

1969年入伍，先后任部队通信员、班长、排长，军务参谋、作训股股长，山东省军区教导大队一队队长、潍坊军分区司令部特兵科科长，五莲县人武部部长，县委常委、县人武部政委，县人大常委会党组副书记、副主任（正处级）等职。

曾被济南军区授予“国防工程维护管理先进个人”、省军区记三等功。

## 刘　蔚

刘蔚，女，1944年10月出生，于里镇管帅村人，大专文化程度，1998年1月至2006年2月，任五莲县第十四届、十五届人大常委会副主任（不驻会）。

1960年参加工作，历任青岛市人民医院护士，1962年10月调五莲，先在管帅医院工作，后历任县卫生防疫站主管检验师、检验科副主任，县政协副主席，县人大常委会副主任等职。

曾获国家卫生部授予的“从事卫生防疫工作30年”奖章、“市卫生系统先进工作者”，被县委县政府授予“专业技术拔尖人才”，县“十佳卫生工作者”、“科教兴莲先进工作者”。有20多篇学术论文发表，其中两篇获优秀奖。

## 袁兆亮

袁兆亮，男，1946年3月出生，高泽镇汪崖村人，大学文化程度，中共党员，高级工程师，1998年1月至2003年1月，任五莲县第十四届人大常委会党组成员、副主任。

1971年参加工作，历任县酒厂技术员、生产科长、党支部副书记、厂长，县轻工业公司党委书记、经理，县工业委员会副主任，县轻工业局党委书记、局长，县经委党组书记、主任，县政府县长助理、副县长，县人大常委会党组成员、副主任等职。

曾被县委县政府记大功1次、三等功1次。

## 鲁　志

鲁志，男，1945年10月出生，莒县洛河镇金华村人，中共党员，大专文化程度，2001年2月至2003年1月，任五莲县第十四届人大常委会党组成员、副主任。

1968年7月参加工作，历任教师，莒县教研室教研员，莒县公安局副局长，法院副院长，五莲县人民法院院长、四级高级法官，县人大常委会党组成员、副主任等职。

曾被省高级人民法院记大功1次，二等功1次，并被授予“优秀法院院长”。被县委县政府、地区公安处、市考核委记功、授予“先进工作者”“优秀共产党员”、“嘉奖”多次。

## 张永善

张永善，男，1948年12月出生，街头镇马家河村人，中共党员，大专文化程度，2001年2月至2006年2月，任五莲县第十四届、十五届人大常委会党组成员、副主任。

1968年8月参加工作，历任小学教师，叩官公社党委办事员，县公安局治安股副股长、刑警队队长、副局长、政委、党委书记、局长，县人大常委会法制委员会主任，县人大常委会党组成员、副主任等职。

先后受县以上党委政府和公安机关通报嘉奖1次，荣立大功1次，一等功1次，二等功2次，三等功3次，被评为先进工作者1次。

## 杜光亮

杜光亮，男，1950年8月出生，叩官镇长林子村人，中共党员，高级经济师、高级政工师，2003年1月至2007年12月，任五莲县第十五届人大常委会党组副书记、副主任。

1968年9月参加工作，历任县缫丝厂厂长，纺织工业局局长、党委书记兼织布二厂厂长，纺织工业集团总公司总经理、党委书记，山东华龙纺织集团党委书记、总经理，中共五莲县委常委，县政府副县长，县人大常委会党组副书记、副主任等职。

曾被省政府授予“山东省劳动模范”、省总工会授予“山东省富民兴鲁”劳动奖章，潍坊市“优秀企业家”，日照市“明星企业家”，受县委“优秀共产党员”表彰多次、县委县政府记大功奖励1次。

## 秦泗顺

秦泗顺，男，1949年10月出生，中至镇留村人，中共党员，大专文化程度，高级检察官，2003年1月至2007年3月，任五莲县第十五届人大常委会党组成员、副主任。

1966年参军，历任山东滑翔学校学员，空军地空导弹部队学员、排长、副连长、连长，五莲县司法局、人事局办事员，县纪律检查委员会常委、检察科科长，县检察院副检察长、检察长，县人大常委会党组成员、副主任等职。

曾被国家最高人民检察院记一等功1次，省高级人民检察院记二等功2次、先进工作者1次，市人民检察院记二等功4次，市委市政府记二等功2次，县委县政府记功、记三等功各1次。

## 梁启玉

梁启玉，男，1951年8月出生，叩官镇叩官村人，中共党员，大专文化程度，2003年1月至2007年12月，任五莲县第十五届人大常委会党组成员、副主任。

1971年参加工作，历任于里公社文书、团委副书记，团委书记、党委常委，党委副书记，管帅镇党委副书记，魏家乡党委副书记，王世疃乡党委副书记、乡长、党委书记，县林业局局长，县人大常委会党组成员、副主任等职。

曾被国家人事部、林业部授予林业系统先进工作者，享受省部级劳模待遇，被国家绿化委员会授予全国绿化奖章，被省绿化委员会授予山东省绿化奖章，被市委市政府记二等功。

## 毛秀玲

毛秀玲，女，1959年出生，平度市人，研究生文化程度，2006年2月至2011年7月，任五莲县第十五届、十六届人大常委会副主任。

1982年参加工作，历任洪凝公社农技站技术员，县农业局农业广播学校教师，农业局副局长，县政府县长助理、副县长，县人大常委会副主任等职。2011年7月19日病逝。

## 孙著文

孙著文，男，1957年8月出生，户部乡大马鞍村人，中共党员，大学文化程度，2007年3月至2008年12月，任五莲县第十五届、十六届人大常委会党组成员、副主任。

1974年参加工作，历任教师，县教育局副局长、局长、党委书记，县政府教育督导室主任，五莲一中党总支部书记，县人大常委会党组成员、副主任，日照市工业学校党委书记、校长等职。

曾被省人民政府评为先进教育工作者，市委市政府二等功3次。

## 于曰洪

于曰洪，男，1957年11月出生，于里镇人，中共党员，研究生文化程度，2007年12月，任五莲县第十六届人大常委会党组成员、副主任。

1980年7月后，历任县农机局工作员，叩官镇党委宣传委员、秘书，王世疃乡党委组织委员、秘书、副乡长，街头镇党委副书记、镇长、书记、人大主席，县政府县长助理，县委党校党委书记、常务副校长，县人大常委会党组成员、副主任等职。

曾先后被省人事厅、省建委记村镇建设三等功，被省人口普查领导小组、省统计局评为第五次人口普查先进个人，被省委党校评为“优秀教育管理人员”、“党校后勤管理先进个人”，被市政府、市军分区评为“国防工程军民共管先进个人，被市委、市政府记二等功，被市政府评为“农村社会养老保险工作先进个人”等。

## 姜 敏

姜敏，男，1955年9月出生，诸城市人，中共党员，大学文化程度，2006年2月至2011年1月，任五莲县第十五届、十六届人大常委会党组成员、副主任。

1972年参加工作，历任管帅税务所办事员，管帅公社团委副书记、书记，洪凝公社团委书记，洪凝镇党委检查委员、纪律检察委员会书记、副镇长，高泽乡党委副书记、乡长，于里镇党委副书记、乡长、党委书记、镇人大主席，县交通局局长，县城建局局长、党委书记，县人大常委会党组成员、副主任等职。

曾被省人事厅、建设厅记二等功，被省教育厅、发展计划委员会、财政厅授予“全省中小学危房改造工作先进个人”，被省交通厅授予“全省治理公路‘三乱’工作先进个人”。

## 惠 鑫

惠鑫，男，1964年6月出生，诸城市相州镇学究村人，中共党员，大学文化程度，高级会计师，2011年1月任五莲县第十六届人大常委会党组成员、副主任。

1981年参加工作，历任诸城县针织厂职工，五莲县于里税务所专管员，五莲县财政局会计、办事员、财务科副科长、科长，县财务大检查办公室主任，县财政监督局局长，县财政局副局长、局长，县工业园党工委书记，县总工会主席，县人大常委会党组成员、副主任等职。

曾被省人事厅、财政厅授予财政系统先进工作者并荣立二等功，被省人事厅、财政厅、卫生厅授予公费医疗先进工作者，被省财政厅授予财政监督先进工作者，被市委市政府授予“防非典先进工作者”。

### 李树湘

李树湘，男，高密市井沟镇人，1959 年 1 月出生，中共党员，大学文化程度。2011 年1 月任五莲县第十六届人大常委会党组成员、副主任。

1978 年参加工作，历任高密市水城联中教师，五莲县于里公社团委干事、副书记、党委组织委员，杜家沟乡纪委书记、党委副书记，汪湖镇党委副书记，石场乡党委副书记、乡长、书记，松柏乡党委书记，县林业局局长，县交通局局长，县人大常委会党组成员、副主任等职。

先后被山东省抗旱防汛指挥部记二等功，被国家绿化委员会授予植树造林绿色奖章，被省绿化委员会授予植树造林绿色奖章，被省统计局评为省第五次人口普查先进个人，被省交通厅、省文明委表彰为全省文明创建先进个人、建国六十周年最具影响力的山东典范人物，被县委、县政府记三等功。

## 第三章　历届五莲县人大常委会秘书长简介

### 韩宝军

韩宝军，男，1962 年 9 月生，河北省故城县人，大学文化程度，中共党员，2009 年 1 月任县人大常委会秘书长。

1984 年参加工作，历任五莲林业学校教师、县林业局林科所副所长，县农委科员，许孟镇党委副书记，于里镇党委副书记，石场乡党委副书记、乡长、人大主席，五莲县人大常委会党组成员、委员、办公室主任、秘书长等职。

获山东省林业厅林业教育先进工作者称号。多次获日照市、五莲县先进工作者、优秀共产党员、优秀党务工作者称号，先后记三等功三次、二等功 1 次。

# 第四章　历届全国人大代表简介

## 刘太臻

刘太臻，石场公社船舫大队李崮寨生产队耕读教师。1929 年出生，1966 年加入中国共产党。曾任生产队长、大队党支部副书记、县革命委员会副主任、省贫下中农协会委员、地区贫下中农协会常委、县革委农林办公室副主任、多种经营办公室主任等职。1965 年被全省推为深山沟里闹文化翻身的典范。1968 年因带领李崮寨人学习毛主席著作、斗私批修，声名远播，吸引了省内外一大批参观者以及国际友人前来参观。1969 年出席中国共产党第九次全国代表大会，1975 年 1 月出席全国第四届人民代表大会。2009 年 11 月 23 日病逝。

## 于　潮

于潮，潍坊市潍城区人，1931 年出生，1948 年 10 月参加工作，历任潍坊市青年服务团团员、中共潍坊市第四区委宣传委员、潍坊市手工业联社宣传科科长，中共潍坊地委党校理论教员、地委政策研究室研究员、农工部副科长、地区农科所党支部书记，中共五莲县委副书记、县革委会主任、县委书记，中共潍坊市委常委、潍坊市政府副市长、市委书记、市人大常委会主任等职。1977 年出席全省第五届人民代表大会，1983 年 6 月出席全国第六届人民代表大会。

## 迟玉才

迟玉才，洪凝镇闫家南山村人，1945 年出生，1976 年参加工作，先后任山阳公社邮电支局投递员，五莲县邮电局职工，多次受国家总工会邮电部、和省有关领导机关、部门表彰，1998 年 5 月被全国总工会授予“五·一劳动奖章”。1998 年 3 月出席全国第九届人民代表大会。

## 姜卫东

姜卫东，山东五征集团有限公司党委书记、董事长、总经理。1958年出生，日照市东港区人，中共党员，山东省第十届人大代表，中共山东省第八届党代会代表，2003年被评为山东省劳动模范，2004年获“全国五一劳动奖章”，2005年被评为全国劳动模范。2008年3月，出席全国第十一届人民代表大会。

# 第五章　历届省人大代表名录

### 第一届（1954年9月）

**丁娥原**（女），五莲县人民法院院长

**王汝庆**，五莲县人民政府委员，兽医，省劳模

**王树进**，中至区罗圈村林业生产合作社社长、村代表主任

### 第二届（1959年4月）

**李振沧**，五莲县人民政府副县长

**秦素清**（女），中至公社留村生产队副队长

### 第三届（1964年10月）

**王华修**（女），汪湖公社东云门大队社员、烈属

**张耀堂**，五莲县人民委员会县长

**郭公奎**，许孟公社大茅庄大队党支部书记

### 第四届（1973年10月）

（无）

### 第五届（1977年12月）

**于　潮**，中共五莲县委副书记

**万希照**，五莲县农具厂技术员

**王康义**，高泽公社三教堂大队党支部副书记

**安汝敬**，山阳公社大尧大队党支部书记

**祝宝英**（女），五莲县水泥厂工人

**徐福平**，街头公社坊子大队党支部副书记

## 第六届（1983 年 4 月）

**田洪本**，街头镇罗家丰台村党支部书记

**史素芬**，五莲县人民医院工会主席、护士长

**钊安洲**，中共叩官公社党委书记

**金继藩**，县林业科学研究所所长

## 第七届（1988 年 2 月）

**王进芳**（女）洪凝供销社百货楼经理

**孙长华**，五莲县人民政府县长

**金继藩**，五莲县政协副主席、县林业科学研究所所长

**夏培泉**，潮河镇刘家埠村党支部书记

## 第八届（1993 年 4 月）

**王希文**，五莲县于里钢圈厂厂长

**李志久**，五莲县人民政府县长

**张加扬**，五莲县水泥厂厂长

## 第九届（1998 年 4 月）

**王希文**，五莲县于里钢圈厂厂长

**刘　蔚**，五莲县卫生防疫站医师

**黄金华**，五莲县人民政府县长

## 第十届（2003 年 3 月）

**王　勇**，五莲县人民政府县长

**刘　蔚**，五莲县卫生防疫站医师

**姜卫东**，山东五征集团有限公司董事长、总经理

### 第十一届（2008 年 1 月）

**丁宏利**，山东华龙纺织有限公司董事长、总经理

**王　勇**，五莲县人民政府县长

**安榕平**，五莲县风景区管理委员会主任

## 第六章　历届市人大代表名录

### 1983 年出席潍坊市第十届人大代表

王治秀　王桂友　刘家云　刘家双　曲业祥　张崇芬　王治三　王桂兰
孔宪香　冯志新　汤兆喜　张万传　林玉美　孟庆树　董立荣　臧秀梅
鞠洪德　于　潮　王慨彰　李学义　李承普　杨志礼　王京津　齐忠礼
贺炳忠　韩清存　王万起　王庆秀　田霭晖　任敦峰　李庆兰　李增涌
张立华　张正双　周林科　杨冠侯　袁兆亮　王玉英　王　彬　李业部
李悦干　荆翠珍　郭明令　曹福谦　李月华

### 1988 年出席潍坊市第十一届人大代表

王　燕　王秀清　王明兰　王桂友　朱树森　刘云发　李业民　张立华
张在伟　周森科　桑明廷　王秀花　王杰海　冯志新　李竹香　杨守吉
胡宗坤　贾世清　徐茂泉　潘兆欣　潘维义　于　潮　王凯章　厉保廷
李学义　岳奎文　胡兆功　贺炳忠　袁兆亮　徐善来　徐瑞荣　韩清存
王振香　田霭晖　刘万花　李秉莲　李宜秀　李增涌　何义民　辛綺雯
陈维胜　郭明令

### 1993 年出席日照市第十三届人大代表

厉彦仓　惠日芳　孙著文　刘家合　赵学萍　张培欣　袁兆亮　刘加业
郭明令　潘维义　辛綺雯　殷玉利　林相来　王振香　宋姝娥　李宗东
李家成　张加扬　杜光亮　马玉英　桑明亭　朱树森　王秀清　张在伟
王玉绪　王桂友　王有梅　石增仁　李宜秀　王文春　苏善芳　吴吉瑞
史保芹　王成业　潘兆欣　王承国　葛平合　马成材　徐凌祥　孙炳臣
张守利　冯展进　李春光　周绪申　王立华　王世平　聂兰兴　鲁　志

何子孔　汤向民　张善田　郑昭曦　胡德新　孙维江　韩清存　李永健
胡兆功　王万起　丁炳富　王立宗　熊科山　董书堂　祝利民　陈学志
陈为信　肖开富　纪向德　刘京玉　朱巨龙　方　凌　王聚先　王家政
于焕伦　丁银昌　朱树森

## 1998 年出席日照市第十四届人大代表

张振川　李桂玲　黄金华　李慎芹　李孟秋　刘　蔚　鲁　志　秦泗顺
王立新　李应田　王建国　聂兰兴　潘振福　李成席　窦福俊　孙著文
徐公德　王均田　姜　敏　孟凡柱　王治全　张加扬　刘加鸿　张善礼
林相来　张增光　曹琪杭　丁宏利　刘兆明　迟玉才　王义文　李学文
关凤权　马德国　李树来　张孟正　赵玉顺　李惠敏　孔祥梅　赵学萍
汤熙荣　周加梅　苏善芬　王秀英　王洪香　李宜秀　王学友　贺培玉
王希文　潘兆欣　李春光　马成材　孙炳臣　周绪申　葛平合

## 2003 年出席日照市第十五届人大代表

徐学武　周惠平　熊可山　蔡建华　于焕伦　袁文清　郑玉平　张超超
邵长福　王家政　刘彦芝　黄金华　司超瑞　薄　明　崔　亮　李桂玲
王　勇　侯佃晓　刘　蔚　孙著文　于曰洪　王世群　王建国　姜　敏
杨海波　郭公坊　郑斗坤　郑卫东　岳兆玉　隋红臣　朱文德　张明勇
李树湘　丁宏利　姜卫东　王新选　窦福俊　李世平　李　江　张增光
王建刚　曹启杭　张加扬　杜永利　张西洪　关凤权　王希文　于学善
申作聚　娄永杰　郝善友　孙炳臣　李树来　王义文　娄池远　薛克玲
潘振福　赵子峰　李惠敏　林世刚　张崇娟　郑伯珍　孙会荣　孙树芳
王有梅　王秀英　孔令娟　王学友　李宜秀

## 2008 年出席日照市十六届人大代表

丁彩芹　于光新　于同国　于学善　王义文　王　平　王龙学　王有梅
王伯军　王建刚　王　勇　王胜科　王超芳　王辛国　冯志法　古立谦
刘　娟　孙元金　孙会荣　孙志国　孙炳勤　孙著文　孙增瑞　安茂炜
朱文德　朱洪祥　朱贵友　牟大勇　闫继斌　张玉佩　张西洪　张金亭
张崇娟　张增光　李中娟　李应田　李树湘　李端全　杜江涛　杜树厚
邵长福　陈祥燕　单体红　周惠平　岳兆玉　侯成君　侯佃晓　姜卫东

姜永明　娄池远　封西祥　战　军　胡怀新　赵百顺　郭长征　崔　亮
董良全　韩宝军　槐国栋　窦福俊

# 第七章　历届县以上人大代表中的省以上劳模名录

**刘爱贤**，女，1932年9月出生，中共党员，高泽乡满堂峪村党支部书记，1960年6月出席全国文教群英会。

**迟玉才**，男，1945年出生，中共党员，五莲县邮电局职工，1998年获全国总工会“五一劳动奖章”。

**姜卫东**，男，1957年3月出生，中共党员，山东五征集团有限公司董事长、总经理，2004年获全国总工会“五一劳动奖章”，2005年被评为全国劳动模范。

**郭公奎**，男，1927年3月出生，中共党员，许孟镇大茅庄村党支部书记，1962年被华东局授予华东地区劳动模范。

**刘华祥**，男，1934年6月出生，中共党员，县林业局技术员，1959年被省政府授予“山东省劳动模范”。

**刘丰贞**，男，胶州市人，1925年出生，中共党员，五莲县第一机械厂工人，1963年出席山东省工业、交通运输、基本建设、财贸、文教卫生方面社会主义建设先进生产者代表会议。

**辛兆铎**，男，青岛市崂山区人，1937年出生，中共党员，洪凝中心小学校长，1963年出席山东省工业、交通运输、基本建设、财贸、文教卫生方面社会主义建设先进生产者代表会议。

**王玉兰**，女，1929年7月出生，中共党员，洪凝供销社职工，1977年被省政府授予“山东省劳动模范”。

**李平先**，男，1941年出生，中共党员，五莲县农牧机械厂技术员，1982年被山东省人民政府授予“山东省劳动模范”。

**杨冠候**，男，1937年3月出生，中共党员，县林业局技术员，1982年被省政府授予“山东省劳动模范”。

**徐尔为**，男，诸城市昌城镇人，1933年出生，中共党员，五莲一中教师，1982年被山东省人民政府授予“山东省劳动模范”。

**田洪竹**，男，1949年6月出生，中共党员，县链条厂厂长，1989年被省政府授予“山东省劳动模范”。

**张加扬**，男，1950年5月出生，中共党员，县水泥厂厂长，1992年被省政府授予

“山东劳动模范”。

**杜光亮**，男，1951 年 5 月出生，中共党员，县纺织公司总经理，1995 年被省政府授予“山东省劳动模范”。

**张善礼**，男，1950 年 9 月出生，中共党员，县黄金公司总经理，1998 年被省政府授予“山东省劳动模范”。

**娄永杰**，男，1951 年 5 月出生，中共党员，洪凝镇集后居委会党支部书记，1998 年被省政府授予“山东省劳动模范”。

**姜卫东**，男，1957 年 3 月出生，中共党员，山东五征集团有限公司董事长、总经理，2003 年被省政府授予“山东省劳动模范”。

**安茂炜**，男，1958 年 9 月出生，中共党员，洪凝镇大尧居委会党支部书记，2008 年被省政府授予“山东省劳动模范”。

# 附 录

## 工作报告选载

### 五莲县人民代表大会常务委员会工作报告

(1981 年 12 月 4 日在五莲县第九届人民代表大会常务委员会第七次会议上)

五莲县人大常委会主任 王聚先

各位代表：

我受县人民代表大会常务委员会的委托，向大会作工作报告。

去年 12 月，在我县第九届人民代表大会第一次会议上，选举产生了县人民代表大会常务委员会。这是国家政权建设上的一项重大改革。一年来，在县委的领导下，我们根据《地方组织法》规定的职权范围，认真执行党和国家的路线、方针、政策、法律和法令，深入贯彻六中全会决议精神，在建设办事机构，建立工作制度的同时，积极地开展了工作，认真地履行了自己的职责，较好地完成了人大常委会的各项任务。现在，把常务委员会做的几项主要工作分别汇报如下：

一、讨论决定了一些重大事项

一年来，县人大常委会根据《地方组织法》的规定，举行了七次会议，集体审议了一些重要议案，讨论决定了我县政治、经济、文化、教育、卫生、民政等一些重大事项，认真地对政府、法院、检察院的工作进行了监督。如在县人大常委会第四次会议上，听取了县政府关于 1981 年全县国民经济计划调整安排意见的报告，并开展了认真地讨论，经过讨论审议，相应地作出了《关于批准 1981 年全县国民经济计划调整安排意见的决议》。全会肯定了我县经济工作中出观的少有的很好的形势，指出了潜在的危险，批准了县政府对经济计划调整所要采取的措施。决议要求，县政府及各部门，要坚决贯切中央提出的经济上实行进一步调整，政治上实现进一步安定的重大方针，同心同德，坚韧不拔，为坚决完成国民经济的调整任务而奋斗。今年，我县虽然遇上了历史上罕见的旱灾，加之减少了粮田面积，粮食略有减产，但农业总收入仍有较大的增长，各行各业都取得了新的成绩。实践证明，县人大常委会关于经济调整的决议和县政府的安排意见是正确的，全县经济工作的成绩是很大的。

抓好社会治安，巩固和发展安定团结的政治局面，保证四化建设的顺利进行，这是广大人民群众的迫切愿望和要求。为了贯彻落实好中共中央〔1981〕21号文件，我们对社会治安工作也进行了认真的讨论和审议。在县人大常委会第六次会议上，听取了县公安局关于全县治安情况的汇报，作出了《关于大力加强法制宣传教育，继续搞好社会治安的决议》。全会认为，我县自贯彻全国人大常委会发布的3个法律性文件和全国五大城市治安座谈会议精神以来，公安、法院、检察院做了大量工作，尽了很大努力，全县社会治安工作取得了显著成绩，发案率有所下降，公共秩序大有改善，社会治安情况已有好转。但刑事犯罪案件仍屡有发生，要求政府进一步加强对社会治安工作的领导，积极支持公安司法部门的工作；有关部门要密切配合，充分发动和依靠群众，认真落实综合治理措施，下大力气把治安秩序、社会风气搞好；要大力开展法制宣传，特别注意抓好对青少年的思想教育，十分关心他们的健康成长，减少和预防犯罪活动的发生；要坚持以事实为根据，以法律为准绳，继续及时、有力地打击和制止各种违法犯罪活动；公检法各部门要理直气壮地行使法律职权，同心协力，密切配合，秉公执法，打击犯罪，保护人民。经过全县公安司法人员的努力，全县广大群众的法制观念大大增强，刑事犯罪有所收敛，社会秩序有了进一步好转，从而保证了各项建设事业的顺利进行。

此外，在县人大常委会议和有关会议上，还听取审议了政府、法院、检察院关于工作人员任免、代表提案处理等议案，通过审议讨论各项议案，监督、支持、推动了政府和法院、检察院的工作，这对于保证国家宪法、法律、法令和各项方针政策的实施，起了重要的作用。

二、加强了与代表的联系

加强与代表的联系，是《地方组织法》规定的人大常委会的一项重要职责，也是人大常委会了解实际情况，密切联系群众，倾听群众的意见和要求，接受群众监督，决定重大问题等项工作的基础。一年来，我们采取组织视察、建立代表小组、召开代表座谈会、走访代表等多种形式，加强了与代表的联系。这样就克服了以往代表中普遍存在的“开会是代表，散会就拉倒”的状况，提高了代表的责任感，在各行各业、各项工作中，代表们都发挥了积极的作用。

走访代表，召开座谈会，这是我们联系代表，倾听群众呼声的一种重要方法。一年来，我们走访了全县的16处公社和部分县直单位，接触了210名代表，召开了19次座谈会。认真听取了代表们对学习六中全会决议、农业生产责任制、农村经济政策，社会治安、青少年教育、城镇环境卫生、职工福利，市场管理、计划生育等方面情况的反映。代表们的意见、建议和要求，归纳起来。共有68条，我们都逐条进行研究，及时转交政府和有关部门作了处理。如今年春天，我们在于里公社走访代表中了解到，西莲池寺大队不少人肝大，群众很害怕。回来后，我们和卫生部门作了研究，派出医务人员到这个大队进行了检查，查明了发病情况和原因，落实了防治措施，受到了群众的欢迎。

为了使县人大常委会与代表的联系经常化，我们还认真抓了建立代表小组的工作。今年2月，我们首先在洪凝公社搞了建立代表小组的试点，接着县人大常委会第三次会议作出了关于在全县建立代表小组的决议，县政府下达了实施意见，上半年，各公社和县直几个选区都建立了代表小组，共建代表小组49个，其中农村46个，县直3个。各代表小组都建立了学习、活动制度和联系选民的措施。不少代表小组活动得比较正常，定期组织代表进行学习，互通情况，随时向公社管委和县人大常委会反映群众的意见和要求。这样，使群众的意见反映的及时，解决的及时，确实起到了政府联系群众的桥梁作用。

三、认真抓了代表提案的处理

去年在我县九届人大一次会议上，代表们共提提案167件。认真处理好这些提案，不仅有利于改进和推动各项工作，是尊重代表意见的具体体现。因此，我们把检查督促有关部门理好这些提案，作为人大常委会联系代表、监督政府工作的一件大事抓。县人大常委会有一名副主任分工，对代表提案逐件作了研究及时转交有关部门进行处理。县政府对处理代表提案非常重视，开委、办、局负责人会议，讲明了处理好代表提案的重要意义，提出了明确的要求。各有关部门在处理代表提案中，主要负责同志亲自动手，具体研究，认真负责的进行了处理，并将处理结果报送人大常委会。对政府及各部门报送的代表提案处理情况的报告，人大常委会先后召开了六次主任办公会，逐件进行了研究和审查其中处理不妥的，都提出了意见，退回有关单位重新作了处理，到9月上旬，代表提案已全部办理完毕，做到了件件有答复，事事着落，办理有结果。凡是能够解决的问题，如却坡渠道清淤、县城添路灯和增建公共厕所、工业区设立粮油供应点、硫矿征用土地的农业税负担、部分社队林场的权属等，有关部门都积极努力，代表反映的问题得到了较好地解决；有些条件不具备，或按政策规定不能够解决的，有关部门也向提案者说明了情况。通过处理代表提案，进一步密切了党群关系、政群关系和干群关系，受到了广大群众的赞扬。如有些代表提案中反映，部分大队人畜吃水很困难，群众十分盼望上级帮助解决吃水问题。在处理这些提案时，我们和政府、水利部门的负责同志到高泽公社西楼大队作了调查，然后召集有关部门研究了解决的措施。经县政府研究决定，今年由水利部门拨出6万元，为7个大队解决了吃水问题，干部群众是满意的。再如工业系统的代表在提案中反映，部分厂矿企业单位，职工住房非常紧张，有的职工结婚后还住集体宿舍，有的老少三辈住一间屋，工人们对解决住房问题要求非常迫切。县政府对这些提案非常重视，在国民经济进行调整，我县财政比较困难的情况下，决定尽量压缩其他基建项目，优先安排职工住房建设，今年共安排18个厂矿、4282平方米、29万3千元的基建任务，目前这些房屋多数已竣工使用，-些工人搬进新居后，心里非常高兴，他们说："代表提案管大用，政府当成大事办了。"

四、深入基层调查研究

一年来，县人大常委会围绕贯彻落实党的路线、方针、政策和党的中心任务，深入实际，调查研究，走访群众，听取意见，及时提出要求和建议。对调查研究中发现的问题，应当由政府办理的就交政府办理，需要县委决定的，就以县人大常委会党组的名义向县委汇报或写出报告，这对改进工作起到了有益的作用。

在工作中，我们除注意抓好经常性的调查研究外，今年重点搞了两次比较系统的调查研究。一次是在今年春天，为了把中央提出的经济上实行进一步调整、政治上实现进一步安定的重大方针传达好、贯彻好、落实好，县委要求各条战线、各个部门，联系实际，深入基层，认真搞好调查研究。根据这一指示精神，县人大常委会几位负责同志，在县委的统一领导下，和政府的领导同志一起组成了调查组，对工业、农业、多种经营、财贸、文教卫生进行了比较全面的调查。如在农业上，我们重点调查了如何贯彻中央"决不放松粮食生产，积极发展多种经营"的方针，如何总结完善、稳定各种形式的生产责任制这样两个关键问题。通过调查，比较系统地写出了综合的和专题的调查报告，供县委指导农村工作时参考。在教育工作上，县人大常委会负责同志带领调查组，到洪凝、院西两处公社，对12处中、小学作了比较详细的调查，发现中、小学教育方面存在3个突出问题，如普通中学发展过快；小学没有达到真正普及；业余教育比较薄弱等。调查组针对存在的问题，提出了五条措施，向县委写了书面报告，县委印发了这个报告，引起了各公社对教育工作的重视。

另一次比较系统的调查研究，是在今年秋季。县人大常委会组织了两个组，利用10天的时间，对中至、户部两社农业生产责任制的情况和潮河、石场两社中、小学教育工作情况进行了视察，视察中采取听、看、访、议、帮的方法，充分肯定了农业生产责任制和中、小学教育方面的成绩，找出了存在的问题，提出了进一步完善农业生产责任制和加强中、小学教育工作的建议。视察结束后，县委认真听取了汇报，并且以县人大常委会党组的名义，向县委写了两个专题报告。这次调查研究，内容集中，目标明确，成绩肯定的充分，问题发现的比较及时，建议提的也比较中肯，对这两项工作起到了比较好的推动效果。就拿中、小学教育工作来说，前些年教育经费不足，欠帐较多，许多学校黑屋子、土台子的状况得不到改善，影响了教育质量的提高。通过视察，引起了有关部门的注意和重视，地县两级增拨了47万元的专项经费，扶持改造维修校舍。经过努力，今秋以来，全县新盖校舍97间，维修四百多间，增添了部分桌凳和教具，使中小学办学条件较前有了改善，促进了教育质量的提高。

五、任免了国家机关工作人员

根据《地方组织法》的规定，任免干部也是县人大常委会的一项重要职责。一年来，县人大常委会根据《地方组织法》、人民法院组织法和人民检察院组织法的规定，任免了县政府36个委、办、局的主任、局长；任命了县人民法院的副院长、庭长、副庭长、审判委员会委员、审判员；批准任命了县人民检察院的副检察长、检察委员会委员、检察员。这些干部的任免，对于加强县政府和法院、检察院的组织建设，对于保证党和国家方针、政策、法律、法令的贯彻实施，起了重要的作用。今后，随着社会主义现代化建设的不断发展，对各级机关工作人员的要求越来越高，为了从国家制度方面保证国家机关工作人员政治纯洁、尽职尽责，县人大常委会将继续做好干部任免工作，加强对机关工作人员的监督，促使他们忠诚地为人民服务，当好人民公仆。

在抓好以上5项工作的同时，县人大常委会还认真抓了召开县九届人大二次会议的准备工作。

回顾一年来的工作，我们深深感到，县人大常委会之所以能够履行了职责，较好地完成了各项工作任务，原因是多方面的，但最根本的有四条：一是党的六中全会决议、中央十六号文件和全国人大、省人大的有关指示，为我们做好人大常委会工作指明了方向；二是县委加强了对人大常委会的领导，及时听取汇报，讨论研究，统筹安排人大常委会各项业务工作，使人大常委会比较好的履行了自己的职责；三是县政府和有关部门都能自觉地遵从《地方组织法》的规定，对工作认真负责，在多方面大力支持了人大常委会的工作；四是各位代表，不负众托，尽职尽责，密切配合县人大常委会积极开展了工作。

各位代表，一年来我们虽然做了一些工作，取得了一定成绩，但是县人大常委会是个新机构，是项新工作，各方面都还缺少经验，有很多该做的工作还做得很不够。我们对《地方组织法》等项法律的学习不够深透，有些法律我们还很不熟悉；思想认识水平不够高，县人大常委会这个权力机关的作用发挥得不够充分；同代表的联系不够广泛；办事机构还不够健全，等等。我们的工作，离党的要求和人民的期望，还有很大差距。这些都有待于我们在今后工作中不断积累经验，努力研究改进，使之更好地担负起自己的责任。

各位代表，当前正在召开的全国五届人大四次会议，是一次非常重要的会议，

《当前的经济形势和今后经济建设的方针》的政府工作报告，精辟地分析了我国当前经济建设的大好形势，提出了今后经济建设的十条方针，阐述了我国经济发展的美好前景。政府报告和会议的其它报告、决议，向全国人民提出了新的光荣任务。我们要抓紧学习，深刻领会，贯彻落实。我们一定要在五莲县委的领导下，认真贯彻全国五届人大四次会议精神，继续加深学习六中全会决议，坚持四项基本原则，加强思想政治工作，加强社会主义民主和法制建设；搞好社会治安，维护安定团结，保证经济建设和各项事业的顺利进行；坚持选拔干部的3条标准，按照干部队伍要逐步实现革命化、知识化、专业化、年轻化的要求，继续做好干部的任免工作；继续加强对政府、法院、检察院工作的监督，保证国家的宪法、法律、政策、法令、政令的贯彻实施；继续加强与代表的联系，搞好调查研究，了解民意，体察民情，不断发现和解决新问题；继续加强县人大常委会的思想建设和组织建设，不断总结经验，努力改进工作，充分发挥地方国家权力机关的作用。我们也殷切希望各位代表，在各自的岗位上，联系群众，忘我工作，积极协助和监督县人大常委会和县人民政府，贯彻执行党和国家制订的方针、政策和法令，为四化建设不断做出新的贡献。全县人民要进一步动员起来，解放思想，振奋精神，团结前进，为把我国逐步建设成为现代化的、高度民主的、高度文明的社会主义强国而努力奋斗！

以上报告，是否妥当，请各位代表审议。

## 五莲县第十届人大常务委员会工作报告

（1987年4月23日在五莲县第十一届人民代表大会第一次会议上）

五莲县人大常委会主任 贺炳忠

各位代表：

我受县十届人大常委会的委托，向大会报告县十届人大常委会的工作，请予审议。

县十届人大常委会，在县委的领导下，在上级人大常委会的指导下，认真学习贯彻了中共中央〔1984〕8、9号文件和〔1986〕18号文件，更新观念，锐意进取，不断探索人大工作新路子，改进工作方法，使人大常委会的工作有了新的发展。在具体工作中紧紧围绕经济体制改革和两个文明建设，审议决定了全县的重大事项，积极有效地监督和支持了“一府两院”的工作，较好地履行了法律赋予的职权，发挥了地方国家权力机关的作用，使人大工作跨上了一个新的台阶。下面，我从五个方面报告人大常委会的工作。

一、发挥权力机关作用，推动普法工作的深入开展

县人大常委会既是地方权力机关，又是法律监督机关和执行机关，搞好普法工作是义不容辞的责任。为此，我们除注意了自身普法学习外，还加强了对县政府关于普法工作的监督指导，协助推动普法工作的深入开展。主要抓了四点：一是结合工作重点学。我们根据常委会审议、决定事项的内容以及组织视察调查的内容，有针对性的学习有关法律、法规。例如在听取县政府林业工作汇报时，先组织委员学习森林法；在视察食品卫生工作时，先组织委员学习食品卫生法：在视察物价工作时，先学习物价管理条例。自十届一次会议以来，通过这种办法，先后学习了宪法、刑法、刑事诉讼法、森林法、婚姻法、经济合同法、食品卫生法、地方组织法、地方选举法、治安管理处罚条例、物价管理条例、义务教育法和民法通则等法律、法规。实践证明，结合工作实际学法，既加深了有关法律条文的理解和记忆，又提高了依法办事的能力和议政水平，效果是很好的。二是主任讲法带头学。3 年来，人大常委会的 5 位主任在县广播站举办的法律讲座上宣讲法律 11 人次，受教育群众达 80 万人次。县普法办公室还用宣传车把主任的讲法录音在全县各个集市上巡回播放，进一步扩大了宣传面，受到了广大群众的称赞。潮河镇王家埠村村民徐文太听了广播宣传后说：“用宣传车宣传法律很好，赶集与学法两不误。学法确实很有必要，不学法，好象睁眼瞎，违了法也不知道犯在哪里，学法能使心里有杆称，好坏能分清”。三是组织视察督促学。为了推动我县普法工作的深入开展，我们于去年八月下旬，组织委员和部分县人大代表会同县政府及公检法等部门的负责同志，对全县 22 处乡镇和县直 7 个系统的普法工作，进行了一次比较全面的视察。通过视察，进一步了解了全县普法工作的实际情况和工作中存在的主要问题，为监督指导全县的普法工作提供了第一手材料。视察结束后，向县政府提出了推动普法工作深入开展的 8 条建议和意见，特别强调要突出重点内容和重点对象，同时又要促进面上的平衡发展。县政府非常重视，及时组织贯彻实施。这次视察，既是对前段普法工作的大检查，也是对今后全县普法工作的一次再动员，对全县普法工作推动很大。四是作出决议号召学。县十届人大期间，共作出有关法律方面的决议 9 个。如八五年，我们在审查批准县政府“关于利用五年左右时间在全体公民中基本普及法律常识规划”的同时，作出了认真贯彻执行普法规划的决议。要求县政府认真抓好这一规划的实施，纳入工作的议事日程，力争使全体公民都知法、懂法、守法，增强法制观念。会后，县政府认真组织实施，健全组织，制订制度，培训骨干，搞好试点，总结经验，以点带面。通过两年多来的积极工作，现在全县普法工作已取得一定成绩，效果比较理想。再如我们为配合当前反对资产阶级自由化的斗争，更好地把全国人大常委会的《决定》学深、学透，落到实处，我们及时作出了“关于

认真学习，坚决贯彻全国人大常委会《关于加强法制教育维护安定团结的决定》的决议”。决议要求县政府认真组织学习贯彻，广泛宣传，坚决执行《决定》，维护宪法尊严，使广大干部群众提高坚持四项基本原则和反对资产阶级自由化重要性的认识，明确社会主义制度与资本主义制度的本质区别，增强法制观念和公民意识，自觉维护安定团结。县政府对这个决议正在认真贯彻实施。

二、采取多种形式，对“一府两院”的工作进行监督

加强对“一府两院”工作的监督，是法律赋予人大常委会的重要职权，采取什么形式行使好监督职权，这是做好人大常委会工作的重要课题。为此，县十届人大期间，十分注意了对监督权的行使，采取多种有效形式对“一府两院”的工作实行监督。

一是通过听取工作汇报实行监督。我们围绕两个文明建设和全县的中心工作，以及人民群众普遍关心的问题，及时确定会议议题，按时举行县人大常委会会议，先后听取“一府两院”的工作汇报共45项次，作出相应的决议、决定41个。通过听取审议“一府两院”的工作汇报，既实事求是的肯定成绩，又指出了工作中存在的问题，提出了一些积极的建议和意见，推动“一府两院”改进工作。如在八五年严厉打击经济犯罪时，为了狠挖经济建设的蛀虫，我们及时听取了“两院”关于打击经济犯罪的情况汇报。总的认为，我县检察机关、审判机关与公安部门密切配合，积极开展了严厉打击经济领域中严重犯罪活动的斗争，并且取得了一定成绩，挖出了一批犯罪分子。但这一斗争是长期的，不能有丝毫麻痹松劲情绪，为此要求“两院”今后要再接再励，下大气力把这一斗争深入持久地开展下去。会后，检察机关根据县人大常委会的要求，对粮食系统的经济犯罪活动进行了立案调查，很快挖出了一起经济犯罪案件。他们在1986年又根据群众提供的线索，侦破了罗圈乡新兴村原支部书记的贪污犯罪行为，并依法进行了制裁。这些工作的开展，有力地打击和震慑了罪犯，保证了我县经济建设的顺利进行。再如，为更好地保护土地资源，合理利用人们赖以生存的这一最基本的生产资料，在1986年听取了县政府关于我县土地管理工作情况的汇报。并针对我县土地管理的实际情况和存在的问题，作出了关于认真学习宣传《中华人民共和国土地管理法》，加强土地管理的决议。县政府根据决议要求，加强了土地管理工作，抽调九十多名干部对全县的土地管理使用情况进行了摸底清查。在清查中发现不少单位违犯土地管理法规，乱占耕地。县政府根据违犯土地管理法规的不同情况，分别给予了批评、补办手续，严格审批制度，重审了禁止多占土地规定，从而为土地管理法的贯彻实施打下了坚实的基础。

几年来通过听取审议“一府两院”的工作汇报，不仅促进了各项工作的开展。而且使人大常委会的法律地位和威望逐步得到提高，人们的偏面认识逐步端正。不少部

门主动要求向人大常委会报送材料，汇报工作，接受监督。如审计、区划、县志编纂、环境保护、税务、统计、计划生育及两院等部门，都先后主动向人大常委会提出议题，要求县人大常委会听取他们的工作汇报，讨论审议有关问题，表现了主动接受监督的自觉性。

二是通过办理代表建议、意见和要求实行监督。在县十届人大的每次例会上，代表共提建议、意见和要求 189 件。对于这些建议、意见和要求，我们会后都及时转交县政府研究处理，并会同县政府召开有关部门负责人会议，提出了处理质量和时间要求。县政府及有关部门都非常重视，积极认真的进行了处理，办理质量多数比较高。如户部乡代表提出解决该乡桃花峪村用电的要求，我们及时转交县电力公司抓紧解决。电力公司随即研究了措施，给该村很快架上了线了送上了电，受到了全体村民的欢迎。县水利局、交通局、建委、县社、商业局等部门，对人民代表所提建议、意见和要求都非常重视，处理比较认真，问题解决的比较好，受到了代表的好评。总之，通过处理代表建议、意见和要求，解决了群众的一些实际问题，既提高了代表的威望，又对改进政府工作起了积极的促进作用。

三是通过视察实行监督。3 年来，我们搞了 4 次规模比较大的视察，小型视察和检查进行过多次。特别是连续三年对食品卫生进行了视察，效果比较明显，起到了直接监督的作用，促进了食品卫生法的贯彻执行，对改进全县的食品卫生工作起了重要作用。如在 1986 年 7 月份一次视察中发现有 19 个食品生产经营单位和个体摊贩，不符合食品卫生要求，在我们的建议下，卫生防疫和工商管理部门，依法分别进行了处理，给予了停业整顿、罚款和吊销卫生许可证、营业证，通过处理，大大改进了食品卫生工作。这次视察，还推动了县供销系统熟食行业对食品卫生法的进一步学习和贯彻，营业人员法制观念不断提高，卫生面貌大有改观，普遍增添了“六防”设备，参加视察的委员和代表都很满意。

四是通过调查研究实行监督。调查研究是搞好监督的重要基础，它能为监督提供第一手材料，因此我们注重调查研究。3 年来，我们搞了 13 次规模比较大的调查，并把调查中发现的问题和提出的可行性建议一并整理，转交县政府，便于县政府借鉴改进工作。如在 1986 年我们听取审议 1985 年国民经济计划执行情况时，委员们对我县各项计划指标完成情况都比较满意，唯独认为柞茧生产完成计划较差，只完成计划的 47.5%。委员们认为，柞茧生产在我县部分乡镇有资源、有习惯、有技术，应该重视和发展。为了弄清柞茧生产下降的原因，会后我们会同有关部门的同志深入到户部、槎河、杜家沟乡的 8 个村进行了调查，并把调查情况以及针对存在的问题，提出的保护柞岚资源，加强领导，组织经营，调整价格政策等方面的建议，转交给县政府。县政府及时采取了措施，制定了保护柞岚资源和调动蚕农积极性的政策，使1986年柞茧产量上升了13.7%。

五是为了加强对“一府两院”干部队伍的建设，从组织上保证各项工作的开展。3年来，我们按干部“四化”标准，依法任免了80名县政府、法院、检察院和县人大常委会办事机构的干部。并举行议式颁发了干部任命书，对任职干部提出了要求，使他们更好地当好人民公仆、全心全意为人民服务。

三、尊重代表权利，做好代表工作。

3年来，我们把做好代表工作做为人大常委会的基础工作来抓，采取一系列措施，加强了代表工作。如走访联系代表、确定代表来访接待日、处理代表建议和意见、召开代表座谈会、代表工作经验交流会、开展代表持证视察等，积极为代表履行职责创造条件，提供方便，激发代表的热情，更好地发挥代表作用。主要做了4个方面的工作。

一是寄发刊物和信函，为代表提供学习资料。人民代表只有对自己的权力和义务明确了，视野开阔了，对各方面的工作了解了，才能更好地履行自己的职责。因此，我们把人大常委会每次例会听取审议的工作汇报和作出的决议、决定，以及全县各代表组活动情况、代表活动的好经验，上级领导对代表权利和义务的讲话等，都刊登在《人大工作情况》上，寄发给各位代表，为代表了解全面情况，履行职责提供学习资料。不少代表学习这些材料后，开阔了视野，学到了路子，代表活动十分活跃。中至乡张西三代表，年已古稀，收到刊物后都是戴上老花镜仔细学习，从而进一步明确了代表的权利和义务，积极参加代表活动，除及时反映群众的意见和要求外，还经常义务行医，为群众除病解痛，深受群众的爱戴。此外，在全民文明礼貌月和植树节时，我们向代表寄发信函，互通信息，要求各位代表充分发挥人民代表的模范带头作用，积极投入全民文明礼貌月和植树造林活动。同时要围绕如何开展好本单位的活动，及时提出建议和意见，当好参谋和助手。代表们按照县人大常委会的要求，为本单位创建文明单位和开展义务植树活动，出主意，想办法，积极协助本单位的领导把工作搞上去，起到了表率作用，体现了代表的先进性。

另外，我们还向代表发了“代表建议、批评、意见”专用纸和专用信封。要求代表对“一府两院”工作提的建议、批评和意见，以及群众迫切要求解决的问题，随时向县人大常委会反映。

二是制定联系代表制度。为了使联系代表工作有章可循，我们制定了“关于联系人民代表的试行办法”。具体规定了县人大常委会如何与代表联系，代表如何与群众联系，如何发挥代表作用等问题，还决定每月一日为接待代表来访日。这就保证了能够经常与代表联系，同时代表也觉得为群众说话的机会增多了，开展活动的方式多样化了，代表工作的路子越来越宽了。3 年来，我们按照制度的规定，先后召开代表座谈会 50 多次，个别走访代表 300 多人次，协助政府和部门处理在座谈走访中代表所提建议、意见和要求 126 件，受到了代表的好评，更激发了代表履行职责的热情。如我们在松柏乡召开代表座谈会时，代表反映，该乡有一段公路转弯太急，经常发生事故。要求帮助把路改直。我们把这一建议转县政府后，即责成交通局限期进行了整修，使车人畅通无阻，减少了事故的发生，群众非常满意。

三是召开代表工作经验交流会，进一步推动代表工作的开展。在 1985 年和 1986 年分别召开的代表工作经验交流会上，先后有 23 个代表组和代表个人作了典型发言，介绍了他们围绕党的中心工作，积极开展代表工作的经验；倾听群众意见，当好人民公仆的事迹；认真履行代表职责，多为人民办实事的经验和代表在各自的岗位上发挥模范作用的事迹，以及怎样当好代表联系组长的经验。在每次经验交流会上，县委书记和县长就代表工作都作重要讲话。使代表受到很大启发和教益，增强了代表的光荣感和责任感，做好代表工作的积极性与自觉性进一步提高，代表工作越做越好。

四是吸收代表参加县人大常委会组织的视察活动。为尽量让代表多了解一些实际工作情况，学习工作方法，以便提高参政议政的能力，更好地发挥代表作用，监督和协助政府推行工作，我们在组织视察时，都吸收部分县人大代表参加视察。

此外，我们还根据省、市人大常委会的工作按排，积极组织省、市人大代表开展视察活动，从视察的组织、内容和方法步骤到车辆食宿安排等各项服务工作，主任会议都亲自研究，并始终陪同视察。

四、依法主持了县、乡两级人代会的换届选举工作。

主持县、乡两级人民代表大会的换届选举，是法律赋予县人大常委会的一项重要职责，也是关系到人民当家作主和地方政权建设的一件大事。到今年春，我县县、乡两级人民代表大会都已任期届满，应该依法进行换届选举。搞好这次换届选举工作，提高代表的议政素质，开好人民代表大会，依法行使人民当家作主、管理国家事务的权力，对于贯彻党的路线、方针、政策，搞好两个文明建设，进一步落实全国人大常委会《关于加强法制教育维护安定团结的决定》，促进“七五”计划的实现，保证社会主义现代化建设事业的顺利进行，都具有十分重要的意义。为此，我们按照全省选举工作会议的部署，在县委的直接领导下，在上级人大常委会的指导下，由县人大常委会主持，我县县、乡两级的换届选举工作，从去年 11 月份开始，到今年 4 月中旬已全面结束，圆满地完成了代表选举任务。

在这次换届选举工作中，由于县委重视，加强了领导，多次召开乡镇党委书记会和电话会，并及时听取汇报，研究解决工作中的问题，县人大常委会也注意了周密组织，精心指导，严格依法办事，充分发扬民主。全县各级党组织和政府部门的广大干部都以对人民高度负责的态度，努力工作，全县县、乡两级换届选举工作发展是健康的，进展是顺利的，效果是很好的。选出的210名县人大代表和22处乡镇的1316名代表，经审查均符合法律规定，各界代表的比例也都符合法律规定和上级人大常委会的要求。这届代表的年龄、文化结构和从政议政的素质，比上届代表都有较大提高。这对发挥人民当家作主，管理地方国家大事，依法审议决定我县政治、经济、文化、教育、卫生、科技、民政等重大事项，参政议政，协助政府推行工作，对于进一步加强社会主义民主与法制的建设，对于振兴五莲经济，搞好我县物质文明和精神文明建设，必将发挥重要的作用。

五、加强自身建设，逐步实现工作的制度化和规范化。

县人大常委会既是权力机关，又是工作机关。要行使好监督权、决定权、任免权，必须加强自身建设，不断提高议政水平。3年来，我们本着威望靠“干”来树立，作用靠“干”来发挥，局面靠“干”来开创的思想，对工作做了一些新的努力和尝试，使各项工作逐步走向规范化、制度化的轨道，自身建设进一步加强。

一是在思想建设方面，主要加强了政治和业务的学习。经常学习党的路线、方针和政策，进行宪法和坚持四项基本原则的教育，保证审议的事项和作出的决议、决定与国家的法律政策相一致，促进党的政策和国家的法律的正确贯彻和实施。此外我们还注意学习业务知识，明确人大常委会的性质、地位和作用，树立“争、创、干”的精神，不断改进工作的方法，开拓工作新领域，使工作卓有成效，扎扎实实的向前发展。

二是在组织建设方面，主要是建立健全了各项规章制度。使人大常委会的各项工作逐步形成制度化、正规化。1985年我们制定了《人大常委会工作制度》和“关于联系人民的试行办法”。通过实施，进一步推动了人大常委会工作的开展。为了使人大常委会分工明确，有利于工作开展，制定了人大常委会主任“工作岗位责任制”，具体规定了每名主任的职责范围，使工作有条不紊。我们还根据工作发展的需要和上级要求；在县委的重视下相继设置了代表联络科、调查研究科、法制科，并配备了工作人员，保证了正常工作的开展。

三是在工作建设方面，首先注意了信息交流和信息反馈。先后与17个县、市、区的人大常委会建立了资料交流关系，以学习借鉴外地的好经验。我们还编印了“人大工作信息”，及时向县委、上级人大常委会及有关部门反映交流工作情况和问题，对取得上下左右的了解与支持起了很好地作用。同时，我们对县人大常委会作出的决议、决定的落实情况、代表所提建议、意见、要求的办理情况，经常注意调查了解，并要求“一府两院”及时向县人大常委会报告情况，进行信息反馈，形成正常的信息渠道和信息环流，监督支持“一府两院”开展工作。其次，改革完善了干部任免办法。为了让委员在审议任免干部时充分表达自己的真实意愿，1986年我们作出决定改变过去干部的任免上单一的举手表决方式为无记名投票和举手表决两种形式，从而使干部任免程序更加完善。再是开展了代表持证视察工作。1986年县人大常委会作出开展代表持证视察的决定，这项工作开展后，效果很好，如潮河镇代表联系组在潮河集日进行的一次持证视察，对该集市的食品卫生工作促进很大。另外，人大常委会审议工作汇报，坚持实事求是的思想路线，注意事前搞好调查研究，摸清真实情况，在审议有关问题时，意见和建议能提到点子上，提高了议政水平，取得了较好的效果，使国家地方权利机关的威望不断提高。

总之，县十届人大期间，人大常委会认真履行了自己的职责。不断探索人大工作的新领域，开创新局面，各方面的工作有所改进和加强，在地方国家政治生活中发挥着越来越重要的作用。但是，与宪法和法律赋予的职权及全县人民的期望相比，还有不少差距，工作中还存有一些不足之处。突出的是，对人大工作的性质、地位和作用的宣传教育还有待加强；对宪法，法律实施的监督和对行政、审判、检察工作的监督仍需改进：对代表工作的路子还要开拓；对视察和调查的质量需继续提高。在新的形势任务面前，人大工作如何适应形势发展需要，开创人大工作的新局面，许多问题要开拓，对视察和调查的质量需继续提高。在新的形势任务面前，人大工作如何适应形势发展需要，开创人大工作的新局面，许多问题还需要研究、探讨和开拓。

各位代表：县十届人大常委会即将完成法律赋予的使命，以后的工作将落到即将产生的十一届人大常委会的肩上。希望各位代表要珍惜自己的光荣称号和法律赋予的职责，不辜负人民的重托，肩负起自己的光荣使命，做一个称职的人民代表。同时我们相信即将产生的十一届人大常委会，在县委的正确领导下，一定能发扬成绩，刻意求新，艰苦奋斗，开拓前进，认真履行法律赋予的职责，进一步开创人大工作的新局面，为振兴五莲经济，搞好精神文明建设，努力做出新的更大的贡献。

## 五莲县第十二届人大常务委员会工作报告

（1992年2月11日在五莲县第十三届人民代表大会第一次会议上）

五莲县人大常委会主任　韩清存

各位代表：

我受县十二届人大常委会委托，向大会报告工作，请审议。

一、1992年常委会抓的几项主要工作

1992年，县人大常委会在县委的领导和市人大常委会的指导下，在各位代表和全县人民的监督支持下，坚持以邓小平同志南巡重要谈话和党的14大精神为指导，把促进改革开放和经济建设作为首要职责，把加强社会主义民主和法制建设作为中心任务，把搞好自身素质放在重要位置，根据形势的要求，进一步解放思想，不断拓宽工作思路，集中抓了以下六个方面的工作。

（一）认真学习邓小平同志南巡重要谈话和党的十四大文件，在对人大工作的认识上有了新的提高。邓小平同志南巡重要谈话和党的十四大文件是建设有中国特色社会主义的纲领性文件，也是新形势下进一步做好人大工作的思想武器。认真学习和深刻领会邓小平同志重要谈话和十四大精神，是当前和今后一个时期全党和全国人民的一项重要任务。因此，常委会列入重要议事日程，安排专门时间组织委员学习。人大机关把每周三、六作为固定学习日，在坚持学习原文的基础上，注意把握3个有利于的标准、姓资姓社的问题、以及建立社会主义市场经济体制这个学习个重点，广泛开展讨论，互相交流学习体会。从而使委员和机关干部明确了加快经济发展与坚持和完善人民代表大会制度的关系，解放了思想，更新了观念，增强了服务于改革开放和经济建设的意识，逐步把思想和行动统一到十四大精神上来。一是明确了常委会围绕改革开放和经济建设履行职责，是坚持人民代表大会制度的体现。历史的经验证明，只有把经济建设搞上去，才能有效地巩固社会主义政权，建设好社会主义民主政治。人大常委会作为地方国家权力机关，只有围绕改革开放和经济建设开展工作，才能更充分地坚持和完善人民代表大会制度。二是明确了常委会围绕改革开放和经济建设履行职责，是地方国家权力机关坚持和依靠党的领导的体现。加快改革开放，搞好经济建设，是党的中心工作。人大常委会围绕经济建设中心行使各项职权，运用国家形式把党的主张通过法定程序变成人民群众的意志，这就从根本上贯彻执行了党的政治路线，实现了党的意图，坚持了党的政治领导。三是明确了常委会围绕改革开放和经济建设履行职责，是充分发挥国家权力机关职能作用的体现。宪法和有关法律规定，人大拥有对本行政区域内经济建设的重大战略、关系国计民生的重要事项进行审议，作出决定或决议，并动员和组织人民群众进行实施的职责。人大及其常委会作为适应社会主义经济基础的需要建立起来的国家权力机关，其工作出发点应当是为经济基础服务，保障和推动社会生产力的发展，从而奠定了在新形势下做好人大工作的思想基础。

（二）努力贯彻党的基本路线，不断拓宽了人大工作新领域。根据党的十四大精神和县委的整体部署，把支持与监督结合起来，在坚持法律监督的同时，增加经济监督事项，不断赋予人大工作新的内容。一是围绕国民经济和社会发展计划的实施开展工作。为保证县十二届人大三次会议确定的全县国民经济和社会发展的奋斗目标顺利实现，常委会第十八次会议听取并审议了县政府关于1992年国民经济和社会发展计划及财政预算执行情况的汇报。委员们针对旱情严重的实际，在深入基层调查研究的基础上，提出了大力组织农民增加收入，进一步优化投资结构，加大增收节支措施等建设性意见，促进了计划的正常运行。为了切实加强预算外资金的管理，常委会派员参与制定并批准了《县政府关于预算外资金管理办法》，逐步把全县预算外资金的使用与管理纳入有章可循的轨道。二是围绕加强农业和农村经济开展工作。农业的稳定发展，是经济稳定、社会稳定的基础。为了促进农村经济的发展，常委会先后听取并审议了县政府关于农作物种子管理条例和良种推广、科教兴农、林业规划实施情况等项汇报；对全县林果生产、农业机械管理、村级服务，以及农民负担、乡镇企业等项工作进行了专题调查或视察。围绕农民负担这个群众议论的热点问题，用近一个月的时间，深入乡村农户进行详细调查，并向县委写出了调查报告。并会同县政府召开了农民负担监督管理工作会议，着重就国务院颁布的《农民负担费用和劳务管理条例》、《山东省农民负担管理条例》的贯彻执行问题作了专门研究。根据县委抗旱救灾工作的部署，驻会主任全部靠在自已的联系点上，深入各村了解旱情，协调解决抗旱物资，组织落实抗旱措施，全力以赴投入抗旱救灾工作，协助各乡镇善始善终地完成了抗旱双保任务。三是围绕工业生产和发展经济贸易开展工作。为了认真贯彻邓小平同志南巡重要谈话精神，常委会第十七次会议听取了县政府关于外经外贸工作情况的汇报，并作出了关于促进和保障扩大对外开放，加快发展外向型经济的决议，支持和推动了全县对外开放工作的发展。为进一步促进我县工业生产实现效益与速度的同步增长，常委会第十九次会议听取并审议了县政府关于工业技术改造情况的汇报；组织代表就《企业法》和《涉外法》的贯彻执行情况进行了视察、检查。围绕流通领域开展的“四放开”工作，主任会议听取了县政府关于商业和粮食工作情况的汇报；听取了全县金融工作情况的汇报。并将讨论情况形成会议纪要，协调部门相互支持，较好地支持和促进了政府有关工作的顺利进行。四是围绕优化经济环境开展工作。听取审议了县政府关于社会治安工作情况的汇报，关于贯彻实施全国人大常委会《关于严禁卖淫嫖娼的决定》和《关于严惩拐卖、绑架妇女儿童犯罪分子的决定》的情况汇报，并作出了相应的决议。为使县人民法院集中力量搞好执行工作大会战，常委会专门制发文件提出要求，支持法院严肃执法。主任会议听取了县法院关于经济审判工作的汇报，以及县检察院有关经济检察工作的汇报，支持司法部门积极参与经济领域的综合治理，依法促进了经济关系的理顺。

（三）加大执法监督措施，推进社会主义民主和法制建设不断有新的发展。常委会把法制教育和执法监督贯穿于工作的全过程，做到有计划、有措施、有要求。在法律知识学习和法制教育方面，围绕贯彻《税法》、《土地管理法》、《残疾人保护法》以及新颁布的《工会法》、《妇女权益保障法》等法律法规，发表15次电视讲话，组织广播电视讲座6次，分别由各主任、结合本县实际进行辅导宣讲，阐明重要意义，提出贯彻实施的具体要求。结合宪法颁布十周年纪念活动，在电视台和广播电台开辟专题广播电视讲座，将宪法内容分解为10个专题，由县委、人大常委会的领导同志进行宣讲辅导，对于增强干部群众的法制观念，起到了积极的促进作用。在执法监督方面，听取并审议了县政府和县法院关于《山东省保护消费者合法权益条例》、《行政诉讼法》、《经济合同法》、《山东省计划生育条例》贯彻实施情况的汇报。围绕《义务教育法》的贯彻实施，听取并审议了县政府关于职业技术教育、学校管理情况等汇报。对委员们提出的审议意见，采取多种形式督促执法单位予以改进和落实，促进政府加快了依法行政的步伐。同时，还就公、检、法、司机关的执法情况，《食品卫生法》的实施等情况，进行了五次较大规模的执法检查。在检查过程中，本着有法必依、执法必严、违法必究的原则，对执法过程中存在的一些具体问题，责成各执法单位及时落实了改进措施；对群众反映的一些亟待解决的问题，随后都组织力量进行了回查。通过这些措施，促进各执法单位进一步健全了规章制度，推进了各项法律的顺利贯彻实施。

（四）学习贯彻《代表法》，促进代表工作再上新水平。代表法颁布施行后，常委会先学一步，并就搞好面上的学习提出具体要求。全县22处乡镇人大主席团采取集中辅导和分片组织学习等形式，对代表进行了一次系统地培训，使各级代表从总体上了解了代表法的重要意义和各项规定要求，逐步学会运用代表法行使职权，执行职务。坚持了分工包片联系代表制度，除平时加强联系外，组织力量分两次集中走访人大代表。共征求代表对全县各方面工作的建议意见一百余条。对这些意见，常委会都进行综合整理，转交有关方面办理，对促进全县政治经济形势的稳定发展起了很好的作用。围绕全县工作重点，及时致信人大代表提出具体要求，鼓励代表以自己的表率作用，影响带动群众落实各级党政组织的决议、决定。同时，将《五莲人大工作》及一些有关的学习文件及时寄发到人大代表手中，为代表开展工作提供学习资料。先后15次组织代表开展视察和调查活动，各委室搞调查时，请有关代表一起参加，一起研究审议意见，为代表行使职权，发挥作用，开辟了领域，创造了条件。认真办理代表建议、批评和意见。上次人代会以来，常委会共受理代表和人民群众来信来访92件（次），做到事事有交待，件件有着落。对县十二届人大三次会议上代表提出的35条建议意见，及时抓转办、催办，并做到条条有答复。象代表所提清理农村财务的建议，引起了县委、县政府的高度重视，会后立即组织力量在王世疃乡进行试点摸底，激发了人大代表参政议政的积极性。

（五）加强基层基础工作，乡镇人大工作有了新的变化。随着改革开放的深入发展，以及乡镇政府职能的转变，基层出现了许多前所未有的新情况、新问题。为了指导基层人大工作随着形势的变化而不断有所创新和发展，常委会召开了全县乡镇人大工作经验交流会。通过认真学习中央2号文件，交流学习体会和工作经验，使基层人大干部增强了改革开放意识，强化了服从和服务于经济建设中心的观念，转变了工作思路，在一些基本的原则问题上形成共识，为在新形势下进一步做好乡镇人大工作，起到了积极的推动作用。另外，通过让乡镇人大专职常务主席定期参加常委会例会，了解全县工作情况，参与对政府和两院工作的审议，既提高了乡镇专职人大干部的工作水平，又带动乡镇人大主席团例会逐步走向制度化和程序化的轨道。通过定期分片召开人大工作联系会议，交流基层人大工作经验，分析工作中存在的问题,研究改进措施，指导和推动乡镇人大工作不断有所发展，有所提高。

（六）依法加强了对县乡人大换届选举工作的组织领导，公民的民主意识和法制观念进一步增强。这次换届选举工作，在县委的领导下，常委会以党的十四大精神为指导，始终坚持了充分发扬民主和严格依法办事的原则，从去年10月到现在，把主要精力靠在换届选举工作上，圆满完成了县乡两级人大代表的换届选举工作。一是加强领导，周密部署。全省人大换届选举工作会议结束后，常委会及时召开主任会议，依据《选举法》规定，以及上级对这项工作的要求，研究制定了搞好全县两级人大换届选举工作的实施方案，调整充实了县选举委员会组成人员，成立专门工作机构。批准任命了各乡镇和县直各部门、各单位的选举委员会和选举工作领导小组成员，从上到下层层建立了强有力的领导班子。并召开全县换届选举工作会议，进行全面部署。二是全面发动，培训骨干。在县广播电台开辟了专题讲座，围绕选举过程中的每一个阶段，确定了十个方面的辅导内容，由常委会主任分头进行宣讲。各乡镇也都采取不同形式，扩大宣传范围，在全县形成了学法、讲法、依法办事的气氛。对县直和各乡镇选举办公室的同志，采取以会代训等形式，专门进行了业务培训，为搞好换届选举工作培训了一批“明白人”。三是抓典型，指导全面。确定以院西乡为试点单位，由一名副主任具体靠上抓试点工作，根据换届选举过程中各个阶段的不同要求，摸索路子，总结经验，以推动全县整个换届选举工作的顺利开展。四是及时检查指导，促平衡发展。每进行一个阶段，都采取召开会议和走下去的方法，帮助基层及时解决工作中遇到的问题。各乡镇和县直各单位按照统一部署，对选举工作的整个过程和每一具体环节都随时作出周密安排，认真负责地主持和组织了本乡镇、本单位的换届选举工作。由于领导重视，步骤明确，措施得力，整个换届选举工作进展顺利。从而使广大公民在换届选举工作中受到了民主与法制的实践锻炼，增强了管理国家事务的主人翁责任感。广大选民踊跃参加选举活动，参选率为91.4%。换届后所产生的代表，结构合理，代表素质好于往届，能够更好地适应改革开放和民主政治建设的需要。选出的260名县人大代表中，党员代表占百分之64.23%，非党代表占百分之35.77%；工农代表占60.38%，知识分子代表占15.38%，干部代表占23.07%。不仅具有广泛的代表性，而且有86.1%的代表达到了初中以上文化水平，知识结构发生了明显变化。在代表素质和构成方面，除具备法律规定的基本条件外，突出选拔了一批改革开放和经济意识强，在经济建设中做出突出贡献的同志充实到各级代表中来，使县乡人大代表的阵营充分体现出改革开放的时代特征，为提高代表参政议政水平，更好地代表人民行使当家作主的权力，打下了良好的基础。

二、本届常委会工作的基本经验和体会

县第十二届人大常委会自1990年换届组成以来，坚持以继承与创新的精神为指导，紧跟形势任务的发展变化，开拓前进，真抓实干，各项工作都有新的发展和进步。可以这样说，本届常委会任期以来，依法履行了职责，圆满完成了各项任务，并在工作的实践中逐步深化了对人大工作的认识，总结了一些经验。回顾3年来的工作，主要有以下几个方面的体会。

（一）促进改革开放和经济发展，是新形势下法律赋予常委会的首要职责。以经济建设为中心，坚持四项基本原则，坚持改革开放，是我们党长期坚持的基本路线。常委会把坚持服从和服务于经济建设中心，作为人大工作的出发点和落脚点，这不仅是党的一个中心、两个基本点的基本路线的要求，而且也是法律赋予常委会的一项首要任务。宪法明确规定，“今后国家的根本任务是集中力量进行社会主义现代化建设”。这是总结我国正反两个方面经验得出的正确结论，为建设有中国特色的社会主义指明了方向。宪法以根本大法的形式把这个问题确定下来，为贯彻落实党在新时期的基本路线，实现改革开放和进行社会主义经济建设，提供了根本的法律保障。地方各级人大及其常委会的主要职责是保障宪法和各项法律法规在本行政区域内的贯彻实施，围绕国家的根本任务去开展各项工作。基于这种认识，常委会适应改革开放深入发展的新形势，从加强学习入手，不断更新传统的思想观念，以及原有的工作模式，把工作重点逐步转到服从和服务于经济建设上来。在内容上，本着选题要准的原则，注意工作进程上的同步性。即始终围绕县委不同时期的经济工作重心，依法行使职权，多做促进工作。任期3年来，共听取和审议政府有关经济方面的工作汇报51次，占审议事项的60%以上；根据各项经济决策的贯彻落实情况，开展调查、检查、视察90余次，占这方面工作的70%以上；针对事关全局的重要问题，先后11次对有关经济工作作出了决议、决定。如根据县委关于加快第三产业发展的部署，在听取政府财贸各部门工作汇报，分别提出建设性意见的同时，先后组织开展了城镇市场调查和商业网点的视察；“根据全县稳定粮油、提高林果、发展畜牧、坚持多种经营、振兴乡村企业”的农村经济工作方针，先后就森林法的贯彻实施、乡镇企业生产等项工作，组织代表进行了视察；对科教兴农、畜牧业生产、渔业法的贯彻实施等项工作，进行了专题调查；对全县林业发展规划和果园管理情况，重点进行检查。由于人大工作与全县经济工作的发展同步合拍，监督的针对性强，对经济工作的推动力大。围绕经济活动中的热点问题，履行工作职责，多解决实际问题。注意通过人大代表这个联系群众的主渠道，及时听取群众对各项经济工作的意见和要求，先后就农业生产资料供应、城镇农贸市场管理、农民负担、农电价格管理等问题，集中力量进行检查和调查。对发现的问题，建议和协调有关部门及时予以解决，既化解了社会矛盾，又调动了农民生产的积极性。在方法上，根据人大特点，把握好3个环节，注意工作角度上的特殊性。即情况要熟。在对某项经济工作实施监督之前，首先组织委员学习有关的法律规定，学习上级有关政策，明确法律要求和政策规定。审议要深。就是组织人员深入工作实际和群众当中进行调查，弄清下情，使所提建议既能引起社会各个方面的重视，又符合实际，便于改进。解决问题要实。为了监督支持政府有关部门解决经济工作中的困难，本届常委会在坚持听取审议政府经济工作汇报的同时，增加主任会议听取政府经济部门工作汇报的内容。确定内容后，分管主任和委员提前进行调查，并组织有关单位参加主任会议听汇报，共同研究解决困难的措施，促进了有关工作的健康发展。事实表明，常委会坚持围绕经济建设中心开展人大工作，不仅使委员们感到工作充实，在实践中学到了组织经济工作的知识，锻炼提高了干部，而且又逐步改变了政府部门对常委会工作的认识，增强了人大工作的活力。

（二）推进社会主义民主和法制建设，是常委会工作的中心任务。高度民主和完备法制，是我国社会主义现代化的重要标志。而加强社会主义民主和法制建设，常委会必须对自已所面临的形势和任务有一个比较清晰的认识，明确推进民主和法制建设同加快改革开放和经济建设的关系。近几年，为了推进改革开放的不断发展，各级政府有关经济方面的决策较过去明显增多；而新形势下出台的决策，人民群众对其内容缺乏足够的认识。本届常委会组成以来，适应形势和任务的变化，大力组织各种形式的参政议政活动，推进了民主政治建设的不断发展。每次召开人代会，常委会都提前介入审议内容，参与国民经济发展计划和财政预算计划的编制工作，事前提出修改意见。并把召开代表座谈会与广泛走访各级人大代表结合起来，听取社会各方面对经济发展计划的建议和意见，使会议所作决定具有较好的群众基础。另外，改革的深入发展，打破了人们原有的思维方式，人民群众在政治、经济生活中遇到的新情况、新问题也比较多。在这种形势下，大力推进民主政治建设，及时沟通上下联系，既是调动群众积极性、稳定经济环境的需要，也是化解社会矛盾、保证政治稳定的需要。为了充分发挥代表的民主监督作用，在县直开展了组织代表评议县政府的工作。每次县政府召开成员会议，都组织部分代表参加，听取政府工作报告和政府部门的工作汇报，会后集中进行评议。在乡镇开展了组织代表评议乡镇直部门工作。这项工作自1991年全县面上广泛开展以来，常委会通过外学内创，制定了评议办法，使评议工作制度化、规范化。

一手抓经济建设，一手抓法制建设，这是十一届三中全会以后邓小平同志所一贯倡导的指导思想。党的十四大确定的经济体制改革目标，又为法制建设提出了新的更艰巨的任务。本届常委会认真贯彻邓小平同志的指示和十四大精神，把加强法制建设纳入工作议事日程。一方面抓普法教育，下大力增强全民的法制意识。第一个五年普法规划实施结束后，参与制定了全县第二个五年普法规划，并采取听汇报、组织视察等措施，推进了二五普法规划的落实。对涉及范围广的法律，协调执法部门定期进行集中宣传，对新颁布的法律通过举办广播和电视讲座等形式，及时加大宣传措施，尽快进家入户，宣传到人民群众。一方面抓执法检查。每年集中开展两次执法检查，检查内容随着市场的不断发育和商品经济的发展，由过去偏重司法部门的执法监督，逐步转到经济法律的检查监督上，促进了各项经济法规的落实。法制建设的不断加强，进一步增强了全民的法制意识。近几年，经济领域的法律活动日趋活跃，借助法律理顺经济关系，依靠执法部门解决经济纠纷问题的越来越多，依法保证了改革开放和经济建设的健康发展。

（三）增强全社会的人大意识，是坚持和完善人民代表大会制度的基本前提。坚持和完善人民代表大会制度，是建设有中国特色社会主义制度的重要内容。对此，党中央及中央领导同志都多次作过重要论述。近几年，各级党委也都先后专题召开人大工作会议，研究坚持和完善人民代表大会制度的建设问题。因此，本届常委会围绕坚持和完善人民代表大会制度这个主题，首先抓增强全社会的人大意识这一根本问题。强化宣传措施，坚持常抓不懈，加强了人大理论教育和人大工作宣传。在内容和措施上，随着形势的发展，不断改进与加强。1990年换届之后，根据上级的要求，组织开展了10年人大工作总结宣传活动。录制了10年人大工作专题电视片，举办了人大工作专题讲座，专门召开了10年人大工作庆祝大会。在活动内容上，既突出了人民代表大会制度理论教育，又注意了对人大工作成绩的宣传；既突出了法律知识教育，又注意了人大工作的总结和探讨。在这次集中宣传的基础上，1991 年，又在全县范围内召开了人大工作理论研讨会。发动县直有关部门从不同角度交流了对人民代表大会制度、对人大工作的认识，以及如何做好人大工作的建议和意见，从理论和实践的结合上，对人大工作进行了探讨，对新形势下人大工作的地位和作用形成共识，为常委会进一步做好人大工作开拓了思路。为了进一步扩大宣传范围，深化宣传内容，1992 年，又组织召开了全县人大宣传工作座谈会，促进人大宣传工作进一步社会化。县“两台”除了及时报道常委会开展的各项活动外，加大了行使职权，代表参政议政，为群众办实事等一些深层次的宣传内容。通过这些工作，提高了人们对人大工作和人民代表地位、作用的认识，活跃了人民群众的民主气氛，为常委会开展工作提供了有力的舆论支持。实践证明，加强对人民代表大会制度的宣传教育，增强人们的人大意识，争取社会舆论支持，创造较好的外部环境。是做好人大工作的基本前提。

（四）密切联系人大代表和人民群众，是常委会工作的根基和源泉。党的十三届六中全会强调，人民群众是我们党的力量源泉和胜利之本。能否始终保持和发展同人民群众的血肉联系，直接关系到党和国家的盛衰兴亡。我们党在长期的斗争中创造和发展起来的一切为了群众，一切依靠群众，从群众中来到群众中去的群众路线，是党的优良传统和政治优势。人大常委会作为代表人民行使权力的使者，必须把联系代表和群众放在工作的首要位置。本届常委会通过 3 年的实践体会到，密切联系代表和人民群众，必须有一定的制度作保证。换届之后，先后建立了常委会走访联系代表、代表联系选民、代表向选民述职、代表成绩登记、代表培训、代表议事、代表评议部门工作等项规章制度。从而使常委会通过充分发挥人民代表的桥梁和纽带作用，沟通了与人民群众的联系。密切联系人大代表和人民群众，必须开辟和创造新渠道、新形式，以更加广泛、深入、及时的听取群众的意见、要求和批评。因此，常委会加强了代表和人民群众的来信来访工作。成立了信访领导小组，制定了信访工作制度，确定专人靠上抓这项工作。对代表和群众来信来访反映的情况，都做认真研究分析，并区别情况，及时转交有关单位处理。通过认真办理来信来访案件，进一步拓宽了联系群众的渠道。密切联系代表和人民群众，必须不断改进工作方法，重视发挥代表和人民群众的民主监督，充分体现当家作主的作用。3 年来，常委会坚持在举行例会审议政府工作时，吸收部分代表列席会议，让他们充分发表自己的意见和建议。每次召开人代会，坚持按行业组织代表讨论政府工作报告，并组织政府组成人员列席代表小组会议，当面解答所提问题，直接听取代表意见，不仅使审议的问题讨论得深，分析得透，而且增加了领导与代表的相互了解，交流了感情，密切了关系。

（五）不断加强机关的自身建设，是常委会工作的重要条件。人大常委会能否卓有成效地履行法律赋予的各项职责，很大程度上取决于常委会组成人员的精神状态。本届常委会根据人大工作的特点，坚持要想有权威，必须自身有作为的工作思路，把加强常委会和机关的自身建设，作为推动人大工作不断发展的重要措施，主要抓了3个方面的工作。在思想建设上，始终不忘抓教育。认真学习马列主义基本理论和基本原理的教育，使组成人员在坚持马列主义毛泽东思想，在坚定共产主义信念的基础上，把思想统一到建设有中国特色社会主义理论上来，这是当前加强思想建设的关键所在。近几年来，对党的重要文件，都列入常委会议题，在集中学习、吃透精神的基础上，结合本县实际作出相应的决议。常年坚持学习制度，并根据形势发展和人员思想状况，选学上级有关文件和辅导材料，使组成人员和机关干部进一步统一了思想，提高了对人大工作的认识，普遍安心并热爱本职工作，增强了工作的紧迫感和光荣感。在制度建设上，完善了运行机制。换届后，在完善原有规章制度的同时，根据工作需要，先后制定了《监督工作暂行办法》等七个方面的法规性文件，逐步健全了常委会及办事机构与政府、两院工作的联系与监督程序。在机关内部，随着机构的调整和健全，先后建立完善了各委室的工作制度，明确了工作责任，理顺了内部关系，使机关工作有章可循，保持了快速高效地运转。在作风建设上，注重培养求实善战的机关工作作风。机关委室一盘棋的风气比较浓，遇到紧急或较重的任务，互相配合，齐心协力干工作，为常委会行使职权提供了优质高效的服务。深入基层，调查研究，工作效率和水平不断提高。在人员比较少的情况下，3年来，共写专题调查报告45篇，撰写的经验材料被省级以上刊物采用28篇，被市级刊物和新闻单位采用60多篇，指导和推动了人大工作的进一步发展。

（六）坚持依靠党的领导，是常委会工作的组织保证。人大及其常委会坚持依靠党的领导，必须树立党的观念，与党委在思想上保持一致，在行动上保持统一，坚决贯彻党的路线、方针和政策。常委会认真坚持了凡是重大活动、重大决策，都以党组的名义事先请示县委原则同意。在依靠党委领导的组织形式上，通过人大及其常委会的职能作用，及时将县委的主张按照法定程序，变为广大人民群众的意志和自觉行动。对提交人代会或常委会讨论决定的国民经济和社会发展计划、财政预算计划等重大事项，都在充分发扬民主的基础上，及时作出决议或决定，保证县委意图的贯彻实施。对计划生育、环境保护、土地管理、城区规划等关系国计民生和全县大局的重要工作，除按照县委的主张和政府的提请分别作出决议、决定外，还依照有关法律的要求，定期组织检查和视察，促进政府部门和执法单位依法认真组织实施，保证党的路线方针政策，以及宪法、法律、法规，按照法定程序得到全面贯彻执行。在对国家机关工作人员的任免上，坚持了党管干部和依法任免的原则。3年来，按照县委的推荐，政府、两院的提请，依法任免政府组成人员135名、审判干部57名、检察干部18名，并开展了被任命干部向常委会述职工作，依法加强了对政府和两院任免干部的监督管理。这几年，由于常委会紧紧依靠县委的领导开展工作，县委对人大的工作也更加重视和支持。县委主要领导定期到人大机关通报县委的工作和打算，主动登门征求对县委工作的意见，进一步激发了委员和机关干部的工作热情。实践证明，常委会依靠和自觉接受县委的领导，不仅是权力机关党性观念的锻炼，而且也是人大工作不断发展的重要保证。

三、人大工作面临的形势和任务

去年秋天，中央政治局常委在听取全国人大常委会党组汇报时指出，随着我国社会主义建设和改革开放事业的发展，人大工作的任务更多更重了。一是要加强立法工作，特别是加快经济立法的步伐；二是加强对政府工作的监督。江泽民总书记在十四大报告里讲到今后任务时，明确提出要积极推进政治体制改革，使社会主义民主和法制建设有个较大的发展。这是党给人大工作提出的一项长期的战略任务。党的十四大的召开和形势的发展，给人大工作提出了新的更高的要求，创造了难得的发展机遇。人大及其常委会要面对新的形势，抓住发展时机，以建设有中国特色的社会主义理论为指导，坚持党的基本路线，积极探索新路子，创造新经验，创出新业绩，为改革开放和经济建设做出新的更大贡献。

当前，全国上下、各行各业都在十四大精神的指引下，解放思想，破除陈规，闯新路，求发展。人们思想观念的更新变化，各项工作迅速发展的新形势，要求人大及其常委会必须在提高自身素质上下功夫，使思想观念和工作方式都有一个新的转变。一要增强服务中心意识。坚持以建设有中国特色社会主义理论为指导的党的基本路线，加快改革开放，加速经济发展，是党的十四大的中心议题，并确定坚持党的基本路线要一百年不动摇。江泽民同志曾经指出，党和国家的各项工作都必须服从和服务于经济建设这个中心，而不能离开这个中心，更不能干扰这个中心。因此，经济建设同样也是人大及其常委会工作的中心。所有人大工作者和人大代表都必须增强服务中心意识，在工作的实践中，牢牢把握经济建设这个中心，围绕这个中心审议决定经济建设的重大事项，保证重大决策的民主化、法律化、科学化；进一步强化监督工作，促进经济工作快速健康地发展。二要增强求实进取意识。思想是行动的先导。党的十四大规划了未来的宏伟蓝图，澄清了在重大问题上的是非界限，必将使人们的思想认识发生新的飞跃，带来思想的大解放，大变化。人大及其常委会更要认真学习贯彻十四大精神，解放思想，更新观念，对改革开放和经济发展中涌现出来的新事物，新做法，新经验，新人物，要依法给予充分肯定和保护；要勇于开拓进取，大胆地探索有利于促进改革开放和经济发展，有利于行使法律赋予职权的新形式、新办法；在当前伟大时代变革中有所作为，有所创新，有所发展，有所贡献。三要进一步树立法制观念。邓小平同志一再强调，搞四个现代化，一定要两手抓，即一手抓建设，一手抓法制。这是党和国家长期坚持的方针。党的十四大确定的建立社会主义市场经济体制的改革目标，为法制建设提出了新的更为繁重的任务。那种认为思想解放就是要突破法律框框的认识，对加快经济体制改革是有害的。市场经济客观上要求用法律的方式全面规范社会经济活动的各个主体和权利、义务，以及行为规则，规范政府行为。因此，市场越发育，法律就越要健全。人大及其常委会必须增强紧迫感，进一步树立法制观念，加强普法教育和执法监督，用法律来规范各种经济行为，理顺经济关系，为经济建设创造有利条件和稳定的环境。四要进一步树立群众观念。人民是历史的创造者，是国家的主人。党的十四大确定的路线方针政策和宏伟目标，必将极大地鼓舞和调动亿万人民群众建设社会主义的积极性和创造性，极大解放社会生产力。人大常委会必须坚持一切从人民的根本利益出发，通过认真学习贯彻代表法，充分发挥代表的作用，加强与人民群众的联系；通过法定程序，把县委的主张变为人民群众的意志，使广大人民群众紧紧围绕县委的决策，齐心协力发展经济，加快发展步伐。

各位代表，县十二届人大常委会虽然已经完成了全县人民赋予的各项任务，但人大工作却任重道远。希望各位代表要在十四大精神的指导下，紧紧依靠党的领导，依靠人民群众，大胆实践，开拓创新，努力开创人大工作的新局面，推动全县两个文明建设的更快发展。

## 五莲县第十四届人大常委会工作报告

（2003年1月19日在五莲县十五届人民代表大会第一次会议上）

五莲县人大常委会主任　李桂玲

各位代表：

我受人大常委会委托，向大会报告县十四届人大常委会的工作，请予审议，并请列席会议的同志提出意见。

一、过去5年工作的回顾

过去的5年，是全县政治、经济和社会各项事业取得显著成绩的五年，也是人大工作开拓进取、不断发展的五年。5年来，常委会在县委的正确领导和市人大常委会的具体指导下，在全体代表和人民群众的监督支持下，坚持以邓小平理论为指导，深入贯彻党的十五大和十六大精神，全面落实“三个代表”重要思想，自觉把促进改革开放和经济发展作为首要职责，把加强和改进社会主义民主法制建设作为中心任务，把搞好人大自身建设摆到重要位置，承接历届人大工作基础，积极履行宪法和法律赋予的各项职权，服务大局，突出重点，求真务实，扎实工作，较好地发挥了地方国家权力机关的职能作用，圆满完成了县十四届人大常委会任期目标。

——工作监督富有成效。常委会紧紧围绕全县改革、发展、稳定大局，坚持议大事、抓重点、求实效，充分履行宪法和法律赋予的职权，不断加大了对“一府两院”工作的监督和支持。五年来，依法举行了34次全体会议，92次主任会议，听取和审议经济、文化、科技等方面的工作报告157个，就重大事项作出决议、决定21项，形成审议意见36项，开展视察、检查和调查活动97次，有力地促进了“政府两院”工作的顺利开展。具体工作中，始终坚持做到了“四个加强”：一是加强了对全县国民经济和社会发展计划的监督。坚持每年都要听取县政府关于国民经济和社会发展计划执行情况以及财政预算执行情况、同级财政审计情况的汇报，认真讨论审议，既肯定成绩，又找出矛盾和问题，适时提出具有针对性、建设性的意见，并依法作出决议，确保了历年全县国民经济和财政预算计划的圆满完成。二是加强了对经济方面工作的监督。常委会牢牢把握“发展是硬道理”这一主线，不断强化中心意识，自觉服从和服务于全县的经济发展，正确处理监督与支持的关系，坚持把重点放在听取审议政府经济工作汇报、决定重大经济建设问题上，放在深入调查、视察并提出有指导意义的建议上，放在加强监督检查、为经济发展创造良好的社会环境上，每年制定工作计划或安排开展活动，都始终突出经济建设这一中心，占整个审议和视察检查活动的70%以上。5年来，围绕全县经济工作战略重点，多次听取并审议了全县工业经济运行、企业改制、民营经济发展、农业产业化经营、商贸流通、旅游业开发等65项经济工作情况汇报，主任会议先后听取了金融工作运行、税收征管、农村电网改造等情况汇报，组织对全县高产高效农业、民营经济发展、招商引资、林果生产、烟草生产经营等进行了视察和检查。在会议审议和视察过程中，常委会组成人员正确履行自己的职责，畅所欲言，坦陈己见，提出的很多建议意见引起了县委、县政府和全县各级的重视和落实，促进了全县经济的快速健康发展。同时，还积极参与全县重大经济活动，及时了解全县经济工作情况，监督支持政府大力组织经济工作，不断提升了全县经济发展的速度和质量。三是加强了对群众关注的热点难点问题的监督和解决。群众关注的热点，就是人大工作的重点。5年来，常委会紧紧把握群众的情绪和时代的脉博，将监督触角延伸到群众生活，勇于站在群众立场上讲真话、讲公道话、讲负责任的话，积极反映解决群众的呼声和要求。根据代表和群众反映，先后对城区供水、城区交通管理、城市规划管理、住房制度改革、社会养老保险费征缴、乡镇卫生院改貌、粮食收购等开展了监督检查活动，使这些热点难点都得到了有效解决，较好地体现了人民群众的意愿，受到了广大群众的欢迎。四是加强了对常委会任命干部的监督。坚持党管干部与人大依法任免一致性原则，充分发扬民主，严格依法办事，5年共依法任免了192名国家机关工作人员的职务，并对任命干部进行了任前法律知识考试，保证了“一府两院”工作的依法有序进行。同时，进一步完善了对被任命干部的监督机制，先后组织开展了3次述职评议活动，陆续地对16个政府部门主要负责同志进行了述职评议，对每位被评议干部都作出中肯的评价，提出了改进的意见和建议。开展的述职评议监督活动，由于指导思想明确，精心组织，周密安排，全体代表积极参与，述职部门主动配合，新闻单位强化宣传，因而都产生了良好的社会效果，有力地推动了政府部门依法行政和各项工作的深入开展。

——法律监督稳步推进。常委会积极致力于社会主义民主法制建设和依法治国基本方略的落实，突出重点，注重实效，不断加大了对法律法规贯彻实施情况的监督检查，确保了宪法和法律法规的正确实施。一是强化法制宣传，积极营造良好的法治氛围。常委会充分发挥主导作用，不断加大法律法规宣传教育力度，加强了对“三五”普法和依法治县第一个五年规划的检查指导，并依法作出了“四五”普法和依法治县第二个五年规划的决议，推动了全体公民的学法用法和各个行业的依法治理。同时，通过发表电视讲话或深入街头带头搞好法制宣传，督促和组织有关部门积极开展了形式多样的法律法规宣传教育活动，在社会上形成了部门依法行政、人民群众积极学法用法的浓厚氛围。二是积极推行执法责任制，深入开展执法监督检查。1999年常委会依法作出了关于在国家机关中进一步落实执法责任制的决议，并坚持以落实执法责任制为主线，有计划、有重点地组织开展了执法监督检查活动。5年来，先后听取并审议了环境保护法、税收征管法、城市规划法、义务教育法、水土保护法、食品卫生法等54部法律法规贯彻实施情况的汇报；对环境保护法、食品卫生法、劳动法、电力法等47部法律法规贯彻实施情况进行了重点视察和检查；对婚姻法、公司法、科技进步法、计划生育条例等13部法律法规贯彻实施情况进行了深入调查。通过深入开展执法检查，及时指出了法律法规贯彻实施中存在的问题，并依法提出进一步改进工作、加大贯彻实施力度的意见，保障和促进了各项法律法规的有效实施。三是加强司法监督，促进公正司法。在加强对司法部门日常执法监督的同时，常委会先后听取并审议了刑事诉讼法贯彻实施情况，法院执行工作、经济审判工作，检察院刑事检察工作、打击经济犯罪情况，公证律师工作情况等汇报，组织对公安干警执法、公安消防、看守所等项工作进行了视察，提出了坚持公正司法、加大办案力度等建议和意见，较好地解决了司法工作中存在的不足和问题，提高了公正司法和依法办案的质量和水平。四是狠抓了信访案件的督办，切实维护法律的严肃性和公正性。近年来，越来越多的基层群众来到人大常委会反映问题。常委会自觉把信访工作看作是了解社情民意的重要渠道，认真接待人民群众的来信来访，狠抓转办、督办和直办，五年共受理人民群众来信来访 324 件次，都得到了较好的处理和解决，保护了人民群众的合法权益，促进了社会稳定，也得到了社会各界和广大人民群众的一致好评。

——代表工作日趋活跃。代表工作是人大工作的根基。常委会坚持把提高代表素质、发挥代表作用列入重要工作议程，深入贯彻代表法，努力为代表开展活动、履行职责创造条件，推动了代表工作不断发展和创新。一是加强了对代表素质的培训提高。充分利用各种渠道和方式，不断加大了对代表的学习培训，积极组织和指导代表深入学习党的路线、方针、政策和宪法、地方组织法、代表法以及有关市场经济方面的法律法规，深入学习人大工作的基本理论和市场经济知识，部分乡镇还特别重视了对代表科技知识和专业技能的培训。通过多年扎实有效的培训学习，切实增强了代表的法制观念、政策水平和行使职权的能力，县十四届人大代表整体素质显著提高。二是进一步密切了与代表的联系沟通。制定实施了分片联系代表制度，及时向代表通报工作情况，虚心听取代表和基层人民群众的呼声要求，积极帮助代表解决执行职务方面的困难。坚持召开常委会会议，开展视察、检查活动时，都吸取有关行业、有关方面的代表参加，听取代表对有关工作的意见，增强人大监督工作的成效。坚持每年上半年和年底两次集中走访代表制度，广泛征求代表对全县工作的意见，每次走访率都达 90%以上。5 年来，代表反映热点问题 160 多条，常委会都专门召开主任会议进行分析综合，及时反馈给县委、县政府及有关部门，引起重视，加以解决。三是积极组织和指导代表开展活动。在加强与代表密切联系的同时，根据每个时期的工作重点，常委会定期制定代表活动计划，指导各乡镇人大组织开展代表视察、检查、评议和代表向选民述职等活动，促进了代表活动的深入开展。同时，紧紧围绕市、县人代会有关议题，每年都组织市、县人大代表对全县国民经济运行、精神文明建设、法制建设等工作情况，听取“一府两院”汇报，并深入实地视察，为代表参加会议、履行职权做好准备。2000 年常委会还适应形势需要，适时作出了在代表中深入开展带头维护大局、带头遵纪守法、带头科技致富、带头帮贫扶困“四个带头”活动的决定，得到了全体代表的拥护和支持，全体代表在各条战线、各个岗位上积极响应，表现出极大地参与热情，较好地发挥了模范带头作用。四是认真审议办理代表意见。制定实施了《关于办理代表建议意见的办法》，将代表建议意见的转办、督办和落实办理期限等进一步明确化、规范化，确保了代表建议意见的办理实效。同时，每年都要听取县政府关于代表建议意见办理情况的汇报，对办理结果认真审议把关，并督促和支持承办部门约见代表，对答复不明确、群众反映强烈的问题，责成政府及有关部门重新办理，从而进一步提高了办理质量和实际效果，使历年人代会上代表联名提出的240多条建议意见都得到了有效办理，代表对办理结果普遍感到满意。5年来，全体代表立足本职，依法执行代表职务，认真履行代表职责，积极反映人民群众的意见，在密切党同人民群众联系，管理国家和社会事务中发挥了重要作用，为推动全县政治、经济和社会各项事业的快速发展做出了积极的贡献。

——乡镇人大工作质量不断提高。加强与乡镇人大联系和指导，加快基层民主法制建设步伐，是常委会的重要工作任务。借鉴外地经验，制定了乡镇人大工作12项规章制度，下发各乡镇参照执行，促进了乡镇人大工作的科学化、制度化和规范化。进一步密切了与乡镇人大的联系，坚持乡镇人大主席列席常委会会议和主任分工联系片制度，定期不定期地到各乡镇人大走访，座谈了解情况，指导乡镇人大依法开展工作。对乡镇人大提出的建议和意见，反映的困难和问题，都能及时向乡镇党委反映或向县委汇报，取得重视和支持。连续4年组织召开了全县乡镇人大工作会议，先后两次分片召开了乡镇人大主席座谈会，研究部署乡镇人大工作任务，对搞好代表培训、带头致富、评议部门以及“争先创优”等工作活动提出了具体要求，增强了乡镇人大依法开展工作的自觉性和积极性，推动了乡镇人大工作的平衡发展。同时，充分发挥五莲人大工作、人大工作情况等舆论阵地作用，及时总结推广乡镇人大工作新鲜经验，宣传乡镇人大工作动态，促进了乡镇人大工作的深入开展。总体上看，近几年来，各乡镇依照法律规定，紧紧围绕党的中心工作，围绕基层民主法制建设，围绕人民群众关心的热点难点问题，积极开展工作，取得了明显的成效，乡镇人大工作呈现出奋发有为、开拓进取、日趋活跃的可喜局面。

——县、乡人大换届选举工作圆满成功。5年来，乡镇人大于1998年、2001年进行了两次换届选举。县级人大于2002年进行了换届选举。在法律要求高、工作任务重的情况下，常委会始终坚持“党委领导、人大主办、各方配合”和“充分发扬民主、严格依法办事”的原则，确定了“以点带面、宣传开路”和选举工作“五步走”的整体工作思路，使县、乡人大换届选举工作顺利成功。对1998年、2001年的乡镇人大换届选举工作，常委会依法确定了各乡镇人大代表名额，任命了乡镇选举委员会成员，并加强了对乡镇人大换届选举工作的组织指导，经过各方面共同努力，圆满完成了两次乡镇人大换届选举任务。对2002年县级人大换届选举工作，常委会高度重视，充分准备，周密部署，精心组织，由于各级重视，步骤明确，措施得力，整个换届选举工作进展顺利，依法选举产生了县十五届人大代表。新一届县人大代表结构合理，整体素质高，具有广泛的代表性，充分体现了改革开放的时代特征。通过换届选举工作，使广大人民群众能够积极参加民主实践活动，充分履行当家作主的权利，增强了管理国家事务的主人翁责任感，为进一步坚持和完善人民代表大会制度、开展人大工作奠定了基础。

——常委会自身建设得到切实加强。结合形势发展和工作需要，深入扎实地加强了常委会机关学习、思想、作风、纪律等自身建设，积极参与和开展了“三讲”教育、落实“三个代表”、警示教育以及“双改”活动，为依法开展各项工作提供了保证。一是理论学习得到了进一步重视和加强。坚持把加强学习作为干好工作的首位来认识，充分利用机关集体学习日和个人自学，深入学习政治理论、法律法规和市场经济、现代科技等知识，不断提高了人大干部队伍的政治、法律和业务素质，增强了依法开展工作的能力和水平。二是工作作风有了明显转变。把对人民负责作为常委会工作的出发点和落脚点，大力倡导实事求是、讲求实效的工作作风，经常深入基层，了解新情况，调查研究新问题，积极负责地帮助群众排忧解难。注重搞好调查研究，对常委会审议和决定的事项都坚持深入基层搞调查，充分了解社情民意，倾听基层和群众意见，确保了各项审议和决定的科学性、正确性。三是常委会整体效能不断提高。修订完善了组成人员守则、主任会议议事规则、联系代表办法、监督工作办法等10余项规章制度，使常委会各项工作都有章可循，推动了人大工作规范有序、健康发展。在行使职权过程中，认真贯彻民主集中制原则，充分尊重委员和代表的意见，充分发挥委室的参谋助手作用，民主议事，民主决策，集思广益，步调一致，调动了常委会组成人员和机关委室开展工作的积极性和主动性。四是廉政纪律得到了认真贯彻和执行。坚决执行中央及省、市、县委关于廉政建设的各项规定，认真落实领导干部廉政纪律，从严要求，防微杜渐，没有出现违法违纪现象，以实际行动树立起了权力机关清正廉洁的社会形象。五是人大理论研究和宣传工作迈出了新步伐。积极探索和实践新形势下人大工作的新思路、新方法，不断拓宽监督渠道，深化监督内容，充分行使法定职权，推动了人大监督工作逐步向深层次发展。坚持抓重点、抓关键原则，把视察、检查的重点放在促进经济发展、社会稳定和严格依法行政、依法办事上，严格控制无关紧要的视察、检查活动。同时，立足人民代表大会制度这一主题，立足全县实际，进一步加大了对人大工作的宣传。五年来，共有230余件作品在市以上报刊发表，有15件作品分别被评为省、市级宣传人大制度优秀稿件，既有力地宣传了我县的人大工作，也提高了全社会的人大意识，营造了尊重、关心和支持人大工作的浓厚氛围。

各位代表，回顾过去的5年，常委会工作领域逐步拓宽，监督力度逐步加大，行使职权的质量和水平逐步提高，树立起了新时期权力机关的良好形象。这是县委正确领导和市人大常委会具体指导的结果，也是常委会组成人员和机关工作人员团结实干、努力工作的结果，更是全体代表和广大人民群众监督支持的结果。在此，向关心支持人大工作的社会各界及全体代表表示衷心的感谢！

在充分肯定常委会五年来取得成绩的同时，也应当看到，常委会工作中还有不少薄弱环节，主要是监督工作的力度还不够大，特别是对群众关心的热点难点问题监督解决的不够有力；代表工作还缺乏经常性的指导；常委会自身建设还有待于进一步加强，等等。这些问题应当在今后的工作中努力加以解决。

二、5年工作实践中的几点体会

回顾和总结过去5年的工作，我们在实践中深刻体会到，人大工作要适应新形势，肩负新使命，开创新局面，必须始终坚持在党的领导下，认真贯彻党的主张和意图，在依法履行职权过程中牢牢把握以下几点：第一，必须把推动经济发展作为第一要务。经济建设始终反映着社会发展的主流和方向，是人民群众最为关注的事业。没有经济的快速发展，一切事业都无从谈起。人大常委会肩负着推动经济发展的重要职责，要善于立足县情，善于围绕经济工作战略重点，善于从人大角度和人民群众角度，充分履行宪法和法律赋予的职权，不断提升经济发展的速度和质量，保障和促进社会各项事业的全面发展和进步。第二，必须心里始终装着人民群众。群众最可亲，最可敬，最可怜，最可畏。人大及其常委会由人民选举产生，代表人民行使国家权力，要始终把群众满意不满意、答应不答应、拥护不拥护、赞成不赞成作为标准来评价我们工作成效的大小和工作质量的高低；要始终体察群众情绪，关心群众疾苦，坚持实事求是，敢于讲真话，讲建设性的话，讲客观公正地看待事物和评判是非的公道话，积极反映人民群众的意愿和要求；要始终深怀爱民之心，恪守为民之责，善谋富民之策，多办为民之事；要始终象张高丽同志讲的那样：象一把雨伞，能为老百姓遮风挡雨，当一头黄牛，能为老百姓耕地种田，做一块石头，能为老百姓铺路搭桥，以实际行动赢得人民群众的信任和支持。第三，必须严格依法办事。严格依法办事是人大工作的基本准则。要始终正确处理好坚持党的领导与依法行使职权、敢于监督与善于监督、讲求实效与履行法定程序、依法办事与从实际出发的关系，做到研究工作先学法、开展工作遵循法、言论行动符合法、解决问题依据法，把思想认识和各项行为都统一到法律要求上来，积极促进依法治国基本方略的落实，加快全县的民主法制建设步伐。第四，必须正确处理监督与支持的关系。监督“一府两院”依法开展工作是宪法和法律赋予人大常委会的一项重要职责。虽然方法方式不同，但目标都是一致的，都是为维护改革、发展、稳定这个大局服务的。工作上的监督，既是必要的制约，又是有力的支持。要坚持正确处理好监督与支持的关系，不断加强与“一府两院”的联系，及时通报情况，提出要求，认真监督，全力支持，促进“一府两院”依法行政、公正司法。第五，必须树立创新精神。创新是民族进步的灵魂，是国家兴旺发达的不竭动力，也是激发人大工作永葆活力的关键所在。实践没有止境，创新也没有止境。要紧紧把握人民代表大会制度这一主题，研究新情况，总结新经验，加强学习借鉴，坚持用更加宽广的眼光审视自己，用发展的观点看待问题，用前瞻的思想谋划工作，不断开创人大工作的新局面。

各位代表，县十五届人大常委会任期的5年，是我国进入全面建设小康社会、加快推进社会主义现代化建设的重要时期，常委会担负的工作任务将更加繁重。在新的发展阶段，常委会总的工作指导思想是：深入贯彻党的十六大精神，全面落实“三个代表”重要思想，抓住关键，求真务实，开拓创新，与时俱进，积极履行宪法和法律赋予的职权，为推进全县工业化、城市化、现代化，实现全面建设小康社会的奋斗目标而做出应有贡献。具体工作中，要以新的思路加快发展，以新的突破深化改革，以新的举措推进各项工作。要紧紧抓住改革开放、经济建设和社会发展中的重大问题以及社会反映强烈、人民群众普遍关心的热点难点问题，依法进行刚性监督。对事关全局的重大事项，要适时作出决议、决定，并采取有效措施，确保审议意见、决议、决定切实得到贯彻落实，充分体现权力机关的权威和作为。要坚持不懈地以深入贯彻落实执法责任制为主线，监督“政府两院”改革完善行政执法责任制和审判、检察制度，进一步加大对有关法律法规贯彻实施情况的检查力度，不断改进和加强人事任免及述职评议工作，切实提高执法水平，推动全县民主法制建设健康发展。要采取多种渠道和形式，进一步加强与代表和乡镇人大的联系沟通，积极为代表履行职责创造条件，探索和实施深化代表工作的新举措，充分发挥代表职能作用，展现代表的时代风采。要高度重视人民群众和代表的来信来访，努力化解社会矛盾，保障公民的合法权益，维护社会稳定。要按照“三个代表”要求，毫不放松地搞好权力机关自身建设，求实进取，勤奋工作，树立良好的工作作风。要善于围绕党的中心工作，围绕改革发展稳定大局，围绕人民群众普遍关心的热点难点问题，围绕常委会审议议题，铺下身子，深入调研，不断提高人大工作的质量和水平。要立足实际，进一步加大对人民代表大会制度和民主法制建设实践的宣传，不断增强全社会人大意识，营造民主、文明的社会风气。

各位代表，贯彻落实党的十六大精神，全面建设小康社会，任务光荣而艰巨。让我们在县委的正确领导下，高举邓小平理论伟大旗帜，全面贯彻“三个代表”重要思想，认清形势，振奋精神，脚踏实地，奋发进取，为推进全县物质文明、政治文明和精神文明建设全面发展进步而努力奋斗！

## 五莲县第十五届人大常委会工作报告

（2007年12月12日在五莲县第十六届人民代表大会第一次会议上）

五莲县人大常委会第一副主任 戴召田

各位代表：

我受崔亮主任委托，向大会报告县十五届人大常委会的工作，请予审议，并请列席会议的同志提出意见。

一、过去5年的工作

县十五届人大常委会任期的5年，是全县改革开放和现代化建设取得显著成绩、人民群众得到更多实惠的五年，也是人大监督成效明显增强、民主法制建设长足进步的5年。5年来，县人大常委会在县委的正确领导和市人大常委会的具体指导下，在全县各级代表和广大人民群众的监督支持下，以邓小平理论和“三个代表”重要思想为指导，深入贯彻党的十六大和十七大精神，全面落实科学发展观，按照“围绕中心、服务大局、依法履职、发挥作用、团结协调、宽松和谐”的总体工作思路，从实现好、维护好、发展好最广大人民群众的根本利益出发，认真履行宪法和法律赋予的职责，与时俱进，开拓创新，较好地完成了各项工作任务。5年来，共依法举行常委会会议31次，主任会议63次，听取审议“一府两院”工作报告134项，形成审议意见37项，开展视察、执法检查和调查活动56次，任免国家机关工作人员195名，有力地促进了“一府两院”依法行政、公正司法，为推动科学发展、促进社会和谐做出了积极贡献。

——贴紧第一要务，高扬发展主题，在保障经济社会又好又快发展方面实现了新作为。按照县委实施“三个战略”、“两个跨越一个提升”、加快推进科学发展、跨越发展、和谐发展的总体要求和工作部署，不断强化中心意识和发展意识，积极开展行之有效的监督活动。全力保障经济快速发展。坚持每年听取县政府关于国民经济和社会发展计划执行情况以及财政预算执行情况、同级财政审计情况的汇报，并依法作出决议，确保了历年全县国民经济和财政预算计划的圆满完成。围绕工业强县，常委会采取听取专项报告和组织调查、视察等手段，对全县工业经济运行、民营经济发展、招商引资等工作进行监督，提出了既要抓好大企业带动,又要抓好中小企业赶超；既要抓好新上项目，又要抓好现有企业扩张；既要抓好传统产业改造，又要抓好高新技术产业突破的建议，推进了工业经济的快速健康发展。围绕增强经济发展后劲，组织对工业园区建设、镇域经济发展、现代服务业以及公路、交通、电力等工作开展了视察，提出进一步加快基础设施建设步伐、优化投资环境、拓宽发展领域、整合发展优势、提升发展理念等建议意见，促进了经济社会全面协调可持续发展。大力促进社会事业发展。坚持经济与社会统筹兼顾的原则，把推进社会事业发展摆上同等重要的位置。先后听取审议了教育、生态旅游业发展、社会福利事业及老龄工作等方面的工作汇报，组织对水资源管理、城区综合治理、“村村通油路”和“万村千乡市场”工程等多项工作进行了调查、视察，通过提出合理化建议并督促抓好落实，推进了相关工作的开展。在视察全县旅游工作时，建议县政府进一步突出五莲生态优势、整合旅游资源优势、打造生态品牌、做好生态业和旅游业结合的文章，提升了旅游业发展水平，推动了生态建县战略的深入实施。

——立足根本任务，推进依法治县，在加快政治文明建设方面取得了新进展。常委会充分发挥权力机关在法制建设中的主导作用，积极致力于社会主义民主法制建设和依法治国基本方略的落实，不断加强和改进人大工作，加快推进社会主义政治文明建设。强化法制宣传教育，提高全民的法治理念。为增强全民法制观念和法律意识，常委会积极参与全民普法和依法治理工作的领导，在顺利完成“四五”普法教育的基础上，常委会第23次会议听取审议了县政府“五五”普法、依法治县规划制定情况的汇报，依法作出决议，规范了“五五”法制宣传教育和依法治理工作。同时，以纪念全国人民代表大会成立50周年和监督法的实施为契机，结合民主法制建设实际，利用召开座谈会、举办培训班、开办纪念专栏和专题等形式，深入开展法制宣传教育活动，进一步强化了全社会的民主法制意识，使人民代表大会制度更加深入人心。加强法律监督工作，推动依法行政、公正司法。本着突出重点、讲求实效的原则，先后听取审议了残疾人保障法、义务教育法、土地承包法、城市规划法、劳动法等法律法规贯彻落实情况汇报；组织对环保法、产品质量法、食品卫生法、职业病防治法等法律法规的贯彻实施情况，以及对刑事检察、民事审判、“平安五莲”建设等12项重点工作开展了执法检查和视察，提出了有针对性的意见建议，保障了法律法规在我县的正确实施，有效地促进了“一府两院”依法行政、公正司法。在常委会第11次会议上，就城市规划法贯彻实施情况，建议县政府在制定规划上，要坚持在高起点、新特色、永久性上下功夫；在执行规划上，要坚持在严肃性、权威性、连续性上不动摇；在基础设施建设上，要坚持在绿化美化、污水处理、垃圾无害化上有新举措，在更加开阔的视野平台上加快了城乡规划发展步伐。在对环保法进行执法检查时，提出了加强环境基础设施建设、加大环保监管力度、制定环境和资源节约利用项目计划、完善循环经济发展的促进政策、健全节能指标的考核体系等建议意见，促进了经济社会和资源环境的相互促进、协调统一，推动了生态文明建设。精心组织人大换届选举，推进基层民主政治建设。今年的县乡两级人大换届选举，是2004年宪法修正后的第一次同步换届选举，时间紧，任务重，责任大。常委会在县委的领导下，将其作为发展社会主义民主政治、建设社会主义政治文明的一次重要实践，坚持“党委领导、人大主办、各方配合”和“充分发扬民主、严格依法办事”的原则，确定了“抓点带面、宣传开路”和选举工作“五步走”的整体工作思路，使县乡人大换届选举工作顺利进行。本次换届，选举产生了213名县人大代表、787名乡镇人大代表。从选出的代表情况看，代表素质明显提高，代表结构较为合理，这对于坚持和完善人民代表大会制度、加强地方政权建设将发挥十分重要的作用。依法履行任免权，切实强化对被任命干部的监督。坚持党管干部和人大依法任免相结合的原则，充分发扬民主，严格依法办事，在认真行使任免权的同时，坚持把任免权与监督权结合起来，把监督事与监督人结合起来，把程序性监督与实质性监督结合起来，切实强化了任后监督。先后对县民政局、公安局、城建局、劳动和社会保障局负责同志进行了述职评议，对常委会任命的其他干部进行了工作视察、执法检查或听取了专项工作汇报。有效地增强了被任命干部的公仆意识、法律意识、责任意识。

——注重关注民生，坚持履职为民，在维护人民群众根本利益方面实现了新举措。常委会把关注民生作为履行职责的出发点和落脚点，积极维护和保障人民群众的权益，着力推进群众最关心、最直接、最现实利益问题的解决，不断提高群众的满意度。5年来，常委会先后组织对就业再就业、社会保障、食品药品监督管理、新型农村合作医疗等工作进行了视察和检查，就优化就业环境、强化社会保障、加强药品监督管理、放宽医保就医范围、简化医保报销手续等问题，提出了建议意见，使这些热点难点都得到了较好地解决，维护了人民群众的利益，促进了和谐社会建设。围绕“三农”问题，采取听取汇报、视察和执法检查等形式，着重对农民增收、国债沼气项目建设管理和新农村建设等工作进行监督，提出了加强农村基础设施建设，大力发展农业产业化经营，切实解决拖欠农民工工资，建立以工促农、以城带乡长效机制等建议意见，引起了政府的高度重视和认真落实，让农民实实在在地体会到新农村建设的成果，享受到新农村建设的实惠，促进了我县农业农村工作的健康发展。切实加强信访工作。人大信访是了解民情、畅达民意、关注民生、维护民权的重要渠道。常委会按照全国人大常委会“四个百分之百”的要求，不断加强和改进信访工作，努力保证来信来访的接阅率、登记率、交办率、反馈率。对于重要信访案件，常委会领导亲自审阅，安排专人调查，认真督促办理。五年来，共受理人民群众来信来访473件次，全部在规定期限内办结，使一些久拖不决的问题得到了妥善处理，达到了体民情、知民意、解民忧、化民怨的目的，依法维护了人民群众的切身利益和合法权益。

——完善工作体系，突出主题活动，在发挥人大代表主体作用方面取得了新成效。常委会认真贯彻中央9号文件精神，积极构建发挥代表作用的工作体系，不断强化发挥代表作用的工作措施。建立健全代表培训机制，提高代表素质和履职能力。坚持每年向代表下发学习培训计划，通过举办培训班、召开代表工作经验交流会等形式，对代表进行集中培训，使代表明确代表职务的内涵，明确代表的职责，强化代表意识，依法行使代表权利；努力拓宽代表知情知政渠道，实行各主任分片联系代表制度，坚持定期走访代表、向代表寄送《山东人大工作》、《人民权利报》和《五莲人大工作情况》等学习资料，向代表通报全县政治经济形势和重要工作安排，使代表能够充分及时地了解政情、社情，为代表履行职责创造条件；坚持邀请代表列席常委会会议和参加有关专门委员会会议制度，积极组织代表参与"一府两院"的重要活动和常委会的执法检查和调研活动，为代表依法履行职务，参与管理国家事务，提供了平台。建立健全代表工作激励机制，提高代表履职积极性。以贯彻全县人大工作会议精神为契机，制定出台了《关于进一步加强和改进人大代表工作的意见》、《关于加强县人大代表小组建设的意见》，建立了《代表实绩档案》等一系列规章制度，规范了代表闭会期间的活动，激励了代表履行职责的积极性。对代表参加人代会、审议工作报告的发言、提出议案和建议意见等情况，参加视察、检查、调查、评议和代表小组活动、联系选民等情况，全部如实记入活动档案，作为考核代表履行职责、评选先进的依据。2006年9月，常委会举办了"五征杯"我身边的人大代表征文活动，对评选出的优秀代表，通过电视、报纸等新闻媒体进行了大张旗鼓地宣传，增强了代表的职务意识和责任意识，激发了代表履行职责的积极性，在代表中营造了人人求发展、人人争先进的浓厚氛围。抓好建议办理，激发代表依法履职的热情。常委会以对代表对人民高度负责的精神，不断改进和加强办理工作，制定了代表议案和建议意见办理办法，严格落实代表建议、批评和意见办理制度，进一步规范了代表建议意见的收集、整理、交办、督办和反馈等程序，努力提高办理质量和效果。县十五届人大一次会议以来，代表提出的156件议案和建议批评意见全部在规定期限内办结，使城区综合治理、农村公路建设等一些人民群众关心关注的实际问题得到了较好解决，改善了五莲的经济社会发展环境，提高了人民群众的生产生活质量，促进了和谐社会建设。

常委会还把指导乡镇人大工作摆上重要位置。乡镇人大是基层的政权组织，乡镇人大工作直接关系着基层民主政治建设和依法治国基本方略的实施。常委会实行工作重心下移，把对乡镇人大工作的指导摆上重要位置，通过举办培训班、召开座谈会等形式，总结经验，交流工作，研究探讨新形势下加强和改进乡镇人大工作的新思路、新举措，切实加强了对乡镇人大干部的培训，提高了乡镇人大干部开展工作的能力和水平。进一步密切与乡镇人大的联系与沟通，常委会领导坚持定期走访联系乡镇，座谈了解情况，指导乡镇人大依法开展视察、检查和评议等活动；对乡镇人大提出的建议和意见，反映的困难和问题，都及时向乡镇党委和县委作了反映或汇报，取得重视和支持，增强了乡镇人大依法开展工作的自觉性和积极性，推动了乡镇人大工作的深入开展。

——创新履职方式，提高履职能力，在高效履行地方国家权力机关职责方面树立了新形象。随着民主政治建设的不断推进，人大的地位和作用日益突出，担负的任务愈加繁重。为适应不断发展变化的新形势、新任务的要求，常委会以提高工作水平和工作效能为中心，不断加强自身建设，树立了人大常委会的良好形象。理论学习得到进一步重视和加强。根据中央和各级党委的统一部署，先后开展了“革除障碍、跨越发展”，保持共产党员先进性，社会主义荣辱观和机关“作风建设年”等主题教育活动，系统而深刻地学习了科学发展观、构建和谐社会、新农村建设、党的十七大精神等重大理论和监督法等法律法规，使思想政治素质和业务水平得到了进一步提高，依法履职的能力明显增强。工作作风得到切实改进。把对人民负责作为常委会工作的出发点和落脚点，大力弘扬求真务实精神，大兴求真务实之风,无论是作出决议决定，还是开展监督活动，都坚持把调查研究作为前提和基础，深入基层，深入实际，深入群众，广泛了解各方面的意见，力求做到掌握情况深入细致，反映问题客观真实，建议意见切实可行；制度建设和方法创新实现新发展。以贯彻中央 9 号文件和全县人大工作会议精神为契机，深入开展了“抓规范、树形象”活动，修订完善了组成人员守则、议事规则、监督工作办法等 13 项规章制度，进一步规范了权力运行机制，促进了人大工作的科学化和规范化；同时，对人大代表辞职制度、审议领衔发言制度、任命人民陪审员、监督员等做法进行了有益的探索和尝试，为人大工作在更高水平和更宽视野上发挥职能作用搭建了新的平台。宣传工作迈出新步伐。坚持宣传就是工作的观念，把宣传与工作捆在一起抓，以工作带宣传，以宣传促工作，切实加强人大常委会机关宣传工作，五年来，累计在市以上人大刊物和新闻媒体上发表各类稿件 340 余篇，较好地宣传了全县民主法制建设的成果。常委会还注重加强机关干部管理和硬件建设，建立健全了机关干部学习、考评、值班等一系列规章制度，改善了机关办公条件，使机关工作效率得到明显提高。

各位代表，过去的 5 年，县十五届人大常委会认真行使宪法和法律赋予的职权，各方面工作都取得了新的进展。这些成绩的取得得益于县委的正确领导，得益于全县人大代表的共同努力和全县人民的大力支持，得益于“一府两院”和有关部门的密切配合。在此，我代表县十五届人大常委会，向关心、支持人大工作的各级组织和各界人士表示衷心地感谢！

五年来的工作实践，成绩值得总结，经验尤为宝贵。我们深切地体会到，人大常委会要依法履行好各项职责、开创工作新局面，就必须坚持和依靠党的领导，这是做好人大工作的根本政治原则，也是人大工作不断取得进步的根本保证，人大工作只有和党委的中心工作同步合拍，才能得到党委更多的支持和重视，也才能取得工作的实效；必须坚持把发展作为第一要务，发展是党执政兴国的第一要务，也是人大工作必须服从和服务的中心，只有把促进发展作为工作中心，坚持服务大局，才能不断开创人大工作新局面；必须坚持依法履职，这是做好人大工作的基本准则，只有依法履职，才能保证决策的民主化、科学化、法制化，才能对“一府两院”的工作做到参与不干预、监督不越权、支持不失职；必须坚持以人为本，保持与人民群众的密切联系，坚持一切从人民群众的根本利益出发，是做好人大工作的本质要求，只有时刻把维护群众利益作为人大一切工作的出发点和归宿，才能真正代表人民行使好地方国家权力，才能真正顺应民意，赢得民心；必须坚持与时俱进，这是做好人大工作的必然选择，只有坚持与时俱进，不断创新，才能使人大工作在探索中前进，在开拓中发展，在创新中提高。

二、对今后人大工作的建议

各位代表，县十五届人大常委会已经顺利完成了自己的历史使命。但也应当看到，常委会工作与建设社会主义政治文明、与宪法和法律赋予的职权、与代表和人民群众的期望相比，还有一定的差距，需要在今后工作中进一步改进和完善。面对新的形势和任务，希望新一届人大常委会在县委的领导下，深入贯彻党的十七大精神，全面落实科学发展观，紧紧围绕县十二次党代会确定的奋斗目标，切实履行宪法和法律赋予的职责，创造性地开展工作，努力推动全县科学发展、和谐发展、率先发展。要更加自觉地坚持和依靠党的领导，坚持重大事项向县委请示报告制度，善于把党的主张通过法定程序变为国家意志，保证党的路线、方针、政策的顺利贯彻执行，保证人大工作沿着正确的方向健康发展。要进一步突出中心工作，努力保障经济社会又好又快发展。紧紧围绕“项目建设年”、“东园西城”建设和加快构建和谐社会的整体工作思路，抓住全县改革发展稳定大局和事关人民群众切身利益、社会普遍关注的重大问题，充分发挥权力机关在构建和谐社会、推进依法治县中的主导作用，进一步更新监督理念，转变监督作风，强化监督措施，综合运用多种有效的监督方式，加强和改进监督工作，确保“一府两院”依法行政、公正司法。要进一步突出代表工作，充分发挥代表主体作用。进一步完善工作制度，强化工作措施，搞好服务，提高代表工作水平，充分发挥代表在经济社会发展和全面建设小康社会中的重要作用，更好地保障人民当家作主；进一步加强对乡镇人大的联系和指导，不断提高乡镇人大工作水平。要进一步突出制度创新，全面加强常委会自身建设。坚持民主集中制原则，进一步健全和完善各项工作制度，为常委会依法履行职责提供制度保障；不断加强和改进工作作风，大力弘扬求真务实、开拓创新的时代精神，大力弘扬胡锦涛总书记倡导的8个方面的良好风气，坚持群众路线，深入基层，调查研究，密切联系群众，使人大工作更加切合实际和符合广大人民群众的意愿。

各位代表！满怀豪情赴盛会，共创伟业开新篇。让我们在中共五莲县委的坚强领导下，高举中国特色社会主义伟大旗帜，以十七大和县委十二届二次全会精神为指导，以更加饱满的精神状态，更加负责的工作态度，更加务实的工作作风，开拓进取，扎实工作，为加快构建社会主义和谐社会，建设“富强和谐、人民安康”的新五莲而努力奋斗！

## 五莲县人民代表大会常务委员会工作报告

（2011年1月19日在五莲县第十六届人民代表大会第四次会议上）

五莲县人大常委会第一副主任　李应田

各位代表：

我受马强主任委托，代表县人大常委会向大会作工作报告，请予审议。

过去的一年，县人大常委会在县委的正确领导下，坚持以邓小平理论和“三个代表”重要思想为指导，全面贯彻党的十七大和十七届三中、四中、五中全会精神，深入贯彻落实科学发展观，紧紧围绕县委“突破发展瓶颈、振兴五莲经济”的发展目标和工作思路，认真履行宪法和法律赋予的职权，各项工作都取得了新进展。一年来，共依法举行常委会会议7次，听取审议“一府两院”工作报告12项，任免国家机关工作人员27人次；组织开展执法检查、集中视察和专题调研23次，为全面完成“十一五”规划目标及2010年工作任务，加快建设富强民主、文明和谐的新五莲作出了积极贡献。

一、正确把握形势，进一步增强做好人大工作的责任感和使命感

刚刚过去的2010年，是我县经济社会发展居弱图强、奋力赶超的一年。一年来，面对复杂严峻的经济形势和前所未有的困难挑战，全县上下认真贯彻落实县委的一系列决策部署，坚定信心，真抓实干，各项工作都取得了新的成绩，开创了新局面。常

委会积极适应新形势新任务的要求，坚持从人大的特点和定位出发，深入研究做好新形势下人大工作的思路和措施，自觉服从和服务于全县工作大局，依法履职，扎实工作，有效地发挥了地方国家权力机关的职能作用。工作实践中，坚持把握了以下几点：一是全力贴近中心。紧紧围绕推动经济更好更快发展这一首要任务，坚持把主要精力放在促进五莲跨越发展的综合性、全局性、前瞻性问题的思考上，放在党委重要决策、政府着力推进的大事要事的研究上，选准履职结合点，增强工作针对性，集中全力抓突破，积极推进中心工作的开展。二是高度关注民生。围绕保障和改善民生，注重选择与人民群众生产生活关系密切的重要事项，采取听取和审议专项工作报告、执法检查、视察和调研等方式，及时发现并督促解决存在的突出问题，努力维护人民群众的根本利益。三是坚持依法履职。牢固树立社会主义法治理念，自觉学法守法用法，严格依照法定职权、法定程序办事，充分运用法律手段，推进各项事业的健康发展。四是讲求工作实效。坚持解放思想，求真务实，改进方法，开展监督和决定重大事项等，都从实际出发，扎扎实实解决问题、推进工作。这些思路和措施，适应了形势任务的需要，使常委会各项工作扎实有序，富有成效。

二、积极履行法定职责，全力促进经济发展与社会和谐

常委会认真贯彻监督法，围绕中心，突出重点，不断加强和改进监督工作，努力增强监督实效，积极促进“一府两院”依法行政、公正司法。

一是大力推动经济增长。严格按照法律规定，适时听取审议了县政府关于计划、预算执行及审计等工作情况的报告，分别作出相应的决议，就进一步落实宏观调控政策、完善社会管理体制、增强财政保障能力提出意见，促进了经济运行质量和预算管理水平的提高。为制定好国民经济和社会发展第十二个五年总体规划纲要，在常委会第22次会议上，听取审议了县政府相关工作报告，对纲要草案进行了初步审查，就增强“十二五”发展的科学性、协调性、普惠性等提出了一些具体建议，为本次会议审查和批准规划纲要作了认真的准备。围绕推动经济提速扩量，听取了县政府关于全县工业调整振兴情况的报告，组织对全县大项目建设工作进行了视察，建议抢抓国家扩大内需和省委、市委打造半岛蓝色经济新区、发展鲁南临港产业带的战略机遇，强力突破大项目争引建设，加速推进工业振兴，大力培植战略性新兴产业，以增量调整促存量优化，为区域经济发展转型增添了新的动力。围绕提升企业自主创新能力和产业核心竞争力，增强经济社会发展后劲，组织对产品质量法、科技进步法实施情况进了执法检查，对进一步增强全社会的科技意识，深化科技体制改革，健全完善科技投入体系，推动科技进步产生了积极影响。着眼于培育发展服务业支柱产业，提升服务业对全县经济增长的贡献率，组织对全县服务业发展情况进行了专题调研，提出建设性

意见，为县委、县政府科学决策提供了参考依据。常委会支持政府全力推进节能减排工作，积极配合省、市人大有关监督工作安排，对全县节能减排工作和环保法实施情况进行了视察和执法检查，对环保世纪行活动进行了集中采访报道，将人大监督与舆论监督、社会监督有效结合起来，为促进资源节约型、环境友好型社会建设发挥了积极作用。

积极参与和支持中心工作。针对当前我县正处在加快发展的关键时期，工作任务较为繁重的实际，按照县委的安排，常委会主任会议成员主动承担工作任务，借助人大的工作力量，积极做好包联骨干企业、重点技改项目、重点建设工程、矛盾纠纷调处、企业跟踪服务等工作，为我县的发展和稳定做出了一定的贡献。

二是努力促进改善民生。倾听民声，反映民意，促进相关问题的解决是常委会的重要职责。为推进社会救助体系建设，去年4月份，常委会在视察的基础上又专门成立调研组，深入到部分乡镇，通过察看现场、走访慰问困难群众、召开座谈会等多种形式对社会救助体系建设工作进行了深入调研，就工作中存在的五保供养标准偏低、集中供养困难较大、资金投入不足、管理机制不够顺畅等困难和问题，提出了针对性的意见建议，引起相关部门的高度重视和认真落实，维护了弱势群体的权益，促进了和谐五莲建设。农村住房建设和危房改造，关系到农民群众切身利益和新农村建设，常委会将此列入重要议事日程，组织开展了专题调研，提出了科学编制规划、统筹土地资源、维护农民权益等意见建议，全力推进这项工作的开展。着眼于深化农村改革发展，依法促进农业产业化进程，听取了县政府关于全县农业产业结构调整情况的报告，组织对农业机械化促进法实施情况进行了执法检查，建议各级加大公共财政对农业的投入和金融支持力度，加快发展农民专业合作组织，培育壮大农业龙头企业，强化农产品及农机市场管理，逐步健全完善农业产业化发展的支持保障体系，为推进农业产业结构调整工作的顺利开展和农民收入的稳定增长起到了积极作用。着眼于深化文化体制改革，提升文化软实力，让广大人民群众共享文化发展成果，6月份，组织对全县公共文化服务体系建设工作进行了视察，提出加快出台体现县域特色的文化体系规划，大力推进文化建设创新，切实加强文化人才队伍建设，努力做大做强五莲文化产业的建议意见，引起县委、县政府领导的高度重视，并责成相关部门认真研究并予落实。

三是着力维护社会和谐稳定。常委会高度重视对审判机关和检察机关的监督。着眼于促进司法队伍建设，提高司法能力和水平，优化经济发展环境，第18次会议听取了县法院关于法官法贯彻实施情况的报告和县检察院关于办理自侦案件情况的报告，要求“两院”进一步健全完善监督制约机制，切实加强司法职业修养，不断提高办案质量和效率，努力实现法律效果和社会效果的有机统一。认真落实省、市规范性文件备案审查规定，依法启动了规范性文件备案审查工作。一年来，常委会依法依规对县政府报送的《五莲县城区生活垃圾处理费征收管理办法》、《五莲县规范行政处罚自由裁量权暂行办法》等8个规范性文件进行了备案审查，并督促县政府进一步规范文件制定的程序和内容，严格依照相关规定出台规范性文件，保证了国家法制的统一。重视做好人大信访工作，把解决信访问题与人大监督工作有机结合起来，认真处理来信来访，积极化解社会矛盾，维护社会稳定与人民群众的合法权益。

四是依法行使人事任免权。常委会坚持党管干部与人大依法任免干部相统一的原则，认真做好人事任免工作。全年共依法任命国家机关工作人员17人，免职10人，任命人民陪审员20人、人民监督员5人，补选市、县人大代表9人；依法成立了洪凝街道人大工作委员会，理顺了工作体制，任命了工作人员，为地方国家机关工作的正常运转提供了组织保障。

三、进一步加强代表工作，充分发挥代表作用

常委会不断完善代表工作制度，进一步改进服务保障工作，注重发挥代表作为国家权力机关主体的作用、密切联系群众的桥梁纽带作用和促进经济社会发展的模范带头作用。

在工作中，主要强化了五个方面的措施。一是高度重视代表小组建设。把代表小组建设作为加强代表工作、增强代表活动实效的重要基础。定期对代表小组阵地建设、制度建设、履职档案建设、活动安排等各个环节进行检查指导，常委会就进一步创新代表工作内容、丰富代表活动形式、更好地发挥职能作用提出了明确要求。全县各级人大代表小组建设得到加强，活动不断规范。二是深入开展代表述职评议工作。为进一步健全代表监督约束机制、促进代表积极履行职责，11月份，常委会在街头镇召开了代表述职评议工作现场会，部分代表就近年来个人联系选民、履职和为民办实事情况，向选民代表公开进行了汇报，“面对面”接受了评议。这一做法，增强了代表履行职责的责任感和自觉性，密切了代表同人民群众的联系，扩大了人大工作的社会影响力。三是扎实推进“三带头一满意”活动。为检验“三带头一满意”活动效果，督促人大代表切实履行职责，不辱代表使命，常委会组织对代表“三带头一满意”活动开展情况多次进行督导检查。广大代表立足本职，带头干事创业，带头维护大局，带头关注民生，积极参与工业调整振兴和农业产业结构调整，涌现出了一大批带头致富的榜样、帮贫扶困的模范、争先创优的典型，充分展现了代表的时代风采。一年来，全县各级人大代表共联系选民5万余人次，反映选民意见460余条，化解社会矛盾210多起，为民办好事、实事180多件，为促进全县经济跨越发展和社会和谐稳定发挥了

积极作用。四是认真做好代表建议意见办理工作。常委会高度重视代表建议工作，进一步规范交办、督办程序，加大对重点建议的跟踪督办力度，着力提高代表满意率。在第19次会议上，专题听取了县政府关于县十六届人大三次会议代表建议、批评和意见办理情况的汇报，并组织有关人员对建议意见的办理情况逐件进行了满意度测评。较往年相比，去年县政府办理代表建议意见的力度更大、措施更实、效果更明显，一些代表关注、群众关心的热点问题，如城乡教师工资差别问题、县城车辆乱停乱放问题、城乡道路修复改造等问题都得到了较好地解决，代表们对建议办理工作普遍表示满意。人大代表提出的建议批评和意见，体现了广大人民群众的愿望和要求，通过办理和落实，有力地促进了改革发展稳定，密切了党群干群关系，推动了国家机关工作的开展。五是努力为代表履职提供服务和保障。坚持向代表通报常委会重要工作和重大活动情况，邀请人大代表列席常委会会议，参加视察、执法检查和调研，为代表订阅《山东人大工作》和《人民权利报》，努力为代表知情知政提供服务和帮助。常委会组成人员坚持定期走访联系代表，采取多种形式，听取意见，促进工作的创新发展。

四、强化保障措施，努力提高工作效率和工作水平

以深入开展“抓作风强执行促发展”活动为切入点，紧密联系人大工作实际，制定出台了关于进一步加强作风建设、增强监督实效的意见，全面强化了组成人员的学习意识、纪律意识和责任意识，增强了做好人大工作的事业心和使命感。

坚持“一月一学法”。在深入完善主任理论学习中心组、集体学习和个人自学制度、切实加强政治理论学习的同时，遵循人大工作的特点和规律，常委会把学习的重点放在学法用法上，坚持每月学习一部法律。去年以来，结合工作的开展，系统地学习了监督法、科技进步法、文物保护法、农机化促进法等法律法规，为依法开展监督工作、增强监督实效，奠定了良好基础。实行与会通报制度。为强化组成人员的履职责任，提高会议质量和工作效率，要求各位组成人员妥善安排工作和社会活动，按时出席常委会会议，并将出缺席情况予以通报，切实增强组成人员的履职透明度，更好地接受代表和广大人民群众的监督。深入开展调查研究。把调查研究作为提高常委会工作质量和水平的基础性工作来抓，坚持深入基层，深入群众，不断深化对社情民意的认识，力求抓住带有倾向性、普遍性的问题，努力做到分析问题切中要害、提出意见有理有据、作出决策切实可行，既提高常委会的工作质量，也起到推动有关方面改进工作的作用。

各位代表，过去一年常委会工作取得了一定成绩，这是县委正确领导、全体人大代表和常委会组成人员共同努力的结果，是“一府两院”密切配合、社会各界大力支持的结果。在此，我谨代表县人大常委会，向大家表示衷心的感谢！

同时，我们也清醒地认识到，对照形势任务要求和人民群众的期望，常委会的工作还有一定的差距和不足。在依法履职的形式和内容上有待进一步研究和改进，支持和保障代表依法执行职务、发挥作用方面需要加强，人大制度化、规范化建设有待进一步强化。对此，我们将在今后工作中不懈努力，切实加以解决。

各位代表，2011 年是实施“十二五”规划的开局之年，是五莲在新的历史起点上，全力推动经济社会超常规跨越发展的关键一年。常委会要坚持以邓小平理论和“三个代表”重要思想为指导，全面学习贯彻党的十七大和十七届五中全会精神，深入贯彻落实科学发展观，围绕中心，突出重点，依法履行各项职责，为“十二五”规划开好头、起好步，加快建设富强民主、文明和谐的新五莲作出更大的贡献。

——更加注重服务工作大局，在促进发展中实现人大工作新作为。认真学习把握中央经济工作会议和省委、市委、县委重要会议精神，不断深化对经济社会发展新阶段新形势新任务的认识，把思想和行动高度统一到县委“解放思想、创新突破”的重大决策部署上来，全力促进经济更好更快发展与社会和谐稳定，努力使常委会的各项工作，能够更好地与科学发展观的根本要求相适应，与全县经济社会发展大局相切合，更好地体现广大人民群众的意志和愿望。

——更加注重增强监督实效，扎实开展工作监督和法律监督。坚持突出重点、讲求实效，切实加强对年度计划预算执行、工业经济运行、项目争引建设、旅游业发展、产业结构调整、“森林五莲”建设、园林城市创建、民生与社会事业发展、强农惠农政策落实等工作的监督。继续深化规范性文件备案审查工作，强化对环境保护法、城乡规划法等法律法规实施情况的监督，依法启动实施“六五”普法和第四个依法治县五年规划，为全县经济社会发展营造良好的法治环境。着力抓好常委会审议质量的提高和审议意见的督查落实，拓展人大工作向社会公开渠道，进一步提升监督工作的透明度和公众参与度。

——更加注重做好代表工作，充分发挥代表的主体作用。继续加大对代表工作的推进力度，更充分地为代表执行职务搞好服务。积极探索代表履职的新途径，深入开展代表“三带头一满意”活动，指导开展好县乡代表向选民述职工作。建立完善代表建议办理“回头看”等制度，进一步提高建议办理落实的质量与效率。

——更加注重加强制度建设，努力提高人大工作的制度化、规范化水平。以推动新一轮思想解放，开展“执行力、创新力、公信力”建设年活动为契机，全面加强思想建设、组织建设和作风建设，不断健全完善常委会各项工作制度，努力推进人大工作的科学化、制度化、规范化，进一步提升履职能力和工作水平。支持常委会机关深入开展创先争优、提升效能活动，打造一支政治强、业务精、作风正的机关干部队伍，为常委会依法履行职责提供更加有力的服务保障。密切与乡镇街道人大的联系，加强工作交流，总结推广经验，提供指导和帮助，共同推动全县人大工作再上新水平。

各位代表，当前我县经济社会发展已进入一个关键时期，我们肩负的任务光荣而艰巨。让我们在中共五莲县委的坚强领导下，充分发挥地方国家权力机关的职能作用，解放思想，创新突破，扎实工作，为推动经济社会更好更快发展，开创五莲科学发展、跨越发展、和谐发展的新局面做出新的更大的贡献！

# 规章制度摘录

## 五莲县人大常委会办公室<br>关于印发《五莲县人大常委会组成人员守则》等<br>规章制度的通知

各乡镇人大，县直各有关单位，常委会各组成人员：

《五莲县人大常委会组成人员守则》等10项规章制度已于2007年12月29日经五莲县第十六届人大常委会第1次会议审议通过。根据常委会领导意见，现予以印发。

2007年12月29日

## 五莲县人大常委会组成人员守则

（2007年12月29日县十六届人大常委会第一次会议通过）

第一条 为了加强常委会组织制度建设，使常委会组成人员更好地履行职责，依据宪法和法律的有关规定，制定本守则。

第二条 常委会组成人员必须高举中国特色社会主义伟大旗帜，以邓小平理论、“三个代表”重要思想和科学发展观为指导，认真贯彻执行党的路线方针政策，在政治上、思想上、行动上同党中央和各级党委保持高度一致。

第三条 常委会组成人员必须以推进社会主义物质文明、政治文明、精神文明和生态文明建设为己任，自觉坚持人民代表大会制度，模范地遵守宪法和法律，全心全意为人民服务，虚心接受县人大代表和全县人民群众的监督。

第四条 常委会组成人员必须认真学习政治理论和法律法规，熟悉和掌握履行职责必备的知识和人大工作程序，不断提高自身素质。

第五条 常委会组成人员必须切实履行职责，努力工作，其他社会活动要服从常委会工作需要。驻会的常委会组成人员要按照工作分工搞好人大日常工作，不驻会的常委会组成人员要立足本职，发挥作用，重大事项、重要活动要及时向常委会领导请示、汇报。

第六条 常委会组成人员必须按时出席常委会会议。因病或其他特殊原因不能出席常委会全体会议的，应向常委会主任或主持日常工作的副主任请假；不能出席常委会分组会议的，应向分组会议召集人请假。请假每年一般不超过两次。

第七条 常委会组成人员必须遵守民主集中制的原则，严格按照法律规定办事。

第八条 常委会会议举行前，常委会组成人员应就会议议题搞好调查研究，为审议做好准备。常委会组成人员在常委会各种会议上，应当遵守议事规则和其他有关程序。常委会组成人员在分组审议时的发言，要围绕会议议题，严肃认真地表明态度，提出建议或意见。常委会组成人员在常委会各种会议上的发言和表决不受法律追究。

第九条 常委会组成人员必须参加对议案的表决，并服从依法表决的结果。会议主持人宣布议案交付表决后，常委会组成人员不得再对该议案发表意见，但与表决有关的程序问题不在此限。

第十条 常委会组成人员要依照规定参加常委会组织的视察、调查、检查等活动。参加活动时，可以提出建议、批评和意见，但不直接处理问题。

第十一条 常委会组成人员要密切联系人大代表和人民群众，广泛听取群众的意见和要求，并及时向县人大常委会反映情况。

第十二条 常委会组成人员必须认真执行党中央和各级党委关于领导干部廉洁自律的规定，廉洁奉公，勤政为民，不得以任何手段、任何理由牟取不正当利益。

第十三条 常委会组成人员要严守国家机密。凡属规定不应公开的内容，一律不得以任何方式传播。

第十四条 常委会组成人员严重违反本守则的，应向主任会议作出检查。

第十五条 本守则自通过之日起施行。

## 五莲县人大常委会议事规则

（2007 年 12 月 29 日县十六届人大常委会第一次会议通过）

### 第一章 总则

第一条 为保证县人大常委会（以下简称常委会）依法行使好各项职权，提高议事效率和质量，根据《中华人民共和国宪法》、《中华人民共和国地方各级人民代表大会和地方各级人民政府组织法》、《中华人民共和国地方各级人民代表大会常务委员会监督法》的有关规定，结合县人大常委会工作实际，制定本规则。

第二条 坚持和依靠党的领导。常委会审议议案、工作报告和决定问题，以邓小平理论、“三个代表”重要思想和科学发展观为指导。准备讨论、决定的重要问题要向县委报告，切实保证县委意图在常委会工作中的贯彻落实。

第三条 坚持民主集中制原则。常委会审议议案、工作报告和决定问题，要广开言路，在民主的基础上实行正确的集中，保证会议所做的决议、决定体现大多数人的意志。

第四条 坚持依法议事原则。常委会审议议案、工作报告和决定问题，要严格按法定程序进行，保证会议所做的决议、决定符合宪法和法律规定。

第五条 本规则适用于常委会全体会议和分组会议。

## 第二章 议事范围

第六条 讨论决定本县政治、经济、教育、科学、文化、卫生、环境和资源保护、民政、民族等工作的重大事项；保证宪法、法律、行政法规、地方性法规、上级人民代表大会及其常委会和县人民代表大会决议、决定的遵守和执行。

第七条 根据县人民政府的建议，决定对本县的国民经济和社会发展计划、财政预算的部分调整。审查和批准县人民政府编制的县级决算。

第八条 听取和审议县人民政府、县人民法院、县人民检察院的专项工作报告；监督县人民政府、县人民法院和县人民检察院的工作。

第九条 议定联系本级人大代表的事项，受理并议定人民群众对县行政机关、审判机关、检察机关和国家工作人员的申诉、意见。

第十条 审议属于常委会职权范围内的议案。

第十一条 审查、撤销县人民政府发布的不适当的决定、命令和各乡镇人大作出的不适当的决议或决定。

第十二条 决定常委会职权范围内的人事任免事项，补选日照市人民代表大会出缺的代表和罢免个别代表。

第十三条 决定县人民代表大会代表的选举和有关的选举事项。决定设立常务委员会代表资格审查委员会并确认代表资格。指导乡镇人民代表大会代表的选举工作。

第十四条 决定召开并召集县人民代表大会会议。议定召开人民代表大会的有关事项。

第十五条 决定授予县级荣誉称号。

第十六条 办理人民代表大会授权和其它需由常委会审议决定的事项。

## 第三章 会议的召开

第十七条 常委会会议每两个月至少举行一次；必要时，经多数委员提议或主任会议决定，可以临时召集。常委会会议由主任召集并主持。主任可以委托副主任召集并主持会议。

第十八条 常委会举行会议时，常委会组成人员应按时出席会议。因病或其他特殊原因不能出席会议时，应向常委会主任或主持日常工作的副主任请假。常委会组成人员请假每年一般不得超过两次。常委会会议必须有全体组成人员的过半数出席才能举行。

第十九条 常委会举行会议的日期，由主任会议决定。会议议程草案、日程草案，由主任会议拟订，提请常委会全体会议审议决定。会议期间，议程如有改变，由常委会全体会议决定。

第二十条 常委会举行会议，应当在举行会议的10日前，将开会日期、地点、建议会议讨论的主要事项等，通知常委会组成人员和有关地方国家机关。临时召集的会议，可以临时通知。在举行会议的7日前，将专项工作报告发给常委会组成人员。

第二十一条 常委会举行会议时，县人民政府、县人民法院、县人民检察院的负责人列席会议。常委会办事机构和有关部门的主要负责人列席会议。邀请县政协的负责人列席会议。根据会议需要，可邀请乡镇人大负责人列席会议；必要时，可以邀请有关的人大代表列席会议。主任会议认为必要时，可邀请本县公民旁听会议。列席会议人员因故不能到会时，应向常委会主任或主持日常工作的副主任请假。

第二十二条 常委会会议审议议案和工作报告时，常委会组成人员提出的建议、意见，会后整理印送有关部门办理。有关部门要将办理结果及时报告常委会。

## 第四章 议案的提出和审议

第二十三条 常委会主任会议，常委会组成人员3人以上联名，县人民政府，县人民法院，县人民检察院，可以向常委会提出属于常委会职权范围内的议案，由主任会议决定是否提请常委会会议审议。

第二十四条 常委会主任会议根据工作需要，可以委托常委会办事机构或有关国家机关代拟议案草案，并向常委会会议作说明。

第二十五条 向常委会提出议案的时间，一般应在常委会会议举行前一个月，递交常委会办公室或有关的工作机构。

第二十六条 对列入常委会会议的议案，提请机关和常委会办事机构应当提供有关资料或调查材料。

第二十七条 提请常委会会议审议的议案，在审议中有重大问题需要进一步研究的，经主任会议提出，全体会议同意，可暂不付表决，经调查清楚后，再次提交常委会会议审议表决。

第二十八条 列入常委会会议的议案，在交付表决前，提案机关或者提案人要求撤回的，经主任会议同意，对该议案的审议即行终止。

## 第五章 听取和审议专题工作报告

第二十九条 常委会会议听取县人民政府、县人民法院、县人民检察院的专项工作报告。县人民政府向常委会会议报告工作，应由县长或副县长作报告，也可以委托有关部门主要负责人作报告。县人民法院、县人民检察院向常委会会议报告工作，应由院长、检察长作报告；院长、检察长因故不能到会时，可以委托副院长、副检察长到会作报告。

第三十条 县人民政府、县人民法院、县人民检察院向常委会提出的专项工作报告，应在常委会举行会议的20日前，由其办事机构将专项工作报告送交常委会有关工作机构征求意见；县人民政府、县人民法院、县人民检察院对报告修改后，在常委会举行会议的10日前送交常委会。

第三十一条 对列入常委会会议听取审议的专项工作报告，主任会议组织常委会组成人员和人大代表对有关工作进行视察或者专项调查研究，由办事机构汇总整理形成视察或调查报告，交由县政府或县法院、县检察院研究，并提出在专项工作报告中应作出回应的具体要求。常委会可以安排参加视察或者专项调查研究的代表列席常委会会议，听取专项工作报告，提出意见。

第三十二条 常委会会议审议专题工作报告后，应提出审议意见；必要时，可以作出相应的决议或决定。

第三十三条 常委会作出的决议、决定和提出的审议意见，由提请报告的机关办理，并将办理情况于两个月内书面报告常委会。必要时，经主任会议决定，应向常委会会议或主任会议汇报。

## 第六章 询问、质询和特定问题调查

第三十四条 常委会会议审议议案和有关报告时，县政府或者有关部门、县人民法院或者县人民检察院应当派有关负责人员到会，听取意见，回答询问。

第三十五条 在常委会会议期间，常委会组成人员 3 人以上联名，可以向常委会书面提出对县人民政府及其工作部门、县人民法院、县人民检察院的质询案。

第三十六条 质询案必须写明质询的对象、问题和内容。质询案的主要内容是：（一）有关地方国家机关违反宪法、法律以及常委会的决议、决定等方面的重大问题；（二）有关县人民政府组成人员和县人民法院、县人民检察院领导人员的严重失职、渎职行为；（三）有关地方国家机关工作失误、造成严重后果的事件；（四）其他需要质询的重大事项。

第三十七条 质询案由常委会主任会议决定是否提请常委会会议审议。

第三十八条 质询案由受质询的机关负责人在常委会会议上作答复。提出质询案的常委会组成人员的过半数对受质询机关的答复不满意时，可以提出要求，经主任会议决定，由受质询机关再作答复；对答复仍不满意时，可以依照法定程序组织特定问题调查委员会进行调查。

第三十九条 列入常委会会议的质询案，在未作出答复前，提质询案的常委会组成人员要求撤回的，经主任会议同意，对该质询案的审议即行终止。

第四十条 主任会议或五分之一以上的常委会组成人员书面联名，可以向常委会提议组织关于特定问题的调查委员会。特定问题调查委员会由主任委员、副主任委员和委员组成，由主任会议在常委会组成人员和其他代表中提名，提请常委会全体会议通过。调查委员会应向常委会提出调查报告。常委会根据调查委员会的报告，可以作出相应的决议或决定。

## 第七章 任命、免职和撤职

第四十一条 常委会会议任免国家机关工作人员应当严格按照有关法律规定执行。

第四十二条 县人民政府、县人民法院、县人民检察院，常委会主任会议，常委会五分之一以上的组成人员书面联名，都可以向常委会提出部分国家机关工作人员的撤职案，由主任会议决定是否提请常委会审议；或者由主任会议提议，经全体会议决定，组织调查委员会，由以后的常委会会议根据调查委员会的报告审议决定。撤职案的表决采用无记名投票的方式，由常委会全体组成人员的过半数通过。

## 第八章 发言、表决、决议、决定和审议意见的贯彻落实

第四十三条 常委会组成人员在会议上的发言和表决，不受法律追究。列席常委会会议人员有发言权，没有表决权。

第四十四条 常委会组成人员和列席会议的人员，在接到会议预备通知后，要认真做好审议和发言准备，包括学习有关的法律或文件，进行必要的调查研究等。

第四十五条 表决议案以常委会全体组成人员的过半数通过。表决结果由会议主持人当场宣布。

第四十六条 对人事任免案可以逐人表决，也可以根据情况合并表决。

第四十七条 常委会表决议案，可以采用无记名投票方式，也可采用举手方式或者其他方式。

第四十八条 常委会决定任命的地方国家机关工作人员，由常委会颁发任命书，主任署名。

第四十九条 常委会作出的决议、决定，应分别交由县人民政府、县人民法院、县人民检察院组织实施。县人民政府、县人民法院和县人民检察院应当在决议、决定规定的期限内，将执行决议、决定情况向常委会报告。

第五十条 常委会在听取审议“一府两院”专项工作报告后提出的审议意见，或听取审议常委会执法检查组的执法检查报告后提出的审议意见，由常委会有关办事机构汇总整理后，交由县人民政府、县人民法院、县人民检察院研究处理。

### 第九章 附则

第五十一条 常委会会议进行过程及情况，通过的决议、决定等，报纸、广播、电视等新闻媒体应及时公布、报道。

第五十二条 本规则由常委会主任会议负责解释，修改权属于常委会。

第五十三条 本规则自通过之日起施行。

## 五莲县人大常委会主任会议议事规则

（2007 年 12 月 29 日县十六届人大常委会第一次会议通过）

第一条 为使县人大常委会主任会议处理重要日常工作制度化、规范化，保证常委会更好地依法行使职权，根据《中华人民共和国地方各级人民代表大会和地方各级人民政府组织法》的有关规定和《五莲县人大常委会议事规则》精神，结合我县人大工作实际，制定本规则。

第二条 主任会议由常委会主任、副主任组成。

第三条 主任会议由常委会主任或主持日常工作的副主任召集并主持，也可以委托其他一名副主任召集并主持。

第四条 主任会议每月至少举行一次。如有特殊情况，可由主任或主持日常工作的副主任临时召集。

第五条 举行主任会议时，常委会办公室主任列席会议，常委会其他办事机构以及“一府两院”和有关部门负责人，根据会议内容和工作需要列席会议。

第六条 主任会议讨论决定问题，实行民主集中制原则，严格依法办事。

第七条 主任会议研究的议题，由主任会议成员或常委会办公室主任提出，主任或主持会议的副主任确定。

第八条 主任会议处理常委会下列重要日常工作：

（一）研究县人民代表大会筹备工作，拟定大会议程、日程草案、列席人员范围及有关建议事项；

（二）研究拟定常委会工作计划、总结、工作部署及重要工作报告；

（三）研究决定常委会会议召开的时间、地点和列席人员，拟定会议建议议程、日程以及会议决议、决定草案；

（四）讨论审查“一府两院”和常委会组成人员 3 人以上联名提出的议案；

（五）研究决定质询案的处理方式和期限；

（六）审查县人民政府作出的决定和命令，以及乡镇人民代表大会的决议。认为不适当的，提请常委会决定予以取销；

（七）检查县人大及其常委会的决定、决议贯彻执行情况，督促有关部门认真落实；

（八）初步审查“一府两院”以及常委会提请的人事任免事项；

（九）听取“一府两院”及有关单位的专题工作汇报，提出建议和意见；

（十）研究代表工作，处理代表和人民群众的重要来信来访，听取关于代表所提建议、批评和意见办理情况的汇报；

（十一）研究处理乡镇人大反映的有关重要问题，指导乡镇人大开展工作；

（十二）听取常委会办事机构的工作汇报，领导常委会机关工作，讨论决定常委会自身建设的具体事宜；

（十三）研究组织代表或委员进行视察、检查和调查工作的具体事宜；

（十四）研究处理常委会决定授权的事项，承办上级人大常委会交办的事宜；

（十五）在紧急情况下，可以讨论决定常委会职权范围内的个别问题，在下次常委会会议上提请审议确认。

第九条 主任会议研究决定的事项，常委会办公室或其他办事机构要在分管主任的领导下，分别负责抓好落实，并将落实情况向主任会议作出汇报。

第十条 主任会议要有专门人员作好会议记录，必要时可印发会议纪要。

第十一条 主任会议召开次数按届累计。

第十二条 本规则自通过之日起施行。

## 五莲县人大常委会监督工作办法

（2007年12月29日县十六届人大常委会第一次会议通过）

### 第一章 总 则

第一条 为保证县人民代表大会常务委员会（以下简称常委会）依法行使监督职权，根据《中华人民共和国宪法》、《中华人民共和国各级人民代表大会常务委员会监督法》的有关规定，结合我县实际，制定本办法。

第二条 在县人民代表大会闭会期间，常委会依法保证宪法、法律、行政法规、地方性法规和上级人民代表大会及其常委会的决议在本行政区域内的遵守和执行。对县人民代表大会及其常务委员会决议、决定的实施以及县人民政府、人民法院、人民检察院的工作进行监督。县人民政府、人民法院、人民检察院对县人大常委会负责并报告工作。

第三条 常委会实行民主集中制的原则，集体行使监督职权。

### 第二章 监督的范围和内容

第四条 常委会监督的范围：法律监督、工作监督和县人民代表大会及其常务委员会选举、任命的国家机关工作人员的监督。

第五条 常委会监督的内容：

（一）宪法、法律、行政法规、地方性法规，上级人民代表大会及其常委会决议、决定的遵守和执行情况；

（二）县人民代表大会批准的本县国民经济和社会发展计划、财政预算的执行情况以及县人大常委会决定的部分变更的执行情况；

（三）县人民代表大会及其常委会关于本行政区域内的政治、经济及社会各项事业中的重大事项作出的决议、决定的贯彻实施情况；

（四）县人民政府及其工作部门的决定、命令以及规范性文件是否符合宪法、法律、行政法规、地方性法规和县人民代表大会及其常委会的决议、决定；

（五）县人民法院的审判工作、县人民检察院的检察工作及其制定的指导审判、检察工作的文件是否符合宪法、法律、行政法规、地方性法规；

（六）乡（镇）人民代表大会的决议、决定是否符合宪法、法律、行政法规、地方性法规和县级以上人民代表大会及其常务委员会的决议、决定；

（七）县人民代表大会及其常务委员会选举、任命的县人民政府组成人员，县人民法院和人民检察院工作人员遵守法律、履行公职和廉洁勤政情况；

（八）本行政区域内人民群众普遍关心和迫切要求解决的有关国计民生、公民权益方面问题的处理情况；

（九）常委会认为应当依法监督的其他事项。

## 第三章 监督的方式和程序

第六条 听取和审议县人民政府、人民法院、人民检察院的工作报告，必要时作出相应的决议、决定。听取和审议工作报告的程序，按照《五莲县人大常委会议事规则》的规定执行。

常委会审议工作报告时，报告机关应由主要负责人列席会议，听取意见，回答询问。出席的多数常委会组成人员对报告的内容持有异议时，报告机关应当在全体会议上作出说明；对工作报告不满意时，报告机关应在下次或以后的常委会会议上重新报告。

第七条 常委会主任会议认为必要时，可以听取县人民政府及其工作部门、县人民法院和人民检察院的专题工作汇报，提出询问、建议、批评和意见。

常委会主任会议根据需要，可以委托常委会有关办事机构，听取县人民政府工作部门、人民法院、人民检察院的专题工作汇报，并可以提出询问、建议和意见。对被认为同宪法、法律、法规相抵触的问题以及其他重大问题，有关办事机构应当提出处理意见，由主任会议决定是否提请常委会会议审议。

第八条 在常委会会议期间，常委会组成人员3人以上联名，可以向常委会书面提出对县人民政府、人民法院、人民检察院的质询案。质询程序按照《五莲县人大常委会议事规则》的规定执行。

第九条 县人民政府的决定、命令和规范性文件，县人民法院和人民检察院制定的指导审判、检察工作的文件，乡镇人民代表大会的决议、决定等，均须报常委会备案。

第十条 常委会根据工作计划和实际需要，组织常委会组成人员、有关的县人大代表在本行政区域内对宪法、法律、法规的贯彻实施情况以及“一府两院”有关工作进行视察或检查。在视察和检查中，可以向有关单位提出建议、批评和意见，被视察、检查的机关和单位要认真研究办理，并向常委会报告办理情况。

常委会主任会议认为必要时，可以决定由办事机构对有关执法单位进行检查。在检查中，可以调阅有关案卷，可以提出建议和意见，如发现重大违宪、违法行为，办事机构应提出处理意见，由主任会议决定是否提请常委会会议审议。

第十一条　常委会认为必要时，可以组织关于特定问题的调查委员会。

调查委员会的组成人员由主任会议在常委会组成人员及有关的县人大代表中提名，提请常委会全体会议通过。调查委员会可以聘请专家参加调查工作。

调查委员会进行调查的时候，在法律允许的范围内有权调阅、提取有关物证和询问证人。一切有关的国家机关、社会团体、企事业组织和公民都有义务如实地提供必要的材料。提供材料的公民要求对材料来源保密的，调查委员会予以保密。调查委员会在调查过程中，可以不公布调查的情况和材料。

调查委员会调查结束后，应当向常委会作出专题报告。常委会根据调查委员会的报告，可以作出相应的决议、决定，或作出其他处理。

第十二条　常委会组织或决定有关办事机构对重大的违宪、违法事件或其他重大问题进行调查。

办事机构根据常委会拟审议的事项和交付的有关议案，对有关事宜进行调查研究。

办事机构应当将调查结果书面报告常委会，对其中重大问题，应提出处理意见，由主任会议决定是否提请常委会会议审议。

第十三条　常委会监督“一府两院”认真办理县人大代表提出的议案和建议、批评、意见。

第十四条　常委会受理人民群众对县人民政府、人民法院、人民检察院及其工作人员的申诉、控告和检举。

人民群众对上述机关和国家工作人员的申诉、控告和检举的处理程序，按照《五莲县人大常委会信访工作办法》的规定执行。

属于直接控告和检举由县人民代表大会及其常务委员会选举、任命的县人民政府、人民法院、人民检察院工作人员的，由常委会主任会议责成有关部门查清事实，作出报告。需作处理的，按照法定程序进行处理。

第十五条　组织常委会任命的国家机关工作人员，定期向常委会报告工作，接受监督。

第十六条　根据工作需要，常委会可以依法采用其他监督方式。

## 第四章　责任和处理

第十七条　对被监督对象有下列行为之一者，应追究其责任：

（一）违犯或拒不执行宪法、法律、行政法规、地方性法规，上级人民代表大会及其常务委员会决议、决定和县人民代表大会及其常委会决议、决定的；

（二）拒不向常委会报告工作或者不接受质询的；

（三）妨碍检查、调查工作正常进行以及隐匿、销毁、伪造重要材料和证据的；

（四）对常委会交办的县人大代表的建议、批评、意见和人民群众申诉、控告、检举故意拖延办理或者不予办理的；

（五）失职或者渎职的；

（六）违反本办法造成恶劣影响的其他行为。

第十八条 对有第十七条所列行为之一者，由常委会决定，分别作如下处理：

（一）责成有关机关研究处理，并限期向常委会报告处理结果；

（二）责成有关机关限期纠正不适当的决定、命令、行政规章以及其他文件，并将纠正情况报告常委会；

（三）撤销县人民政府不适当的决定、命令，乡镇人民代表大会不适当的决议、决定；

（四）撤销职务；

（五）提出罢免案，提请县人民代表大会会议审议；

（六）依法应由司法机关处理的，责成司法机关依法追究法律责任。

### 第五章 附则

第十九条 本办法由常委会负责解释。

第二十条 本办法自通过之日起施行。

## 五莲县人大常委会人事任免办法

（2007年12月29日县十六届人大常委会第一次会议通过）

### 第一章 总则

第一条 根据《宪法》、《地方组织法》、《人民法院组织法》、《人民检察院组织法》的有关规定，参照《山东省人民代表大会常务委员会人事任免办法》，结合我县实际，制订本办法。

第二条 县人民代表大会常务委员会（以下简称常委会）任免常委会办事机构负责人员、县人民政府组成人员、人民法院审判人员、人民检察院检察人员和地方组织法规定的需要由常委会决定、任免的其他人员，适用本办法。

## 第二章 常委会有关人员的任免

第三条 常委会主任因为健康原因不能工作或者缺位时，根据主任会议的提名，在副主任中决定代理主任的人选，直到主任恢复健康或者县人民代表大会选出新的主任为止。

第四条 在县人民代表大会闭会期间，受理常委会组成人员提出的辞职请求，并决定是否接受辞职。

第五条 常委会组成人员因故不能担任职务时，必须向常委会提出辞职请求。决定接受辞职后，待召开下次县人民代表大会时报告备案。

第六条 根据主任会议的提名，决定常委会代表资格审查委员会主任委员、副主任委员和委员人选。

根据工作需要，常委会可以调整该委员会的人选。

第七条 根据主任会议的提名，决定任免常委会办事机构的主任、副主任的职务。

第八条 根据主任会议的提名，决定撤销常委会办事机构的主任、副主任职务。

## 第三章 县人民政府组成人员的任免

第九条 在县人民代表大会闭会期间，受理县长、副县长提出的辞职请求，并决定是否接受辞职。

第十条 在县人民代表大会闭会期间，县长、副县长因故不能担任职务时，必须向常委会提出辞职请求。决定接受辞职后，报告下次县人民代表大会备案。

决定接受县长辞职后，根据主任会议的提名，从副县长中决定代理县长的人选，直到县人民代表大会选出新的县长为止，并将任命代理县长的决定，报告下次县人民代表大会备案。

第十一条 在县人民代表大会闭会期间，根据县长的提名，决定副县长的个别任免。

第十二条 根据县长的提名，决定县人民政府各工作部门主任、局长的任免。

第十三条 在县人民代表大会闭会期间，决定撤销个别副县长和县人民政府工作部门主任、局长的职务。

## 第四章 县人民法院审判人员的任免

第十四条 在县人民代表大会闭会期间，受理县人民法院院长提出的辞职请求，并决定是否接受辞职。

第十五条 在县人民代表大会闭会期间，县人民法院院长因故不能担任职务时，必须书面向常委会提出辞职请求。决定接受辞职后，根据主任会议的提请，从副院长中决定代理院长的人选，直到县人民代表大会选出新的院长为止。并将接受辞职和任命代理院长的决定，报告下次县人民代表大会备案。

第十六条 在县人民代表大会闭会期间，决定县人民法院副院长、庭长、副庭长、审判委员会委员、审判员的任免。

第十七条 在县人民代表大会闭会期间，决定撤销县人民法院副院长、庭长、副庭长、审判委员会委员、审判员的职务。

## 第五章 县人民检察院检察人员的任免

第十八条 在县人民代表大会闭会期间，受理县人民检察院检察长提出的辞职请求，并决定是否接受辞职。

第十九条 在县人民代表大会闭会期间，县人民检察院检察长因故不能担任职务时，必须书面向常委会提出辞职请求。决定接受辞职后，由县人民检察院报市人民检察院提请市人大常委会批准。

决定接受检察长辞职后，根据主任会议的提名，从副检察长中决定代理人选，直到县人民代表大会选出新的检察长为止。并将接受检察长的辞职和任命代理检察长的决定，报告下次县人民代表大会备案。

任命代理检察长，需由县人民检察院报市人民检察院转报市人大常委会备案。

第二十条 根据县人民检察院检察长的提名，决定县人民检察院副检察长、检察委员会委员、检察员的任免。

第二十一条 在县人民代表大会闭会期间，决定撤销县人民检察院副检察长、检察委员会委员、检察员的职务。

## 第六章 任免程序

第二十二条 提请常委会任免的人员，由提请单位写出书面提请任免报告和简历、考察情况、任免理由，一并报常委会办公室。

在县人民代表大会闭会期间，请求辞职的人员，由本人以书面形式向常委会提出辞职请求。

提请任免报告、辞职请求，均应于常委会开会 10 日前送常委会办公室。

第二十三条 对提请常委会任命的干部，在任命前，由常委会组织对其进行有关法律知识考试。考试时间须在常委会举行会议的前5天进行。被任命干部的考试成绩作为常委会决定任命的参考条件。

第二十四条 对提请任免报告、辞职请求，由主任会议决定是否提交常委会列入会议议程。

第二十五条 在常委会举行会议时，提请任免报告必须由主任、县长、院长、检察长向会议提出，同时作提请任免说明。对常委会组成人员提出的异议应予说明。辞职人员必须到会提出辞职请求，并说明辞职原因。

第二十六条 常委会决定任免事项，采用无记名投票或举手表决的方式，以全体组成人员过半数通过。

第二十七条 常委会决定的代理人员和辞职人员，任免通过的常委会代表资格审查委员会组成人员、县人民政府副县长、常委会办事机构的负责人员、县人民法院的审判人员、县人民检察院的检察人员，由常委会公布。经常委会任免通过的县人民政府组成人员，常委会对外公布，县人民政府行文公布。

第二十八条 新一届县人民政府领导人员依法选举产生后，应当在两个月内提请常委会任命县人民政府各工作部门主任、局长。

第二十九条 经常委会任命的常委会办事机构的负责人员，县人民政府各工作部门的主任、局长，县人民法院的审判人员，县人民检察院的检察人员，由常委会颁发任命书，任命书由常委会主任署名。

第三十条 凡经常委会任命的常委会代表资格审查委员会组成人员，县人民政府组成人员，任期到县人民代表大会换届时为止，不另行办理免职手续。

经常委会任命的常委会办事机构负责人员、其他审判人员、检察人员，任期不以县人民代表大会届满为限。县人民代表大会换届时，不须办理任免手续。

第三十一条 县人民政府、县人民法院、县人民检察院所属机构变动时，由各有关单位报常委会备案。原经常委会任命的人员，不另行办理免职手续。

第三十二条 县人大常委会任免的地方国家机关工作人员名单由常委会行文公布，并以公告的形式在县新闻媒体上公布。

## 第七章 附则

第三十三条 本办法如遇与法律有关规定相抵触，按有关法律规定执行。

第三十四条 本办法自通过之日起施行。

## 五莲县人大常委会信访工作办法

(2007 年 12 月 29 日县十六届人大常委会第一次会议通过)

第一条 为发扬社会主义民主，维护公民合法权益，改进国家机关工作，更好地实施法律监督和工作监督，根据《宪法》、《地方组织法》和《山东省各级人大常委会信访工作条例》的有关规定，结合我县实际，制定本办法。

第二条 人民群众通过来信来访向县人大常委会提出对国家机关及其工作人员的申诉和意见，是宪法和法律赋予的民主权利，任何单位和个人不得对申诉人、控告人、检举人，故意刁难，打击报复。违者由常委会责成有关单位追究责任，严肃处理。

第三条 县人大常委会信访工作职责主要包括：

（一）受理人民群众的来信来访；

（二）办理上级人大常委会交办的人民群众来信来访事项；

（三）办理县人大代表、本行政区域内的上级人大代表交办或转办的人民群众来信来访事项；

（四）反映信访情况、动态和信访中的重要问题；

（五）检查、指导、督促乡镇人大的信访工作；

（六）县人大常委会职权范围内的其他信访问题。

第四条 县人大常委会受理本行政区域内下列内容的人民群众来信来访：

（一）对县人大及其常委会工作的建议、批评和意见；

（二）对县人大及其常委会通过的决议、决定的建议、批评和意见；

（三）对县人大代表、常委会组成人员的建议、批评和意见；

（四）对县人民政府、县人民法院、县人民检察院违反法律的行政和司法行为的申诉信访案件；

（五）对县人大及其常委会选举和任命的国家权力机关、行政机关、审判机关、检察机关工作人员违法违纪行为的检举、控告和申诉；

（六）对乡镇人大的决议、决定的建议、批评和意见；

（七）对不服县人民法院生效判决、裁定和人民检察院不批准逮捕、不予起诉决定的申诉信访案件；

（八）人民群众反映强烈的属人大常委会职权内的重大问题。

第五条 县人大常委会按照“分级负责，归口办理”的原则，处理人民群众来信来访。

第六条 对县人大常委会转交的信访案件，承办单位应组织力量查清事实，依照法律，认真办理。

第七条 县人大常委会主任、副主任坚持定期轮流接访制度。

第八条 对人民群众的来信来访，做到不推、不拖，抓紧办理。

第九条 县人大常委会主任、副主任阅批人民群众的来信来访。

重要的信访案件，应提请主任会议研究决定。

第十条 对人民群众的来信来访，分别情况转交县人民政府、人民法院、人民检察院、乡镇及其他有关部门处理。

重要的信访案件，应根据主任会议决定的意见办理。

第十一条 承办单位对县人大常委会办事机构转办的信访案件，要抓紧查处，办理期限为3个月。疑难案件至迟不超过6个月。

县人大常委会认为必要，可以直接听取承办单位的汇报，或调阅有关案卷、材料，提出处理意见，或组织有关部门查处。

第十二条 承办单位应将县人大常委会交办的信访案件的处理结果，直接答复来信来访人，并抄报县人大常委会。

第十三条 县人大常委会的办事机构应对转办的信访案件加强协调和督办。年底对全年常委会领导批转的所有信访案件办理情况进行督查。

第十四条 县人大常委会的办事机构，应综合分析人民群众来信来访反映的情况和问题，加强调查研究，及时准确地通报信息，提出解决问题的意见和建议。

第十五条 禁止将人民群众揭发、检举材料的内容泄漏到社会上，禁止将揭发、检举材料转给或泄漏给被检查单位和个人。

第十六条 对人民群众来信来访不负责或对申诉有理、控告有据的案件久拖不办，造成严重后果的，常委会要追究有关部门和人员的责任，责成有关部门严肃处理；情节严重，触犯刑律的，由司法机关依法追究责任人员的法律责任。

第十七条 对来信来访人员无理取闹，扰乱机关办公秩序，谩骂、殴打信访工作人员和诬告陷害他人的，应严肃批评教育，不听劝者、触犯法律的由司法机关依法处理。

第十八条 本办法自通过之日起施行。

# 五莲县人大常委会对被提请任命干部进行法律知识考试办法

（2007年12月29日县十六届人大常委会第一次会议通过）

第一条　为了解被提请任命干部学习和掌握法律知识情况，增强法制观念，提高依法行政和执法水平，自觉学法、用法和依法办事，根据《宪法》、《地方组织法》的有关规定和《五莲县人大常委会人事任免办法》精神，结合我县实际，制定本办法。

第二条　对提请县人大常委会任命的干部，在任命前，由县人大常委会对其进行有关法律知识考试，其考试成绩作为县人大常委会决定任命的参考条件。

第三条　凡被提请任命的下列人员必须参加人大常委会任命前的法律知识考试：（一）县人大常委会办事机构主任、副主任；（二）县政府各工作部门的主任、局长；（三）县人民法院副院长、庭长、副庭长、审判委员会委员、审判员；（四）县人民检察院副检察长、检察委员会委员、检察员。

第四条　考试时间须在县人大常委会举行会议的前5天进行。

第五条　考试内容主要是《宪法》、《地方组织法》、《监督法》及与提请任命职务有关的专业性法律、法规等。

第六条　提请任命机关在向县人大常委会报送提请任命报告的同时，通知被任命人员进行应考准备。

第七条　收到提请任命报告后，县人大常委会人事代表工作室与有关办事机构联系，拟定复习资料及考试试题，负责通知考试的具体时间、地点和有关事项。

第八条　考试实行百分考核制，实行开卷或闭卷的方法。考试结束后，由人大常委会组织有关办事机构批阅。人事代表工作室负责汇总考试情况，并向主任会议作出汇报，公布考试成绩。

第九条　提请任命机关在提请任命时，提请人向人大常委会介绍被任命干部基本情况及考试成绩，考试不及格者，经补考及格后予以任命。

第十条　考试由县人大常委会分管主任及有关办事机构负责同志组成主考小组，负责对被提请任命人员考试的领导。人事代表工作室负责组织协调，并与有关办事机构承办考试的各项具体工作。

第十一条　人大常委会定期组织被任命干部进行有关法律知识的学习，也可定期抽查被任命干部法律学习情况。

第十二条　本办法自通过之日起施行。

## 五莲县人大常委会与“一府两院”工作联系办法

（2007年12月29日县十六届人大常委会第一次会议通过）

第一条 为了加强县人大常委会（以下简称常委会）与“一府两院”的工作联系，协调相互间的工作关系，充分发挥地方国家权力机关、行政机关、审判机关和检察机关的作用，根据《宪法》、《地方组织法》和《监督法》的有关规定，制定本办法。

第二条 常委会、县人民政府、人民法院和人民检察院，都必须按照法律程序办事，依法履行各自的职责。

第三条 在县人民代表大会闭会期间，县人民政府、人民法院、人民检察院应对常委会负责并报告工作。需经常委会审议的事项主要是：

（一）贯彻执行宪法、法律、法规和上级人民代表大会及其常委会决议所制定的重要措施；

（二）全县国民经济计划和财政预算的部分变更；

（三）维护社会治安，保护公民、法人合法权益，加强审判和检察工作的重大问题；

（四）涉及全县人民利益的重大事项，人民群众普遍关心和迫切要求解决的重大问题的决策；

（五）法律规定的人事任免事项；

（六）县人民代表大会授权办理的事项。

第四条 “一府两院”提请常委会听取审议的工作汇报，应在常委会举行会议的20日前，送交常委会有关工作机构征求意见，修改后，在常委会举行会议的10日前送交常委会办公室。

第五条 常委会举行会议时，县人民政府县长或副县长、人民法院院长、人民检察院检察长及常委会办事机构负责人应列席会议。

第六条 “一府两院”向常委会报告工作时，均由县长、院长、检察长到会报告，因故不能到会时，必须委托副职到会报告。县政府工作部门受县政府委托，可以向常委会提出本部门的工作汇报，其汇报应由部门主要负责人到会报告。

第七条 凡是宪法和法律规定须由常委会会议决定的事项，“一府两院”必须提请常委会会议决定。对常委会会议通过的各项决议和决定，“一府两院”要认真组织实施，并将实施情况在下次会议以前向常委会报告。

第八条 对代表提出的建议、批评和意见，“一府两院”要本着从快从实的原则，在3个月内办理完毕。凡能立即解决的问题，都要迅速给予解决。对因条件不具备暂时不能解决的，要向常委会和代表讲明情况，作出解释。

第九条 常委会组织视察、调查、检查时，“一府两院”要积极配合，及时通知有关单位和部门认真做好准备，如实汇报情况。县人大代表持证进行视察时，有关单位和部门要热情接待，实事求是地介绍情况，认真研究办理代表提出的建议、批评和意见。

第十条 凡需经常委会任免的“一府两院”工作人员，必须严格按照法律程序办理。“一府两院”要及时提请任免报告，于常委会举行会议前10天送常委会办公室。经主任会议审定后，再提请常委会审议决定。

第十一条 县人民政府及其工作部门、“两院”要与常委会有关办事机构保持经常联系，互通情况，密切配合，协调工作。

第十二条 “一府两院”上报和下发的具有方针政策和全局性的文件、工作计划、总结等，要及时抄报常委会。公布实施的行政措施、决定和命令，要报送常委会备案。

第十三条 “一府两院”应自觉接受监督，要定期或不定期地召开代表座谈会，当面听取对“一府两院”的工作批评、意见和建议，改进“一府两院”的工作。

“一府两院”召开工作会议时，如认为必要，可邀请常委会主任、副主任列席会议。

第十四条 本办法由常委会负责解释。

第十五条 本办法自通过之日起施行。

## 五莲县人大常委会联系人民代表大会代表办法

(2007年12月29日县十六届人大常委会第一次会议通过)

### 第一章 总则

第一条 为密切同人民代表大会代表的联系，保障代表依法履行职责，根据《宪法》、《地方组织法》、《代表法》和《山东省实施〈代表法〉办法》的有关规定，结合我县的实际，制定本办法。

第二条 密切联系人民代表大会代表，是人民代表大会常务委员会（以下简称常委会）的重要职责。常委会要把联系代表作为贯彻党的路线、方针、政策，密切同人民群众联系的主要渠道，经常保持与代表的联系，并为代表执行代表职务提供必要的条件。

第三条 联系代表主要是围绕县人民代表大会及其常委会审议、决定的问题，征求代表意见，受理代表对各方面工作提出的建议、批评和意见。

## 第二章 县人大常委会与代表的联系

第四条 常委会主任、副主任、委员分片联系代表，每年走访代表不少于一次。

不驻会委员以联系本行业、本系统的代表为主。

办事机构负责人员，除随同分管主任走访代表外，还应经常听取代表的意见和要求，对代表反映的重大问题，要及时向常委会汇报。

第五条 县人大及其常委会在审议重要议案及作出重大决议或决定前，将草案印发有关代表征求意见。

如认为必要，可以邀请对所审议议题了解情况的代表列席常委会会议，参加讨论，发表意见。

第六条 常委会应有计划地组织县人民政府组成人员、县人民法院和人民检察院负责人同县人大代表见面，直接听取代表的建议、批评和意见。

第七条 常委会进行专题调查、视察活动或者召开会议时，可以吸收县人大代表参加。

第八条 常委会印发的《人大工作情况》以及有关的学习材料要及时发给代表。

第九条 常委会每年拟定一份代表活动计划，下发各乡（镇）人大，供他们组织代表活动时参照执行。

第十条 常委会每年组织代表开展带头致富或争先创优等活动，以互相学习，推动代表工作的开展。

第十一条 常委会向代表印发五莲县人民代表大会代表建议、批评、意见专用纸。代表可以将建议、批评和意见寄给常委会。

第十二条 代表提出的建议、批评和意见，除常委会直接处理外，均由常委会办事机构转交县人民政府、人民法院、人民检察院等有关机关和单位研究办理，办理期限为3个月，遇有特殊情况的至迟不超过6个月。

第十三条 常委会督促和监督承办单位认真办理代表提出的建议、批评和意见，承办单位应当将办理结果报常委会主任会议审查同意后答复代表。

对代表建议、批评和意见处理不当或敷衍塞责的，退回承办单位再行办理。也可以组织代表对代表提出的建议、批评和意见的办理情况进行视察或检查，使之真正落到实处。

第十四条 代表向常委会提出的对县人民政府、人民法院、人民检察院及其工作人员的申诉和意见，由常委会受理。

代表对个别县人大代表违法乱纪或严重失职，对其代表资格提出质疑或要求罢免的；对在县级人大代表选举工作中，违犯法律和营私舞弊的；对各乡镇人民代表大会所作的决议认为不适当的；对常委会及办事机构的建议、批评和意见，也由常委会受理。

第十五条 常委会主任、副主任、驻会委员要坚持定期轮流接待代表来访制度。代表来信由主任、副主任批办，重大案件由主任会议研究办理。

第十六条 常委会除负责与县人大代表加强联系以外，受上级人大常委会的委托负责联系驻我县的县级以上各级人大代表。

## 第三章 乡（镇）人大同代表的联系

第十七条 各乡（镇）人大主席列席常委会会议前，可以围绕审议的议题，征求有关县人大代表的意见，并将常委会会议的重要情况及时向代表通报。

第十八条 各乡（镇）召开人民代表大会时，通知所在乡（镇）的县级以上人大代表列席会议。

各乡（镇）人大在组织本级代表视察、评议或其他重大活动时，可以吸收有关的县级以上人大代表参加。

第十九条 受常委会的委托，各乡（镇）人大通过各种方式联系本乡（镇）范围内的县级以上人大代表，并负责组织学习、视察、调查等各项活动。

第二十条 各乡（镇）人大应支持县级以上人大代表依法开展工作，认真听取和处理县级以上人大代表提出的建议、批评和意见。对应由县级机关处理的问题，要及时向常委会反映。

## 第四章 代表小组的建立和活动

第二十一条 县人大代表以乡（镇）和县直为单位，按照便于组织和开展活动的原则组成代表小组，每个代表小组推选 1 至 2 名召集人，负责组织小组活动。 各代表小组活动时可邀请全国、省、市人大代表参加。

第二十二条 代表小组围绕下列内容开展活动：

（一）学习党的路线、方针、政策和国家的法律、法规，并向人民群众进行宣传；

（二）贯彻执行县人民代表大会及其常委会的各项决议、决定，协助县、乡（镇）人民政府开展工作；

（三）密切联系群众，反映群众的意见和要求，对于迫切需要解决的重大问题，作必要的调查研究，并及时向常委会反映；

（四）组织代表就地开展视察活动，在视察中代表提出的建议、批评和意见，应交常委会或乡镇人大处理，人大代表不直接处理问题；

（五）制定活动计划，总结检查活动情况，交流代表活动和联系群众的经验。

第二十三条 县人大代表应积极参加乡（镇）人大或常委会安排的有关活动。

第二十四条 代表小组一般每季度活动一次，并将活动情况及时报常委会。

### 第五章 代表同人民群众的联系

第二十五条 代表应及时向所在单位的群众宣传县人民代表大会会议精神，使群众了解大会决议、决定以及法律、法规的贯彻实施情况，可以向常委会提出建议。

第二十六条 代表应同原选区选民或者原选举单位以及人民群众保持密切联系，经常听取和反映他们的意见、要求。

第二十七条 代表受原选区选民或原选举单位的监督。选民或者选举单位有权依法罢免自己选出的代表。被罢免的代表有权出席罢免该代表的会议申诉意见或者书面申诉意见。

第二十八条 各级代表要充分发挥在全面建设小康社会中的模范带头作用，深入开展带头致富活动，辐射和带动农村广大农民群众共同致富，以加快全县经济社会又好又快发展步伐。

### 第六章 附则

第二十九条 人大代表开展工作是履行宪法和法律赋予的职责，社会各方面应给予方便和支持。

第三十条 县人大代表调离本工作单位、本行政区域或因故缺额时，所在代表小组要及时报告常委会。

第三十一条 本办法自通过之日起施行。

## 五莲县人大常委会
## 关于办理县人大代表建议、批评和意见的办法

（2007年12月29日县十六届人大常委会第一次会议通过）

### 第一章 总则

第一条 为做好县人民代表大会代表（以下简称代表）建议、批评和意见（以下简称建议）的办理工作，根据《中华人民共和国地方各级人民代表大会和地方各级人民

政府组织法》、《中华人民共和国全国人民代表大会和地方各级人民代表大会代表法》和《山东省实施<中华人民共和国全国人民代表大会和地方各级人民代表大会代表法>办法》的有关规定，结合我县实际，制定本办法。

第二条 本办法所称建议，是指代表在执行代表职务中，就本县各方面的工作向县人民代表大会及其常务委员会提出的建议，包括：

（一）代表在县人民代表大会会议期间提出的建议；

（二）代表10人以上联名在县人民代表大会会议期间依法提出的议案，经大会主席团决定作为建议处理的；

（三）代表在县人民代表大会闭会期间依法执行代表职务活动中提出的建议；

（四）县人大常委会组成人员走访时，代表提出的由记录人员整理经其本人审阅签名的建议。

第三条 代表提出建议，是法律赋予代表的权利，是代表执行代表职务的重要形式。

本县国家机关和组织都必须尊重代表提出建议的权利，按照本办法的规定认真办理代表建议。

新闻媒介应当做好代表建议办理的宣传报道工作。

第四条 县人大常委会是代表建议办理的组织、协调、监督机关，具体工作由其代表工作机构负责。

## 第二章 建议的提出

第五条 代表建议可以由一人提出，也可以联名提出。

第六条 代表建议的内容应当实事求是，简明扼要，有具体意见和要求。代表建议应当使用统一印制的建议专用纸，一事一纸书写，字迹清楚。

第七条 涉及国家秘密、公民隐私、公民申诉和群众请代表转交的信件，不作为代表建议提出。

## 第三章 建议的交办

第八条 代表建议的收集、整理、登记，在县人民代表大会会议期间由大会秘书处议案组负责；闭会期间，由县人大常委会代表工作机构负责。

第九条 代表在县人民代表大会会议期间提出的建议，由县人大常委会分别交县人民政府、人民法院、人民检察院和其它承办单位办理；闭会期间的代表建议由县人大常委会代表工作机构交有关单位办理。

对涉及两个以上单位承办的代表建议，由交办机关确定主办单位和协办单位。

第十条　承办单位对交办的不属于本单位职权范围内的代表建议，应当在收到之日起10日内，向交办机关说明情况，由交办机关重新确定承办单位，不得延误或者自行转办。

## 第四章　建议的办理

第十一条　县人民政府、人民法院、人民检察院和其它承办单位，应当确定一位领导人员分管建议的办理工作，明确具体承办单位和承办人员，建立健全办理制度。

第十二条　代表对县人民代表大会及其常委会提出的建议，由县人大常委会有关办事机构办理。

第十三条　承办单位应当按照下列规定办理代表建议：

（一）法律和政策有明确规定或者人民群众普遍关心而又具备条件解决的，应当及时解决；

（二）应当解决或者经过努力能够解决的问题，应当采取积极措施，创造条件，限期解决；

（三）代表反映的涉及全县的重大问题、热点问题以及连续3年提出的建议，应当作为代表建议办理工作的重点列入计划专门解决；

（四）超出法律和现行政策规定，确实不能解决的问题，应当如实向代表说明情况。

第十四条　承办单位对代表建议涉及的问题，应当采取调查研究、现场勘察、走访代表、召开代表座谈会等方式，听取代表的意见，商讨解决办法，提高办理质量。

第十五条　属于两个以上单位承办的代表建议，协办单位应当在2个月以内将办理意见送达主办单位，主办单位也要主动征求协办单位的意见，由主办单位答复代表。

第十六条　代表建议办理期限为3个月，办理结果直接答复代表。对情况复杂，在3个月内不能办结的，必须经过交办单位许可后，向代表说明原因，可以延长到6个月办结。

第十七条　建议的答复应当以书面形式。答复内容应当具体、简练、规范，由承办单位主要负责人审核后，呈交办机关领导人员审查同意后，由承办单位答复代表。

承办单位对内容相同的代表建议，可以合并办理，分别答复；对代表联名提出的建议，应当逐人答复。

建议答复件应当抄报县人大常委会代表工作机构。

第十八条　代表对办理结果不满意的，承办单位在收到要求重新办理的意见后，应当在1个月内重新办理，并向代表作出答复。

承办单位对办理结果应当复查落实。对列入计划逐步解决已答复代表的，待计划实施后再次答复代表。

第十九条 承办单位应当积极改进办理方式，不断提高面办率、面复率和代表满意率。

## 第五章 建议办理的监督和检查

第二十条 县人大常委会负责对县人民政府、人民法院、人民检察院和其他承办单位办理代表建议工作的监督和检查。

第二十一条 县人民政府、人民法院、人民检察院负责对所属各工作部门办理建议工作的组织领导、协调督办、检查落实，并就代表建议的办理情况向县人大常委会作出报告。

第二十二条 代表在收到答复后，应当及时填写《代表建议、批评和意见办理情况征求意见表》。对办理不满意的，可以向承办单位提出询问、批评、质询，也可以向县人大常委会或者承办单位的上级反映，要求重新办理。

第二十三条 县人大常委会在审议县政府及其所属部门、县人民法院、县人民检察院的工作报告时，对办理不满意的建议，可以让其重新办理。

第二十四条 县人大常委会对办理代表建议工作成绩显著单位予以表彰，对承办代表建议敷衍塞责、超过办理期限、造成损失的单位及有关领导人予以批评教育，或视情况追究有关人员的责任。

## 第六章 附则

第二十五条 全国、省和市人大代表，就本县各方面的工作，向县人民代表大会及其常委会提出的建议的办理，适用本办法。

第二十六条 乡镇人大办理本级和上级人大代表建议可以参照本办法执行。

第二十七条 本办法自通过之日起施行。

# 后 记

2011年3月7日，县人大常委会以莲人发〔2011〕5号文件下发了《五莲县人大常委会关于编纂《五莲县人大志的意见》，随即付诸实施，成立由县委书记、县人大常委会主任为主任，县人大常委会第一副主任为副主任、主编的编纂委员会，由县人大常委会分管副主任出任执行主编，聘用了两名修志专业人员与本单位业务骨干组成班子，专事编纂工作。

在编纂过程中，参编人员专程参观学习了沾化县人大常委会编志经验，参阅了省内外多部县级人大志稿，发凡起例，设计篇目。在征求历届人大老领导意见的基础上，5月3日县人大常委会第41次主任会议，对《五莲县人大志》篇目及有关编纂事项进行了议定。依据志书整体结构的基本原则，依照“以事分类，类为一志”的原则，共设置《序》、《凡例》、《概述》、《大事记》等9篇、35章，章下设节或目，附录殿后。10日，召开《五莲县人大志》乡镇篇编纂工作会议，布置了任务。经过广征博采，到9月，初稿已经形成，在分别征求意见的基础上，又相继召开了编委会成员和人大已退下来的老干部座谈会，对有关章节进行了重点审核，并召开了评审会，邀请了县史志办的领导和县委办公室、县府办公室、组织部、宣传部、县档案局以及县法院、县检察院分工人员进行评审把关。

本志编纂力求政治观点正确，体例完备，布局合理，资料翔实，语言简洁、朴实、流畅，地方特色突出，力争呈献一部集思想性、资料性、科学性、可读性于一体的精品佳作。因时间急迫、质量要求高，在工作过程中，编纂人员自我加压，分工协作，酷暑盛夏，笔耕不辍，编、审结合，穿插进行，既加快了工作进度，又确保了志稿质量。诚然，由于时间、水平所限，疏漏难免，敬请领导和方家批评指正。

本志在出版过程中，得到全国和省市人大、中国文史出版社、省档案馆、县委县政府以及各有关部门、各乡镇（街道）党委和人大的大力支持。第八届全国人大常委会秘书长、第九届全国人大常委会副委员长曹志，全国人大常委会委员、全国人大外事委员会主任委员、国家外交部原部长李肇星，全国人大内务司法委员会委员、中共山东省委原副书记、省人大常委会原党组书记、常务副主任高新亭，中共山东省委原副书记、省人大常务委员会原主任李振，山东省原副省长、省人大常委会原副主任邵桂芳，市人大第一副主任周惠平等专为本志题词。李肇星主任还同时赠书，并题字祝愿。在志书付梓之际，谨对以上关心和支持《五莲县人大志》编纂工作的老领导、老同志及有关部门和单位表示衷心感谢！

《五莲县人大志》执行主编 李树湘

2011年12月

**图书在版编目(CIP)数据**

五莲县人大志 /《五莲县人大志》编纂委员会编. -北京:中国文史出版社, 2011.11

ISBN 978-7-5034-3170-8

Ⅰ. ①五… Ⅱ. ①五… Ⅲ. ①地方各级人民代表大会 -工作概况-五莲县 Ⅳ. ①D624.524

中国版本图书馆 CIP 数据核字(2011)第 235411 号

责任编辑:王文运

---

**出版发行:中国文史出版社**

社　址:北京市西城区太平桥大街 23 号　邮编:100811

印　装:日照阳光广告彩印包装有限公司　邮编:276800

经　销:全国新华书店

开　本:208mm×288mm　1/16

印　张:47

字　数:916 千字

版　次:2011 年 12 月北京第 1 版

印　次:2011 年 12 月第 1 次印刷

定　价:198.00 元(精装)

---